# Trajetórias e perspectivas da formação de educadores

# Trajetórias e perspectivas da formação de educadores

Organizadora
Raquel Lazzari Leite Barbosa

1ª reimpressão

Editora UNESP

Direitos de publicação reservados à:

Fundação Editora da UNESP (FEU)
Praça da Sé, 108
01001-900 – São Paulo – SP
Tel.: (0xx11) 3242-7171
Fax: (0xx11) 3242-7172
www.editoraunesp.com.br
www.livrariaunesp.com.br
feu@editora.unesp.br

CIP – Brasil. Catalogação na fonte
Sindicato Nacional dos Editores de Livros, RJ

F82

Trajetórias e perspectivas da formação de educadores / Raquel Lazzari Leite Barbosa, organizadora. – São Paulo: Editora UNESP, 2004.

Textos do VII Congresso Estadual Paulista de Formação de Educadores
Inclui bibliografia
ISBN 85-7139-564-0

1. Professores – Formação – Congressos. I. Barbosa, Raquel Lazzari Leite, 1960-.

04-3213.

CDD 370.71
CDU 371.13

Editora afiliada:

Asociación de Editoriales Universitarias de América Latina y el Caribe

Associação Brasileira de Editoras Universitárias

# Sumário

Apresentação
Congressos estaduais paulistas sobre a formação de educadores: trajetória e perspectivas 9
*Raquel Lazzari Leite Barbosa*

1 Algunas notas sobre la experiencia y sus lenguajes 19
*Jorge Larrosa*

2 Globalização e reforma universitária: a sobrevivência do MEC-Usaid 35
*Emília Viotti da Costa*

3 Os professores e os novos modos de regulação da escola pública: das mudanças do contexto de trabalho às mudanças da formação 49
*João Barroso*

4 Formação de professores: o lugar das humanidades 61
*Maria Helena Souza Patto*

5 Mesa-redonda: por uma pedagogia de formação de professores – embates conceituais e crítica das políticas atuais 79
*Selma Garrido Pimenta*

6 Novas políticas de formação: da concepção negada à concepção consentida 89
*Helena Costa Lopes de Freitas*

7 Dez princípios sobre professores e formação de professores 117
*Ricardo Ribeiro*

8 Formação de educadores no século passado:
tempos de semeadura 127
*Raquel Volpato Serbino*

9 A política nacional de formação de professores 145
*João Cardoso Palma Filho*

10 Recordar é viver? Memórias e aprendizagens
na formação docente 169
*Célia Linhares*

11 O ensino público e sua arquitetura em São Paulo: 1870-1930 175
*Silvia Ferreira Santos Wolff*

12 Cultura docente e política educacional:
os ciclos escolares em debate 185
*Alda Junqueira Marin*

13 Prática reflexiva: ponto de chegada ou ponto de partida
na formação do professor? 197
*Maria Inês Marcondes*
*Maria de Lourdes Tura*

14 Avaliação emancipatória: um referencial para a
autoavaliação da pós-graduação 211
*Ana Maria Saul*

15 A avaliação na pós-graduação: propondo mudanças 225
para consolidar conquistas
*Antônio Joaquim Severino*

16 O profissional pedagogo: desafios e perspectivas 231
*Dalva Rachel Coelho do Nascimento*

17 Pedagogia: um estudo das mudanças sofridas
na sua significação 241
*Maria Anita Viviani Martins*

18 Pesquisa colaborativa: um foco na ação formadora 257
*Manoel Oriosvaldo de Moura*

19 Relações universidade-escola e aprendizagem da docência:
algumas lições de parcerias colaborativas 285
*Maria da Graça Nicoletti Mizukami*

20 Universidade e escola: limites e possibilidades de práticas de colaboração na formação continuada de professores 315
*Aline M. de Medeiros Rodrigues Reali*

21 O sentido da profissionalidade para o educador na infância 329
*Tizuko Morchida Kishimoto*

22 Por uma pedagogia da educação infantil: desafios e perspectivas para as professoras 347
*Ana Beatriz Cerisara*

23 Inclusão escolar, imagens e projetos: o que aprendemos com as pesquisas? 357
*Claudio Roberto Baptista*

24 Narrativas de formação e estágio supervisionado: reflexão sobre uma parceria pedagógica para ser aproveitada na formação de professores 371
*Marilda da Silva*

25 Diversidade, multiculturalismo e diferença: uma conversa com professoras e professores 383
*Marisa Vorraber Costa*

26 Implicações das reformas no ensino para a formação de professores 397
*Evandro Ghedin*

27 O desafio metodológico de formar professores pesquisadores na interdisciplinaridade 419
*Ivani Catarina Arantes Fazenda*

28 Formação do professor pesquisador para o ensino superior: desafios 433
*Bernardete A. Gatti*

29 A imagem e o imaginário da pedagogia 443
*Vera Maria Nigro de Souza Placco*
*Emília Freitas de Lima*
*Luiza Helena da Silva Christov*

30 Profissionalização continuada: aproximações da teoria e da prática 475
*Lea das Graças Camargos Anastasiou*

31 Para pensar os conceitos de campo e *habitus* de Bourdieu na educação brasileira 497
*Áureo Busetto*

32 Pierre Bourdieu e a educação: uma apresentação de *Os herdeiros* 511
*Milton Carlos Costa*

33 O professor e as práticas educativas 517
*Mônica de Carvalho Magalhães Kassar*

34 Registros alternativos de saberes culturais: contribuição para a formação de professores 525
*Maria Rosa R. Martins de Camargo*
*Carmen Maria Aguiar*

35 A abordagem das teorias de administração a propósito da gestão autônoma das escolas 537
*Alvaro Martim Guedes*

36 Avaliação de livros didáticos de geografia e história: relato de experiência 547
*Maria Encarnação Beltrão Sposito*
*Tania Regina de Luca*

37 Reformas de ensino e currículo: problematizando inovações nas práticas pedagógicas 573
*Cecília Hanna Mate*

Sobre os autores 579

# Apresentação

## Congressos estaduais paulistas sobre a formação de educadores: trajetória e perspectivas

*Raquel Lazzari Leite Barbosa*

> Que faz aí o ler, Lendo, fica-se a saber quase tudo, Eu também leio,
> Algo portanto saberás, Agora já não estou tão certa, Terás
> então de ler doutra maneira, Como, não ser a mesma para todos,
> cada um inventa a sua, a que lhe for própria, há quem leve
> a vida inteira a ler sem nunca Ter conseguido ir mais além da leitura,
> ficam pegadas à página, não percebem que as palavras são apenas
> pedras postas a atravessar a corrente de um rio, se estão ali é para que
> possamos chegar à outra margem, a outra margem é que importa,
> A não ser, que, A não ser que esses tais rios não tenham duas margens, mas
> muitas, que cada pessoa que lê seja, ela, a sua própria margem,
> e que seja sua, e apenas sua, a margem a que será sua,
> e apenas sua, a margem a que terá de chegar...
>
> (José Saramago, *A caverna*, p.77)

Entre a diversidade de problemas que envolvem a dinâmica da formação de educadores, insere-se a necessidade de permanente discussão dos objetivos, das funções do educador, e de como tais questões podem ser vistas para se atingir um desempenho cada vez mais satisfatório, tanto sob o ângulo pedagógico-científico quanto sob o político-social. Acredita-se que discussões entre diferentes segmentos relacionados à área educacional podem concorrer para um equacionamento das permanências bem-vindas e das mudanças e/ou renovações necessárias diante das novas perspectivas da sociedade.

No cenário brasileiro, repleto de propostas de transformações (oficiais e/ou não oficiais) para a sociedade de modo geral e, em particular, para a área da educação, o oferecimento de espaços para debates que conjuguem temas relacionados à produção de conhecimento e aspirações sociais pode concorrer para a consecução de objetivos relacionados a uma melhor formação de educadores.

Os Congressos Estaduais Paulistas sobre a Formação de Educadores (Cepfes) constituem espaços dessa natureza e vêm acontecendo desde 1990 (I-1990; II-1992; III-1994; VI-1996; V-1998; VI-2001; VII-2003). Em suas programações, têm prevalecido abordagens sobre temas ligados à área educacional. Entre esses temas tratados, cabe registrar, em especial, a ênfase dispensada à relação entre os diferentes níveis de ensino (universitário, médio e fundamental), ao repensar histórico desses níveis, à dimensão político-social na formação do educador e ao significado da produção de conhecimento voltada para o universo educacional.

O presente texto traduz uma leitura, um olhar, sobre os Cepfes. Diz-se que quem olha olha de algum lugar. Assim, o que se pretende é, de um dado lugar – com o apelo às exposições de especialistas, particularmente as apresentadas por integrantes dos grupos de trabalho e registradas em textos publicados –, assinalar alguns dos temas que foram tratados nesses congressos. Tal perfil sucinto envolve o propósito de dar maior visibilidade tanto às programações quanto aos assuntos debatidos. Acredita-se que, dessa maneira, estar-se-á contribuindo para que cada vez mais as programações sejam dinamizadas e para ampliar e/ou reforçar a gama de temas privilegiados em próximos encontros.

*

O tema central do I Congresso Estadual Paulista sobre Formação de Educadores – realizado em maio de 1990 – girou em torno do título "Rumo ao século XXI".

Tendo em vista a virada do século que se aproximava, a programação procurou privilegiar a discussão de novas propostas voltadas para a área educacional. Em mesas-redondas, sessões de comunicações e em grupos de trabalho, invocou-se a importância da multidisciplinaridade na formação de educadores e os problemas ligados à área educacional, emergentes no Estado de São Paulo. Os grupos de trabalho respondiam pela análise de problemáticas específicas como: escola normal; licenciaturas; pedagogia e suas habilitações, pós-graduação em educação e formação continuada.

No que se refere ao tema escola normal, em especial, foram tratados problemas relativos a esse grau de ensino e ao seu histórico no Estado de São Paulo. Foram registrados alguns aspectos que teriam contribuído para a deterioração dos padrões de formação dos professores e, consequentemente, da qualidade do ensino público fundamental. Foi salientado também que iniciativas como a de Reforma de 1968 e da Lei Federal n. 5.692/71 (substituição das escolas normais pela habilitação específica para o magistério) teriam concorrido para uma "descaracterização" dos cursos especializados, privilegiando uma estrutura com ênfase na perspectiva tecnicista e excluindo importantes elementos relativos à dimensão política e pedagógica do magistério.

No que tange à questão das licenciaturas, as reflexões envolveram, entre outros, os seguintes temas: política educacional, concepção básica da formação de educadores, pesquisa nos cursos de formação de professores, organização e acompanhamento de projetos de pesquisa e de trabalho, formação integral do aluno, importância da avaliação regular dos cursos, valorização do magistério, profissionalização do docente, condições para o exercício docente e discente em sala de aula, reformulação de espaços dados à formação continuada e à supervisão, "licenciaturas curtas", identidade de cursos de pedagogia, ensino de matérias pedagógicas, habilitações e interesse pelo magistério.

Providências nessas linhas, afirmava-se, poderiam concorrer para a melhoria da escola pública.

Em discussões sobre o compromisso da pós-graduação em educação, com a produção do conhecimento e com a prática na formação do professor, foram destacados alguns problemas fundamentais inseridos no âmbito das experiências de alguns cursos. Salientou-se, por exemplo, a importância de uma integração – "interdisciplinaridade orgânica" –, bem como as complexas relações entre a teoria e a prática e modos pelos quais a pós-graduação pode atuar no processo educacional.

Sobre educação continuada, foi referida a carência de medidas sistemáticas nessa área. Salientou-se que alguns órgãos e serviços, tanto públicos quanto privados, criados para esse fim, foram rapidamente extintos. Uma das raras medidas, lembrou-se, desenvolvida em São Paulo – sem caráter efêmero –, foi a Cenp (Coordenadoria de Estudos e Normas Pedagógicas) em convênio com a UNESP, USP e Unicamp.

*

Em relação às discussões que nortearam o II Congresso Estadual Paulista sobre Formação de Educadores – realizado em maio de 1992 –, pode ser dito que, além de aprofundarem as análises de questões abordadas no I Congresso, privilegiaram a problemática da formação e da prática dos professores – naquele dado momento histórico –, abrangendo todos os níveis de ensino. Foi considerado o papel dos professores na construção da cidadania e dada uma atenção especial à discussão de alternativas para a promoção de uma escola pública de qualidade e democrática, bem como a indicadores para a realização de um projeto educacional para o Estado de São Paulo.

As discussões envolveram, ainda, temas ligados a: política educacional, condições disponíveis na rede pública do Estado de São Paulo, capacitação do corpo docente e sua remuneração salarial; manutenção dos Cefams e extensão de algumas das medidas (presença de coordenador pedagógico, hora de trabalho pedagógico, currículo mais amplo), restritas a esses centros, para toda a rede de habilitação específica para o magistério.

Em relação ao tema licenciaturas, as discussões dirigiram especial atenção a: histórico do processo de formação docente em nível de licenciatura, profissionalização docente, importância de serem garantidos cursos de formação continuada, necessidade de reestruturação de cursos de licenciatura, urgência de superação de dicotomias entre bacharelado/licenciatura e pesquisa/ensino, perspectivas políticas relacionadas a questões que ultrapassam o mundo escolar, questão da autonomia acadêmica e científica nas universidades, identidade do pedagogo e do curso de pedagogia e importância de maior "elasticidade curricular" sem prejuízo de uma base comum.

No que se refere à pós-graduação em educação, nesse II Congresso foram reiterados alguns questionamentos presentes nas discussões que permearam o I Congresso. Por exemplo, como fazer da pesquisa um instrumento útil para a prática pedagógica e como a pós-graduação pode contribuir, positivamente, para o exercício do magistério.

No que tange ao tema formação continuada dos profissionais de ensino, salientou-se a importância de ser dada atenção especial, com investimentos, a essa formação.

Tais temas foram desenvolvidos em forma de conferências, debates, mesas-redondas, sessões de comunicações, minicursos, oficinas e atividades culturais. A efetivação dessas atividades foi possibilitada, principalmente, pelo apoio recebido de agências financiadoras e graças ao trabalho de profissionais de diversas instituições ligadas à área educacional.

*

"Tempo da escola... tempo da sociedade" foi o tema que norteou o III Congresso Estadual Paulista sobre Formação de Educadores, realizado em maio de 1994.

O evento manteve a sistemática de trabalho dos I e II Cepfes, com grupos de trabalho e demais atividades. As discussões tiveram como ponto de partida "textos-geradores" que davam ensejo à elaboração de propostas.

Dessa forma, o III Congresso representou um espaço especial para reflexão e discussão entre pesquisadores/profissionais presentes, bem como uma busca de maneiras de superação de impasses. Impasses com os quais deparam no desempenho de atividades ligadas a suas áreas de trabalho. Dentre os objetivos defendidos nas discussões, cabe salientar, por exemplo: o incentivo para serem elaborados trabalhos em cooperação visando identificar, produzir e socializar estudos e experiências referentes à formação dos profissionais da educação; a elaboração de um projeto pedagógico para a licenciatura que dinamize e articule dimensões políticas e pedagógicas do trabalho docente.

Em relação à pós-graduação e à pesquisa em educação, salientaram-se alguns aspectos referentes à estruturação em torno de núcleos ou eixos temáticos.

A respeito da formação continuada dos profissionais de ensino, tomando como referência o "tempo" da ação educativa e a articulação entre escola e sociedade, defendeu-se uma sistematização contínua, mediante ações diversificadas.

*

Em 1996, realizou-se o IV Congresso Estadual Paulista sobre Formação de Educadores. A temática nuclear escolhida para nortear esse evento foi a "Formação do educador: dever do Estado, tarefa da Universidade". Tal opção encontrou justificativa na emergência de uma discussão sobre as obrigações do Poder Público na área socioeducacional.

Seguindo a estrutura dos Congressos anteriores, este procurou contemplar discussões sobre os diversos níveis de ensino. Cada um dos grupos de trabalho dirigiu seu enfoque para um dos seguintes temas: habilitação para o magistério, licenciatura, pedagogia, pós-graduação e pesquisa, educação continuada e educação especial.

Nessas direções, os debates abrigaram temas como a construção de saberes e a incorporação de saberes "reflexivos" a uma política de formação docente.

Em relação à licenciatura, tendo por base um histórico, procurou-se discutir a permanência de uma visão de licenciatura como um nível profissionalizante e a dicotomia entre a formação pedagógica e o domínio de conteúdos clássicos. Foi, ainda, salientado, entre outros temas, a necessidade de integração maior do aluno às atividades universitárias, num processo contínuo e coletivo de ação e reflexão.

Sobre a pedagogia apresentaram-se discussões que enveredaram para uma chamada à "reflexão política, epistemológica/científica e profissional" acerca do curso. Foi lembrada também a necessidade de ser enfatizada a especificidade da pedagogia como área de saber e suas articulações com as ciências da educação.

Sobre a pós-graduação, a preocupação nuclear esteve relacionada às articulações entre pesquisa e formação para o magistério e à integração entre mestrado/doutorado.

Assinalou-se, para o tema formação continuada, que os avanços na área têm sido mais de ordem teórica e conceitual do que de ações. Foi discutida a noção de "público" e a necessidade de ser efetivada a educação continuada num contexto realmente democrático e público.

*

O V Congresso Estadual Paulista sobre Formação de Professores, realizado em 1998, privilegiou o tema "Formação de educador e avaliação educacional". Nas discussões, salientou-se a importância desses encontros (congressos) que vêm contando com a crescente participação de pesquisadores/profissionais ligados à área educacional. Registrou-se também a presença de, aproximadamente, mil pessoas entre os integrantes de mesas-redondas, seminários temáticos e grupos de trabalho, além da presença de autoridades ligadas à área educacional, como a do então ministro da Educação, Prof. Dr. Paulo Renato de Souza.

Entre os objetivos explicitados, estava o de se desenvolver um trabalho analítico, crítico e reflexivo da situação da educação no país, incluindo a ação política traçada e implementada pelo governo na época. Foram discutidos alguns dos problemas postos ao preparo profissional do magistério, sobretudo porque o momento era o da aprovação da nova LDB n. 9.394/96. Foram lembrados os Cefams, as HEMs e os Institutos Superiores de Educação. Discutiram-se a qualidade do sistema escolar público, a valorização da docência, as condições de trabalho, a necessidade de proximidade entre as universidades públicas e particulares e outros graus de ensino. Destacou-se a importância da retomada de debates realizados durante os congressos anteriores.

No que se refere à pós-graduação, as inquietações desembocaram em questões como a do relacionamento entre pesquisa e formação do educador.

Quanto à educação continuada dos profissionais do ensino, o texto-gerador dos debates propôs uma reflexão acerca dos efeitos advindos do sistema de avaliação sobre a formação dos professores atuantes e sobre as avaliações externas em curso.

Sobre a educação inclusiva, permearam reflexões a respeito da educação especial no que concerne a iniciativas públicas, sobretudo em meio ao processo de crescente municipalização do ensino.

*

Procurando manter a tradição de estimular discussões acerca da formação de educadores, consolidada desde 1990 – quando foi realizado o I Congresso –, o VI Congresso Estadual Paulista sobre Formação de Educadores se configurou num espaço de integração entre professores/pesquisadores ligados aos diversos níveis de ensino, alunos e profissionais ligados à área educacional.

Os temas foram articulados em torno de uma preocupação ampla: "Formação de educadores: desafios e perspectivas para o século XXI".

Os debates aconteceram durante conferências, grupos de trabalho, seminários temáticos, comunicações de pesquisa, relatos e depoimentos de experiências educacionais específicas. Buscou-se contemplar uma multiplicidade de abordagens sobre os seguintes assuntos: a prática pedagógica configurada em eixo articulador do preparo para o magistério, a construção de novas diretrizes políticas e curriculares para a promoção da escolarização, a qualidade da formação do professor, a questão da identidade do pedagogo, a docência e a gestão; a pesquisa LDB n.9.394/96 – introduzindo novas diretrizes curriculares nacionais nos mais diversos níveis de ensino – também mereceu destaque nas discussões.

Em relação à pós-graduação e à pesquisa, foram retomadas questões sobre a produção de conhecimento integrado, socialmente relevante e capaz de atender às necessidades teóricas e práticas da educação.

No que se refere à educação continuada, discutiu-se a participação dos docentes na geração de políticas públicas voltadas para essa formação, bem como a necessidade permanente de investimentos.

A respeito da educação especial, foi salientado que perspectivas democráticas de desenvolvimento da educação especial visando a uma escola inclusiva requerem modificações no sistema de ensino e políticas sistemáticas com planejamento integrado.

*

O temática privilegiada para o VII Congresso Estadual Paulista sobre a Formação de Educadores – realizado entre agosto e setembro de 2003 – teve por título: "Teorias e práticas – imagens e projetos". O objetivo central da escolha de tal tema foi o de abrir uma discussão sobre a elaboração de um diagnóstico a respeito de investimentos na área educacional dirigido à concretização de "projetos transformadores".

As atividades do evento foram desenvolvidas em forma de grupos de trabalho, conferências e mesas-redondas, seminários temáticos, relatos de experiência e comunicações científicas.

Entre os temas tratados podem ser destacados: a formação de educadores para as séries iniciais do ensino fundamental, licenciaturas, pedagogia, pós-graduação e pesquisa, educação continuada dos profissionais de ensino, educação especial, educação infantil, formação do educador para a educação de jovens e adultos, educação indígena.

Atentando para a qualidade e a natureza do preparo de docentes, em cursos para o magistério, tiveram prevalência as discussões sobre a atenção dada a tais cursos em políticas referidas ao ensino. A prática docente foi defendida como uma "prática constituinte e constituída de cultura", e o educador como um articulador de processos de ensino e pesquisa, formador e mediador de critérios para a sua docência. Foram abordadas, também, questões ligadas a legislação e possibilidades de superação da salientada dicotomia entre teoria e prática no preparo e exercício da profissão docente; a identidade do professor e a projeção dessa identidade entre alunos e na sociedade como um todo; a definição de políticas relacionadas à integração entre universidades e escolas para favorecer a viabilização de supervisão efetiva dos estágios; a valorização dos aspectos pedagógicos e da universidade como espaço privilegiado de formação do educador; a interdisciplinaridade; o preparo do pedagogo voltado para a docência, apto a atuar na educação infantil, em séries do ensino fundamental e com portadores de necessidades especiais.

Em relação à pós-graduação, foi dada especial ênfase às seguintes questões: perspectivas, impasses e possibilidades para a construção de projetos dirigidos à formação de educadores; projetos articulados e necessidades postas pelo meio social, passando pela concepção moderna de ciência, pela proposição de um espaço individual e coletivo de pesquisa, sempre atento às exigências da sociedade, da educação e da escola.

Sobre questões relativas à formação contínua dos profissionais de ensino, as propostas dirigiram atenção à reflexão sobre a constituição de projetos relativos à formação dos professores em atuação. Também foi requisitada atenção especial às dimensões do trabalho docente ante o processo imprescindível de qualificação permanente.

No que tange à educação especial, destacou-se a necessidade de esforços no sentido de atentar para o histórico do processo educacional de alunos com deficiências e/ou necessidades especiais. Em relação às políticas públicas dirigidas a alunos e a professores, foi requisitada atenção às características inerentes à ação.

Em relação à educação infantil, propôs-se a retomada de discussão sobre: a profissionalização dos professores para crianças de zero a seis anos de idade; a criança como sujeito histórico-cultural; a definição da educação infantil como etapa essencial, específica e articulada aos outros níveis do ensino básico; a defesa de uma multiplicidade de instituições e programas de qualidade destinados à infância; o incentivo à boa formação (inicial e continuada) para o magistério especializado.

A respeito da formação do educador para a educação de jovens e adultos – tema incorporado às reuniões do Cepfe –, foi defendida uma aglutinação das iniciativas já em desenvolvimento e um estímulo especial à criação de programas de educação dirigidos a essas faixas etárias - jovens e adultos. Propôs-se também uma divulgação ampla dos trabalhos realizados no Estado de São Paulo, sempre considerando a alfabetização como instrumento de inclusão social.

Sobre educação indígena - experiência de discussão nova nos congressos sobre a formação de educadores –, a proposta foi encetar uma troca das experiências realizadas em diferentes comunidades, visando a uma reflexão conceitual sobre o sentido e o alcance dos planos pedagógicos, implementados e a serem implementados, em escolas estabelecidas em territórios indígenas. Sobretudo, nas aldeias Guarani, que constituem maior concentração de população indígena no estado de São Paulo.

*

A partir da premissa de que a formação do educador se configura num processo complexo - extrapolando a estruturação formal, a formação profissional na área educacional –, que deve ser objeto permanente de análises críticas e avaliações dos resultados, pode-se ressaltar a importância das discussões encetadas nos Congressos Estaduais Paulistas sobre Formação de Educadores. Os temas abordados multiplicaram-se, e a participação de pesquisadores/profissionais foi sempre crescente. A inclusão de especializações diferenciadas vem se configurando em exemplo de um trabalho que tem por meta a qualidade e as abrangências do ensino no Brasil, em especial, no Estado de São Paulo.

## Referências bibliográficas


BARBOSA, R. L. L. (Org.) *Formação de educadores*: desafios e perspectivas. São Paulo: Editora UNESP, 2003. 503p.

CONGRESSO ESTADUAL PAULISTA SOBRE FORMAÇÃO DE EDUCADORES, 1, 1990, Águas de São Pedro. Rumo ao século XXI. *Anais*... São Paulo: UNESP, 1990.118p.

CONGRESSO ESTADUAL PAULISTA SOBRE FORMAÇÃO DE EDUCADORES, 2, 1992, Águas de São Pedro. Por um projeto nacional em favor da cidadania. *Anais*... São Paulo: UNESP, 1992.108p.

CONGRESSO ESTADUAL PAULISTA SOBRE FORMAÇÃO DE EDUCADORES, 3, 1994, Águas de São Pedro. Tempo da escola... tempo da sociedade. *Anais*... São Paulo: Vunesp, UNESP, 1994. 91p.

CONGRESSO ESTADUAL PAULISTA SOBRE FORMAÇÃO DE EDUCADORES, 4, 1996, Águas de São Pedro. Formação do educador, dever do Estado, tarefa da universidade: textos geradores e resumos. São Paulo: UNESP, 1996. 103p.

CONGRESSO ESTADUAL PAULISTA SOBRE FORMAÇÃO DE EDUCADORES, 5, 1998, Águas de São Pedro. Formador do educador e avaliação educacional. São Paulo: UNESP, 1998. 238p.

CONGRESSO ESTADUAL PAULISTA SOBRE FORMAÇÃO DE EDUCADORES, 6, 2001, Águas de São Pedro. Formação de educadores: desafios e perspectivas para o século XXI – textos geradores e resumos. São Paulo: UNESP, 2001. 214p.

CONGRESSO ESTADUAL PAULISTA SOBRE FORMAÇÃO DE EDUCADORES, 7, 2003, Águas de São Pedro. Teorias e práticas. Imagens e projetos: textos geradores e resumos. São Paulo: Editora UNESP, 2003. 241p.

GAZZOLI, C. M. P. C. *Congresso de Águas de São Pedro:* congregando esforços na formação de educadores para o século XXI. Marília, 1999. Dissertação (Mestrado em Educação) – Universidade Estadual Paulista.

SERBINO, R. V. et al. *Formação de professores*. São Paulo: Editora UNESP, 1998. 357p.

# 1
# Algunas notas sobre la experiencia y sus lenguajes

*Jorge Larrosa*

Hace algún tiempo que vengo usando la palabra *experiencia* para tratar de operar con ella en el campo pedagógico, para explorar sus posibilidades en el campo pedagógico.[1] Ustedes saben que la educación ha sido pensada, básicamente, desde dos puntos de vista: desde el par ciencia/tecnología y desde el par teoría/práctica. Para los positivistas, la educación es una ciencia aplicada. Para los así llamados críticos, la educación es una praxis reflexiva. Ustedes sin duda conocen esas discusiones que han monopolizado las últimas décadas. Unas discusiones que, por lo menos para mí, están agotadas.

Es decir, que tanto los científicos, los que se situan en el campo educativo desde la legitimidad de la ciencia, los que usan ese vocabulario de la eficacia, la evaluación, la calidad, los objetivos, los didactas, los psicopedagogos, los tecnólogos, los que construyen su legitimidad a partir de su cualidad de expertos, los que saben, los que se situan en posiciones de poder a través de posiciones de saber... tanto ellos como los críticos, los que se situan en el campo desde la legitimidad de la crítica, los que usan ese vocabulario de la reflexión sobre la práctica o en la práctica, los que consideran la educación como una

1 Principalmente Larrosa (1996, 2004). Ver también Larrosa (2003a, b).

práctica política encaminada a la realización de ciertos ideales como la libertad, la igualdad o la ciudadanía, los que critican la educación en tanto que produce sumisión y desigualdad, en tanto que destruye los vínculos sociales, los que se sitúan en posiciones de poder a través de convertirse en portavoces de esos ideales constantemente desmentidos, una y otra vez desengañados... para mí, y hablo en primera persona, tanto los positivistas como los críticos ya han pensado lo que tenian que pensar y ya han dicho lo que tenian que decir sobre la educación.

Lo que no significa que no continúen teniendo un lugar en el campo pedagógico. Los expertos porque nos pueden ayudar a mejorar las prácticas. Los críticos porque sigue siendo necesario que la educación luche contra la miseria, contra la desigualdad, contra la violencia, contra la competitividad, contra el autoritarismo, porque es preciso mantener algunos ideales para que nuestra vida continue teniendo sentido más allá de nuestra propia vida. Y la educación tiene que ver siempre con una vida que está más allá de nuestra propia vida, con un tiempo que está más allá de nuestro propio tiempo, con un mundo que está más allá de nuestro propio mundo... y como no nos gusta esta vida, ni este tiempo, ni este mundo, querríamos que los nuevos, los que vienen a la vida, al tiempo y al mundo, los que reciben de nosotros la vida, el tiempo y el mundo, los que vivirán una vida que no será la nuestra y en un tiempo que no será el nuestro y en un mundo que no será el nuestro, pero una vida, un tiempo y un mundo que, de alguna manera, nosotros les damos... querríamos que los nuevos pudiesen vivir una vida digna, un tiempo digno, un mundo en el que no dé verguenza vivir.

Creo que tenemos que mejorar nuestros saberes y nuestras técnicas y creo también que tenemos que mantener permanentemente la crítica, que seguimos necesitando investigadores honestos y críticos honestos, que tenemos que seguir pronunciando el lenguaje del saber y el lenguaje de la crítica. Pero, independientemente de eso, al mismo tiempo, tengo la impresión de que tanto los positivistas como los críticos ya han dicho lo que tenían que decir y ya han pensado lo que tenian que pensar, aunque siga siendo importante seguir hablando, seguir pensando y seguir haciendo cosas en las líneas que ellos han abierto.

Si digo que ya han dicho lo que tenían que decir y ya han pensado lo que tenían que pensar es porque me parece que tanto sus vocabularios como sus gramáticas o sus esquemas de pensamiento están ya constituidos y fijados aunque, obviamente, aún sigan siendo capaces de enunciados distintos y de ideas novedosas. Una gramática es una serie finita de reglas de constitución de enunciados susceptible de una productividad infinita. Un esquema de pensamiento es una serie finita de reglas de constitución de ideas susceptible también de una productividad infinita. Pero cuando una gramática o un esquema de pensamiento están ya constituidos, cualquier cosa que se produzca en su interior da una sensación de "ya dicho", de "ya pensado", una sensación de que pisamos terreno conocido, de que podemos seguir hablando o pensando en su interior sin dificultades, sin sobresaltos, sin sorpresas. Por eso una gramática constituida nos permite decir "lo que todo el mundo dice", aunque creamos que decimos cosas "novedosas", y un esquema de pensamiento constituido es el que nos hace "pensar lo que todo el mundo piensa" aunque tengamos la impresión de que somos nosotros mismos los que pensamos. Desde esa perspectiva, tanto los positivistas como los críticos encarnan ya lo que Foucault llamó "el orden del discurso", ese orden que determina lo que se puede decir y lo que se puede pensar, los límites de nuestra lengua y de nuestro pensamiento.

En ese marco, tengo la impresión de que la palabra *experiencia* o, mejor aún, el par experiencia/sentido permite pensar la educación desde otro punto de vista, de otra manera. Ni mejor ni peor, de otra manera. Tal vez llamando la atención sobre aspectos que otras palabras no permiten pensar, no permiten decir, no permiten ver. Tal vez configurando otras gramáticas y otros esquemas de pensamiento. Tal vez produciendo otros efectos de verdad y otros efectos de sentido. Y lo que he hecho, o he intentado hacer, con mayor o menor fortuna, es explorar lo que la palabra *experiencia* nos permite pensar, lo que la palabra *experiencia* nos permite decir, y lo que la palabra *experiencia* nos permite hacer en el campo pedagógico. Y para eso, para explorar las posibilidades de un pensamiento de la educación elaborado desde la experiencia, hay que hacer, me parece, dos cosas: reivindicar la experiencia y hacer sonar de otro modo la palabra *experiencia*.

1.

En primer lugar, hay que reivindicar la experiencia, darle una cierta dignidad, una cierta legitimidad. Porque, como ustedes saben, la experiencia ha sido menospreciada tanto en la racionalidad clásica como en la racionalidad moderna, tanto en la filosofía como en la ciencia.[2]

En la filosofía clásica, la experiencia ha sido entendida como un modo de conocimiento inferior, quizá necesario como punto de partida, pero inferior: la experiencia es solo el inicio del verdadero conocimiento o incluso, en algunos autores clásicos, la experiencia es un obstáculo para el verdadero cono-

2 En lo que sigue, tomo algunas ideas del capítulo "Experiencia" de Mèlich (2002).

cimiento, para la verdadera ciencia. La distinción platónica entre el mundo sensible y el mundo inteligible equivale (en parte) a la distinción entre *doxa* y *episteme*. La experiencia es, para Platón, lo que se da en el mundo que cambia, en el mundo sensible, en el mundo de las apariencias. Por eso el saber de experiencia está más cerca de la opinión que de la verdadera ciencia, porque la ciencia es siempre de lo que es, de lo inteligible, de lo inmutable, de lo eterno. Para Aristóteles la experiencia es necesaria pero no suficiente, no es la ciencia misma sino su presupuesto necesario. La experiencia (*empeiria*) es inferior al arte (*techné*) y a la ciencia porque el saber de experiencia es conocimiento de lo singular y la ciencia solo puede serlo de lo universal. Además, la filosofía clásica, como ontología, como dialéctica, como saber según principios, busca verdades que sean independientes de la experiencia, que sean válidas con independencia de la experiencia. La razón tiene que ser pura, tiene que producir ideas claras y distintas, y la experiencia es siempre impura, confusa, demasiado ligada al tiempo, a la fugacidad y la mutabilidad del tiempo, demasiado ligada a situaciones concretas, particulares, contextuales, demasiado vinculada a nuestro cuerpo, a nuestras pasiones, a nuestros amores y a nuestros odios. Por eso hay que desconfiar de la experiencia cuando se trata de hacer uso de la razón, cuando se trata de pensar y de hablar y de actuar racionalmente. En el origen de nuestras formas dominantes de racionalidad, el saber está en otro lugar que en la experiencia. Por tanto el *logos* del saber, el lenguaje de la teoría, el lenguaje de la ciencia, no puede ser nunca el lenguaje de la experiencia.

En la ciencia moderna, lo que le ocurre a la experiencia es que es objetivada, homogeneizada, controlada, calculada, fabricada, convertida en experimento. La ciencia captura la experiencia y la construye, la elabora y la expone según su punto de vista, desde un punto de vista objetivo, con pretensiones de universalidad. Pero con eso elimina lo que la experiencia tiene de experiencia y que es, precisamente, la imposibilidad de objetivación y la imposibilidad de universalización. La experiencia es siempre de alguien, subjetiva, es siempre de aquí y de ahora, contextual, finita, provisional, sensible, mortal, de carne y hueso, como la vida misma. La experiencia tiene algo de la opacidad, de la oscuridad y de la confusión de la vida, algo del desorden y de la indecisión de la vida. Por eso, en la ciencia tampoco hay lugar para la experiencia, por eso la ciencia también menosprecia a la experiencia, por eso el lenguaje de la ciencia tampoco puede ser el lenguaje de la experiencia.

De ahí que, en los modos de racionalidad dominantes, no hay *logos* de la experiencia, no hay razón de la experiencia, no hay lenguaje de la experiencia, por mucho que esas formas de racionalidad hagan uso y abuso de la palabra *experiencia*. Y, si lo hay, se trata de un lenguaje menor, particular, provisional, transitorio, relativo, contingente, finito, ambiguo, ligado siempre a un espacio y a un tiempo concreto, subjetivo, paradójico, contradictorio, confuso, siempre en estado de traducción, un lenguaje como de segunda clase, de poco valor, sin la dignidad de ese *logos* de la teoria que dice, en general, lo que es y lo que debería ser.

Entonces, lo primero que hay que hacer, me parece, es dignificar la experiencia, reivindicar la experiencia, y eso supone dignificar y reivindicar todo aquello que tanto la filosofía como la ciencia tradicionalmente menosprecian y rechazan: la subjetividad, la incertidumbre, la provisionalidad, el cuerpo, la fugacidad, la finitud, la vida...

2.

Pero no es bastante con reivindicar la experiencia. Es importante también hacer sonar la palabra *experiencia* de un modo particular, con cierta amplitud, con cierta precisión. Para ello, voy a enunciar ahora algunas precauciones en el uso (o, mejor, en la sonoridad) de la palabra *experiencia* que, para mí, tienen especial relevancia.

La primera precaución consiste en separar claramente experiencia de experimento, en descontaminar la palabra *experiencia* de sus connotaciones empíricas y experimentales. Se trata de no hacer de la experiencia una cosa, de no objetivarla, no cosificarla, no homogeneizarla, no calcularla, no hacerla previsible, no fabricarla, no pretender pensarla científicamente o producirla técnicamente.

La segunda precaución consiste en quitarle a la experiencia todo dogmatismo, toda pretensión de autoridad. Ustedes saben que muchas veces la experiencia se convierte en autoridad, en la autoridad que da la experiencia. Ustedes saben cuántas veces se nos dice, desde la autoridad de la experiencia, qué es lo que deberíamos decir, lo que deberíamos pensar, lo que deberíamos hacer. Pero la experiencia lo que hace, precisamente, es acabar con todo dogmatismo: el hombre experimentado es el hombre que sabe de la finitud de toda experiencia, de su relatividad, de su contingencia, el que sabe que cada uno tiene que hacer su propia experiencia. Por tanto, se trata de que nadie deba aceptar dogmáticamente la experiencia de otro y de que nadie pueda imponer autoritariamente la propia experiencia a otro.

La tercera precaución consiste en separar claramente experiencia de práctica. Y eso significa pensar la experiencia no desde la acción sino desde la pasión, desde una reflexión del sujeto sobre sí mismo desde el punto de vista de la pasión. El sujeto de la experiencia no es, en primer lugar, un sujeto activo, sino que es un sujeto pasional, receptivo, abierto, expuesto. Lo que no quiere decir que sea pasivo, inactivo: de la pasión también se desprenden una epistemología y una ética, tal vez incluso una política, seguramente una pedagogía. Pero se trata de mantener siempre en la experiencia ese principio de receptividad, de apertura, de disponibilidad, ese principio de pasión, que es el que hace que, en la experiencia, lo que se descubre es la propia fragilidad, la propia vulnerabilidad, la propia ignorancia, la propia impotencia, lo que una y otra vez escapa a nuestro saber, a nuestro poder y a nuestra voluntad.

También hay que evitar hacer de la experiencia un concepto. Yo creo que el lector académico, el lector investigador, tanto el teórico como el práctico, quiere llegar demasiado pronto a la idea, al concepto. Es un lector que está siempre apresurado, que quiere apropiarse demasiado pronto de aquello que lee, que quiere usarlo demasiado rápidamente. A mí me pasa a veces, cuando hablo de la experiencia un tanto oblicuamente, cuanto trato de señalarla sin determinarla, que consigo una cierta atención pero, al mismo tiempo, me da la impresión de que provoco un cierto desasosiego. Algo así como "todo bien profesor, muy interesantes sus palabras, muy sugerente su exposición, pero ¿cuál es su idea de experiencia? ¿qué es lo que entiende exactamente por experiencia? ¿qué sería entonces pensar al profesor o al alumno como sujetos de experiencia? ¿cómo podría pensarse la formación del profesorado desde la experiencia? ¿cuál es su concepto de experiencia? ¿qué es exactamente la experiencia?". Me parece que si la función de los conceptos, como alguna vez escribió María Zambrano, es tranquilizar al hombre que logra poseerlos, a lo mejor querer llegar demasiado pronto al concepto sea como querer tranquilizarse demasiado pronto. Además no estoy seguro de que la pregunta "¿qué es?" sea la mejor pregunta ni la mas importante. Y a veces, precisamente para no llegar demasiado deprisa, para que los procesos de elaboración de sentido sean más lentos, menos superficiales, menos tranquilos, mas intensos, hay que resistirse a responder a esas preguntas por el concepto, hay que resistirse a la pregunta "¿qué es?", hay que resistirse a hacer de la experiencia un concepto, hay que resistirse a determinar lo que es la experiencia, a determinar el ser de la experiencia. Es más, tal vez haya que pensar la experiencia como lo que no se puede conceptualizar, como lo que escapa a cualquier concepto, a cualquier determinación, como lo que resiste a cualquier concepto que trate de determinarla... no como lo que es sino como lo que acontece, no desde una ontología del ser sino desde una lógica del acontecimiento, desde un *logos* del acontecimiento. Personalmente, he intentado hacer sonar la palabra *experiencia* cerca de la palabra *vida* o, mejor, de un modo más preciso, cerca de la palabra *existencia*. La experiencia sería el modo de habitar el mundo de un ser que existe, de un ser que no tiene otro ser, otra esencia, que su propia existencia: corporal, finita, encarnada, en el tiempo y en el espacio, con otros. Y la existencia, como la vida, no se puede conceptualizar porque siempre escapa a cualquier determinación, porque es en ella misma un exceso, un desbordamiento, porque es en ella misma posibilidad, creación, invención, acontecimiento. Tal vez por eso se trata de mantener la experiencia como una palabra y no hacer de ella un concepto, se trata de nombrarla con una palabra y no de determinarla con un concepto. Porque los conceptos dicen lo que dicen, pero las palabras dicen lo que dicen y además más y otra cosa. Porque los conceptos determinan lo real y las palabras abren lo real. Y la experiencia es lo que es, y además más y otra cosa, y además una cosa para ti y otra cosa para mí, y una cosa hoy y otra mañana, y una cosa aquí y otra cosa allí, y no se define por su determinación sino por su indeterminación, por su apertura.

La quinta precaución consiste en evitar hacer de la experiencia un fetiche o, lo que sería aún peor, un imperativo. Hace unos días, en la cantina de alguna Facultad de Educación, comenzó una broma a propósito de un tipo que quería escapar a la determinación de su signo zodiacal, que decía que él no tenía signo zodiacal, que no se sentía ni piscis ni virgo ni acuario ni nada... ahí alguien contó que, en una ocasión, en Argentina, se atrevió a decir que él no tenia inconsciente, que hacía varios años que venia buscando su inconsciente pero que nunca lo habia encontrado... y, naturalmente, todos los argentinos presentes dijeron que sí que tenia inconsciente, que cómo no iba a tener, que tenía inconsciente aunque no lo supiera, que todos tenemos inconsciente... alguien dijo después que cuando los españoles llegaron a América tenían ciertas dudas sobre si los indios tenían alma... aunque luego decidieron que sí que tenían alma, aunque ellos no lo supieran, y que era necesario salvar su alma, aunque ellos no vieran la necesidad... alguien dijo que algo parecido ocurre en España ahora con esa cuestión del multiculturalismo, que cuando llega un emigrante de África, después de muchas penalidades, alguien le dice que aquí todos tenemos cultura y que él, naturalmente, tiene la suya, y que además la vamos a reconocer y la vamos a respetar e, incluso, como ya pasa en algunas escuelas, se la vamos a enseñar. Quiero decir que ya se nos ha implantado un signo zodiacal, un inconsciente, un alma, una cultura... aunque no veamos la necesidad... y a ver si ahora se nos va a implantar también una experiencia y todos vamos a tener que empezar a buscarla, a reconocerla y a elaborarla. En el campo educativo, primero se trataba de la vocación, del amor a los niños y de esas cosas. Luego, con toda esa retórica humanista y neohumanista, de lo que se trataba es de que, para ser educador, había que tener una "idea de hombre", y ahí andábamos tratando de elaborar esa idea tan rara. Más tarde trataron de que desarrolláramos competencias técnicas profesionales al modo de los profesionales de otras áreas técnico-científicas. Era la época en que se usaba tanto la comparación entre los pedagogos y los médicos o los ingenieros. Luego nos mandaron que reflexionáramos sobre la práctica, que desarrolláramos nuestra conciencia reflexiva. Y a ver si ahora nos van a mandar que identifiquemos y elaboremos nuestra experiencia personal. Eso sería convertir la experiencia en un fetiche y en un imperativo, como son un fetiche y un imperativo el signo zodiacal, el alma, la identidad profesional, la cultura, la idea de hombre, la vocación, la conciencia crítica, el inconsciente y todas esas cosas que nos dicen que tenemos aunque no lo sepamos, que nos dicen que deberíamos tener aunque nunca hayamos sentido la necesidad, y que nos dicen que tenemos que aprender a buscar, a reconocer y a elaborar.

La sexta y la última precaución consiste en tratar de hacer de la palabra *experiencia* una palabra afilada, precisa, una palabra, incluso, difícil de utilizar, y eso para evitar que todo se convierta en experiencia, que cualquier cosa sea experiencia, para evitar que la palabra *experiencia* quede completamente neutralizada y desactivada. Tal vez por eso lo que he intentado hacer en mis escritos, mejor o peor, es decir lo que la experiencia no es, como para limpiar un poco la palabra pero al mismo tiempo para dejarla libre y suelta, para dejarla lo más vacía y lo mas indeterminada posible. Y lo mismo ocurre con los lenguajes de la experiencia, con la narración, con el ensayo, con la crónica, que hay que reivindicarlos pero que hay que procurar al mismo tiempo no normativizarlos y no trivializarlos y no hacer de ellos tampoco ni una moda, ni un fetiche ni un imperativo.

En fin, que por ahí andamos, dándole vueltas a eso de la experiencia y de los lenguajes de la experiencia, y pensando a veces que si la experiencia comienza a ser tratada en el campo pedagógico como una cosa, y empiezan a abundar los científicos o los técnicos de la experiencia, si la experiencia empieza a funcionar dogmáticamente, y empiezan a abundar los que se amparan en la autoridad de la experiencia, si se empieza a subordinar la experiencia a la práctica y se hace de ella un componente de la práctica, algo que tiene que ver con la mejora de la práctica, si se empieza a hacer de la experiencia un concepto bien definido y bien determinado, si la experiencia empieza a funcionar en el campo pedagógico como un fetiche o como un imperativo, si la palabra *experiencia* empieza a ser una palabra demasiado fácil... entonces vamos a tener que dejársela al enemigo y, aunque sólo para llevar la contraria, vamos a tener que empezar a reivindicar la inexperiencia y a explorar lo que la palabra *inexperiencia* (o el par inexperiencia/sinsentido) nos puede ayudar a decir, a pensar y a hacer en el campo pedagógico...

3.

Hasta aquí tres cosas. Primero, una invitación a explorar el par experiencia/sentido como alternativa o como suplemento a un pensamiento de la educación elaborado desde el par ciencia/técnica o desde el par teoría/práctica. Segundo, la necesidad de reivindicar la experiencia y de darle una cierta legitimidad en el campo pedagógico. Y tercero, algunas precauciones para que ese pensamiento de la experiencia o desde la experiencia no se vuelva contra la experiencia y la haga, otra vez, imposible, y la deje, otra vez, sin lenguaje. Hasta aquí un discurso, digamos, positivo, constructivo, de esos con los que es fácil identificarse, con los que es fácil estar de acuerdo. A partir de ahora voy a colocar mi discurso en un lugar un poco más radical, un poco más difícil, un poco más arriesgado. Para dar un cierto sentido a eso de la experiencia y de los lenguajes de la experiencia y, sobre todo, para ponerles a ustedes (y a mí mismo) ciertas dificultades, quizá para compartir con ustedes algo que me inquieta, algo que todavía no sé cómo pensar pero que tengo la sensación de que merece ser escuchado, voy a leer tres textos sobre la experiencia, tres textos de esos que casi te dejan sin palabras, tan radicales que casi nos colocan en eso de la inexperiencia y el sinsentido con lo que bromeaba hace un momento.

Voy a comenzar leyendo el principio de una conferencia pronunciada en Hamburgo por el escritor húngaro Imre Kertész (1999), el autor de la trilogía sobre la falta de destino. El primer fragmento dice así:

> el conferenciante ... nació en el primer tercio del siglo XX, sobrevivió a Auschwitz y pasó por el estalinismo, presenció de cerca, como habitante de Budapest, un levantamiento nacional espontáneo, aprendió, como escritor, a inspirarse exclusivamente en lo negativo, y seis años después del final de la ocupación rusa llamada socialismo ... encontrándose en el interior de ese vacío voraginoso que en las fiestas nacionales se denomina libertad y que la nueva constitución define como democracia, se pregunta si sirven de algo sus experiencias o si ha vivido del todo en vano.

Tenemos, para empezar, una vida que atraviesa el siglo, que padece la historia del siglo, y que se pregunta si sus experiencias sirven de algo o si ha vivido su vida en vano. Si sus experiencias no sirven de nada, entonces habrá vivido su vida en vano. Sus experiencias son su vida, lo que a él le ha pasado, lo que él ha vivido. Por eso su pregunta tiene que ver con el valor y el sentido de esa vida tanto para sí mismo como para los otros. Una vida en vano es una vida sin sentido y sin valor, ni para uno mismo ni para los otros, y sentido y valor no es lo mismo que utilidad, una vida en vano no es lo mismo que una vida inútil puesto que una vida puede ser vanamente útil.

El texto continúa así:

> cuando hablo de mis experiencias, me refiero a mi persona, a la formación de mi personalidad, al proceso cultural-existencial que los alemanes llaman Bildung, y no puedo negar que la historia ha marcado de lleno con su sello las experiencias que han marcado mi personalidad.

Se diría que Kertész nombra aquí la relación clásica entre experiencia y formación: la experiencia es lo que me pasa y lo que, al pasarme, me forma o me transforma, me constituye, me hace como soy, marca mi manera de ser, configura mi persona y mi personalidad. Por eso el sujeto de la formación no es el sujeto de la educación o del aprendizaje sino el sujeto de la experiencia: es la experiencia la que forma, la que nos hace como somos, la que transforma lo que somos y lo convierte en otra cosa. Y lo que parece decir Kertész es que la historia ha producido las experiencias que han determinado su personalidad. Lo que él es lo es por las experiencias históricas que ha vivido, por el modo como ha vivido lo que su tiempo le ha dado a vivir, le ha hecho vivir. Pero:

> por otra parte, podemos definir como rasgo más característico del siglo XX precisamente el haber barrido de manera completa a la persona y a la personalidad. ¿Cómo establecer pues una relación entre mi personalidad formada por mis experiencias y la historia que niega a cada paso y hasta aniquila mi personalidad?

Es como si lo que el siglo XX nos hubiera dado a vivir fueran unas experiencias encaminadas a destruir a la persona y a la personalidad. Y aquí esta la primera paradoja: las experiencias de este siglo han determinado mi personalidad, pero esas experiencias tienen como efecto, precisamente, el destruir la personalidad: lo que determina mi personalidad es que mi personalidad ha sido destruida. Y continúa:

quienes vivieron al menos uno de los totalitarismos de este siglo, sea la dictadura nazi, sea la de la hoz y el martillo, compartirán conmigo la inevitable preocupación por este dilema. Porque la vida de todos ellos ha tenido un tramo en que parecían no vivir sus propias vidas, en que se encontraban a sí mismos en situaciones inconcebibles, desempeñando papeles difícilmente explicables para el sentido común y actuando como nunca hubieran actuado si hubieran dependido de su sano juicio, en que se veían forzados a elegir opciones que no les venían del desarrollo interno de su carácter, sino desde una fuerza externa parecida a una pesadilla. No se reconocían en absoluto en estos tramos de sus vidas que más tarde recordaban de forma confusa y hasta trastornada; y los tramos que no lograron olvidar, pero que poco a poco, con el paso del tiempo, se convertían en anécdota y por tanto en algo extraño, no se transformaban en parte constitutiva de su personalidad, en vivencias que pudieran tener continuidad y construir su personalidad; en una palabra, de ningún modo querían asentarse como experiencia en el ser humano.

Lo que yo he vivido, parece decir Kertész, lo que millones de personas como yo han vivido, es la sensación de no haber vivido la propia vida, la sensación de no haber tenido una vida propia, una vida a la que se pueda llamar mía, una vida de la que nos podamos apropiar. Nosotros no hemos podido reconocernos a nosotros mismos en lo que nosotros vivíamos, por eso lo que nosotros hemos vivido no tiene nada que ver con nosotros, ha sido algo extraño a nosotros, y por eso no se ha podido convertir en parte de nuestra persona, de nuestra personalidad. El fragmento que quería leerles acaba así: "la no elaboración de las experiencias y, en algunos casos, la imposibilidad incluso de elaborarlas: esa es, creo yo, la experiencia característica e incomparable del siglo XX".

La imposibilidad de elaborar las experiencias, de darles un sentido propio. Y si las experiencias no se elaboran, si no adquieren un sentido, sea el que sea, en relación a la vida propia, no pueden llamarse, estrictamente, experiencias. Y, desde luego, no pueden transmitirse.

Permítanme ahora producir un eco entre este fragmento de Kertész y el famosísimo texto de Walter Benjamin (1991) titulado "El narrador", un texto clásico para la comprensión de esa relación entre experiencia y sentido con la que estamos trabajando. El texto, como todos ustedes saben, comienza con la constatación de la desaparición de la figura del narrador y, con ella, con la desaparición de la facultad de intercambiar experiencias. El primer párrafo de ese texto acaba con esta frase célebre: "diríase que una facultad que nos pareciera inalienable, la más segura entre las seguras, nos está siendo retirada:

la facultad de intercambiar experiencias". En este texto, el relato es el lenguaje de la experiencia, la experiencia se elabora en forma de relato, la materia prima del relato es la experiencia, la vida. Por tanto, si el relato desaparece, desaparece también la lengua con la que se intercambian las experiencias, desaparece la posibilidad de intercambiar experiencias.

Pero el fragmento que quería leerles, igualmente famoso, está en el segundo párrafo y dice así:

> con la Guerra Mundial comenzó a hacerse evidente un proceso que aún no se ha detenido. ¿No se notó acaso que la gente volvía enmudecida del campo de batalla? En lugar de retornar más ricos en experiencias comunicables, volvían empobrecidos. Todo aquello que diez años más tarde se vertió en una marea de libros de guerra, nada tenía que ver con experiencias que se transmiten de boca en boca. Y eso no era sorprendente, pues jamás las experiencias resultantes de la refutación de mentiras fundamentales significaron un castigo tan severo como el inflingido a la estratégica por la guerra de trincheras, a la económica por la inflación, a la corporal por la batalla material, a la ética por los detentadores del poder. Una generación que todavía había ido a la escuela en tranvía tirado por caballos, se encontró súbitamente a la intemperie, en un paisaje en el que nada había quedado incambiado excepto las nubes. Entre ellas, rodeado por un campo de fuerza de corrientes devastadoras y explosiones, se encontraba el minúsculo y quebradizo cuerpo humano.

Los hombres han vivido la Guerra pero están mudos, no pueden contar nada o, simplemente, no tienen nada que contar. Además, cuando llegan a casa, todo ha cambiado a su alrededor, se encuentran en un mundo que no comprenden, apenas frágiles y quebradizos cuerpos humanos, apenas pura vida desnuda, meros supervivientes. Y continúan mudos. En el centro de un campo de fuerzas tan devastador como incomprensible se quedan sin palabras. Las palabras que tenían, las que podían elaborar y transmitir en forma de relato unas experiencias aún propias o apropiables, ya no sirven. Y las palabras que podrían servir, aún no existen.

Kertész habla del nazismo o del estalinismo, Benjamin de la Primera Guerra, pero lo que dicen es lo mismo: no sé lo que me pasa, esto que me pasa no tiene sentido, no tiene que ver conmigo, no puede ser, no puedo comprenderlo, no tengo palabras.

El tercer texto es de Giorgio Agamben (2001), de un libro que se titula *Infancia e historia. Ensayo sobre la destrucción de la experiencia*, y les voy a leer el principio del prólogo. El comienzo del texto es un homenaje a Benjamin, y dice así:

> en la actualidad, cualquier discurso sobre la experiencia debe partir de la constatación de que ya no es algo realizable. Pues así como fue privado de su biografía, al hombre contemporáneo se le ha expropiado su experiencia: más bien la incapacidad de tener y transmitir experiencias quizá sea uno de los pocos datos ciertos que posee sobre sí mismo. Benjamin, que ya en 1933 había diagnosticado con precisión esa "pobreza de experiencia" de la época moderna, señalaba sus causas en la catástrofe de la guerra mundial...

Hasta aquí Benjamin: la imposibilidad de tener y transmitir experiencias. Pero el texto continúa:

> sin embargo hoy sabemos que para efectuar la destrucción de la experiencia no se necesita en absoluto de una catástrofe y que para ello basta perfectamente con la pacífica existencia cotidiana en una gran ciudad. Pues la jornada del hombre contemporáneo ya casi no contiene nada que todavía pueda traducirse en experiencia: ni la lectura del diario, tan rica en noticias que lo contemplan desde una insalvable lejanía, ni los minutos pasados al volante de un auto en un embotellamiento; tampoco el viaje a los infiernos en los trenes del subterráneo, ni la manifestación que de improviso bloquea la calle, ni la niebla de los gases lacrimógenos que se disipa lentamente entre los edificios del centro, ni siquiera los breves disparos de un revólver retumbando en alguna parte; tampoco la cola frente a las ventanillas de una oficina o la visita al país de Jauja del supermercado, ni los momentos eternos de muda promiscuidad con desconocidos en el ascensor o en el ómnibus. El hombre moderno vuelve a la noche a su casa extenuado por un fárrago de acontecimientos – divertidos o tediosos, insólitos o comunes, atroces o placenteros – sin que ninguno de ellos se haya convertido en experiencia.

Benjamin y la Primera Guerra; Kertész, los regímenes totalitarios y ese vacío que se llama libertad o democracia; Agamben, la vida cotidiana en una gran ciudad. El siglo XX, un siglo en el que se pone en funcionamiento masivo una serie de dispositivos que hacen imposible la experiencia, que falsifican la experiencia o que nos permiten desembarazarnos de toda experiencia (Agamben dice eso de la droga, que tal vez hubo una época en que las personas tenían la sensación de que con las drogas estaban haciendo nuevas experiencias, pero que la actual toxicomanía de masas funciona para que podamos desembarazarnos de toda experiencia). ¿Podemos entonces, sin impostura, seguir hablando de la experiencia? ¿no será que el discurso sobre la experiencia y la reivindicación de la experiencia pueden funcionar hoy con cierta facilidad precisamente porque tratan de algo que ya no existe? ¿no habrá que rechazar también la experiencia? A eso parece apuntar el mismo Agamben cuando escribe:

> nunca se vio sin embargo un espectáculo más repugnante de una generación de adultos que tras haber destruido hasta la última posibilidad de una experiencia auténtica, le reprocha su miseria a una juventud que ya no es capaz de experiencia. En un momento en que se le quisiera imponer a una humanidad a la que de hecho le ha sido expropiada la experiencia una experiencia manipulada y guiada como en un laberinto para ratas, cuando la única experiencia posible es horror o mentira, el rechazo a la experiencia puede entonces constituir – provisoriamente – una defensa legítima.

4.

Como ven, en los textos que he leído se formulan tesis muy radicales. Ya no hay experiencia porque vivimos nuestra vida como si no fuera nuestra, porque no podemos entender lo que nos pasa, porque es tan imposible tener una vida propia como una muerte propia (igual que nuestra muerte es anónima, insignificante, intercambiable, ajena, igual que hemos sido despojados de nuestra muerte, nuestras vidas también son anónimas, insignificantes, intercambiables, ajenas, vacías de sentido, o dotadas de un sentido falso, falsificado, algo que se nos vende en el mercado como cualquier otra mercancía, piensen si no en todos los dispositivos sociales, religiosos, mediáticos, terapéuticos que funcionan para dar una apariencia de sentido, piensen si no en cómo compramos constantemente sentido, en cómo seguimos a cualquiera que nos venda un poco de sentido), porque la experiencia de lo que nos pasa es que no sabemos lo que nos pasa, porque la experiencia de nuestra lengua es que no tenemos lengua, que estamos mudos, porque la experiencia de quién somos es que no somos nadie.

La primera tesis es que la experiencia ha sido destruida y se nos da en cambio una experiencia falsa. La segunda tesis, correlativa de la primera, es que no hay lenguaje para elaborar la experiencia, que nos faltan palabras, que no tenemos palabras, o que las palabras que tenemos son tan insignificantes, tan intercambiables, tan ajenas y tan falsas como lo que nos pasa, como nuestra vida. La tercera tesis es que no podemos ser alguien, que todo lo que somos o lo que podemos ser ha sido fabricado fuera de nosotros, sin nosotros, y es tan falso como impuesto, que no somos nadie o que lo que somos es falso. Por lo tanto hablar de la experiencia, o de la formación, o de los lenguajes de la experiencia, es hablar de la mas pura banalidad, o bien de algo que es falso, o bien de algo que solo existe como nostalgia o como deseo pero, en cualquier caso, como imposibilidad.

A partir de aquí podríamos hacer, me parece, varias cosas. La primera sería ir pensando lo que puede ser la experiencia o lo que puede significar reivindicar la experiencia o los lenguajes de la experiencia en el campo pedagógico después de esta imposibilidad, algo así como empezar a pensar sobre tierra quemada. Se trataría de que pensáramos si lo que Kertesz, o Benjamin o Agamben dicen de la vida de las personas comunes de su época y de sí mismos se podría trasladar a nuestras vidas y, sobre todo, a la experiencia de ser profesor o de ser alumno, a la experiencia de habitar un espacio escolar, un espacio pedagógico, si se le podría dar un cierto sentido a que la experiencia de la escuela es una experiencia en la que no vivimos nuestra vida, en la que lo que vivimos no tiene que ver con nosotros, es extraño a nosotros, si de la escuela, tanto si somos profesores como alumnos, volvemos exhaustos y mudos, sin nada que decir, si la escuela forma parte de esos dispositivos que destruyen la experiencia o que lo único que hacen es desembarazarnos de la experiencia. La segunda posibilidad sería protestar, retroceder posiciones, y volver a formular unas tesis menos radicales, de esas que son más constructivas, que provocan más unanimidades. La tercera posibilidad sería pensar si es posible vivir honradamente, también en educación, la imposibilidad de la experiencia, la falta de sentido, la ausencia de palabras, la conciencia de que no somos nadie. Pero en realidad creo que la opción es de ustedes. Yo les propongo estos juegos y a ustedes les cabe, soberanamente, aceptarlos o modificarlos, o proponer otros, o ninguno.

El texto de Benjamin está atravesado de nostalgia, es un texto elegíaco. El texto de Kertész está atravesado de desesperación, es un texto desesperado. El texto de Agamben, entre nostálgico y desesperado, intenta abrir un espacio para pensar la experiencia de otro modo, no como algo que hemos perdido o como algo que no podemos tener, sino como algo que tal vez se da ahora de otra manera, de una manera para la que quizá aun no tenemos palabras. Y ahí es donde quisiera terminar esta conferencia sobre la experiencia y los lenguajes de la experiencia, en que quizá aún no tenemos palabras.

Muchas gracias, y les agradezco sinceramente su atención y su compañía porque he tratado de formular perplejidades y no certezas, porque me siento cada vez mas atónito y agradezco que hayan escuchado y tal vez compartido mi perplejidad, porque siento cada vez más claramente que no tengo nada que decir, y ustedes me han ayudado a decir que no tengo palabras... y me han ayudado a buscarlas.

## Referências bibliográficas

AGAMBEN, G. *Infancia e historia.* Ensayo sobre la destrucción de la experiencia. Buenos Aires: Adriana Hidalgo, 2001.

BENJAMIN, W. El narrador. *Para una crítica de la violencia y otros ensayos.* Madrid: Taurus, 1991.

KERTÉSZ, I. Ensaio de Hamburgo. *Um istante de silencio em el paredón.* Barcelona: Herder, 1999.

LARROSA, J. *La experiencia de la lecutra*: estudios sobre literatura y formación. Barcelona: Laertes, 1996.

_____. Experiencia y pasión. In: _____. *Entre las lenguas.* Lenguaje y educación después de Babel. Barcelona: Laertes, 2003a.

_____. Sobre lectura, experiencia y formación. In: _____. *Entre las lenguas.* Lenguaje y educación después de Babel. Barcelona: Laertes, 2003b.

_____. *La experiencia de la lecutra.* Estudios sobre literatura y formación. 3.ed. México: Fondo de Cultura Económica, 2004.

MÈLICH, J.-C. *Filosofia de la finitud.* Barcelona: Herder, 2002.

# 2
# Globalização e reforma universitária: a sobrevivência do MEC-Usaid

*Emília Viotti da Costa*

Ouve-se falar por toda parte que o sistema educacional brasileiro está em crise. O magistério assiste impotente às transformações introduzidas no ensino primário, secundário e superior, que, se resultaram no aumento das matrículas, também causaram a deterioração do ensino em todos os níveis. Os governos continuam a legislar sobre educação, sem dar ouvidos a críticas e sugestões vindas de organizações representativas do magistério, que são as mais capacitadas, pela sua experiência, para fazê-las. Quando estas tentam intervir em favor do magistério, sua intervenção é ignorada e maliciosamente caracterizada como corporativismo.

Os estudos mais recentes atribuem as reformas educacionais à hegemonia mundial do projeto neoliberal, a partir dos anos 80, o que é apenas em parte verdadeiro. Quando examinamos as modificações introduzidas no setor de educação nos últimos anos, verificamos uma grande semelhança com o projeto MEC-Usaid, dos anos 60, hoje quase esquecido. À semelhança do projeto MEC-Usaid, as reformas atuais refletem uma orientação eminentemente tecnológica, privatizante, pseudodemocratizante, economicista, em suma, que subordinam a educação aos interesses do "mercado". Vale a pena, portanto, tentar recapturar essa experiência do passado e refletir sobre sua permanência no presente.

Cabe lembrar que em 1967-1968 a universidade brasileira foi agitada por discussões sobre a reforma da universidade proposta pelo governo militar. O projeto aprovado pelo governo e assinado pelo ministro da Educação, Tarso Dutra, foi amplamente divulgado e discutido e encontrou séria oposição nos meios universitários, onde ficou conhecido como projeto MEC-Usaid, em virtude de os trabalhos preliminares terem sido elaborados por uma comissão de especialistas em educação, composta de professores brasileiros, indicados pelo Ministério de Educação e Cultura, e americanos indicados pela United States Agency for International Development (Usaid). O projeto resultara de uma série de acordos entre a Usaid e o Ministério de Educação (MEC), visando à reforma do ensino nos vários níveis, desde o primário até o ensino superior, incluindo o ensino agrícola e veterinário e a formação de professores do ensino médio, além de um convênio entre a Usaid, o MEC e o Sindicato Nacional dos Editores de Livros (SNEL) e a Comissão Coordenadora da Aliança para o Progresso (Cocap) para a compra e distribuição gratuita de cinquenta milhões de livros didáticos e técnicos, nas escolas públicas, no prazo de três anos. Como seria impossível cobrir assunto tão vasto e complexo nos seus vários aspectos, no tempo que dispomos, concentrarei minhas observações no problema da universidade.

O grande número de convênios MEC-Usaid levanta várias questões: que interesse teriam os Estados Unidos nesses projetos? Seriam eles simplesmente frutos de uma política de boa vizinhança? Por que, contando o Brasil com tantos educadores competentes, o governo brasileiro considerou necessário recorrer a essa colaboração dos Estados Unidos? Por que acolheu as diretrizes propostas nesse projeto e continuou seguindo essas normas até nossos dias?

Um exame da política norte-americana pós-guerra permite entender as motivações da Usaid nessa e em outras parcerias. Terminada a Segunda Guerra Mundial em 1945, os Estados Unidos passaram a consolidar sua posição hegemônica. As nações europeias, dizimadas pela guerra, não estavam em condições de competir com o poder econômico e militar dos Estados Unidos. O Japão fora derrotado. A China encontrava-se desorganizada pela revolução que acabou por levar os comunistas ao poder em 1949. A única nação que ainda poderia disputar essa hegemonia era a União Soviética. A partir de então, o governo americano orientou sua política externa no sentido de expandir seus mercados e sua área de influência no mundo. Iniciava-se assim, sob o governo Truman, a guerra fria, período que se caracterizou por enfrentamentos constantes entre Estados Unidos e União Soviética, em várias partes do mundo, culminando na queda desta em 1990. Na luta para conquistar a hegemonia, os sucessivos governos americanos viram na educação um dos instrumentos para alcançar seus objetivos.

No discurso inaugural no ano de 1949, Truman incluiu o chamado Ponto Quatro: um audacioso programa que visava, entre outras coisas, difundir conhecimento científico, industrial e tecnológico nos países emergentes. Inicialmente, os homens de negócio não viram com simpatia o Ponto Quatro. Ao contrário, fizeram pressão para que Truman, em vez de um projeto de ajuda a países periféricos, negociasse tratados que favorecessem os interesses privados. Durante um ano e meio, o Congresso tergiversou, mas acabou por votar 27 milhões de dólares para dar início a um programa técnico, em conjunto com as Nações Unidas (La Faber, 1991, p.80). Foi a partir de então que se fizeram os primeiros contatos visando estabelecer uma colaboração entre os Estados Unidos e o Brasil em matéria de educação.

Nos anos que se seguiram, a rivalidade entre os dois blocos, Estados Unidos e a União Soviética, foi crescendo. A vitória dos comunistas na China em 1949 e o sucesso da Revolução Cubana dez anos mais tarde contribuíram para aumentar as tensões. A partir de então, todos os movimentos revolucionários ou reformistas no mundo passaram a ser vistos como conspirações movidas pelo comunismo internacional. Diante da ameaça, os Estados Unidos procuraram estreitar laços com países da América Latina, mediante projetos de desenvolvimento patrocinados pelo Inter-American Development Bank (Banco Interamericano de Desenvolvimento), criado em 1957, e pela Aliança para o Progresso, de iniciativa do presidente John Kennedy. A contrapartida do auxílio econômico e cultural era a assistência militar com a qual os Estados Unidos pretendiam garantir a segurança do hemisfério. Com esse objetivo, a Agency for International Develoment (AID) financiava, por exemplo, o treinamento de policiais latino-americanos na Carolina do Norte, no Forte Bragg e na Escola das Américas, no Panamá. Consciente da força das ideologias, o governo americano empenhara-se em expandir a influência cultural dos Estados Unidos. É a partir desse quadro internacional que se podem entender os vários convênios que resultaram no chamado projeto MEC-Usaid.

A proposta de colaboração entre os Estados Unidos e o Brasil no setor da educação data dos anos 50, bem antes da onda neoliberal que invadiu o país trinta anos depois. No entanto, provavelmente pela resistência de alguns setores nacionalistas, essa parceria só veio a fruir plenamente depois que os militares assumiram o poder em 1964 e resolveram aproximar-se definitivamente dos Estados Unidos, pondo fim aos pruridos nacional-desenvolvimentistas de uns e aos sonhos socialistas de outros. O governo militar abandonou os projetos de desenvolvimento autônomo seguido por seus predecessores e optou por um desenvolvimento associado, comandado por grupos internacionais localizados majoritariamente nos Estados Unidos. Essa opção não foi um fato isolado. Ao golpe militar no Brasil, sucederam-se outros na América Latina que obedeceram à mesma orientação. Foi nesse contexto que se procurou implantar no Brasil os projetos resultantes dos acordos MEC-Usaid.

A conjuntura histórica era muito favorável à reforma das universidades. As transformações econômicas ocorridas no país desde a era Vargas haviam contribuído para tornar obsoleta a estrutura universitária vigente que não conseguira acompanhar o ritmo daquelas mudanças. À medida que os pressupostos nos quais se assentavam os componentes da escola tradicional deixaram de existir, tendo-se modificado as aspirações dos grupos dominantes, a universidade tornara-se anacrônica aos olhos de muitos. Não só quanto ao conteúdo do ensino, como também quanto ao padrão de organização escolar. Senão vejamos.

Criada nos anos 30, a universidade brasileira reunira um conjunto de faculdades e institutos, alguns datando do século XIX e outros organizados posteriormente, como a Faculdade de Filosofia de São Paulo, que datava de 1934. Até então, o limitado desenvolvimento industrial e o predomínio da estrutura agrária faziam que as populações não canalizadas para as atividades agrícolas fossem empregadas predominantemente no comércio, no serviço público, nas profissões liberais, nas Forças Armadas ou na Igreja. Apenas uma pequena parcela era absorvida pelo setor industrial.

As faculdades eram vistas como cabides de emprego. O recrutamento dos professores era feito segundo critérios paternalistas de clientela. A maioria via no ensino superior uma atividade secundária, um meio de obter *status*. A formação científica não constituía requisito essencial. As aulas, com raras exceções, caracterizavam-se pelo seu caráter livresco. O professor qualificava-se pelos dons de oratória, considerava-se habilitado a exercer várias atividades didáticas ao mesmo tempo e lecionava matérias as mais diversas. Importando estilos de pensamento dominante nos países europeus, o ensino superior não estimulava o pensamento criador, contentando-se em reproduzir conhecimentos, deixando num segundo plano as preocupações com a pesquisa. Abertas aparentemente a todos, as universidades, de fato, recrutavam alunos entre as categorias privilegiadas. No dizer de Lévy-Strauss, até então a cultura fora uma distração de ricos. Com raras exceções, a universidade era expressão dessa realidade, os currículos visavam menos à formação científica que à bacharelesca.

Essas condições começaram a mudar a partir dos anos 30. Os líderes da revolução atribuíam à educação um papel fundamental na transformação da sociedade, imaginando promover a renovação do país pela mudança da consciência nacional. Pleiteavam uma nova política educacional, a liberdade de cátedra, a instituição de concursos para o preenchimento de cargos. Reivindicavam a democratização da cultura, recomendando a gratuidade do ensino como meio de alcançá-la. Na prática, no entanto, não chegaram a abandonar o conceito de cultura como privilégio de elite.

As mudanças ocorridas no país entre 1930 e 1964 – o desenvolvimento industrial, o crescimento da população, o processo de urbanização e o crescente envolvimento do capital estrangeiro na nossa economia – trouxeram novas formas de pensamento, novos procedimentos no campo da investigação, visando superar o impasse do modelo econômico adotado (nacional desenvolvimentista), impasse cada vez mais evidente na diminuição da taxa de crescimento e na intensificação dos conflitos sociais e políticos. Tudo isso levou a maior preocupação com a ciência e a tecnologia, valores que acabaram sendo transpostos para a política educacional. A partir de então, passou-se a exigir menos retórica, e mais rigor científico, imprimindo à ciência, cada vez mais, uma direção nitidamente tecnológica, colocando-a a serviço dos interesses empresariais que tinham passado a desempenhar papel importante na sociedade. No entanto, pelo caráter desigual do desenvolvimento e pela influência da Igreja Católica, permaneceram na sociedade setores, resistentes às mudanças, que continuaram a defender valores herdados do passado.

É nesse contexto que se podem compreender as diretrizes da política educacional dos anos 60, presentes no projeto MEC-Usaid. A conceituação da universidade como empresa, a valorização da iniciativa privada em detrimento da participação do Estado, a substituição do ideal de gratuitade do ensino superior pelo da lucratividade, a ênfase na formação tecnológica em detrimento da formação humanística e a subordinação dos ideais de liberdade de expressão e de cátedra ao ideal de segurança nacional definido nos termos da guerra fria, todos esses itens estiveram presentes na política educacional do governo militar. Assim como, talvez com exceção do último item, estiveram presentes em vários projetos alternativos, apresentados na ocasião por grupos que discordavam do MEC-Usaid, mas aceitavam muitos dos seus princípios, como é o caso do projeto de Darcy Ribeiro para a organização da Universidade de Brasília.

Naquela época, todos concordavam que era necessário estimular o desenvolvimento da pesquisa, que tinha sido relegada a segundo plano em favor da profissionalização que passou, em grande parte, a ser feita fora da universidade. Criticava-se também a rigidez da estrutura universitária baseada no princípio da cátedra e nos órgãos de representação a ela relacionados, o que dificultava a adaptação da universidade às transformações ocorridas, acarretando um desenvolvimento caótico e improdutivo. O professor universitário, interessado apenas na sua carreira pessoal, raramente orientava suas pesquisas no sentido do interesse maior da coletividade. Multiplicavam-se os estudos marcados por uma perspectiva puramente acadêmica e estéril. O individualismo da cátedra dificultava a coordenação dos trabalhos de pesquisa e a integração dos cursos. O aparecimento de novos setores de pesquisa, não previstos quando da organização dos currículos, e a necessidade de contatos interdisciplinares encontravam barreiras na estrutura unversitária. Sua rigidez impedia a formação de profissionais diversificados e capacitados a se adaptarem às mudanças no mercado de trabalho, às transformações científicas e às exigências mais amplas da sociedade. Problemas semelhantes existiam em relação às atividades de divulgação e extensão, que obedeciam, em geral, mais à boa vontade de alguns professores do que a um planejamento global em razão dos interesses da coletividade. Entre os problemas da universidade, apontavam-se os baixos salários dos professores universitários, se comparados aos dos cargos de chefia nos setores industriais, o que provocava a evasão de elementos altamente qualificados. O funcionamento em tempo parcial de grande número de professores, quer por falta de verbas destinadas a contratação em tempo integral, quer porque aos profissionais de certas carreiras, como medicina, engenharia, advocacia, não interessava esse regime, já que podiam auferir renda muito maior fora da universidade, era outro motivo de crítica.

Outro aspecto unanimemente condenado pelos que analisaram a crise na universidade nos anos 60, também apontado no relatório de Rudoph Atcon, era o desenvolvimento caótico que levava a desperdícios de equipamento e ao uso ineficiente de pessoal, acarretando despesas desnecessárias e resultando em capacidade ociosa de espaço, material e pessoal. Criticava-se ainda a redundância de cursos e cadeiras. Denunciava-se o baixo índice de matrícula, o reduzido número de alunos formados e o grande número de excedentes. Em vista dos vários problemas, era opinião generalizada que a reforma da universidade era um imperativo. Restava saber que tipo de reforma.

Foi nessas circunstâncias que o governo militar baixou um decreto em 1966, que deu início à Reforma Universitária e fixou normas para a reestruturação das universidades federais. O objetivo expresso era utilizar de forma mais eficiente os recursos financeiros e "materiais humanos". A linguagem utilizada parecia subordinar a universidade a uma lógica de custos e benefícios, a qual, diga-se de passagem, continua a imperar em nossos dias, com resultados bastante nefastos para a educação.

Apesar de o governo brasileiro ter se comprometido a dar ampla divulgação aos convênios que estabelecera com a Usaid, que vieram a ser conhecidos como MEC-Usaid, pouco era sabido a respeito do seu conteúdo. Quando as notícias começaram a circular, a opinião pública dividiu-se entre os que os saudavam como uma importante parceria que viria ajudar o Brasil a obter fundos para a educação, eliminar o atraso das escolas e nelas implantar padrões modernos de ensino e os que os condenavam por representar perigosa ingerência estrangeira num assunto de importância nacional.

A recepção dos acordos não podia escapar ao clima criado pela guerra fria. Os que se opuseram ao MEC-Usaid foram imediatamente tachados de comunistas e agitadores; os que o apoiavam foram vistos por seus opositores como oportunistas ou entreguistas. O então deputado Márcio Moreira Alves, um dos mais eloquentes líderes da oposição, chegou a publicar em 1968 um pequeno livro, *Beabá dos MEC-Usaid*, no qual transcrevia alguns dos textos relativos aos vários convênios. No prefácio, dizia ele que a documentação que apresentava constituía "um verdadeiro beabá do imperialismo através do condicionamento de gerações".

A despeito do clima de repressão, criado após o golpe de 1964, os debates a propósito da reforma universitária originaram grande mobilização entre professores e alunos. As divergências sobre os objetivos do ensino superior, as formas de gestão e a relação da universidade com a sociedade foram temas que geraram conflitos e ressentimentos intramuros que acabaram extravasando para as ruas. As manifestações estudantis, acirradas pela violência policial, sucederam-se num ritmo crescente. A mobilização ocorria no momento em que o governo militar se sentia ameaçado pela formação de uma Frente Ampla, integrada por Carlos Lacerda, um dos suportes da "revolução" que agora virava-se contra ela, e vários políticos afastados do poder, como o ex-presidente Juscelino Kubitschek e o deposto presidente João Goulart. A morte do presidente Castelo Branco, em setembro de 1967, em suspeito acidente de avião, aumentou a insegurança dos militares. Os protestos estudantis e as primeiras manifestações de guerrilha foram a gota d'água que provocou um segundo golpe, mais repressivo que o primeiro, cerceando ainda mais o espaço democrático e intensificando as discussões sobre a reforma universitária proposta pelo governo.

As reformas propostas pelo governo obedeciam às recomendações de Rudolph Atcon, nome que foi considerado porta-voz da comissão mista que estudava a reforma da universidade. Atcon, no entanto, não estava ligado oficialmente a ela. Num artigo publicado em 2.12.1966, o jornal *Folha de S. Paulo* informava ter apurado que o professor Rudolph Atcon, acusado de atuar como representante de interesses dos EUA em assuntos educacionais na América Latina e autor de um relatório mantido em segredo pelo MEC, "é técnico de educação alemão (*sic*) radicado no Brasil há 15 anos, para onde veio a convite do prof. Anísio Teixeira para, como diretor-assistente, criar a atual Capes. Não está ligado ao acordo MEC-Usaid". A notícia prosseguia observando que a comissão que estava "pondo em prática o acordo MEC-Usaid" levava em conta o seu opúsculo *Reformulação estrutural da universidade brasileira*. Essa breve notícia dá bem a ideia da falta de transparência e da desconfiança que havia em torno dos trabalhos da comissão, desconfiança que ficara bem clara já no encontro realizado no dia anterior pelos reitores com os representantes da comissão, como foi noticiado pela *Folha*. O jornal também noticiava que a comissão vinha "sofrendo" críticas de diversos setores educacionais do país "e que alguns consideravam que o Brasil era autossuficiente para planejar a reforma e outros alegavam que não havia razões para buscar orientação somente nos Estados Unidos quando havia reformas bem-sucedidas na Inglaterra, Alemanha e França".

Confusão e resistência cercavam os trabalhos da comissão, e, a despeito do desmentido, Atcon acabou por ser identificado com o que veio a ser chamado de projeto MEC-Usaid para a universidade. Para isso também contribuiu o fato de ele ter trabalhado na reformulação dos sistemas universitários da Venezuela, do Chile, da Colômbia e de Honduras. No entanto, suas conexões com o projeto MEC-Usaid, que eu saiba, nunca foram esclarecidas. A publicação de seu opúsculo sobre a reforma universitária brasileira pelo MEC, em 1966, porém, esclarece muito sobre a natureza de suas ideias.

Se a um leitor desavisado elas poderiam parecer progressistas, de fato, se aplicadas promoveriam a elitização, privatização da educação e subordinação das universidades aos interesses empresariais. Depois de avaliar a situação de treze, das 36 universidades federais então existentes, Atcon afirmava em seu relatório a necessidade urgente de uma reforma da estrutura universitária, apontando deficiências por todos conhecidas. Fixava, ao mesmo tempo, uma série de princípios genéricos, apresentados sob a forma de expressões vagas e indefinidas. A manobra retórica permitia conciliar na aparência intenções as mais opostas.

Uma análise do plano Atcon de reestruturação da universidade comprova o sentido específico das expressões aí empregadas, tais como: "comunidade", "reais necessidades da sociedade", "desenvolvimento econômico", e permite identificar o sentido privativista, classista, tecnicista, antinacional e antidemocrático que se oculta atrás dessas fórmulas abstratas.

Partindo do pressuposto (obviamente preconceituoso) de que o fato de o pessoal da universidade estar ligado aos cânones do serviço público era responsável por todos os vícios do sistema e origem de todos os males que recaíam sobre a universidade brasileira, o projeto Atcon sugeria como primeiríssima tarefa de reformulação universitária do Brasil a desvinculação do pessoal docente e administrativo dos canais do serviço público. Pleiteava ainda a transformação da universidade em Fundação, desligada do governo e administrada por um conselho de curadores, pessoas estranhas aos quadros universitários. A intenção dessa manobra era clara: tratava-se de retirar a universidade do controle estatal para submetê-la ao controle direto dos grupos econômicos. A defesa da privatização da universidade pública estava ligada às supostas "incapacidade administrativa do Estado" e "baixa produtividade" das universidades públicas. Na prática, no entanto, verifica-se que no Brasil elas foram e continuam sendo as que produziram os trabalhos de investigação mais importantes e formaram os melhores profissionais.

Atcon preconizava também a instituição do ensino pago, argumentando habilmente que o ensino deveria ser pago pelos que tinham recursos para que os menos favorecidos pudessem estudar subsidiados por bolsas. Atrás desse argumento se escondiam intuitos paternalistas, convertendo o que era direito de todos em privilégio de alguns (os que tinham a sorte de receber bolsas), transformando em caridade o que era um direito duramente conquistado, quando na realidade existia uma solução mais democrática: a taxação realmente progressiva dos bens, o que permitiria criar maior número de universidades e maior número de vagas nas escolas públicas.

A ideia de Atcon era, como vimos, transformar a universidade em empresa subordinada a um conselho de curadores que controlaria as verbas e, portanto, teria em última instância o poder de decisão. Para compor o conselho de curadores, ele sugeria pessoas "destacadas da comunidade" sobretudo entendidas de finanças, como aquelas "um grande industrial, "um "destacado banqueiro", "pessoas de relevo no mundo jurídico" e "acima das considerações político-partidárias", recomendação que revela desconhecimento da dinâmica social ou má-fé. Ao lado de curadores, do reitor e do conselho universitário, Atcon colocava um administrador, que, no seu dizer, deveria ser "técnico em administração, contratado de preferência na indústria", um "gerente" que traga de sua posição "hábitos estabelecidos na indústria". Para Atcon, a universidade era uma grande empresa. Tratava-se de educação em função do complexo industrial, e, dadas as conexões entre este e o militarismo, não é de se estranhar o caráter autoritário da educação proposta, muito do gosto dos militares que então governavam o país.

- Na ideologia empresarial, a educação existe para servir a empresa. Mesmo quando é apresentada como atendendo a outros fins, toda estrutura é montada para atender àquele objetivo. Os planejadores da educação, filiados a essa concepção, encaram a educação como um meio de produção, como veículo de desenvolvimento econômico, entendendo este como um processo de acumulação de riquezas por alguns setores da sociedade, o que aliás não é jamais confessado. A ideologia que os inspira apresenta como idênticos os interesses do capital e do trabalho. Nessa perspectiva, os professores passam a ser vistos como força de trabalho, os alunos como matéria-prima e, quando formados, como mercadoria a ser lançada no mercado de trabalho. A frequência desses termos nos textos oficiais sobre educação denota a orientação que prevaleceu e prevalece em nossos meios.
- Para os que pensam como Atcon, "comunidade" é sinônimo de grupos dirigentes da sociedade. Os que partilham dessas ideias concebem a universidade como uma fábrica de profissionais e técnicos subordinados às exigências do mercado, que é visto como senhor absoluto da sociedade. Isso significa que os grupos que tomaram o poder em 1964 abandonaram os valores humanísticos, liberais e democráticos que haviam inspirado a criação da Universidade de São Paulo em 1934.
- Pelo sistema proposto no Relatório Atcon, o Estado admite sua incapacidade e ao mesmo tempo reconhece a existência na sociedade de grupos ricos e poderosos em condições de administrar a universidade. As verbas, até então despersonalizadas nas mãos do Estado, personalizavam-se nas mãos de grupos extrauniversitários, que passavam a ter à sua disposição verbas públicas para administrar segundo seu próprio critério. A universidade que deveria servir a toda sociedade passaria a servir a grupos específicos. Ficava assim caracterizado seu caráter classista.

- Entregava-se a universidade a grupos economicamente poderosos, ligados a capitais estrangeiros, os quais, subsidiando centros de pesquisa em seus países de origem, não teriam interesse em multiplicar investimentos, dado o critério de lucratividade que os orienta. Nessas condições, é de supor que seriam preteridos projetos custosos, antieconômicos, frequentemente os mais importantes do ponto de vista da ciência, e os mais significativos para a maioria da população, projetos cujo ônus somente o Estado poderia suportar. Na medida em que a universidade é fator de desenvolvimento econômico do país, teríamos mais uma vez, impostos por grupos extranacionais, limites ao desenvolvimento nacional, sob a aparência de estímulo ou ajuda.

Esses comentários sobre o projeto MEC-Usaid são aplicáveis à maioria das reformas introduzidas na universidade a partir de então. O governo militar aceitou muitas das sugestões feitas por Atcon, e a universidade se transformou, embora não tão completamente quanto este teria desejado. A cátedra foi abolida e substituída por departamentos, os quais, no entanto, parecem não ter atingido os resultados que se esperava. Houve maior flexibilização nos currículos. O sistema de créditos foi mudado. O ensino pago na universidade pública ainda não foi introduzido, embora o ex-ministro Paulo Renato tenha previsto que dentro em pouco o será. Ao mesmo tempo, as universidades particulares pagas multiplicaram-se e formam hoje mais alunos do que as públicas, embora as desistências sejam muito maiores nas particulares do que nas públicas, assim como há maior número de pobres nas universidades públicas do que nas particulares, contrariamente ao que se diz. Pesquisa, ensino e extensão cultural não foram ainda dissociados completamente, mas o processo já está em curso. Finalmente, estamos na iminência de ver universidades estrangeiras funcionando no país. A insistência na subordinação aos interesses do mercado acentua-se dia a dia. As fundações multiplicam-se na Universidade de São Paulo, não obstante os protestos da Adusp. Apesar de alguns avanços nos projetos de extensão, a tendência é multiplicar os cursos pagos. Além disso, todos reconhecem que a qualidade do ensino deteriorou, assim como deteriorou o processo de formação de professores, que foi retirado das Faculdades de Filosofia. Além disso, verbas públicas continuam a subsidiar as universidades privadas.

O espectro do MEC-Usaid continua a assombrar o país. Se os governos militares não completaram sua implementação, talvez pelas resistências que se lhe foram opostas, foi depois da redemocratização, já na década de 1990, sob a chamada globalização e a influência do pensamento e da prática neoliberais, que se retomou o caminho apontado na década de 1960, agora com maior vigor. Ironicamente, foi no governo de Fernando Henrique Cardoso, uma das vítimas da repressão contra a universidade da qual foi afastado pelos militares em 1969, que se renovaram as parcerias com o governo americano visando à melhoria do ensino nos termos do antigo MEC-Usaid, ao mesmo tempo que se implementavam novas medidas sugeridas pelo Banco Interamericano de Desenvolvimento, Banco Mundial e Organização das Nações Unidas.

Não cabe aqui analisar todos os passos nesse sentido, basta mencionar alguns. Brasil e Estados Unidos estabeleceram em 1997, quando da visita do presidente Clinton ao Brasil, uma parceria que foi negociada numa série de encontros entre funcionários dos dois países pertencentes às várias agências governamentais: nos Estados Unidos, representantes do Departamento de Educação, do Departamento de Estado, da Agência de Informações, da Agência para o Desenvolvimento Internacional, da Fundação Nacional das Ciências e do National Endowment for the Humanities. Representavam o Brasil o Ministério da Educação, o Ministério das Relações Exteriores, da Ciência e Tecnologia e o das Comunicações. Como se pode ver pelo número e importância das instituições envolvidas, tratava-se de uma grande operação.

O documento que formalizou a parceria estabeleceu um amplo programa de ações específicas, a serem desenvolvidas nos próximos anos em cinco áreas privilegiadas.

- Os dois governos comprometeram-se a estabelecer um diálogo com o setor privado visando a uma série de medidas para o uso de tecnologia nas salas de aula e avaliação de seus resultados para o aprendizado, expandindo simultaneamente a colaboração para o desenvolvimento da internet. Visavam ainda examinar maneiras de ligar alunos e professores dos dois países.
- Ficou estabelecido que os dois países trabalhariam na construção de um sistema estatístico e de indicadores relativos à educação e procurariam criar um diálogo visando à melhoria dos métodos de aprendizado da leitura e da matemática no ensino de primeiro grau. Consta ainda do protocolo definir *standards* para uma educação descentralizada.
- Os signatários do acordo comprometeram-se a trocar informações sobre a melhor maneira de formar professores e administradores escolares e enfatizaram a autonomia das escolas nas decisões escolares, a melhoria

do ensino e aprendizado das ciências, bem como a criação de um programa de intercâmbio entre professores dos dois países. Promove-se ainda a conexão entre as universidades brasileiras e as americanas.

- Os dois países concordaram em estimular o envolvimento na educação dos setores de negócios, a comunidade e a família, a fim de melhorar o ensino local. Afirma-se que ambos os setores empresariais, o americano e o brasileiro, estão cada vez mais engajados em "promover a melhoria da educação".
- Em outubro de 1999, a parceria foi renovada e expandida pelo ministro Paulo Renato Souza, principal artífice da política educacional do governo Fernando Henrique Cardoso, estendendo-a até 2002. Em maio de 2000, os Departamentos de Educação dos Estados Unidos e do Brasil assinaram uma carta de intenções em São Paulo estabelecendo um Consórcio para a Parceria na Educação Superior, dando sequência à parceria estabelecida em 1997.

Completando o que fora iniciado pelo MEC-Usaid e orquestrado mundialmente pelo Bird, o Banco Mundial, as agências da Organização das Nações Unidas[1] e o governo Fernando Henrique Cardoso, mediante um sistema de parceria, colocaram mais uma vez a educação brasileira em mãos de técnicos e especialistas estrangeiros, os quais na sua maioria conhecem apenas superficialmente os problemas brasileiros e partem de uma experiência baseada numa cultura e numa sociedade diferentes da nossa, quando existem no país pessoas mais qualificadas para identificar nossos problemas e indicar soluções. Isso é tanto mais grave quando se sabe que o sistema educacional dos Estados Unidos está necessitando de reformas urgentes. Lá como aqui, as tendências têm sido a privatização das escolas, desenvolvimento da tecnologia e da ciência em detrimento de outras áreas de conhecimento, e o objetivo principal da educação é a formação de técnicos para servir aos interesses das corporações. No entanto, é preciso salientar que, nos Estados Unidos, o governo continua a fornecer escolas públicas gratuitas e universidades públicas relativamente acessíveis a quase toda a população e continua também a subsidiar instituições públicas (e privadas) que se dedicam ao desenvolvimento de pesquisa científica avançada.

O destino da educação em nosso país é uma questão muito importante para ser deixada às discussões intramuros e às decisões ministeriais. De fato,

1 Sobre o assunto, ver Silva Júnior (2002), Dourado (2002) e Moraes (Mimeogr.).

é uma questão da qual depende o futuro da nação e dos que vivem nela. Precisamos de um debate nacional que envolva a participação de estudantes e professores de vários níveis, bem como outros setores interessados, a fim de que possamos definir democraticamente as reformas necessárias e as formas de parceria que nos interessam.

## Referências bibliográficas

DOURADO, L. F. A reforma do Estado e as políticas de educação superior no Brasil dos anos 90. *Educação & Sociedade*, set. 2002.

LA FABER, W. *América, Rússia and the cold war*: 1945-1990. New York: MacGraw Hill, 1991.

MORAES, R. C. *Ensino superior no Brasil*: balanço e perspectivas a partir de 2003. (Mimeogr.)

SILVA JÚNIOR, J. dos R. Mudanças estruturais no capitalismo e a política educacional do governo Fernando Henrique Cardoso. *Educação & Sociedade*, p.203-35, set. 2002.

# 3
# Os professores e os novos modos de regulação da escola pública: das mudanças do contexto de trabalho às mudanças da formação

*João Barroso*

Este capítulo constitui uma adaptação da intervenção oral que realizei no VII Congresso Estadual Paulista sobre "Formação de Educadores: teorias e práticas, imagens e projetos", em 2 de setembro de 2003. Parte dessa intervenção tomou como referência um conjunto de reflexões sobre as imagens profissionais e modos de formação dos professores que integravam um texto que estava para publicação no Brasil (Barroso, 2003d), numa obra coletiva organizada por Naura Carapeto Ferreira. Remeto, portanto, os leitores (e eventuais participantes no Congresso) que estejam interessados em conhecer melhor as minhas ideias sobre este assunto para a consulta do referido texto.

Para as presentes atas selecionei uma outra parte que constituiu igualmente um tema da minha intervenção (mas que não foi objeto de publicação anterior) relacionada com os desafios que se colocam à formação de professores no contexto de um conjunto de mudanças significativas que ocorrem, atualmente, nos sistemas educativos, nas escolas e na profissão docente. Nesse sentido, procurarei pôr em evidência a importância de se ter uma abordagem isomórfica entre a mudança da formação e a mudança dos contextos de trabalho dos professores, em particular no que se refere aos modos de organização pedagógica e à dimensão comunitária da escola como espaço público.

## Os professores no "olho do furacão"

Depois de, durante muito tempo, serem considerados como "profissionais acima de toda a suspeita", os professores estão hoje no "olho do furacão" cuja turbulência afeta a escola e a educação em geral. O seu estatuto social diminuiu, a sua identidade profissional diluiu-se, a legitimidade institucional do seu trabalho é posta em dúvida, a eficácia dos seus métodos de ensino é contestada. Não admira, portanto, que os professores se tenham tornado o "bode expiatório" de todas as críticas que são feitas à escola, ou porque não "garante" a promoção social, ou porque não "produz" trabalhadores capazes, ou porque não "forma" cidadãos conscientes.

Condenados "à escola perpétua" (entraram na escola na infância e só saem dela, na melhor das hipóteses, quando se aposentarem), os professores têm o seu destino pessoal e profissional associado às sucessivas "crises" que afetam a história da instituição escolar.

Entre estas crises, destaca-se, hoje, aquilo que Rui Canário (2000, p.127) considera ser a principal mutação sofrida pela instituição escolar, durante o século XX: "a escola passou de um contexto de certezas, para um contexto de promessas, inserindo-se atualmente, num contexto de incertezas".

Segundo este autor, a escola da primeira metade do século passado baseava-se num conjunto de valores intrínsecos e estáveis que lhe permitiam funcionar como uma "fábrica de cidadãos" e de preparação para a inserção na divisão social do trabalho: "Funcionando num registro elitista, a escola constituía para alguns um instrumento de ascensão social, isento de responsabilidades na produção de desigualdades sociais" (ibidem).

Ainda segundo Rui Canário, a partir da Segunda Guerra Mundial, assiste-se à passagem de uma escola elitista para uma escola de massas e, consequentemente, de uma escola de certezas para uma escola de promessas: "uma promessa de desenvolvimento, uma promessa de mobilidade social e uma promessa de igualdade" (ibidem). Ora é, precisamente, o malogro destas promessas que justifica a passagem da euforia ao desencanto e à incerteza:

> A sociologia da educação dos anos 70 veio pôr em evidência o efeito reprodutor das desigualdades sociais, desempenhado pelo sistema escolar. Paradoxalmente, a democratização da escola comprometeu-se com a produção de desigualdades sociais e ela deixou de poder ser vista como uma instituição justa num mundo injusto (Dubet, 1999), aumentando os níveis de frustração e desencanto que marca a sua entrada numa era de incertezas. (ibidem).

Este desencanto dos cidadãos pela escola reflete-se no desencanto dos professores sobre a sua profissão. Um desencanto feito de ilusões perdidas quanto à missão educativa da escola (após os sucessivos fracassos reformistas), quanto à educabilidade das crianças e dos jovens, quanto ao próprio sentido da sua ação. E esse desencanto é tanto maior quanto a profissão do professor se complexificou, não só do ponto de vista funcional, mas também relacional e afetivo.

No primeiro caso (complexidade funcional), importa ter em atenção que a escola enquanto organização constitui uma realidade compósita, dividida entre múltiplas atividades sociais de que se destacam: a educação, a instrução, a formação, a animação, a guarda, a alimentação, o lazer, o apoio social, o convívio intra e intergeracional, a ação comunitária etc. Estas atividades desenvolvem-se de maneira formal ou informal, com ênfase diferente conforme os atores e as escolas, mas em geral de maneira autônoma e, por vezes, concorrencial. Se, desde o início da escola pública, as atividades "nobres" eram a "educação" e a "instrução" (e, mesmo entre estas, as disputas pedagógicas foram grandes), com a democratização do acesso e a evolução dos tempos, as outras atividades foram crescendo, mais como resultado da necessidade e da procura do que por opção e decisão explícitas dos poderes públicos ou dos professores. A situação atual é, por isso, de grande indefinição e confusão funcional e organizacional: os professores são, muitas vezes, simultaneamente, educadores, formadores, familiares, parceiros, técnicos sociais e de saúde, animadores de tempos livres; e as escolas são o lar, a cantina, a associação, o centro cívico, o clube recreativo, a oficina etc.

No segundo caso (complexidade relacional), como diz António Nóvoa (2002, p.255):

> Os professores vivem num espaço carregado de afectos, de sentimentos e de conflitos. Quantas vezes prefeririam não se envolver... Mas sabem que tal distanciamento seria a negação do seu próprio trabalho. Que ninguém tenha ilusões. Ao alargarmos o espaço da escola, para nela incluirmos um conjunto de outros "parceiros", estamos inevitavelmente a tornar ainda mais difícil este processo. Os professores têm de ser formados, não apenas para uma relação pedagógica com os alunos, mas também para uma relação social com as "comunidades locais".

A responsabilização (explícita ou implícita) dos professores pelas "insuficiências" da escola e pelos "fracassos" das reformas, por um lado, e a verificação de que o seu contexto de trabalho e funções se alteraram radicalmente, por outro, constituem, hoje em dia, e por vezes de maneira contraditória, os principais argumentos para exigir mais e melhor formação dos professores, quer inicial, quer contínua.

A formação surge, no vocabulário político, como o principal instrumento de mudança dos professores, e as ciências da educação fizeram dela um dos seus objetos de estudo prioritários. Ao mesmo tempo, a formação (nomeadamente quando articulada com a definição de perfis de competência para os professores ou com critérios de certificação ou progressão da carreira) torna-se um poderoso processo de controle sobre o desempenho do professor e os resultados do seu trabalho, no contexto da emergência de novos modos de regulação da educação (Barroso, 2003a e c).

Contudo, apesar do investimento que tem sido feito, em particular nos últimos anos, e do enorme esforço de reflexão e investigação sobre os melhores modelos e métodos de formação, fica sempre a dúvida, como referem Cauterman et al. (1999) no título do seu livro *La formation continue des enseignants est-elle utile?*

É com este pano de fundo que irei propor uma reflexão sobre a necessidade de estabelecer uma relação isomórfica entre as mudanças a introduzir na formação de professores e as mudanças que ocorrem no espaço educativo em que eles exercem a sua atividade profissional, com particular destaque para a necessidade de alterar o caráter uniforme do "modelo escolar" e reforçar a dimensão comunitária da escola pública.

## O modelo escolar

A manutenção da forma escolar de educação e a da ordem burocrática de organização constituem, hoje, os fatores estruturais mais expressivos que contribuem para o mal-estar que se vive nas nossas escolas e para um crescente sentimento de ineficácia e injustiça no seu funcionamento.

Esta "ordem escolar" teve origem num modo de organização pedagógica específico para a prática de uma pedagogia coletiva e que Buisson (1911) caracterizava como:

> um conjunto de regras que determinam racionalmente e de maneira precisa o modo de funcionamento das escolas, a saber: as condições de admissão dos alunos, a maneira de os classificar; o programa de ensino; o emprego do tempo a consagrar a cada uma das matérias que o programa comporta.

Desde a criação da escola pública (no século XIX) que esta organização se encontra relativamente fixada através de um conjunto de "invariantes" a que alguns autores, como Tyack & Tobin (1994), chamam de "gramática da escola". Esta "gramática" constitui:

> um conjunto persistente (e quase imutável) de características organizacionais e estruturais que são parte integrante da nossa imagem do ensino: alunos agrupados em classes graduadas, com uma composição homogênea e um número de efetivos pouco variável; professores atuando sempre a título individual, com perfil de generalistas (ensino primário) ou de especialistas (ensino secundário); espaços estruturados de ação escolar, induzindo uma pedagogia centrada essencialmente na sala de aula; horários escolares rigidamente estabelecidos que põem em prática um controlo social do tempo escolar; saberes organizados em disciplinas escolares, que são as referências estruturantes do ensino e do trabalho pedagógico.

Este modo uniforme de organização pedagógica, cuja matriz essencial é "o ensino em classe", tornou-se um dos principais elementos definidores do "modelo escolar" de educação que está na base da criação e desenvolvimento da escola pública. Associado originariamente à construção de uma pedagogia coletiva, pela qual se procurava "ensinar a muitos como se fossem um só" (Barroso, 1995a), este modelo caracteriza-se, fundamentalmente, pelo princípio da homogeneidade (das normas, dos espaços, dos tempos, dos alunos, dos professores, dos saberes e dos processos de inculcação) e constitui uma das marcas mais distintivas da "cultura escolar" (ver a este propósito Barroso, 1995a, 2001).

A inclusão de todos os alunos nesta mesma "matriz" pedagógica é responsável não só por muitos fenômenos de exclusão e "indisciplina" dos alunos (Barroso, 1995b, 2003b), mas também por uma descaracterização do trabalho do professor.

A escola massificou-se sem se democratizar, isto é, sem criar estruturas adequadas ao alargamento e renovação da sua população e sem dispor de recursos e modos de ação necessários e suficientes para gerir os anseios de uma escola para todos, com todos e de todos.

Verifica-se, assim, um claro defasamento entre a "procura" e a "oferta" escolares resultante da manutenção, nas atuais circunstâncias, de uma organização pedagógica criada para públicos homogêneos, previamente selecionados, o que se traduz, segundo Madureira Pinto (1997), "[na existência de uma] contradição estrutural entre condições, socialmente diferenciadas, de acumulação de capital cultural e de lógicas, tendencialmente uniformizadoras, de difusão e certificação de saberes propriamente escolares".

Esta contradição é responsável pela perda de sentido do trabalho pedagógico (entre o desejo de instruir, a necessidade de educar e a utilidade de estudar), quer para alunos quer para professores, e pelo agravamento de conflitos e situações de ruptura no quotidiano escolar, em particular na sala de aula.

As tentativas de alterar esta situação através de reformas, nomeadamente no domínio do currículo e dos métodos de ensino, têm falhado repetidamente, pois não têm em conta o fato de esta organização pedagógica consistir uma poderosa rotina "mais baseada na interpretação do passado, do que na antecipação do futuro" (March & Levitt, 1999, p.76) que influencia o comportamento organizacional de todos os seus membros e está profundamente inscrita na memória, na cultura e na imagem pública da escola.

Se não queremos que, mais uma vez, as "reformas" e as "formações" fiquem à porta da sala de aula e na antecâmara da escola e se esfumem na permanência de uma mesma cultura e desempenho profissionais dos docentes, é preciso assumir com clareza que o que está em causa não é uma simples "cosmética curricular", mas uma reconceptualização da própria escola (enquanto instituição e organização), uma invenção de novas formas de pedagogia coletiva e uma profunda alteração dos modos de governo e gestão escolar. E a formação dos professores, ao permitir mudar a relação entre as pessoas e o sentido do seu trabalho, muito pode contribuir para esse fim.

## A escola como espaço público comunitário

De um ponto de vista organizacional, a escola pública desenvolveu-se tomando como referência dois modelos, aparentemente contraditórios, mas que acabaram por encontrar uma posição de equilíbrio ao longo da sua evolução histórica: a organização burocrática e a corporação docente (ver a este propósito Barroso, 2000, 2002).

No primeiro caso, a burocracia remete para a forma de organização da administração do Estado que visa garantir a realização de resultados de forma rotineira e previsível, através da correta aplicação de um corpo de regras e regulamentos por um corpo especializado de funcionários, como forma de garantir a equidade do serviço público e a neutralidade dos atos da administração, em função de fatores pessoais e sociais.

No segundo caso, a corporação docente vai buscar a sua origem nos primórdios do desenvolvimento da profissão professores e afirma-se por meio de um reforço do seu profissionalismo. Como argumenta a este propósito Clark & Newman (1997, p.6):

> Como modo de coordenação, o profissionalismo fornece um nítido contraste com a administração burocrática. Enquanto a burocracia está relacionada com a previsibilidade e a estabilidade, o profissionalismo põe em destaque o fato de a indeterminação do mundo social exigir a intervenção de um juízo especializado ... Enquanto a burocracia opera através da estandardização dos processos de trabalho com especificações formais de funções e responsabilidades, o profissionalismo baseia-se na estandardização de competências através do controlo externo, da formação e qualificação. O profissionalismo exige uma irredutível autonomia, enquanto espaço em que cada juízo profissional pode ser exercido e deve ser aceite com confiança.

A influência destes dois modelos determinou o predomínio de uma regulação burocrático-profissional sobre os modos de organização e o funcionamento da escola, com uma visível exclusão da influência de outros atores, em particular alunos e suas famílias e, em geral, da comunidade local. Esta exclusão atingia principalmente os alunos e famílias que não correspondiam (ou não se subordinavam) aos valores sociais dominantes, em particular os oriundos de classes populares.

Neste contexto, os grandes problemas da escola estão relacionados quer com a perda do sentimento de pertença (dimensão comunidade) dos seus membros (alunos e professores), quer com o não reconhecimento da existência de objetivos e interesses comuns por parte dos seus participantes (dimensão societal).

Vários fatores contribuem para esta situação: o defasamento entre diversidade social e cultural da procura e o caráter uniforme e homogêneo da oferta; a perda de legitimidade do Estado para impor um projeto educativo unificador; a desvalorização dos diplomas e a sua perda de valor no mercado de trabalho; a promoção dos valores do individualismo e da concorrência pelas "regras" do mercado; a desagregação das relações sociais na escola, o que torna difícil o acordo e o compromisso necessários a qualquer ação organizada.

Por isso, tenho defendido em vários textos e intervenções (ver entre outros Barroso, 1998, 2001) que só a revitalização do sentido comunitário na escola pública pode criar condições para legitimar e justificar a ação coletiva, principalmente para aqueles alunos que, excluídos ou em processo de exclusão, não reconhecem qualquer utilidade ou obrigação para frequentarem a escola.

Como assinala Dubet (1991, p.357-8), no final de uma longa pesquisa sobre os alunos dos liceus, na França:

> Os alunos não têm o sentimento de pertencer a uma instituição ... As relações pedagógicas são vividas como aleatórias e interpessoais, como alvéolos independentes no seio de um sistema com o qual ninguém se identifica. Nisto, os alunos assemelham-se bastante aos seus professores que opõem um ofício individual e positivo a um estatuto desvalorizado e negativo. Se a escola é um aparelho, ela não é uma instituição suficientemente integrada para que se estabeleçam ligações entre reivindicações e projetos, para que se associem as lutas defensivas, os desejos de participação e as aspirações culturais.

Não admira, portanto, que uma das principais conclusões dos diversos estudos de caso em que se baseou esta pesquisa seja a de que

> para os alunos, o liceu não existe como coletividade e comunidade ... Não existe, verdadeiramente, um estabelecimento de ensino, isto é, organizações mobilizadas em torno de um mesmo projeto educativo e possuindo a capacidade de integrarem os alunos e os professores num trabalho coletivo ... Para uns e outros, o liceu é um espaço que cria oportunidades e ocasiões para encontros e gratificações pessoais, mas não é uma organização que defina papéis e exija adesão. (ibidem, p.365-6)

Embora esta imagem não se possa generalizar, com a mesma intensidade, a todos os contextos, ela mostra que a usura do tempo, a variação dos públicos e o imobilismo das estruturas descaracterizaram o "modelo" fundador da escola pública. Este modelo afirmava-se, exatamente, pela forte identidade institucional (enquanto "santuário" dos valores a transmitir às novas gerações), pela coerência da sua organização (caracterizada pelo fechamento, dominação e autoritarismo necessários aos processos de transmissão e reprodução utilizados), pela rigidez dos seus modos de ação pedagógica (baseados na uniformização e homogeneização dos alunos).

Ora, o problema que se coloca atualmente não é o de recuperar esta organização perdida, mas sim o de encontrar uma outra organização adaptada à realidade presente.

Para isso, é preciso desenvolver uma perspectiva sociocomunitária na regulação, organização e gestão local da escola pública que permita restaurar os laços de sociabilidade entre professores, alunos e comunidade em geral.

Como propus em outro contexto (Barroso, 2001), a escola deve ser vista (e gerida) em função de quatro grandes referenciais, quanto a sua missão e seu modo de funcionamento: serviço local do Estado, organização de profissionais, serviço público de solidariedade social e associação local.

- No primeiro caso (serviço local do Estado), o objetivo é garantir que cada escola pública cumpra a missão educativa que o Estado deve assegurar, dentro dos princípios constitucionais de democraticidade, igualdade de oportunidades, equidade e satisfação dos interesses coletivos.
- No segundo caso (organização de profissionais), o objetivo é permitir que a relação pedagógica necessária ao processo de aprendizagem se baseie numa relação profissional face a face, em que o prestador do serviço educador (o professor) desenvolva a sua ação como o agente dos interesses do segundo (o aluno-cidadão e suas famílias), devido à confiança que nele depositam e ao capital de conhecimentos e de informação que possui.
- No terceiro caso (serviço público de solidariedade social), o objetivo é garantir (em particular na escola básica obrigatória) o atendimento adequado às situações familiares e econômicas dos alunos e à satisfação das suas necessidades sociais fundamentais, não só através da ação concertada dos serviços e técnicos do Estado que exercem funções nos domínios da saúde, segurança e ação social, mas também mediante a mobilização, participação e solidariedade da comunidade local organizada.
- No quarto caso (associação local), o objetivo é possibilitar a expressão de interesses individuais e coletivos das crianças e dos jovens, mas também das suas famílias e de outros membros da sociedade local, através de múltiplas formas organizativas e associativas, no quadro de uma ampla função educativa, cultural e lúdica da escola e no respeito pelo pleno desenvolvimento pessoal e social dos alunos.

A utilização destes quatro referenciais funcionais e organizativos não significa a compartimentação ou balcanização da escola, nem, pelo contrário, a sua unificação através de uma hierarquização de importâncias. Os referenciais devem ser vistos como faces de uma mesma organização e dimensões de uma mesma função, distintas e articuláveis e devem ser geridos de modo flexível, tendo em conta a diversidade dos atores, das suas atribuições e interesses.

## Em síntese

As condições em que o professor exerce o seu trabalho são afetadas pela cristalização de um modelo escolar baseado em rotinas que não têm em conta a crescente heterogeneidade dos seus públicos e pela usura de um modelo de regulação burocrático-profissional que não tem em conta a pluralidade de funções e de serviços da escola pública e a sua dimensão comunitária.

Neste sentido, qualquer mudança nos modelos e conteúdos da formação de professores não pode ignorar a influência que esta situação tem no seu exercício profissional, bem como a necessidade de os professores contribuírem para a sua alteração.

Como dizia em outro lugar (Barroso, 2003d), os modelos de formação contínua de professores têm de estar orientados para a mudança dos comportamentos e das práticas, o que exige um trabalho simultâneo sobre a pessoa do professor, sobre o seu universo simbólico e sobre as suas representações, mas também sobre os seus contextos de trabalho e o modo como se apropriam deles. Já não se trata de, primeiro, "formar professores", para que depois eles possam aplicar o que aprenderam, na transformação das escolas, mas, partindo do princípio de que, como diz Rui Canário (1994), "os indivíduos mudam, mudando o próprio contexto em que trabalham", fazer da mudança das escolas um processo de formação (e mudança) dos professores. Isso implica estabelecer uma integração entre o "lugar de aprender" e o "lugar de fazer", criando condições para que se produza outra relação entre "o saber" e o "poder", nas escolas. Para isso, é preciso que as escolas disponham de espaços significativos de autonomia e que a sua gestão seja assegurada de modo participativo mediante lideranças individuais e coletivas (ver a este propósito Barroso, 1995c, 1997 e 1998). Só assim é possível empreender as mudanças necessárias para que a formação se possa finalizar na inovação e no desenvolvimento organizacional da escola.

## Referências bibliográficas

BARROSO, J. *Os liceus*. Organização pedagógica e administração (1836-1960). Lisboa: Fundação Calouste Gulbenkian e Junta Nacional de Investigação Científica, 1995a.

______. Organização pedagógica e disciplina escolar. Uma abordagem sócio-histórica. *Colóquio: Educação e Sociedade*, n.10, p.75-98, 1995b.

BARROSO, J. Para o desenvolvimento de uma cultura de participação na escola. *Cadernos de Organização e Gestão Escolar (Lisboa)*, 1995c.

______. *Autonomia e gestão das escolas*. Lisboa: Ministério da Educação, 1997.

______. O reforço da autonomia das escolas e a flexibilização da gestão escolar em Portugal. In: FERREIRA, N. C. (Org.) *Gestão democrática da educação*: atuais tendências, novos desafios. São Paulo: Cortez, 1998. p.11-32.

______. Autonomie et modes derégulation locale dans le système éducatif. *Révue Française de Pedagogie*, n.130, p.57-71, jan.-fév.-mars 2000.

______. A escola como espaço público local. In: TEODORO, A. (Org.) *Educar, promover, emancipar.* Os contributos de Paulo Freire e Rui Grácio para uma pedagogia emancipatória. Lisboa: Edições Universitárias Lusófonas, 2001. p.201-22.

______. Gestão local da educação: entre o Estado e o mercado, a responsabilização colectiva. In: MACHADO, L. M., FERREIRA, N. S. C. (Org.) *Política e gestão da educação:* dois olhares. Rio de Janeiro: DP&A, Anpae, 2002. p.173-97.

______. *A escola pública:* regulação, desregulação, privatização. Porto: Edições ASA, 2003a.

______. Ordem disciplinar e organização pedagógica. In: CORREIA, J. A., MATOS, M. (Org.) *Violências e violências da e na escola.* Porto: Edições Afrontamento, CIIE, 2003b. p.65-71.

______. Organização e regulação dos ensinos básico e secundário, em Portugal: sentidos de uma evolução. *Educação & Sociedade, Revista de Ciências da Educação* (Campinas), p.63-92, 2003c.

______. Formação dos professores e a mudança organizacional das escolas. In: FERREIRA, N. C. (Org.) *Formação continuada e gestão da educação.* São Paulo: Cortez, 2003d. p.117-44.

BUISSON, F. *Nouveau dictionnaire de pédagogie et d'instruction primaire.* Paris: Hachette, 1911.

CANÁRIO, R. ECO: um processo estratégico de mudança. In: ESPINEY, R., CANÁRIO, R. (Org.) *Uma escola em mudança com a comunidade.* Lisboa: Instituto de Inovação Educacional, 1994. p.125-34.

______. Territórios educativos de intervenção prioritária: a escola face à exclusão social. *Revista de Educação,* v.IX, n.1, p.125-34, 2000.

CAUTERMAN, M.-M. et al. *La formation continue des enseignants est-elle utile?* Paris: PUF, 1999.

CLARKE, J., NEWMAN, J. *The managerial state.* London: Sage, 1997.

DUBET, F. *Les lycéens.* Paris: Éditions du Seuil, 1991.

______. *Pourquoi changer l'école?* Paris: Textuel, 1999.

MADUREIRA PINTO, J. Notas sobre o sofrimento na sala de aula e possíveis modos de o atenuar. *Território Educativo,* n.1, maio 1997.

MARCH, J., LEVITT, B. Organizational learning. In: MARCH, J. G. *The pursuit of organizational intelligence.* Malden: Blackwell, 1999.

NÓVOA, A. O espaço público da educação: imagens, narrativas e dilemas. In: PROST, A. et al. *Espaços de educação*: tempos de formação. Lisboa: Fundação Calouste Gulbenkian, 2002. p.237-63.

TYACK, D., TOBIN, W. The grammar of schooling: why has it been so hard to change? *American Educational Research Association*, n.31, p.453-79, 1994.

# 4
# Formação de professores: o lugar das humanidades

*Maria Helena Souza Patto*

Este capítulo quer ser ao mesmo tempo uma homenagem e uma contribuição. Homenagem porque vai dialogar com algumas das considerações instigantes do Prof. José Mario Pires Azanha – docente e pesquisador da Faculdade de Educação da Universidade de São Paulo – sobre impasses presentes na rede pública de ensino fundamental e médio e sua relação com a formação de professores. Contribuição porque quer colaborar com o entendimento crítico desses impasses, pondo em relevo aspectos da formação docente que geralmente não comparecem no discurso e nas práticas oficiais. No fundo, uma questão fundamental e complexa que continua a nos desafiar: "quem educa o educador?".

O texto terá como eixo cinco teses que formulei com base na leitura de escritos de José Mario Azanha que me parecem imprescindíveis a uma reflexão inovadora sobre a formação docente, pois trazem para o centro do debate aspectos que não podem mais ser ignorados se quisermos superar equívocos há muito arraigados. Uma vez expostas, cada uma dessas teses será comentada à luz de outros autores que também têm muito a dizer sobre a formação dos que trabalham na educação escolar.

## 1. A escola de poucos de ontem é historicamente diferente da escola de todos (ou quase todos) de hoje.

Esse é o ponto de partida da mudança de rumo que José Mario Azanha imprime à reflexão sobre a formação do magistério. O crescimento intensivo das escolas de ensino fundamental trouxe o impacto de uma clientela nova, que, por sua vez, trouxe problemas pedagógicos até então inéditos. Problemas que não podem ser reduzidos, ele adverte, a termos pedagógicos banais, como se o despreparo do professor para dar conta da nova situação tivesse apenas um "estreito sentido técnico-pedagógico". Equivocada e deletéria, essa redução encobre a essência da ampliação do acesso à escola de ensino fundamental no interior do projeto político contemporâneo de democratização da escola como direito de todas as crianças, independentemente de sua origem social.

A instituição escolar de ontem, diz ele, é diferente da instituição escolar de hoje. Antes, o professor e seus poucos alunos tinham a mesma extração social e partilhavam valores e maneiras de viver; hoje, "mudou a clientela, mudaram os professores, mudaram as práticas escolares etc. Mudaram também os valores, as condições sociais, políticas, econômicas etc.". Para reforçar a necessidade de focalizar as diferenças geradas pelo processo histórico, Azanha (1998, p.16) vale-se de poderoso aliado: "Foucault aconselhava a desconfiar das continuidades históricas". E acrescenta: "quando ignoramos esse quadro amplo de mudanças e afirmamos que a escola se deteriorou e que a causa foi a expansão de matrículas, estamos apenas fazendo um lance retórico que não avança nem um pouco a compreensão das mudanças ocorridas" (ibidem, p.17).

Para bem entender os problemas educacionais que reformas técnicas não conseguem resolver, é indispensável levar em conta a especificidade da escola pública: ela é instituição

> com uma tarefa de ensino eminentemente social que, por isso mesmo, exigiria um esforço coletivo para enfrentar com êxito as suas dificuldades, porque essas dificuldades são antes institucionais do que de cada professor ... O professor é membro de uma comunidade escolar com objetivos e alcance social que vão além do ensino de qualquer disciplina. (p.18)

Por isso, "a entidade que deve ser visada é a escola e não o professor isolado" (p.19).

Se é assim, quando submetido a licenciaturas que "nada mais visam do que à transmissão de tecnologias mal fundamentadas e inaplicáveis às condições efetivas de ensino ... o licenciado é vítima preparada para fazer as suas próprias vítimas: os alunos da escola pública de ensino fundamental" (Azanha, 1995a, p.44).

*Comentário*. O ângulo de análise da questão da escola pública nessa primeira tese é especialmente promissor porque abala algumas crenças cristalizadas na cena educacional brasileira. De um lado, ao referir-se ao ingresso de uma nova clientela, Azanha não dá força à crença frequente e nefasta de que a "carência cultural" das crianças e jovens das classes populares é o principal obstáculo ao seu sucesso escolar. Em nenhum momento, ele põe os alunos em chave patológica, nem faz listas intermináveis de deficiências individuais de que seriam portadores. Crença, aliás, compartilhada pelos que atribuem o aumento de incidentes de violência nas escolas públicas à "democratização" do ensino básico havida nas últimas décadas, omitindo a violência da escola, como se a abertura dela à "ralé" fosse responsável pelos males que a assolam.

Por sua vez, o despreparo do professor a que o autor de *Uma ideia de pequisa educacional* se refere nada tem a ver com a crença renitente de que, preparado para ensinar um aluno ideal – o proveniente de classe média –, o professor não sabe como lidar com as "deficiências psicológicas" supostamente portadas pelo novo alunado. Azanha não participa da suposição de que os conteúdos e métodos de ensino são inadequados *a essas crianças* e por isso precisam ser "adaptadas" (leia-se "simplificadas", "reduzidas", "ralentadas") às limitadas capacidades delas – pressuposto que há mais de quarenta anos configurou os programas de "educação compensatória" e continua encarnado no cotidiano escolar e no espírito de projetos e reformas volta e meia impostos à rede escolar. O despreparo docente a que Azanha se refere é de outra natureza e pode ser *agravado* por cursos de aperfeiçoamento que se limitem a querer dotar os professores de habilidades psicopedagógicas apresentadas como "milagrosas".

Para ressaltar a diferença entre a escola pública atual e a escola do passado, Azanha recomenda atenção à descontinuidade histórica. Mas aqui é preciso ter clareza a respeito do passado a que Azanha se refere. A escola que está na base de seus argumentos em favor da descontinuidade entre as escolas do presente e do passado é a escola pública obrigatória, leiga e gratuita, que veio no bojo da Declaração dos Direitos do Homem e do Cidadão de 1789, carta política pautada nos princípios políticos do liberalismo. É esse momento da história da educação ocidental que, comparado com a natureza da relação pedagógica nas sociedades aristocráticas, autoriza-o a dizer que mudou a clientela, mudaram os professores, mudaram as práticas escolares, os valores, as condições sociais, políticas e econômicas.

Sem tirar-lhe a razão, eu acrescentaria, com o historiador Eric Hobsbawm, que a história é feita de descontinuidade e continuidade. Para entender a escola pública de hoje, é preciso perguntar também no que ela *continua* a escola pública de ontem. Não cabe aqui desenvolver esse princípio historiográfico e aplicá-lo à análise da história da educação escolar pública brasileira; limito-me a indicar que, pelo recurso a diferentes estratégias, a escola pública fundamental de hoje dá continuidade à negação do direito à formação escolar a enorme parcela das crianças e jovens brasileiros. No passado, a maioria estava fora da escola; hoje, a maioria está dentro dela, mas agora vítima, como nunca, da "ilusão de inclusão". Em tempos de desemprego estrutural, abrem-se as portas das escolas públicas de ensino fundamental e, ao mesmo tempo, abre-se mão de sua identidade como instituição que tem por fim garantir o acesso de todos aos conhecimentos que lhe cabe transmitir. Isso porque nada de essencial mudou na sociedade brasileira: o modo de produção; a sociabilidade entre as classes, feita de arbítrio e autoritarismo; a história lentíssima da cidadania, em que os direitos sempre comparecem transmutados em favor dos poderosos; a história da infância pobre como uma história de crueldades; a história da educação popular sempre precária, impregnada de assistencialismo e voltada fundamentalmente para o controle do conflito de classes, que as elites chamam "caos social".

## 2. A ideia de que ensino eficaz é basicamente a aplicação competente de um saber metodológico, epistemologicamente fundamentado em outros saberes, principalmente de natureza psicológica, é altamente discutível.

O que está em questão aqui é "a relação hipotética entre capacidade de aprender e supostas fases do desenvolvimento psicológico" (Azanha, 2000, p.6). Para Azanha, a questão da qualidade do ensino "não pode ser resolvida metodologicamente por meio de procedimentos de ensino supostamente eficazes porque seriam apoiados em teorias psicológicas do desenvolvimento e da aprendizagem" (ibidem, p.7). Primeiro, porque essas teorias podem carecer de bases teóricas sólidas; em segundo lugar, porque, mesmo que tenham sustentação teórica e credibilidade científica, as derivações práticas das teorias são sempre problemáticas; terceiro, porque vale perguntar se "uma determinada atuação pedagógica deve ser posta em prática apenas porque teria algum respaldo científico" (p.9).

Todavia, o principal argumento contra o pressuposto de que o ensino eficiente se apoia em teorias psicológicas do desenvolvimento e da aprendizagem é o fato de que ele contém outro pressuposto que pode levar a escola pública fundamental a um beco sem saída: o do ensino fundado numa relação individual professor-aluno, numa relação a dois abstraída do contexto institucional. Talvez adequada para pensar a educação preceptorial do passado – "que nunca foi, na verdade, uma relação escolar" – na "escola contemporânea, seja ela pública ou privada, o professor individual que ensina e o aluno individual que aprende são ficções" (p.9-10).

No entanto, ele sublinha, até hoje

> a concepção de professor ... é tributária dos ideais educativos associados à figura e ao papel do preceptor. Por isso, talvez, é que continuamos a insistir numa formação docente preceptorial na qual, além do domínio da disciplina a ensinar, prevalece uma visão psicológica do educando. Mesmo os elementos didáticos que se associam a esta formação são condicionados por essa visão. (Azanha, 1998, p.18)

Como consequência, a percepção ofuscada de que "a tarefa educativa da escola tem desafios que ultrapassam os limites do ensino e aprendizagem de disciplinas".

Por isso, a questão da qualidade do ensino escolar não pode ser resolvida metodologicamente pela mera substituição de um método de ensino calcado em determinada teoria do desenvolvimento e/ou da aprendizagem por outra, fundada em outra teoria psicopedagógica. Em lugar do que Azanha (2000, p.12) chama, com muita propriedade, "busca alquímica de panaceias pedagógicas", o exercício da profissão de ensinar "só é possível *no quadro institucional da escola* ... O professor precisa ser formado para enfrentar os desafios da novidade escolar contemporânea" (Azanha, 1998, p.19).

*Comentário*. Essa tese é verdadeiro libelo contra a psicologização não só do aluno e da relação pedagógica, mas da própria pedagogia. Trata-se de tendência secular que acompanha a história contemporânea da pedagogia e da psicologia *pari passu* com a emergência da burguesia e de sua ideologia. De um lado, a razão humana alçada a instrumento por excelência de conhecimento da natureza (inclusive da natureza humana) para fins de previsão e controle de suas forças; de outro, a garantia do princípio político liberal da igualdade de oportunidades pela identificação dos mais aptos por meio de procedimentos psicométricos; no meio, e inspirada no método científico baconiano, a pedagogia assentada na biologia e na psicologia e norteada pelo intento de controle absoluto do "processo de ensino-aprendizagem" como condição da felicidade que fatalmente viria com a abolição de "inúteis divagações filosóficas" e com o triunfo da racionalidade que instrumenta o progresso técnico.

Não foi, portanto, casual a sedução exercida pelo taylorismo sobre pedagogos no começo do século XX, inclusive no Brasil. O desejo de moldar o processo de ensino à imagem e semelhança da produção fabril assumiu várias formas na história da pedagogia, sempre buscando aprimorar o controle, mais explícito ou mais sutil, do corpo e da mente do aprendiz. Foram muitas as estratégias educacionais que se propuseram a promover o ajuste perfeito entre a prática de ensino e as propriedades do aprendiz, do mesmo modo que se procurava, na linha de produção fabril, o ajuste perfeito da máquina à matéria-prima, em nome da rapidez, da eficiência e da economia na obtenção do produto final. Entre essas estratégias, uma de longa duração: o sonho autoritário (e impossível) da formação de classes homogêneas, da produção do *uni-forme* – da massificação que está na base da pedagogia fascista e da formação da personalidade autoritária.

Implícitas nessa tese de Azanha, duas críticas: aos diagnósticos psicológicos que responsabilizam alunos por dificuldades de escolarização; ao discurso frequente em secretarias de Educação que atribuem a má qualidade do ensino a defeitos morais dos professores. O construtivismo com certeza também está na mira, "jargão da moda" que repôs a psicologização no centro da pedagogia, ao instituir o aluno como abstrato "sujeito epistêmico" e o professor como tutor do desenvolvimento cognitivo. No alvo também a psicopedagogia, filha da epistemologia genética que viceja – mesmo que com a melhor das intenções – à sombra dos descaminhos históricos da democracia.

À luz dessa segunda tese, falta à epistemologia genética aplicada ao ensino uma dimensão fundamental: a escola como instituição social portadora de um projeto educativo que tem aspectos filosóficos, históricos, sociais e políticos que os educadores precisam conhecer. Não por acaso, a tese de doutorado defendida por José Sérgio Fonseca de Carvalho, sob orientação do Prof. José Mario Azanha, intitula-se *Construtivismo: uma pedagogia esquecida da escola*.

A adaptação de um resumo feito pelo psiquiatra D. Laing no calor da luta antimanicomial dá conta da essência da restrição de Azanha à psicologização dos problemas escolares:

> A inteligibilidade das condutas exige que elas sejam vistas num contexto. Trata-se de estudar situações, não apenas indivíduos. Não se trata de estudar processos patológicos em andamento dentro dos indivíduos ... À medida que partimos de micro-situações e nos dirigimos a macro-situações, verificamos que as aparentes dificuldades em pequena escala assumem certa forma de inteligibilidade quando vistas num contexto. Movemo-nos, por exemplo, da aparente dificuldade de um único indivíduo [do professor ou do aluno] para a inteligibilidade dessa dificuldade no contexto da escola. Por sua vez, as dificuldades da escola devem ser situadas no contexto de suas redes circundantes, as quais devem ser vistas no contexto de organizações e instituições ainda maiores. Esses contextos mais amplos não existem lá fora, em determinada periferia do espaço social, mas estão nos interstícios de tudo o que abrangem. (Laing, 1968, p.12)

O que não significa, como veremos, que a psicologia e o próprio construtivismo não tenham contribuições a dar à formação de educadores.

## 3. Mais do que meramente técnica, a solução dos problemas da escola pública fundamental exige uma mudança de mentalidade do próprio magistério.

Conceitos e atitudes dos educadores precisam ser revistos. No entanto, um investimento sério e duradouro na mudança da consciência profissional ainda não ocorreu. Vários são os motivos, entre eles o predomínio da didática e da psicologia na preparação do licenciado, que o faz "jejuno de uma *visão político-social* do processo educativo" (Azanha, 1995a, p.44).

É no interior dessa questão que José Mario Azanha faz uma crítica oportuna a um pressuposto arraigado na pedagogia moderna de que "seria possível elaborar um campo autônomo de conhecimentos e prescrições didáticas ou pedagógicas capaz de habilitar pessoas a ensinar com êxito". Sobre isso, ele afirma: "sabe-se hoje que ensinar é uma das atividades para as quais não é possível estabelecer regras garantidoras de êxito, isto é, regras tais que, quando exaustivamente aplicadas, assegurem a aprendizagem" (Azanha, 1995b, p.50).

Nessa direção, vale reproduzir um trecho em que ele recomenda

> prudência com relação ao realce dado às disciplinas pedagógicas na formação do professor. E a situação fica ainda mais grave quando sabemos que essas disciplinas

> pedagógicas são vistas comumente sob o prisma eminentemente didático, isto é, tecnológico. Tudo se passa como se a formação do professor devesse instrumentá-lo com métodos e técnicas, quando talvez fosse muito mais interessante *preparar o professor a partir da discussão das questões substantivas de educação nos seus aspectos filosóficos, históricos, sociais e políticos.* (ibidem, p.51)

Tendo em vista a natureza social da escola contemporânea, o foco da formação docente deve estar "na *compreensão da situação escolar* e no *discernimento* do educador". Agora se trata de preparar o professor para "um esforço de compreensão da escola como um projeto institucional para transformar uma comunidade de professores e alunos ... numa comunidade espiritual fundada numa *visão ética*, cujos efeitos educativos se prolongam além dos anos de escolaridade" (Azanha, 2000, p.13). Em outro escrito, Azanha (1998, p.13) se vale de Castoriadis para dizer o mesmo com outras palavras: "um projeto é a intenção de *uma transformação do real guiada por uma representação do sentido dessa transformação e levando em conta as condições dessa realidade*".

Nesse contexto, Azanha (1995b, p.51) ressalta um agravante da visão tecnológica da formação do professor: ela tem "extravasado o âmbito do ensino superior e contaminado toda a política de aperfeiçoamento do magistério executada pelos órgãos públicos de administração do ensino, como se apenas nesse aspecto o professor devesse ser atualizado".

*Comentário.* Essa proposição decorre da segunda e é, no meu entender, o cerne da questão da formação de professores. A solução não é meramente técnica, porque deve envolver toda uma mudança de "conceitos e atitudes" (Azanha fala também em "consciência crítica"), tendo em vista a reflexão dos educadores sobre a dimensão ético-política do ensino público e sobre a inserção real e possível do professorado nele. Essa asserção do professor da USP remete-nos ao conceito de educação como formação. Por isso, penso ser este o momento mais adequado para introduzir o conceito de *formação* educativa tal como formulado por Theodor Adorno.

Adorno repensou a educação a partir da barbárie dos campos de concentração. Para ele, depois de Auschwitz a educação teria que ser repensada tendo em vista um objetivo: que Auschwitz não se repetisse. E por barbárie – que teve expressão emblemática no genocídio nazista – ele entende qualquer forma de arbítrio que atente contra a vida e a dignidade das pessoas: o preconceito delirante, a opressão, o genocídio e a tortura. (No Brasil, é preciso acrescentar, a barbárie é multiforme e está presente no sistema carcerário e nas instituições para "menores infratores"; em hospitais e postos de saúde públicos sucateados; em escolas situadas em bairros habitados pelas maiores vítimas da lógica do capital; na arbitrariedade e brutalidade da polícia; no preconceito racial; na boçalidade de programas de TV; nas condições de vida indignas a que se relega grande parte da população; na impostura e no banditismo de políticos e donos do poder.)

Entre os atentados à dignidade das pessoas, Adorno (1995) inclui certas práticas educativas que privilegiam a imposição de conhecimentos tidos como neutros e definitivos, mas que se limitam às aparências – às primeiras camadas do real, como diz Ecléa Bosi (1992). A essa modalidade dominante de ensino que prepara para a adesão sem crítica a uma realidade social naturalizada, Adorno dá o nome de "semiformação". Para o autor de *Educação e emancipação*, essa prática educativa faz das pessoas "obedientes instrumentos da ordem vigente" (p.27); por isso, é educação danificada que contribui para a formação do sujeito mutilado, porque destituído daquilo que melhor define a razão humana: a capacidade *crítica* informada por valores humanistas. Para educar para a emancipação, é preciso romper com a educação "enquanto mera apropriação de instrumental técnico e receituário para a eficiência".

Pois bem, como parte da ideologia da educação como preparo para a mera eficiência instrumental, um dos mitos mais frequentes entre os planejadores da educação é a afirmação de que, numa sociedade competitiva, é preciso preparar crianças e jovens para a competição. No entanto, da perspectiva da educação contra a barbárie, "pode-se educar desta maneira esportistas, mas não pessoas desbarbarizadas". Daí a crítica que fiz em outro lugar a termos como "treinamento", "reciclagem" ou "aperfeiçoamento" para designar o trabalho de formação de educadores.

Negar, no entanto, a competitividade como valor que informa o ensino não significa que os críticos da educação para o estabelecido proponham o incentivo à passividade. Ao contrário, no ponto de partida da educação para a emancipação – seja do professor, seja do aluno – está o pressuposto de que no mundo atual a única possibilidade de sobrevivência do indivíduo está em sua constituição como núcleo de resistência. Uma "pedagogia do esclarecimento" está ancorada na "força da compreensão do acontecido", indispensável à construção de projetos de mudança do que aí está. Isso equivale a afirmar que, no rumo da emancipação historicamente possível, a *atitude filosófica* é instrumento intelectual imprescindível.

Por isso, defendo a presença da filosofia na formação dos professores. Não, evidentemente, como especialização ou como conhecimento da história da filosofia contada como sequência temporal de nomes e doutrinas, mas como *paideia* que ensina a atitude filosófica, segundo Olgária Matos (1997) em *Filosofia: a polifonia da razão*.

Essa atitude consiste em estranhar o estabelecido e perguntar *o que é* o objeto sobre o qual incide o nosso exame; *como ele é* (quais as dimensões e relações que o estruturam) e *por que ele é como é*, ou seja, qual a sua origem, qual o processo de sua constituição histórica. Atitude filosófica é sobretudo indagar e refletir – é escavar a superfície do real para, no caso da escola pública, chegar ao cerne político da educação numa sociedade de classes.

Por isso, defendo a presença da história na formação de professores, pois a amnésia da gênese dificulta a consciência crítica. A esse respeito, Adorno afirma: "a mera formulação do problema de como alguém se tornou aquilo que é encerra um potencial de esclarecimento". Não a história contada como mera sequência temporal de nomes e fatos sob a ótica dos vencedores ou como celebração de falsos heróis, mas a perspectiva histórica como instrumento que permite chegar às recorrências da história e, assim, conhecer os *problemas que teremos de enfrentar* se quisermos pôr a história na direção do futuro igualitário que queremos ajudar a construir.

Em *Concepção dialética da história*, Gramsci resume a importância da filosofia e da história na formação de indivíduos que possam ser mais do que depositários passivos de "ideias recebidas". Penso que a terceira tese que recortei nos escritos de José Mario Azanha é levada ao limite na seguinte passagem desse texto gramsciano:

> deve-se destruir o preconceito, muito difundido, de que a filosofia seja algo muito difícil pelo fato de ser a atividade intelectual própria de uma determinada categoria de cientistas especializados ou de filósofos profissionais ... Todos os homens são filósofos. Mas é preferível pensar sem disto ter consciência crítica ou é preferível elaborar a própria concepção de mundo de uma maneira refletida? ... O início da elaboração crítica é a consciência daquilo que somos realmente, isto é, um conhece-te a ti mesmo como produto do processo histórico até hoje desenvolvido, que deixou em ti uma infinidade de traços recebidos sem o benefício do inventário. Deve-se fazer inicialmente este inventário. (p.12)

Essa empreitada não é fácil num mundo atravessado de pragmatismo atroz, mas é a única possibilidade de resgate dos professores do lugar secundário, subalterno, objetificado em que foram postos por um tecnicismo nada inocente. Só assim eles poderão perceber a face política do próprio tecnicismo. Só assim se pode prepará-los, na medida do historicamente possível, para integrar uma comunidade escolar comprometida com valores democráticos. Só assim poderão tornar-se protagonistas na reivindicação de mudanças na política educacional, sobretudo em seus aspectos mais deletérios – como a política salarial, a política de formação docente, o barateamento dos custos da educação ou a recorrente descontinuidade técnica e administrativa que, em nome de interesses eleitoreiros, esteriliza o chão da escola e desnorteia professores e usuários. Como disse Alfredo Bosi, é preciso inverter uma política educacional que tem valorizado as coisas em detrimento das pessoas.

A psicologia tem, a meu ver, contribuições importantes a dar ao processo de mudança de mentalidade do magistério. A caminho do entendimento mais amplo e mais fundo da natureza da sociedade em que exercem a sua profissão e do lugar nela atribuído à própria escola e aos professores, o desafio é pôr em questão crenças e valores arraigados (alguns petrificados) no imaginário social. No entanto, o processo de construção de uma postura mais crítica e mais autônoma produz a perda de certezas, desperta angústias e por isso passa por inevitável resistência à mudança. Daí a importância da "leitura" ou "escuta" do que vai surgindo nos grupos e instituições em processo de formação. Em Maria Cristina Kupfer (2000) encontro a expressão exata do que estou querendo dizer:

> os discursos institucionais tendem a produzir repetições, mesmice, na tentativa de preservar o igual e garantir sua permanência. Contra isso, emergem vez por outra falas de sujeitos que buscam operar rachaduras no que está cristalizado. É exatamente como "auxiliar de produção" de tais emergências que um psicólogo pode encontrar o seu lugar. (p.136)

Penso que a própria epistemologia genética de Jean Piaget tem importante contribuição a dar à educação escolar quando ressalta as diferenças individuais, sem patologizá-las, e a importância de respeitá-las. Quando há respeito a elas, o educador desiste de querer homogeneizar o grupo, o que pode contribuir para a diminuição do autoritarismo da relação pedagógica. Ao permitir que o professor confie mais na capacidade de aprendizagem de seus alunos, embora tão diferentes, essa aceitação das diferenças pode ajudá-lo a exercer sua função docente sem a angústia de querer apagar as individualidades e fazer que todos andem no mesmo passo, tenham o mesmo estilo, cheguem à mesma compreensão dos conteúdos ensinados, deem respostas idênticas nos momentos de avaliação.

O mesmo vale para teorias psicológicas que concebem o sujeito como eminentemente ativo, resistente à perfeita submissão, impossível de modelagem bem-acabada imposta por outrem. Este é o caso, por exemplo, da concepção de sujeito desejante que está no centro da teoria psicanalítica.

Lembro também trabalho de pesquisa importante realizada a partir da atenção do pesquisador e dos depoentes aos efeitos da humilhação sobre as pessoas humilhadas, seus desdobramentos na dinâmica psíquica e o sofrimento decorrente – trabalho de pesquisa que vem sendo feito pelo Prof. José Moura Gonçalves Filho no Instituto de Psicologia da USP sobre o sentimento de humilhação como um sofrimento de natureza política, pois resultado de relações sociais em que alguns são considerados mais dignos de respeito do que outros.

## 4. Contra "pacotes tecnológicos" centralizadores, a autonomia pedagógica das unidades escolares.

Embora mencionada desde os escritos de 1988, essa advertência continua presente em texto recente que se refere ao "vezo centralizador das reformas gerais". Azanha trabalha esse tema no espaço aberto pela Lei n. 9.394/96, em que "pela primeira vez autonomia escolar e projeto pedagógico aparecem vinculados num texto legal". Na nova LDB, cabe à escola elaborar e executar sua proposta pedagógica como tarefa coletiva de professores, outros profissionais da educação e as comunidades escolar e local (Azanha, 1998, p.14).

Para ele, a autonomia seria produto de "um esforço de cada escola para discutir as suas dificuldades específicas e a partir daí organizar o seu próprio projeto educativo". Isso porque cada unidade escolar, embora participe de problemas comuns a toda a rede, tem características próprias, o que condena ao fracasso qualquer imposição pedagógica homogeneizadora por parte da política educacional. Por isso, afirma Azanha (1995a, p.45): "é preciso que cada instituição, envolvendo professores, alunos e comunidade, procure formar uma *consciência crítica* da sua tarefa educativa e das dificuldades específicas para desempenhá-la".

Azanha sabe que a realização dessa empreitada não será fácil, pois são muitos os descaminhos que rondam a sua execução. Em nome da autonomia, podem ser criadas "condições para a edificação de um ambiente autoritário e opressivo resguardado por um regimento próprio", em direção contrária a "uma autêntica educação para a cidadania" (Azanha, 1998, p.14); em nome da autonomia, pode haver interferência burocratizante dos órgãos administrativos que, sob a alegação de garantir a sua implantação, pode reduzi-la a "inútil exigência burocrática de papelada a ser preenchida" (ibidem, p.15).

Ele sabe que a falta de "tradição de um esforço coletivo para discutir, analisar e buscar soluções no âmbito das escolas" poderá dar continuidade à tendência atual de se fazerem muitas reuniões, cada vez menos produtivas (p.16).

*Comentário*. Os obstáculos à construção de um convívio democrático no sistema de ensino ou nas unidades escolares são tão poderosos quanto em qualquer campo da vida social brasileira. O motivo é óbvio: o país carece de experiências democráticas, até mesmo na restrita acepção liberal de democracia. Em *Cidadania no Brasil: o longo caminho*, o historiador José Murilo de Carvalho (2001) percorre 168 anos da história do Brasil (1822-2000) para acompanhar, passo a passo, a experiência sempre truncada da cidadania pela grande maioria dos "cidadãos" brasileiros, numa caminhada lenta e penosa que está longe de chegar ao destino.

Como superar o autoritarismo profundo que, como regra, rege as relações escolares e cava um fosso entre educadores e administradores dos usuários da escola pública que o preconceito racial e social só faz aprofundar? Essa pergunta deve estar na base de qualquer proposta séria de democratização da escola. O perigo maior é de confusão de democracia com assistencialismo que, ao longo da história clientelista brasileira, transformou direitos em favores prestados pela "bondade" dos que mandam e repôs sem trégua a desigualdade. O caminho é longo e os resultados sempre limitados, não só pelas circunstâncias já apontadas, mas também por força dos interesses dominantes no atual cenário econômico e político internacional, que aprofundam as injustiças e criam com competência mecanismos culturais de ilusão democrática. Sem apoio numa reflexão continuada sobre as experiências vividas como profissionais, como usuários de serviços públicos e como cidadãos, os participantes da vida escolar correm sério risco de encalhe no processo de autonomização.

Mesmo que nos detenhamos no plano da construção da autonomia pedagógica, como reza a lei, as ciladas também são muitas. Marilena Chauí (1980, p.24-40) assinalou algumas: as aulas ou reuniões transformadas, por técnicas mistificadoras, em "dinâmicas de grupo" que não passam de simulacros de igualdade; o ensino por meio de recursos audiovisuais; a autoavaliação dos alunos; a abolição do lugar do professor por influência dos equívocos da não diretividade. E Hannah Arendt (1972, p.221-47) criticou as pedagogias "democráticas" que confundem autoridade com autoritarismo e abandonam as crianças à própria sorte. Pior: não as educa na passagem da esfera privada para a esfera pública.

Para que o objetivo formal de autodeterminação pedagógica das escolas não caia na vala comum da demagogia; para que não se reduza a estratégia de barateamento dos custos do ensino público pela atribuição aos educadores de tarefas burocráticas que não lhes cabem; para que as escolas não se transformem em Babel; para que as relações escolares não reponham o velho vinho do mandonismo em novas garrafas – para tentar evitar tudo isso, é preciso instalar um processo sério e sustentável de assessoria às escolas.

É nesse lugar que o Prof. José Mario Azanha vê a possibilidade mais fértil de colaboração da universidade pública com o ensino público fundamental.

## 5. À instituição universitária cabe atender aos vivos reclamos da rede pública de escolas de ensino fundamental e médio.

Esse princípio comparece em seus textos como resposta a uma pergunta tão relevante quanto antiga: qual é o lugar da universidade na solução dos problemas da escola pública de ensino fundamental e médio? Pergunta complexa que põe a necessidade de pensar a vocação das instituições públicas de ensino superior. Pergunta delicada que traz o perigo de descaracterizá-las: Azanha (1995a, p.38) sublinha, com razão, a "tenuidade da linha demarcatória entre a legitimidade do apelo do mundo prático à universidade e a ilegitimidade de pressões desse mesmo mundo para que a instituição se ajuste de qualquer modo a sua discutível função de usina tecnológica. Cabe, sim, ao ensino superior a formação de professores, mas esta é apenas uma de suas funções, que só poderá ser exercida em íntima relação com seus dois outros fins: a docência e a pesquisa.

> A prestação de serviços é atividade decorrente e nunca pode sobrepor-se às tarefas essenciais da pesquisa e do ensino, a menos que, como no caso das escolas públicas de 1º grau, a prestação de serviços seja ela própria oportunidade de estimulação da pesquisa e de arejamento do ensino. E, neste momento histórico decisivo para a escola pública de 1º grau, a aproximação da universidade e do ensino de 1º grau poderá contribuir não só para preservar a ideia de uma educação básica para todos como também para revitalizar a pesquisa e o ensino universitários. (ibidem, p.48)

Não lhe passa despercebido o problema do aligeiramento da preparação de professores "em currículos mínimos de escolas de nível superior de qualidade mínima" (Azanha, 1995b, p.53). Azanha (1991c, p.68) denuncia a aprovação sem critérios transparentes de cursos superiores particulares de péssima qualidade pelo Conselho Federal de Educação, que resulta em "imenso crescimento do número de escolas privadas que formam professores em 'escala industrial' e de qualidade duvidosa". A respeito destas escolas, ele afirma sem rodeios: "não é possível que nos atenhamos a um formalismo legal e equiparemos, para efeitos profissionais, o estudo acadêmico sério e a titulação fraudulenta feita com preocupações exclusivamente comerciais" (1995b, p.53-4). Problema que fica ainda maior quando se sabe que "em termos quantitativos, as universidades públicas e as poucas universidades particulares de nível contribuem escassamente para a formação de professores de 1º e 2º graus". Mas como o grande empregador desse professorado "é o poder público, é este que acaba sendo vítima desses professores mínimos" (ibidem, p.53).

Diante do objetivo de autonomia das unidades escolares, caberia à universidade pública duas tarefas fundamentais: catalisar o processo de organização do projeto educativo em cada escola e elaborar uma nova proposta para o curso de licenciatura. Na realização da primeira, é preciso que a integração de esforços traga benefícios a ambos os lados: para a universidade, uma ampla oportunidade de pesquisa e revisão de seus próprios conceitos pedagógicos; para a escola de ensino fundamental, o benefício do apoio a seus esforços de conhecimento e superação das dificuldades que enfrenta.

Na realização da segunda – uma revisão profunda dos cursos de licenciatura –, o professor da Faculdade de Educação assinala três pré-requisitos: uma reflexão *coletiva* da universidade sobre seu compromisso com o ensino fundamental; uma revisão pela raiz do processo atual de licenciatura pela sua transformação em *problema institucional*, mais do que meramente pedagógico; um reordenamento institucional que de fato permita a participação ativa de cada unidade na organização e implementação de seu próprio padrão curricular de formação de licenciados. Aos pedagogos, caberia assessorar esses processos e ministrar as disciplinas de natureza pedagógica que viessem a compor esses novos currículos.

Azanha (1995b, p.50) aponta três motivos em favor da execução de um projeto piloto: ele pode demonstrar a viabilidade de um estilo de atuação que preserve a autonomia das escolas, pode aproximar a pesquisa acadêmica da situação real das escolas e pode criar oportunidades de reorganização do ensino preparatório de futuros professores, pois é lugar ideal para, além de outras coisas, uma "discussão interessante e *radical* dos currículos de formação de professores pelo ensino superior".

*Comentário.* Pôr a universidade pública em sintonia com as políticas públicas é objetivo que requer, antes de mais nada, que professores, alunos e funcionários universitários façam uma discussão coletiva e radical sobre o lugar real e o lugar possível dessa instituição numa sociedade em que as elites orientam-se por princípios antidemocráticos. Tarefa que adquire relevância e urgência especiais numa época como esta, em que as universidades públicas estaduais e federais vêm perdendo o caráter de centros autônomos de ação e pensamento crítico e se tornando "usinas tecnológicas" heterônomas. A submissão a interesses e determinações da agiotagem internacional e a avaliação feita por órgãos de fomento à pesquisa que querem pôr a produtividade acadêmica em moldes empresariais restringem o espaço de trabalhos críticos, sobretudo nos campos da filosofia, das letras e das ciências humanas.

E voltando ao ponto de partida do que aqui foi exposto, é preciso não esquecer que, se a universidade pública e as melhores universidades particulares não formam a maioria do magistério de ensino fundamental e médio, certamente formam a maioria de mestres e doutores que vão compor o corpo docente das escolas particulares de ensino superior, que precisam ter professores titulados em seus quadros para poderem funcionar. Por isso, o que está em questão não é só a licenciatura, mas também os cursos de pós-graduação, eles também atingidos pela burocratização e por critérios quantitativos de avaliação que podem resultar em rebaixamento de critérios de aprovação de dissertações e teses.

Sob os problemas da prestação de serviços e da formação do magistério de ensinos fundamental, médio e superior, uma questão antiga, complexa e desafiadora: "quem educa o educador?". No cerne da elaboração da resposta, a questão da *natureza da relação pedagógica*. Para discuti-la, convém ter em mente a crítica de Marx (1978, p.51), na Terceira Tese sobre Feuerbach, à concepção iluminista de transformação social como obra meramente educativa que divide a sociedade em duas partes: uma ativa, que educa, e outra que passivamente deixa moldar a sua consciência pela primeira. O autor de *O capital* questiona, como se sabe, toda tentativa de transformação da sociedade meramente pelo caminho pedagógico, e afirma: a mudança radical das circunstâncias e dos próprios homens só pode ser concebida e entendida racionalmente como *práxis* transformadora.

Contra a tese de que poucos iluminados serão os educadores do resto da sociedade e contra a concepção que limita a atividade humana à prática pedagógica de uns poucos, Marx afirma que não basta iluminar por meio da razão para transformar a humanidade. No centro do processo de transformação dos homens, está a ação sobre o real; é ao agirem para mudar as circunstâncias que os homens modificam-se a si mesmos. Por isso, educação é sobretudo ação e reflexão sobre a ação; por isso, os sujeitos da história não são somente os que educam – ou seja, os que modelam a maioria como matéria passiva; por isso, os educadores também precisam ser educados.

Daí a importância do caráter sempre experimental dos projetos de formação do magistério, seja na graduação seja na pós-graduação, e dos projetos de assessoria da universidade às escolas da rede pública de ensino fundamental e médio. É nesses espaços que educadores e educandos, assessores e assessorados serão permanentemente educados. É neles que as *teorias críticas* deverão ser apropriadas com rigor, para que se possam pensar as questões postas para todos pela ação que se quer transformadora das circunstâncias e dos homens, para que a ação continue a ser construída. A maioria dos alunos de pós-graduação já atua profissionalmente em escolas públicas fundamentais, médias ou de ensino superior. A melhor maneira de formá-los é tomar essa prática e problematizá-la à luz da teoria e da pesquisa, num movimento permanente entre pensamento e ação. É assim que a formação do magistério pode deixar de ser mero treinamento técnico ou técnico-científico.

Uma frase de Roland Barthes (1980) pode nos ajudar na caminhada. Em *Aula*, ele diz: "a ciência é grosseira, a vida é sutil, e é para corrigir essa distância que a literatura nos importa" (p.19). Podemos recorrer também a Merleau-Ponty (1975), que começa *O olho e o espírito* com a seguinte afirmação, em defesa da arte como forma de conhecimento: "a ciência manipula as coisas e renuncia a habitá-las" (p.275). Formação é mais do que domínio de conhecimentos em determinado campo disciplinar e aprendizagem de técnicas de ensino ou de pesquisa. Sem negar a relevância deles, insisto que formação é sobretudo exercício permanente de presença ativa no mundo pensada da perspectiva do compromisso ético.

Penso que uma nova concepção de formação docente deve começar com uma nova concepção de educador: seja alfabetizador no ensino fundamental, professor de matemática no ensino médio ou docente de história da educação no ensino superior, ele deve ser formado como *trabalhador intelectual*, pois só assim pode fazer a sua parte na realização histórica da humanização da vida.

## Referências bibliográficas

ADORNO, T. W. *Educação e emancipação*. Rio de Janeiro: Paz e Terra, 1995.

ARENDT, H. *Entre o passado e o futuro*. São Paulo: Perspectiva, 1972.

AZANHA, J. M. P. Universidade e escola de 1º grau. A ideia de integração. In: ______. *Educação*: temas polêmicos. São Paulo: Martins Fontes, 1995a.

______. O ensino superior e sua articulação com os ensinos fundamental e médio. In: ______. *Educação*: temas polêmicos. São Paulo: Martins Fontes, 1995b.

______. Uma proposta para a licenciatura na USP. In: ______. *Educação:* temas polêmicos. São Paulo: Martins Fontes, 1995c.

______. Proposta pedagógica e autonomia da escola. *Cadernos de História e Filosofia da Educação*, v.II, n.4, p.16, 1998.

______. *Uma reflexão sobre a formação do professor da escola básica.* Relatório ao Conselho Estadual de Educação. Processo n. CCE 64-99, 2000.

BARTHES, R. *Aula*. São Paulo: Cultrix, 1980.

BOSI, E. Entre a opinião e o estereótipo. *Novos Estudos Cebrap*, n.32, mar. 1992, p.111-8.

CARVALHO, J. M. *Cidadania no Brasil:* o longo caminho. Rio de Janeiro: Civilização Brasileira, 2001.

CHAUÍ, M. S. Ideologia e educação. *Educação e Sociedade*, n.5, jan. 1980, p.24-40.

GRAMSCI, A. *Concepção dialética da história*. Rio de Janeiro: Civilização Brasileira, 1984.

KUPFER, M. C. M. *Educação para o futuro:* psicanálise e educação. São Paulo: Escuta, 2000.

LAING, R. D. O óbvio. In: COOPER, D. (Org.) *Dialética da Libertação*. Rio de Janeiro: Zahar, 1968.

MARX, K. Teses contra Feuerbach. In: GIANOTTI, J.A. (Org.) *Marx*. São Paulo: Abril Cultural, 1978. (Os Pensadores)

MATOS, O. C. F. *Filosofia:* a polifonia da razão. São Paulo: Scipione, 1997.

MERLEAU-PONTY, M. O olho e o espírito. In: LOPARIC, Z. (Org.), *Husserl – Merleau--Ponty*. São Paulo: Abril Cultural, 1975. (Os Pensadores).

# 5
# Mesa-redonda: por uma pedagogia de formação de professores – embates conceituais e crítica das políticas atuais

*Selma Garrido Pimenta*

Este capítulo apresenta questões de natureza conceitual que permitem uma análise sobre *pedagogia e pedagogos* que tem por objetivo situar no contexto atual a questão da pedagogia e da formação dos pedagogos, apresentando algumas hipóteses interpretativas desse contexto. Nesse sentido, examina o movimento de (in)definição das diretrizes curriculares do curso de pedagogia, as diferentes propostas e os interesses que se fazem presentes no embate teórico e político da questão. Procede a uma análise crítica das diretrizes formuladas pela Comissão de Especialistas e que até o momento ainda não foram examinadas pelo Conselho Nacional de Educação (CNE).

Conforme essa proposta, as áreas de atuação profissional do pedagogo são: a) a docência na educação infantil, séries iniciais do ensino fundamental, em suas diversas modalidades de crianças, jovens, adultos, índios etc., e nas matérias pedagógicas do magistério no ensino médio; b) a gestão educacional entendida como organização do trabalho pedagógico em termos de planejamento, coordenação, acompanhamento e avaliação nos sistemas formais e não formais; c) a produção e difusão do conhecimento científico e tecnológico no campo educacional; d) a atuação docente/técnica em áreas emergentes no campo educacional, em razão dos avanços teóricos e tecnológicos.

Entendendo que no CNE há setores que ainda defendem a formação de professores em outros cursos institutos superiores de educação (ISE), que não o de pedagogia, levanta-se a seguinte hipótese: o projeto para a educação do governo FHC previa que o país deveria investir na educação básica pública e gratuita, o que iria contrariar os interesses privatistas. O acordo feito, no início do governo, foi que esses interesses seriam atendidos com a criação de um amplo segmento de mercado que seria a formação de professores em nível superior. Essa foi a motivação para a criação dos ISE, que, em seu Curso Normal Superior, formaria os professores para a educação básica (infantil e séries iniciais). Também essa foi a motivação para a investida governamental contra as universidades públicas. Na realidade, a educação básica gratuita que se expandiu pelas políticas governamentais não incluiu um projeto de melhoria qualitativa dos resultados da escolaridade (hoje os alunos saem das escolas com baixíssimo domínio dos conhecimentos básicos). Por outro lado, os institutos superiores de educação não estão se efetivando, dentre outros fatores porque a própria população reconhece neles, em seu curso Normal Superior, um retrocesso em relação aos cursos de pedagogia. No que se refere às Diretrizes Curriculares Nacionais para o Curso de Graduação em Pedagogia, proposta pela Comissão de Especialistas (abril de 2002), em que pese a atuação do pedagogo estar prevista para outros campos que não o da docência escolar, sabe-se que seu fundamento é a docência como base da formação do pedagogo.

Essa tese, amplamente difundida e objeto de inúmeras controvérsias, acabou por resultar em estímulo para a redução dos cursos de pedagogia à formação de professores para as séries iniciais da educação básica, deixando todo o campo do pedagógico fora dos cursos, fragilizando os pedagogos em sua atuação pedagógica profissional no âmbito escolar, no âmbito dos sistemas de ensino e no âmbito não escolar. O curso de pedagogia, por sua vez, historicamente tem se constituído no único espaço de graduação no qual se estuda intencional e criticamente a prática social de educar em suas múltiplas manifestações na sociedade, com base em sólida formação no campo teórico, epistemológico e metodológico da educação e do ensino. A partir dessas questões, aponta os esforços que têm sido realizados pelo Fórum Nacional de Diretores das Faculdades de Educação das Universidades Públicas (Forumdir), no sentido de se desenhar uma proposta que supere a problemática posta nesse contexto. Em reunião realizada em Fortaleza, em abril de 2003, consolidou-se uma proposta de Diretrizes Curriculares para o Curso de Pedagogia, em fase de elaboração, devendo ser encaminhada ao CNE ainda neste ano. De acordo com a carta de Fortaleza,

O FORUMDIR reafirma o curso de Pedagogia como espaço da formação do Pedagogo, profissional preparado para o exercício da docência e da gestão dos processos educativos escolares e não escolares. Dessa forma, são definidas como áreas integradas de formação profissional no curso de Pedagogia: a docência na Educação Infantil, nas Séries Iniciais do Ensino Fundamental e nas Disciplinas Pedagógicas para a formação de professores; e a gestão educacional, compreendida como a organização do trabalho em termos de planejamento, coordenação, acompanhamento e avaliação na escola e nos sistemas de ensino, bem como em processos educativos não escolares. No exercício profissional nessas áreas, o pedagogo contribuirá para o estudo e a formulação de políticas públicas na área da educação, assim como para a produção e a socialização do conhecimento educacional.

Estruturei minha apresentação em três pontos: a) uma leitura interpretativa da política do governo FHC; b) algumas questões de natureza conceitual; c) proposições e encaminhamentos sobre o tema das Diretrizes Curriculares do Curso de Pedagogia e da Profissionalização do pedagogo. Por fim, tecerei breve comentário sobre as políticas do governo Lula para a educação.

## A política educacional do governo FHC: uma interpretação

O projeto político do governo FHC para a educação foi um projeto que faliu. Faliu por quê? Qual era esse projeto? O governo FHC assumiu, politicamente, a área de educação com um projeto que apontava para a expansão quantitativa e a melhoria qualitativa da escolaridade básica dos sistemas públicos de ensino. No momento em que esse plano estava sendo gestado, os empresários da educação que o apoiavam e que sempre tiveram grande na oferta de escolaridade básica, portanto privada, reagiram e colocaram o confronto que se o governo ia investir na escolaridade pública de 1ª a 8ª série, sobretudo, e depois no ensino médio, como de fato se viu, o que sobraria para eles? Diante desse possível impasse, a negociação que o governo FHC definiu para com os empresários da educação foi a de que assumiria a expansão quantitativa e qualitativa da escolaridade básica, considerando a cobrança das agências financiadoras externas; e que em contrapartida, os empresários da educação teriam sua fatia de mercado garantida no ensino superior. E no ensino superior denominado "formação de professores". É nesse contexto, portanto, que se deu a criação do Instituto Superior de Educação, acompanhada das investidas de desqualificação das universidades públicas, por meio do sistema de avaliação, por exemplo, e de todo o discurso de que as universidades não são capazes para formar professores que se inseriram nas escolas dos sistemas públicos. Em nenhum momento, o governo admitiu suas responsabilidades sobre esse fato, pois não mexeu no salário, na carreira e nas condições de trabalho dos professores da educação básica, assunto que havia sido tocado no governo anterior no plano decenal, que foi interrompido pelo governo FHC.

Após os oito anos desse governo, o projeto político faliu no que se refere à expansão de ensino público de qualidade. O que se constata é o contrário; estamos assistindo a uma desqualificação dos alunos que saem da escolaridade básica, sobretudo pela implantação da progressão continuada, que se tornou promoção automática, uma vez que as condições de sua implementação não foram cuidadas.

Por sua vez, a implantação da formação professores como um segmento promissor de mercado da iniciativa privada não se resolveu com a criação dos ISE. Em que pese terem sido criados inúmeros pelo país afora (somente em São Paulo foram criados até o momento cerca de trezentos), houve uma reação espontânea da população que prefere cursar pedagogia e não o normal superior. Com base em seu bom senso, a população percebeu aquilo que intelectuais haviam denunciado: pedagogicamente, o normal superior é uma proposta retrógrada (Libâneo & Pimenta, 1999, p.239-77). Essa reação cultural da população ninguém havia previsto, nem mesmo os legisladores que ora estão percebendo que criaram um "elefante branco". O que se observa é um movimento intenso de setores interessados em desenvolver esse mercado, e que têm assento no CNE, a fim de impedir que as Diretrizes da Pedagogia sejam definidas a partir do movimento dos educadores e de criar uma pedagogia nos moldes do artigo 64 da LDB, ou seja, que formaria especialistas por meio de habilitações técnicas, à disposição daqueles professores, que de um modo ou de outro, foram formados em nível superior, sem a pedagogia.

Nesse contexto é que ocorreu a extinção em janeiro de 2002 da Comissão de Especialistas, que elaborou uma proposta para as Diretrizes Curriculares Nacionais para os cursos de pedagogia. Essa comissão, alinhada ao movimento dos educadores, entregou a proposta que até o momento foi ignorada pelo CNE.

No período que se seguiu, esse conselho e os conselhos estaduais vêm definindo um emaranhado de resoluções, portarias e outras peças legais com vistas a normatizar a formação de professores e de pedagogos. No que se refere à formação de professores, foram definidas pelo CNE as Resoluções n.1 e 2, de fevereiro de 2002, nas quais são expressas as competências técnicas[1] necessárias aos professores e a carga horária que fragmenta ainda mais as atuais licenciaturas sob a forma de conteúdos natureza científico-cultural (1.800 horas), prática curricular (quatrocentas horas), estágio curricular (quatrocentas horas) e atividades de natureza acadêmico-científico-culturais (duzentas horas).

## Algumas questões de natureza conceitual

Entendo que a educação é uma prática social, ou seja, é uma atividade que qualquer cidadão que participa de nossa sociedade desenvolve. A educação tem por finalidade tornar as pessoas seres humanos. Ela é processo de humanização. Estou aqui retomando um conceito que é histórico na educação: somente a sociedade humana é que necessita de um processo que a torne humana. E tornar-se humano significa tornar-se capaz de usufruir do que a civilização construiu e de apresentar soluções aos problemas que essa mesma civilização gerou. Essa dimensão de sentido da educação se explicita de modo contraditório na sociedade, porque sua construção se dá por grupos de interesses, por isso a questão ideológica é muito importante. A nossa direção de sentido tem sido a de possibilitar que todas as pessoas tenham condições humanas de vida, ou seja, que tenham seus direitos garantidos e assegurados, de sobrevivência, de alimentação, de trabalho, de participação social, de elaboração da lei, de construção da democracia. Portanto, temos defendido uma perspectiva de educação crítica e emancipatória. Nesse sentido, entendo que a educação é uma prática social, portanto muito complexa. O seu escopo não se esgota em uma única área de conhecimento. É por isso que temos múltiplas áreas de conhecimento voltadas para o estudo da educação, entre elas a pedagogia. A pedagogia é um campo de conhecimento específico da prática social da educação que se vale da contribuição das demais áreas de conhecimento quando estas se voltam para o estudo da educação. A sociologia, por exemplo, não tem na sua raiz preocupação com a educação, mas há sociólogos que se voltam ao estudo da educação. O mesmo ocorre com a psicologia, a filosofia, a economia, a política, a história etc. Tradicionalmente, esse núcleo de

1 Uma análise crítica sobre essa questão das competências pode ser encontrada em Pimenta (2002a).

conhecimentos tem constituído o curso de pedagogia, ou seja, a formação de profissionais que se voltam especificamente para o estudo e o exercício profissional no campo da educação. O curso de pedagogia constitui assim o único espaço na universidade que toma intencionalmente a educação como objeto de estudo, que procede à análise crítica da educação que se pratica na sociedade. Por isso, tem sofrido ataques e tentativas de desmonte por parte de segmentos da sociedade a quem não interessa o desenvolvimento do estudo e da pesquisa na área educacional.[2]

Nesse sentido, concluo este primeiro bloco de considerações conceituais afirmando que, se quisermos manter esse entendimento de educação, temos que fazer um esforço concentrado para defender a presença de um curso de graduação em nossas universidades denominado *curso de pedagogia.*

Vamos, a seguir, considerar os desdobramentos dessa questão. Pedagogia forma pedagogo. O pedagogo é um profissional. E entendo que a profissão é a possibilidade que as pessoas têm de intervir na sociedade. Constituo-me como ser humano nessa sociedade a partir de minha profissão na qual eu potencializo o meu trabalho, com o qual me identifico.

Para desenvolver um pouco mais essa questão, vou aproximar pedagogo e professor, para depois retomá-los separadamente, situando o amplo espaço que a questão da profissão, da profissionalidade e da profissionalização tem ocupado nas pesquisas recentes de há cerca de quinze anos. Situando brevemente a origem dessa questão, será a partir dos anos 90 que vimos demonstrando que professor é uma *profissão*, não é missão, não é ser abnegado, que professor não é tia, que professor precisa sobreviver, que professor precisa ganhar e ganhar bem, que professor precisa conhecer, precisa fazer o seu trabalho a partir de saberes, e esse saber é o exercício específico da docência, da identidade, dos cursos de formação. Alguns sindicatos vieram somar conosco na academia a defesa de que a profissionalização é uma maneira de *identificar* a categoria profissional que ultrapasse a dimensão do corporativismo, colocando o sentido social da intervenção do professor como forma de transformação da sociedade. Esse movimento sobre a profissionalização aponta um caminho no caso dos professores da educação básica, especialmente para os das séries iniciais, porque evidencia um reconhecimento deles como pro-

2 Exemplo dessa tentativa foi o decreto presidencial de dezembro de 1999, que definia que o curso de pedagogia não poderia formar professores para as séries iniciais do ensino fundamental; depois, após o movimento organizado das faculdades de educação e das entidades representativas dos educadores, o decreto foi redefinido, abrindo essa possibilidade.

fissionais que precisam ser preparados e bem preparados, em nível superior. Mas não em qualquer curso de nível superior.

Profissão: professor. Profissão: pedagogo?

Se os avanços na área da profissionalização dos professores são grandes, o mesmo não se pode dizer em relação aos pedagogos. Que inserção profissional têm? E terão? Na sociedade neoliberal que operou tantas transformações no mundo de trabalho, como fica a profissão de pedagogo?

## Alguns encaminhamentos

Aqui já estou adentrando a terceira ordem de considerações que é de alguns encaminhamentos. Já mostrei que o pedagogo tem que ser reconhecido legalmente como profissional. Se esse pedagogo, da mesma forma que os professores, tem que ser reconhecido como profissional, ele tem que ter estatuto de profissionalidade e de profissionalização. Se o pedagogo é também professor, é uma outra questão. Então, a minha discordância em relação à tese de que a docência é a base da formação do pedagogo decorre do modo como entendo a educação e a pedagogia, e por entender que o campo da docência é um campo de profissionalização.

Tenho afirmado categoricamente que esse conceito da docência como base de formação do pedagogo, apesar das inúmeras e múltiplas explicações que o movimento da Anfope tem colocado, acabou por resultar num empobrecimento do curso de pedagogia que se encontra reduzido à formação de professores das séries iniciais e deixou de pesquisar a educação como prática social. Assim, entendo que esse é um conceito frágil, porque não se sustenta epistemologicamente e não se sustenta no enfrentamento com o real; precisa ser enfaticamente explicado toda vez que é anunciado, e isso vem ocorrendo há mais ou menos dez anos. Um conceito que a cada vez precisa ser explicado pelo que não é é um conceito frágil. Um conceito que se define como um conceito forte e clássico tem duas origens. Ou é teoricamente elaborado e sobrevive porque captou a problemática de um real que estava indefinida (por exemplo o conceito do complexo de Édipo que se sustenta com base em uma elaboração teórica sobre o real), ou emerge do real. Qualquer que seja sua origem, um conceito se sustenta enquanto consegue explicar o real, aí se torna clássico, ou desaparece, ou é substituído se não mais dá conta de explicar o real. Ou seja, a realidade foi transformada, e ele não responde mais à organização e à compreensão intelectual, isso é o que o define, portanto não serve mais como um conceito explicativo. Apresentei o exemplo do complexo de Édipo porque esse é um conceito que hoje está sendo reformulado, uma vez que aquela organização da família à época de Freud não mais existe, indicando que esse conceito, que permaneceu válido até hoje, está merecendo atualização.

De maneira similar, parece-me que esse conceito da docência como base da formação do pedagogo precisa ser reformulado, porque ele não encontra eco nos cursos de pedagogia que não mais estão formando pedagogos, mas tão somente professores para as séries iniciais. E com essa configuração, os cursos de pedagogia revelam sua fragilidade no enfrentamento das questões políticas e ideológicas que têm sido postas pelos governos neoliberais.

As Diretrizes Curriculares elaboradas pela Comissão de Especialistas, a meu ver, apresentam a fragilidade conceitual apontada ao manter a docência como base da formação do pedagogo. É preciso examinar as pesquisas que estão apontando outros caminhos.[3] No entanto, considerando a situação delicada e os confrontos políticos que marcam a questão da pedagogia no país, eu defenderia estrategicamente essas diretrizes na forma como estão; mas retirando a dicotomia entre o escolar e o não escolar, enfatizando a importância deste como campo de atuação do pedagogo, ou seja, o especialista da área da educação que tem que ter intervenção nos vários espaços da sociedade. Também ressaltaria a importância de aprofundar a questão da prática pedagógica como sendo pesquisa, colocando *a pesquisa como base dessa formação* (e não a docência). Não sei se teremos tempo para essas modificações no atual contexto político. Mas é bom salientar que estamos em início de um governo que elegemos e que representa um projeto que ajudamos a construir; e que no início de 2004 teremos mudanças entre os membros do CNE.

Esse pedagogo que queremos vai ser formado em curso de pedagogia, sua profissão vai ser de *pedagogo*. Com aprofundamentos, ênfases etc. para atuar conforme as demandas *sociais* como professor de educação infantil, professor de 1ª a 4ª séries, professor das matérias pedagógicas, coordenador pedagógico, animador cultural, educador em mídias..., com o cuidado, e aí reside minha preocupação fundamental, de que os cursos de pedagogia se debrucem para fazer uma leitura crítica dessas demandas do pedagogo na sociedade. Portanto, não se trata de formar pedagogos nessa área porque o mercado diz que são necessários, mas um corpo docente da pedagogia, en-

3 Ver, por exemplo, Pimenta (2002b), que contém pesquisas de Umberto A. Pinto, Maria Amélia Franco, Carmem Sílvia Bissoli e J. C. Libâneo. Ver também Franco (2003).

volvendo todos os seus professores das diversas áreas que se debruçam sobre a educação, as didáticas, a filosofia, a sociologia, a psicologia etc., fazendo cursos de pedagogia que tenham o compromisso de responder às necessidades sociais que estão postas para uma educação crítica emancipadora. Então, o que define a formação de base do pedagogo é o estudo da educação. Entre elas a educação que se pratica na escola e nas séries iniciais.

## Referências bibliográficas

FRANCO, M. A. *Pedagogia como ciência da educação.* Campinas: Papirus, 2003.

LIBÂNEO, J. C., PIMENTA, S. G. Formação do profissionais da educação: visão crítica e perspectivas de mudança. *Educação & Sociedade (Campinas)* n.68, p.239-77, 1999.

PIMENTA, S. G. Professor reflexivo: construindo uma crítica. In: PIMENTA, S. G., GHEDIN, E. *Professor reflexivo no Brasil:* gênese e crítica do conceito. São Paulo: Cortez, 2002a.

______. (Org.) *Pedagogia e pedagogos:* caminhos e perspectivas. São Paulo: Cortez, 2002b.

# 6
# Novas políticas de formação: da concepção negada à concepção consentida

*Helena Costa Lopes de Freitas*

Tratar de uma pedagogia para a formação de professores requer de nós um esforço para recuperar as ideias originárias do movimento dos educadores que, construídas ao longo das últimas décadas, vêm sendo exaustivamente socializadas e repetidas nos diferentes fóruns que tratam da formação de professores. Nesse período, tenho particularmente demarcado as origens, explicitando que suas raízes estão fincadas na trajetória do movimento dos educadores em luta pela sua formação e pela profissionalização do magistério, representada pela Associação Nacional pela Formação dos Profissionais da Educação (Anfope), a qual, por sua vez, se nutre das construções práticas e teóricas dos educadores deste país e particularmente das construções curriculares das diferentes instituições que vêm encontrando, nos princípios da base comum nacional, as referências para seus caminhos e percursos de formação dos profissionais da educação.[1]

---

1 Parte deste artigo compõe o estudo sobre a pesquisa Retrato da Escola 2, da CNTE, a ser publicada em breve, em forma de livro.

## Relembrando alguns pontos de partida

As políticas educacionais, particularmente no campo da formação de professores em nosso país,[2] situam-se nos marcos das reformas educativas que se desenvolvem nos países da América Latina, desde o final da década de 1970, em resposta à crise de acumulação do capitalismo e têm como objetivo adequar o sistema educacional ao processo de reestruturação produtiva e aos novos rumos do Estado. Sob essa ótica, a qualidade da formação de professores é elemento impulsionador e realizador dessas reformas, condição para fazê-la "ancorar" no chão da escola e "aterrizar na sala de aula" (Mello, 1999).

As concepções que orientam as mudanças oriundas da reforma educativa vêm sendo questionadas pelo movimento dos educadores desde o final da década de 1970, quando o processo de democratização da sociedade passa a colocar novas exigências para a melhoria da escola básica e para a formação de professores. A Anfope vem contribuindo com essa discussão construindo coletivamente uma concepção de formação fundada em uma *concepção sócio-histórica de educador* em contraposição ao caráter tecnicista e conteudista que vem caracterizando as políticas de formação de professores para a escola básica em nosso país. Tem, na concepção de *base comum nacional,* em oposição à concepção de *currículo mínimo,* o instrumento que marca a resistência às políticas de aligeiramento, fragilização e degradação da formação e da profissão do magistério.

A luta pela definição de uma *política nacional global de formação dos profissionais da educação,* visando à sua profissionalização e valorização, é condição indispensável para a definição de políticas educacionais que buscam construir, de forma prioritária, novas relações no campo da escola, da formação e da educação. Essa política global deve contemplar, em *condições de igualdade,* a sólida *formação inicial* no campo da educação, *condições de trabalho, salário e carreira* dignas e a *formação continuada* como um direito dos professores e obrigação do Estado e das instituições contratantes.

Poderia parecer desnecessário, neste momento, recuperar as raízes dessas concepções para entender a crítica às políticas atuais. Minha contribuição traz elementos desses embates entre diferentes concepções em disputa e

2 A implementação dessas concepções nas políticas de formação em nosso país vem se dando desde o final dos anos 80 e início dos 90, visando aumentar o nível de satisfação das "necessidades básicas de aprendizagem", pilar do plano de ação Educação Para Todos, que fundamentou, em nosso país, o Plano Decenal.

evidencia que as concepções hegemônicas mundiais continuam a oprimir e a imprimir às políticas dos diferentes países sua lógica perversa e dependente. Ora, isso não é novidade, nosso método de análise nos permite entender essa lógica determinada pela crise do capitalismo e pelas novas configurações dos velhos problemas. O que nos assusta e nos causa estranheza e indignação é que essa lógica seja vista como natural no quadro de um novo governo no qual muitos de nós depositamos nossas esperanças, se não de resolução dos problemas, que sabemos impossível, mas para mobilizar e elevar o nível de compreensão dos limites e possibilidades das transformações necessárias.

É esta a dimensão – e também o limite – de minha contribuição: situar historicamente a formação do educador, para que possamos vislumbrar o futuro e as perspectivas de luta e construção que nos movimentam no presente.

## Situando historicamente a formação do educador

Final dos anos 70 e início da década de 1980, o movimento mais geral da democratização da sociedade traz contribuições importantes para a educação e para a forma de olhar a escola e o trabalho pedagógico, ao colocar em *evidência as relações de determinação existentes entre educação e sociedade* e a estreita vinculação entre a forma de organização da sociedade, os objetivos da educação e a forma como a escola se organiza.

A concepção de formação de professores carrega a marca empresarial: preparação de recursos humanos para a educação dentro da ótica tecnicista que imperava no pensamento oficial.

- Os *anos 80* representaram certa ruptura com esse pensamento tecnicista que dominava a área. No âmbito do movimento da formação, os educadores produziram e evidenciaram concepções avançadas *sobre formação do educador*, e o movimento avançou na busca de superar as dicotomias entre professores e especialistas, pedagogia e licenciaturas, especialistas e generalistas. O movimento dos professores, no interior da escola, exigia a democratização das relações de poder e construção de novos projetos coletivos. Como parte importante dessa construção teórica, com base nas transformações concretas no campo da escola, construiu-se a concepção de profissional de educação, que tem na docência e no trabalho pedagógico a sua particularidade e especificidade.
- A concepção de *base comum nacional*, concebida como instrumento de luta contra a degradação da profissão, hoje se manifesta como poderoso refe-

rencial para *garantir a igualdade de condições de formação* em oposição *à concepção de igualdade de oportunidades* originária da nova concepção de equidade, tão enfatizada no novo glossário da pós-modernidade. A *base comum nacional* constitui-se elemento unificador da profissão e permite-nos assumir com radicalidade, ainda hoje, especialmente pelas condições postas para a formação de professores, a formulação de Saviani (1982): "formar o professor e o especialista no educador".

- A luta pela formação do educador se insere na crise educacional brasileira, parte de uma problemática mais ampla, expressão das condições econômicas, políticas e sociais de uma sociedade profundamente desigual, excludente e injusta que coloca a maioria da população em uma situação de desemprego, exploração e miséria. Ter presente essas amarras mais amplas é fundamental para evitar que o debate sobre formação do educador concentre-se apenas em questões técnicas, etapa já vencida há décadas pelo movimento(Conarcfe, 1989), mas que retorna hoje de forma poderosa na esteira dos movimentos de busca da qualidade da educação básica na ótica da eficácia e da produtividade.
- A *necessidade da gestão democrática da escola e da educação em todos os níveis* e a *defesa intransigente da autonomia universitária* supõem a descentralização do poder de decisão na área da educação e da escola, financiamento público da educação e manutenção do compromisso do Estado com a manutenção das Instituições de Ensino Superior (IES) públicas e a expansão qualificada socialmente do ensino superior público.

Em artigos anteriores (Freitas, 1999b e 2002), tratamos das concepções teóricas que marcaram as décadas de 1980 e 1990, no processo de democratização da escola e da formação dos educadores. A reação ao pensamento tecnicista das décadas de 1960 e 1970, que marcou os anos 80, foi superada, nos anos 90, contraditoriamente, pela centralidade no conteúdo da escola (habilidades e competências escolares), "fazendo com que fossem perdidas dimensões importantes que estiveram presentes no debate dos anos 80. A ênfase excessiva do que acontece na sala de aula, em detrimento da escola como um todo" (Freitas, 2000). O abandono da categoria *trabalho* pelas categorias *da prática, prática reflexiva,* nos estudos teóricos de análise do processo de trabalho, *terminou por centrar a ação educativa na figura do professor e da sala de aula, na presente forma histórica,* dando margem para a definição de políticas educacionais baseadas exclusivamente na qualidade da instrução e do conteúdo, em detrimento da discussão sobre os fins da educação, impondo à educação e à escola a lógica restrita da produção e do desenvolvimento da *laboralidade* aos processos de formação, em uma perspectiva produtivista unidimensional (Frigotto, 1996), em detrimento da formação humana multilateral (Freitas, 2000).

## As políticas de formação: profissionalização ou flexibilização?

No *campo da formação dos profissionais da educação*, como resultado das transformações no campo do trabalho produtivo no âmbito mundial, vivenciamos o retorno às concepções tecnicistas e pragmatistas da década de 1970, em um patamar mais avançado, deslocando o referencial da qualificação do emprego – qualificação profissional – para a qualificação do indivíduo (Kuenzer, 2003, p.22), em que a concepção neoliberal de competência tem levado a centrar os processos de formação no desenvolvimento de competências comportamentais.

Pretendo apontar, neste capítulo, que há um movimento *aparentemente contraditório* de profissionalização *versus* regulação e flexibilização do trabalho docente, revelado, a partir da aprovação da LDB, pelas seguintes propostas:

a) manutenção da *formação em nível médio* dos professores para educação infantil e séries iniciais do ensino fundamental;

b) instituição de *novas instituições formadoras de professores*, sem história e sem a pesquisa e a investigação do campo educacional como base da formação;

> é preciso dar prioridade à formação de professores na perspectiva e no âmbito da política de educação básica, independentemente da problemática do ensino superior como tal ... é *inviável para o poder público financiar a preços das universidades nobres* a formação de seus professores de educação básica que se contam em mais de milhão ... um *volume de recursos muito menor, um sistema misto de custo baixos tanto públicos quanto privados*, configura um ponto estratégico de intervenção para promover melhorias sustentáveis a longo prazo na escolaridade básica. (Mello, 1999 – grifos nossos)[3]

c) flexibilização da formação para o magistério e desregulamentação da profissão ao instituir a possibilidade de *formação pedagógica para qualquer bacharel*

3 Documento distribuído às Comissões de Especialistas das diferentes áreas encarregadas de elaborar as Diretrizes para as Licenciaturas.

proveniente das demais áreas e profissões – Resolução n. 02/97 ainda em vigor – legitimando o magistério como "bico" – flexibilizando-o;

d) recuperação da concepção de "formação em serviço", que teve grande vigor na década de 1960, e de "aproveitamento de estudos", como fundamentos da formação do profissional da educação, trazendo para o âmbito da legislação a ênfase na experiência e nas práticas como elemento definidor da qualidade da formação, restringindo a importância da sólida formação teórica e epistemológica no campo da educação[4] e imprimindo a visão dicotômica da relação teoria e prática;

e) instituição da *certificação de professores* como mecanismo de avaliação e premiação dos professores, processo ao qual poderão ter entrada também os professores leigos e "desempregados", reforçando a noção de competência individual para determinadas tarefas e não para o *trabalho, entendido como totalidade rica de complexas relações*.

Anteriormente, referimo-nos (Freitas, 2000) à presença destas concepções no documento da Profa. Guiomar Namo de Mello, conselheira do CNE, no qual estão presentes as concepções de sociedade e educação que fundamentam as políticas atuais evidenciando a subordinação de nosso país aos princípios das reformas educativas exigidas pelos organismos internacionais, analisadas por Warde, Fonseca e Torres (Torres, 1996). Ali estão presentes as referências e as bases para as políticas de formação de professores que vêm sendo, e serão, implementadas em nosso país, uma formação organizada para desenvolver um professor com as competências para solucionar problemas da prática, destituído da reflexão teórica sobre os condicionantes históricos políticos e sociais que explicam tais problemas, um "prático" (Freitas, 1992).

Cumpre-se, assim, a *segunda etapa da reforma educacional*: a reforma no campo da formação de professores, que atinge dois objetivos básicos (Freitas 1999b):

1 *adequar as instituições formadoras e os conteúdos da formação aos objetivos da reforma da educação básica* em curso, garantindo a aplicação dos princípios da reforma na sala de aula e na escola; para cumprir com eficiência esse objetivo, não é necessário nem desejável que a formação ocorra nas universidades e nos centros onde a produção de conhecimento é parte integrante da formação profissional;

---

4 Cf. artigo 61 da LDB.

2 é preciso, portanto, *separar a formação de professores da formação dos demais profissionais da educação e da pós-graduação acadêmica, retirando das faculdades de educação a responsabilidade pela formação de professores*. No caso do Brasil, a proposta oficial visa separar a formação de professores – que passaria a ter caráter meramente técnico-profissionalizante de acordo com as atuais políticas – da formação que hoje se faz nos cursos de pedagogia e nas faculdades/departamentos de Educação – de caráter acadêmico-científico. Com isso, o curso de pedagogia estaria reservado como um *curso de excelência* para formar o cientista da educação, qualificado no campo da produção do conhecimento científico.

## Formação inicial: a política desvirtuada

A criação *de novas instâncias e cursos de formação*, como os Institutos Superiores de Educação e o Curso Normal Superior (artigo 63), atendeu exclusivamente aos *objetivos de diversificação* das IES impostos pelos organismos financiadores (Banco Mundial, 1994), visando reduzir os custos com o ensino em instituições universitárias com desenvolvimento pleno da investigação e da pesquisa, partilhar o financiamento com instituições privadas e tornar mais ágil e eficiente a formação dos quadros do magistério, fundamentais para aterrizar a reforma no chão da escola. Outras medidas posteriores no âmbito do ensino superior, como o Decreto n.2.032, de agosto de 1997, que alterou o sistema federal de ensino superior e a organização acadêmica das IES, e a regulamentação pelo CNE, em 1999, dessas instâncias de formação, viriam a configurar o que chamamos de reforma no âmbito da formação de professores, decorrente da nova concepção de ensino superior que se instaurava em nosso país. As distinções históricas entre *instituições de ensino e instituições de pesquisa* sacralizam-se com esses instrumentos legais, mantendo-se a *pesquisa* como exigência apenas para as *universidades*, delegando para os Institutos Superiores de Educação, instituição sem história e sem pesquisa, a responsabilidade pela formação técnico-profissional dos quadros do magistério.[5]

Essa *diversificação* manifesta-se também quando estabelece que a formação de docentes para a educação básica se fará em cursos de graduação plena,

5 As implicações dessa organização de ensino superior foram exaustivamente denunciadas nos últimos anos tanto pelas entidades educacionais quanto por estudiosos da área (cf. Aguiar, 1999; Catani & Dourado, 2001). Ver especialmente *Revista Educação & Sociedade*, n.68 e 72.

mas admite como formação mínima para o exercício do magistério na educação infantil e nas quatro primeiras séries do ensino fundamental, a oferecida em nível médio, na modalidade Normal, inclusive regulamentada posteriormente pelo CNE, o que garantiria sua continuidade como espaço de formação. Ao manter no corpo da lei, como formação mínima para o exercício do magistério na educação infantil e nos anos iniciais, a oferecida em nível médio, modalidade Normal, jogando para as transitórias o prazo de dez anos – a década da educação – como limite para a admissão de professores *habilitados em nível superior ou formados por treinamento em serviço*,[6] a legislação revela a real intenção do legislador, bem como a concepção de formação explícita.

Apenas recentemente – pela Resolução n.1/03 –, após quase sete anos de uma longa luta dos educadores, o CNE regulamentou os direitos dos profissionais da educação com formação em nível médio, com o objetivo de estancar a corrida desenfreada dos professores pela formação superior em cursos rápidos de qualidade duvidosa.

A LDB instituiu ainda, em seu artigo 67, princípios orientadores para a valorização dos profissionais da educação, de responsabilidade dos sistemas de ensino, entre os quais se inclui o *piso salarial profissional, progressão funcional baseada na titulação ou habilitação e na avaliação do desempenho, condições adequadas de trabalho e aperfeiçoamento profissional continuado, inclusive com licenciamento periódico remunerado para esse fim.*

No que tange à formação dos especialistas – diretores, supervisores e orientadores –, estabelece, como lócus dessa formação, o curso de pedagogia ou a pós-graduação (artigo 64) e exige a experiência docente como pré-requisito para o exercício profissional de quaisquer outras funções do magistério (parágrafo único do artigo 67).

Outro aspecto nocivo dessa política é a possibilidade de perpetuação da formação fora da ambiência universitária, reforçando a formação de professores em espaço diferenciado daquele em que se desenvolve a produção do conhecimento nas áreas de ensino, tal como vêm-se desenvolvendo há quase um século nas instituições isoladas que mantêm cursos exclusivamente de licenciatura. Com o alijamento das faculdades/centros de educação da responsabilidade principal e do espaço privilegiado para a formação de professores, separa-se a formação dos profissionais para a educação básica da formação dos demais profissionais da educação e da pós-graduação, espaço de

6 Essa formulação foi objeto de crítica na área, pois reforçava a formação em nível médio, justamente onde as exigências de formação deveriam ser mais elevadas.

produção de conhecimento do campo educacional, e restringe-se, portanto, o espaço dos fundamentos epistemológicos e científicos da educação nos processos formativos. A confirmar-se essa intenção, por novas determinações legais em discussão no CNE,[7] aos cursos de pedagogia caberia exclusivamente a formação do bacharel, caracterizando o retorno à fragmentação das habilitações e a separação da formação de professores da formação dos demais profissionais da educação.

Os mentores intelectuais dessas concepções, no campo da educação e da pedagogia, acabaram fortalecendo essa política, tentando introduzir novamente no campo da escola, sob o manto do pesquisador e cientista da educação, a reserva de mercado das antigas tarefas do "especialista" supervisor e gestor, agora sobre novas bases,[8] criando as condições teóricas e práticas para o surgimento dos novos "capatazes da educação" (Freitas, 1999), aqueles que, formados sobre bases teóricas mais sólidas no campo específico da teoria educacional e pedagógica, tornam-se aptos para orientar os "professores tarefeiros", que por suas condições materiais de trabalho e de vida se veem com dificuldades para a autossuperação de sua própria formação. Os pedagogos terão condições de compreender, organizar, supervisionar e avaliar (principalmente avaliar) o processo pedagógico e o trabalho docente nas instituições escolares. Os professores, meros *agentes operativos*.[9] Ambos submetidos às regulações do trabalho docente postas pelas políticas públicas atuais.

A continuar esta concepção técnico-profissionalizante da formação, percorreremos o caminho perverso de volta à visão tecnicista e conteudista do trabalho docente, reforçando o papel que vem sendo destinado aos professores pelas políticas atuais, que "ao priorizarem o caráter meramente executor da escola, limitam os professores a agentes operativos, desprezando-se sua capacidade crítica, reflexiva e criativa" (CNTE, 2001), contribuindo para o

---

7 Desde setembro de 2002, o CNE vem discutindo a possibilidade de instituição de um sistema orgânico de formação de professores, separando, na concepção e no conteúdo, a formação de professores da formação dos profissionais da educação e dos demais educadores.

8 Recentemente, foi regulamentada a profissão de supervisor, reforçando a concepção de reserva de mercado, bem como a fragmentação dos educadores na formação e no exercício profissional.

9 Infelizmente, esse movimento no campo da formação na *graduação* vem se firmando, mais recentemente também na *pós-graduação*, com a retirada dos programas e áreas de concentração em Ensino de Ciências, do Comitê de Educação da Capes, localizando-os no comitê ou subcomitê na(s) área(s) específica(s) de *ensino de ciências* (mas abrindo espaço para outras áreas), abrindo as portas para os mestrados profissionais na área da formação de professores separados dos mestrados acadêmicos da área da educação.

que se identifica como a "desistência" do educador ante os desafios que lhe são postos cotidianamente (Codo, 1999).

Dessa forma, a política de aligeiramento da formação inicial e a ênfase em seu caráter técnico-profissionalizante, rebaixando as exigências no campo teórico e epistemológico, aliada ao desmantelamento das instituições públicas universitárias e da expansão desqualificada do ensino superior privado, vêm produzindo o perverso quadro revelado também pela pesquisa "Retrato da Escola" e pelos dados da educação pública em nosso país, amplamente divulgados pela mídia nos últimos meses. O alerta da CNTE de que a política educacional vigente secundariza esse aspecto da qualificação profissional, preferindo atuar na *capacitação em serviço* e privilegiando os aspectos técnicos e metodológicos do trabalho, reforça as análises que têm sido feitas por estudiosos em nosso país para identificar, na retirada da formação de professores da ambiência universitária, a negação da construção da identidade do professor como intelectual e pesquisador da educação, atributos reservados apenas àqueles que atuam no ensino superior (Kuenzer, 1999).

Ao falarmos de formação inicial e dos espaços de formação, é preciso que coloquemos na berlinda a *formação superior dos professores em exercício*, e nesse espaço particular a política do aligeiramento foi ainda mais perversa. Pressionados pela viesada interpretação da LDB pelos órgãos públicos, e pela dúbia redação do artigo 87, § 4º, da LDB n.9.394/96, que estabelece que "até o fim da Década da Educação somente serão admitidos professores habilitados em nível superior ou formados por treinamento em serviço", os professores das séries iniciais e da educação infantil percorreram verdadeira maratona pelo diploma, nos últimos cinco anos, para cumprir tal exigência, em cursos rápidos, aligeirados, de qualidade duvidosa, em grande parte pagos por eles. Em alguns Estados, o próprio Poder Público, pressionado pelas agências financiadoras internacionais para elevar os índices de formação superior de professores, que em nosso país são baixíssimos,[10] promoveu cursos maciços de formação superior, muitos baseados em tutorias e mídias interativas em 16, 24 e 30 meses, contribuindo para o processo de rebaixamento das exigências de formação superior.[11]

10 Cf. *Folha de S.Paulo* de 25.7.1998 e MEC/SEF – Documento Introdutório dos Parâmetros Curriculares Nacionais, Brasília, versão ago. 1996.

11 As experiências de São Paulo, Paraná, Pernambuco e Ceará desenvolveram-se em tempo menor do que o exigido atualmente para os atuais cursos de pedagogia.

A adoção da *educação a distância* como mecanismo de expansão do oferecimento de cursos para professores em serviço, aliada à utilização de *novas tecnologias*, foi o centro da política de formação em serviço e vem expandindo-se em ritmo acelerado por todo o país – seja pela Unirede, Universidade Eletrônica, Universidade Virtual ou outras formas. A gravidade da situação da formação, em particular o grande número de professores leigos, tem levado as secretarias de Educação estaduais a estabelecer convênios com universidades para formar, a distância, seus professores, via TV ou outros programas, em detrimento do reforço às IES públicas para a expansão qualificada do ensino superior e a ampliação de cursos de licenciatura plena presenciais, tanto na sede como fora dela.

Esses programas, com raríssimas exceções, priorizam as tutorias em ações fragmentadas e sem vinculação com os projetos pedagógicos das escolas, de qualidade teórica comprometida pelas condições do espaço da formação e as exigências do tempo curto e ágil que se impõem. As formas *interativas virtuais* – teleconferências, videoconferências, internet – em muitos programas constituíram alternativas exclusivas do trabalho pedagógico, em detrimento da forma presencial, do diálogo, do estudo concentrado e da construção coletiva entre formadores e formandos (Anfope, 2000).

No entanto, é essa a política que terá continuidade não apenas para a habilitação em nível superior dos professores das séries iniciais em exercício, mas agora para formação de professores para as séries finais do ensino fundamental e ensino médio, nas áreas em que há enorme dificuldade de formação da juventude, pois competem com as profissões às quais seus bacharelados estão vinculados: física, química, biologia e matemática, principalmente.

As propostas do MEC – formação a distância de 250 mil professores por ano, por meio da Rede Universidade Aberta a Distância – é reveladora dessa concepção. A ênfase na formação de professores de ciências para o ensino médio, em programas que priorizam essas áreas de ensino, é um indicador de que essas políticas terão continuidade, sem que se alterem as condições de produção do trabalho docente nas escolas públicas.

## Certificação de competências: a real política de formação e instrumento de avaliação

Uma das características essenciais no quadro que se desenhou a partir da redefinição do papel do Estado, originário das mudanças ocorridas no âmbito do capitalismo, é a *regulação*, que adquire caráter central no campo da educação e da formação de professores. É esse caráter do Estado, regulador, que orienta as diferentes políticas e suas medidas de implementação, buscando responder a questões como: *quais os conhecimentos necessários a todas as crianças e jovens (PCNs), como desenvolver a aprendizagem desses conhecimentos (Diretrizes e Referenciais), como preparar os professores (competências necessárias) para essa tarefa, quais as instituições mais adequadas e sua forma institucional e pedagógica (regulamentação dos ISEs) e, por último, como avaliar as diferentes instâncias e sujeitos envolvidos nas tarefas educativas postas pela reforma (sistemas de avaliação de estudantes – Saeb, Enem e Provão) e como controlar o trabalho docente e a produção da formação – os atuais processos de certificação de professores e creditação de instituições.*

Em artigos anteriores (Freitas, 1999, 2002), analisamos o movimento de produção das diretrizes de formação, tanto pelo MEC quanto pelas entidades científicas e acadêmicas da área, e ainda como a lógica das competências foi incorporada a esses documentos, (re)aproximando a área da educação e de formação de professores, do trabalho material, estudos abandonados pela produção teórica na área educacional na década de 1990, que dirigiu seu olhar para a produção teórica que se desenvolvia em outros países, notadamente aqueles nos quais a reforma educativa vinha produzindo novos paradigmas para a formação de professores, cunhando o campo da *epistemologia da prática*. Entre estes estudos, podemos citar os de Schön, Nóvoa, Zeichner, Gaultier, Tardiff e Perrenoud, entre outros, de forte *cunho pragmatista e escolanovista* (Duarte, 2003).

Analisamos como essa aproximação é desenvolvida na atualidade, do ponto de vista perverso do capital, manifesta na redução da formação ao caráter técnico-profissionalizante,[12] ao conceito de competitividade e à avaliação, visando à adequação da educação e da escola às transformações no âmbito do trabalho produtivo.

A concepção de competência, "nuclear na organização dos cursos de formação de professores" (CNE, 2002, p.28), é incorporada na definição do perfil do novo profissional, com o objetivo central de adequar a formação de professores às exigências legais postas para a educação básica e aos sistemas de avaliação em desenvolvimento (Freitas, 2002).

A *regulação* atinge ainda os sujeitos do processo educativo em outra dimensão: do trabalho e da realização profissional. A lógica das competências,

12 A primeira medida nesse sentido vem com o Parecer n.115/99 do CNE que regulamenta os ISE, deslocando a formação de professores do âmbito acadêmico-científico das universidades e faculdades para o âmbito de instituições de caráter técnico-profissional.

ao enfatizar a individualização dos processos educativos, a responsabilização individual pelo aprimoramento profissional, produz o afastamento dos professores de sua categoria profissional como coletivo e, em consequência, de suas organizações. Portanto, "não abre em si nenhuma solidariedade, já que, presumidamente, não pertence como fonte a uma categoria formalizada que, como tal, pode reivindicar direitos para todos seus membros" (Isambert--Jamati 1997, p.107).

As competências, portanto, caracterizadas como um conjunto de habilidades características de cada indivíduo contrapõem-se, nesse sentido, à dimensão conceitual de *qualificação profissional e profissão*, avalizada pelo diploma e que dá força ao conceito de profissão,

> passa a estar no princípio da organização do trabalho, no lugar da qualificação/profissão. Enquanto o domínio de uma profissão, uma vez adquirido, não pode ser questionado (no máximo pode ser desenvolvido), as competências são apresentadas como propriedades instáveis dentro e fora do exercício do trabalho. Significa dizer que *uma gestão fundada na competência encerra a ideia de que um assalariado deve se submeter a uma validação permanente, dando constantemente provas de sua adequação ao posto, de seu direito a uma promoção ou a uma mobilidade promocional.* (Ramos, 2001, p.194 – grifos nossos)

A lógica das competências individuais passa a conformar as subjetividades, via formação de professores, e a educação das novas gerações, de modo a inseri-las desde a mais tenra idade na lógica da competitividade, da adaptação individual aos processos sociais e ao desenvolvimento de suas competências para a empregabilidade ou laboralidade.

É esse processo de *regulação* do trabalho, de habilidades, atitudes, modelos didáticos e capacidades dos professores, que vem orientando as diferentes ações no campo da formação.

## Certificação de competências e avaliação

No Brasil, e em inúmeros países como a França (Ropé & Tanguy 1997) e o Canadá, a definição de currículos nacionais (tais como os PCN) e diretrizes nacionais, baseados em competências tem se complementado com o estabelecimento de sistemas de avaliação. Conforme as Diretrizes Nacionais para a Formação de Professores para a Educação Básica, são as competências as referências "para toda e qualquer forma de avaliação: periódica e sistemática, por procedimentos internos e externos e incidentes sobre processos e resultados" (CNE, 2002, p.4).

Nesse sentido, o processo de centralização da avaliação no âmbito do Inep, ocorrido ao final do governo Fernando Henrique, atendeu às orientações do Banco Mundial, de constituição de instâncias avaliadoras centralizadas (Torres, 1996), com o objetivo de definir a política e coordenar *todos* os processos de avaliação em *todos* os níveis de ensino – em *todas as suas dimensões*, desde a avaliação dos conteúdos do ensino até a avaliação de docentes –, de *todos os sujeitos envolvidos*: professores, funcionários e estudantes[13] – da educação básica à superior.

Decorrente desse processo, temos o modelamento do perfil do profissional a ser formado e a "certificação" das competências, contemplada no documento das Diretrizes, mediante a organização de *um sistema federativo de certificação de competência dos professores* de educação básica. Esse processo, instituído já no governo anterior, vem sendo conduzido, no âmbito do atual Ministério da Educação, por meio do Comitê de Acompanhamento da Política de Educação Básica e Infantil, com a participação do Conselho Nacional de Educação, Conselho Nacional de Secretários Estaduais de Educação, Fórum Nacional de Conselhos Estaduais de Educação, União dos Dirigentes Municipais de Educação e representantes de Conselhos Municipais de Educação, Forgrad e CNTE. Do ponto de vista da representatividade desse Comitê, cabem três observações:

1 seu caráter institucional e hierárquico, que cobre todo o aparato do MEC até as instâncias político-institucionais federadas – Consed, Undime, CNE, CEEs etc.;

2 sua amplitude – menos abrangente daquela prevista nas próprias Diretrizes, em seu artigo 16, que contemplava a participação das entidades científicas e acadêmicas;

3 seu conteúdo – organizado para acompanhamento de uma política já definida anteriormente à sua organização, pelo Ministério, principalmente o Programa Toda Criança Aprendendo, e nele a ênfase ao Sistema de Certificação e Formação Continuada de Professores.

Os processos de certificação de competências têm em sua raiz as exigências econômicas para as políticas públicas postas pelo processo de redução

13 Em reunião com o Fórum Nacional em Defesa da Escola Pública, realizada em fevereiro de 2003, o ministro manifestou a intenção de criar uma Comissão Nacional de Avaliação, no âmbito do Ministério da Educação, reafirmando a centralidade da avaliação como política educativa.

do papel do Estado e de enxugamento dos recursos públicos para as políticas sociais. Fazem parte das políticas de focalização ou distribuição qualificada de recursos, agora no âmbito do trabalho. Tais processos de certificação – por desempenho e por competência – foram implantados em outros países quando, pela redução do papel do Estado no financiamento da educação pública, tornou-se inviável a justa remuneração, pelo salário, do trabalho de *todos* os professores (Morduchowicz, 2002).

Tais processos vieram acompanhados, nesses países (em especial Chile, Canadá, Austrália), de outras medidas no campo da organização curricular e acadêmica dos processos de formação de professores. Experiências nos EUA, Canadá, entre outras, mostram que a preocupação com a avaliação de desempenho docente vem com o enxugamento dos recursos públicos para a educação e acompanha políticas de financiamento e subvenção a estabelecimentos privados, tal como no Chile (Mizala & Romaguera, 1999).

A formação de professores insere-se assim, com as políticas neoliberais, no quadro dos serviços e é assumida como mercadoria. Nas políticas neoliberais, o conceito de *público* adquire um novo caráter: *não é estatal nem gratuito* (Anfope, 1998).

Em recente artigo distribuído pela internet por um grupo de formação de professores,[14] Fredric Litto (Escola do Futuro da USP) relata um processo de reforma no Estado de Nova York, em 1998, quando o Conselho Estadual de Educação aprovou uma série de medidas visando à melhoria do ensino e da aprendizagem nas escolas públicas do Estado. Essas medidas, segundo Litto, "tiveram o efeito de eliminar o monopólio das faculdades de educação e o poder corporativista dos sindicatos de professores do Estado".

> O Estado de Nova Iorque tem uma similaridade e uma não similaridade com o Estado de São Paulo: tem 200.000 professores da rede pública, e gasta em média US$ 10.000,00 por aluno ao ano. Mas agora, com a premissa de que "melhorar os professores significa melhorar a aprendizagem dos alunos", Nova Iorque resolveu levar a sério a questão de como os professores são "treinados e monitorados durante suas carreiras".

Entre as medidas consideradas positivas, destaca algumas que apresentam razoável similaridade com os processos vivenciados por nós a partir da promulgação da LDB, em 1996, tais como a Resolução n.2/97 que trata da formação pedagógica para bacharéis, a retirada da formação de professores das

14 Disponível em: <www.grupos.com.br/forum/formacao-de-professores>, item Mensagens.

Faculdades de Educação e mais recentemente o processo de certificação de professores proposto pela Secretaria de Educação Infantil e Fundamental (Seif) do MEC:

1 a eliminação da obrigatoriedade de diploma de licenciatura para exercer a profissão de professor no Estado; qualquer pessoa que possua diploma de graduação em qualquer matéria e que seja aprovada em exames sobre o conteúdo da matéria que pretende lecionar e sobre a teoria educacional pode ser professor;

2 qualquer faculdade de educação cujos formandos consistentemente (abaixo de 80%) sejam reprovados em exames de proficiência profissional será fechada;

3 a certificação de professores, hoje em caráter vitalício, a partir de setembro de 2000 será por apenas cinco anos, podendo ser renovada se o professor se submeter e for aprovado em 175 horas de educação continuada e se obtiver o título de mestrado profissionalizante (sem tese) no prazo de dois anos (essa exigência atualmente é de cinco anos) após iniciar sua carreira; agora é mais fácil retirar a certificação de professores "por incompetência, omissão de responsabilidade profissional ou insubordinação".

Ao concordar com a proposta, Litto, tal como o Conselho de Nova York, faz coro às vozes que enfatizam a utilização das novas tecnologias educacionais e a informática como caminhos para a superação dos problemas da formação de professores, evidenciando o quanto tais ideias, equivocadas, ainda permeiam as opiniões leigas que são elevadas à categoria de dogma:

> se houvesse no Brasil um aperto similar por parte da sociedade civil, acredito que as nossas faculdades de educação seriam responsabilizadas por enfatizarem excessivamente a reflexão em vez dos aspectos pragmáticos da sala de aula, por terem se omitido totalmente, nas últimas décadas, na introdução de tecnologia educacional e, mais recentemente, na informática na preparação de professores do futuro. Seria interessante ver quem daria a mais moderna preparação de docentes daqui em diante: faculdades, sindicatos ou outras organizações não tradicionalmente dedicadas a esta missão.

Tais propostas, que são objeto de análise neste capítulo, atendem às necessidades postas pelo modelo de formação baseado em competências, de submeter os trabalhadores/professores a uma validação permanente, como nos diz Ramos (2001): "dando constantemente provas de sua adequação às necessidades do trabalho pedagógico".

A adoção do exame de certificação de professores, como forma de avaliação do desempenho de professores (que efetivamente não é), evidencia o viés regulatório presente nas políticas do atual governo. Nas atuais condições do trabalho docente, tal exame evidenciará a ausência de políticas de profissionalização e valorização do magistério, a condição degradada do exercício do trabalho educativo, com professores submetidos a dupla jornada e baixos salários; a ausência de uma política de formação continuada que vincule os professores ao projeto político-pedagógico em apenas uma escola; as péssimas condições de funcionamento da grande maioria das escolas públicas; e a redução dos recursos públicos para o aprimoramento do processo educativo. Essas condições, difíceis de serem equacionadas em um quadro de restrição orçamentária e de redução dos recursos para a educação, somente aprofundarão a discriminação entre os professores, acentuando o sentimento de culpabilização e responsabilização dos professores pelo sucesso e/ou fracasso da escola e da educação pública que hoje toma conta do imaginário social (Freitas, 2002).

As políticas atuais do novo governo pretendem ainda focalizar a relação que se estabelece entre a avaliação do desempenho dos estudantes (via Saeb, Enem ou Provão) e a certificação dos professores, reforçando o processo de culpabilização e responsabilização dos educadores, exclusivamente, pelo sucesso e/ou fracasso do desempenho das crianças e jovens estudantes. Com isso, ocultam, deixam nas sombras, tal como o fez o governo anterior, o quadro perverso das condições materiais de existência de nosso povo, resultado do descompromisso histórico do Poder Público para com as políticas sociais, também evidenciado nos dados dessas mesmas avaliações (Saeb, Saresp, Enem).

Complementando essa relação, outra mais perversa se estabelece: entre o desempenho dos estudantes e o *financiamento* das escolas e a *remuneração dos professores*.[15] Experiências desenvolvidas em alguns Estados são o prenúncio do fortalecimento de uma concepção de distribuição de recursos públicos de forma "focalizada" ou "qualificada", vinculada aos resultados da avaliação do Saeb ou, nos termos do programa "Toda criança aprendendo", vinculada ao desempenho dos professores na certificação. A perversidade desse modelo é visível, pois retira de escolas com menor desempenho a possibilidade de receberem maiores recursos visando superar suas dificuldades. Essa política acentua as diferenças, aprofunda a discriminação e desarticula a organização

15 A distribuição de recursos vinculados ao desempenho das crianças no Saresp, no Estado de São Paulo, varia de R$ 2.000,00 a R$ 10.000,00.

dos professores nos locais de trabalho. Experiências em outros Estados vêm revelando um perverso caminho de gratificação para poucos, regulada pelos processos de avaliação/certificação, reforçando o individualismo e a competitividade de caráter excludente no seio da categoria dos professores (Freitas, 2002), podendo representar processos irreversíveis de descompromisso do Estado para com o financiamento de toda a educação pública.

As críticas ao modelo de premiação por desempenho já vêm sendo enfatizadas por estudiosos da formação de professores, principalmente pelo caráter do trabalho educativo, fundamentalmente coletivo, solidário e partilhado, enquanto a avaliação/premiação das competências é sempre um processo de caráter exclusivamente individual e competitivo, e, por que não dizer, punitivo e intimidatório (Morduchowicz, 2002).

Essa iniciativa situa-se ainda no âmbito das políticas de formação do governo FHC, aprovadas em 2002 pelo CNE e ainda não revistas, mantendo e acentuando a concepção de Estado "regulador" presente nesses documentos legais (diretrizes, referenciais, parâmetros, certificação etc.).

Além de não avançar na configuração de uma nova política de formação e profissionalização do magistério em nosso país, a ideia de *certificação* dos professores pode vir a ser, no que diz respeito à avaliação de professores e de licenciados formados, mais perversa do que o Provão, institucionalizando o processo perverso de individualização de responsabilidades sobre cada estudante e cada professor, instaurando definitivamente o princípio da competitividade no trabalho, dificultando e impedindo a construção de novas alternativas para a formação de nossas crianças, jovens e adultos a partir do trabalho coletivo e solidário, democrático em nossas escolas.

A concepção de aprimoramento pessoal, processo que tem na emulação seu valor como autossuperação, em processos parceiros e solidários, tal como nos ensinam os princípios da pedagogia progressista, socialista, é substituída pela competitividade, que carrega em si a necessidade de superar ao outro, de sobrepor-se individualmente às adversidades do trabalho.

Um componente complicador dessa política é a concepção diferenciada que ela engendra para a *profissionalização* desses professores – séries iniciais do ensino fundamental – para os quais bastariam cursinhos de quarenta horas *a distância e material didático*[16] – *da profissionalização e valorização* dos professores do ensino médio, para os quais será criada a Coordenadoria de Aperfei-

16 Disponível em: <www.mec.gov.br>. Programa "Toda Criança Aprendendo" – Seif e Pro-Ifem – Semtec.

çoamento do Professor do Ensino Médio e Profissional (Capemp), nos moldes da Capes – para oferecer bolsas a professores desse nível de ensino, orientados por professores universitários, para pesquisa e desenvolvimento de projetos. Acentua-se a diferença, a discriminação e a separação no interior da categoria dos professores – agora em forma de política pública, indutora portanto para os Estados e municípios – entre aqueles educadores que formam nossa infância – os professores dos primeiros anos das nossas crianças e aqueles que formam a nossa juventude e os adultos.

Aprofunda-se o sistema de *premiação* – bolsa para os estudantes que vão bem e bolsa para os professores que os avaliam –, e esta passa a ser uma "medida" do desempenho docente, a qual que promove a sua ascensão na carreira! É o sistema meritocrático sendo desenvolvido. Um novo vocabulário se instala: "alunato", "entes federados", "criação de um mercado público para materiais didáticos e sistemas de educação a distância" a serem desenvolvidos pelos "centros de pesquisa e desenvolvimento da educação". Fala-se em novos "meios de formação" e não programas e/ou cursos de formação inicial e continuada, o que nos indica que se aprofundarão, como política, as propostas de educação a distância e de produção de material didático, fora das faculdades/centros de Educação, as quais nem são referidas em todo o Programa.

É nesse processo que se inserem os professores na atualidade em nosso país, colocados continuamente na berlinda, sem que politicamente se efetivem as condições de reconhecimento do seu árduo trabalho cotidiano, produzido sob condições adversas em seus vários sentidos.

Os desafios que hoje estão postos evidenciam dilemas e contradições: nos últimos anos, privilegiou-se o *controle* do desempenho com vistas à competência e competitividade, vigorando a concepção de *Estado regulador* – da formação e do trabalho – pela via do rebaixamento da formação, da certificação e avaliação.

Que alternativas privilegiaremos neste momento?

## Por uma pedagogia de formação de professores: a formação unitária dos educadores

Responder à questão anterior não é tarefa fácil. O campo da formação de professores está exigindo a definição de uma política global de formação e valorização do magistério, que contemple igualmente *formação inicial, condições de trabalho, salário e carreira e formação continuada.*

Contudo, está exigindo também firmeza e clareza quanto aos limites e à possibilidade das propostas alternativas na sociedade atual, e à impossibilidade de desenvolvimento de uma formação de caráter emancipador no interior de um sistema profundamente desigual e excludente, nos marcos do capitalismo. Entender esses limites evita que possamos cair na armadilha das soluções fáceis, ágeis e de "menor custo", que caracterizam, via de regra, as iniciativas no âmbito da educação e particularmente da formação.

Travamos um debate no plano das ideias, das concepções, dos projetos históricos. Desse ponto de vista, uma perspectiva que desponta como promissora é a de retomar as construções históricas dos educadores para a formação do educador, recuperando os referenciais teóricos e metodológicos que orientaram e orientam a produção nesse campo, no que toca às condições de formação. Entre essas concepções, está o conceito de *base comum nacional, e a defesa do caráter sócio-histórico na formação dos educadores, centrada na concepção omnilateral das múltiplas dimensões da formação humana: cognitiva, ética, política, científica, cultural, lúdica e estética.* Essas concepções vêm sendo construídas coletivamente no interior do movimento de reformulação dos cursos de formação dos profissionais da educação e acumulam a produção teórica na área juntamente com as práticas de formação desenvolvidas nas escolas públicas, nas universidades, em seus cursos de licenciaturas e pedagogia.

*A base comum nacional, concepção construída historicamente pelo movimento dos educadores,* é concebida como forma de resistência aos processos de desqualificação e desvalorização do educador, diante da imposição de uma perspectiva produtivista e tecnicista aos processos de formação. A concepção de base comum nacional, que rompe com a ideia de currículo mínimo, referenciais, diretrizes e parâmetros, tão ao gosto das políticas educacionais atuais e de regulação do trabalho, de caráter neoliberal, supõe a defesa da autonomia universitária, no entendimento de que "a base comum nacional será desenvolvida em cada instituição de forma a respeitar as especificidades das várias instâncias formadoras" (Anfope, 1992, p.14).

Pensar, portanto, uma pedagogia da formação de professores, como é o tema deste capítulo, requer a superação das condições atuais de produção da formação de professores, avançando para formas superiores na formação dos educadores, de profissionais da educação básica,[17] considerando os princípios construídos historicamente pelo movimento.

---

17 Reafirmo aqui as propostas defendidas no Congresso de 1998 (Freitas, 1999b).

A formação de educadores que responda a novas concepções de projeto social, no qual se inserem a educação, o ensino e o trabalho pedagógico, necessariamente demanda condições institucionais e pedagógicas criadoras e políticas globais inovadoras.

Cabe destacar nessa direção:

- O desenvolvimento de uma concepção de percurso de formação em instituições universitárias, articulando ensino-pesquisa-extensão.
- A organização desses percursos de formação com projetos pedagógicos próprios, construindo alternativas curriculares que possibilitem o desenvolvimento de conteúdos e metodologias que traduzam as formas de pensar e atuar ante problemas concretos da vida social; a formação teórica e epistemológica aliada ao domínio técnico e científico do conhecimento mais avançado e progressista produzido nas condições atuais. Como explicita Frigotto (1996), esta é uma tarefa: "que não pode ser delegada à sociedade em geral ... O lócus adequado e específico de seu desenvolvimento é, fundamentalmente, a universidade, que não se confunde com cursos livres ou comércio de diplomas no mercado educacional".
- Assumir o desafio de construir novas relações na escola pública, que permitam aflorar processos de formação humana criativos, emancipadores e criadores de uma nova vida.
- Avançar na concepção de *ciclos de formação humana* como forma de organização da escola, que permitam explicitar as contradições no seio dos processos de avaliação e formação e os limites postos pelo capitalismo e pelos processos de globalização excludente para o pleno desenvolvimento humano. Essa é a condição que permitirá, nas instituições formadoras, construir processos formativos à luz de uma nova concepção de escola e educação, preparando a infância, a juventude e os professores e demais trabalhadores da escola para enfrentar, cada vez melhor, novos desafios.

Uma nova política de profissionalização e valorização do educador deverá constituir-se, portanto, fundada em outros referenciais também para a formação inicial e continuada dos professores em nosso país, na possibilidade de construção de uma nova pedagogia.

Uma pedagogia de formação inicial:

- que mobilize a juventude a abraçar a profissão de educador, indicando perspectivas de atuação e aprimoramento profissional;

- que, rompendo com a atual configuração da formação superior, dividida entre licenciaturas e cursos de graduação plena, aquelas como modalidade dos bacharelados, *transforme as licenciaturas em cursos de formação de professores*, à luz da pedagogia e das ciências da educação, e do trabalho pedagógico na educação básica;
- que defenda a base comum nacional e a concepção de formação unitária do educador, resistindo à fragmentação entre a formação dos professores/profissionais da educação e a formação do "bacharel" da educação, do educador de caráter amplo, tal como se configura em proposta em debate desde setembro de 2002 no CNE;
- que constitua projeto pedagógico que efetivamente articule conhecimento científico e conhecimento da experiência, parte e totalidade, teoria e prática, no que diz respeito ao desenvolvimento, de modo integrado, de conteúdos, habilidades psicofísicas e capacidades singulares no processo formativo;
- que valorize o conhecimento teórico e interdisciplinar sobre o fenômeno educativo e superação da dimensão psicologizante do processo de formação nas atuais licenciaturas e da lógica das competências que privilegia a prática em detrimento da formação teórica, tal como posto nas diretrizes curriculares;
- que compreenda os procedimentos de avaliação implícitos e explícitos no trabalho educativo, com pleno domínio dos limites e das possibilidades da avaliação (dos sistemas de ensino, escolas e sujeitos do processo educativo);

Uma pedagogia de aprimoramento e superação intelectual e profissional que tenha como objetivo:

- *a valorização do trabalho docente*, concentrando o professor em apenas uma escola, com jornada única; recuperação de sua dignidade profissional pela atribuição de salários justos e jornada compatível com os compromissos de formação e desenvolvimento humano sob sua responsabilidade, permitindo sua formação humana integral pelo acesso a leitura, literatura, artes, esporte, organização sindical e política;
- *a implementação da escola em tempo integral* (não para jogar bola apenas ou brincar no outro período, mas para o pleno desenvolvimento das múltiplas dimensões da formação humana nas atividades criadoras e emancipadoras);
- *a valorização dos movimentos sociais como espaços educativos*, aproximando a escola dos pais, e os pais da escola para o pleno desenvolvimento do processo de formação omnilateral da infância e da juventude;

- *a redução do número de alunos por sala*, visando ampliar as condições de qualidade da educação e gerar empregos para a juventude no campo da educação;
- *a mudança efetiva na forma de organização da escola* – ciclos de formação, fim da seriação, revisão da avaliação;
- *a criação dos coletivos de ciclo/salas*, com os professores mais experientes responsáveis pela coordenação do trabalho conjunto com os colegas, fortalecendo o trabalho solidário, companheiro, de ajuda e superação;
- *a avaliação dos sistemas, das escolas e dos sujeitos*, em um único processo articulador e integrador dos sujeitos envolvidos no processo educativo, que não os penalize nem os exalte sobre os outros;
- *o incentivo à auto-organização dos estudantes*, tanto em cada classe quanto na escola e fora dela;
- *a ênfase na formação continuada articulada com a construção coletiva do projeto político pedagógico da escola, com a participação de professores, técnicos administrativos, estudantes, pais e movimentos sociais da comunidade.*

Por último, uma *pedagogia da formação de professores* deve garantir o direito do profissional da educação de intervir na definição das políticas de sua formação, inclusive por meio de suas organizações sindicais, as quais deveriam ser conclamadas a participar da gestão dos processos de elaboração e desenvolvimento dos cursos formativos.

Está posto o desafio de construir novas relações na escola pública, que permitam aflorar processos de formação humana criativos, emancipadores e criadores de uma nova vida; avançar na concepção de *ciclos de formação humana* como forma de organização da escola que permitam explicitar as contradições no seio dos processos de avaliação e formação e os limites postos pelo capitalismo e pelos processos de globalização excludente para o pleno desenvolvimento humano. Essa é a condição que permitirá, nas instituições formadoras, construir processos formativos à luz de uma nova concepção de escola e educação, preparando a juventude e os professores para enfrentar cada vez mais novos desafios.

Uma nova *política de valorização e profissionalização do educador* deverá constituir-se, portanto, fundada em outros referenciais também para a formação continuada dos professores em nosso país, enfatizando

a) o estímulo para a qualificação profissional, a recuperação da dignidade profissional pela atribuição de salários justos e jornada compatível com os compromissos de formação e desenvolvimento humano sob sua responsabilidade;

b) a formação continuada, articulada com a construção coletiva do projeto político pedagógico da escola, com a participação de professores, técnicos administrativos, estudantes, pais e movimentos sociais da comunidade;

c) possibilidade ao conjunto dos educadores de elevar sua formação a níveis superiores de compreensão dos processos educativos em que se inserem as crianças, jovens e adultos sob responsabilidade da escola, e ocupar funções cada vez mais elevadas junto ao coletivo escolar;

d) condições teóricas ao profissional da educação para desenvolvimento de projetos político-pedagógico nas instituições educativas em que atua, respeitando a área de conhecimento do trabalho, e, por último,

e) o direito ao aperfeiçoamento permanente do educador, inclusive nos níveis de pós-graduação.

A formação contínua constitui processo privilegiado de interface das instituições formadoras com o profissional em exercício, permitindo o tratamento dos aspectos teóricos epistemológicos da formação em articulação com seus problemas concretos, valorizando os processos de produção de conhecimentos construídos no trabalho docente, pelo envolvimento com a investigação e a pesquisa no campo da educação e de sua área específica. *Nesse sentido, é um poderoso elemento de avaliação, reformulação e criação dos cursos de formação inicial de profissionais da educação*, abrindo enormes possibilidades de inserção dos estudantes futuros professores nos processos de trabalho pedagógico, e ainda de motivação da juventude, particularmente no ensino médio, para abraçar a profissão de educador.

Essas condições de formação, no entanto, pouco significarão se não vierem acompanhadas de uma política de permanência do profissional na instituição em que atua, de instituição de jornada única em uma única escola, permitindo-lhe tempo para o estudo, para o trabalho coletivo e para a criação de novos projetos pedagógicos que envolvam os sujeitos da ação educativa na escola e a comunidade em que está inserida. Por último, devem garantir o direito do profissional da educação de intervir na definição das políticas de sua formação, inclusive de suas organizações sindicais, as quais deveriam ser conclamadas a participar da gestão dos processos de elaboração e desenvolvimento dos cursos formativos.

A criação, nos Estados e municípios, de *centros de formação e cultura*, adequadamente equipados com materiais educativos, biblioteca, videoteca e articulados em redes de formação, é condição especial para superar o individualismo e produzir novas relações sociais e culturais no trabalho docente, privilegiando o trabalho coletivo, solidário, em sintonia com a realidade social em que está inserido.

As políticas de formação atuais continuam enfatizando a desresponsabilização do Estado do financiamento público, a individualização das responsabilidades dos professores, pela centralidade da noção de certificação vinculada a cursos de treinamento e avaliação, evidenciando um processo simultâneo de *desprofissionalização – regulação* e flexibilização do trabalho docente –, em contraposição à profissionalização do magistério, condição para uma educação emancipadora das novas gerações e de formação de educadores intelectuais de novo tipo, para a formação de todos os professores como pedagogos comprometidos com a atualidade, como nos diz Manacorda (1978, p.46), *pedagogos sensíveis às solicitações do real.*

## Referências bibliográficas

AGUIAR, M. A. A formação do profissional da educação no contexto da reforma educacional brasileira. In: FERREIRA, N. S. C. (Org.) *Supervisão educacional para uma escola de qualidade.* São Paulo: Cortez, 1999.

ANFOPE. ENCONTROS NACIONAIS DA ASSOCIAÇÃO NACIONAL PELA FORMAÇÃO DOS PROFISSIONAIS DA EDUCAÇÃO, 6, 7, 8, 9, 10. *Documentos finais...* 1992, 1994, 1996, 1998, 2000.

ARROYO, M. A. *Ofício de mestre*: imagens e autoimagens. Petrópolis: Vozes, 2001.

BANCO MUNDIAL. *Peligro y promesa:* la educación superior en los países en desarrollo. Disponível em: <www.tfhe.net/report/readreport.htm>.

______. *Higher education:* the lessons of experience. 1994.

CATANI, A. M., OLIVEIRA, J. F., DOURADO, L. F. *Mudanças no mundo do trabalho e reforma curricular dos cursos de graduação no Brasil.* XXIII Reunião Anual da Anped, Caxambu (MG), 2000.

CNE. *Resolução CNE/CP-01/02*: Diretrizes Curriculares Nacionais para a Formação Inicial de Professores de Educação Básica em Nível Superior, Curso de Graduação Plena. Brasília, 2002.

CNTE. *Retrato da escola 1, 2 e 3.* Disponível em: <www.cnte.org.br>. 2000, 2001, 2002.

CODO, W. (Coord.) *Educação:* carinho e trabalho. Petrópolis: Vozes, 1999.

CONARCFE. *Documento final do IV Encontro Nacional.* Belo Horizonte, 1989.

DUARTE, N. Conhecimento tácito e conhecimento escolar na formação do professor (por que Donald Schön não entendeu Luria). *Educação & Sociedade,* v.24, n.83, p.601-26, ago. 2003.

FREITAS, H. C. L. de. A reforma universitária no campo da formação dos profissionais da educação básica: as políticas educacionais e o movimento dos educadores. *Educação & Sociedade,* n.68, dez. 1999a.

_____. A formação dos profissionais da educação básica em nível superior: desafios para as universidades e faculdades/centros de educação. In: CONGRESSO ESTADUAL PAULISTA DE FORMAÇÃO DE PROFESSORES. *Formação do educador e avaliação educacional:* formação inicial e contínua. São Paulo: Editora UNESP, 1999b. v.2, p.103-27.

_____. Formação de professores no Brasil: 10 anos de embate entre projetos de educação. *Educação & Sociedade,* n.72, ago. 2002.

FREITAS, L. C. Neotecnicismo e formação do educador. In: ALVES, N. (Org.) *Formação de professores:* pensar e fazer. São Paulo: Cortez, 1992.

_____. *Cenário educacional*: o legado dos anos 80 e a confusão dos anos 90. E agora? In: SIMPÓSIO DO LAGE, 3, Jundiaí, 2000.

_____. É necessário radicalizar: curvando a vara em outra direção. *Revista PUCViva,* v.4, n.13, p.7-10, 2001.

FRIGOTTO, G. A formação e a profissionalização do educador: novos desafios. In: GENTILI, P., SILVA, T. T. (Org.) *Escola S.A.* Brasília: CNTE, 1996.

ISAMBERT-JAMATI, V. O apelo à noção de competência na revista *L'Òrientation Scolaire et Professionelle* – da sua criação aos dias de hoje. In: ROPÉ, F., TANGUY, L. (Org.) *Saberes e competências*: o uso de tais noções na escola e na empresa. Campinas: Papirus, 1997.

KUENZER, A. Z. A formação de educadores no contexto das mudanças do mundo do trabalho: novos desafios para as faculdades de educação. *Educação & Sociedade,* n.63, ago. 1998.

_____. Competência como práxis: os dilemas da relação entre teoria e prática na educação dos trabalhadores. *Boletim Técnico do Senac (Rio de Janeiro)*, v.20, n.1, jan.--abr. 2003.

LEI n.9.394 – Lei de Diretrizes e Bases da Educação Nacional.

MACHADO, L. R. S. O "modelo de competências" e a regulamentação da base curricular nacional e de organização do ensino médio. *Trabalho e Educação,* n.4, ago.--dez. 1998.

_____. A institucionalização da lógica das competências no Brasil. *Proposições,* v.13, n.1, p.92-110, jan.-abr. 2002.

MANACORDA, M. A. *Marx y la pedagogía moderna*. Barcelona: Tau, 1978.

MANFREDI, S. M. Trabalho, qualificação e competência profissional – das dimensões conceituais e políticas. *Educação & Sociedade,* n.64, set. 1998.

MARQUES, C. A., DINIZ, J. P. Fóruns de licenciaturas em universidades brasileiras... *Educação & Sociedade,* 2002.

MELLO, G. N. *Formação inicial de professores para a educação básica:* uma (re)visão radical. Versão preliminar para discussão interna. São Paulo, out.-nov. 1999.

MIZALA, A., ROMAGUERA, P. *Sistemas de incentivos em educación y la experiencia del SNED em Chile*. Centro de Economia Aplicada, Departamento de Ingeniería Industrial, Universidad de Chile. Texto ao Seminário Desenvolvimento Profissional de Professores, MEC/Inep, Brasil, 1999.

MORDUCHOWICZ, A. Carreras, incentivos y estructuras salariales docentes. *Preal (Buenos Aires)*, n.23, 2002.

POWER, S., WHITTY, G. Mercados educacionais e a comunidade. *Educação & Sociedade*, n.84, v. 24, 2003.

RAMOS, M. N. *A pedagogia das competências:* autonomia ou adaptação? São Paulo: Cortez, 20001.

ROPÉ, F., TANGUY, L. (Org.) *Saberes e competências*. O uso de tais noções na escola e na empresa. Campinas: Papirus, 1997.

SAVIANI, D. Uma estratégia para a reformulação dos cursos de pedagogia e licenciatura: formar o especialista e o professor no educador. *Em Aberto (Brasília)*, n.8, ago. 1982.

TANGUY, L. Racionalização pedagógica e legitimidade política. In: ROPÉ, F., TANGUY, L. (Org.) *Saberes e competências*. O uso de tais noções na escola e na empresa. Campinas: Papirus, 1997.

TORRES, R. M. Melhorar a qualidade da educação básica? As estratégias do Banco Mundial. In: TOMMASI, L. et al. (Org.) *O Banco Mundial e as políticas educacionais*. São Paulo: Cortez, 1996.

WHITTY, G. Controle do currículo e quase mercados: a recente reforma educacional na Inglaterra e no País de Gales. In: SEMINÁRIO INTERNACIONAL NOVAS POLÍTICAS EDUCACIONAIS: CRÍTICAS E PERSPECTIVAS, 2, 1996. São Paulo: PUC, 1996.

# 7
# Dez princípios sobre professores e formação de professores

*Ricardo Ribeiro*

As pesquisas relacionadas a escola, educação escolar e aprendizagem evoluíram muito nos dois últimos séculos. Grandes estudiosos contribuíram enormemente com suas investigações em história, filosofia e sociologia da educação. A psicologia também contribuiu de maneira significativa para o nosso entendimento sobre os processos de aprendizagem e o desenvolvimento das crianças e jovens. Entretanto, se olhamos para o que acontece na escola, percebemos, com certa perplexidade, que as práticas pedagógicas mudaram pouco.

Durante algum tempo, circulou na internet uma versão da história de Aristarco, personagem do romance *O ateneu*, de Raul Pompeia. No livro de Pompeia, passado em pleno Brasil imperial, Aristarco era professor no Liceu, uma escola da aristocracia da época. Na paródia que circulou na internet, Aristarco volta aos tempos de hoje e fica absolutamente espantado com o que vê: automóveis, aviões, computadores, televisão. Ele não entende o mundo onde está. O pânico toma conta dele. Até que, a certa altura, vê uma mulher, de guarda-pó, mãos sujas de giz e braços carregados de livros e cadernos, entrando em uma escola. Finalmente, alguma cena familiar! Sem hesitar, ele entra na escola e, aí sim, sente-se em casa.

De fato, a escola não mudou tanto nos últimos cem anos. Acredito que existam ainda carteiras "modelo Brasil" em uso em algumas escolas desse país. Professoras gritando e pedindo silêncio, tirando ponto das notas dos alunos por comportamento, enviando-os para fora da sala, suspendendo-os ou encaminhando-os para o diretor, quadro-negro cheio de lição, cinco aulas (sempre nas salas de aula) de 45/50 minutos com vinte minutos de recreio no pátio da escola,[1] provas em forma de questionário com perguntas escolhidas de um outro questionário maior anteriormente já passado aos alunos... Enfim, situações relativamente normais e cotidianas nas escolas, que fariam Aristarco sentir-se confortavelmente em casa se, de fato, ele aparecesse hoje por aqui.

No entanto, nem tudo se manteve. Duas mudanças significativas ocorreram: uma, com os professores, outra, com os alunos.

No caso dos professores, a mudança foi o seu brutal empobrecimento material e social. Até meados do século passado, o professor (na esmagadora maioria das vezes, a professora) era uma figura social de prestígio, sempre presente em eventos importantes nas comunidades. Hoje, quando uma jovem diz que é professora, não é difícil despertar nas pessoas um sentimento de pena e comentários lamentosos. Esse pensamento que a profissão desperta nas pessoas está relacionado a uma penúria material que faz que o professor, na sua grande maioria, não tenha condições de acesso a bens culturais que deveriam fazer parte do seu cotidiano. Além disso, é também verdade que, seja pelo forte arrocho salarial que sofreu especialmente durante os anos 80 do século passado, seja por uma leitura política equivocada durante os movimentos de reivindicação salarial, o fato é que, com o passar dos anos, o professor teve a sua jornada de trabalho ampliada no mesmo compasso em que sua remuneração foi reduzida.

Já com relação aos alunos, as mudanças também foram significativas. As fontes de informação para as crianças e jovens, fora da escola, ampliaram-se vertiginosamente. A família não tem mais o impacto de antigamente nos processos de socialização da criança, que hoje se desenvolvem muito mais fora do que dentro dela. Esse contexto levou ao aumento da responsabilidade do professor.

Dessa forma, deixou de ter espaço o "professor-que-transmite-conhecimento", até porque, para assegurar que isso ocorra, ele tem de procurar uma forma de interlocução com os seus alunos. É necessário estabelecer as condições para dialogar com o outro.

---

1 Quase sempre um grande cimentado ou chão de terra batida.

Outra mudança importante ocorreu também no plano das relações sociais. Os alunos já não se intimidam com as formas tradicionais de controle e poder do professor, baseadas antigamente em castigos, ameaça de reprovação etc. O controle do processo pedagógico por parte do professor não deixou de ser importante, mas a sua fonte de legitimidade passa hoje pela necessidade imperiosa da negociação do professor com seus alunos. Não há mais possibilidade de o poder do professor ser imposto pelo simples fato de ele ser professor. Hoje, esse poder deve ser conquistado, deixando de ser simplesmente poder sobre o outro para ser baseado numa relação de respeito e consideração aos valores do outro. É uma mudança qualitativa que, sem dúvida, ilumina o futuro.

Assim, a transformação da escola passa necessariamente pela transformação daqueles que trabalham dentro dela e que constituem um dos segmentos mais importantes para a vida da escola – os professores. Formar professores coloca os formadores na posição em que nossos alunos estão ou vão estar na sua vida profissional. Refletir sobre a própria prática e o modelo que apresentamos, vividamente, de educação e processo de aprendizado pode tornar-se o nosso mais importante aliado na direção de uma escola plural, atual e útil. Modelos e propostas são exatamente isso (algo que tem uma forma e algo que se propõe) e não precisam nem devem ser encarados como soluções ou maneiras únicas de relacionar necessidades e aprendizagem.

A formação do professor hoje precisa estar em sintonia com o mundo em que vivemos. Se, como já dizia Camões, "todo o mundo é composto de mudança", é preciso que esse professor olhe para a mudança como o próprio ritmo inerente à sua vida. As mudanças, ouve-se por todo lado, estão aceleradas: a novidade de hoje é obsoleta amanhã; a postura de hoje pede reflexão para acomodar-se ao depois; quem dorme no ponto perde, cada vez mais, o ônibus. Podemos ocupar-nos positivamente de resolver esse – que pode ser um – dilema e olhar para a nossa própria prática como professores de professores (futuros ou atuais, em formação continuada) como inspiração e modelo; podemos transformar o nosso próprio processo e viver a busca da diversidade e do respeito à pluralidade na nossa prática docente, na forma como pensamos as nossas aulas, os nossos procedimentos avaliativos, os nossos paradigmas e tabus com relação à realidade dinâmica, viva e mutante que é a escola. Professores do futuro (e esse futuro é também o momento em que se termine de ler este texto!) precisam, mais do que nunca, de doses maciças de flexibilidade e maleabilidade.

Mas é bom que tenhamos claro que a maleabilidade e a flexibilidade a que me refiro não querem dizer que devemos seguir ao sabor do que é definido por outros, submetendo-nos. Maleabilidade e flexibilidade não querem dizer subserviência ou conformismo, mas sim capacidade de pavimentar caminhos e construir as pontes necessárias para superar obstáculos e capacidade de perceber e registrar as conquistas alcançadas.

Uma proposta de formação que siga nessa direção é um grande desafio. A formação de novos professores para uma nova escola exige novos modelos e propostas educativas – mas essa formação pode ser asfixiada nas suas possibilidades mais criativas e inovadoras se as propostas e os modelos forem demasiadamente esquematizados e rígidos (Nóvoa, 1992a). Indicar princípios de sustentação, de concepção, de base, pode ser um bom alicerce, que permita uma construção segura e firme de programas de formação de professores. Os dez princípios que seguem pretendem contribuir para isso.

## Formação de professores é interação e dinamismo

Qualquer processo de formação é na verdade composto por miniprocessos que, quando conhecidos, podem informar sobre as inúmeras possibilidades que a ação pedagógica pode provocar ou influenciar. Uma das possibilidades de conhecer mais atentamente esses miniprocessos passa pelo reconhecimento de que a formação de professores não pode estar baseada somente em uma pista de mão única, na qual o aluno se submete a uma proposta previamente estabelecida. Uma proposta de formação de professores deve contemplar espaços vazios para descobertas. Os formadores devem ser capazes de se distanciar de seus próprios saberes, compreendendo melhor a relatividade dos conhecimentos e das crenças (Nóvoa, 1992a).

O conhecimento que fundamenta o trabalho do professor advém da sua reflexão sobre a própria ação pedagógica, apoiada na observação sistemática de como seus educandos modificam o que "os agentes da sua educação (*ou seja, ele próprio, o professor*) quiseram ensinar-lhes" (Nóvoa & Finger, 1988, p.61).

## Professor: eixo central da transformação na escola

A realidade escolar atual aponta numa direção que todos, de alguma forma, reconhecem: é preciso mudar. Mudanças de forma, de conteúdo, de percepção. Se é preciso mudar a escola, o caminho à vista envolve necessária e absolutamente a figura do professor, eixo central dessa escola necessitada de mudança. É por meio dele, em cujas mãos descansa o leme da escola, que a mudança pode tornar-se realidade.

Embora essa afirmação seja óbvia, é fundamental a sua permanente reafirmação para que, sem desconsiderar os vetores externos de várias ordens, o professor seja reconhecido e se reconheça como um dos principais protagonistas dessa mudança.

O professor precisa desenvolver uma grande capacidade de autoformação. No desenvolvimento do seu trabalho, um bom professor deve ir além do senso comum, não aceitando as explicações mais fáceis apenas porque ratificam o que as aparências indicam.

Uma formação de professores comprometida com a mudança deve possibilitar ao futuro professor ser mais do que um pesquisador. Uma nova formação deve desenvolver no professor a capacidade de articular com competência as pesquisas produzidas com sua prática pedagógica na sua realidade cotidiana. Esse caminho conduz os educadores e suas escolas à autonomia.

## Estágios como espaços de troca

É comum em uma escola termos situações muito variadas com relação ao desempenho de alguns alunos ou mesmo de uma turma. Um aluno ou uma "turma terrível" para uma professora pode ser um bom aluno ou uma boa turma para outra professora. O que acontece nessa segunda situação? O que a professora faz? Como ela se relaciona com a turma ou com aquele determinado aluno considerado difícil por outra colega? Organização coletiva como forma de encontrar respostas a essas questões pode ser uma das maneiras mais interessantes e dinâmicas de os professores ampliarem o seu arsenal de conhecimento e as possibilidades de sucesso no seu trabalho pedagógico.

No espaço da escola, a troca de experiências entre os educadores pode ser um dos momentos mais importantes na formação do professor. Não podemos desconsiderar que a teoria nos fornece a "régua e o compasso", permitindo-nos desvelar a realidade na sua dinâmica própria. Mas é verdade também que, daquilo que a teoria pode informar, o professor se apropria e operacionaliza aquilo que, de maneira geral, se liga à sua experiência e à sua identidade e, portanto, tem significado para ele (Nóvoa, 1992).

Assim, é necessário construirmos, nas escolas, espaços adequados à efetiva troca de experiências entre os pares. Dessa forma, a escola amplia-se e fortalece-se, porque passa a ser um lugar onde também se constrói conhecimento pedagógico, deixando de ser um lugar em que os educadores apenas devem aplicar o que é produzido nas pesquisas educacionais, realizadas quase sempre por aqueles que não vivem a lida diária do professor da educação básica.

A construção desse espaço nas escolas pode viabilizar maior interação dessas com os centros de formação de professores, a fim de estabelecer um programa de estágio integrado e articulado, em que os professores mais experientes das escolas assumem também parte da responsabilidade da formação dos novos educadores.[2]

## Professores formam-se durante a vida, inclusive nos cursos de formação

Construir uma escola mais inclusiva e democrática é também uma responsabilidade dos seus educadores. Mas isso depende daquilo que seus educadores são, se fizeram, se tornaram ao longo da vida. A vida do professor é a sua formação. A formação no espaço universitário ou em outros onde ela acontece de forma sistematizada vem necessariamente somar-se àquela. Mais do que somar-se, vem debater-se com ela: traz a legitimação, a reafirmação – ou o questionamento, a dúvida. A resposta pronta, o conceito fechado e abstrato encontra dificuldade de relacionamento com essa formação que é a base e o substrato de toda formação acadêmica.

Como afirma Dominicé, "a formação depende do que cada um faz do que os outros quiseram, ou não quiseram, fazer dele". Numa palavra, a formação corresponde "a um processo global de autonomização, no decurso do qual a forma que damos à nossa vida se assemelha ao que alguns chamam a identidade" (Nóvoa & Finger, 1988, p.61).

## Dar condições de agir transformando

O professor, como leme dessa escola, tem em suas mãos o poder da sua transformação. Negar-lhe esse direito e esse dever é como retirar o compro-

2 Uma das formas de responsabilizar o professor da rede na formação dos novos professores poderia ser estabelecer uma espécie de coorientação de estágio. Dessa forma, o futuro

misso e a força, a possibilidade e a responsabilidade da mudança. O Poder Público pode e deve, no seu limite, proporcionar o que é necessário, mas sem o movimento do professor, sem o sair de si próprio e o olhar em volta, sem ele próprio transformar-se, a mudança não acontece. Cabe a nós, formadores de formadores, pensar e agir numa formação que possibilite e instrumentalize o professor a ser, de fato, autor e ator da sua própria transformação, considerando cada um a sua própria realidade, momento e espaço. Como formadores, cabe-nos destacar que o reconhecimento da existência de eventuais obstáculos não pode resultar na imobilização da nossa força transformadora. Se isso acontece, submetemo-nos a uma visão fatalista da vida.

## "Meu aluno ensina como eu o ensinei"

A formação de professores não pode, por isso, fechar-se em si mesma e afastar-se daquilo que se manifesta na prática, fruto dela própria. Ou seja: que prática se materializa por meio da ação daqueles que se formaram? Que transformações operaram os que passaram pela formação? Como posso avaliar o meu próprio trabalho, como formador de professor, sem olhar a prática desse professor no dia a dia? Como as minhas teorias revolucionárias se incorporam, ou não, à prática do meu aluno no seu papel de professor? Como a minha própria prática constitui um exemplo e uma porta para a reflexão de meu aluno-professor?

A formação de professores passa necessariamente por uma revisão da nossa própria prática docente. Somos referência para nossos alunos não só nos conteúdos que administramos com competência e habilidade diante deles; não só nos assuntos que nos empolgam e dos quais dizem sermos "especialistas". Somos referência para nossos alunos na forma de ensinar e de estar diante de alunos, na forma de avaliar, na forma de tratar iguais diversos – dialogando com sabedoria com a pluralidade, que nos coloca o desafio de tratar em pé de igualdade seres que são, por definição, indivíduos únicos. Precisamos pensar estratégias, modelos, formas; estipular cargas horárias e condições de ingresso, sem dúvida. Mas questionando a nossa própria prática, sem medo de errar. Porque errar é, sempre, condição de aprender. Importante é não persistir no erro.

---

professor teria durante a sua formação dois supervisores de estágio um seria o professor responsável da instituição formadora e o outro seria um professor da rede.

## Lista de ingredientes: independência, autonomia e liberdade

Um modelo de formação de professores precisa ter as antenas direcionadas para o mundo e, ao ser proposto, precisa responder a algumas perguntas importantes: que formação o professor necessita para atuar no mundo que está aí? E, dentro desse mundo, o que essa parcela que demanda hoje ser formada precisa? De que forma? Em que tempo? Em que momento? De que maneira? Esse aluno que tenho diante de mim: qual é a forma que posso encontrar para tocá-lo, para transmitir-lhe a paixão que me faz ser professor? De que maneira possibilitar que ele cresça e consiga descobrir as respostas às perguntas que a sua vida de professor vai colocar-lhe pela frente? Como respeitar as suas especificidades e não lhe negar o direito à formação que o torne independente e liberto?

São muitas as perguntas e nem sempre as respostas são fáceis. Mas é importante mantermos as perguntas acesas e viva a vontade de encontrar respostas. Assim poderemos imaginar estar contribuindo para que esse professor consiga administrar as demandas que vai enfrentar ao concluir a sua formação inicial e iniciar a sua jornada docente. Provavelmente, o mundo que terá diante de si não será mais este que vemos hoje, mas ele terá condições e instrumentos para realizar o que praticou e viu acontecer durante seu próprio curso de formação – a observação do mundo e a reflexão como motivador do movimento.

Jovens que possam se formar em cursos que motivem o pensar próprio, que motivem a busca própria de soluções e inovações, terão com certeza mais chances de alcançar a felicidade e a realização nas suas salas de aula e na vida. Como o alcance da nossa atuação como formadores de professores atinge, indiretamente, outros alunos (crianças e jovens, na maioria das vezes), podemos imaginar que essas sementes de independência, autonomia e libertação cresçam e frutifiquem entre aqueles que poderão ser nossos alunos daqui a dez, quinze anos.

## Maleabilidade e flexibilidade: pilares da construção escolar

Diversificar as possibilidades de formação é fundamental. Não podemos ficar presos a "velhas opiniões formadas". Devemos permitir o eclodir do novo; é preciso que desenvolvamos paixão pela ação do formar, do ser formado, do formar-se, para poder ultrapassar os muros da sala de aula, da escola, da própria educação. Formamos educadores para que estes possam ser formadores de seres humanos que estarão transformando o mundo quando nós já tivermos parado. Aferrar-nos às próprias convicções (que, como dizia Nietzsche, são mais inimigas da verdade do que a mentira) impede que vejamos possibilidades outras. E impede que vejamos o outro na sua real dimensão, naquilo que me sinaliza e norteia também a própria ação. Ser maleável e flexível é condição fundamental do professor – é bom que os modelos que vivencia ao formar-se o sejam também, e que esse professor possa ver, na prática, o bom resultado de um modelo de ensino que permite a existência do outro e a sua forma de aprender.

## A teoria, a prática – e a nossa prática

Pensamos em metodologias, currículos, didáticas. Preocupamo-nos com programas, carga horária, presença. Discutimos condições de ingresso, atribuição de aulas, avaliação. E não permitimos que a nossa prática pedagógica, que pode ser fonte inesgotável de inspiração para muitos de nossos alunos, desdobre-se criativamente. Permanecemos ancorados dentro de nossas impessoais salas de aula, imobilizados numa visão reducionista da produção do conhecimento, valorizando processos e modelos com poucas probabilidades de sucesso no mundo "lá fora", junto aos alunos de nossos alunos.

Dizer que a escola precisa saltar seus próprios muros pode ser lugar-comum – mas fazer a universidade saltar seus próprios muros, interessando-se pelo quintal alheio sem necessariamente querer mudar-lhe a produção, não é fato nada comum. Se falamos de cursos de formação de professores e, do alto do nosso grande e poderoso conhecimento, aconselhamos nossos alunos a que "pulem os muros" de suas escolas e ganhem as ruas com os alunos entusiasmadamente a tiracolo, é urgente que façamos do exemplo nosso aliado. Se, nesse momento, aliamos de fato a teoria à nossa prática, conseguiremos entusiasmá-los a ponto de fazê-los apostar e experimentar o que passamos horas dizendo precisar ser feito.

## A educação é, antes de mais nada, pura arte

Quando digo que a educação é arte, digo-o porque o motor da arte é a criatividade. Se o professor consegue sentir-se na sua posição de forma criativa, é possível que veja as várias possibilidades que uma mesma situação lhe oferece. É a criatividade que me permite ter acesso aos outros lados de um objeto que não vejo de meu ponto de observação. Se quero tornar-me um bom professor, preciso querer ver muito mais do que o simples olhar me mostra. A criatividade – e é com ela que a minha prática se torna arte – torna-me, assim, mais humano e, consequentemente, mais livre, mais autônomo e mais independente.

## Referências bibliográficas

NÓVOA, A. (Org.) *Os professores e a sua formação.* Lisboa: Dom Quixote, Instituto de Inovação Educacional, 1992a.

______. *As organizações escolares em análise.* Lisboa: Dom Quixote, Instituto de Inovação Educacional, 1992b.

NÓVOA, A., FINGER, M. *O método (auto)biográfico e a formação.* Lisboa: Ministério da Saúde, 1988.

CAMÕES, Luis de. *Sonetos.* Lisboa: Livraria Clássica, 1942.

PERRENOUD, P. *Práticas pedagógicas, profissão docente e formação:* perspectivas sociológicas. Lisboa: Dom Quixote, Instituto de Inovação Educacional, 1993.

# 8
# Formação de educadores no século passado: tempos de semeadura

*Raquel Volpato Serbino*

A convite da comissão organizadora, a quem agradeço, vou analisar minha experiência de educadora na idealização e coordenação do Congresso Estadual Paulista sobre Formação de Educadores, partindo do questionamento que nos faz Jorge Larrosa: As experiências que adquiri nessa realização foram úteis? Ou não?

## O contexto

Rever tantos tempos bem vividos me proporcionou releitura de *Disparada*, a música de Geraldo Vandré e Theo.

> "Prepare o seu coração para as coisas que eu vou contar..."

Eram os últimos anos da década de 1980. Millôr, nosso grande humorista, alertava: "dentro de dez anos seremos todos criaturas do século passado!". E hoje aqui estamos nós, os nascidos no século passado, olhando para o que fizemos, buscando entender por que o fizemos e avaliar se efetivamente realizamos o que pretendíamos fazer... Comecei a pensar nesse congresso há quatorze anos, em 1989. Quem nasceu naquele ano deverá concluir neste ano de 2003 o ensino fundamental. A escolaridade dessa geração melhorou em razão do grande empenho dos educadores paulistas?

O *cenário mundial* já era de grandes inovações tecnológicas, propiciadas pelo acelerado avanço científico. A antevisão de profundas mudanças provocava insegurança e questionamentos éticos: Quais valores resguardarão a qualidade de vida, a dignidade e a felicidade do ser humano? O papel da educação era mais uma vez proclamado como decisivo, exigindo transformações na escola: "Não se poderá inovar em educação como quem moderniza uma carroça, sem perceber que ela já não é mais o veículo para nossos dias" (Serbino, 1992, p.13).

No *cenário nacional*, retomávamos o regime democrático com a promulgação da Constituição Federal de 1988, a CONSTITUIÇÃO CIDADÃ: "Todos têm direito à educação." O projeto da nova Lei de Diretrizes e Bases da Educação Nacional tramitava no Congresso Nacional, e os educadores encaminhavam suas propostas via o Fórum Nacional em Defesa da Escola Pública. Na I Conferência Brasileira de Educação (1980), foi instalado o Comitê Nacional Pró-Formação do Educador, criado em face da necessidade de mobilizar para o debate referente à reformulação do curso de pedagogia. Em 1983, foi criada a Comissão Nacional de Reformulação dos Cursos de Formação do Educador (Conarcfe), para dar prosseguimento ao Comitê. Todo esse cenário se construiu como decorrência das experiências vividas pelos educadores brasileiros na segunda metade do século XX.

É importante salientar que vivíamos a esperança escolanovista quando o golpe militar de 1964 nos proporcionou experimentar as agruras da ditadura, deixando marcas profundas, lembranças amargas e inestimável aprendizado.

> "Aprendi a dizer não, ver a morte sem chorar, e a morte e
> o destino, tudo estava fora do lugar, eu vivo pra consertar..."

Nos anos 70, sob a ótica tecnicista, tentamos operacionalizar inovações educacionais num enfoque sistêmico, fazendo proliferar o microensino, o tele-ensino, a instrução-programada, o uso do computador no ensino que deveria ser modular e modelado...

Com os anos 80, chegam os tempos de denúncia. A educação, que vinha sendo reinterpretada sob o enfoque econômico e proclamada como fator básico do desenvolvimento nacional, foi colocada sob suspeita. Relembro o livro de Bárbara Freitag que, em análise sociológica e crítica da sociedade capitalista, utilizou a teoria reproducionista de Bourdieu e Passeron, explicando a escola como aparelho ideológico do Estado com base na teoria de Althusser e nos conceitos de Gramsci de Estado, sociedade civil, sociedade política, hegemonia, ideologia, senso comum... Tais reflexões foram utilizadas à exaustão nos cursos de formação de educadores, junto à consistente produção de Demerval Saviani e à utilização do modelo de Antonio J. Severino para análise crítica de textos. Também utilizávamos a obra *Educação: paixão, pensamento e prática*, de Guiomar de Mello (quando não sabe o que fazer, a professora-tia ama, solucionando o problema de sua limitação profissional pelo afeto!), os estudos de Luis Antonio Cunha... Os programas de pós-graduação da PUC/SP marcaram esse tempo da educação brasileira, propiciando críticas à educação escolar e denunciando à exaustão suas mazelas...

"Na boiada já fui boi, mas um dia me montei..."

## A proposta original do Cepfe: gênese, objetivos e abrangência

Vivi todos esses momentos na escola: como aluna do primário e do ginásio, de 1952 a 1960, como normalista de 1961 a 1963, como professora primária e aluna de pedagogia de 1964 a 1967 e como professora secundária de 1967 a 1969. A partir de 1970, como professora na universidade pública (UNESP), passei a dedicar-me à formação de professores, pelo ensino e pela pesquisa. E um dia, em 1985, no auge da década das denúncias, durante uma das minhas aulas de Estrutura e Funcionamento do Ensino, alunos da licenciatura em Ciências Biológicas do Instituto de Biociências do Campus de Botucatu da UNESP questionaram para valer nossa prática cotidiana de denunciar as mazelas da educação brasileira: "CHEGA! Se tudo é tão ruim, para que seremos professores? Em todas as disciplinas pedagógicas, psicologia, didática, estrutura e prática de ensino, os docentes nos demonstram que a escola não funciona para o que deveria funcionar. Valerá a pena nos dedicarmos profissionalmente ao magistério? COMO FAZER PARA MUDAR ISTO?".

Foi quando aprendi que despertar ansiedade não era suficiente para provocar inovações. Necessitávamos de experiências que possibilitassem elaborar alternativas para superar a realidade adversa. Fui com os alunos para uma escola da comunidade e juntos desenvolvemos diversos projetos, buscando construir caminhos de mudança. As monografias de conclusão de curso registraram e socializaram essa fértil experiência. Assim, senti na pele o dever de transcender da denúncia para o anúncio, meta proposta para o congresso paulista sobre formação de educadores.

Cuidei de intensificar minha participação nas reuniões para discutir formação de professores a convite da então representante estadual paulista da Conarcfe, Olga Molina, da Feusp. Em 1989, durante a reunião anual em Belo Horizonte, fui eleita para substituir Olga na representação estadual. Na viagem de volta, comecei a projetar uma intensa mobilização em São Paulo, visando definir uma política estadual para a formação dos educadores. As propostas antigas estavam superadas e a mera denúncia não tinha poder inovador.

> "Muito gado, muita gente, pela vida segurei,
> seguia como num sonho e, boiadeiro, era um rei..."

Comecei conversando no Departamento de Educação do IB/Botucatu, ao qual pertencia. As primeiras aliadas foram Ana Maria Freire, docente, mais Lucia Maria Cine, estagiária. O primeiro apoio institucional veio do então diretor do IB, Cecílio Linder. Para apresentar a ideia inicial, convidamos todas as licenciaturas da UNESP e de muitas outras instituições que participavam da Conarcfe. Planejamos uma reunião para cinquenta pessoas, organizando pauta, espaço, recepção, passeio turístico, almoço e *coffe-break* subvencionados. Enfim, conseguimos infraestrutura para um minicongresso em Botucatu. E no dia, quando todos chegaram... Éramos sete: Maristela Bernardo, da UNESP de Araraquara, Wilson e Cecília Magossi da Universidade de Mogi da Cruzes (Anfope), José de Arruda Penteado do IA/UNESP, Ana Maria, Lúcia e eu. Até Conferência com a Guiomar de Mello tínhamos providenciado! Poderia ter sido uma frustração fatídica, com riscos de fazer abortar a ideia. Mas, no final do dia, percebemos que o pequeno grupo nos permitiu discutir melhor a pauta proposta e programar novos passos, fortalecendo o projeto que passou a ser NOSSO.

O segundo apoio institucional estratégico veio por intermédio de Antonio César Perri de Carvalho, então pró-reitor de graduação da UNESP, a quem presto especial homenagem. Ele se entusiasmou com a possibilidade e nos abriu os caminhos na reitoria. O reitor Paulo Landim ouviu com atenção, valorizou sobremodo nosso intento e providenciou para que a reitoria nos assumisse como projeto especial, assegurando-nos todo suporte necessário. Também o vice-reitor, Arthur Roquete de Macedo, exerceu papel imprescindível de apoio e sustentação. Os educadores paulistas muito devem a esses três gestores universitários que tinham uma característica comum: esperança na educação e confiança nos educadores.

No anteprojeto, os seguintes pressupostos justificavam a necessidade de um congresso:

1. Há mudanças na Constituição, em nível federal, estadual e municipal. Uma nova Lei de Diretrizes e Bases está em fase final de tramitação no Congresso Nacional; indubitavelmente, mudanças deverão ser operadas nas escolas e nas salas de aula.

2. No Estado de São Paulo, pode-se detectar um significativo número de eventos, estudos e publicações. Tais iniciativas, porém, têm sido isoladas, restritas ao intercâmbio dos Centros Universitários mais renomados... E o docente, diretamente envolvido na formação do educador, não tendo recursos para congressos, livros e periódicos, só rara ou tardiamente toma ciência das propostas inovadoras.

3. Sabe-se que mais de 90% do corpo docente da rede estadual de ensino são provenientes de licenciaturas mantidas pela iniciativa privada. Se as universidades públicas remodelarem suas licenciaturas e ampliarem suas vagas, o problema ainda fica longe de ser resolvido. É indispensável e urgente envolverem-se neste processo os docentes das licenciaturas de escolas particulares, inclusive as do interior do Estado, para que elas explicitem suas propostas e assumam conosco o mesmo compromisso que temos com a melhoria e a democratização do ensino.

4. A Secretaria da Educação e as universidades paulistas somam esforços na tarefa de aperfeiçoar o pessoal em serviço, e isso é bom. Todavia, se não se atentar para a melhoria das licenciaturas, os recém-formados já carecerão de "aperfeiçoamento". Haverá, assim, "formação em serviço" e não formação continuada, com a evidente duplicação de investimento e o comprometimento da qualidade de ensino, num círculo vicioso.

5. A ausência de uma política educacional para a formação de educadores, que integre os esforços realizados no Estado, provoca fragmentação, descontinuidade e ineficácia de muitos projetos.

6. Nesta década de 1990, iremos formar os profissionais de ensino que exercerão suas funções no primeiro quarto do século XXI. Mas a escola é uma instituição anacrônica. O nível de desenvolvimento social alcançado neste final de século exige, pois, que se queimem etapas para aproximar a educação da contemporaneidade.

Resumindo, almejávamos reunir todos os atores envolvidos na formação de educadores, propiciando-lhes definir, em parceria, uma política estadual para formação de educadores comprometida com a qualidade e o sucesso da escolarização. Cumpre-nos refletir neste momento sobre o número de educadores que foram formados em território paulista nos quatorze anos que se passaram, da proposta original até aqui. Como estarão trabalhando? As reuniões bienais nesse Congresso contribuíram de algum modo para uma atuação profissional mais adequada do magistério?

## Comissão organizadora

Nosso primeiro trabalho foi o de chamamento, inventariando os envolvidos com nossa problemática. Convidamos todos para, em colaboração, elaborar o programa: todas as instituições envolvidas com a formação de educadores (agências formadoras e empregadoras); todas as categorias profissionais (professores dos diferentes conteúdos curriculares e gestores das escolas e dos sistemas); todos os níveis de ensino; todas as regiões do Estado; todos os sistemas de ensino (federal, estadual, municipal, público e privado); alunos de todas as licenciaturas, do curso normal, dos Cefams, da pós-graduação; todos os sindicatos do magistério. Os primeiros que vieram foram trazendo os demais e juntamos a primeira comissão organizadora com pessoas provenientes de diferentes instituições: universidades públicas e privadas, associações, sindicatos e a rede estadual de ensino. As reuniões se realizavam sempre na reitoria da UNESP em São Paulo. Estruturamo-nos em quatro diferentes comissões para trabalhar, tendo cada uma um coordenador: comissão científica, comissão de divulgação, de orçamento e administrativa. A cada reunião, as comissões trabalhavam separadamente durante um período e as quatro comissões juntas, no outro período; assim, socializávamos ações, decisões, resultados e discussão dos problemas, sendo todos responsáveis pela unidade do projeto. Também a cada reunião, os convites iam acompanhados da pauta de trabalho e de uma ajuda-memória referente à reunião anterior. Nessa, fase já éramos 25:

COORDENAÇÃO GERAL
Raquel Volpato Serbino – UNESP/Botucatu

COMISSÃO CIENTÍFICA

| | |
|---|---|
| Maristela V. C. Bernardo (Coordenadora) | UNESP/Araraquara |
| Alda J. Marin | UNESP/Araraquara |
| Esequiel T. da Silva | Unicamp |
| Luis Alfredo Chinali | UNESP/Botucatu |
| Marilda da Silva | UNESP/Araraquara |
| Sônia T. de S. Penin | Ande/USP |
| Thereza Marini | UNESP/Presidente Prudente |
| Vilma L. Ferrari | Apase |
| Zilma M. R. de Oliveira | USP |

COMISSÃO DE DIVULGAÇÃO

| | |
|---|---|
| José Amâncio Gomes (Coordenador) | UNESP/S. J. Rio Preto |
| Ana Maria Menin | Rede Estadual de Ensino |
| Leny R. Teixeira | UNESP/Presidente Prudente |
| Maria Georgina P. L. Souza | Apase |
| Marinel P. Abbade | Faculdade São Marcos/SP |
| Paschoal Quaglio | UNESP/Marília |
| Raimunda A. Gebran | UNESP/Assis |
| Rosangela Doin de Almeida | UNESP/Rio Claro |

COMISSÃO DE ORÇAMENTO

| | |
|---|---|
| Ana Maria F. P. M. Almeida (Coordenadora) | UNESP/Botucatu |
| Cláudio B. G. de Souza | UNESP/Araraquara |
| José de Arruda Penteado | UNESP/São Paulo |

COMISSÃO ADMINISTRATIVA

| | |
|---|---|
| Lúcia Maria Cini (Cordenadora) | UNESP/Botucatu |
| Gilberto P. Conceição Filho | Informática/UNESP/Botucatu |
| Maria Zélia Rossin | Pró-Reitoria de Graduação |
| Tânia M. J. de Jesus Espernega | UNESP/Botucatu |

Muitas vezes, reencontro essas pessoas e juntos temos lembranças prazerosas dessa experiência. Todos precisamos assumir muito trabalho intelectual e operacional: montar projetos com planilhas de custos para a Fapesp e o CNPq; fazer crachás; decidir temas relevantes, selecionando especialistas para cada um deles; elaborar o *roomlist* do hotel! Ninguém se recusou, nessa comissão, a fazer o que precisava ser feito, por mais simples ou complexas que fossem as tarefas. Aprendemos de um tudo! E, a cada reunião, aguardávamos ansiosos as badaladas do relógio da Catedral da Sé para almoçar juntos na praça mais popular deste país. Era hora do recreio, quando ríamos muito até que, na hora de voltar ao trabalho, alguém brincasse: "Vamos logo, a tia está chamando". Anos seguidos, vimos o Natal anunciar-se na Praça da Sé. Nossos familiares também ajudaram, até com trabalho braçal: além das esmeradas planilhas de custos que nos ajudou a elaborar, o Fernando Almeida dividiu com o Serbino o carregamento de pesadas caixas de papel para a Kombi, no primeiro Congresso, em 1990... Quanto bom trabalho!

## Objetivos e abrangência da proposta original

Com o propósito de colaborar na elaboração de uma política estadual para formação de educadores, definimos como objetivo geral do Congresso:

> Analisar multidisciplinarmente, com pesquisadores e profissionais, a formação de educadores, levantando estudos, problemas e temas emergentes no Estado de São Paulo, com o objetivo de definir propostas articuladas para a virada do século.

A pretensão de multidisciplinaridade nos levou a convidar especialistas de diferentes áreas, professores e alunos de todas as licenciaturas e da pós-graduação, profissionais do magistério da educação básica, associações e sindicatos ligados ao magistério, prevendo-se a representatividade de todas as regiões do Estado. Queríamos envolver todos os atores comprometidos com a formação dos educadores.

Logo no primeiro evento, recebemos mais de quinhentos congressistas, quando tínhamos expectativa de, no máximo, trezentas pessoas. A grande variedade na formação e na experiência dos participantes enriqueceu as discussões. Além dos especialistas das universidades, vieram gestores dos sistemas de ensino estadual e municipal, muitos professores da rede estadual, alunos das licenciaturas de instituições públicas e privadas e também participantes de outros Estados.

## Sistemática de trabalho característica do evento

A principal meta foi romper os limites do debate, sempre demarcado pelos muros da universidade e pelo grupo de especialistas em educação. O saber da teoria precisava ter interlocução com o saber da experiência. A dicotomia teoria prática precisava ser superada. Pretendíamos, como ensinava Paulo Freire, eliminar redomas, tirando luvas e máscaras para nos contagiar mutuamente das diferentes realidades que envolviam os cursos de licenciatura e o exercício profissional do magistério nas escolas. Se o debate incluir a todos, o aprendizado vai ser mais amplo e abrangente. Se mais de 90% do magistério estava sendo formado pelas faculdades particulares, elas precisam ser incluídas nessa discussão. Aproximar todos e disseminar informações pelo universo tão amplo e diversificado. Quais eram as novas propostas dos especialistas em formação de educadores? O que estava sendo proposto de novo nas licenciaturas? Como estavam pensando, falando e agindo os profissionais do magistério da educação básica ante as demandas que o novo milênio já lhes vinha colocando?

Para que todos pudessem participar efetivamente, decidimos adotar uma peculiar metodologia de trabalho:

1 Mesas-redondas e debates para tratar os grandes temas. Não pensamos em conferências, pois pretendíamos falas mais curtas e ideias se contrapondo. O essencial estava na ideia de contemplar a diversidade, as diferenças, até as divergências. Ainda acredito que esse seja um bom caminho para o consenso.

Quando reunimos apenas os amigos que pensam como nós, não avançamos. É preciso evitar todo e qualquer sectarismo, pois sua prática revela medo e insegurança. O aprendizado é mais efetivo pela análise de um mesmo objeto sob diferentes enfoques, utilizando diferentes imagens.

Especialistas de múltiplas áreas compareceram: sociólogos, economistas, físicos, médicos, filósofos, dentistas, biólogos e políticos juntaram-se aos educadores. No I Cepfe tivemos Mario Rubens Guimarães Montenegro, Gesner de Oliveira, Sérgio da Costa Ribeiro, Ênio Candotti... debatendo com educadores de expressão no cenário nacional.

2 Sessões de comunicação para socializar estudos e experiências bem-sucedidas. Desejávamos socializar experiências de sucesso realizadas tanto na universidade como nas redes de ensino. Novamente a preocupação de aliar o saber da teoria e o saber da experiência. Os resumos, publicados nos anais, foram agrupados pelas cinco áreas de interesse: escola normal, licenciaturas, pedagogia, formação continuada dos educadores e pós-graduação em educação. A sistemática de exposição proposta indicava uso de pôsteres, vídeos e computadores, almejando incentivar inovações e dinamismo pela superação da exposição oral. Essa sistemática foi um sucesso pelo esmero com que os autores apresentaram seus materiais, constituindo-se em estímulo para que educadores aprendessem a utilizar novas formas de linguagem e comunicação, inclusive em sua prática escolar. Um dos pôsteres que ainda tenho registrado na memória foi elaborado pela então diretora regional de ensino de Bauru, Virgínia Farah, em parceria com Maria Inês Laranjeira, da UNESP, divulgando resultados de formação em serviço do magistério oficial realizada numa grande região de nosso Estado. A discussão desse trabalho nos permitiu, posteriormente, elaborar a muitas mãos um consistente projeto de

parceria entre a universidade e a rede estadual de ensino, cuja ideia central foi utilizada entre 1996 e 1998 no Programa de Educação Continuada (PEC), que a SEE/SP realizou em convênio com as mais expressivas universidades paulistas, com investimento superior a trinta milhões de dólares.

3 Grupos de trabalho para debate e apresentação de propostas. Nossas expectativas maiores se concentraram nessa metodologia, que compreendíamos como ponto nevrálgico das potencialidades do evento. Com algumas adequações, utilizamos a forma de trabalhar adotada no Encontro Nacional da Conarcfe. Aglutinados em torno das cinco áreas (escola normal, licenciaturas, pedagogia, pós-graduação em educação e formação continuada dos profissionais do ensino), todos participaram da análise dos temas e da elaboração de propostas, a partir de um texto gerador preparado por especialista previamente convidado a produzi-lo. O documento da Conarcfe, distribuído a todos, subsidiou as discussões. Em cada grupo foram destacados relatores que, ao final do dia, redigiram os resultados do trabalho, entregando-os à comissão organizadora, para que já se fosse elaborando um documento a ser debatido na plenária de encerramento. Tal documento foi impresso durante a madrugada em gráfica local, previamente contratada. No último dia do Congresso, em sessão plenária, foram apresentadas, discutidas e submetidas à votação as propostas de cada grupo. No primeiro evento, foi Cláudio Gomide quem coordenou a assembleia e ainda me recordo do abraço entusiasmado recebido da casal Mariazinha e Fuzari, quando encerramos com grande sucesso. Com as deliberações dessa assembleia foi gerado um DOCUMENTO FINAL do Congresso, posteriormente formatado, impresso e distribuído a todos os participantes, às autoridades competentes, às instituições que formam profissionais para o magistério e às bibliotecas especializadas. Imprimimos e encaminhamos 2.500 exemplares do Documento Final nas três primeiras edições do Congresso. É procedente destacar que esse relatório foi socializado em âmbito nacional durante os subsequentes encontros nacionais da Anfope (enquanto fui a representante paulista na comissão, carreguei em minha mala os exemplares para distribuir aos representantes dos outros Estados).

> "Se você não concordar, não posso me desculpar,
> não canto para enganar, vou pegar minha viola,
> vou cantar noutro lugar."

Reafirmo que essa atividade inovadora dos grupos de trabalho (GT) poderia fazer toda a diferença, se tínhamos como meta levantar propostas alternativas para aperfeiçoar a formação dos educadores em nosso Estado. Reunimos agências formadoras, agências empregadoras, profissionais em exercício e pesquisadores do tema. Com certeza, chegaríamos a propostas e caminhos inovadores, compartilhando seus diferentes pontos de vista. Esse tipo de Congresso foi projetado para que todos, sem exceção, pudessem falar e onde todos precisassem ouvir e ser ouvidos. Fiquei muito preocupada quando responsáveis pelo GT da pós-graduação e das licenciaturas, durante o III Cepfe, procuraram-me para informar que consideravam impossível garantir bom nível com a presença de professores da rede que não acompanhavam a discussão. Reclamavam que as perguntas recorrentes e incipientes remetiam sempre ao reinício das discussões. Propunham a seleção de alguns profissionais mais diferenciados. Pareceu-me que desejavam um espaço que a Anped já lhes garantia. O descompasso entre os profissionais da universidade e os da rede de ensino falava muito alto. Confesso a minha primeira desilusão. Os especialistas preferiram continuar o debate entre seus pares, onde, ainda que existam discordâncias, a linguagem e o jargão se identificam. Acredito que nem se deram conta de que solicitavam a exclusão daqueles que, tendo dificuldades para acompanhar a lógica do douto pensamento, puseram-se a questionar. Minha expectativa era de que todos priorizassem a inclusão, adequando o debate ao nível do grupo, aceitando a diversidade e possibilitando o crescimento de todos!

Nos GT, os temas propostos também significaram avanço, como foi o caso da pós-graduação que forma professores para o nível superior e da formação continuada. Os programas paulistas de pós-graduação em educação e ensino articularam-se a partir do I Cepfe, iniciando uma política de colaboração e parceria. E a linha de pesquisa voltada para formação de educadores foi significativamente ampliada. Infelizmente, o foco ficou na pós-graduação *stricto sensu*, que forma os quadros da universidade. Penso que a pós-graduação tenha um papel estratégico na formação do magistério da educação básica, pela vertente da pós-graduação *lato sensu*, sem provocar evasão de quadros e colaborando para melhoria desse nível de ensino.

Também o tema Formação Continuada dos Profissionais do Ensino teve no I Cepfe um marco fundamental para sua expansão. O primeiro texto básico, preparado pela Alda Marin, tornou-se referência na área e no seu início esclareceu que essa temática carecia de definições e produção.

Um GT permanente para essa discussão, originado a partir do Congresso, continua em atividade, ampliando consideravelmente a produção na área da formação continuada do magistério. Também teve prosseguimento entre os congressos o funcionamento do GT da escola normal, cujo primeiro texto gerador, escrito pela Leonor Tanuri, continua sendo utilizado como estudo primoroso nessa área.

Seria interessante realizar estudos de *follow-up* para identificar efetivamente a repercussão dos GT!

## As parcerias imprescindíveis

No I Cepfe a UNESP, entidade promotora, recebeu na comissão organizadora de 25 membros colaboração da Conarcfe, da Ande e da Apase e de profissionais da USP, Unicamp, Universidade São Marcos e SEE/SP, inicialmente "sem os compromissos institucionais", o que foi revertido na segunda edição. No II Cepfe, a comissão organizadora contou com 46 participantes e foram instituições copromotoras com a UNESP: USP, Unicamp, UFSCar, Puccamp, PUC/SP, Unimep, USC, CEE, SEE/SP (Cenp e FDE), Ande, Anfope, Apase, Apeoesp, Udemo. No III Cepfe, tivemos a participação do MEC, do Demec/SP e de muitas escolas particulares de educação básica. Mais um dos nossos objetivos que se consolidou: juntar todos os interessados no âmbito do Estado. Assim, realizamos o primeiro inventário dos pesquisadores e das instituições paulistas envolvidos com a formação de educadores.

Penso que esses copromotores deveriam se expandir sempre mais. A característica do Congresso é pertencer a todos, superando competições menores, que podem amesquinhar. O maior mérito da UNESP foi conseguir liderar o trabalho em colaboração com instituições normalmente personalistas. Lembro-me de que, em 1990, quando fazia meu pós-doutorado na Feusp, sob orientação da grande educadora Miriam Krasilchik, e lhe mostrei o projeto original, ela duvidou de que conseguíssemos essa reunião de esforços compartilhados, brincando comigo: "É uma pretensão megalomaníaca!". Felizmente, conseguimos juntar participantes diversificados, mas, hoje, no novo panorama que se desenhou no Estado, há instituições que precisam ser incluídas: a Undime, as secretarias e os conselhos municipais de Educação, algumas ONGs e institutos que apresentam serviços relevantes na área (Instituto Paulo Freire, Fundação Ayrton Senna, Unicef, Fundação Vitae, Cenpec e muitas outras). Seria interessante inventariar o setor para identificar quantas novas agências temos no campo da formação de educadores em nosso Estado, incluindo-as no cadastro do Congresso.

Considero também que com o Cepfe abrimos uma importante área de financiamento para o tema formação de educadores. Todas as agências a quem solicitamos apoio financeiro nos concederam ajuda: Fapesp, FNDE, CNPq, Finep, Capes, FUNDUNESP, VUNESP, Banespa, Banco do Brasil, Secretaria de Ciência e Tecnologia/SP. Foi assim que conseguimos financiar a vinda de especialistas do país e do exterior, distribuir a programação e os textos geradores com antecedência, imprimir os anais, o documento final, o documento da Conarcfe/Anfope, oferecer serviços de qualidade. Também nos foi possibilitada, em cada edição do Congresso, a publicação de um livro que reunisse as principais contribuições. Nesses livros, democratizamos a socialização das visões sobre o tema: nos índices de autores, notórios especialistas figuram ao lado dos profissionais da rede de ensino e dos sindicatos. A interlocução foi se ampliando sempre mais, como era nossa meta original. Estão esgotadas as edições dos três primeiros livros: *Educadores para o século XXI: uma visão multidisciplinar* (1992), *A escola e seus alunos: estudos da diversidade cultural* (1995) e *Formação de professores* (1997/1998).

## Alguns apontamentos sobre as três primeiras edições do evento

- Os temas propostos foram sempre instigantes para aprofundar a reflexão:
  - Rumo ao século XXI;
  - Por um projeto educacional em favor da cidadania;
  - Tempo da escola...Tempo da sociedade.
- Os materiais utilizados, na cor metálica, consistiram uma tentativa de indicar caminhos arrojados de avanço. O grande artista Percival Tirapelli nos agraciou com o logotipo futurista do I e do II Cepfe.
- A ligação com a arte foi muito presente e os artistas, nossos grandes parceiros. No I Cepfe, o coral do IA/UNESP cantou *O professor*, apresentando programação temática que o maestro Samuel Kerr construiu após cuidadosa pesquisa. Grupos de teatro e de músicos nos brindaram com sua arte esmerada.
- Também passaram a fazer parte da rotina do Cepfe lançamentos de livros e noites de autógrafos.
- Para aproveitar todo o tempo e otimizar os recursos investidos, decidimos retirar os profissionais de seus ambientes de trabalho, mergulhando-os inteiramente na discussão do tema. O Senac foi um grande parceiro ao nos favorecer com preços muito acessíveis o Grande Hotel de Águas de São Pedro. Conseguimos verbas para comprar o hotel fechado e subvencionar todos os 350 participantes que convidamos. O ambiente foi muito

favorável. Sempre me recordo de Ivani Fazenda e Ana Gracinda comen tando que aquele local era especialmente energizado para reunião de tantas estrelas...

- As homenagens que prestamos a grandes educadores foram muito significativas e exemplares. Depois de nosso congresso, as universidades relembraram a importância de manifestar reconhecimento aos educadores que anos a fio se dedicaram a fortalecê-las. Tais homenagens constituíram-se em especial comoção. Tiveram início com o desejo de manifestar alguma deferência especial ao Joel Martins, que proferiu em 1990 uma fala absolutamente renovadora. Consultei a comissão organizadora e veio a ideia: PROFESSOR EMÉRITO DO ESTADO DE SÃO PAULO. Pura invenção, com efeitos inacreditáveis. O Joel criou alma nova e foi ser reitor da PUC. A Profa. Amélia Domingues de Castro escreveu-me que, naquele dia, qualquer mágoa que ela pudesse trazer de sua vida profissional se apagou. Paulo Freire, o grande educador e cidadão do mundo, emocionou-se igualmente. Recentemente me encontrei com Nita Freire em Botucatu e ela comentou esse sentimento dele. Lembro-me de que eu estava naquela correria que os coordenadores ficam durante o evento, administrando detalhes, quando Paulo Freire, após percorrer e participar de cada GT, procurou-me para dizer o quanto tinha apreciado a sistemática do evento e a homenagem recebida. Uma professora nos interrompeu pedindo-lhe para posar numa foto com ela. Ele assentiu gentilmente, atendendo-a com simplicidade. Depois, abraçou-me e chamou o fotógrafo, dizendo: "Desejo estar numa foto com você, Raquel, uma educadora que acabo de descobrir". Calculem minha emoção...
- A possibilidade de divulgar experiências internacionais foi também efeito especial desse Congresso. Foi pela mediação do Ricardo Ribeiro que no II Cepfe trouxemos pela primeira vez Antonio Nóvoa ao Brasil, fazendo-o conhecido por aqui. Com ele vieram seus livros, a produção dos portugueses, depois o João Barroso, o Licínio Lima e tantos outros, com a descoberta do espaço além-mar de aprendizado em formação de professores, para onde encaminhamos muitos dos nossos orientandos. Também trouxemos Michel Brault para relatar a experiência dos Institute Universitaire de Formation de Maitres (IUFM) franceses, além dos experientes profissionais latinos-americanos, inaugurando um Mercosul na nossa área: Maria de Ibarrola (México), Juan RuzRuz (Chile) e Berta Braslavsky (Argentina).
- Um espaço inesquecível que abrimos foi para o encontro e debate dos nossos especialistas com os convidados internacionais. Numa das suítes

do Grande Hotel São Pedro, Antonio Nóvoa e Paulo Freire se reuniram, discutindo durante cinco horas a pedagogia do oprimido e a educação libertadora, na presença de alguns educadores brasileiros privilegiados.

- A Conarcfe foi bastante fortalecida logo após o I Cepfe. Ficou mais conhecida em São Paulo, incluiu novos temas em seus GTs, como formação continuada, e, revitalizada, transformou-se na Associação Nacional para Formação de Educadores (Anfope).
- As propostas dos GT, publicadas após cada congresso, sinalizaram problemas muito relevantes. Muitos deles foram equacionados. Outros, até hoje, não conseguimos superar. São publicações ainda muito pertinentes e atuais, que merecem ser retomadas. Infelizmente, não cuidamos de atrelar a programação de cada nova edição ao documento-síntese de propostas da edição anterior. Esse cuidado poderia ter assegurado ação efetiva do congresso no aperfeiçoamento da formação dos profissionais do magistério.
- Com finalidade de constituir grupos permanentes de estudos, associando representação de áreas e segmentos interessados na questão, foi elaborado no final do I Cepfe o esboço de um Programa Integrado de Pesquisa e Ação sobre Formação dos Profissionais do Ensino. Como a sigla ficou pouco comunicativa (Pipafpe), adequamos depois para FE – Formação do Educador: Programa Integrado de Pesquisa e Ação. Conseguimos um financiamento da Finep e realizamos um encontro do Programa no Hotel Fazenda de Barra Bonita, onde em três dias de intensos trabalhos elaboramos um projeto para publicações em cada uma das áreas dos GT. A publicação desses livros foi realizada, porém, já com sintomas de fragmentação e concorrências. Pareceu-me que algumas lideranças tiveram dificuldades de se associar. A necessidade de brilho individual estava falando mais alto? Não sei bem como explicar, mas, pessoalmente, senti como se estivessem mutilando o programa amplo, deixando de considerar que toda divisão enfraquece. Juntos é que somos fortes...

> "Mas o mundo foi rodando nas patas do meu cavalo,
> e nos sonhos que fui sonhando, as visões
> se clareando, até que um dia acordei"

- A diversidade das pessoas que reuníamos poderia mesmo nos ter causado sérios problemas. O grupo era por demais heterogêneo. Da primeira vez que Ana Maria Quadros, então presidenta da Apase, encaminhou-se para o microfone, fiquei com a respiração presa e a alma nas mãos. Era muita gente naquele anfiteatro e não seria fácil controlar o consciente coletivo de experiências tão diferentes. Mas, no fim, tudo dava certo. Hoje rio ao me lembrar de que precisei deixar a coordenação de importante mesa para atender a um motim organizado porque faltava papel higiênico em todos os banheiros, e o público era essencialmente feminino... O gerente do hotel foi chamado e explicou que repassava esse serviço a cada duas horas. Solicitei que o fizesse a cada quinze minutos, pois, além do hotel lotado, durante o dia participavam das atividades hóspedes de outros hotéis e profissionais das cidades vizinhas que decidiram viajar todo dia, e tudo se resolveu. Quantas amizades foram feitas, quantos grupos profissionais consolidados, quanta experiência socializada, quanto trabalho facilitado pela convivência daqueles quatro dias. São resultados muito significativos. Também recordo momentos alegres, como aquele em que Pedro Goergem estranha que a Raquelzinha fosse filha da Raquel! Ou quando a professora da rede se declarava extasiada, pois tomara o café da manhã com o Saviani... e ele nem tinha chegado ainda! Parece-me que ela usufruiu a companhia do Clayton... É lógico que rimos muito, principalmente porque a Rosa e a Isabel enxergavam tudo com um bom humor raro e saudável! E bem o merecíamos, pois já tínhamos sofrido demais quando, em noventa dias antes do Congresso, Collor fechou os bancos e as contas onde estava todo o dinheiro recebido das inscrições e das agências financiadoras!

- Tenho registrado na memória uma cena peculiar, emocionante como um quadro de Renoir, que infelizmente não tenho fotografado e que partilho com vocês para encerrar este relato. Gilda Guedes, professora de rede estadual e de faculdade particular de Avaré, sempre veio ao Congresso acompanhada de alguns de seus alunos da licenciatura. Todos se cotizavam e alugavam uma casa em São Pedro, e nós fornecíamos os tíquetes para as refeições (eles sobravam porque a Isabel Branco os controlava como generala, pondo até o reitor da UNESP na fila do almoço!). Gilda e seus alunos sempre aproveitaram para conviver ao vivo com os autores dos livros que utilizavam. E naquela noite especial, todos juntos no saguão do hotel, não contive minhas lágrimas observando Paulo Freire que, em vez de se juntar a tantos outros convidados ilustres, permaneceu sentado numa poltrona, rodeado pelos jovens alunos da Gilda que se acomodavam no chão. O grande educador conversou longamente com eles, falando e ouvindo com o maior respeito por aqueles que, dentre nós, representavam os menos favorecidos e mais injustiçados. Se não tivesse servido para tanto mais, o Cepfe já teria valido a pena!

Finalizando, retomo os versos que utilizei no pronunciamento de abertura das três primeiras edições desse evento que vocês, Celestino e Raquel Leite, trouxeram até aqui com muito trabalho e competência!

- I Cepfe (1990)

> "Olho meus companheiros,
> Estão taciturnos mas nutrem grandes esperanças...
> O presente é tão grande, não nos afastemos muito
> Vamos de mãos dadas"

Um convite para a parceria na formação dos educadores.

- II Cepfe (1992)

> "Por isso uma força me leva a cantar,
> Por isso essa força tão grande, no ar,
> Por isso eu canto, não posso parar,
> Por isso essa voz tamanha..."

Um convite para fortalecer a luta pela formação dos educadores.

- III Cepfe (1994)

> "Não basta abrir a janela para ver os campos e o rio.
> Não é bastante não ser cego para ver as árvores e as flores."

Um convite para, com otimismo, ter esperança na formação dos educadores.

- Hoje, VII Cepfe (2003)

> "Na boiada já fui boi,
> Boiadeiro já fui rei,
> E hoje sou cavaleiro,
> Laço firme, braço forte,
> De um reino que não tem rei..."

Um convite para a ousadia, a mudança, a liberdade...

## Referências bibliográficas

SERBINO, R. V. O Primeiro Congresso Estadual Paulista sobre Formação de Educadores: rumo ao século XXI. In: SERBINO, R. V., BERNARDO, M. V. C. (Org.). *Educadores para o século XXI*: uma visão multidisciplinar. São Paulo: Editora UNESP, 1992.

SERBINO, R. V., BERNARDO, M. V. C. (Org.) Educadores para o século XXI: uma visão multidisciplinar. São Paulo: Editora UNESP, 1992.

SERBINO, E. V., GRANDE, M. A. R. L. (Org.) *A escola e seus alunos*: estudos de diversidade cultural. São Paulo: Editora UNESP, 1996.

SERBINO, R. V., RIBEIRO, R., BARBOSA, R. L. L., GEBRAN, R. A. (Org.) *Formação de professores*. São Paulo: Universidade Estadual Paulista, 1994.

# 9
# A política nacional de formação de professores[1]

*João Cardoso Palma Filho*

## Introdução

Talvez repouse na formação do pessoal docente a maior dificuldade que o governo federal vem encontrando para a implementação da reforma educacional consubstanciada na LDB promulgada em 1996.

Ao se considerar a política de formação de professores explicitada pela legislação educacional a partir da LDB de 1996,[2] não se pode deixar de assinalar as tendências que vêm sendo observadas nessa área e, principalmente, as recomendações feitas pelos organismos internacionais, como Banco Mundial.

---

1 O presente texto subsidiou a discussão na mesa-redonda que teve por tema: "Políticas públicas de formação de professores: práticas e pesquisa – Pedagogia Cidadã". Participaram da mesa-redonda, além do autor, os professores(as) Juvenal Zancheta Junior, Marilda Silva e Sebastião Souza Lemes.

2 Escapa ao âmbito da análise deste capítulo uma discussão exaustiva da nova Lei de Diretrizes e Bases da Educação Nacional, assim como do Plano Nacional de Educação, que apenas serão utilizados como referência na medida em que abordem questões ligadas ao tema em discussão, ou seja, política de formação de professores. Para uma discussão mais detalhada da LDB, ver Brzezinski (1997, p.53-64), Saviani (1997) e Carneiro (1998).

Para Torres (1998, p.173):

> Muito do que podemos perceber como "novas tendências", no campo da formação docente, são amiúde velhas tendências remoçadas pelas novas políticas educativas, ou mudanças de ênfase dentro de uma visão dicotômica e binária, que entende a política educativa como uma opção entre pares – escola *versus* universidade, educação de crianças *versus* educação de adultos, administrativo *versus* pedagógico, etc.

Torres considera que de tal lógica binária não escapa a formação docente. Especificamente no campo da formação docente destaca algum desses pares binários:

> salários *versus* capacitação; conhecimento do professor *versus* aprendizagem do aluno; formação inicial *versus* capacitação em serviço; professores *versus* tecnologia educativa; educação presencial *versus* educação à distância; saber geral (saber as matérias, saber os conteúdos) *versus* saber pedagógico; gestão administrativa *versus* gestão pedagógica; necessidades dos professores *versus* necessidades do currículo e da reforma educativa; modelo centralizado *versus* modelo descentralizado de formação docente ...

## Breve retrospecto

Todavia, diante dos elevados índices de fracasso escolar verificados em vários sistemas educacionais, do qual, aliás, o brasileiro é bom exemplo, conclui-se que a formação docente dada em diferentes instâncias de formação encontra-se em crise.

Num rápido retrospecto histórico, podem-se considerar as seguintes fases nesse tipo de formação.

De 1930 a 1968, prevalece o modelo conhecido como do tipo 3 + 1, no qual o bacharel no último ano do curso, geralmente de quatro anos, optava por cursar as chamadas matérias pedagógicas (Didática Geral, Didática Especial, Psicologia da Educação e Administração Escolar). Esse era o caso daqueles que posteriormente se dedicariam a ministrar aulas das disciplinas que compunham o denominado curso secundário, organizado com dois ciclos de estudos.[3]

Esse modelo de formação generalizou-se para quase toda a América Latina. Estudos realizados por Flexner (1930, apud Davini, 1995, p.29), especia-

3 Essa organização dos estudos foi dada pela Lei Orgânica do Ensino Secundário decretada em 1942 durante o Estado Novo (1937-1945) e sofreu pouca alteração com a LDB de 1961, a não ser mudanças de nomenclatura, que são de pouca relevância.

lista americano, indicam que o essencial na formação do professor é que ele seja um profundo conhecedor dos conteúdos disciplinares, ou seja, que tenha uma formação sólida nos conteúdos que vai ensinar (Davini, 1995, p.29).

Nesse modelo, a formação pedagógica é superficial, como já visto, e é considerada mesmo desnecessária. De modo geral, os adeptos dessa concepção de formação de professores consideram os cursos de formação pedagógica superficiais, sem rigor científico. Avaliam que os conhecimentos obtidos nesses cursos poderiam ser mais bem adquiridos na prática, ou seja, no próprio exercício profissional.[4] É interessante notar que essa percepção da questão começa a emergir novamente, sobretudo, nos meios oficiais.

Embora as críticas feitas pelos adeptos desse modelo, em alguns casos, sejam pertinentes, o fato é que servem também para muitos cursos voltados para o ensino dos conteúdos disciplinares.

Na realidade, como assinala Davini:

> es visible la influencia del pensamiento positivista que subyace a estas posiciones, que considera a las ciencias cuantitativo-experimentales como modelos del conocimiento sustantivo... Por detrás de la defensa del enfoque académico se asienta un conflicto corporativo entre los grupos de expertos, los pedagogos y los docentes por tener el control de la enseñanza.

Como acrescenta Bernstein (1980, p.47): "as formas através das quais a sociedade seleciona, classifica, distribui e avalia o conhecimento educacional considerado público, refletem a distribuição do poder e os princípios do controle social".

Como visto, esse foi o modelo adotado no Brasil, a partir dos anos 30, principalmente, a partir da formação dada nas Faculdades de Filosofia, Ciências e Letras, em que a preocupação maior era com a formação do pesquisador e não do docente.

## A reforma dos anos 60 e 70

A legislação educacional vigente a partir do final dos anos 60 e início dos 70[5] produziu alterações significativas nos procedimentos universitários voltados à formação de professores. A formação inicial para os professores das

4 Sobre essa temática ver Liston & Zeichner (1993).

5 Refiro-me principalmente à Lei da Reforma Universitária de 1968 – Lei Federal n.5.540 – e à Lei da Reforma dos ensinos de 1º e 2º graus – Lei Federal n.5.692, de 11.8.1971, ambas

séries iniciais ($1^a$ a $4^a$) continuou sendo feita em nível médio, vale dizer, não universitário, mas não mais na escola normal, e sim numa habilitação de segundo grau, especialmente criada para essa finalidade. Como consequência, as escolas normais foram desmanteladas e transformadas na sua maior parte em escolas de segundo grau, que passaram a oferecer várias habilitações profissionais, inclusive, a de magistério.

Para o magistério das séries finais ($5^a$ a $8^a$), foi criada a chamada licenciatura curta em nível superior, mas com a duração máxima de dois anos. Para o magistério nas séries do segundo grau, exigia-se a licenciatura plena, mas que na prática podia ser obtida a partir da licenciatura curta, com o acréscimo de mais um ano de estudos. Foi desse modo que se passou a formar os professores para o ensino das disciplinas que integram, a partir de então, o currículo do ensino de primeiro e segundo graus.

A formação de professores fica desvinculada dos cursos de bacharelado. Houve exceções, como foi o caso da Universidade de São Paulo, onde a licenciatura era obtida com o estudante cursando as matérias de conteúdo disciplinar nos institutos específicos e a parte pedagógica na Faculdade de Educação. Todavia, na maioria dos casos, principalmente, nos estabelecimentos particulares de ensino superior, a licenciatura é obtida num curso independente dos demais.[6]

A política educacional adotada nesse período opta por uma modalidade de formação mais econômica e mais rápida.

Alguns críticos desse modelo argumentam que passou a ser dada ênfase maior aos conteúdos pedagógicos em detrimento dos conhecimentos disciplinares, ou seja, o "como ensinar" ganhou o primeiro plano. De fato, não foi o que aconteceu, pois houve um empobrecimento tanto da parte de formação especial quanto dos conteúdos pedagógicos, ou seja, a crítica não encontra amparo na realidade, uma vez que a carga horária destinada aos conteúdos pedagógicos é insuficiente para permitir uma formação adequada, também nesse campo curricular.

Até 1996, eram 240 horas distribuídas entre as disciplinas, Didática, Estrutura e Funcionamento do Ensino de 1º e 2º graus e Psicologia da Educa-

---

promulgadas durante o regime militar; esta última já na vigência do Ato Institucional n.5. Essa legislação fez parte de um dos acordos MEC-Usaid e, no caso da Lei n.5.692, foi aprovada pelo Congresso Nacional em pouco mais de quarenta horas de discussão, por um Congresso amedrontado pela possibilidade das cassações de mandatos populares.

6 É importante notar que, no caso do Estado de São Paulo, mais de 95% dos professores em exercício nas escolas públicas de educação básica foram formados nessas licenciaturas.

ção, acrescidas de 120 horas para a disciplina Prática de Ensino. Em algumas situações, acrescentava-se a disciplina Introdução à Educação, com duração semestral. Ao lado dessa precariedade reservada aos conteúdos pedagógicos, soma-se a redução de carga horária também dos conteúdos disciplinares específicos. A situação torna-se mais grave ainda nos cursos de perfil profissional polivalente, como é o caso das áreas curriculares de Ciências naturais, estudos sociais e artes.

O que de fato existiu a partir dos anos 70 foi um discurso oficial ambíguo, como assinala Imbernón (2000, p.57):

> O Sistema Educacional sempre situou a formação do profissional da educação, ou seja, a profissionalização docente, no contexto de um discurso ambivalente, paradoxal ou simplesmente contraditório; de um lado, a retórica histórica da importância dessa formação; de outro, a realidade da miséria social e acadêmica que lhe concedeu.

Apesar das inúmeras críticas, estudos e pesquisas que esse modelo de formação vem recebendo desde meados dos anos 80, ele ainda é dominante na maioria das instituições formadoras de professor.

## A formação do professor na LDB atual – o posicionamento da Anped e da Anfope

Atualmente há um intenso debate em torno das mudanças contidas na nova LDB que, no capítulo em que trata dos profissionais da educação,[7] cria algumas situações novas.

Antes de qualquer coisa, trata-se de um texto confuso e que muita dor de cabeça vem dando aos seus intérpretes.

Logo de início, em seu artigo 61, a LDB condiciona a formação profissional aos objetivos dos diferentes níveis e modalidades de ensino que integram a educação básica.[8] Esse é um aspecto da legislação educacional que vem merecendo muitos comentários críticos.[9] Deve ainda essa formação a ser

7 Lei Federal n.9.394 – Título VI – artigos 61 a 67.

8 A educação básica compreende os seguintes níveis: educação infantil, destinada às crianças de zero a seis anos e integrada por duas modalidades – creches e pré-escola –, ensino fundamental e ensino médio – considerados obrigatórios e direito de todos, portanto, alcançados pela gratuidade.

9 A Anfope tem reiterado em vários pronunciamentos a sua discordância em relação a esse caráter técnico instrumental que a legislação quer conferir à formação do professor para a educação básica.

obtida em nível de licenciatura plena estar adequada "às características de cada fase do desenvolvimento do educando". Fundamenta-se nos seguintes princípios: 1. associação entre teorias e práticas, inclusive mediante a capacitação em serviço e 2. aproveitamento da formação e experiências anteriores em instituições de ensino e outras atividades. A lei não esclarece quais seriam essas outras atividades. Espera-se que o Conselho Nacional de Educação (CNE) o faça, o que até o momento não ocorreu.

O artigo 62 introduz uma novidade polêmica, quando estabelece que a licenciatura plena passa a ser condição mínima necessária para o exercício do magistério na educação básica e poderá ser obtida "em universidades e institutos superiores de educação". Boa parte da polêmica sustentada por algumas entidades que atuam na área da educação, como é o caso da Associação Nacional para a Formação dos Profissionais da Educação (Anfope), relaciona-se com o fato de que esses institutos não possuem o *status* de universidade. Esse é apenas um dos argumentos, e o mais frágil deles, uma vez que atualmente a formação dos professores já acontece em instituições de ensino superior não universitárias.

Existe uma questão, que é mais importante, e que se relaciona com o crescente desinteresse dos jovens que cursam o ensino médio em buscar a formação de professor em nível superior. Na maior parte das universidades públicas, os cursos de licenciatura funcionam com poucos alunos, especialmente no caso das disciplinas que compõem o currículo do ensino médio, como física, química, biologia, geografia etc. Outra questão que precisa merecer maior atenção de parte dos responsáveis pela educação no país tem a ver com o fato de que, na maior parte das vezes, o curso de formação de professores funciona em período noturno.

Retornando ao posicionamento da Anfope sobre o conteúdo do artigo 62, a entidade rechaça a segregação dos cursos de licenciatura em institutos de educação superior, por entender que a convivência destes com os bacharelados favorece o enriquecimento curricular daqueles. Entende, ainda, que a formação do professor deva dar-se a partir de uma base nacional comum e que as instituições formadoras de professores sejam organizadas com base em requisitos universitários, de tal forma que gradativamente se transformem em centros universitários. Em síntese, entende que a formação do professor em nível universitário deva ser tão rigorosa quanto a formação de qualquer outro tipo de profissional em nível de bacharelado.

Também a Associação Nacional de Pós-graduação e Pesquisa em Graduação (Anped) manifestou publicamente sua discordância em relação à política nacional de formação do professor, que vem sendo insistentemente perseguida pelo MEC/CNE, apesar dos críticos. A argumentação usada é muito semelhante à da Anfope.

De modo geral, as divergências referem-se à concepção do tipo de profissional que se quer formar e o local dessa formação.

Nesse sentido, a edição do Decreto Federal n.3.276/99 acabou por jogar mais lenha na fogueira, pois atribuía a formação de professores exclusivamente aos institutos de educação superior. Obviamente que se trata de um decreto ilegal, pois um ato regulamentador como é um decreto do Poder Executivo não pode restringir o que a Lei Maior não restringe. Ora, como visto, o artigo 62 da LDB não dispõe que a formação de professores seja feita exclusivamente em Institutos Superiores de Educação. Aliás, respeitada a autonomia universitária, o decreto perde o seu significado, pois apenas a LDB poderia estabelecer tal restrição sem ferir o texto constitucional.

Seja como for, o governo federal, refletindo melhor e diante das pressões sobre ele exercidas, entendeu por bem retificar o decreto de dezembro de 1999 e o fez por meio do Decreto Federal n.3.554/2000, que em seu § 2º do artigo 1º substituiu a expressão "exclusivamente nos Institutos Superiores de Educação" pela expressão "preferencialmente nos Institutos Superiores de Educação". Claro que, embora tenha suprimido a expressão "exclusividade", não deixou de manifestar a sua preferência. Entretanto, as dificuldades de interpretação do artigo 62 não param por aqui. Senão, vejamos. O artigo declara que "a formação de docentes para atuar na educação básica far-se-á em nível superior, em curso de licenciatura de graduação plena, em universidades e institutos superiores de educação ...". Ora, e as faculdades isoladas, que, aliás, são a maioria, e os centros universitários? Estes não poderão mais oferecer cursos de licenciatura? Como se vê, esse artigo precisa ser urgentemente revisto, ao menos atualizado.[10]

Ainda em relação à questão dos institutos, é preciso recordar que, já por ocasião da formulação do Plano Decenal de Educação para Todos, durante o governo do presidente Itamar Franco, constava como uma das metas a serem atingidas no prazo de dez anos a criação dos institutos superiores de formação de professores (cf. Aguiar, 1994). Portanto, o esforço oficial para criar um novo *locus* para a formação dos docentes de educação básica é anterior

10 Os centros universitários e as faculdades integradas, bem como as faculdades, foram criados pelo Decreto Federal n.2.207, de 15.4.1997, que regulamenta e reclassifica o sistema federal de ensino.

mesmo à própria promulgação da Lei de Diretrizes e Bases da Educação Nacional, fato que só veio a ocorrer no final do ano de 1996.

Já em 1999, pela da Resolução CP n.1,[11] de 30 de setembro, o Conselho Nacional de Educação regulamentava a criação dos Institutos Superiores de Educação previstos na LDB.[12] De acordo com o texto legal aprovado pelo CNE, os institutos poderão abrigar os seguintes cursos e programas: 1. curso normal superior, para licenciatura de profissionais em educação infantil e de professores para os anos iniciais do ensino fundamental; 2. cursos de licenciatura destinados à formação de docentes dos anos finais do ensino fundamental e do ensino médio; 3. programas de formação continuada, destinados à atualização de profissionais da educação básica nos diversos níveis; 4. programas especiais de formação pedagógica, destinados a portadores de diploma de nível superior que desejem ensinar nos anos finais do ensino fundamental ou no médio, em áreas de conhecimento ou disciplinas de sua especialidade, nos termos da Resolução CNE 02/97.[13]

Em seu artigo 4º § 1º, condiciona a criação dos institutos superiores aos seguintes requisitos: a) titulação pós-graduada, b) pelo menos 10% com titulação de mestre ou doutor, c) pelo menos um terço em regime de tempo

11 Ver ainda o Parecer CP 115/99, aprovado em 10.8.1999, que serviu de base para a elaboração da resolução. Foram relatores os conselheiros: Edla de Araújo Lira Soares, Eunice Ribeiro Durham, Francisco Aparecido Cordão, Guiomar Namo de Mello, Jacques Velloso e Silke Weber. No Conselho Pleno (CP), os conselheiros João Antonio Cabral de Monlevade e Regina Alcântara de Assis. O conselheiro João Monlevade é o úncio representante dos profissionais que atuam na educação básica indicado pela Confederação Nacional dos Trabalhadores na Educação (CNTE).

12 Em 9.11.1999, o CNE aprovou o Parecer CES 970/99 que estabelece normas para a instalação do Curso Normal Superior e da Habilitação para o Magistério em Educação Infantil e séries iniciais do Ensino Fundamental nos cursos de Pedagogia. Foram relatores os conselheiros: Eunice Ribeiro Durham, Yugo Okida e Abílio Afonso Baeta Neves. O conselheiro Jacques Velloso apresentou declaração de voto contrário ao Parecer dos relatores. É importante observar que os termos do Decreto Federal que impedia os cursos de pedagogia de continuar formando professores para as séries iniciais do ensino fundamental são muito semelhantes aos do citado Parecer CES 970/99. Provavelmente, com o impasse surgido no CNE com o voto em separado e contrário do conselheiro Jacques Velloso, que com certeza seria acompanhado por outros conselheiros quando da votação no Conselho Pleno da Resolução, o ministro da Educação tenha optado por resolver a questão mediante ato do chefe do Poder Executivo.

13 Essa Resolução de autoria da Câmara de Educação Básica do CNE regulamentou a existência dos cursos de formação pedagógica para os bacharéis de áreas afins com as licenciaturas. Esses cursos já estão em funcionamento, e, no Estado de São Paulo, a maioria deles já está formando a quarta turma, pois tiveram seu início no ano de 1998. No Estado de São Paulo estão todos funcionando em instituições de ensino superior particulares.

integral e d) metade do corpo docente com comprovada experiência na educação básica.

Nesse aspecto, é interessante notar que a maioria dos cursos de formação de professores atualmente em funcionamento no país não atende a nenhum desses requisitos, inclusive nos cursos de pedagogia.

Talvez nesse dispositivo resida a razão pela qual os mantenedores particulares não tenham, até o momento, se interessado pela criação dos institutos superiores de educação, preferindo manter o atual sistema de formação de professor, em que nenhum desses requisitos é exigido.

Aliás, os mantenedores privados são hoje os maiores defensores dos cursos de pedagogia e das licenciaturas como elas se apresentam no momento, pois, ao não precisarem cumprir, para o seu funcionamento, as exigências que o CNE colocou, para a criação dos institutos, deminuem seu custo de manutenção e aumentam sua rentabilidade em consequência.

O argumento de que houve um rebaixamento na exigência – pois para o funcionamento de uma instituição de ensino superior como universidade exige-se pelo menos um terço de mestres e doutores – não leva em conta o fato de que esse quantitativo não é exigido por curso, mas sim para a totalidade do corpo docente da universidade. Também não leva em conta o fato de que a maioria dos cursos de licenciatura, inclusive os de pedagogia, está funcionando em instituições de ensino não universitárias. Portanto, em relação à situação atual existente, as exigências feitas pelo CNE para a criação dos institutos superiores constituem um significativo avanço, mas tendem a cair no vazio, pela falta de interesse na criação deles.

Seja como for, e tendo como foco que o principal objetivo do curso de formação de professores deve estar voltado para a preparação adequada do docente, para que este possa desenvolver um trabalho de qualidade com os alunos das camadas populares, o que, aliás, é o desafio a ser enfrentado nas próximas décadas, o mais importante é discutir quais são as diretrizes e os princípios que devem estar na raiz dessa formação e não propriamente o local onde deva se dar essa formação.

O Plano Nacional de Educação recentemente aprovado pelo Congresso Nacional estabelece as seguintes diretivas para essa formação:

a) sólida formação teórica nos conteúdos específicos a serem ensinados na educação básica, bem como nos conteúdos especificamente pedagógicos;

b) ampla formação cultural;

c) atividade docente como foco formativo;

d) contato com a realidade escolar desde o início até o final do curso, integrando a teoria e a prática pedagógica;

e) pesquisa como princípio formativo;

f) domínio das novas tecnologias de comunicação e da informação e capacidade para integrá-las à prática do magistério;

g) análise dos temas atuais da sociedade, da cultura e da economia;

h) inclusão das questões relativas à educação dos alunos com necessidades especiais e das questões de gênero e de etnia nos programas de formação;

i) trabalho coletivo interdisciplinar;

j) vivência, durante o curso, de forma de gestão democrática do ensino;

k) desenvolvimento do compromisso social e político do magistério; e

l) conhecimento e aplicação das diretrizes curriculares nacionais dos níveis e modalidades da educação básica.

Seja nos atuais cursos de licenciatura, funcionando isoladamente ou nas faculdades de Educação, seja nos institutos superiores de educação que por acaso venham a ser criados, é muito longo o caminho a percorrer no sentido de que esses princípios sejam considerados na formação dos docentes, com vistas a sua atuação na educação básica. Não há divergências quanto à relevância desses princípios em relação à formação dos profissionais para o magistério. A dificuldade reside na sua implementação nas instâncias formadoras, pois é sabido que, mesmo nas universidades onde se leva a sério o mandamento constitucional da vinculação entre ensino, pesquisa e extensão, as licenciaturas estão consideradas em segundo plano.

## Diretrizes curriculares nacionais para a formação de professores da educação básica, em nível superior, curso de licenciatura, de graduação plena

Boa parte da discussão feita até aqui, inclusive com o posicionamento de algumas das entidades representativas do campo da educação, desenvolveu-se com base na primeira versão apresentada pelo Conselho Nacional de Educação, que, ao interpretar o contido na LDB sobre a formação de professores, passou a discutir em reuniões regionais a primeira versão das Diretrizes Curriculares para essa formação. Depois de várias reuniões regionais e inclusive de uma plenária nacional realizada em Brasília no mês de abril de 2001 e tendo incorporado muitas das sugestões feitas por diferentes segmentos da sociedade brasileira, o CNE, em reunião realizada no dia 8.5.2001, aprovou a versão final das Diretrizes Curriculares para a Formação de Professores (DCFP) e um projeto de resolução a ser submetido à consideração do MEC.

A proposta inicial é de iniciativa do MEC, como aliás tudo que tem sido apreciado pelo CNE nos últimos tempos. Para apreciá-la, o CNE designou uma comissão bicameral, integrada pelos seguintes conselheiros: Edla de Araújo Lira Soares (Pernambuco), Éfrem de Aguiar Maranhão (Pernambuco), Eunice Ribeiro Durham (São Paulo), Guiomar Namo de Melo (São Paulo), Nélio Marco Vincenzo Bizzo (São Paulo), Raquel Figueiredo Alessandri Teixeira (Goiás) e Silke Weber (Pernambuco). A presidência da comissão coube a Silke Weber e a relatoria a Raquel Figueiredo Alessandri Teixeira.

O voto da relatora, aprovado por unanimidade, é composto pelas seguintes partes:

1. princípios orientadores para uma reforma da formação de professores;
2. diretrizes para a formação de professores;
3. diretrizes para a organização da matriz curricular.

Os princípios orientadores do projeto pedagógico para a formação de professores assentam-se na explicitação de três conceitos básicos: a) competência como um conceito nuclear na formação, vista como a capacidade do docente em mobilizar conhecimentos para a realização de um efetivo aprendizado de parte do aluno;[14] b) coerência entre a formação oferecida e a prática esperada do futuro professor; e c) a pesquisa como elemento essencial na formação profissional do professor.

Inicialmente, reconhece-se no conceito de competência adotado pela relatora o mesmo sentido que tem sido registrado pela literatura educacional recentemente publicada, com destaque principalmente para os estudos realizados por Philipe Perrenoud, embora este não seja citado, ou seja, como se depreende da seguinte passagem que consta do Parecer (2001, p.28): "Não basta a um profissional ter conhecimento sobre o seu trabalho. É fundamental que saiba *mobilizar esses conhecimentos, transformando-os em ação*" (grifo nosso).

O segundo princípio parte do pressuposto de que a formação do professor "tem duas peculiaridades muito especiais: ele aprende a profissão no lugar similar àquele em que vai atuar, porém, numa situação invertida. Isso implica

14 Sobre o conceito de competência, ver ainda as Diretrizes Curriculares para a Educação Profissional e Perrenoud (1999, 2000).

que deve haver coerência entre o que se faz na formação e o que dele se espera como profissional" (ibidem, p.29). O que aqui está dito parece correto e a experiência em cursos de licenciatura corrobora esse ponto de vista da relatora.

De fato, boa parte dos professores que atuam nos cursos de licenciatura não distinguem a sua atividade dos cursos de bacharelado, ou seja, quando desenvolvem as suas atividades docentes não se preocupam com o fato de que estão atuando num curso de formação de professores. Muitas vezes, quando fazem a distinção é para considerar a licenciatura como uma formação menos relevante do que a de um pesquisador a qual pretensamente é feita nos cursos de bacharelado. Entretanto, há um risco a ser considerado que a própria relatora reconhece quando afirma: "Não se trata de infantilizar a educação inicial do professor, mas de torná-la uma experiência análoga à experiência de aprendizagem que ele deve facilitar a seus futuros alunos" (p.30).

Quanto à concepção de aprendizagem, adota, como não poderia deixar de ser, o referencial construtivista, tendo em vista que esta foi a posição oficialmente adotada pelo MEC/CNE por ocasião da elaboração dos Parâmetros Curriculares Nacionais e das Diretrizes Curriculares para a educação básica, decisão anteriormente já comentada. Adicionalmente, o Parecer esclarece que: "Os indivíduos constroem seus conhecimentos em interação com a realidade, com os demais indivíduos e colocando em uso suas capacidades pessoais" (ibidem, p.30). Trata-se de uma afirmação tão óbvia, que é dispensável comentá-la.

Mais uma vez, porém, remanesce uma questão: como organizar o trabalho na escola para que tal aconteça? Nesse ponto, como em outras passagens, a relatora remete a questão para a escola, quando da elaboração do projeto pedagógico. Associar aquisição de conhecimentos com a construção de competências implica a organização de um trabalho pedagógico de natureza interdisciplinar, como, aliás, a própria relatora reconhece, quando assinala que:

> Na relação entre competências e conhecimentos, há que considerar ainda que a constituição da maioria das competências objetivadas na educação básica atravessa as tradicionais fronteiras disciplinares, segundo as quais se organiza a maioria das escolas, e exige um trabalho integrado entre professores das diferentes disciplinas ou áreas afins. (p.31)

Mais uma vez, a questão extrapola o âmbito estritamente curricular ou mesmo metodológico, como supõe a relatora, pois implica uma total reorganização do trabalho pedagógico nas escolas que, para tanto, precisam dispor de uma autonomia que ainda não possuem. Implica, por exemplo, romper com a concepção de "professor aulista", espaço para reuniões etc. Envolve também o repensar de todo o processo de formação dos professores no interior das licenciaturas, uma vez que nelas prevalece um currículo rigidamente disciplinar, em que a prática da interdisciplinaridade é extremamente rara. Trata-se de uma organização curricular para nenhum positivista, por mais ortodoxo que seja, botar qualquer defeito.

Quanto à concepção de conteúdo, o referencial é o modelo desenvolvido por César Coll, ou seja, nas três dimensões – conceitual, procedimental e atitudinal – para ficar coerente com o que já está prescrito nos PCN para o ensino fundamental (p.32).

Também a concepção de avaliação apresentada para ser seguida nos cursos de formação de professor obedece ao mesmo referencial adotado para a educação básica, embora misture procedimentos formativos com a preocupação de certificação.

A advertência que a própria relatora faz ao chamar a atenção para o perigo da infantilização da formação do professor acabou esquecida quando tratou de explicitar as três concepções rapidamente comentadas, introduzindo um excessivo atrelamento da formação do professor ao que já havia sido explicitado para a educação básica, pois uma coisa é levar em conta para que tipo de desempenho profissional se está formando o professor e outra é "amarrar" essa formação aos procedimentos adotados na educação básica. Há nesse sentido um perigoso reducionismo e uma desnecessária instrumentalização na formação do professor.

Aliás, essa tendência se repete quando a relatora discute a questão do processo de pesquisa na formação do professor. Há novamente um excessivo reducionismo, que vai além de um ajuste do foco, pois não é viável crer que "o foco principal do ensino da pesquisa nos cursos de formação docente é o próprio processo de ensino e de aprendizagem dos conteúdos escolares na educação básica" (p.34). Há aqui um claro reducionismo de natureza psicologizante, uma vez que o processo educacional, por ser multideterminado, implica também pesquisar, por exemplo, sobre a própria natureza do conhecimento, e não apenas deter-se na pesquisa relacionada com a questão de como o aluno aprende. Aqui se comete o mesmo equívoco que anteriormente fora cometido por ocasião da elaboração dos PCN, ou seja, dissocia-se o aprender do ensinar. Não obstante, tem razão a relatora quando conclui que:

> a pesquisa constitui um instrumento de ensino e um conteúdo de aprendizagem na formação, especialmente importante para a análise dos contextos em que se

inserem as situações cotidianas da escola para construção de conhecimentos que ela demanda e para a compreensão da própria implicação na tarefa de educar. (p.35)

## A resolução aprovada pelo Conselho Nacional de Educação

Feitas essas considerações iniciais sobre a parte conceitual do referido Parecer, alguns comentários sobre os dezenove artigos que compõem a Resolução CNE/CP n.1/2002 (*Diário Oficial da União*, 2000, p.31), anexa ao Parecer 009/2001, agora serão tecidos.

A resolução aprovada pelo CNE inova quando não propõe um rol de disciplinas para compor o currículo escolar e quando também não estabelece mínimos de conteúdos. Limita-se a fornecer um conjunto de princípios, fundamentos e procedimentos a serem observados na elaboração do projeto pedagógico de cada curso e, nesse sentido, menciona a importância de a instituição formadora observar o disposto nos artigos 12 e 13 da LDB.[15] De modo geral, a resolução incorre em alguns equívocos já discutidos quando analisado o Parecer. É o caso, por exemplo, do atrelamento à educação básica (artigo 5º)[16] e também a prescrição contida no parágrafo único desse artigo: "A aprendizagem deverá ser orientada pelo princípio metodológico geral, que pode ser traduzido

15 Muito embora esses dois dispositivos tenham merecido muitos elogios e sido saudados como o reconhecimento da autonomia da escola, confesso que não provocaram em mim nenhum grande entusiasmo, conhecedor que sou dos muitos descaminhos da educação, pois é muito fácil para as burocracias que dirigem os sistemas educacionais torná-los letra morta. De outra parte, considero que estes contemplam uma série enorme de obviedades, como afirmar que o professor deve participar da elaboração da proposta pedagógica ou então que ele deve ministrar os dias letivos estabelecidos no projeto pedagógico da escola. Além disso, considero que a matéria tratada nos artigos 12 e 13 da LDB, escoimada das platitudes e redundâncias, ficaria melhor se colocada no regimento escolar.

16 Artigo 5º – O projeto pedagógico de cada curso, considerado o artigo anterior, levará em conta que: I – a formação deverá garantir a constituição das competências objetivadas na educação básica; II – o desenvolvimento das competências exige que a formação contemple diferentes âmbitos do conhecimento profissional do professor; III – a seleção dos conteúdos das áreas de ensino da educação básica deve orientar-se por ir além daquilo que os professores irão ensinar nas diferentes etapas da escolaridade; IV – os conteúdos a serem ensinados na escolaridade básica devem ser tratados de modo articulado com suas didáticas específicas; V – a avaliação deve ter como finalidade a orientação do trabalho dos formadores, a autonomia dos futuros professores em relação ao seu processo de aprendizagem e a qualificação dos profissionais com condições de iniciar a carreira.

pela ação-reflexão-ação e que aponta a resolução de situações-problema como uma das estratégias didáticas privilegiadas". Embora se tenha tomado o cuidado de estabelecer a "resolução de situações-problema como uma das estratégias", essa é uma questão a ser considerada no plano de ensino a ser elaborado pelo professor, e, portanto, não é aconselhável que seja fixada por uma norma geral que é endereçada a todas as escolas do país.

Na redação desse dispositivo, houve uma recepção inadequada do conceito de "professor-reflexivo", conforme os estudos realizados por Schön (1998), Alarcão (1996) e Pimenta (1999). O importante a ser destacado é que, ao se organizar um curso de formação de professores, deve-se ter em mente a necessidade de dotá-lo de autonomia intelectual, o que implica fornecer aos professores "os meios de um pensamento autônomo e que facilite as dinâmicas de formação autoparticipada" (cf. Nóvoa apud Pimenta, 1999, p.29). Se o objetivo do CNE foi propor a formação de um professor reflexivo, então é necessário que essa intenção seja mais bem explicitada.[17]

O essencial a ser pensado, quando da elaboração do projeto pedagógico do curso de formação de professores para educação básica, é buscar evitar a tradicional fragmentação dos saberes da docência (saberes da experiência, saberes científicos, saberes pedagógicos) (Houssaye apud Pimenta, 1999, p.25). Outro ponto a ser considerado – e que de algum modo acontece nos cursos de licenciatura – é a necessidade de se evitar uma hierarquização desses diferentes saberes. Não há que se privilegiar a experiência em detrimento do saber teórico e vice-versa, pois ambos são fundamentais no processo de construção da identidade profissional do professor.

Como assinala Pimenta (1999, p.25), o essencial é tomar "a prática social como o ponto de partida e como ponto de chegada que possibilitará uma ressignificação dos saberes na formação de professores". Em outras palavras, os saberes pedagógicos indispensáveis à formação dos docentes são construídos na prática, quando os conhecimentos sobre a educação ou sobre a pedagogia são reelaborados no confronto com a realidade da escola, do processo educacional.

No parágrafo 3º do artigo 6º, são enunciados os tipos de conhecimentos que deverão ser contemplados pelo currículo escolar na formação do professor. Estes são agrupados em seis campos temáticos: 1. cultural geral e profissional; 2. conhecimento sobre crianças, adolescentes, jovens e adultos, aí

17 Para uma melhor compreensão dessa questão, central na discussão da formação do professor, ver Pimenta (1999, p.15-34).

incluídas as especificidades dos alunos com necessidades educacionais especiais e as das comunidades indígenas; 3. conhecimento sobre dimensão cultural, social, política e econômica da educação (note-se, nesse caso, a omissão da dimensão histórica) – entendo que ficaria mais bem posta a questão se a resolução mencionasse a necessidade de o futuro professor adquirir uma sólida cultura pedagógica;[18] 4. conteúdos das áreas de conhecimento que serão objeto de ensino; 5. conhecimento pedagógico; e 6. conhecimento advindo da experiência.

A partir do artigo 7° são apresentadas orientações gerais sobre a parte operacional na organização dos cursos de formação. Há vários aspectos inovadores que se constituem em avanços em relação ao modo como hoje estão organizados os cursos de licenciatura plena, principalmente, em se tratando de instituições de ensino superior não universitárias, como, aliás, é a maioria delas. Nesse sentido, o artigo 7° prevê a organização do curso de licenciatura plena numa estrutura autônoma, com organização, direção e colegiados próprios. Preconiza, ainda, "estreita articulação com institutos, departamentos e cursos de áreas específicas".

Merece destaque, pela sua importância na criação de espaço de discussão e reflexão no interior dos cursos de formação, o disposto no item V do citado artigo: "a organização institucional preverá a formação dos formadores, incluindo na sua jornada de trabalho tempo e espaço para as atividades coletivas dos docentes do curso, estudos e investigações sobre as questões referentes ao aprendizado dos professores em formação". Esse é um mandamento legal que, se cumprido, ensejará a constituição de um processo permanente de formação dos formadores, aspecto que até hoje tem sido descuidado pelo legislador. Às vezes, até faz parte do discurso, mas na prática ainda não se estruturou.

O inciso VIII do artigo 7° retoma a questão dos institutos superiores de educação, dessa vez sem ferir a autonomia universitária.[19] Esse dispositivo

---

18 Para Saviani: "a *cultura pedagógica* implica o conhecimento do aparato conceitual constitutivo da teoria da educação que envolve as diferentes acepções do conceito de pedagogia e os estudos conhecidos genericamente pela expressão *fundamentos da educação*" (cf. "Importância da cultura pedagógica na formação do professor para a educação infantil e séries iniciais do ensino fundamental" – Aula magna ministrada no curso de pedagogia da Faculdade de Ciências da UNESP Bauru, em 19 de março de 2002, cujo texto integral foi publicado em Vale, 2002).

19 A redação completa é a seguinte: "nas instituições de ensino superior não detentoras de autonomia universitária serão criados Institutos de Educação Superior. Para congregar os

propiciará melhor articulação entre as licenciaturas, uma vez que as colocará sob uma única direção; além do que conferirá a esses cursos uma presença mais acentuada no interior das faculdades integradas e isoladas, pelo menos, acredita-se seja essa a finalidade.

A resolução prevê ainda que a avaliação dos cursos de formação seja feita tomando como referencial "as competências a serem constituídas pelos professores" (artigo 8º). Devem ser feitas de forma sistemática e periodicamente e por meio da utilização de vários instrumentos. Deve levar em conta processos e produtos e, ao mesmo tempo, ser considerada por procedimentos internos e externos.

A avaliação de cursos[20] e de alunos foi um dos elementos centrais da política educacional adotada pelo governo FHC, por meio do MEC, que na prática transformou o Inep numa agência de avaliação. Esse tem sido um dos aspectos mais criticados dessa mesma política educacional, tanto por professores quanto por estudantes e também por estudiosos da matéria.

Quanto à avaliação externa de cursos (Exame Nacional de Cursos), alguns efeitos positivos já são sentidos, principalmente em relação àqueles mantidos pelas instituições de ensino superior privadas. Assim é que tem havido maior cuidado na contratação de professores, em razão do aumento das exigências quanto à qualificação acadêmica. Algumas instituições estão implementando programa permanente de educação continuada de seus profissionais. Tem havido também maior cuidado com o trabalho acadêmico dirigido aos estudantes dos cursos de graduação.

A grande crítica que se faz a esses procedimentos de avaliação externos refere-se ao fato de que estes incidem apenas sobre o produto e não conse-

---

cursos de formação de professores que ofereçam licenciaturas em curso Normal Superior para docência multidisciplinar na educação infantil e anos iniciais do ensino fundamental ou licenciaturas para docência nas etapas subsequentes da educação básica". No Estado de São Paulo já estão em funcionamento vários institutos superiores de educação. Atualmente, aqueles que pertencem ao Sistema Estadual de Ensino estão passando por um processo de acompanhamento e avaliação de parte do Conselho Estadual de Educação.

20 Dada a posição central que a avaliação externa ocupa na política educacional do governo FHC, entende-se que sobre essa questão devesse fazer um estudo à parte, que, portanto, é objeto de outra pesquisa que venho realizando, voltada para a ação do Inep no campo da avaliação e que com a sua transformação em agência de avaliação passa a ser o alicerce de um Estado avaliador construído com base em uma lógica de mercado. Esse estudo que estou desenvolvendo à parte é dedicado exclusivamente à análise da avaliação, uma perspectiva sociológica sobre o tema a partir da realidade brasileira e não da Península Ibérica. Sobre a importância que a avaliação adquiriu no contexto das reformas educacionais empreendidas sob a ótica neoliberal, ver Afonso (1998, 2000), Bernstein (1990) e Apple (s. d., p.155-64).

guem captar as dinâmicas processuais.[21] Outro aspecto a ser considerado é o "boicote" sistemático que tem sido feito por estudantes das instituições públicas de ensino superior, fato que acaba por gerar distorções em avaliação.

Por último, cabe assinalar que, durante os oito anos do governo FHC, o MEC não conseguiu suspender, mesmo que temporariamente, o funcionamento de nenhuma das instituições que, ao longo de três avaliações, apresentaram desempenho negativo e sistematicamente se recusaram a adotar as recomendações feitas pelo próprio Ministério da Educação.

O artigo 10º introduz um grau de liberdade na seleção e no ordenamento dos conteúdos bastante salutar e um aspecto inovador, que rompe com uma tradição antiga, que era a de determinar as disciplinas de estudos que deveriam compor o currículo escolar. Desse modo, remete para a instituição formadora a responsabilidade "pela seleção e ordenamento dos conteúdos dos diferentes âmbitos de conhecimento que comporão a matriz curricular para a formação de professores", que, sem dúvida, transfere grande dose de responsabilidade para a instituição formadora.[22]

O artigo 11 estabelece os eixos articuladores do currículo escolar. Ao todo são relacionados seis eixos articuladores.[23] Reside nessa disposição legal a principal dificuldade a ser enfrentada pelo corpo docente dos cursos de formação no momento da elaboração do projeto pedagógico, pois a questão é insuficientemente discutida no parecer que acompanha a resolução que estamos discutindo. Considerada a situação atual, o parágrafo único do artigo 11 prescreve um considerável incremento do tempo dedicado às dimensões pedagógicas, quando assegura que "não será inferior à quinta parte da carga

21 De fato, não apenas os alunos são avaliados. O instrumento legal que criou o Exame Nacional de Cursos prevê também as condições gerais das instituições formadoras, universitárias ou não. Desse modo, também se leva em consideração a qualificação do corpo docente e as condições de infraestrutura dessas mesmas instituições formadoras.

22 A redação do artigo 10º é a seguinte: "A seleção e o ordenamento dos conteúdos dos diferentes âmbitos de conhecimento que comporão a matriz curricular para a formação de professores, de que trata esta Resolução, serão de competência da instituição de ensino, sendo o seu planejamento o primeiro passo para a transposição didática, que visa a transformar os conteúdos selecionados em objeto de ensino dos futuros professores".

23 Ao todo são seis os eixos articuladores, a saber: 1. eixo articulador dos diferentes âmbitos de conhecimento profissional; 2. eixo articulador da interação e da comunicação, bem como do desenvolvimento da autonomia intelectual e profissional; 3. eixo articulador entre disciplinaridade e interdisciplinaridade; 4. eixo articulador da formação comum com a formação específica; 5. eixo articulador dos conhecimentos a serem ensinados e dos conhecimentos filosóficos, educacionais e pedagógicos que fundamentam a ação educativa; e 6. eixo articulador das dimensões teóricas e práticas.

horária total". Claro que é preciso considerar se a prática de ensino está incluída ou não. Em caso afirmativo, será pequeno o incremento, algo em torno de cem horas. No entanto, caso contrário, aí sim o aumento será considerável. Pode-se interpretar que a carga horária destinada às atividades da prática de ensino não está incluída. Caso essa hipótese se confirme, o espaço destinado às dimensões pedagógicas no espaço das licenciaturas será quase triplicado.

O artigo 12 remeteu para resolução específica a fixação da carga horária total do curso de licenciatura.[24]

Quanto ao tratamento a ser dispensado às atividades de prática de ensino, a resolução segue orientações já anteriormente estabelecidas.[25] A finalidade da prática de ensino é contextualizar a formação docente e o que se busca é a articulação da teoria e prática. Supera, portanto, o velho entendimento que se tinha da prática de ensino, como simples realização de estágio profissional por parte do estudante dos cursos de formação de professores. Nesse sentido, a resolução recomenda que a prática de ensino esteja presente desde o início do curso e que perpasse toda a formação do professor (cf. § 2º do artigo 12). Deve também estar presente nas disciplinas responsáveis pelo conteúdo específico e não apenas naquelas de natureza pedagógica (cf. § 3º do artigo 1º). Dada a relevância da matéria, o CNE estabelece no artigo 13 uma série de princípios a serem observados na realização das atividades de prática de ensino. O detalhismo[26] contido nesse dispositivo só se explica em razão da preocupação

---

24 A carga horária total do curso e a sua distribuição foram fixadas pela Resolução CNE/CP n.2, de 19.2.2002. O artigo 1º dessa Resolução estabelece que: "a carga horária total dos cursos de Formação de Professores da Educação Básica, em nível superior, em curso de licenciatura, de graduação plena, será efetivada mediante a integralização de, no mínimo, 2800 (duas mil e oitocentas) horas, nas quais a articulação teoria-prática garanta, nos termos dos seus projetos pedagógicos, as seguintes dimensões dos componentes curriculares: I – 400 (quatrocentas) horas de prática como componente curricular, vivenciadas ao longo do curso; II – 400 (quatrocentas) horas de estágio curricular supervisionado a partir da segunda metade do curso; III – 1800 (mil e oitocentas) horas de aulas para os conteúdos curriculares de natureza científico-cultural; IV – 200 (duzentas) horas para outras formas de atividades acadêmico-científico-culturais".

25 Ver, por exemplo, a Resolução CNE 02/97 e o artigo 65 da Lei n.9.394/96.

26 Na íntegra, o artigo 13 diz o seguinte: "Em tempo e espaço curricular específico, a coordenação da dimensão prática transcenderá o estágio e terá como finalidade promover a articulação das diferentes práticas numa perspectiva interdisciplinar. § 1º – A prática será desenvolvida com ênfase nos procedimentos de observação e reflexão, visando à atuação em situações contextualizadas, com o registro dessas observações realizadas e a resolução de situações problema. § 2º – A presença da prática profissional na formação do professor, que não prescinde da observação e ação direta, poderá ser enriquecida com tecnologias da informação,

real de corrigir rumos nessa matéria, uma vez que a antiga concepção de estágio profissional foi vítima de tantos abusos e acabou completamente desmoralizada. Seja como for, o excesso de recomendações numa resolução de âmbito nacional para um país que contempla enorme diversidade na organização escolar das instituições formadoras acaba sendo problemático.

Depois de todo um detalhamento das atividades de prática de ensino, a resolução no artigo 14 afirma que a flexibilidade deve ser observada, tendo em vista a construção de projetos inovadores e próprios, que integrem os eixos articuladores.

Por fim, o artigo 16 menciona "a organização de um sistema federativo de certificação de competência dos professores de educação básica", a ser estabelecido sob a coordenação do MEC com a colaboração do Conselho Nacional de Educação e das seguintes instâncias: Conselho Nacional de Secretários Estaduais de Educação, Fórum Nacional de Conselhos Estaduais de Educação, União dos Dirigentes Municipais de Educação e representantes de Conselhos Municipais de Educação e das associações profissionais e científicas. Pelo visto, só se esqueceram da representação estudantil! De modo geral, os órgãos mencionados são representantes do Poder Executivo, nas suas diferentes instâncias administrativas, até mesmo os Conselhos de Educação, uma vez que na sua constituição é muito grande a interferência do Poder Executivo, tanto na escolha dos seus membros quanto na eleição dos seus dirigentes. Portanto, é bem provável que a proposta de certificação de professores, que é algo que influi nos destinos profissionais de todos aqueles que atuam na educação, seja feita bem ao gosto do Poder Executivo federal. Dada a relevância que essa matéria tem, só poderia ser objeto de lei e não de resolução ou até, o que pode ser bem pior, de portaria ministerial, como, aliás, era até bem pouco tempo atrás.[27]

Entretanto, mais uma vez a questão foi subtraída de um debate mais amplo. Assim é que o Ministério da Educação baixou a Portaria n.1.403, de 9.6.2003, que institui o Sistema Nacional de Certificação e Formação Continuada

incluídos o computador e o vídeo, narrativas orais e escritas de professores, produção de alunos, situações simuladoras e estudo de casos § 3º – O estágio obrigatório, a ser realizado na escola de educação básica, e respeitado o regime de colaboração entre os sistemas de ensino, deve ter início desde o primeiro ano e ser avaliado conjuntamente pela escola formadora e a escola campo de estágio",

27 Refiro-me à Portaria MEC n.399, de 28.6.1989, revogada em julho de 1998 pelo ministro da Educação.

de Professores e que prevê, já para o ano de 2004, a realização dos primeiros exames de certificação com cinco anos de validade.

A portaria tem sido objeto de muitas críticas advindas de diferentes fontes, com destaque para os sindicatos de professores. Em recente encontro nacional realizado em Brasília, entidades como a Anped, Anfope e Anpae manifestaram-se contra a realização do referido exame de certificação.

## Considerações finais

Ao analisar e discutir os termos do projeto de resolução que acompanha o Parecer CNE/CP 9/2001, procurou-se salientar os pontos positivos e seus aspectos mais controvertidos, e ainda o que, em algumas passagens, representa verdadeiro retrocesso em relação ao estabelecimento de uma política nacional de formação de professores para a educação básica.

Como assinalado, o esforço para elaborar conceitualmente uma política nacional de professores para a educação básica é, em si mesmo, muito válido, pois é a primeira vez no país que se encara essa questão com seriedade.

Entretanto, dada a extrema relevância de que a questão se reveste, é fundamental que seja feita num ambiente de ampla participação, com a oitiva de todas as instâncias sociais envolvidas com a questão.

Existe, porém, um ponto que há anos vem sendo discutido no âmbito dos Conselhos Estaduais de Educação, principalmente no de São Paulo, que se refere à dificuldade que o sistema estadual tem de articular todos os elementos envolvidos na formação dos professores. Por exemplo, no caso do Estado de São Paulo, quem forma a maior parte dos professores que ingressam nas redes públicas de educação são os cursos de licenciatura plena mantidos por instituições particulares de ensino. Por sua vez, estas estão jurisdicionadas ao sistema federal de educação. Essa situação, na prática, inviabiliza qualquer gestão efetiva do sistema estadual de ensino em relação à questão da melhoria da qualidade da formação oferecida por essas instituições de ensino superior.

Nesse sentido, havia na LDB de 1961 dispositivo que permitia que os sistemas estaduais de ensino, por delegação do sistema federal, pudessem assumir tais atribuições. Todavia, a LDB sancionada pelo presidente da República em 1996 silenciou sobre tal possibilidade, e, desse modo, o sistema estadual de ensino apenas tem algum tipo de ação em relação às instituições de ensino superior, estaduais e municipais, que, como já foi destacado, não são as responsáveis pela formação da maior parte do professorado que atua na educação básica.

Há ainda outra modalidade de formação do professor criada pela LDB em vigor. Refere-se à formação em serviço (cf. artigo 61, I e II).[28]

## Referências bibliográficas

AFONSO, A. J. *Políticas educativas e avaliação educacional.* Braga: Universidade do Minho, 1998.

_____. *Avaliação educacional:* regulação e emancipação. São Paulo: Cortez, 2000.

AGUIAR, M. A. Insitutos Superiores de Formação de Professores: novo modismo na educação nacional? ENDIPE, 7, Goiânia, *Anais...*, Goiânia: UFG/UCG, 1994.

APPLE, M. W. What reform tald does: creating new inequalities in education. In: BACHARACH, S. B. (Org.) *Education Reform:* Making Sense of It All. Boston: Allyn and Bacon, s.d., p. 155-64.

BERNSTEIN, B. Clases, códigos y control. II: hacia una teoría de las transmisiones educativas. Madrid: Akal, 1980, p.47.

_____. *Poder, educación y consciencia.* Sociología de la transmisión cultural. Barcelona: El Roure, 1990.

28 Nesse sentido, o Conselho Estadual de Educação já regulamentou essa matéria por meio da Deliberação CEE n.12, de 12.4.2001, que institui Programa Especial de Formação Pedagógica Superior destinado aos professores efetivos da rede pública. A matéria foi relatada pelo conselheiro José Mario Pires Azanha. Em consequência, a Secretaria Estadual de Educação assinou convênios com a Universidade de São Paulo, Universidade Estadual Paulista (UNESP) e com a Pontifícia Universidade Católica de São Paulo (PUC/SP) para oferecer esse tipo de formação para aproximadamente sete mil professores efetivos em exercício no Ciclo I do ensino fundamental da rede estadual de ensino. De acordo com Deliberação do CEE, a carga horária total do curso será de 3.100 horas, assim distribuídas: 1.600 horas de aulas; quatrocentas horas de atividades complementares que deverão resultar em trabalhos individuais relacionando teorias e práticas escolares no ensino; mínimo de trezentas horas de prática de ensino, nos termos da Deliberação CEE 12/97, atividades dedicadas à recuperação de alunos ou outras atividades especiais; máximo de oitocentas horas segundo avaliação do aluno na sua experiência prévia na docência, nos termos do artigo 61 da LDB. No ano de 2002, a UNESP iniciou com mais de quarenta prefeituras municipais um curso de pedagogia com ênfase na formação docente e na gestão escolar, que está sendo cursado por mais de quatro mil estudantes, a maior parte deles professores em exercício nas escolas municipais das Prefeituras conveniadas. Trata-se de curso presencial com uma carga horária mínima de 3.390 horas a serem cumpridas em no mínimo seiscentos dias letivos. Para tanto, a pró-reitoria de graduação constituiu um Comitê Técnico Científico integrado por quinze docentes com titulação mínima de doutor, que responde pela parte acadêmica do curso. O conteúdo do curso é apresentado na forma de Cadernos de Formação, videoconferências e teleconferências, além do acompanhamento de cada turma que é feito por um orientador que também é professor da universidade. A frequência é obrigatória de segunda-feira até sábado, perfazendo um total de 24 horas semanais. Há ainda atividades de estudo que são realizadas *on line*.

BRZEZINSKI, I. (Org.) *LDB interpretada*: diversos olhares se entrecruzam. São Paulo: Cortez, 1997.

CARNEIRO, M. A. *LDB fácil*: leitura crítico-compreensiva artigo a artigo. Petrópolis: Vozes, 1998.

DAVINI, M. D. La formación docente en cuestión, política y pedagogía. Buenos Aires: Paidos, 1995. p.29.

DIÁRIO OFICIAL DA UNIÃO, Brasília, 9 abr. 2002. Seção 1, p.31.

IMBERNÓN, F. Formação docente e profissional: formar-se para a mudança e a incerteza. São Paulo: Cortez, 2000. v.77. (Coleção Questões da Nossa Época).

LISTON, D. P., ZEICHNER, K. M. *Formación del profesorado y condiciones sociales de la escolarización*. Madrid: Morata, 1993.

PARECER CNE/CP 009/2001.

PERRENOUD, P. *Construir as competências desde a escola*. Porto Alegre: Artes Médicas, 1999.

______. *10 novas competências para ensinar*. Porto Alegre: Artes Médicas, 2000.

PIMENTA, S. G. Formação de professores: identidade e saberes da docência. In: ______ (Org.) *Saberes pedagógicos e atividade docente*. São Paulo: Cortez, 1999. p.15-34.

SAVIANI, D. *A nova lei da educação (LDB)*: trajetórias, limites e perspectivas. Campinas: Autores Associados, 1997.

______. Da nova LDB ao novo Plano Nacional da Educação: por uma outra política educacional. Campinas: Autores Associados, 1998.

VALE, J. M. F. do et al. (Orgs.) *Escola pública e sociedade*. São Paulo: Saraiva, 2002. p.157-62.

# 10
# Recordar é viver? Memórias e aprendizagens na formação docente

*Célia Linhares*

> O cronista que narra os acontecimentos, sem distinguir entre os grandes e os pequenos, leva em conta a verdade de que nada do que um dia aconteceu pode ser considerado perdido para a história.
>
> (Walter Benjamin, *Sabe o conceito da história*)

> Ah! Quem escreverá a história do que poderia ter sido?
>
> (Fernando Pessoa, *Ficções de interlúdio*)

A modernidade, com sua expectativa de renovação do mundo, alimentada pela ampliação de domínio tecnológico, científico e político, legou um espaço de sombras e desprestígio ao passado, desqualificando, portanto, as memórias, as rememorações e, sobretudo, as recordações, as reminiscências.

No entanto, como tão bem cantou Cazuza, "o tempo não para". Como um grande compositor, ele e outros poetas, artistas, pensadores e estudiosos trataram de uma das questões mais recorrentes na filosofia, nas ciências e nas artes – a do tempo –, que assumiu extrema relevância no século XX, repercutindo de forma sensacional não só na compreensão do universo, mas também na própria forma de pensar que subjaz aos diferentes campos de conhecimento.

Apesar das proclamações e dos investimentos num progresso que seria construído com as luzes das ciências e da educação, chegamos ao século XXI sob o crescente impacto de memórias, que ora se transformam em mercadorias, ora emergem como temas, métodos e problemáticas, não só nas teorias sociais e na educação, mas também nas ciências naturais, mormente em alguns campos da biologia, como a do conhecimento (Maturana & Varela, 1997, 2001), e a da física, como a das estruturas dissipativas (Prigogine, 1991, 2001).

Nesse vai e volta das memórias, importa não desviar a atenção desse processo seletivo que atingiu as memórias, tão bem exemplificado pelos totalitarismos, que fizeram o século XX sangrar. Cada um deles se autoproclamava conectado com um tipo de memória social, apresentando-se como a encarnação de antigos projetos que então encontravam condições de concretização. Em todos campeava uma versão de memória triunfalista, alimentada por certezas que dirigia, de forma crescentemente dogmática, os projetos que de políticos descambaram para realizações de violência e guerra. Uma memória, portanto, presa, sem liberdade, encadernada numa conjuntura de dominação.

Não é tão simples falar na modernidade como um extravio das memórias, mas de um tipo de memória: uma memória fagulhante, marginal, dos desconsiderados e dos dissidentes da história, que afirmam a heterogeneidade da vida, ameaçando hegemonia, controles, pensamentos unificados e a ordem disciplinar e unida.

Benjamin (1993) credita a esse tipo de memória subterrânea um valor capaz de funcionar como uma ponte entre uma política tida como profana e uma outra – emergente – que se vai reconciliando com valores que lampejam o sagrado nas lutas, nos enfrentamentos e nas criações.

O que percebemos como tensões e conflitos na esfera das memórias não são exceções. Pelo contrário. A contemporaneidade, como todos os períodos históricos, configura-se mediante relações de interdependência que não excluem lógicas de assimetria, complementaridade e antagonismos. Com essas tensões é que se promove tanto a manutenção da atual ordem civilizatória, como se abrem as possibilidades de rupturas e ressignificações da vida política.

É em meio a essas contradições que ressoam alertas, deplorando perdas e desamparos que vimos sofrendo, com a corrosão de perspectivas na vida política, social, mas também laboral, econômica e, sobretudo, no que se refere à dimensão ética, sem a qual as condições de sociabilidade e educação fenecem.

Afinal, sem um panorama onde situar-se, quer considerando o que se foi, quer o que ainda está por vir, ficamos reduzidos a seres míopes e esmigalhados, presos ao imediato e ao utilitário, com um reduzido horizonte de autonomia.

Nessas condições, a cidadania se atrofia em um jogo calculado de interesses, tão bem espelhado pela negociação de cargos do Estado para a garantia de resultados nas casas legislativas, eliminando um debate público sobre as causas nacionais, como ao que vimos assistindo.

Se, por um lado, as pesquisas atuais vêm sublinhando o presenteísmo, expressão de Eric Hobsbawm, as ciências biológicas e físicas, por outro, avançaram no entendimento dessa construção contínua que faz o universo e a vida expandirem-se sem cessar, compondo memórias plurais e abrangentes que não podem ser menosprezadas sem danos irreversíveis para o ambiente, a sociedade e seus indivíduos.

Não há como escamotear a presença de forças antagônicas que se acirram e se rearranjam em combinações imprevisíveis. Assim, se a pluralização foi emergindo em diferentes cantões e sob as mais variadas formas, buscando conjugar-se com as lutas pela igualdade e justiça; por sua vez, os processos de homogeneização foram reeditados com articulações desmobilizadoras.

São eles que continuam alimentando apatias e conjugando-se com uma hierarquia rígida, a emanar o modelo de um mundo e de uma educação em que o caminho a percorrer é o de rebanhos que nem sequer seriam apascentados, mas assustados pelo desemprego, pela competição, pela ausência de um ontem e um amanhã, impregnados por valores pelos quais vale a pena viver e morrer.

Tudo isso dito em outras palavras nos leva a grifar o quanto esses conflitos entre processos de homogeneização com desigualdades e pluralização como forma de inclusão de diferenças foram se complexificando e induzindo deslocamentos e sofisticações que os dotaram de sutileza, dispersão e de maior dificuldade para definir seus contornos e vínculos.

Se procurarmos atentar para a organização dos conhecimentos, acompanhando o desenrolar da história, não é difícil perceber uma rede intrigada e intrigante de relações, que promove o pensamento único a colidir, sem trégua, com os movimentos rizomáticos que atravessam a vida social em todos os seus eixos e quadrantes.

Não é demais o empenho de mostrar o caráter político, disputa que as memórias carregam em si, como conteúdo, mas também e sobretudo como forma. Com suas relações integrantes do pensamento e da vida, as memórias estão atravessadas por choques entre poder e potência, autoridade e violência.

Por isso mesmo, as memórias são disputadas tanto pelos vencedores da história, dispostos a comprovar sua inexpugnável fortaleza e veracidade de suas versões para reforçar o continuísmo de suas posições, como pelos até então preteridos, que procuram ganhar espaços para suas propostas.

É bom frisar que, mesmo sem aceitar as separações maniqueístas, dicotômicas e fixas que colidiriam com uma concepção mais igualitária do humano, capaz de nutrir uma empatia social, concordamos com Benjamin (1993): os instrumentos para consolidar a memória dos vencidos enfatizam muito mais as rememorações engalanadas, revestindo-se com frequência de um caráter festivo e comemorativo, enquanto as memórias marginais, soterradas, alojam-se nos silêncios, nas afasias, nas amnésias que clamam pelo trabalho das reminiscências, capazes de diferir, recuperando forças e valores espezinhados e considerados menores para abastecer com sentidos emergentes a existência política e educacional.

Radicalizando, podemos dizer que os espólios das memórias vêm sendo não só confrontados por tratamentos de fossilização e fetichização (Huyssen, 2000), mas também convocados a relampejar, fazendo fagulhar o que parece já haver passado como um legado ético, reconfigurando-o e recolocando-o nas atuais pautas políticas (Benjamin, 1993).

Ainda importa sublinhar que, no primeiro caso, prevalecem na memorização e na rememoração buscas de comprovação de "fatos" como teriam acontecido. Isso pelos mecanismos das memórias autorizadas que se articulam àqueles que presidem a administração de documentos e pela tendência das políticas de arquivos e museus à confirmação de um passado já cristalizado, como um reforço ao continuísmo desse processo civilizador, com exceções e reviravoltas sensacionais.

Na segunda acepção, as memórias são particularmente valorizadas pela evocação de reminiscências, ganhando relevância, fazendo das recordações um processo aberto e dialogante com uma realidade em que pulsam desejos, projetos, urgências e utopias, gestados por muitos e muitos tempos.

Por isso mesmo, sob formas fugazes de relâmpagos, balbucios e esquecimentos, há um caminho de incertezas, errâncias e surpresas a sustentar possibilidades de uma construção coletiva para imaginarmos e criarmos um outro mundo e de uma outra educação.

Portanto, é com esse uso criador da memória, como exercício permanente de recordar e lembrar, sobretudo, nos momentos de maiores riscos e perigos, que poderemos recolher fagulhas de um passado, que ainda vive em nós, como uma longa construção de ancestrais e antepassados, para participarmos de uma política que supere cálculos manipulatórios para gestar, em interlocuções públicas, constantemente ampliadas, esperanças coletivas, pelas quais possamos orientar e justificar nossa vida.

De toda maneira, com movimentos epistemológicos que vão exigindo mais intensidade na coesão e na articulação dos conhecimentos e saberes, ao mesmo tempo que alargam o diâmetro da captação dos fenômenos a serem pesquisados, colocando em ação outro espectro científico – que vai desde a *nouvelle histoire* até a física quântica e das estruturas dissipativas e da biologia do conhecimento, passando pelas teorizações culturais como a "crítica pós-colonial" –, o que podemos conhecer se amplia em várias direções, livrando-nos dos antropocentrismos, das separações maniqueístas e dos jugos dogmáticos de uma racionalidade fechada e inquestionável.

Nesse sentido, o real e o imaginário já não podem ser considerados como oposições, pois formam um par indissociável. Por tudo isso, vale a pena lembrar Fernando Pessoa e Walter Benjamin, com cujas sabedorias poéticas e políticas epigrafamos este texto, e com eles damos mais um passo nessa compreensão do trabalho de recordar como consentâneo à vida e, politicamente, como uma ressignificação das experiências sociais.

Assim talvez valha a pena concluir com um comentário à questão, presente no título e em tantos textos sobre memórias, como na própria música popular brasileira: recordar é viver?

Recordar é viver porque ao fazê-lo ressignificamos a vida – a vida pessoal, a vida afetiva, a vida política, a vida educacional. E esse recordar vivamente faz das memórias abertas um tipo de aliadas indispensáveis à formação do professor, tanto em sua etapa inicial como na formação continuada, pois numa e noutra os desafios que a vida nos interpõe representam provocações ao lembrar que não podem seguir como um alimentador de esquemas comportamentais reprodutores, mas que precisam ser lidos e refeitos sem que percamos os desafios, as ameaças e as possibilidades do presente.

Finalmente, se todas as profissões estão sempre expostas aos fluxos das experiências vividas, aos impactos e às promessas da infância, no magistério somos confrontados desde a mais tenra idade aos modelos educativos encarnados e vividos por mães, pais, babás, tias e todo o cortejo "dos mais crescidos ou dos mais poderosos", que exercem sobre nós funções educadoras.

Quando investidos na profissão de educadores, os problemas funcionam como detonadores de recordações que, se não forem acolhidas e ressignificadas, nos farão joguetes de velhas reações apreendidas e reiteradas por experiências acumuladas.

Num período como o nosso, em que a instituição escolar vem sendo obrigada a redefinir-se em face das transformações que tensionam toda a sociedade, produzindo sucessivas configurações sociais em que as organizações instituídas não só se confrontam, mas também se tornam invadidas pelos movimentos instituídos, é necessário, é imprescindível, que a escola conquiste uma autonomia para circunscrever o seu lugar social.

Essa apropriação de um território legitimado é, socialmente, uma elaboração de memórias menos hierárquicas e preconcebidas, para que possamos usufruir do desejo de uma escola mais brincante, mais aprendente, mais curiosa e mais companheira de tantos sonhos que insistentemente nos convidam a uma experiência social e escolar feita de includência, confiança e igualdade.

Enfim, para concluir, peço emprestadas as palavras de Manoel de Barros para desejar aos professores e às professoras que essa experiência de recordar se entrelace com o cultural, o épico, o político, o econômico, fundidos nessas tensões com que conservamos e recriamos as línguas e linguagens como artefatos políticos.

> Carrego meus primórdios num andor.
> Minha voz tem um vício de fontes.
> Eu queria avançar para o começo.
> Chegar ao criançamento das palavras.

## Referências bibliográficas


BENJAMIN, W. *Obras escolhidas I, II, III.* São Paulo: Brasiliense, 1993.

HUYSSEN, A. *Seduzidos pela memória.* Rio de Janeiro: Aeroplano, 2000.

MATURANA, H., VARELA, F. *De máquinas e seres vivos:* autopoiese – a organização do vivo. Porto Alegre: Artes Médicas, 1997.

______. *Cognição, ciência e vida cotidiana.* Belo Horizonte: Editora UFMG, 2001.

PRIGOGINE, I. *O nascimento do tempo.* Rio de Janeiro: Edições 70, 1991.

______. *O fim das certezas.* São Paulo: Editora UNESP, 2001.

# 11
# O ensino público e sua arquitetura em São Paulo: 1870-1930

*Silvia Ferreira Santos Wolff*

"Luz. Luz, muita luz."[1]

O conhecimento sobre as escolas paulistas da Primeira República estruturou-se em 1984 em torno de uma proposta conjunta das secretarias da Educação e da Cultura em busca da identificação e recuperação da rede física de edifícios escolares significativos do ponto de vista da preservação. Participei da equipe que tratou do tema e, posteriormente, aprofundei o assunto em minha dissertação de mestrado. É tema com o qual trabalhei há mais de dez anos, mas que vem ressurgindo nos últimos tempos.[2]

1 Caetano de Campos, diretor da Escola Normal, parafraseando as últimas palavras do poeta alemão Goethe (*Mehr Licht* – Mais Luz), em discurso de 1891, antecipando a eminente inauguração das novas instalações da instituição em um novo prédio na Praça da República, o que se deu em 1892. A frase tornou-se também a epígrafe da revista *A eschola moderna*, publicação organizada pelos professores da Escola Modelo ligada à Escola Normal no início do século XX.

2 O trabalho foi realizado nos anos 80 pela extinta Cia. de Construções Escolares (Conesp) e pelo Condephaat, órgão de preservação paulista que recentemente tombou o conjunto de 143 prédios identificados.

Sinto-me honrada em participar desse encontro de educadores, mas perguntei-me em alguns momentos que contribuição eu, arquiteta engajada na preservação de patrimônio cultural e professora de História da Arquitetura, poderia dar num encontro sobre a formação de professores.

Antes de mais nada, gostaria de lembrar que em minha dissertação de mestrado[3] fiz questão de homenagear minhas tias-avós Lucília, Maria e Carmem, que foram normalistas e professoras da rede pública em grupos escolares pelo interior do Estado por volta dos anos 40. Lembro-me do amor delas pela profissão e, especialmente, de Tia Lucília, defensora da importância do primeiro ano primário – aquele em que se cria, segundo ela, a atitude futura da criança em relação ao conhecimento –, dando aulas particulares em sua casa, mesmo depois de aposentar-se.

De qualquer modo, acho que é menos como educadora e mais como agente propagadora da preservação da memória que posso eventualmente contribuir neste encontro. Apresento aqui o que aprendi por meio do estudo da arquitetura das escolas públicas e também o que pude perceber sobre os antecedentes dos trabalhos dos atuais educadores, tendo como documento primordial o edifício.

O que posso contar é que houve um momento claro no Estado de São Paulo no qual a educação pública fundamental foi vista como prioridade e o projeto de educação básica para todos foi amplo o suficiente para resultar num grande universo de edifícios escolares, reconhecido recentemente como patrimônio preservado, tombado, ou seja, como significativo de uma etapa da história paulista que deve permanecer.

Esse momento é configurado logo no início do período republicano e estende-se por toda a República Velha.

No Império, houve algum esforço pela educação básica. Havia um setor da estrutura da província de São Paulo dedicada à instrução pública. Pude consultar os relatórios encaminhados semestralmente ao seu diretor pelos professores da cidade de São Paulo, então dividida em distritos.

Os professores, então, ministravam suas aulas na forma de ensino simultâneo em um único salão ou salinha, em imóveis alugados por eles mesmos. É evidente que tentassem gastar o mínimo nesses aluguéis de imóveis inadequados, equipados com um mobiliário público que consistia em algumas mesas e bancos contínuos. Os professores, em seus relatórios, queixa-

3 A dissertação de mestrado foi defendida em 1992 na Faculdade de Arquitetura e Urbanismo da USP sob o título Espaço e Educação: Os primeiros passos da arquitetura das escolas públicas paulistas. O trabalho tem previsão de publicação pela EDUSP.

vam-se muito da baixa frequência e das más condições de espaços. Entre as questões que apontavam para a evasão, estava o fato de os pais solicitarem as crianças para trabalhos e a falta de roupa e calçados. Ao mesmo tempo, é patente o isolamento em que viviam esses professores, as más condições das instalações e a precariedade material que cerceavam seu trabalho.

Em 1878, a Profa. Olympia Adelaide de Mendonça escreve em seu relatório:

> os seus pais, ou as pessoas que delas zelam parece que as matricularam somente por mero luxo.
> [os alunos] não comparecem não dando motivo.
> com exceção de uma senhora que se justificou ..., suas filhas ainda não tinham o vestuário preciso e decente para frequentar a escola ...

Em 1885, o Prof. Thomaz Bonsucesso Galhardo relata os problemas para instalar suas aulas:

> Primitivamente esteve esta escola estabelecida no pavimento térreo do edifício da Faculdade de Direito; depois, vendo-se obrigado o respectivo professor a mudá-la, estabeleceu-a, por falta absoluta de casa, no consistório da então em ruínas igreja de São Gonçalo. Pelo perigo constante que existia em conservarem-se os alunos, mormente em dias de chuvas e vento, dentro do edifício em ruínas, foi mudada para sala particular, vindo a funcionar hoje à Rua do Riachuelo n.3, onde se acha.
>
> Continuo a pedir a V. Ex.a. digne-se providenciar no sentido de ser designado lugar próprio para o funcionamento desta escola.
>
> Uma outra necessidade palpitante é a de móveis e utensis. Julgo que foi em 1846 que esta escola obteve provimento de móveis; e desde essa data até hoje, tem-se sucedido os professores, é verdade, mas os móveis, já completamente estragados e impróprios, nenhuma substituição obtiveram. Ainda quando os toscos móveis fornecidos em 1846 estiveram (*sic*) em bom estado, o que seria impossível, por-se-ia necessária a substituição deles por móveis modernos, como já os há nesta capital. (Arquivo do Estado)

Com relação ao mobiliário, vale notar que, no panorama internacional, já começavam a ser executadas carteiras e mesas escolares que buscassem respeitar a relação adequada entre suas dimensões e as proporções dos alunos. Conhecimento que só iria se refletir aqui no mobiliário a partir da instalação da Escola Normal da Praça da República, período republicano.

Em seus relatórios, os professores do Império limitavam-se sumariamente a listar os móveis e os "utensis" e, às vezes, a discorrer sobre as matérias ministradas – leitura, doutrina cristã, tabuada, quatro operações, leitura de sílabas, cursivo e bastardinho.

Para exercício de leitura e ditado, "as cartilhas" frequentemente citadas eram exemplares da Constituição do Império, da Bíblia e, vez por outra, algum livro efetivamente didático.

Alguns mais críticos, como o mesmo Prof. Thomaz Bonsucesso Galhardo, que em 1885 descrevera suas dificuldades para instalação, fizeram alguns anos antes, em 1879, considerações ácidas sobre o assunto:

> espalhar desarrazoadamente cadeiras por toda a província, provê-las em indivíduos, que são professores pela impossibilidade em que se acham de ocupar outros empregos, dar-lhes vencimentos insuficientes para as mais urgentes necessidades da vida, obrigando-os ainda a dar casas, e, nos povoados mais distantes, a comprar móveis e utensis, pode ser tudo, menos o cumprimento da promessa constitucional, porque o professor nestas condições não pode exercer o magistério, e improfícua se torna a despeza com ele feita. (Arquivo do Estado)

A julgar pelo relato satisfeito de um professor de uma escola particular instalada na Vila de Ubatuba no mesmo período, percebe-se que as expectativas não eram exageradas:

> simples e apropriada às condições do local ... consiste em mesas-carteiras para doze alunos cada uma, bancos com encosto ou sem ele, de madeira, estrado alto e mesa para professores ... Uma coleção de pequenas lousas para a prática, uma tábua preta para a exposição do professor e exercícios em plena aula, coleção com modelos do sistema métrico, compreendendo balança e um pequeno globo geográfico – eis em que se resume por ora o modesto arsenal de nossos utensílios para o ensino. (Silva, 1990, p.156)

A lendária diretora da Escola Caetano de Campos, Carolina Ribeiro (1994, p.99-117), resumiu muitos anos mais tarde sua visão sobre o assunto:

> Onde se instalavam as escolas? Geralmente, na casa do mestre, pequena sala com pouca luz e pouco ar; bancos compridos, mesas compridas desproporcionadas à estatura do aluno; tempo comprido que não acabava mais para a impaciência e fadiga dos alunos. Uma mesa para o professor, uma cadeira, um tinteiro, penas de pato, uma sineta, uma palmatória ou vara de marmelo...

Apenas em 1880 houve um movimento para a construção de escolas na cidade de São Paulo. Como resultado desse esforço, foram construídos apenas três prédios – térreos, com duas salas cada, já prevendo a separação dos alunos por sexo, prática que prevaleceria por toda a Primeira República.

Eram construções simples, mas que foram bem recebidas pela imprensa, que questionou, porém, a necessidade de pelo menos mais uma dúzia.

Nessa década, foram construídas na corte no Rio de Janeiro cerca de quatorze prédios, resultado de incentivo feito por D. Pedro II, que sugeriu que se destinasse a esse fim verba coletada junto à população para a construção de uma estátua em sua homenagem. De qualquer modo, tal destinação já indica que, embora a educação pública não fosse ainda um valor sequer para a população, estava começando a fazer parte do que hoje tem se chamado de "agenda" oficial.

O foco na educação pública intensifica-se, contudo, apenas no âmbito das transformações de ordem política. Em São Paulo, logo após a Proclamação da República em 1890, inicia-se a construção da Escola Normal da Praça da República, a depois famosa Caetano de Campos. Ao mesmo tempo também as obras de dois Grupos Escolares, o da Luz e o do Brás.

Paralelamente começam as construções de prédios escolares para grupos escolares no interior do Estado em cidades como Campinas, Santos, Araras, Ribeirão Preto, Limeira, São Carlos, Mogi Mirim e Itapira. Ao mesmo tempo, o Estado instala escolas em antigos casarões adaptados em cidades como Itu e Bananal. Ainda havia instalações precárias em casas adaptadas, mas o impulso evidente era para superação desse Estado com construções adequadas não apenas ao projeto educacional, mas à importância que se atribuía a esse projeto e à sua divulgação para o público em geral. Fazia parte do momento de instauração de uma nova ordem a valorização da educação pública.

A escolha do arquiteto para os primeiros projetos, Ramos de Azevedo, já é significativa da importância agora atribuída pelos políticos republicanos à educação. Esse arquiteto já vinha afirmando o que se tornaria a mais notável carreira como projetista e construtor de obras públicas e particulares das primeiras décadas do século XX. Apenas para ilustrar, são produto de seu escritório, além das primeiras escolas públicas, o Teatro Municipal, o Palácio das Indústrias, o Mercado Municipal, o Hospital de Alienados do Juquery, o Asilo dos Expostos no bairro do Pacaembu em São Paulo, estações de ferro em Campinas e Ribeirão Preto (duas das maiores cidades de então), além de nove entre dez casas das famílias de elite construídas naquele momento, especialmente na Rua São Luiz, no bairro de Campos Elísios e também na Avenida Paulista.

Para delineamento do projeto educacional republicano, recorreu-se sobretudo à estrutura francesa. A própria divisão das modalidades de ensino emprestava sua estrutura e o próprio nome da França: grupos escolares, que eram estabelecimentos que rompiam a precariedade do ensino simultâneo, introduzindo as classes seriadas de ensino progressivo para cada sexo. Assim como também tinha modelo francês a formação de bons professores, tema que constituiu grande preocupação dos republicanos e se dava nas escolas normais. Houve uma série de dez durante a Primeira República, chamadas de "os dez pilares da educação paulista".

A primeira delas foi a normal da capital ou da praça, a Caetano de Campos, nomeada em homenagem a seu primeiro diretor no período republicano. Essa escola reestruturou a escola normal existente no Império que funcionou, assim como as pequenas escolas de primeiras letras, precária e intermitentemente desde cerca de 1840.

Qual foi a arquitetura que permitiu a instalação do programa educacional republicano?

Também sem tradição local, quase apenas as iniciativas ocorridas na capital do Império no final do século XIX, para a definição de modelos para as construções de escolas recorreu-se à arquitetura escolar europeia.

Na França, era também recente, da década de 70 do século XIX, grande esforço de combate ao analfabetismo; como aqui, visto como atravancador do progresso da nação.

A arquitetura no final do século XIX em geral incorporava preceitos de higiene que pregavam arejamento, ventilação, insolação, circulação adequada e correta cubagem de ar. Aspectos incorporados na arquitetura escolar e que foram atentamente estudados pelos que projetaram a arquitetura escolar paulista – Ramos de Azevedo –, inclusive, como atestam vários títulos de sua biblioteca, até hoje preservada.

O que se deve destacar dessa arquitetura?

Durante a Primeira República a arquitetura teve de cumprir o papel de abrigar a função pedagógica, criar espaços adequados e ser um agente divulgador, comunicador de sua finalidade. O prédio escolar deveria explicitar que a educação era um valor em qualquer realidade urbana que se implantasse.

Desse modo, nota-se certa hierarquia nos tamanhos e na monumentalidade dos edifícios escolares, não apenas pela diferente demanda de alunos, por exemplo, entre a cidade de São Paulo e um pequeno município do interior, mas também pela da visibilidade que poderiam ter em contextos urbanos distintos. Em muitos municípios, o prédio escolar foi o primeiro e, por muito tempo, o único prédio público. Também o único construído de tijolos, moderno, em rua sem calçamento – daí sua evidência, a visibilidade de sua mensagem não depender de grandiosidade. Já na capital não apenas havia mais alunos, como também muitos bons prédios, daí recorrer-se à arquitetura mais imponente.

Orientando a ocupação desses espaços havia a proposta pedagógica. Qual era o programa? Que espaços tinha um prédio escolar?

Os grupos escolares tinham salas de aula – oito ou dez (dependendo do momento da legislação que previu inicialmente cinco séries e depois quatro anos para o ensino fundamental). Metade das salas existentes destinava-se a cada sexo.

A segregação dos espaços por sexos era total em todo o período de permanência na escola, inclusive no recreio, que era feito em um pátio dividido por muro, recurso que persistiu, pelo menos, até os anos 40. Às vezes, até a escada era dividida por parede, mas comumente destinava-se uma ala, ou um pavimento, para cada sexo.

Além das salas, havia apenas um espaço para diretor, um para professores e um ou dois depósitos. Os sanitários, nos municípios do interior, por muito tempo localizaram-se fora dos prédios, em instalações aos fundos dos terrenos. Devemos lembrar a inexistência de redes públicas de água e esgoto e o uso recorrente de fossas, fator que induzia construções mais simples e baratas. Além do pátio aberto, havia também um galpão coberto para atividades fora das salas de aula.

O ensino fundamental teve ainda as escolas chamadas "reunidas" que, instaladas em municípios menores, ministravam o ensino simultâneo. Eram pequenos prédios com apenas duas ou quatro salas de aula, em que os professores eram responsáveis por todo o estabelecimento que não previa a figura de um diretor.

As escolas normais tinham um programa mais completo. Além das salas de aula e dos espaços administrativos, por vezes, havia salas especiais como laboratórios e, sempre, bibliotecas e auditórios, espaços cuidados e bem trabalhados que atendiam também à comunidade.

Houve apenas três ginásios responsáveis pela educação secundária, não vista como prioritária na educação pública em toda a Primeira República. Também esses prédios, semelhantes aos grandes grupos da capital, tiveram instalação mais elaborada de cujo programa faziam parte laboratórios e anfiteatros.

A pouca ênfase no ensino secundário, refletida na quantidade de estabelecimentos, tinha uma matriz ideológica. O ensino previsto, tendo como modelo o afamado Imperial Colégio Pedro II no Rio de Janeiro ou Ginásio Culto à Ciência de Campinas – inaugurado também no Império por iniciativa de membros da elite política e agrícola –, era considerado elitista. Ensinava-se ciências, letras clássicas, literatura, astronomia... O que se pretendia ensinar à população em geral era a ler e contar.

Por fim, as escolas profissionais compõem a última modalidade em que se estruturou o ensino público básico de então. Houve poucas, mas as escolas profissionais da cidade de São Paulo, localizadas no Brás, elucidam esse processo. Houve a feminina e a masculina e há quem as tenha estudado em profundidade.

A localização das duas no Brás já diz respeito ao projeto e à captação do público – o Brás era um importante e populoso bairro operário. Ali moravam e trabalhavam os trabalhadores – natural formá-los profissionalmente ali mesmo. A escola feminina não exigiu instalações especiais para ensinar profissões femininas ligadas a costura, fatura de chapéus, flores artificiais etc. Seu prédio, de fachada grandiosa, assemelha-se do ponto de vista de seu espaço ao de um grande grupo escolar da cidade.

Já a Escola Profissional Masculina, cujo prédio original ainda existe, infelizmente muito modificado, onde se ensinavam profissões ligadas a marcenaria e metalurgia, tinha amplos salões de pé-direito alto, lembrando os espaços fabris e as oficinas para as quais se destinavam seus alunos depois de formados, belos e amplos espaços distintos das salas de aula onde se ensinava a ler e contar.

Para a instalação de todo esse universo que corresponde a cerca de 150 prédios construídos entre 1890 e 1929, recorreu-se com o tempo a projetos padronizados. Uma solução moderna e eficiente que faz que haja prédios iguais em Limeira, São Carlos, Campinas, Espírito Santo do Pinhal, Mococa, Iguape, Piracicaba e Botucatu. Essa foi uma maneira de diminuir custos de projeto arquitetônico e de disseminar soluções espaciais comprovadamente acertadas.

O que se pôde depreender do estudo das condições dos espaços para o ensino no Império e na Primeira República em São Paulo é que, a partir de um estado indigente de quase descaso, chegou-se a realizar sérios investimentos na rede física. Esses esforços resultaram em uma rede arquitetonicamente bem equipada à qual correspondeu, no plano educacional, um ensino público de excelente qualidade no Estado de São Paulo. Estudei as escolas construídas até 1930, elas ainda aí estão, quase todas em pleno uso, a lembrar-nos um momento em que o interesse político pela educação teve resultados concretos e duradouros.

## Referências bibliográficas

ARQUIVO DO ESTADO. Seção de manuscritos. Ofícios diversos. Cx. 4930.

RIBEIRO, C. *O ensino através da história*. São Paulo: Gráfica Municipal, 1954.

SILVA, J. D. E. da. A escola noturna do Ateneu Ubatubense: breves notícias. In: MARTINS, A. L. *Gabinetes de leitura da Província de São Paulo:* a pluralidade de um espaço esquecido. São Paulo, 1990. Dissertação (Mestrado em História) – Faculdade de Filosofia, Letras e Ciências Humanas, Universidade de São Paulo.

# 12
# Cultura docente e política educacional: os ciclos escolares em debate

*Alda Junqueira Marin*

> Verdade seja dita: o poder tem
> artimanhas das quais ninguém escapa.
> O poder não ouve. O poder fala.
> (Paiva, 1998)

A presença das reformas, inovações e mudanças propostas à educação não é uma face do Estado brasileiro apenas nas últimas décadas do século XX, em diferentes faixas da escolaridade. Para só focalizarmos as propostas à escola pública, é possível apontar que as preocupações com a escola primária, secundária e superior se sucederam em âmbitos regionais (Nagle, 1974), gradativamente passando a conviver com as de âmbito mais amplo por meio de regulamentações e propostas nacionais e, até mesmo, sob influência de outros países, sobretudo da metade do século passado para o seu final (Torres, 2000; Warde & Carvalho, 1998). É possível dizer que tais movimentos têm duração secular e cíclica com ênfases crescentes sobre necessidades de mudanças na formação de professores e proposições de alterações de práticas internas às escolas, sobretudo quando se trata de séries iniciais de educação fundamental.

Tais movimentos constantes, de busca de alterações na vida das escolas, pautam-se por exercício de críticas e apropriações delas. São críticas realizadas em âmbitos diversos sobre a instituição escolar – em que se destacam as abordagens sobre os professores –, acompanhadas de teorizações pedagógicas, as quais, quando são apropriadas (?) pelas autoridades, podem transformar-se – e vêm se transformando – em bases para políticas voltadas à atuação desses profissionais.

As análises de tais movimentos, sua avaliação e a verificação dos impactos quanto aos resultados foram, no entanto, pouco frequentes ao longo do mesmo período, de modo que possamos ter grandes conjuntos de informações sobre as reações das instituições submetidas a tais regulamentações. O movimento analítico sobre escolas cresceu ao longo do século XX com destaque para as três últimas décadas, quando diversos setores de pesquisa tomaram as escolas como foco de estudo para compreender as realidades, suas relações, aí incluindo alguns estudos sobre as influências que as ações políticas pretendem, ou pretenderam, ter no interior dessas instituições, tanto no Brasil quanto em outros países, abordando períodos recuados da história ou épocas mais recentes (Julia, 2001; Torres, 2000; Paiva, 1998; Warde & Carvalho, 2000, entre outros).

Instigados por questões relacionadas a tais focos, temos investigado conjunto de medidas que incidem sobre a realidade recente a partir do dia a dia das escolas, sobretudo junto a professores, destinatários privilegiados de diversas propostas, e responsabilizados diretamente pelos sucessos ou fracassos destas (Dias-da-Silva, 1998). Temos tido a intenção de focalizar escolas, interrogando-as quanto aos seus movimentos próprios, às reações de seus atores ante o que deles se exige. Buscamos interpretar tais realidades com apoio das ciências sociais. Tem-se falado muito das políticas educacionais, de mudança educativa, temos análises sobre propostas político-educativas, as quais são contribuições – quanto a isso não há dúvidas –, porém concordo com Azanha (1995) e Torres (2000) quando dizem que sabemos pouco sobre como operam as escolas, em que condições e em que direção se dão as referidas mudanças e reformas, com escassa dedicação a aspectos qualitativos e indicadores do interior das escolas e de todos os que ali trabalham.

Há muitos anos, em texto original de 1952, Linton (1980, p.101) fez uma afirmação que pode nos auxiliar a compreender a situação vivida pelos professores: "a compreensão do papel duplo dos indivíduos, como indivíduos e como unidades sociais, nos dá a chave de muitos problemas que perturbam os estudiosos do comportamento humano". É nesse embate entre a ênfase nos padrões culturais impostos aos professores como unidades sociais na instituição escolar e a (in)apropriação pelos mesmos professores – indivíduos dotados de vontade própria e inteligência –, que atribuem significados às situações de reformas, que este texto caminha, buscando ampliar a compreensão sobre os professores. Nada melhor, então, do que ter em conta a experiência de vida e profissional dos professores como base de dados para compreender a cultura docente ante tais alterações propostas por meio de suas perspectivas, assim como das condições em que ocorrem. Neste capítulo, a ênfase está na primeira chave de análise, ou seja, as perspectivas sobre e dos professores numa aproximação a esse conjunto de dados.

São retomados alguns dados com base na pesquisa em que estive envolvida nos últimos anos, com o universo empírico constituído por instituições públicas de ensino fundamental correspondendo aos oito anos de escolaridade obrigatória. São estudos vinculados a dois projetos, um deles desenvolvido no período de 1996 a 2000 e outro em andamento, ambos de natureza coletiva.[1] Estão destacados aqui, sobretudo, dados relativos às professoras das séries iniciais da escolarização, as professoras polivalentes ou professoras primárias.

## Recuperando alguns antecedentes

Há muito tempo, a atividade docente vem sendo desenvolvida no interior de escolas, na direção de que essa instituição exerça sua tríplice função de distribuir o alunado mediante gradativa seletividade, educá-los transmitindo um conjunto de saberes e integrá-los aos esquemas, normas e padrões sociais valorizados (Pérez Gómez, 2001).

Essa visão mais abrangente das funções da escola por meio da atuação fundamental de professores só veio a ficar evidenciada com os estudos iniciados desde décadas anteriores (Waller, 1961; Parsons, 1959; Pereira, 1963; entre outros), mas culminando com o movimento crítico da Nova Sociologia da Educação, cujo marco é o ano de 1971 (Forquin, 1997; Young, 1971). Com

1 Trata-se, respectivamente, de pesquisa realizada em Araraquara, SP, com financiamentos parciais da Fapesp e CNPq (cf. Marin et al., 2000), e de outro projeto denominado "Escola: entre saberes, professores e alunos", em desenvolvimento no Programa de Estudos Pós-Graduados em Educação: História, Política, Sociedade da PUC, em São Paulo, ao abrigo do qual diversas dissertações e teses vêm sendo realizadas com financiamento do CNPq e da Capes.

estudos realizados sobretudo na área do currículo, iniciou-se um processo investigativo para desnudar a escola, disseminando-se por vários países (Apple, 1986; Mendes, 1997). O saldo de informações que se tem sobre a escola ainda é diminuto, apesar da dedicação de estudos sobre ela, ante o que ainda não sabemos. No entanto – este o destaque aqui –, é possível pensar que, se a escola cumpre tais funções com o alunado, cumpriu com os professores, que passaram por tais processos, inclusive nos cursos e ações de formação.

Esse destaque justifica-se aqui pelo elemento teórico norteador da análise, qual seja, a situação escolar que tanto vem sendo criticada, mas mantém-se, conforme nossa interpretação, pela cultura do vivido: "a saturação do hábito, da experiência, dos modos de ver, sendo continuamente renovada em todas as etapas da vida, desde a infância, sob pressões definidas e no interior de significados definidos", como escrevia Williams (1997) em 1975, em Londres, a propósito da conformação cultural dos indivíduos.

É com base nessa cultura do vivido que os indivíduos, em geral, atuam nas sociedades, incluindo os professores. É, também, sobre esses modos de atuar dos professores que incidem as críticas e as teorizações das quais inúmeros segmentos se apropriam para, em seguida, propor medidas para sua alteração. Pensando nisso, passo às questões dos ciclos escolares, progressão contínua e promoção automática como propostas, pois elas têm repercussões diretas sobre a organização das escolas, mas desdobramentos pesados sobre a atuação dos professores.

A recuperação das ideias antecedentes ao sistema de ciclos implantado de modo mais genérico na última década nos permite verificar que os primórdios da proposta estão nos anos 20 do século passado, tendo sido (a proposta) retomada em vários momentos subsequentes.

Os anos iniciais da proposição – e até os últimos debates das décadas de 1980 e 1990 – ocorreram sobretudo em função de questões ligadas à repetência nas diversas séries da escolaridade com destaque para as séries iniciais. A análise crítica aceita, apropriada pelas autoridades educacionais, veio seguida de proposta de reorganização com bases em redistribuição do tempo para turmas de alunos, de modo a poder, por exemplo, alfabetizar todas as crianças no período considerado como de idade escolar. Desde a década de 1920, essa ênfase foi posta na dedicação do professor em fazer bem o seu trabalho, pois apenas os "anormais" não teriam condições de aprender a ler e a escrever em um ano letivo (Dória, 1923).

Nos anos 50, o debate foi retomado e diversos aspectos acrescentados à proposta inicial a partir da crítica, novamente realizada, sobre a evasão e a repetência escolares, destacando-se as diversas consequências para as crianças, suas famílias, os gastos financeiros para o Estado apontando a promoção automática como alternativa. Prós e contras às medidas (Almeida Júnior, 1957; Pereira, 1958; Moreira, 1960; Leite, 1959) nos levam a diferentes argumentos e pontos articulados de crítica e proposta incidindo sobre questões centrais de aprovação/reprovação, repetência, evasão, sistema de recompensas e castigos com parte de responsabilização da atuação dos professores. Senão vejamos alguns itens:

Críticas

- professor não presta/o ano não foi aproveitado com inteligência e dedicação;
- a escola exige padrões rígidos para promoção dos alunos/avaliação e ensino tradicionais;
- ensino simultâneo a toda a classe é prejudicial;
- programas predefinidos e graduais conforme cada série, pré-requisitos, classificação por rendimento;
- críticas à série e a seu tempo.

Proposta

- mestre tem que cumprir o seu dever;
- mudar critérios de promoção/dar estímulos favoráveis/substituir exames tradicionais por verificações frequentes;
- subdividir a classe em subclasses/ênfase nos aspectos de desenvolvimento;
- quebra de ridigez de programação, sequência de aprendizagem a partir do alunado;
- criação de ciclos maiores.

Esses exemplos das décadas de 1920 e 1950 pautam-se por argumentos pedagógicos, psicológicos, econômicos que vêm sendo retomados continuamente nas décadas de 1960, 1970, 1980, 1990 e dão uma amostra dos claros enfrentamentos culturais das escolas, pois as teorizações críticas são apropriadas por segmentos do campo educacional, assim como as apropriações das teorias pedagógicas e passagens às propostas também ocorrem em diferentes segmentos do campo educativo. Se seguirmos as propostas, reverter toda a cultura do vivido significa admitir que vários aspectos – se não todos os aspectos de nossa experiência docente – devem ser derrotados e substituídos. Aliás, há vários autores que já vêm apontando a crença messiânica dos reformadores da educação de que é possível uma ruptura mais ou menos completa com as práticas existentes em prol das desejadas (Viñao Frago, 1996) e a tendência da tentação "totalitára" dos textos normativos ou projetos pedagógicos (Julia, 2001). No entanto, há considerações sérias a levarmos em conta, pois Viñao Frago (1996) aponta-nos que a análise da realidade escolar cotidiana implica a focalização das propostas de reformas e da legislação de perspectivas distintas. Para ele, a teoria, a legalidade e as práticas não coincidem, embora se interpenetrem. Assim, nos estudos é necessário ter presente que há a perspectiva teórica (analítica ou propositiva), a legal (normas, documentos legais) e a escolar, ou seja, o que ocorre nos sistemas escolares e nas escolas.

## Como reagem as escolas e os professores?

Compreender melhor os processos decorrentes de propostas feitas às escolas significa compreender melhor a complexidade das soluções criadas em face das imposições mediante a heterogeneidade das escolas, a heterogeneidade dos processos de apropriação perante as reformas que vão alterando – ou não – as práticas docentes, e em que direção caminham as mudanças quando existem.

Alguns exemplos permitem apontar, de início, que a escola se movimenta diante das propostas de ciclos.

Em Curitiba, por exemplo, escolas criaram o contraturno para alunos com dificuldade de acompanhar a classe, a figura da professora corregente que entra na sala de aula e atua com crianças que precisam de atendimento individualizado dentro ou fora da sala. Uma escola criou turma experimental para trabalhar separadamente as crianças que depois voltam para a classe de origem (Knoblauch, 2003; Ferreira, 2001); no interior de São Paulo, uma prática de rodízio mobiliza os melhores professores de cada matéria para dar o reforço (Guilherme, 2002).

Em São Paulo, nas escolas investigadas, os planos escolares formalmente respondem a tudo o que se espera dos órgãos superiores, com uma perspectiva burocrática, um discurso de acordo com o esperado, porém não apontam e não trabalham com os problemas reais da escola (Oliveira, 2003; Yacovenco, 2003).

Do mesmo modo, algumas redes e até escolas individuais criaram novas formas de registro para avaliação dos alunos, porém sua utilização é burocratizada e permanecem formas tradicionais de avaliar e classificar os alunos (Knoblauch, 2003).

Certas formas tradicionais de organização permanecem, mas com nomenclaturas alteradas, como é o caso das classificações das turmas. No sistema seriado, tínhamos uma forma de classificar por letras ou números de certo modo identificando as condições de rendimento escolar dos alunos (1ª série A, B, C e assim por diante). Agora temos a 2ª com programação de 1ª, a 3ª com programação de 2ª, e assim por diante (Marin, 2000, 2002). Como se percebe, há alterações no modo de se referir à turma, porém permanece o sistema classificatório do alunado; talvez até pudéssemos perceber a ideia de continuidade que não é, de fato, norteadora da medida organizativa.

Outro aspecto da movimentação reorganizadora da escola é a relativa ao remanejamento de alunos, que ganha novos contornos e princípios. Anteriormente ao regime de progressão continuada e de ciclos escolares, as escolas remanejavam os alunos de uma turma para outra dentro de uma mesma série buscando a homogeneização das turmas. Com a implantação dos ciclos, o remanejamento ocorre na mesma direção, ainda, de atender a certos requisitos, porém com vetor invertido matriculando o aluno em uma série e fazendo que curse outra, anterior, como matriculá-lo na 5ª série e cursar a 3ª (Guilherme, 2002).

Esses são exemplos de movimentos que as escolas fazem. No entanto, a maioria deles diz respeito a ações de organização, criações externas às salas de aula numa configuração da manutenção da cultura centrífuga e homogeneizadora (Ferreira, 2002), ou seja, a cristalização adaptada das práticas de retirada da sala de aula das crianças que não aprendem e que voltam quando se tornaram mais "iguais" às demais.

Até agora, os estudos vêm demonstrando que os ciclos não se implantaram do modo esperado no que diz respeito à organização das escolas; o que continuamos a ter são as séries ou, quando muito, anos escolares coincidentes com o ano civil, incluindo os processos de controle de matrículas e toda a organização e funcionamento das escolas, mesmo nas redes que já têm dez anos ou mais de proposição (Rédua, 2003; Carvalho, 2003).

Quanto aos professores, as reações são diversificadas – como não poderia deixar de ser –, mas é possível apontar alguns eixos aglutinadores.

Analisando os dados das pesquisas, é possível dizer que há professores com sinais de apropriação adequada, pois

- reconhecem a possibilidade de um trabalho mais positivo e têm um empenho verdadeiro para auxiliar os alunos a superarem as dificuldades;
- apropriaram-se da ideia de que é necessário um trabalho mais processual, relatam casos de crianças que, de fato, se saíram melhor no ano subsequente;
- reconhecem a possibilidade de realizar um trabalho baseado na aprendizagem dos alunos e não obediência cega a uma lista rígida de conteúdos a

serem trabalhados em cada série e buscam ir com mais calma na sequência das atividades.

mudanças aparentes e, também, apropriações defasadas, pois

- utilizam modos de organização espacial dos alunos nas salas não mais em fileiras, mas em grupos ou duplas, embora estes precisem continuar acompanhando os professores na frente da classe para comandar as atividades ou uso da lousa;
- apontam a necessidade de mudança da "cabeça" dos professores – em geral referindo-se a um outro, a cabeça de um professor abstrato –, não se incluindo nesse processo;
- reconhecem a possibilidade de mudança, mas defendem a necessidade de reprovação em alguns casos, assim como a validade de premiar os que se saem bem;
- calam-se, fazem de conta que alteram suas condutas, mas não buscam alternativas ante questões anteriores que ganham novas formas e se intensificam.

reações adversas às propostas e/ou apropriações distorcidas, pois

- manifestam-se preocupados com a falta de punição e com a necessidade de os alunos serem aprovados sem domínio dos conteúdos previstos;
- entendem os ciclos e a progressão continuada como organização e regime de promoção automática ocasionadora de indisciplina e perda de controle por parte do professor em relação às turmas de alunos;
- conceituam o ensino como um processo defasado, decorrente da falta de cobrança tanto da parte da escola quanto da família;
- apontam posições frequentes nas escolas em que os interesses e necessidades ante o proposto não são debatidos e pelo fato de que os problemas não são identificados, seja em situações individuais seja nas coletivas;
- não compreendem o conjunto do processo, pois não sabem trabalhar em novas bases;
- continuam dando explicações aos problemas com os argumentos da falta de saúde, imaturidade, desinteresse das crianças e problemas familiares;
- apontam cumprimento de orientações de direção de escola que induz os professores a "azularem" a nota e/ou atribuir qualquer valor aos alunos numa clara intensificação do processo de tolerância;
- dizem claramente (alguns) que a proposta é 100% viável no papel, e outros apontam ser "coisa do governo" para acabar com os números de repetência de modo a mostrar a organismos externos e órgãos de financiamento.

## Algumas considerações

As escolas, como instituições, reagem por meio de práticas daqueles que as põem em movimento. Nesse sentido, elas têm formas peculiares de reagir, diferentes de outras instituições sociais. Ainda que verifiquemos que as escolas, aqui rapidamente abordadas, apresentem práticas diferençadas, elas estavam, ou estão, reagindo na direção de apresentar algumas alterações: cuidam da recuperação dos alunos, aceitam parcialmente as mudanças ou as rejeitam quase completamente, recaracterizam certas práticas.

A escola silencia, no entanto, quanto a ações que atinjam os professores em sala de aula, na lida com o processo educativo de modo abrangente. Assim, as pesquisas vão permitindo obter informações sobre as dificuldades dos professores em efetivar modificações profundas implicadas na implantação dos ciclos e progressão continuada, pois são aspectos centrais da cultura docente expressos por suas práticas:

- atender à heterogeneidade característica das turmas;
- saber trabalhar com outros meios diferentes quando comparado ao ensino simultâneo a todas as crianças, dando as mesmas atividades, usar a lousa;
- ter pontos de partida e de chegada quanto aos conteúdos a serem ensinados e aprendidos, pois são as balizas de seu trabalho;
- alterar a referência da organização da escola quanto às sequências dos conteúdos e do grau de facilidade/dificuldade das tarefas;
- encontrar novos modos de realizar avaliações não classificatórias, novos modos de corrigir as atividades e tarefas, selecionar o que premiar ou castigar;
- ter acesso a novos modos de vigilância e controle dos alunos, fazer o acompanhamento do cumprimento das ordens;
- atuar em acordo com outros fundamentos e ter argumentos teóricos para compreender as alterações.

Ainda que possa haver um conjunto de outros elementos de mudança na escola (organização de turmas, atribuição de aulas) e fora dela (livros didáticos para escola seriada, por exemplo), as mudanças para efetivar os ciclos e a progressão continuada recaem pesadamente sobre os professores, desde o planejamento de seu trabalho até a avaliação final dos alunos e do trabalho realizado com eles.

Assim, os estudos relativos à vida interna das escolas vêm permitindo a identificação de traços de modos de operar no desempenho da tarefa educativa diante da proposta de implantação da política de ciclos.

Esses traços se explicitam pela detecção de processos diversos no movimento de apropriação da crítica e da medida decorrente para superar os pontos criticados. Desde 1976, Nagle (1976) já apontava a diferença de estatuto da pesquisa e da proposição e atuação prática, ponto retomado por Charlot (2002). Penso que cada vez mais esse encaminhamento vai se configurando nas análises, principalmente porque a apropriação e sua disseminação se dão por meio de múltiplos filtros do campo moral presentes na cultura. A apropriação das críticas nunca é integral, ela é sempre fragmentária, como também o é a passagem de ideias oriundas da teorização para a proposição dos reformadores. E nem sempre os elementos de seletividade são explícitos.

A legislação, portanto, é sempre feita com base em um segmento do campo educacional (ensaísmo, experimentação, análises) e/ou de segmentos sociais (economia, administração) articuladamente para superar os problemas.

Do mesmo modo, há filtros na passagem da esfera legal para as práticas de sistema e da sala de aula, sofrendo processos diversificados.

Há, portanto, uma pluralidade de reações e processos no trânsito que vai da teorização até a apropriação de ideias e práticas na ponta do processo educativo, em que os professores são apenas uma parcela pressionada de forma diversa.

Há forte tensão entre interesses, expectativas e necessidades pessoais e profissionais que sofrem embate em face do que é exigido dos professores. Há uma situação de confronto total entre o que a escola fez e exigiu de professores há mais de um século – para só falar no Brasil – e que, de repente, precisa ser alterado, como por um passe de mágica. O problema docente – sempre colocado pelas reformas como um empecilho – não é propriamente docente, só. As reformas são a-históricas, como diz Julia (2001), constituindo projetos com visão idílica.

Os estudos vêm permitindo, portanto, a identificação de traços de submissão e adaptação no desempenho da função docente diante da proposta de implantação de ciclos, caracterizados de forma diversa na realidade escolar. A submissão e adaptação às exigências que vêm do sistema escolar para cada escola, em particular para que os professores as cumpram, assumem forma plural não só na mesma escola, como também em escolas diversas, a despeito da tentativa das medidas homogeneizadoras. Tais facetas plurais decorrem da singularidade e, ao mesmo tempo, da regularidade social e cultural de cada escola e de cada professor.

E então é possível entender que haja restrições, tensões, resistências, até por questão de sobrevivência diante da desordem e da anomia que se criam em uma situação como essa de alteração súbita em eixos fundamentais da instituição.

Volto aí à epígrafe: de fato, o poder tem artimanhas das quais ninguém escapa, até para que cada um crie suas artimanhas, e possamos chegar à condição de que o poder, de fato, ouça, pois muitos de nós, entre eles os professores, não se reconhecem no que se fala mesmo quando dito que fomos, e foram, consultados.

## Referências bibliográficas


ALMEIDA JUNIOR, A. F. Repetência ou promoção automática? *Revista Brasileira de Estudos Pedagógicos*, v.27, n.65, p.3-15, 1957.

APPLE, M. *Ideologia e currículo*. São Paulo: Brasiliense, 1986.

AZANHA, J. M. P. *Educação*: temas polêmicos. São Paulo: Martins Fontes, 1995.

CARVALHO, R. P. *Práticas de professores de História do 1º ano:* Ciclo II em relação a facetas da cultura escolar. São Paulo, 2003. Dissertação (Mestrado) – Pontifícia Universidade Católica de São Paulo.

CHARLOT, B. Formação de professores: a pesquisa e a política educacional. In: PIMENTA, S. G., GHEDIN, E. (Org.) *Professor reflexivo no Brasil*: gênese e crítica de um conceito. São Paulo: Cortez, 2002. p.89-108.

DIAS-DA-SILVA, M. H. F. O professor e seu desenvolvimento profissional: superando a concepção do algoz incompetente. *Cadernos Cedes*, ano XIX, n.44, p.33-45, 1998.

DÓRIA, S. *Questões de ensino*. São Paulo: Monteiro Lobato & Cia. Editores, 1923. v.1.

FERREIRA, V. M. *Escola em movimento*. A reelaboração da prática pedagógica na implementação da política de ciclo básico de alfabetização do estado do Paraná. São Paulo, 2001. Dissertação (Mestrado) – Pontifícia Universidade Católica de São Paulo.

______. A organização do trabalho pedagógico em escolas cicladas: ainda uma lógica "centrífuga-homogeneizadora". In: SAMPAIO, M. F. M. *O cotidiano escolar face às políticas educacionais*. Araraquara: JM Editora, 2002. p.127-42.

FORQUIN, J. C. *Les sociologues de l'education américains et brittaniques*. Paris: Bruxeles, De Boeck & Larcier, 1997.

GUILHERME, C. C. F. *A progressão continuada e a inteligência das professoras*. Araraquara, 2002. Tese (Doutorado) – Faculdade de Ciências e Letras, Universidade Estadual Paulista.

JULIA, D. A cultura escolar como objeto histórico. *Revista Brasileira de História da Educação*, n.1, p.9-43, 2001.

KNOBLAUCH, A. *A avaliação de alunos na implantação da proposta de ciclos de aprendizagem no município de Curitiba à luz da cultura escolar*. São Paulo, 2003. Dissertação (Mestrado) – Pontifícia Universidade Católica de São Paulo.

LEITE, D. M. Promoção automática e adequação do currículo ao desenvolvimento do aluno. *Pesquisa e planejamento*, v.3, p.15-34, 1959.

LINTON, R. O indivíduo, a cultura e a sociedade. In: CARDOSO, F. H., IANNI, O. *Homem e sociedade*. São Paulo: Ed. Nacional, 1980.

MARIN, A. J. et al. Desenvolvimento profissional docente e transformações na escola. *Pro-posições*, v.11, n.1, p.15-24, 2000.

______. Escolas e regras: a avaliação em foco. In: RAFHAEL, H. S., CARRARA, K. (Org.) *Avaliação sob exame*. Campinas: Autores Associados, 2002.

MENDES, M. V. *A incorporação da "Nova Sociologia da Educação" pela literatura da educação escolar brasileira – 1970-1995*. São Paulo, 1997. Dissertação (Mestrado) – Pontifícia Universidade Católica de São Paulo.

MOREIRA, R. J. O ensino primário paulista. *Revista Brasileira de Estudos Pedagógicos*, v.34, n.80, p.219-31, 1960.

NAGLE, J. *Educação e sociedade na primeira república*. São Paulo, Rio de Janeiro: Editora Pedagógica e Universitária, Fundação Nacional de Material Escolar, 1974.

______. Discurso pedagógico: uma introdução. In: ______ (Org.) *Educação e linguagem*. São Paulo: Edart, 1976. p.11-42.

OLIVEIRA, T. F. M. *Escola, cultura do ideal e do amoldamento*. São Paulo: Iglu, 2003.

PAIVA, V. Pesquisa educacional e decisão política. In: WARDE, M. J. (Org.) *Novas políticas educacionais:* críticas e perspectivas. São Paulo: PUC, 1998. p.125-38.

PARSONS, T. The school as a social system: some of its functions in american society. *Harvard Educational Review*, v.29, n.4, p.297-318, 1959.

PEREIRA, L. Promoção automática na escola primária. *Revista Brasileira de Estudos Pedagógicos*, v.30, n.72, p.105-7, 1958.

______. *O professor primário metropolitano*. Rio de Janeiro: MEC, Inep, Centro Brasileiro de Pesquisas Educacionais, 1963.

PÉREZ GÓMEZ, A. I. *Cultura escolar na sociedade neoliberal*. Porto Alegre: Artmed, 2001.

RÉDUA, M. M. *A organização do ensino em ciclos e as práticas escolares:* investigação em uma escola da rede municipal de São Paulo. São Paulo, 2003. Dissertação (Mestrado) – Pontifícia Universidade Católica de São Paulo.

TORRES, R. M. Reformadores y docentes: el cambio educativo atrapado entre los lógicas. In: Convenio Andres Bello/Cooperativa del Magisterio de Colombia. *Los docentes, protagonistas del cambio educativo*. Bogotá, 2000. Disponível em: <www.reformadores.com.br>. Acesso em: 23 nov. 2001.

VIÑAO FRAGO. *Por una historia de la cultura escolar*: enfoques, cuestiones, fuentes. In: CONGRESO DE LA ASOCIACIÓN DE HISTORIA CONTEMPORÁNEA, 3, Valladolid. 1996. p.167-83.

WALLER, W. *The Sociology of Teaching*. New York: Russell & Russell, 1961.

WARDE, M. J., CARVALHO, M. M. Política e cultura na produção da história da educação no Brasil. *Contemporaneidade e Educação*, n.7, 2000.

WILLIAMS, R. Você é marxista, não é? *Praga – Revista de Estudos marxistas*, n.2, p.123-33. 2000.

YACOVENCO, M. A. *As concepções pedagógicas que configuram a prática docente de professoras alfabetizadoras no 1º ano escolar*. Araraquara, 2003. Dissertação (Mestrado) – Faculdade de Ciências e Letras, Universidade Estadual Paulista.

YOUNG, M. *Knowledge and control*. London: Macmillan, 1971.

# 13
# Prática reflexiva: ponto de chegada ou ponto de partida na formação do professor?

*Maria Inês Marcondes*
*Maria de Lourdes Tura*

## Introdução

Neste capítulo, parto da ideia básica de que o conhecimento da realidade escolar, por meio da pesquisa, levanta questionamentos que podem servir de ponto de partida para uma ação pedagógica mais crítica e comprometida com um ensino de qualidade para as camadas mais pobres da população, desde o estágio de prática de ensino nos cursos de formação de professores. Essa ação visa buscar soluções alternativas para os dilemas enfrentados por professores da rede e estagiários nas escolas públicas, em especial o fracasso escolar. O texto está dividido em três partes.

Na primeira parte, apresento alguns dados de pesquisa que vem sendo realizada por Tura & Marcondes (2001, 2002), que enfoca "Os professores e as dimensões culturais dos conhecimentos escolares", que nos ofereceram subsídios para repensar a disciplina Prática de Ensino no curso de pedagogia da PUC do Rio de Janeiro. Na segunda parte, apresento como, tendo por base essas inquietações básicas da pesquisa, desencadeamos modificações na disciplina na qual utilizamos abordagem da prática reflexiva. Na terceira parte, apresento algumas considerações importantes para o prosseguimento do trabalho.

## A pesquisa levantando inquietações para a prática de ensino[1]

A investigação de Tura e Marcondes iniciada em 2001 teve como sujeitos um grupo de 127 docentes que frequentam um curso de formação de professores em nível superior. O referido curso se beneficia do fato de as alunas serem professoras regentes de turmas das séries iniciais do ensino fundamental na cidade do Rio de Janeiro, que, portanto, têm a oportunidade de refletir sobre sua prática pedagógica na universidade em contato com novas abordagens teóricas e pesquisas realizadas.

As informações da pesquisa, apresentadas neste capítulo, foram obtidas mediante questionário e entrevistas semiestruturadas. A análise do material coletado no questionário foi feita da seguinte forma: as perguntas abertas foram analisadas segundo estratégia que possibilita a condensação dos diferentes elementos da enunciação, em um sistema de classificação que parte de critérios de proximidade semântica (Bardin, 1979), e as perguntas fechadas foram tabuladas e analisadas por meio de tratamento estatístico. Entrevistaram-se vinte professoras seguindo um roteiro semiestruturado que permitia a expressão livre do entrevistado sobre os diferentes temas e possibilitava também, se fosse o caso, a abordagem de outros temas relacionados à temática tratada.

O grupo pesquisado tem as seguintes características: 100% são do sexo feminino; 73% nascidas no Rio de Janeiro ou em sua região metropolitana e 7% nasceram na zona rural; com relação à moradia, houve tendência (65%) para um deslocamento geográfico de áreas mais afastadas do centro de cidade para áreas mais próximas; e a profissão dos pais e dos cônjuges se caracteriza por exigir pouco investimento em escolarização (cerca de 75%). Em relação à educação formal, todas fizeram o curso normal de nível médio, 7,5% fizeram também outro curso de nível médio e outras 7,5% já tinham um curso superior concluído. São aspectos que indicam uma direção tomada no sentido da docência e uma trajetória de ascensão social. Com relação ao exercício do magistério, 68% das professoras têm de um a dez anos de experiência, isso indica que são professoras que estão iniciando suas carreiras com possibilidade de ascensão a partir da conclusão desse curso.

Abordaremos apenas parte do material da pesquisa focalizando os dados coletados nos questionários e nas entrevistas, com especial atenção às respos-

1 Os dados utilizados nessa parte do texto têm como base os trabalhos de Tura & Marcondes (2001, 2002).

tas das professoras às seguintes perguntas do questionário: Quais as vantagens que você vê em trabalhar com uma turma homogênea? Quais vantagens que você vê em trabalhar com uma turma heterogênea?

## Vantagens das turmas homogêneas/heterogêneas na visão das professoras pesquisadas

Com base no material que foi analisado, destacamos alguns pontos que nos parecem mais relevantes e que nos fizeram introduzir modificações na disciplina Prática de Ensino no curso de pedagogia da Pontifícia Universidade Católica do Rio de Janeiro.

O primeiro deles se refere à idealização da turma homogênea no sentido de que o trabalho com essa turma seria mais fácil de ser realizado. Esse ponto emergiu fortemente das respostas ao questionário. O segundo foi o destaque dado pelas professoras à influência marcante das primeiras experiências no início da carreira, que emergiu fortemente das entrevistas realizadas. Esses dois pontos nos conduziram ao terceiro, que diz respeito ao desafio de que a heterogeneidade deve ser trabalhada desde o período de formação inicial dos professores, por isso estamos buscando permanentemente modos de introduzir esse aspecto como questão básica na disciplina de Prática de Ensino em um curso de formação de professores de 1ª a 4ª série do ensino fundamental.

Quando aplicamos o questionário, não tivemos inicialmente a preocupação de definir *a priori* o que entendíamos por turmas homogêneas ou heterogêneas. Assim a homogeneidade/heterogeneidade foi vista basicamente, a partir das respostas dadas, em relação a três aspectos: idade cronológica, nível de desenvolvimento cognitivo e meio socioeconômico do aluno.

Do tratamento dos dados coletados e da análise feita, algumas categorias emergiram (seguindo estratégia proposta por Bardin, 1979). A homogeneidade teve como objeto de referência básica o trabalho do "professor". Isso significou que a existência de uma turma homogênea, na visão dos próprios professores pesquisados, possibilitaria maior "facilidade de planejamento", "alcance de objetivos", consequentemente levando a "menor desgaste" do próprio professor em sala de aula.

A heterogeneidade, por sua vez, teve como objeto de referência básica o convívio entre os "alunos", possibilitando maior "troca de experiências", "ajuda mútua" entre eles, levando a um clima de "crescimento".

## A "idealização" da turma homogênea

Segundo os professores pesquisados, quando os alunos fazem parte de uma turma homogênea estes apresentam "igualdade de interesses" (35,7%), e isso traz para o professor "facilidade de planejamento e do alcance dos objetivos propostos" (21,9%). Assim, distinguem as facilidades trazidas ao trabalho docente pela turma homogênea. Isso pode ser observado numa afirmação típica: "Em termos de trabalho é muito mais prático e fácil (Q. 53)".[2]

Há uma referência explícita a um ideal de padronização de atividades acadêmicas, que reflete fortemente a homogeneização de condutas e ritmos de aprendizagem e a ilusão de uma apropriação coletiva de conteúdos de aprendizagem ao mesmo tempo a partir de uma didática comum. Pode-se notar que, quando a professora afirma que "em termos de trabalho é muito mais prático e fácil" (Q. 53), o que essa professora está lembrando é que a prática pedagógica foi tradicionalmente pensada para se manter dentro de padrões estabelecidos. Isso se reflete na forma como está organizado o currículo escolar, a ação pedagógica do professor ao seguir rotinas de trabalho, as expectativas em relação ao comportamento dos alunos em geral e a própria estrutura burocrática de toda a escola. Há explicitamente a noção de que é mais eficiente, normal e adequado trabalhar com grupos homogêneos. Não se percebem as vantagens dos grupos heterogêneos; ao contrário, busca-se combatê-los.

No entanto, "a tão sonhada homogeneidade não existe na realidade escolar e pode ser a causa de muita estigmatização de alunos rotulados como 'fracos'" (Lüdke & Mediano, 1992, p.50). Os "fracos" são os que não entram no ritmo da turma. São os considerados diferentes. Note-se que a política atual da Secretaria Municipal do Rio de Janeiro para as séries iniciais do ensino fundamental uma proposta de ciclos, portanto essa tentativa de encontrar turmas homogêneas e até a dificuldade em aceitar a heterogeneidade tornam-se fatores preocupantes, visto que o sistema de ciclos pressupõe alunos em diferentes estágios no que se refere ao aproveitamento escolar.

Nesse ponto, vale destacar o que afirmou uma professora sobre a possibilidade de organização de uma turma de forma mais homogênea: "todos vivem na mesma realidade. O professor não precisa explicar as diferenças" (Q. 62).

O professor que "não precisa explicar as diferenças" está de certa forma desobrigando-se de ter que lidar com algo que é marcante e profundamente complexo de analisar, que são as diferenças não apenas culturais, mas também

2 Q se refere ao questionário e ao seu número na pesquisa.

sociais e econômicas que distinguem alunos, famílias e grupos, marcam fronteiras sociais e estabelecem, de acordo com o que se tem observado na pesquisa sociológica, aqueles que terão sucesso na escola e os que deverão fracassar. Ou seja, a idealização da possibilidade de construção da homogeneidade entre os alunos traria como consequência uma implícita negação de suas diferenças. O risco da aceitação da diferença incluiria ter que supor interesses diferentes, tarefas diversificadas, ritmos próprios de trabalho etc. As professoras revelaram, no entanto, suas dificuldades em mudar as formas de organização das atividades escolares. Apesar de um grande número delas já ter incorporado, pelo menos no nível do discurso pedagógico, os princípios de pedagogia crítica, na prática essa novidade ainda é pouco vivenciada. Portanto, a dificuldade em tratar essa questão foi um dos pontos que apareceram com vigor nas respostas das professoras, mesmo tendo-se em vista que esse grupo de professoras está incorporando um novo discurso pedagógico oriundo de suas leituras e reflexões no ambiente universitário, como alunas que frequentam uma Faculdade de Educação, e ao mesmo tempo lidam com as tensões e os desafios que lhe são colocados pelo cotidiano escolar. O enfoque construtivista é predominante nas diferentes disciplinas do currículo, e esse aspecto, pressupomos, deveria estar influenciando sua prática nas escolas. Em muitos casos, turmas rotuladas como "fracas" podem ser apenas grupos que exijam um trabalho pedagógico mais adequado a suas diferenças, necessitando assim de maior atenção do professor e da escola. O que é visto como heterogêneo representa um entrave para o bom andamento das atividades escolares.

A permanente busca da idealizada turma homogênea dificulta a construção de um planejamento e de estratégias didáticas que possam atender às diferenças entre os alunos. O desafio da diversidade, então, está posto para as professoras, porém no seu cotidiano elas encontram dificuldades em enfrentá-lo.

Deve-se destacar que 8,6% das professoras apontaram que "não há vantagens na turma heterogênea", corroborando as posições mais tradicionais com relação à prática pedagógica. Por sua vez, a "troca de experiência", tendo por objeto de referência "o aluno", foi a categoria que teve maior frequência de respostas (42,2%). Isso significa que os professores encaram a heterogeneidade como positiva apenas no aspecto de troca de vivências entre os próprios alunos.

No geral, pode-se dizer que houve uma tendência para entender que a turma heterogênea apresenta maior vantagem para o aluno e a turma homogênea maior vantagem para o professor.

A ideia da homogeneidade traria, implicitamente, a negação da diversidade. A aceitação da diversidade incluiria pensar em interesses diferentes, tarefas diversificadas, ritmos próprios de trabalho. Isso representaria encontrar para o fazer pedagógico algumas estratégias didáticas compatíveis com as diferenças socioculturais próprias de nosso ambiente escolar, rompendo assim com a forma pela qual o trabalho pedagógico sempre se orientou.

## As primeiras experiências e o "choque do real"

Nas entrevistas, emergiram de forma marcante as dificuldades no início da carreira, o chamado "choque do real". As professoras ressaltaram a importância marcante das suas primeiras experiências. De forma geral, o "choque do real" (Huberman, 1992) foi o enfrentamento das turmas consideradas como as piores da escola, e geralmente essas constituíam classes de alfabetização com alunos fora da idade. Para enfrentar essa experiência, as professoras revelaram que a sua formação, considerada como os conhecimentos teórico-práticos aprendidos nos cursos de formação de professores, não foi suficiente. Tiveram, então, que se apropriar daquilo que a cultura da escola em que trabalhavam havia produzido e contaram com o auxílio de professores mais antigos. Na superação dessa dificuldade inicial, algumas professoras relatam que investiram em "maior dedicação ao trabalho", no "conhecimento dos interesses e necessidades de seus alunos e alunas" e na aplicação de "metodologias mais ativas". Além disso, destacaram a ajuda de outros profissionais no âmbito escolar. É o que se pode perceber na fala de uma professora: "Se não fosse a minha orientadora, eu teria desistido do magistério".

São comentários que reforçam a constatação da precária articulação entre teoria e prática nos cursos de formação inicial. Nesses cursos, a realidade da sala de aula é apresentada de forma "idealizada", distinta do que os professores encontram quando começam a atividade docente. Dentro desse quadro, de acordo com o que afirmou a professora acima, o aluno é apresentado como sempre limpo, inteligente e inteiramente disciplinado, fazendo parte de uma turma "homogênea e ideal". O impacto sofrido pelo professor ao deparar com turmas extremamente heterogêneas, isto é, turmas com alunos multirrepetentes, com idades bastante variadas, níveis cognitivos muito diversos, é realmente traumático.

A idealização da turma homogênea e as dificuldades encontradas no início da carreira levaram-nos ao terceiro aspecto, no qual consideramos que o desafio da heterogeneidade deve ser alvo de atenção desde o período da formação dos professores.

## O desafio da heterogeneidade deve ser trabalhado desde o período de formação inicial dos professores

Esses pontos que afloraram da análise dos dados nos levaram a uma importante consideração: o desafio da heterogeneidade deve ser trabalhado desde o período de formação de professores, visto que a heterogeneidade, em vez de ser considerada como um elemento enriquecedor do processo ensino-aprendizagem, está sendo vista apenas como problema, e assim muitos alunos podem estar sendo rotulados negativamente. Desse modo, formar professores que trabalhem com o currículo possibilitando não só atender à heterogeneidade, como também criar um ambiente favorável à aceitação do diferente, torna-se fundamental como contribuição para o preparo dos profissionais do ensino para a verdadeira realidade das salas de aula, que são intrinsecamente heterogêneas. Coloca-se então como desafio para a prática de ensino promover a reflexão que possa dar instrumentos ao professor, desde o início da sua carreira, para aceitar e trabalhar com grupos heterogêneos.

Portanto, pode-se concluir, com base nessa síntese dos resultados da pesquisa em relação ao tema da organização das turmas, que o desafio da heterogeneidade está posto. Isso nos fez levar esses resultados para uma reflexão na disciplina Prática de Ensino.

## A prática de ensino levantando questões para a pesquisa

O estágio de Prática de Ensino no curso de pedagogia para formação de professores para atuar na primeira fase do ensino fundamental se dá em dois períodos letivos. No primeiro período, o aluno dedica-se basicamente à observação e coparticipação em escolas das redes pública e particular de ensino. As escolas de estágio estão em sua maioria situadas próximo à universidade, e as escolas públicas atendem basicamente alunos moradores das favelas próximas e filhos de porteiros de prédios de classe média da redondeza. Vou me reportar neste capítulo às experiências desenvolvidas em 2001 e 2002.

Os professores colaboradores, aqueles que aceitam receber os estagiários e pertencem à rede pública de ensino, em sua maioria, têm duas matrículas ou dupla regência na mesma escola. Isso significa que trabalham em dois turnos, pela manhã e à tarde. O curso de pedagogia funciona pela manhã, e isso faz que os alunos realizem o estágio em turmas em que os professores responsáveis por estagiários estão cumprindo o seu segundo turno de trabalho, portanto já estão bastante cansados no momento que os estagiários chegam a suas salas de aula. Assim se manifestou um professor confirmando nossas suposições: "Trabalho em dois turnos para ter um salário razoável como a maioria dos professores desta escola, e é muito cansativo".

O objetivo do estágio é compreender a prática do professor – seja na rede pública, seja na rede particular de ensino – de forma contextualizada e promove uma reflexão sobre a dimensão técnica e política do processo educativo. Neste texto vou me referir apenas aos estagiários que realizam o seu estágio na rede pública de ensino.

Paralelamente à observação nas escolas, os alunos realizam leituras básicas referentes aos seguintes assuntos: diferenças na escola, disciplina, trabalho diversificado, avaliação do processo ensino-aprendizagem e currículo.

Utilizamos para desenvolver o curso a abordagem da prática reflexiva tendo como base os pressupostos encontrados no trabalho de Zeichner (1993). Em linhas gerais, o próprio autor enumera algumas características do seu trabalho. Como uma primeira característica do enfoque reflexivo em uma perspectiva crítica adotada por Zeichner (1993), é fundamental reconhecer que a atenção do professor está voltada tanto para dentro, para sua própria prática, como para fora, para as condições sociais nas quais essa prática se situa. Uma segunda característica sobre prática reflexiva é a tendência democrática e emancipatória e a importância dada às decisões do professor quanto a questões que levam a situações de desigualdade e injustiça dentro da sala de aula, que retratam o caráter fundamentalmente político de tudo o que os professores fazem, inclusive discussões sobre a natureza da escolaridade e do trabalho docente, relações entre raça e classe social. Uma terceira característica é o compromisso com a reflexão como prática social. Nesse aspecto, chega-se a tentar construir comunidades de aprendizagem nas quais os professores apoiam e sustentam o crescimento uns dos outros. Esses aspectos estão sendo aqui apenas citados, porque estão amplamente desenvolvidos no texto do referido autor, portanto não vamos desenvolvê-los aqui.

Com relação ao nosso trabalho na primeira etapa, quando o estagiário inicia a sua observação e tem o chamado "choque do real", procura-se fazer que ele elabore uma autorreflexão anotando os aspectos que suscitaram a sua atenção em relação à organização do trabalho pedagógico em sala de aula e as consequências da ação do professor para o desenvolvimento do aluno em sua totalidade. Nessa primeira fase, são ensinados aos estagiários técnicas de observação e registro. A reflexão é então feita com base no registro das observações realizadas e em seu momento inicial apenas pelo próprio estagiário. Solicitamos também que recorra aos conteúdos que foram abordados nas diversas disciplinas durante o curso para melhor compreender o que está sendo vivenciado.

Após essa fase inicial, na segunda etapa, o estagiário traz para a sala de aula as suas reflexões e as socializa com os colegas e o supervisor. Essas reflexões iniciais trazem basicamente angústias, e é comum dizer que "a teoria é uma e a prática é outra", "a realidade encontrada nas salas de aula é bem diferente do que dizem os livros de didática". O supervisor, então, junto com a turma (geralmente cerca de quinze alunos), faz que as questões sejam abordadas sob diferentes aspectos, mobiliza junto com o grupo os conteúdos apreendidos durante o curso em outras disciplinas, tenta não só uma compreensão inicial das dificuldades que os professores colaboradores enfrentam, como também junto com o grupo esboça alternativas de ação para os estagiários na fase em que se segue. Nesta fase, fornecemos também procedimentos básicos para a realização de uma entrevista com os professores colaboradores, a qual tem como objetivo primordial fazer que o professor colaborador fundamente o seu trabalho, justificando suas ações em sala de aula e colocando suas principais dificuldades e como as enfrenta no seu dia a dia. Essa entrevista só é realizada quando estagiário e professor colaborador já estabeleceram certo grau de empatia para que o professor se sinta à vontade para responder com franqueza às questões feitas. Esse material das entrevistas é trazido ao grupo na universidade e trabalhado com o supervisor, visando sempre a um trabalho de parceria e troca de saberes entre a universidade e a escola.

Na terceira etapa, os estagiários atuam coparticipando e/ou dando aulas curtas ou longas levando em conta as sugestões e alternativas levantadas pelo grupo de Prática de Ensino. A atuação de cada um é trazida ao grupo novamente para ver o que deu certo, o que não funcionou e analisar o porquê desse resultado. Constrói-se um conhecimento teórico-prático sobre a escola e seus professores, desenvolve-se o desejo de um contínuo aperfeiçoamento para o enfrentamento dos problemas do ensino, valoriza-se o sentido de busca coletiva para os impasses apresentados.

A maior parte dos problemas que os alunos estão enfrentando nos dois últimos semestres refere-se à implementação da progressão continuada e à organização do ensino em ciclos que vêm sendo implementados na rede. Essas alternativas deveriam trazer modificações no modo de organizar o trabalho pedagógico, basicamente o planejamento de atividades curriculares, o processo de avaliação e a postura do professor. Preocupamo-nos com o fato de que as recentes modificações introduzidas na rede pressupõem um professor que deva ser capaz de trabalhar com turmas heterogêneas, ver isso como vantagem e usufruir dela. Esse é um dos grandes desafios que se apresenta no ensino hoje.

Portanto, ao ter em mente os resultados da pesquisa realizada por Tura & Marcondes (2002), buscamos junto aos alunos desenvolver um trabalho na escola em parceria com os professores.

Logo no início do semestre letivo, os alunos destacaram vários problemas que os professores colaboradores e eles próprios teriam que enfrentar: "dificuldade de trabalhar com turmas grandes com alunos em diferentes níveis de desempenho"; "dificuldade de se trabalhar com turmas que têm alunos que apresentam dificuldades em acompanhar o processo", e por essa razão são colocados à parte.

As professoras com frequência solicitaram o auxílio do estagiário com essas turmas. Tendo superado inicialmente o "choque do real" e percebendo a situação do professor, que tem apresentado certa desmotivação pelo seu trabalho dadas suas condições salariais e a falta de tempo de elaborar material didático, os estagiários se dispuseram a transformar o estágio em uma parceria que vise à melhoria da escola e de seu trabalho pedagógico.

Após ter realizado algumas leituras sobre turmas heterogêneas, os estagiários se dispuseram a ajudar na elaboração de material pedagógico, propuseram a aplicação de metodologias mais ativas, trabalharam na valorização da autoestima dos alunos, tentaram passar uma nova "visão do erro" na avaliação do processo de aprendizagem. Todos esses aspectos buscavam como objetivo final ajudar o professor colaborador a enfrentar a heterogeneidade na sala de aula.

Os estagiários se preocuparam também em trabalhar o aspecto prazeroso da leitura, levando para as salas de aula a poesia e a música. Buscavam e trocaram entre si e com os professores livros e materiais pedagógicos que combatiam preconceitos em relação à mulher e à raça negra. Esses materiais levam a uma visão mais crítica do conhecimento e questionam noções já enraizadas nos currículos escolares.

O ponto mais difícil foi combater a rotulação dos alunos considerados "fracos", que eram frequentemente separados dos que acompanham o trabalho do professor. Esse fato vai de encontro à proposta de ciclos em que é dado ao aluno um tempo maior para alcançar com sucesso as aprendizagens não alcançadas em determinado perído de tempo; em relação a esse aspecto, é necessário que se realizem atividades específicas com o objetivo de atender às dificuldades de cada aluno. Os estagiários foram com frequência chamados a atuar junto a esses alunos. Nesse processo, utilizaram material complementar da escola ou feito por eles mesmos, mostraram-se disponíveis, entretanto bastante preocupados com o prosseguimento do atendimento a esses alunos quando terminassem seu estágio.

Note-se também que a juventude do estagiário e sua vontade de acertar, apoiado pelo grupo de reflexão e pela supervisão na universidade, foram elementos de renovação nas escolas.

Algumas professoras se manisfestaram sobre a implantação dos ciclos:

> O ciclo é bom se a professora acompanha a turma.
>
> É uma boa ideia se a professora do ano seguinte, sendo a mesma, trabalha as dificuldades.
>
> Continua na mesma, separo os alunos que não conseguem acompanhar e trabalho com os outros porque a turma é muito grande não posso me dedicar a eles.
>
> O professor tem que fazer trabalho diversificado e é difícil porque as turmas são muito grandes.

A "facilidade de planejamento" que o professor vê nas turmas consideradas por ele como homogêneas parece embutir a repetição de atividades visando apenas a determinado tipo de aluno, aquele que passa a ser considerado como "padrão". Fora isso, de acordo com as respostas das professoras, a própria escola pública, onde algumas delas trabalham e que atende essencialmente o aluno das camadas populares, tem como padrão de referência para o trabalho pedagógico o aluno da raça branca, de classe média e com hábitos e atitudes referentes a essa classe social. Diante dessa constatação, muitas professoras da rede pública se revelaram incrédulas quanto ao desenvolvimento de um trabalho pedagógico que levasse em conta as diferenças dos alunos em sala de aula.

## Considerações finais

A conjugação de dados de pesquisa com a prática de ensino leva o estagiário a refletir sobre o trabalho pedagógico, o papel do professor e a função de educar de forma mais ampla. E, no nosso caso específico, promove uma reflexão sobre a heterogeneidade de nossas salas de aula, encarada como um elemento enriquecedor e não como um problema.

A utilização de dados de nossa pesquisa foi bastante proveitosa por iniciar a discussão e contextualizar o que os alunos traziam junto com os registros das observações nas escolas. Leituras de outras pesquisas foram também de grande valia para o entendimento e enfrentamento dos problemas encontrados.

Portanto, pode-se colocar em discussão, na realidade de nossas escolas, a expectativa dos professores em ter "turmas homogêneas" em nível de aproveitamento escolar, a separação de alunos considerados "fracos" de alunos considerados "fortes", a "rotulação de alunos", e muitos outros aspectos que podem e devem ser questionados e submetidos à reflexão.

Argumentamos que a prática reflexiva apoiada na discussão de dados de pesquisa e estágios de prática de ensino apresenta-se como ponto de partida (e não como ponto de chegada) para a formação de um profissional preocupado com o seu contínuo aperfeiçoamento pessoal e com a melhoria de seu trabalho.

A ideia da escola em ciclos pressupõe a aceitação de desempenho heterogêneo. Necessita de um professor que trabalhe de forma diversificada, avalie periodicamente, atuando sobre as dificuldades dos alunos de forma a superá-las. A heterogeneidade, em vez de ser considerada como problema, deve ser vista como elemento enriquecedor e inerente ao processo ensino-aprendizagem. Ao promover uma reflexão sobre a "idealização da turma homogênea", o professor passa a aceitar e a buscar instrumentos para trabalhar com a heterogeneidade. Como resultado prático, cria possibilidades para um currículo que não atenda apenas à heterogeneidade, mas que também passe a criar um ambiente favorável para aceitação do diferente. Trabalhar o currículo dessa forma apresenta-se como um campo rico para novas reflexões e novas questões de pesquisa. A prática reflexiva torna-se mais ponto de partida do que ponto de chegada.

## Referências bibliográficas

BARDIN, L. *Análise de conteúdo*. Lisboa: Edições 70, 1979.

HUBERMAN, M. O ciclo de vida profissional dos professores. In: NÓVOA, A. *Vidas de professores*. Porto: Editora Porto, 1992.p.31-61.

LÜDKE, M., MEDIANO, Z. (Coord.) *Avaliação na escola de 1º grau*: uma análise sociológica. Campinas: Papirus, 1992.

TURA, M. L., MARCONDES, M. I. *Os professores e as dimensões culturais dos conhecimentos escolares*. Projeto de Pesquisa UERJ, PUC-Rio, 2001.

______. *A diversidade na organização das turmas*: impondo desafios à didática e à prática docente. ENCONTRO NACIONAL DE DIDÁTICA E PRÁTICA DE ENSINO – ENDIPE. CD-ROM, Goiânia, abr. 2002.

ZEICHNER, K. *Formação reflexiva de professores*: ideias e práticas. Porto: Editora Porto, 1993.

# 14
# Avaliação emancipatória: um referencial para a autoavaliação da pós-graduação

*Ana Maria Saul*

## Primeiras palavras

Contrariando o que tem sido comum focalizar, quando se fala em avaliação, métodos procedimentos e instrumentos, procuro colocar, no limite deste capítulo, o foco da avaliação sobre histórias, saberes, gentes e intencionalidades, no entendimento de que as histórias de avaliação podem produzir saberes e transformar gentes.

Com essa intenção, escrevo aqui sobre uma história que muito se mescla com o meu percurso profissional como professora e pesquisadora da área de avaliação. Esta é a história da avaliação do programa[1] de pós-graduação em Educação (currículo) da Pontifícia Universidade Católica de São Paulo. Esse programa tem, desde a sua criação, concentrado professores e pesquisadores que se ocupam do tema da avaliação, sob diferentes ângulos.

O envolvimento desse programa em lutas para mudar o modelo de avaliação oficial é coexistente com a própria história da pós-graduação no Brasil.

---

1 Neste texto, as expressões *programa de pós-graduação* e *curso de pós-graduação* serão tomadas como sinônimas.

Essa trajetória inclui a participação do programa em movimentos mais amplos como o fórum da Associação Nacional de Pós-Graduação e Pesquisa em Educação (Anped), bem como se caracteriza por ações que, no âmbito interno do programa, têm tido o objetivo de aperfeiçoamento deste no que diz respeito a decisões político-pedagógicas, construção de saberes e melhoria de gentes.

## Um pouco de história sobre os embates da avaliação da pós-graduação no Brasil

O debate sobre a avaliação da pós-graduação, no Brasil, não é novo. Data de meados da década de 1970 quando, oficialmente, a Coordenação de Aperfeiçoamento de Pessoal do Ensino Superior (Capes) implantou uma sistemática de avaliação para credenciamento e recredenciamento dos cursos.

Na área da educação, vários embates foram travados, nascidos, inicialmente, no âmbito dos próprios cursos que se insurgiam contra a sistemática utilizada. O debate foi levado para o fórum da Anped, que fez várias ações no para alterar a sistemática. Os avanços conseguidos pela área foram mais de caráter político do que teórico-metológico. Conquistou-se cada vez mais espaço para contar com a presença de pares, escolhidos pelos próprios programas, nas comissões de avaliação. Porém, a mudança da sistemática propriamente dita, na direção de ela incorporar critérios mais adequados a uma área das ciências humanas, ainda está por ser feita.

Mais recentemente, a discussão sobre a avaliação dos cursos teve como palco o Fórum dos Coordenadores dos Cursos de Pós-graduação em Educação (Eduforum). O movimento atual acena novamente com a esperança de uma proposta que possa atender aos anseios da comunidade acadêmica da pós-graduação. A implantação de uma nova sistemática vai requerer, no entanto, forte organização da área de educação, no concerto das demais áreas das ciências humanas, para enfrentar a soberania das chamadas "áreas duras" na Capes.

Os cursos de educação têm vivido, especialmente nesta última década, uma ambiguidade que os coloca entre o "ajustar-se ao figurino" da Capes, fazendo que os seus relatórios se aproximem o mais possível da leitura desejada pelos avaliadores – ou seja, o atendimento aos critérios das "áreas duras" –, e a tentativa de resistir ao modelo vigente de avaliação, procurando formas de organização para encontrar caminhos mais significativos e legítimos.

O mais recente movimento que a área de educação realiza vai na direção de ter a sua voz reconhecida no tocante à proposta de avaliação dos cursos de pós-graduação realizada pela Capes.

No bojo desse debate, a autoavaliação, veementemente contestada por aqueles que propugnavam a objetividade na avaliação e, por isso mesmo, defendiam exclusivamente um modelo de avaliação externa, hoje deixa de ser vista como um mecanismo de autoproteção dos programas ante eventuais resultados negativos decorrentes da avaliação externa.

A autoavaliação passa a ser proposta e discutida como caminho que, ao lado da avaliação externa, pode compor um modelo interessante e valioso, com vistas ao aperfeiçoamento dos programas. É importante destacar que, na literatura internacional sobre avaliação educacional, a polarização que se instalou entre a avaliação externa e a autoavaliação, contrapondo-se uma à outra, é questão solucionada de há muito. É consenso, portanto, que essas duas modalidades de avaliação devem complementar-se, apresentando-se como dimensões importantes de um mesmo processo de avaliação educacional.

Trata-se, portanto, de, ao lado de ressignificar a autoavaliação no contexto da avaliação de um programa de pós-graduação, encontrar uma arquitetura que explicite os seus fundamentos teórico-metodológicos e que enseje uma prática viável, cujos resultados possam ser reconhecidos como importantes para a melhoria dos programas.

## Construindo a sistemática de autoavaliação: revisitando a experiência de avaliação do programa de pós-graduação em educação (currículo)

Com a perspectiva de propor, no atual momento da vida do programa de pós-graduação (currículo) da PUC/SP, uma sistemática de avaliação que pudesse de fato responder aos propósitos de aperfeiçoamento do curso e que, portanto, contemplasse valores, foco e método que não são considerados pela atual avaliação externa, esse programa assumiu o desafio de construir uma sistemática de autoavaliação.

É importante ressaltar que a autoavaliação,[2] nesse programa, não é uma prática nova. Desde a década de 1980, esse programa se inscreve no cenário

2 A autoavaliação faz parte do plano de gestão do atual coordenador do programa, Prof. Antonio Chizzottim, eleito em 2001. Mencionar esse fato é importante porque tal decisão

da produção e do debate sobre a questão da avaliação da pós-graduação. De um lado, isso se explica pelo fato de a área de avaliação educacional estar intimamente relacionada à área de currículo. Em consequência, o programa mantém, desde o seu início, um conjunto de professores pesquisadores que têm suas preocupações de pesquisa voltadas para temas que se inserem na área de avaliação educacional. De outro, a história do programa registra processos de avaliação e, mais especificamente, de autoavaliação, que chegaram a alterar significativamente seus rumos.

Em 1983, em seu oitavo ano de funcionamento, ao lado da avaliação proposta pela Capes, esse programa experienciou um processo de autoavaliação mediante proposição e vivência de um novo paradigma na área da avaliação educacional: a avaliação emancipatória.[3]

O novo paradigma foi criado de forma contrastante, isto é, suas características principais – de "enfoque, definição, objetivos, implicações, limitações, contribuições e papel do avaliador" – foram discutidas à luz das características de outros modelos contemporâneos de avaliação de currículo. Assegurou-se, assim, a possibilidade de compreender que a geração de um paradigma é um processo cumulativo de produção de conhecimento no contexto da teoria de avaliação educacional.

O paradigma da avaliação emancipatória, tendo como referências teórico-metodológicas a avaliação democrática, a crítica institucional, a criação coletiva e a pesquisa participante, constituiu em matriz praxiológica que descreve, analisa e critica uma dada realidade, visando transformá-la. Construído, inicialmente, para a avaliação de programas educacionais, tem se revelado referencial valioso para outros programas sociais, além dos educacionais, bem como para a avaliação de políticas públicas. A avaliação emancipatória tem dois objetivos básicos: iluminar o caminho da transformação e beneficiar as audiências para torná-las autodeterminadas. O primeiro objetivo indica que essa avaliação está comprometida com o futuro, com o que se pretende transformar, a partir do autoconhecimento crítico do concreto, do real, que possibilita a clarificação de alternativas para a revisão desse real. O segundo objetivo aposta no valor emancipador dessa abordagem, para os agentes que integram um programa. Acredita -se que esse processo pode permitir que o

fornece o incentivo e o apoio necessário para que a sistemática de autoavaliação possa, de fato, acontecer.

3 A literatura educacional registra pela primeira vez a denominação *avaliação emancipatória*, criada por Ana Maria Saul, em sua tese de doutoramento, defendida em 1985 e publicada em 1988.

homem, pela consciência crítica, imprima direção às suas ações nos contextos em que se situa, de acordo com valores que elege e com os quais se compromete no decurso de sua historicidade.

A concepção de conscientização, como definida por Paulo Freire (1980), constituiu uma ideia geradora fundamental para a construção desse paradigma, pelo entendimento de que o processo de conscientização é a mola mestra de uma pedagogia emancipadora.

> A conscientização é ... um teste de realidade. Quanto mais conscientização, mais se "des-vela" a realidade, mais se penetra na essência fenomênica do objeto, frente ao qual nos encontramos para analisá-lo. Por esta mesma razão, a conscientização não consiste em "estar frente à realidade" assumindo uma posição falsamente intelectual. A conscientização não pode existir fora da práxis, ou melhor, sem o ato ação-reflexão. Esta unidade dialética constitui, de maneira permanente, o modo de ser ou de transformar o mundo que caracteriza os homens. Por isso mesmo, a conscientização é um compromisso histórico. É também consciência histórica: é inserção crítica histórica, implica que os homens assumam o papel de sujeitos que fazem e refazem o mundo. Exige que os homens criem sua existência com um material que a vida lhes oferece ... A conscientização não está baseada sobre a consciência de um lado, e o mundo de outro; por outra parte, não pretende uma separação. Ao contrário, está baseada na relação consciência-mundo.

O suporte epistemológico dessa abordagem expressa-se por um processo dialógico que deve ser entendido como "encontro entre os homens, mediatizados pelo mundo" (Freire, 1987). Todavia, esse diálogo a que Freire se refere requer um pensamento crítico e é também capaz de gerar um pensamento crítico. Esse diálogo é, na proposta de Freire, condição para a comunicação, e esta, condição para uma verdadeira educação.

O paradigma da avaliação emancipatória inclui os conceitos de emancipação, decisão democrática, transformação e crítica educativa. Não é demais lembrar que a avaliação não é uma prática neutra; ao contrário, é comprometida com valores.

Os pressupostos metodológicos dessa abordagem são o antidogmatismo, a autenticidade e compromisso, a restituição sistemática, o ritmo e o equilíbrio da ação-reflexão.[4]

---

4 Esses princípios, coincidentes com os pressupostos da pesquisa participante, são expostos em Saul (2001).

Três momentos caracterizam essa avaliação: a descrição da realidade (o programa que está sendo focalizado), a análise crítica e a criação coletiva; esses momentos não são estanques; por vezes se interpenetram, constituindo em etapas de um mesmo e articulado movimento.

Os procedimentos de avaliação previstos por esse paradigma, que se localiza entre aqueles de abordagem qualitativa, caracterizam-se por métodos dialógicos e participantes; predomina o uso de entrevistas livres, debates, análise de depoimentos, observação participante e análise documental. Não são desprezados os dados quantitativos, mas a ótica de análise é eminentemente qualitativa.

É possível dizer que o paradigma da avaliação emancipatória está alinhado com o tipo de avaliação que Daniel Stufflebeam (2001)[5] denominou "avaliação centrada no objetivo transformador", que contempla abordagens de agenda social e de defesa de direitos. Tais abordagens têm intencionalidades de geração de mudança social. As avaliações, nessa perspectiva, comprometem-se com o "direito à informação" para os participantes dos programas que estão sendo avaliados e demais públicos interessados. O acesso à informação é uma condição de partilha de poder e, portanto, uma oportunidade de fortalecimento dos participantes, tanto para a compreensão e o julgamento do programa como para a participação na tomada de decisões. Em pesquisas avaliativas conduzidas com essas abordagens tanto a perspectiva dos participantes como a dos profissionais avaliadores ganham relevo no julgamento dos programas. Dessa forma, proporciona-se o engajamento democrático dos participantes do programa no levantamento e na interpretação dos achados das avaliações. Essas são avaliações que utilizam, geralmente, uma orientação qualitativa.

No dizer de Stufflebeam, essas abordagens vêm se destacando no campo da avaliação de programas, marcadamente apoiadas em princípios democráticos, de equidade e justiça social.

A vivência do paradigma da avaliação emancipatória permitiu à equipe desse programa de pós-graduação da PUC/SP engajar-se num projeto politicopedagógico de transformação de sua prática e destacar-se na produção

---

5 Daniel Stufflebeam publicou em 2001 um importante estudo que contribui para a construção do "estado do conhecimento" da avaliação, na atualidade. Identificou e analisou 22 diferentes abordagens avaliativas, classificando-as em quatro grandes grupos, de acordo com a natureza temática. Para o delineamento dos padrões de avaliação utilizados nessa meta-avaliação, trabalhou com referendo de comitês formados por dezesseis associações profissionais dos Estados Unidos e demais organizações internacionais.

de conhecimento sobre a área de avaliação, no contexto da pós-graduação brasileira.

Esse paradigma foi amplamente discutido em âmbito nacional, na reunião anual da Associação Nacional de Pós-graduação em Educação (Anped), em 1987, em que foi gerada uma proposta para a Capes, como forma de aprimorar a sistemática de avaliação da pós-graduação brasileira.

## Explicitando os fundamentos teórico-metodológicos da atual sistemática de autoavaliação

Toda a prática de avaliação, assim como toda a prática educativa, traz implícita ou "embutida", como diria Paulo Freire (1991), uma teoria ou fragmentos de teoria.

Com esse entendimento, o primeiro momento da construção da atual sistemática de autoavaliação, em agosto de 2001, consistiu na discussão, pelo colegiado do programa, dos aspectos centrais da teoria de avaliação que seria utilizada na proposta de autoavaliação. Tratava-se de estabelecer um entendimento sobre o conceito de avaliação e autoavaliação, princípios, finalidade e métodos a serem utilizados.

Foi necessário responder às chamadas "questões clássicas" da avaliação. Exatamente porque essas questões permitem múltiplas respostas, diferenciando posicionamentos e práticas, optou-se por buscar as respostas dos participantes dessa avaliação para as seguintes questões:

- O que é avaliação?
- Por que fazer autoavaliação?
- O que avaliar?
- Quem avalia?
- Como avaliar?

As respostas a essas questões, encontradas pelo coletivo dos participantes do programa, serão brevemente sumariadas a seguir.

## Qual é o entendimento do colegiado do curso sobre o processo de avaliação?

O conceito de avaliação emancipatória, entendida como um "processo de descrição, análise e crítica de uma dada realidade, visando a transformá-la", foi revisitado pelo colegiado do programa. As características do ato avaliativo como requerendo análises, julgamentos e posicionamentos conclusivos sobre a relevância dos objetos que estão sendo avaliados, levando à atribuição de significados, foi destacada na discussão sobre o quadro conceitual da avaliação. Sublinhou-se, ainda, a importância de considerar a avaliação como uma prática que busca compreender e qualificar decisões, processos, resultados e impactos, atendendo ao compromisso de fazer que professores e alunos escrevam a história desse programa construindo propostas e assumindo decisões no rumo da educação crítico-transformadora.

Em síntese, na expressão dos participantes do colegiado do curso, a avaliação foi definida como:

- um processo crítico, associado a uma vontade política de aperfeiçoamento, de melhoria do programa;
- um processo democrático, no qual seja garantida a participação de professores e alunos;
- uma proposta pedagógica, sempre formativa, dos participantes do programa; e
- um ponto de partida e condição necessária à avaliação externa do programa.

## Por que autoavaliação?

Partindo do entendimento de que a autoavaliação cumpre função igualmente importante e complementar à avaliação externa, o colegiado do programa destacou o papel da autoavaliação como condição necessária para o aperfeiçoamento do curso, na medida em que potencializa o autoconhecimento.

Entendeu ainda que a autoavaliação perderá a sua função nobre de promover o desenvolvimento do programa e o de seus integrantes se, por uma visão equivocada, assumir o ranço de defesa contra resultados de avaliação externa, com intuito de se proteger de críticas ou, ainda, de assumir a defesa de interesses corporativos.

Diante de tal compreensão, assumiu que a autoavaliação deve servir aos propósitos de:

- diagnosticar o momento de trabalho em que o programa se encontra;
- aperfeiçoar o programa, preservando e acentuando conquistas importantes, corrigindo rumos, apontando para novos horizontes, replanejando;
- encontrar/descobrir novos sentidos para as ações;
- estimular uma participação efetiva de professores e alunos, por meio do autoconhecimento, que propicie o desenvolvimento pessoal de todos aqueles que participam do processo de autoavaliação;

- criar condições que ampliem o vínculo de compromisso de professores e alunos com o programa; e
- subsidiar a avaliação externa.

## O que avaliar?

O colegiado reconheceu a importância de o programa de pós-graduação ser avaliado como um todo. No entanto, para efeito prático e de logística, pontuou alguns aspectos/focos, próprios da função de um curso de pós-graduação, que constituem o cotidiano da vida do programa. Isso permitiria definir um elenco de possibilidades e priorizar os alvos a serem avaliados.

Visando a uma posterior seleção, foram relacionados como focos importantes de avaliação de um programa de pós-graduação: ensino, orientação, pesquisa, publicação e demais produções, vínculos do programa com a graduação e outros programas de pós-graduação, atividades de extensão, intercâmbio e cooperação técnica.

## Quem avalia?

No âmbito da prática avaliativa, essa questão, que também foi colocada como um tema polêmico, hoje tem consenso entre os estudiosos da área, especialmente quando a orientação que se dá à avaliação é uma avaliação democrática.

Na perspectiva de uma avaliação democrática e participativa, a posição do colegiado do programa não pode ser outra, senão aquela de que professores e alunos devem atuar como protagonistas da sistemática de autoavaliação do programa.

O trabalho coletivo é uma prática de há muito instalada nesse programa de pós-graduação, e a reunião semanal do colegiado paritário de professores e alunos é uma prática que se instalou desde 1985. Diante da análise das práticas desse programa, concluiu-se, ainda, que o *locus* privilegiado para o desenvolvimento do processo de autoavaliação seria o momento da reunião do colegiado.[6]

Uma das lições importantes que a prática da avaliação ensina é o respeito à cultura do grupo/instituição em que se desenvolve a avaliação. É neces-

---

6 O programa dedica uma reunião mensal à autoavaliação. A coordenação da sistemática de autoavaliação é assumida pelas professoras Ana Maria Saul, Isabel Franchi Cappelletti e Mere Abramowicz.

sário estar atento às formas como os professores e os alunos do programa interagem; verificar se há práticas coletivas de trabalho; observar qual é a rotina de reuniões; identificar como professores e alunos reagem às avaliações; conhecer a forma como os participantes de um programa estão socializados para receber informações (jornais, murais, *e-mails*, reuniões, ou outras mais) para que a autoavaliação possa estar integrada, de fato, ao "modo de vida" de cada curso.

## Como avaliar?

Buscando inspiração no paradigma da avaliação emancipatória, chegou-se a delinear um método para essa sistemática de autoavaliação, composto de quatro momentos.

Momento 1:
*Problematização* – caracteriza-se pelo questionamento sobre os focos de avaliação. É o momento de tornar o foco de avaliação compreensivo e de explicitar a ótica a ser privilegiada. A problematização pode ser feita mediante depoimentos de professores, questões, relatos dos alunos, textos geradores, resultados de pesquisa e de avaliação da Capes e demais formas que venham a ser encontradas.

Momento 2:
*Análise crítica* – consiste na reflexão aprofundada sobre os questionamentos levantados na "problematização", por meio de um conjunto de critérios sobre os quais deve haver acordo do grupo. A crítica, nessa metodologia, é educativa, formativa para quem dela participa. Propõe-se uma análise valorativa do programa, na perspectiva dos participantes que nele atuam.

Momento 3:
*Síntese* – é o momento conclusivo do processo, em relação aos dois anteriores. Esse momento concretiza o pressuposto da "restituição sistemática" que consiste em trabalhar as evidências e as análises feitas em momentos anteriores, de forma sistemática e organizada.

Especialmente se destaca, nesse momento, a importância do registro sistemático do processo de autoavaliação. Os registros permitirão o acompanhamento da trajetória da avaliação, o resgate da memória e dos compromissos assumidos coletivamente.

A sistemática de registro tem sido um valioso subsídio para os relatórios ou sínteses que se fazem necessárias, tendo em vista as diferentes "audiências da avaliação": públicos interno e externo.

Momento 4:
*Proposições* – esse é o momento de apresentar soluções, recomendações, pistas, e encaminhamentos para os problemas/questões/dificuldades encontrados na avaliação do curso, indicando ações necessárias e perspectivas para o seu aperfeiçoamento e transformações desejadas. É o momento da criação coletiva.

Essa sistemática prevê que os quatro momentos do método sejam percorridos em cada um dos alvos/temas selecionados para a avaliação. A prática tem demonstrado que a discussão sobre um tema/alvo não se esgota em uma única sessão; logo, os momentos da sistemática serão percorridos de acordo com o ritmo de trabalho estabelecido pelo grupo que está envolvido no processo de autoavaliação.

## Um pouco da sistemática vivida: escolhendo e problematizando os focos para a autoavaliação

A aula – "O que significa ensinar na pós-graduação?" – foi apontada como o primeiro foco a ser avaliado. Absolutamente ausente da preocupação e dos formulários da atual sistemática de avaliação externa da Capes, esse tema central do cotidiano dos cursos de todos os níveis de ensino vinha de há muito constituindo tema de interesse para os professores desse programa. Por isso, esse tema foi apreendido com entusiasmo para ser o primeiro a ser focalizado nesse momento da autoavaliação. A problematização dele foi feita de duas maneiras: pelo relato da reflexão de professores sobre o significado do "ensinar na pós-graduação", com especial referência às suas práticas, e também com base num texto de autoria de um dos professores do programa.[7]

O tema suscitou amplo e acalorado debate no colegiado do programa, tendo cada um dos professores assumido posicionamentos nem sempre convergentes diante das propostas contidas no texto, trazendo para o debate as suas compreensões, convicções e práticas.

7 O Prof. Marcos Masetto apresentou um texto de sua autoria sobre o ensino na pós-graduação, especialmente preparado para o momento dessa autoavaliação.

No bojo da análise do tema "Aula – o ensino na pós-graduação", emergiu o segundo tema para a autoavaliação, entendido como estando em íntima relação com o ensino.

O tema "A pesquisa na pós-graduação, relacionada ao ensino" foi problematizado por um trabalho de um dos professores do programa,[8] considerando o texto gerador da discussão. Novamente a discussão foi aprofundada e bastante viva, e os professores se posicionaram perante os conceitos, debatendo as suas práticas. Registraram-se consensos e diversidades a respeito da questão.

A orientação de dissertações e teses foi um tema que mereceu grande atenção do colegiado do programa. Os professores solicitaram aos representantes de alunos que se responsabilizassem pela problematização desse tema. Os alunos prepararam um documento que sintetizava as respostas colhidas de colegas, via internet. As expectativas e dificuldades dos alunos quanto ao processo de orientação de dissertações e teses foram bastante discutidas.

O foco seguinte escolhido para a discussão foi "A política de publicações do programa".

A problematização desse tema foi feita por uma apresentação da análise da última avaliação do programa, feita pela Capes, destacando especialmente o item "Publicações". A análise, feita pelo coordenador do programa,[9] ressaltava os critérios utilizados pela comissão de avaliação para atribuir as notas máximas aos programas, neste quesito. Houve importante análise crítica sobre os aspectos apresentados. Trabalhou-se também, nesse momento, com um texto de uma das professoras do programa.[10] A discussão sobre a política de publicações teve vários e profundos desdobramentos, levando à elaboração de futuras pautas para as reuniões de autoavaliação.

## Uma agenda para prosseguir

As próximas etapas para o prosseguimento da sistemática de autoavaliação preveem:

---

8 O artigo da Profa. Maria Malta Campos, publicado no *Caderno de Pesquisa da Fundação Carlos Chagas*, foi o texto gerador da discussão.

9 O Prof. Antonio Chizzotti é o atual coordenador do curso, e um dos pontos do seu programa de gestão é a autoavaliação.

10 A Profa. Ivani Fazenda apresentou um texto de sua autoria sobre o papel da produção (teses/dissertações), o papel da produção na pós-graduação e da socialização da produção.

a) aprofundamento da problematização dos temas já discutidos, crivando as descrições e as análises preliminares com um conjunto de critérios definidos com base nos objetivos do programa;

b) indicação de propostas de ação ante as conclusões avaliativas de cada um dos temas;

c) identificação de novos temas/focos para a autoavaliação;

d) sistematização gradativa da autoavaliação, registrando processo e resultados;

e) análise conjunta dos resultados da autoavaliação e da avaliação externa do programa;

f) produção e divulgação de conhecimentos na área de avaliação educacional;

g) debate da sistemática de autoavaliação em curso com públicos ampliados, envolvendo a comunidade da pós-graduação e demais educadores interessados.

## Uma palavra final

No Brasil, o momento é de muita esperança! Por isso, também, é tempo de esperança no poder de socialização e de ampliação das opções por processos avaliativos emancipadores. Que a comunidade da pós-graduação, que faz diferença na construção da história e da vida universitária, exercendo a sua capacidade de decisão, passe a assumir o destino dos seus cursos, articulando-se nas lutas por equidade e justiça social e por condições de ensino e pesquisa da melhor qualidade.

Paulo Freire (1997) contribui aqui com uma de suas últimas reflexões sobre a prática da avaliação:

> a questão que se coloca a nós, enquanto professores e alunos críticos e amorosos da liberdade, não é, naturalmente, ficar contra a avaliação, de resto necessária, mas resistir aos métodos silenciadores com que ela vem sendo às vezes realizada. A questão que se coloca a nós é lutar em favor da compreensão e da prática da avaliação enquanto instrumento de apreciação do "que-fazer" de sujeitos críticos a serviço, por isso mesmo, da libertação e não da domesticação. Avaliação em que se estimule o falar a como caminho do falar com.

## Referências bibliográficas

BARREIRA, M. C. *Avaliação de programas sociais*. Texto não publicado.

CASALLI, A. *Memórias*: 20 anos do Programa de Educação (Currículo) da PUC/SP, 1995.

ESTRELA, A., NÓVOA, A. *Avaliações em educação*: novas perspectivas. Porto: Porto Editora, 1993.

FREIRE, P. *Conscientização*: teoria e prática da libertação. São Paulo: Moraes, 1980.

______. *Pedagogia do oprimido*. 17.ed. São Paulo: Paz e Terra.

______. *A educação na cidade*. São Paulo: Cortez, 1991.

______. *Pedagogia da autonomia*. São Paulo: Cortez, 1997.

RICO, E. M. (Org.) *Avaliação de políticas sociais*: uma questão em debate. São Paulo: Cortez, 1998.

RICO, E. M., SACRISTÁN, J. G. *O currículo*: uma reflexão sobre a prática. Trad. Ernani F. da Fonseca Rosa. Porto Alegre: Artmed, 1998.

SAUL, A. M. *Avaliação emancipatória*: desafio à teoria e à prática de avaliação e reformulação de currículo. 6.ed. São Paulo: Cortez, 2001.

SAUL, A. M. et al. Proposta de avaliação dos programas de pós-graduação em educação. *Boletim ANPEd (Rio de Janeiro)*, 1987.

STUFFLEBEAM, D. L. Evaluation models. *New Directions for Evaluation (San Francisco)* n.89, p.7-106, 2001.

# 15
# A avaliação na pós-graduação: propondo mudanças para consolidar conquistas

*Antônio Joaquim Severino*

## Apresentação

Este capítulo se insere no contexto do presente seminário temático, atividade que versa sobre o tema "Avaliação em educação: um desafio permanente", programado com o objetivo de explicitar o significado e o papel do processo avaliativo no campo educacional, destacando sua imprescindibilidade e valiosa contribuição a fim de garantir a eficácia e a qualidade do investimento educativo. Partindo dos resultados já alcançados pelas ciências da educação referentes à avaliação, busca explicitar características e exigências desse processo, bem como destacar e analisar seus princípios e critérios fundamentais, à luz de referências teóricas concernentes à educação, reportando-se igualmente a experiências avaliativas já desenvolvidas no Brasil nas últimas décadas e acenando para novas perspectivas com vistas ao aprimoramento dos modelos até então adotados. Ressalta ainda que a discussão do processo avaliativo, no campo educacional, implica o compromisso do Poder Público com uma política educacional que esteja inteiramente voltada para os interesses da sociedade, levando em conta a multiplicidade, a heterogeneidade e a complexidade desses interesses, assumindo efetivo papel emancipatório.

Nesse contexto, apresento e discuto aqui uma proposta de construção de um modelo alternativo de avaliação da pós-graduação no Brasil. Essa proposta explora os resultados positivos alcançados pelo atual processo avaliativo e avança sugestões para seu aprimoramento. Reafirma incisivamente a convicção quanto à necessidade e à validade do processo avaliativo, reconhecendo sua relevância, bem como a exigência de rigor na sua aplicação. Busca garantir adequada articulação entre os elementos qualitativos e as referenciações quantitativas, sua efetiva execução por pares legitimados, escolhidos de forma efetivamente representativa, o reconhecimento das especificidades da área da educação e das ciências humanas, em geral, em relação às demais áreas, bem como as peculiaridades dos programas, decorrentes de suas condições históricas, respeitadas as suas diferenças.

## O lugar de onde falo

A linha central da preocupação é buscar um modelo alternativo de avaliação da pós-graduação no país, com o objetivo de superar as limitações do atual modelo. Essa, porém, não é a motivação exclusiva. Busca-se também implementar uma tarefa considerada específica da área da educação, afinal a área epistêmica que tem entre suas atribuições centrais produzir conhecimento sobre a própria avaliação. É da área científica da educação que é legítimo esperar a produção da teoria da avaliação. E não tem sido outro o testemunho da história recente da teoria educacional nesse campo, em nosso contexto. A área concentra significativo número de especialistas em avaliação. Basta, para comprová-lo, citar os nomes de Bernadete Gatti, Clarilza Prado de Souza, José Dias Sobrinho, Ana Maria Saul. Impõe-se reiterar, logo de início, o reconhecimento da validade e da imprescindibilidade da avaliação e de sua contribuição no caso particular da pós-graduação como processo sistemático realizado pelos próprios pares.

Este texto aponta na direção de uma síntese preliminar dos primeiros subsídios produzidos por diversas instâncias envolvidas na construção dessa proposta de um modelo alternativo de avaliação da pós-graduação no Brasil.

## Dos problemas diagnosticados

Os pontos estranguladores do atual processo avaliativo que mais se assinalam nos trabalhos de análise já encaminhados ao grupo gestor são os seguintes: trata-se de um modelo pautado mais nos produtos do que no processo de atuação dos programas de pós-graduação, induzindo uma atitude que cai como que num processo de linha de montagem. Embora haja consenso de que não se pode abrir mão dos produtos, entende-se que não se pode sucumbir a uma obsessão do produzir pelo produzir. E, decorrente dessa priorização, segue-se a predominância de critérios e parâmetros quantitativos, a avaliação tornando-se substantivamente um processo de mensuração, esvaziando-se de toda consideração de mérito desses produtos. Por isso mesmo, os resultados tendem a expressar-se sob a forma da classificação, do ranqueamento, reforçado por um sistema de compensações, assumindo um caráter premiatório ou punitivo. Reclama-se muito dessa cobrança de resultados, sob uma lógica mecânica, muito questionável.

Por outro lado, ressente-se de clareza categorial e de delimitação dos conceitos no estabelecimento do alcance do processo avaliativo. Falta-lhe fundamentação explícita e consistente que desse conta do alcance universal da avaliação, bem como de sua sensiblidade às eventuais especificidades locais da vida dos programas avaliados.

Igualmente, o atual modelo não leva na devida conta o impacto social dos programas. A relevância social é cobrada, mas pouco apreendida e avaliada. São recentes as primeiras demandas da Capes pelo destino dos egressos, elemento importante para avaliar essa relevância social. Essa repercussão social e acadêmica da produção, a assegurar-se inclusive mediante a sua publicização, deve ser centrada no programa como sujeito coletivo, e não no professor, sujeito individual.

Reclama-se de excesso de interferência da Capes na autonomia dos programas, uma reiterada tendência ao dirigismo centralizante, desestimulando uma cultura de autoavaliação objetiva e confiável. Com todos os problemas, estruturais e conjunturais, que tornam difícil a prática da autoavaliação, impõe-se desencadear uma pedagogia que contribua para a criação dessa cultura.

Todas essas limitações parecem ser decorrentes, à luz das críticas feitas ao atual modelo, da falta de explicitação e de implementação de uma política educacional comprometida e crítica, que articule, de forma intencional e clara, educação e sociedade. Ao contrário, o que se vê aplicada é uma política tendencialmente submetida às puras injunções do mercado.

## Linhas de sugestões e perfis que estão sendo encaminhados

De forma unânime, as contribuições até agora encaminhadas reiteram a validade e a imprescindibilidade do processo avaliativo em se tratando de educação. É elemento fundamental para assegurar a qualidade da intervenção pedagógica e do desempenho científico que se espera de um curso de formação pós-graduada. Por sinal, todos reconhecem o quanto o atual modelo já foi significativo, sob esse aspecto, em que pesem as falhas ainda nele existentes.

Ressaltam ainda que o novo modelo seja a expressão de uma clara política geral de avaliação da pós-graduação, cujos princípios, bases e pressupostos consolidem um processo: que articule o sentido da avaliação do sentido da educação e deste ao sentido da sociedade brasileira; que clareie os compromissos do conhecimento em construção para a vida político-social e cultural do país; que tenha consistência epistêmica e legitimação sociopolítica. É entendimento incisivo da área de que só cabe falar e praticar avaliação sob referência a um projeto nacional de educação. Os programas não são ilhas. Toda avaliação tem que ter uma justificativa social. O sistema avaliativo não se pode constituir em peça isolada, não tendo clareza e articulação com a finalidade a que serve.

Que o novo modelo garanta uma avaliação que se transforme em referência fundamental para a definição de políticas socioeducacionais abrangentes, bem como seu caráter de necessária processualidade, constituindo-se como avaliação continuada.

Que reconheça a dialeticidade entre o universal e o particular, entre o que é comum a todas as áreas do conhecimento e o que é específico a cada uma delas. E que tenha em vista tanto a originalidade do conhecimento produzido quanto sua contribuição ao avanço da área. É de esperar da experiência acumulada da pós-graduação em educação que ela consolide a cientificidade da área educacional, delineando claramente qual o perfil de sua produção científica. Que essa relação seja capaz de apreender também o valor e a relevância de iniciativas particulares dos programas, ao levarem em conta as demandas regionais peculiares.

Que assegure a complementaridade necessária entre a avaliação externa e a autoavaliação, com a afirmação simultânea da importância igual das duas modalidades avaliativas. É afirmada com muita clareza que a avaliação externa é necessária e que deve ser pública. Mas esse caráter público só pode ser inscrito quando nos subsidiamos com análises de nossa própria realidade mediante um olhar crítico de nós mesmos, de um rigoroso autoconhecimento.

## Dos perfis desenhados

O novo modelo deve assumir a forma de um processo que garanta a possibilidade e a viabilidade de efetiva prática de uma avaliação diagnóstica mais que classificatória, que apresente critérios objetivos e transparentes.

Deve resultar uma retroalimentação positiva do sistema: aprimoramento e não premiação ou punição dos programas, trazendo assim subsídios para o redirecionamento e reajustes de sua atuação. Que o fomento financeiro não se atrele ao desempenho puramente quantitativo dos programas, mas vincule-se à qualidade científica de suas contribuições.

Deve garantir a apreensão do elemento qualitativo dos indicadores avaliados, em sua consistência e em sua fecundidade: produção científica, impacto social, liderança nacional, interlocução internacional. E que avalie também a vida cultural do programa em sua abrangência. Sugere-se igualmente a avaliação de mérito das produções concretas, ainda que por amostragem. Que haja maior clareza da escala dos valores adotados, de modo que a mensuração quantitativa acompanhe a avaliação qualitativa.

Deve delinear com a necessária clareza a compatibilidade com padrões internacionais dos critérios de avaliação, reconhecendo as especificidades das diversas áreas do conhecimento. Trata-se de definir bem o fazer-se presente no cenário internacional de pós-graduação.

Deve ser garantida a efetiva atuação dos pares como avaliadores, evitando riscos de manipulação heterônoma ou de deturpações burocrático-administrativas. Mas que a indicação dos pares para a composição dos grupos de avaliadores seja feita de forma efetivamente democrática, eliminando-se os sistemas de listas tríplices e quíntuplas, prevalecendo a ordem dos votos da comunidade. Que se garanta ao membro dos comitês o respaldo da comunidade e não apenas do representante escolhido pela Capes como coordenador do grupo.

Deve consolidar referências objetivas para os procedimentos de autoavaliação por parte dos programas, habilitando-os a essa prática e incorporando seus resultados na avaliação final.

Deve relativizar o peso da variável tempo de produção das teses e dissertações na avaliação, reconhecendo a possibilidade e a validade de ritmos diferentes para a produção científica.

## Conclusão

Resta reiterar a todos os representantes da comunidade acadêmica dos programas de pós-graduação o pedido de que continuem suas análises e estudos do atual modelo, colocando a experiência de cada um a serviço desta proposta, de interesse geral, enviando suas sugestões ao grupo gestor, encarregado pelo Fórum de Coordenadores da Anped de elaborar minuta do referido documento. É importante registrar que a nossa responsabilidade em apresentar uma proposta vem se tornando cada vez mais maior, uma vez que a própria Capes vem manifestando sua intenção de rever o referido processo, preocupação que tem sido expressa também pelo nosso comitê da área.

# 16
# O profissional pedagogo: desafios e perspectivas

*Dalva Rachel Coelho do Nascimento*

## Introdução

Deitando um olhar histórico sobre a construção dos significados do vocábulo *pedagogo*, percebemos que desde a Antiguidade ligou-se o termo à educação de crianças, passando por compreensões como: conduzi-las ao encontro do saber, ensinar-lhes aspectos fundamentais da cultura, ser o orientador de suas aprendizagens ou de desafiá-las na construção de seus conhecimentos. No entanto, neste momento em que vivenciamos profundas mudanças na sociedade, nas relações no mundo do trabalho, nas interações entre as pessoas, entre os povos e nações, nos valores, a educação não poderia deixar de ser atingida, e, no caso, afetadas foram também as compreensões sobre o papel do pedagogo.

A escola está sendo repensada à luz de novos paradigmas que surgem, norteando nosso olhar para desafios que nos são colocados e que nos deslocam de nossa posição tranquila das respostas e propostas, que antes tínhamos como certas e que davam conta da nossa profissão.

Morin (2000, p.85) nos diz:

importa não ser realista no sentido trivial (adaptar-se ao imediato), nem irrealista no sentido trivial (subtrair-se às limitações da realidade); importa ser realista no sentido complexo; compreender a incerteza do real, saber que há algo possível ainda invisível no real.

Assim, parece-me nada mais apropriado que, num congresso sobre a formação de professores, discutamos sobre nossa profissão, seus desafios e perspectivas.

## O pedagogo como profissional

Estamos nos referindo ao pedagogo como aquele que historicamente, no Brasil, foi formado pelo curso de pedagogia, voltado, na sua origem, para a formação de professores, para atuar como docente das escolas normais, de nível médio, semelhantes à escola normal superior francesa, embora com características diferentes, como nos afirma Bernadete Gatti (1993) em um de seus textos sobre a identidade do pedagogo. Contudo, a legislação foi legitimando outros interesses das classes dominantes, outros projetos societários, que acabaram por tornar esse pedagogo, além de formador de professores de 1ª a 4ª série e educação infantil, num especialista de habilitações específicas e estanques, numa formação fragmentada.

Vivemos assim por décadas, presos a uma legislação que não nos deixava outra alternativa, até que, por volta de 1989 e 1990, algumas universidades iniciam experiências diferenciadas de formação, forçando a abertura da legislação para outros contornos, retomando o desejo dos educadores de ver esse curso respondendo às demandas formativas que as escolas apontavam, tentando sair daquela fragmentação imposta, que descaracterizava a imagem do pedagogo.

Essas novas configurações experimentam propostas alternativas de formação de professores, como as da Universidade Federal Fluminense (UFF), em Angra dos Reis; outras continuaram oferecendo as habilitações anteriores, todas de uma vez e de forma integrada, ao lado da formação de professores para a educação infantil e para a educação especial, como a PUC de Campinas (Cepfe, 1994, p.181).

Muito se esperava da nova LDBEN, na esperança de que viesse legitimar essa tendência do movimento dos educadores, principalmente os das universidades públicas, dando-nos possibilidades de montar um projeto político pedagógico que não fosse fragmentário. No entanto, a nova legislação educacional não só não resolveu essa fragmentação formativa, como também aumentou os impasses, ao criar a figura dos Institutos Superiores de Educação, com as mesmas possibilidades de formação dos centros ou faculdades de educação, onde se situavam os cursos de pedagogia, nas universidades, criando nesses institutos o curso normal superior. Continuou admitindo a formação de professores, em nível médio, e como se isso não bastasse, e dada a reação dos movimentos dos educadores, manifestada de diversas formas, entre as quais em documentos apresentados nas audiências públicas do CNE, surgiu a imposição, via Decreto n.3.276, de 6.12.1999, de que a formação do professor de 1ª a 4ª série e de educação infantil se desse apenas nos ISEs, nos cursos normais superiores, decreto esse que se conseguiu modificar, revertendo essa obrigatoriedade para o *preferencialmente*, contemplado no Decreto n.3.554, de 7. 8.2000. Contudo, permanece a dualidade do âmbito formativo, podendo as universidades e centros universitários formar o professor das séries iniciais do ensino fundamental e da educação infantil em outro local que não nos Institutos Superiores de Educação e cursos normais superiores, bem como ficando as instituições isoladas obrigadas a criar esse instituto e referido curso para formar esse mesmo profissional, tendo nesse caso o curso de pedagogia o destino de formar os chamados especialistas, ou, como se diz na lei, preparar para as outras funções do magistério (parágrafo único do artigo 67). Acrescente-se a essas disposições legais que essa formação pode se dar na graduação ou em cursos de pós-graduação *lato sensu*, a critério dos Institutos Superiores de Educação (artigo 64).

Portanto, como admite Cury (2001):

> Tudo indica que, aparentemente, a lei deixou continuar antigos problemas relacionados ao nível de formação, ao lócus institucional com a formalização dos Institutos Superiores de Educação, à dualidade legal entre o pedagogo como especialista nas habilitações e o educador/docente...

Concordamos com ele de que não há dualidade entre o pedagogo especialista e o pedagogo docente, aliás, posição defendida pelos movimentos dos educadores, dentre eles o Forped, como expressos em todos os nossos documentos, uma vez que, antes de exercermos quaisquer outras funções do magistério, é necessário que sejamos primeiro professor, ou seja, docente. Defendemos a ideia de que a identidade do pedagogo passa pela docência, embora a ela não apenas se refira e se prenda, dada a natureza da prática educativa, que demanda o exercício de outras funções, a que é chamado o pedagogo, por ter também formação para responder a essas outras necessidades da realidade escolar.

A Lei n.9.394/96, das Diretrizes e Bases da Educação Nacional, utiliza-se de algumas terminologias a cujos significados precisamos estar atentos, e que Cury (2001, p.15-6) nos ajuda a compreender:

> Trabalhadores da educação são, pois, uma categoria genérica e inclui todos os que exercem qualquer tipo de serviço permanente no estabelecimento escolar. Mas ao trabalhar *a espécie* dos profissionais da educação *não inclui* ... os servidores técnico-administrativos ou agentes administrativos.
>
> Os listados no art. 64 ... *os especialistas* ... por darem suporte pedagógico direto para os que fazem da docência o exercício do magistério ... eles exercem *outras funções do magistério* ... e por se lhes exigir a experiência docente como pré-requisito para o exercício profissional de qualquer outras funções de magistério, eles fazem parte do magistério, ou seja, dos profissionais da educação.
>
> A Câmara de Educação Básica normatizou em 2 anos, no mínimo, o tempo de exercício prévio do magistério para que o profissional da educação possa exercer outras funções do magistério, conforme a CEB/CNE Res. n. 3/97. (grifos nossos)

Concordamos com Cury quando diz que, se pedagogo no sentido do artigo 64 já é ou deve ser docente, nos termos supra-analisados, não há razão para que aparatos formadores sejam dualistas. Contudo, isso não nos parece verdadeiro ao analisarmos a formação do docente das séries iniciais do ensino fundamental, ou da educação infantil, e a formação dos especialistas, por seus aparatos formadores, na legislação.

Parece-nos importante destacar a figura do pedagogo como um *profissional* da educação. Essa terminologia na legislação, referindo-se aos docentes e especialistas, é um reconhecimento, uma consagração desse tratamento que vinha sendo usado pelos educadores, desde meados da década de 1980 e início da de 1990, por um esforço conscientizador e sistematizador da Associação Nacional pela Formação dos Profissionais da Educação (Anfope). Conscientizador, porque houve e há todo um trabalho em estabelecer a visão de nosso ofício como uma profissão, com direitos e deveres, incluindo-nos na categoria dos trabalhadores e, como tal, no da educação. Uma tentativa de sairmos, na prática, das posturas de um trabalho-sacerdócio, no sentido de domesticado e tutelado, primeiramente pela Igreja e depois pelo Estado, que nos diziam o que fazer, o como fazer e o quando fazer. Sistematizador, porque esse entendimento vem sendo construído, alinhavado, inquirido, pesquisado, aclarado, de forma mais explícita, desde os anos 80, quando toda uma conjuntura política e social animava e incentivava novas posturas em direção a ações mais democráticas e abertas, denominadas de progressistas. Os sindicatos e as associações de classe se reorganizaram e ganharam forças as reivindicações por condições mais dignas de salário, de trabalho, por planos de carreira, por mudanças estatutárias, por jornadas de trabalho. Os educadores vêm buscando, ao lado de suas lutas por mais autonomia, a construção de novos conhecimentos sobre sua profissão, tanto na teoria como na prática, bem como vêm refletindo sobre suas trajetórias, nas quais vão se constituindo professores, docentes, pesquisadores, gestores em vários níveis, vão se aperfeiçoando como educadores profissionais. Portanto, o discurso do professor como um profissional veio nesse caldo de cultura, animado por um reconstruir de forças que nos dessem identidade e coragem para enfrentar os desafios da realidade, buscando respostas mais pertinentes e sintonizadas com os anseios da população.

Na Anfope, essa busca se traduziu por algo que nos unisse quanto à formação e que foi representado pela expressão *base comum nacional*, que representa princípios que devem nortear a formação de professores, em busca dessa autonomia tão desejada. A expressão *base comum nacional* foi utilizada na nova Lei de Diretrizes e Bases da Educação, sem se preservar, contudo, o sentido dos princípios que a Anfope vem trabalhando. Por isso, precisa a legislação explicitar e regulamentar o que entende por base comum nacional, para que saibamos do que se trata e se vem ao encontro do que ansiamos como algo comum, que possa unir e contribuir para a identidade da nossa profissão, de docentes/gestores, quer sejam formados na pedagogia (os pedagogos), quer em outras instâncias formativas, nos termos da lei.

O entendimento do significado do termo *profissional*, com esse sentido de autonomia que defendemos, é importante ser sinalizado, uma vez que, nos atuais estudos sobre profissionalização docente ou nos estudos sobre "a sociologia do professorado", há a preocupação de distingui-lo "das concepções do Estado neoliberal ... onde se pode produzir um efeito perverso. Ao invés de ressaltar as condições que a singularizam, [a profissão] podemos nos alinhar às forças que a querem sob controle, num estado de maior alienação" (Cunha, 1999, p.146).

O termo *professor*, segundo o *Dicionário Aurélio*, vem do latim *professore* e significa: aquele que professa ou ensina uma ciência, uma arte, uma técnica, uma disciplina. Seria muito importante fazermos um exercício de reflexão e olharmos para nossos cursos de formação de professores e indagarmos o que eles vêm confessando, o que nossos alunos, professores, todos nós, temos professado com nossos saberes, com nossas práticas. O que temos reconhecido publicamente como nossa profissão? O que temos dado a reconhecer como identitário de nossa profissão? Que compreensões temos tido e que significados temos construído com nossas relações profissionais de professores/gestores da educação?

## Desafios e perspectivas

Pensando em respostas a esses questionamentos, tenho a hipótese de que não temos do que nos envergonhar, mas parece-me que teremos muito a caminhar, nas reflexões e na continuidade desse processo sistematizador sobre nosso ofício, para que nos conduza a significados que nos libertem de um tutorismo patronal, o qual nos impede de caminhar pelas nossas próprias convicções, em direção a mais autonomia, resultante de competências por nós propostas, de habilidades e de conhecimentos por nós produzidos, socializados e sistematizados, libertos das racionalidades do Estado liberal.

A formação de professores no Brasil está atravessando um momento crítico de redefinições políticas e de redirecionamento de seus enfoques formativos, na perspectiva de preparar profissionais da área capacitados a responder aos desafios da docência e da gestão, num mundo globalizado, que exige múltiplas competências, em direção a mais autonomia. Parece que o conceito de profissionalismo mostra-se como necessário, nas mais diversas áreas da atividade humana, impondo-se como condição para se obter autonomia, para se buscar respeito e reconhecimento no campo profissional e na sociedade. Com o professor e o gestor educacional acontece o mesmo, havendo necessidade de definir a discussão em termos epistemológicos, para que haja clareza do que se quer com a profissionalização docente.

As pesquisas de educadores como Nóvoa, Zeichner, Cavaco, Alarcão, Guerrero Séron, Cunha, Gatti, Brzezinski e outros, não menos importantes, apontam-nos a necessidade de investir, com urgência, na formação de profissionais da educação que se assumam como tal, sendo atores e autores de seu processo de construção permanente, respondendo pela sua qualificação e atualização, num mercado de trabalho cada vez mais exigente. Em outras palavras, a sociedade está carente de profissionais que se assumam como pessoas em processo de permanente continuidade formativa e que possam responder às suas demandas, de maneira competente, ética e cidadã, no melhor sentido que esses termos possam exprimir.

Temos posições como as de Villa e de Alarcão, que apresentam prismas de análises bastante diferenciadas em relação a questões ligadas à profissionalização docente, à figura do professor, à escola, na sociedade. Isso para sinalizar que há pensamentos divergentes que não impedem, contudo, que a busca por melhores compreensões dessas questões se aprimorem.

A legislação traz um discurso de liberdade de construção do projeto político pedagógico dos Institutos Superiores de Educação e dos cursos, ao mesmo tempo que ainda disciplina bastante, regula o que pode e deve ser feito em termos curriculares. É verdade que avançamos, se pensarmos que nos libertamos dos currículos mínimos, das cargas horárias e das disciplinas fixas, que deveríamos constar em nossos currículos. Contudo, falta ainda maior liberdade para construirmos nossa matriz curricular, uma vez que as diretrizes predizem um contorno desejável, pelos órgãos legisladores, que não deixa muita margem para criar, para propor inovações. Falo pelo curso de pedagogia, que ainda não possui suas diretrizes curriculares publicadas, mas que já se vê bem regulado por um emaranhado de pareceres e resoluções que o regulamenta, inclusive por outras diretrizes já publicadas, como as da formação de professores da educação básica, as da educação infantil, as da educação rural, as de jovens e adultos e semelhantes.

Portanto, resta a cada instituição, a cada curso, responder às demandas de sua realidade concreta, com os seus anseios e sonhos, com criatividade, para que possa inovar em meio às exigências legais e às suas possibilidades. Neste sentido é que achamos que precisamos de mais pesquisas que investiguem e que explorem as questões ligadas aos conceitos que temos sobre nossa profissão, que levantem suas compreensões e significados, que detectem suas implicações para nossa prática, que desvelem nosso estágio de desenvolvimento profissional, entre outras questões que possam se apresentar. Precisamos construir uma epistemologia do professorado.

Séron (1999, p.48) afirma que a pretensão do profissionalismo docente parece estender-se por todos os sistemas educativos, como um reconhecimento implícito dessa carência, constituindo, hoje em dia, provavelmente no principal debate, da perspectiva do professorado, baseado na demanda generalizada e nos escassos avanços conseguidos em dita profissionalização. Prossegue com a indagação: o professorado *pode* ou *deve* se profissionalizar? Sinaliza com isso as controvérsias existentes na área como as de Burbules & Densmore e Sykes, que apontam, respectivamente, os limites da profissionalização da docência e a defesa do profissionalismo docente como uma opção de política educativa. Entre os dois, uma terceira via se apresenta pela análise do professorado como grupo de *status*. Contudo, Séron (1999, p.61-2) aponta a necessidade de se realizar uma sociologia do professorado apesar do pós-

-modernismo, uma tentativa de união das posições de Burbules & Densmore com as de Sykes:

> de maneira que possamos aventurar a construção de um novo profissionalismo docente, de acordo com as ideias educativas democráticas e dialógicas que introduza uma nova linguagem que respeite os valores do professorado e evite os efeitos não desejados, fruto da utilização oportunista do profissionalismo pelas atuais posições neoliberais.

Com essa mesma posição, Cunha (1999, p.136-46) nos alerta para que o discurso da profissionalização não seja "descolado da análise contextual do trabalho docente", concluindo pela necessidade da construção de uma epistemologia que a distinga dos enfoques neoliberais e que "realinhe a profissão nos marcos do futuro".

O momento é oportuno e necessário, pois precisamos de mais luzes sobre nosso ofício, sobre nosso papel de pedagogos, professores/gestores, sobre nossos rumos, numa sociedade que reestruture seus projetos, dentre os quais o da educação. Temos que exercer influências, fazer nossas vozes serem ouvidas, participar da construção deste novo tempo, temos que ser propositivos. Temos, portanto, os desafios e oportunidades que a legislação nos proporciona, embora pequenos, mas existentes, a realidade a nos indagar, a nos instigar e a nos cobrar respostas, os espaços de participação societários, as possibilidades de contatos e encaminhamentos de propostas e, acima de tudo, temos a oportunidade de avançar na construção de mais saberes sobre nosso ofício de professar crenças, embora cada vez mais com menos certezas, mas por isso mesmo mais ricos em buscas e tentativas de experimentar caminhos que nos conduzam a realidades menos excludentes, mais estimulantes de qualidade de vida para todos. A esse chamado, não podemos deixar de atender, a menos que deixemos escapar a oportunidade histórica de redefinir nossa profissionalização, com nossos marcos epistemológicos.

## Referências bibliográficas

ALARCÃO, I. Formação continuada como instrumento de profissionalização docente. In: VEIGA, I. P. A. (Org.) *Caminhos da profissionalização do magistério*. Campinas: Papirus, 1998. p.99-122.

CEPFE, 3. *Tempo da escola... Tempo da sociedade*, 1994.

CUNHA, M. I. da. Profissionalização docente: contradições e perspectivas. In: VEIGA, I. P. A., CUNHA, M. I. da. (Org.) *Desmistificando a profissionalização do magistério*. Campinas: Papirus, 1999.

CURY, C. R. J. *A formação docente e a educação nacional*. Documento digitado, 2001. 19p.

GATTI, B. A. A identidade do pedagogo. *Educ. & Comp. (Teresina)*, v.5, n.1-2, jan.-dez. 1993.

______. *Curso de pedagogia em questão ou a questão da formação dos educadores*. Documento digitado, 1998. 6p.

MORIN, E. *Os sete saberes necessários à educação do futuro*. São Paulo: Cortez, Unesco, 2000.

NASCIMENTO, D. R. C. do. *Formação de professores*: reflexões sobre a caminhada paulista da educação continuada (1960-1990). Piracicaba, 2000. Dissertação (Mestrado) – Universidade Metodista de Piracicaba.

SÉRON, A. G. Professorado, educação e sociedade: enfoques teóricos e estudos empíricos em sociologia do professorado. In: VEIGA, I. A., CUNHA, M. I. da. (Org.) *Desmistificando a profissionalização do magistério*. Campinas: Papirus, 1999. p.31-62.

VILLA, F. G. O professor em face das mudanças culturais e sociais. In: VEIGA, I. P. A. (Org.) *Caminhos da profissionalização do magistério*. Campinas: Papirus, 1998. p.27--47.

# 17
# Pedagogia: um estudo das mudanças sofridas na sua significação

*Maria Anita Viviani Martins*

## A historicidade da/na evolução do termo *pedagogia*

Nosso estudo está circunscrito ao exame de textos de autores que abordaram o tema pedagogia e que foram adotados em nosso país, em particular nos anos 60 e 70, nos cursos de pedagogia. Essa retomada teve o objetivo de situar o debate atual em face da construção da ideia que se difundiu acerca do que é a pedagogia e da pertinente exigência de atualizá-la em confronto com a evolução das ciências descritivas do fenômeno humano educar, nas suas múltiplas naturezas. Assim esse olhar retrospectivo buscou compreender o passado em face de sua projeção para o presente.

Sabemos o quanto as áreas disciplinares que gravitaram em torno do educar alargaram e ampliaram suas fronteiras, ensinado-nos a complexidade do manifestar-se desse fenômeno. A exemplo e para nos situarmos: tivemos oportunidade de conhecer as descrições moleculares dos fenômenos naturais; vimos as descrições relativas à psiconeuroendocrinologia, à neuropsicológica-cognitiva, e à constituição da consciência, descrições essas decorrentes de saberes pontuais, e da invasão complementar entre as disciplinas, o que ampliou horizontes para aqueles interessados na compreensão do sujeito da educação para poder projetar o educar; vimos como a ciência econômica provocou debates necessários amparando-nos na explicitação da construção democrática; vivemos transformações no intercâmbio entre as nações. É certo que esse contexto se refere à tradição da/na construção do mundo ocidental.

Entretanto, reconhecemos, essas descrições produziram uma saudável provocação, um desconforto mobilizador e indicativo da necessária revisão no interior da construção do conhecimento relativo ao educar-educação-pedagogia, porque nos ensinaram acerca da complexidade e complementaridade que participam da natureza da ação educativa. Complexidade esta que não poderia ser sacrificada ou pela ênfase no desenvolvimento operativo de técnicas, a ação em si, ou pelo exclusivo estudo das doutrinas, que, dominantes, orientaram a construção das instituições educativas.

Os autores que nos amparam, entre outros, são: A. M. Aguayo (1961), Henri I. Marrou (1966), Frederick Eby (1962), Michele Federico Sciacca (1966), Roque S. Maciel de Barros (1971), Maurice Debesse & Gaston Mialaret (1974), René Hubert (1976) Paul Monroe, (1978), Giustino Broccolini (1990), Franco Lombardi (1990), Franco Cambi (1999), Bertrand Russel (2001), Paolo Rossi (2001) e Joaquim Ferreira Gomes (2001).

Acompanhamos o desenrolar da construção da ideia de pedagogia que se alargou, através da história, encarnada sim nas ideias, ou nos saberes, mas em um contexto institucional datado, na história dos homens.

## O nome

Sabemos que é comum, ao referir-se à pedagogia, em virtude do uso, dizer implicitamente: educação-ciência da educação. Para Hubert (1976, p.7-16), há povos que não tiveram pedagogia propriamente dita, e ela aparece em época relativamente avançada da história. É encontrada na Grécia após a época de Péricles, com Platão e Aristóteles. Nas sociedades rudimentares, a educação se constitui numa iniciação ritual progressiva nas crenças, nos usos e costumes do grupo.

Etimologicamente, o termo pedagogia deriva das palavras gregas: *pais* (criança) e *agein* (conduzir), aquele que conduz a criança.

O pedagogo foi na Grécia a humilde figura do *paidagogós*, a quem em Atenas era confiada a criança a partir dos cinco ou sete anos. Até essa idade, a educação da criança em Esparta era confiada à família; em Atenas, a criança era usualmente entregue aos cuidados de amas e escravos.

O pedagogo era o servo incumbido não de instruir, mas de acompanhar a criança à escola do gramático, à escola do citarista, à palestra, de velar pela conduta e responsável pelos cuidados diários para com ela. Conforme pontua Monroe (1978, p.41):

> mal deixava os cuidados da ama, o menino grego ficava a cargo de pedagogo, um escravo ou servo a quem era confiada à responsabilidade do zelo moral e do cuidado geral sobre a criança. Muitas vezes escolhia-se alguém que em virtude da idade fosse incapaz para os serviços domésticos.

Para Henri-Irenée Marrou (1966, p.226), o pedagogo grego está entre aqueles que contribuíam para a formação da infância. Seu papel é, em princípio, modesto: encarrega-se de levar a pequena bagagem de seu amo, ou a lanterna que deve servir para iluminar o caminho especialmente nos períodos de inverno, e levar, por vezes, a própria criança, se fatigada. Tal como nos ensinam Monroe e Hubert, seu papel tinha um aspecto moral: acompanhava a criança para protegê-la dos perigos e exercia sobre ela uma contínua vigilância, "muitas vezes sentida, com o tempo, à idade da adolescência, como uma insuportável tirania" (Marrou, 1966, p.227).

Na educação romana, a mãe cuidava de seus filhos e os criava em vez de entregá-los a amas: "O menino, quando um tanto crescido, tornava-se o companheiro de seu pai, em vez de ser entregue aos cuidados de um escravo ou pedagogo, como faziam os gregos" (Monroe, 1978, p.80). No pai, o menino tinha o modelo a ser imitado. O princípio metódico da educação romana era a imitação:

> enquanto os gregos acentuavam o caráter assimilador da alma e daí buscavam resultados educativos criando um ambiente de valor cultural por meio de trabalhos públicos de arte cerimoniais religiosos, representações dramáticas e uma vida livre e franca na praça pública, os romanos acentuavam o caráter imitativo da alma e daí buscavam, sobretudo, resultados educativos, colocando diante do jovem o caráter concreto a ser imitado. Nesse contexto a função do pedagogo era de preferência controlar e dirigir, sobretudo porque sendo o pedagogo um escravo não poderia ser imitado. (Ibidem, p.81)

René Hubert (1976, p.22) amplia o sentido que o termo *pedagogo* abrigava quando, ao descrever a educação romana, afirma que "pedagogos gregos foram empregados nas grandes famílias romanas". Ora, e certamente, não se referia ao pedagogo escravo grego, mas à figura do novo personagem descrito como aquele que substituiu o ideal da educação concentrada ou no guerreiro ou no modelo ateniense no qual o indivíduo era mais importante. Esse novo personagem, descrito por Monroe, é o sofista, responsável pela introdução de novas práticas educacionais, que dava mais importância aos indivíduos. Foram eles que tentaram harmonizar o conflito entre a velha educação institucional e a nova, individualista. Monroe aponta Sócrates, Platão e Aristóteles como os filósofos gregos que buscaram harmonizar esse conflito.

De fato, Marrou (1966) pondera que a figura do pedagogo grego muito naturalmente se transforma. Transforma-se

> muito naturalmente, apesar de seu caráter servil e do pouco prestígio de que, muito frequentemente, gozava, estende sua função além da proteção negativa: ensina à criança boas maneiras, forma seu caráter e sua moralidade. Embora à margem da instrução de ordem técnica que os diversos mestres ministram (e para a qual o pedagogo contribui frequentemente na qualidade de repetidor, incumbido de ensinar as lições), é toda a educação moral que está confiada ao pedagogo, cujo papel perpetua assim, na *aristocracia* helenística, o do preceptor dos heróis homéricos.

Vê-se que, embora devamos acautelar-nos com a aproximação, os usos posteriores do termo já traziam um sentido de modo bastante ampliado do seu uso inicial. Roma agora

> pela metade do século III já adentrada no caminho das conquistas, tendo submetido especialmente a região helenizada da península itálica, sentiu que faltava alguma coisa à sua glória para que igualasse, nesse domínio, os povos que vencera. Pedagogos gregos foram empregados nas grandes famílias. Inaugura-se o ensino público da gramática. Escolas recebiam os filhos do comum dos cidadãos. Nas famílias aristocráticas ou ricas, a educação era ministrada pelos pais de família ou por pedagogos. Esses pedagogos é que iniciavam na literatura grega original. (Hubert, 1976, p.22)

Esse pedagogo, agora solicitado pelos romanos, não traz mais o inicial sentido que lhe fora atribuído, para significar aquele que intervém. A ele é atribuído o propósito de educar. O termo inicial *paidagogós* vai abandonando seu sentido restrito inicial de escravo, acompanhante, para tomar o sentido de pedagogo-educador no sentido pleno, embora permaneça sempre distinto do mestre, o ministrador da ciência (Marrou, 1966, p.227).

Vê-se também que o termo primeiro que aparece para designar aquele que intervém é *pedagogo*, ou seja, aquele que pratica, faz a pedagogia. Pedagogia é assim derivada de pedagogo. De um substantivo deriva outro substantivo: pedagogia diz daquilo que fazem os pedagogos.

Debesse & Mialaret (1974, p.14), ao discorrem acerca do sentido em que se empregam os termos educação e pedagogia, advertem-nos que: "o termo pedagogia não figura no dicionário de 1690 do abade de Chavilay, membro da Academia Francesa. O termo que aparece é pedagogo". Prosseguindo, esclarecem que pedagogo refere-se ao "mestre a quem se dá o cuidado de instruir e de governar um escolar, ensinar-lhe a gramática e vigiar-lhe as ações" (ibidem).

O vocábulo *pedagogia* documentado, e conforme esses últimos autores,

> remonta a 1495. Litré precisa, que é encontrado na Institution Chrétienne, de Calvino (1536): houve uma mesma igreja entre eles (os judeus) e a nossa, mas ela estava ainda como que numa idade pueril; entretanto o Senhor as manteve nesta *pedagogia*: não lhes dar as promessas espirituais. (ibidem).

Refere-se, como se vê, tanto à doutrina quanto à ação educativa. Pedagogia vai ganhando um sentido estritamente correspodente à educação, em virtude da conexão no espaço-tempo entre dois universos distintos unidos por uma singularidade: o homem sujeito/agente da ação educativa. Educar, ação educativa, sujeito/agente da intervenção educativa, membros de um ciclo.

Passa a ser estreita a correlação educação-pedagogia, porque do sentido "que é dado à educação depende a ideia que se faz da pedagogia, pois esta é concebida, deliberada ou tacitamente, como o conjunto dos meios postos em ação para atingir os fins atribuídos à educação" (ibidem). Agrega-se de modo explícito ao uso do vocábulo *educação* o verbo *educar*. Na verdade, o termo *educação* em nosso idioma forma-se por derivação ao agregar-se o sufixo *ção* ao verbo *educar*. Esse sufixo forma substantivos de verbos, atribuindo ao termo nova razão – ação ou o resultado dela (cf. Cunha & Cintra, 1985, p.71).

Pedagogia e educação passam a ser complementares. Na referência à educação, pulsa a pedagogia.

Poderá parecer a quem nos acompanha na construção do texto que tudo estaria resolvido após essa aproximação a que procedemos nos últimos parágrafos. Essa aproximação eliminou o intervalo de alguns séculos, ao menos seis depois de Cristo, quando a história geral e a do pensamento ocidental descrevem o domínio do Império Romano, o seu declínio, que cede ao aparecimento das instituições feudais. Bertrand Russel (2001, p.195-238) adverte-nos quanto à ênfase que inadvertidamente se deu à época que vai aproximadamente de 600 a 1000 d. C. como o período das trevas. Ou seja, a Idade

Média guarda e produz transformações que não foram irrelevantes para o nosso propósito. Transformações se dão em torno do poder, do saber, dos propósitos que definem o educar. O poder de educar troca de mãos e aquele que educa e o educar vão ganhando outra conformação. Retomemos, ainda que brevemente, esse período.

Com a decadência da autoridade central de Roma, as terras do Império Romano do Ocidente começaram a mergulhar numa era de barbarismo. A Europa sofre um declínio cultural geral. As instituições pedagógicas, tal como as demais do mundo ocidental romano, foram afetadas pelas invasões bárbaras. Entretanto, o Império Romano do Oriente não participou dessa decadência geral, na mesma medida "sobreviveu em Bizâncio o controle imperial, fazendo com que a instrução fosse mais secular do que seria por muitos séculos no Ocidente" (ibidem, p.195).

As tradições clássicas sobreviveram em certa medida, ainda que sua influência deixasse de ser contínua. No novo ciclo histórico que se inicia, a educação medieval é de grande interesse, pelo que ela distinguiu-se da pedagogia antiga. Para Hubert (1976), na *pedagogia medieval* a educação alargou-se da educação familial para a educação cívica, da educação cívica para a humana. O cristianismo é considerado a base ideológica dessas transformações, tendo substituído a concepção de base política do Império, a base cívica, ao dissociar a ideia da pessoa humana e de seu valor da de cidadão do Império e de sua dignidade.

> As invasões bárbaras tiveram como consequência o desmoronar de todas as autoridades constituídas, só a igreja ficou de pé, acrescida em poder, e a salvar como podia a cultura. Estava em sua destinação espiritual, e as circunstâncias o favoreceram, o poder assenhorear-se do homem inteiro e dar-lhe uma concepção de si mesmo e da existência, a um tempo adaptada à nova situação do mundo e naturalmente decorrente do novo sistema religioso. As escolas do Ocidente nasceram sob a pressão das necessidades sociais e, em particular, das necessidades eclesiásticas. (ibidem, p.26)

Essa particularidade é reiterada por diversos autores, como Jacques Verger (1991), Aldo Janotti (1992), Bertrand Russel (2001), Paul Monroe (1978) e Paolo Rossi (2001). Todos esses autores de forma concorde assinalam que as escolas que surgem, as das catedrais e dos mosteiros, correspondiam à necessidade da formação do clero. Nos mosteiros se incentivava algum aprendizado, o que era significativo em termos de expansão, especialmente em lugares remotos como a Irlanda. Nossos autores também estão de acordo que as escolas das catedrais e dos mosteiros foram os modelos institucionais permanentes. Ao lado das escolas dos mosteiros e das catedrais, surgem também as escolas leigas que, entretanto, não se igualaram em número às confessionais. Ambas surgiram como resultado de pressões práticas segundo a necessidade do momento. Nelas o fundamento do ensino era as artes liberais do *trivium* – gramática, retórica e dialética – e do *quadrivium* – matemática, geometria, música, astronomia e teologia. Elas acabaram por se confundir nos seus ideais. A escola leiga é uma prática desinteressada do saber, já que é fonte do desenvolvimento do eu, à margem da ordem clerical, todavia impregnada de valores morais e religiosos que escondiam certo desejo político de dominação da Igreja e do Estado.

Nas escolas leigas, o professor era designado filósofo, talvez para distingui-lo do escolástico. O professor filósofo é o personagem que começa a descortinar-se. Era uma classe especial de ser que, pela procura desinteressada da verdade, atingia a verdadeira grandeza humana, que é o desenvolvimento da natureza, confiança em si, virtude e força (Martins, 1994). Esse professor filósofo vai se destacando cada vez mais, e provavelmente desse movimento resultará mais tarde o aparecimento de Descartes, Newton.

A educação religiosa é a mais forte instituição educativa pela qual se transmitia a cultura, o ler e o escrever. No entanto, era no mais das vezes um ensino bem modesto, técnico, que visava corresponder às necessidades mais imediatas "de ler, escrever, conhecer a Bíblia" (Marrou, 1966, p.513). O empenho maior dessas escolas é afastar seus discípulos da cultura profana e associar a educação literária, isto é, geral, à educação religiosa, que deveria formar o aluno nas letras e nas virtudes. No professor, o pai espiritual, é que reside a essência mesma da escola. Essas escolas praticavam a pedagogia escolástica. Não seria suficiente pontuar-se apenas isso, já que o movimento cristão romano penetrou e propagou, em toda Europa até a Irlanda, os ideais da educação escolástica. Excluindo-se as escolas leigas, em todos outros lugares as escolas estavam sob o domínio da Igreja. A escolástica foi hegemônica na Europa.

O objetivo da escolástica era apoiar a fé na razão considerando-se a fé superior à razão; era revigorar a vida religiosa e a Igreja pelo desenvolvimento intelectual. De modo geral, o alvo da escolástica era sistematizar o conhecimento, mas, para o pensamento escolástico, o conhecimento era em primeiro lugar de caráter teológico e filosófico (Monroe, 1978, p.120). De certo modo, o movimento escolástico "precisa funcionar dentro da órbita da ortodoxia" (Russell, 2001, p.212).

A filosofia então passou a estar intimamente ligada à Igreja. Platão e Aristóteles foram inspiradores desse movimento. Para Platão, o realismo, ou seja, as ideias e os conceitos universais constituíam a única realidade aceita pelos escolásticos ortodoxos. Para Aristóteles, o nominalismo e a teoria de que as ideias ou conceitos universais são apenas nomes e que a realidade consiste nos objetos individuais concretos. A influência de Aristóteles aos poucos substitui a de Platão, há grande repercussão entre os platônicos e aristotélicos, especialmente nas questões relativas à doutrina da Igreja Romana; as questões relativas ao poder do imperador e ao poder do papa. Estamos já em torno do século XIII.

O grupo de escolas leigas conviveu com a ambiguidade de depender/libertar-se da tradição eclesiástica associada à nobreza, mas não só nos objetivos de sua atividade. Por que ambiguidade? Certamente, pelo não abandono do caráter da fé, da verdade revelada, mantendo-o implicitamente, mesmo porque se cria o impasse da separação entre ciência, como conhecimento do mundo sensível, e a sabedoria, que é a revelação pela iluminação do mundo invisível. É o que afinal acabará por acontecer em Oxford, onde, desde o século XII, já ocorriam pesquisas científicas do tipo experimental-empírico. A essa indefinição, associava-se outra: a de que "o saber é um dom de Deus que não pode ser transmitido por dinheiro sob pena de simonia: o ensino deve ser gratuito" (Verger 1990, p.68). Observa-se, desse modo, que, além dos professores eclesiásticos e dos leigos das escolas espontâneas, firma-se uma terceira vertente em decorrência inclusive das necessidades dos aparelhos do Estado. A essa terceira vertente, estão associados os intelectuais que, alimentados pela nobreza ou pelo clero, enveredam pela pesquisa científica. Exemplo disso, em Oxford, é Rogerio Bacon (1214-1294), frade franciscano que faz descobertas em ótica, dando os primeiros exemplos de uma física matemática, iniciando o desenvolvimento autônomo de uma filosofia natural, puramente racionalista, com cunho de pesquisa científica, mas, ainda, numa tentativa de conciliar "os elementos inteligíveis do mundo para iluminar com luzes naturais da filosofia uma fé à procura não somente de salvação, mas de compreensão" (ibidem, p.83).

No final da Idade Média, os intelectuais tinham já algum alcance social, de modo que o ensino torna-se um assunto de especialistas. Ainda nessa perspectiva de filosofia da natureza, não puramente especulativa, mas de observação experimental apoiada na física e na matemática, aparece na Universidade de Pádua Galileu Galilei (1564-1642), um dos criadores do moderno mundo científico; aparece Isaac Newton (1642-1727) em Cambridge; Descartes (1596-1650) e seu racionalismo e sua derivação à matemática e às artes mecânicas. Outros nomes poderiam ser lembrados, todavia estes são o suficiente para ter a visão do caminho de especulação que se firma ensejando assim uma terceira vertente, que habitual e genericamente está num dos lados da dicotomia estudos literários *versus* estudos especiais; artes liberais *versus* artes mecânicas.

Essa terceira vertente, paulatinamente, definiu-se como um campo de especulação independente da dicotomia inicial, o da verdade revelada, da fé e do humanismo literário, não confundido ao humanismo clássico, em oposição aos interesses práticos da burguesia comercial emergente no século XII. Porém, não é sem dificuldade que se fez uma aproximação desse tipo. Essa terceira vertente é resultante *tanto* das mudanças sociais ocorridas na Europa a partir do século XII – e consequentemente a isso a alteração da hegemonia entre a nobreza, o clero e a burguesia, com a reafirmação da burguesia como classe *hegemônica*, que luta politicamente pelas suas motivações – *como* pelas mudanças culturais, isto é, pela implantação de outro humanismo não mais vinculado ao metafísico, mas à física, às explicações do mundo material. Esse grupo que acabamos de citar é adotado culturalmente como filósofos e traz a consciência da especificidade do seu trabalho intelectual, diferentemente do cavaleiro, dos eclesiásticos. Rigorosamente, o filósofo era considerado um trabalhador, seu trabalho era a pesquisa e o seu ensino, desinteressado – isto é, ideologicamente desinteressado –, eticamente um profissional de pesquisa que não se interessava particularmente pela fé ou pelo poder do Estado. Ciência era designada genericamente como filosofia (lógica, física, metafísica e moral) e consequentemente aquelas que seriam a aplicação dos princípios filosóficos: a medicina e a jurisprudência.

O que acontece a seguir?

Nas transformações que já apontamos desde o pedagogo grego, o escolástico, o filósofo-professor, passando pelo professor leigo, chegando ao professor profissão, e ao cientista-professor, conflitos se mantêm:

- Persistia o preconceito pelo trabalho manual.
- O caráter livresco e teórico acentua-se, embora a universidade da Idade Média tenha se esforçado para fazer passar a cultura do mundo do lazer estudioso e o da prece para o mundo do trabalho. Não se logrou levar o mundo das artes mecânicas ao da cultura, em condições de semelhante importância.

- Persistiam aqueles que discordavam da ideia de trabalho intelectual. Viam no magistério uma atividade benévola, vocacionada e inspirada, à qual não cabia remuneração. O que se aprende é que, em particular, as universidades aristocratizaram-se, em virtude dos cargos, ocupados pelos docentes, nos serviços da nobreza. Consequentemente, desenvolveu-se no final da Idade Média a ideia de uma equivalência de direito entre doutorado e cavalaria, ciência e nobreza. Ciência e nobreza eram iguais em importância, o que chegou a ser reconhecido pela nobreza: "Em Bolonha o reitor recebeu o direito de usar a espada e de ser acompanhado por soldados armados" (Verger, 1990, p.148). Assim, o caráter aristocrático da universidade é reforçado e os professores tornaram-se a classe togada.

Esse desejo dos professores de assimilaram-se à nobreza contribuiu para que se desacreditasse a ideia de professor doutor como profissional do saber. Para o nobre, trabalhar para ganhar a vida era aviltar-se. Assim, o doutor, como o nobre, quer viver de renda.

Muitos professores acreditavam que para eles, assim como para os nobres, a atividade conveniente era servir ao príncipe, no que muitos professores abandonavam o ensino e se entregavam a atividades mais nobres. Vão da cultura do trabalho à cultura do lazer. É possível admitir que aqui fica claro o desprestígio da ideia do professor como empenho profissional, do saber como um trabalho, considerando-se o divórcio entre ciência e ensino, pesquisa e ensino.

Sempre é oportuno retomar o que representava a burguesia nessa evolução histórica. Da burguesia comercial surge a burguesia do capital. Duas revoluções industriais marcaram o intervalo que vai do século XV ao IX: a revolução de 1760 com o desenvolvimento da indústria têxtil e a utilização do ferro e do vapor, e a segunda de 1850, com automatização, a especialização, uso dos derivados do petróleo e a eletricidade.

Essas "revoluções" traziam a necessidade histórica da passagem do trabalho manual para a produção mecânica, e os espíritos mais avançados animavam-se à procura do domínio da técnica e de invenções suscetíveis de trazer uma solução nova para os problemas da produção.

O regime feudal já tinha cumprido o seu tempo. Não correspondia mais à evolução social e econômica, admitindo-se até que aquele modo de produção da riqueza trazia sérios entraves para o desenvolvimento das forças produtivas. A Revolução Francesa é o movimento que expressa a atualidade desses propósitos.

A Revolução Francesa, no entanto, não teria a importância que teve se fosse somente pela alteração do modo de produção da riqueza. As diferenças de classe provocaram uma luta revolucionária que foi acompanhada por um espírito de luta contra as posições ideológicas do regime absolutista e feudal. As ideias da Revolução Francesa provocarão alterações nos projetos de educação, que influenciarão o Ocidente, ou seja, o desenvolvimento das ciências, das ciências da natureza e não apenas a matemática, de todas as ciências do homem e não apenas a lógica, enfim todas as ciências que deveriam servir à formação do homem e das práticas sociais e, assim, o desenvolvimento das ciências e das técnicas que justificavam a noção de progresso. Afinal, o progresso era o efeito dessas luzes. O ensino napoleônico interessava-se muito mais por progressos no plano técnico que por "lucubrações especulativas e desinteressadas" (Hubert, 1976, p.79); inclinava-se para uma educação realística.

A verdade não está fora do homem, está nele. A verdade é dependente das realidades contingentes. O princípio das convicções está na razão humana, pode-se dizer que essa razão é a síntese do racionalismo puro de Descartes, do experimentalismo de Francis Bacon e de Newton. O interesse maior era formar o homem preparando-o para a vida, por meio de uma cultura cujo objetivo era fornecer meios intelectuais necessários para compreender e explorar a realidade.

O ensino, em particular o superior, foi remodelado com um caráter utilitário e profissional.

Nota Hubert que esse racionalismo é resultante da síntese do empirismo, do racionalismo e do naturalismo, que introduz as ciências da natureza, as matemáticas e uma filosofia de ação pragmática quando põe em relevo os ofícios e profissões associando as artes mecânicas às ciências puras, quebrando a oposição entre educação liberal e educação profissional e introduz uma filosofia da história baseada na ideia do progresso.

Em breve, essas intenções radicais esvaziam-se diante das vicissitudes e reafirmam-se outra vez as humanidades greco-latinas. Permanece, todavia, o ensino das matemáticas e das artes mecânicas, e não se abandonou a relação com a ideia prática de produção, pois a França, como se disse, vivia em espírito de "modernização" pelo ímpeto do desenvolvimento do capitalismo não mais feudal, portanto comercial.

Torna-se clara a distinção entre estudos desinteressados e interessados, aliás, em oposição, pois os interessados, como o direito e a medicina, não estavam subordinados à ideia da verdade revelada e à Fé. Essa oposição recebe outra designação de artes liberais e artes mecânicas (práticas) quando as ciências da natureza impõem-se ao ensino das letras e das humanidades clássicas. Nesse processo, foi possível identificar nessa oposição a disputa, agora, entre aqueles tradicionalmente incluídos como filósofos (tal como Descartes) e os afilhados dos nobres originários ou não da Igreja, com evidente supremacia sobre as humanidades clássicas.

Subitamente, passa-se a adotar na literatura os termos: estudos *práticos leigos, especiais e interessados*, aqueles que derivaram para as *artes mecânicas*, diferentemente dos estudos *desinteressados*, isto é, as artes liberais, os estudos independentes, incluindo-se aqui a filosofia, as letras, as ciências humanas. O caráter *teorético* da razão da especulação confere-lhe a liberdade em oposição à dependência, à limitação dos estudos especiais interessados. É possível que essa ambiguidade tenha sido um dos motivos de prestígio cultural que, associados à tradição eclesiástica, produziu o recuo do ímpeto modernista das mudanças napoleônicas na educação.

Essa disputa deixa-nos ver a dificuldade que persistiu por muitos séculos na explicitação da natureza da opção para definir a ação, provavelmente porque forças políticas igualmente consistentes a controlaram e perseveraram historicamente na sua manutenção.

A compreensão da convivência das oposições entre o caráter especulativo e o caráter da ação favorece-nos na visibilidade de certa ambiguidade não resolvida. Seria possível resolvê-la? Ou, ainda, a convivência de ambas oposições não é o ser próprio das interações pedagógicas, e assim do homem em situação educativa?

Além das transformações que ocorreram na ordem geral do conhecimento, poderemos destacar aquelas que nos auxiliaram nesse exercício de compreensão e explicitação da prática humana de educar designada pedagogia. Uma delas foi a gradativa substituição da ideia restrita de pedagogo como condutor da criança; outra, a estreita correlação entre educação/pedagogia; outra foi o aparecimento do professor leigo/confessional vinculado aos movimentos do período medieval e a forte influência doutrinária do pensamento filosófico nas ideias pedagógicas, aliás, vínculo este já anteriormente estabelecido na Grécia. Há uma "longuíssima simbiose que ligou filosofia e pedagogia" (Cambi,1999, p.29) e, finalmente, o surgimento de doutrinas pedagógicas também incrustadas no período que acabamos de apresentar.

Do século XVI ao XIX, há rica produção de conhecimento que vai conformando melhor a descrição da área de conhecimento, agora sob o enfoque na escola e nas doutrinas pedagógicas de maior número de representantes que teorizaram sobre o fenômeno educar, seja sob o enfoque didático, metodológico, como Comenius, Ratichius e posteriormente Decroly, seja sob enfoques que relacionaram as características do sujeito da aprendizagem, ensaiando teorias do desenvolvimento, como Froebel, Montessori, que desembocam em Piaget no século XX, seja ainda sob o enfoque social crítico de Montesquieu, sob o de Rosseau, contrário à autocracia e à defesa em favor da aprendizagem agradável e facilitada.

Alguns outros nomes, considerados como teóricos da educação, poderão ser lembrados por nós. Rabelais (1483-1553), um humanista que, em *Gargântua e Pantagruel*, de modo satírico expõe a educação conforme o estilo medieval/escolástico, ridicularizando o tempo gasto em ensinar aos jovens e a completa tolice do que era ensinado. "Gracejando, Rabelais prenuncia uma era de liberdade individual. Espontaneidade e interesse são substitutos para o formalismo e autoridade; o mundo da natureza e da vida cotidiana, para a sala de aula; raciocínio, no lugar da memorização rotineira" (Eby, 1962, p.48).

Montaigne (1533-1592) atacava severamente a educação recebida na escola. Acusava-a de entulhar a memória e negligenciar a formação moral. Desacreditava a pura memória, insistiu que somente o útil deveria ser ensinado. Montaigne publicou os *Ensaios*, obra que provocou impacto somente em época posterior. Rathichius (1571-1635) e Comenius (1592-1670), este denominado "o profeta de princípios e métodos modernos". Comenius postulou o que era necessário para um bom ensino: bons livros de texto, bons professores e bons métodos. Estava convencido de que a educação é um processo indispensável pelo qual os jovens ganham a sua humanidade. Deu grande realce à necessidade de um bom ensino, sugerindo planos para a organização educacional/escolar. Rathichius, à semelhança de Comenius, propõe princípios de ensino, sugerindo que se deve considerar a ordem natural que a mente da criança segue na aprendizagem; se deve ensinar somente uma coisa de cada vez; cada coisa deve ser frequentemente repetida; tudo deve ser ensinado primeiro na língua materna; tudo deve ser aprendido sem violência; nada deve ser aprendido de cor; deve-se considerar mútua conformidade de todas as coisas; primeiro a própria coisa, e depois a explicação da coisa, tudo por experiência e investigação de partes, num evidente embate com a pedagogia escolástica.

No século XVIII, há nomes como Herbart, Pestalozzi, Froebel, entre muitos outros, que completam e fortalecem a teorização *sobre o ensino, as instituições educativas, a educação*, oferecendo expressivo material ao pensamento pedagógico.

Diferentemente da especulação anterior, a produção deste grupo de teóricos da pedagogia, como já destacamos, coloca no foco da sua construção a abordagem acerca do ensino, da didática, da metodologia, da organização escolar, da escola, dos conteúdos do ensino, formulação esta, sem dúvida, distinta do outro enfoque que centrou sua investigação teórica no debate das ideias. O delineamento da construção pedagógica esteve subordinado apenas à sucessão de ideias perenes, sobre o pensar o pensado e não sobre o pensar pensante, paralisa o entendimento de que a educação se realiza num ambiente humano de onde se materializa a construção da nossa humanidade. A construção da nossa humanidade abriga também a presença de práticas, de instituições, de ideologias.

## A existencialização da pedagogia

Parece-nos que o volume de produção pedagógica ao longo desses quase dois milênios consolida e nos assegura da construção do discurso pedagógico. Vê-se que, ao debate inicial doutrinário de cunho particularmente filosófico, acrescenta-se a especificidade do ato educativo institucionalizado na escola. A pedagogia permanece como elemento da cultura e que, na trama da sua construção, vai paulatinamente, mas não permanentemente, incluindo a prática educativa. Recorde-se, a exemplo, a inclusão de Herbart, Comenius, Froebel, Montessori como teóricos da educação cada vez mais se aproximando da intervenção educativa, porque sabidamente sugerem metodologias de ação. A modulação na construção dessa especificidade do educativo, provavelmente, deve-se ao jogo de forças aparentemente antagônicas justificado historicamente pela oposição em particular ao metafísico-religioso, ao metafísico-empírico, que vai perdendo espaço para outras teorizações.

Cambi (1999, p.212-6) designa essa evolução como resultante do pluralismo dos paradigmas:

> São os modelos sociopolíticos e científicos de pedagogia que irrompem ao lado do modelo metafísico, que corroem sua hegemonia e dão lugar a um processo intensamente dialético que afina a teorização pedagógica ... produzem uma complicação à pedagogia cada vez mais acentuada em razão do pluralismo conflitual dos paradigmas sobretudo metafísico, político-social e científico.

Os novos elementos adicionados ao pensamento pedagógico, como o antropológico-filosófico, o psicossociopolítico, o técnico-didático, alteraram e produziram rupturas no pensamento pedagógico tradicional centrado num único modelo teórico ao mesmo tempo e por isso mesmo reafirmam a pedagogia (Broccolini, 1988, 1990; Lombardi, 1990).

Ao propósito inicial de acompanhar as mudanças sofridas na representação do sentido de pedagogia, resta colocar a necessidade de se destacar a emergência de uma pedagogia libertada dos esquematismos. Disso advém a exigência de submeter a atualidade da pedagogia a um processo de hermenêutica demitizante (Broccolini, 1988) como propedêutica para uma nova consideração dos fatos educativos, para proceder ao exame do fenômeno educação como um fenômeno que se produz no movimento, a identificá-lo como um discurso aberto, como um processo, como uma atividade (Martins, 1994).

Igualmente, a análise semântica do termo *pedagogia* nos autoriza a colocar em evidência a conexão dialética potencial entre o educar e a educação, entre a intervenção educativa e o desenvolvimento humano. A essência da pedagogia é a criação daquilo que interessa ao processamento da intervenção na situação educativa. Sem a pedagogia não se poderá falar em ciência da educação. É a pedagogia que reelabora na situação educativa os resultados das ciências que de algum modo se orientam para o desenvolvimento do homem.

A pedagogia como ciência geral da educação representa o fundamento teórico, seja das ciências da intervenção, seja das do desenvolvimento, sem que se esgote em cada uma delas constituindo-se esta a sua característica: a sua natureza transdisciplinar. Fundamentalmente, a transdisciplinaridade interessa à fenomenologia educativa, isto é, à natureza própria da pedagogia, ou seja, criar e recriar na situação educacional (*educare*) favorável ao ôntico e ao ontológico.

## Referências bibliográficas

AGUAYO, A. M. *Pedagogia científica:* psicologia e direção da aprendizagem. São Paulo: CEN, 1961.

BARROS, R. S. M. *Ensaios sobre a educação*. São Paulo: Edusp, Grijalbo, 1971.

BROCCOLINI, G. *Prolegomeni allá demitizzazione pedagógica*. Napoli: Edizioni Scientifichi Italiane, 1988.

______. *Pedagogia:* nomenclatura e problemática. Napoli: Edizioni Scientifichi Italiane, 1990.

CAMBI, F. *História da pedagogia*. São Paulo: Editora UNESP, 1999.

DEBESSE, M., MIALARET, G. *Tratado das ciências pedagógicas*. São Paulo: CEN, Edusp, 1974.

EBY, F. *História da educação moderna*. Porto Alegre: Globo, 1962.

GOMES, J. F. *Novos estudos de história da educação*. Coimbra: Quarteto, 2001.

HUBERT, R. *História da pedagogia*. São Paulo: CEN, MEC, 1976.

JANOTTI, A. *Origens da Universidade*. São Paulo: Edusp, 1990.

LOMBARDI, F. *Temi e problemi di pedagogia moderna*. Napoli: Casa Editrice Il Girasole, 1990.

MARROU, H. I. *História da educação na Antiguidade*. São Paulo: Herder, Edusp, 1966.

MARTINS, M. A. V. *A distância entre a universidade e o ensino de primeiro grau naquilo que é específico a ambas:* a educação e a docência. São Paulo, 1994. Tese (Doutorado) – Pontifícia Universidade Católica.

______. Compreendendo o discurso pedagógico. In: BICUDO, M. A. V. *Formação de professores?* Da incerteza à compreensão. Bauru: Edusc, 2003.

MONROE, P. *História da educação*. São Paulo: CEN, 1978.

ROSSI, P. *O nascimento da ciência moderna na Europa*. Bauru: Edusc, 2001.

RUSSEL, B. *História do pensamento ocidental*. Rio de Janeiro: Ediouro, 2001.

SCIACCA, M. F. *O problema da educação na história do pensamento filosófico e pedagógico*. São Paulo: Herder, Edusp, 1966. v.1-2.

VERGER, J. *As universidades na Idade Média*. São Paulo: Editora UNESP, 1990.

______. *Cultura, ensino e sociedade no ocidente*. Bauru: Edusc, 2001.

# 18
# Pesquisa colaborativa: um foco na ação formadora

*Manoel Oriosvaldo de Moura*

Duas razões podem estar associadas à necessidade de atentarmos para a formação dos profissionais da atualidade: a rápida expansão da produção de conhecimentos e a luta desses profissionais para se manterem num mercado altamente competitivo. Embora essas duas razões possam ser igualmente justificáveis para a formação de professores, corremos o risco de sermos, no mínimo, simplistas se não considerarmos a complexidade do objeto principal do professor: o ensino. Contínuos questionamentos sobre a qualidade da educação são indicadores do quanto ainda nos falta para compreendermos o fenômeno da educação escolar e, particularmente, a formação do professor.

A consciência sobre o grau de complexidade da aprendizagem da criança chegou mais tardiamente à perspectiva da formação do professor. As bases teóricas que passaram a fundamentar um ensino que considere o aluno na perspectiva de sujeito foram fundamentais para o desenvolvimento de propostas educativas que relevam o papel das trocas simbólicas no universo de suas vivências culturais. A pergunta sobre o modo de ser professor também se tornou necessária. O professor como profissional que lida fundamentalmente com trocas de significados passou a ser visto como aprendiz que carrega os elementos que constituem a sua individualidade construída em determinada cultura.

Aceitar que o professor é pessoa (Nóvoa, 1992) tem sido central nas propostas que têm a formação do professor como foco. O surgimento recente de expressões como *comunidade de aprendizagem, professor reflexivo, escolas reflexivas* etc. é revelador do quanto as teorias, que até então se aplicavam à formação dos estudantes, passaram a ser incorporadas na perspectiva da formação do professor. Investigar a formação do professor como um processo contínuo e que considere o seu universo de formação imprimiu uma nova necessidade aos pesquisadores: a de integrar-se ao ambiente próprio do professor como parte do fenômeno que pode causar movimento de formação. No caso do desenvolvimento profissional do professor, trata-se de entender como as ações organizadas para a realização da educação escolar podem revelar esse desenvolvimento. Assim, cabe aos investigadores construir instrumentos de pesquisa capazes de revelar os elementos constitutivos do desenvolvimento profissional que fundamentem a criação de políticas públicas para a melhoria da educação escolar.

Entendemos que a discussão sobre a formação do professor passa necessariamente pela nossa compreensão sobre o seu objeto. Isto é, temos de definir qual é o objeto do professor para que possamos definir parâmetros para análise da sua formação e, a partir daí, definirmos novos modos de realizar a sua formação. Se for verdade que os sujeitos se fazem ao construírem os seus objetos, devemos tomar essa máxima como a que poderá nos guiar no entendimento sobre o nosso papel de formadores de professores. E estes lidam, fundamentalmente, com o conhecimento na sua perspectiva mais refinada, mais abstrata: a palavra, que é o conceito na sua mais alta abstração (Kopnin, 1978).

Sujeitos que lidam com o conceito como ferramenta precisam ter acesso a meios que os levem ao entendimento de seu objeto de modo muito preciso, pois necessitam dar significado ao que ensinam para que os seus educandos possam ver sentido naquilo que lhes dizem ser importante de aprenderem. Aqui nos parece que está o primeiro e principal problema que devemos abordar na formação do professor. Este é um profissional que poderíamos chamar de criador de sentido para o que é ensinado e sua ferramenta principal é a palavra.

Quando falamos de sentido e significado, estamos nos referindo às contribuições de Leontiev (1978, 1983, 1988) ao discutir sobre o conceito de *atividade* como o fundamento do desenvolvimento humano. As necessidades são o motor do desenvolvimento dos sujeitos. Estes, nas relações que estabelecem entre si e com o meio circundante, veem-se diante da necessidade de dar respostas objetivas aos problemas que os afligem. São os motivos dos sujeitos que os colocam diante da necessidade de se organizar para a realização de um conjunto de ações munidos de instrumentos manejados com determinada destreza. É a articulação entre motivos, ações e modo de ação que constituem a atividade. Realizá-la requer o motivo mobilizador do sujeito ou de sujeitos que atuam em determinada coletividade com necessidades comuns. É na atividade que está presente o conceito de sentido e significado. Os sujeitos, para realizarem uma atividade, precisam compreendê-la como aquilo que vai satisfazer as suas necessidades. É preciso que essa atividade tenha um sentido pessoal, pois, de algum modo, foi desencadeada por um motivo que o moveu ou que pode movê-lo.

Mas como nascem os motivos? É aqui que entra a atividade do professor como o criador de motivos. E novamente estamos diante de uma outra pergunta: quem motiva o professor? É preciso resolver essas duas questões com certo rigor teórico para que desenvolvamos as nossas possibilidades de continuarmos a formar professores e assim responder a uma outra necessidade: dar significado a nossa ação de formadores de professores. Pois, afinal, quem nos motiva a ser formador de professor?

O cenário que se apresenta para os que têm como objeto a formação do professor é o entendimento sobre o que move o professor para continuar a ser professor e como este entende ser o seu processo de formação. E mais, de que modo o professor pode ter uma aprendizagem contínua como sendo uma necessidade movida pelo seu motivo de der profissional? Entender esse processo deve permitir um posicionamento crítico ante a visão utilitarista, do modismo ou da resposta fácil à necessidade da formação contínua. A perspectiva utilitarista na constituição dos motivos talvez seja o que menos importa. Nós precisamos satisfazer as nossas necessidades vitais, mas estamos já muito além das possibilidades da satisfação de nossas necessidades básicas e fundamentais do alimento e da nossa proteção corporal.

A nossa busca de sentido pela vida talvez seja o que mais nos aflige e talvez o que mais pode nos mobilizar na perspectiva de nos constituir, como coletivo, para a satisfação do que pode ser a nossa necessidade básica de hoje: o sentido para continuarmos buscando um rumo para a humanidade. E esse rumo não pode ser o que hoje nos parece o mais provável: a nossa iminente autodestruição.

Discutiremos uma perspectiva para a formação de professores a partir da pesquisa (Garrido et al., 1998) que realizamos numa escola pública de São Paulo com o objetivo de investigar o processo de formação continuada dos professores de um centro de formação de professores das séries iniciais.[1] Foi na convivência com os professores, ao realizarem o seu trabalho, que procuramos investigar as ações formadoras.

Tomemos como foco de nossa discussão os conceitos de atividade e, principalmente, os de sentido e significado. O nosso pressuposto básico é que a escola é o lugar de produção e troca de significados constitutivos de sentido das ações dos sujeitos que realizam a atividade educativa. Procuramos compreender o modo de o professor construir e utilizar o seu objeto: a atividade educativa. Nessa busca, atentamos para um pressuposto da perspectiva histórico-cultural de que o homem se faz ao produzir os seus objetos e que, ao produzir os seus objetos, ele produz também as suas significações cuja expressão máxima é a palavra.

Outro elemento de nosso referencial de análise é a própria noção de que, se estamos tratando da formação de um profissional, buscamos algo que nos dê indício dessa formação. Procuramos identificar se esse profissional está ou não mudando de qualidade e se é possível acompanhar essa mudança no sentido de fazer que ele entenda o seu processo de aprendizagem e adquira certa autonomia para continuar a mudar. No caso do professor, procuramos entender como este se mobiliza (Charlot, 2000) para uma contínua necessidade de aprimorar os seus meios de produzir o seu objeto: atividades de ensino, motivos para que os outros também se mobilizem para aprender.

Para fazermos essa análise, é preciso que criemos um modo de observar o professor no movimento de criação do seu objeto. A qualidade das ações deve ser observada nos objetos produzidos e no modo de produzir do professor, tal como o fazemos com qualquer profissional que exerce uma atividade que tenha como objetivo a produção de um objeto concreto. Tomemos um cuidado necessário: formar pessoas não é construir objetos concretos. As pessoas são singulares e é essa singularidade que queremos afirmar, que queremos que continue a existir na sua plenitude, mas que tenha no coletivo o referencial de seu desenvolvimento, já que a existência isolada não tem razão de ser.

O que queremos enfatizar é que a análise da atividade dos sujeitos precisa ser feita segundo um critério que nos permita fazer referências mais objetivas, sem especulações. É com esse objetivo que lançaremos mão, como

1 Trata-se de uma pesquisa realizada com financiamento da Fapesp, no âmbito do Programa de Apoio à Escola Pública. Esse projeto, coordenado por Selma Garrido Pimenta, foi desenvolvido de 1996 a 2000, em conjunto com as professoras Eloisa Dupas Penteado, Elsa Garrido, Manoel Oriosvaldo de Moura e Mariazinha Fuzari no Cefam de Pirituba, bairro de São Paulo.

veremos com mais detalhe, do conceito de isolado de Bento de Jesus Caraça (1998). Esse autor toma o conceito de isolado para analisar mudanças qualitativas delimitando parte de um todo de modo que seja possível acompanhar com mais objetividade as mudanças qualitativas no seu interior. Essas mudanças, ainda segundo o autor, são realizadas movidas por determinadas ações que se interatuam, promovendo um movimento qualitativo nos elementos que tomam parte do isolado.

Explicitadas as nossas referências, podemos iniciar a nossa descrição e análise do projeto que desenvolvemos com o objetivo de promover ações que pudessem contribuir para a formação contínua de professores em seus locais de trabalho. Analisamos o movimento da formação na escola a partir do que entendemos serem as interdependências das ações promovidas para a realização da educação escolar como atividade dos sujeitos que constituem uma comunidade de ensino e aprendizagem.

## O movimento da formação

Analisar os processos de formação de um profissional requer referencial constituído por um conjunto de crenças que sustentam a análise do significado de formar-se. Investigar os processos de formação tem, assim, forte componente ético e ideológico do investigador. Trata-se, no fundo, de um processo de avaliação e este tem como componente básico o aspecto ideológico.

Pelo forte componente ideológico, torna-se imprescindível que se explicitem quais as características do profissional analisado que estão sendo avaliadas. Neste trabalho, trata-se de professores. Estes têm por finalidade cumprir com objetivos educacionais que, supostamente, o Estado tem definido como prioritários para fazer que os seus membros vivam cada vez mais integrados ao conjunto de tarefas sociais e sintonizados com as metas da coletividade.

O nosso pressuposto básico é de que o professor se forma ao interagir com os seus pares, movido por um motivo pessoal e coletivo. No seu motivo pessoal, está o conjunto de saberes e expectativas sobre a vida e os rumos que acredita serem válidos para empreender o seu trabalho. Os motivos coletivos são dados por acordos que se estabelecem entre os que constituem a escola como grupo. A comunidade educativa é, assim, a referência para o professor como profissional. São as ações do profissional que balizarão o seu nível de formação com base no acordo estabelecido na constituição da comunidade dos que fazem a escola.

Acreditar que o seu trabalho de educador é de grande importância na formação de um educando exige comunhão com um conjunto de ações coletivas que potencializarão as ações individuais para a concretização de um projeto formador. Ações isoladas dão pouca consistência e visibilidade aos resultados das atividades educativas. Assim, o objetivo coletivo é menos claro para o professor. Quando este não se estabelece, sobram os componentes individuais e as formas profundamente egoístas de agir apenas em benefício próprio. Quem dá o sentido da humanização é o projeto que organiza referenciais para o professor construir o seu projeto, tendo como objetivo o produto que busca para o grupo e, consequentemente, para ele também.

Acompanhar o processo de formação do professor implica então tomar um ponto de referência. Esse é parte do plano de vida que o professor realiza e do compromisso assumido por um grupo, ao qual está associado, para realizar um projeto educativo. O sujeito que assume determinado papel na realização de uma ação que visa cumprir um objetivo estabelecido o faz, coletivamente, como um projeto pessoal, mas sabe que as suas ações serão, também, avaliadas por outros. Será julgado pelos resultados que sua ação vier a promover e a concretizar.

A comunidade educativa, numa perspectiva sociológica, é a referência para o professor. É com base nos referenciais éticos e culturais que o professor será avaliado no seu processo de formação. Desvendar os fenômenos da formação é, na verdade, estabelecer indicadores e criar modos de visualizar as ações do professor na sua comunidade educativa. Ele precisa saber qual o seu papel e assumir que suas ações poderão impactar a realidade em que atua. Mas é o processo de conscientização sobre o seu valor, como sujeito de uma *coletividade* que busca resolver problemas, que lhe permitirá tomar para si o desejo de mudar e ir se formando de modo autônomo em consonância com os objetivos coletivos. Aqui vale lembrar uma das teses de Makarenko (1977, p.47) sobre a *coletividade*. Para o educador russo, a coletividade une os homens não só em seus objetivos e trabalhos comuns, mas também na organização geral desse trabalho. O objetivo comum aqui não está entendido como uma coincidência casual de objetivos particulares como os de passageiros de um trem que rumam na mesma direção ou os dos que estão em um teatro para assistirem a um mesmo espetáculo, mas, precisamente, é o objetivo da coletividade. Para esse autor, na coletividade, a relação entre os interesses particulares e os comuns não é uma relação de contrários, e sim do todo e do particular. Assim, sendo do todo é também do indivíduo.

Assumido o conceito de coletividade, de acordo com a tese de Makarenko, o processo de formação do professor é a sua busca constante por um modo de realização de um projeto cujo resultado é o próprio motivo do projeto: concretizar o seu projeto pessoal e coletivo. E isso se concretiza na sua aprendizagem e no querer que os outros aprendam a lidar com as informações de modo consciente na resolução de problemas. A medida da mudança no referencial do professor está nas suas ações. Assim, o que precisamos é estabelecer em qual sentido o sujeito deve ir, para, daí, buscar indícios se ele está se desenvolvendo ou não. A interação entre os sujeitos é que vai desencadear o processo de negociação dos valores em jogo e que chegará à busca da concretização do projeto pedagógico.

A pesquisa que apresentamos neste capítulo, a qual foi desenvolvida em parceria com uma escola pública de formação de professores em nível médio, tem um componente inicial que pode caracterizá-la como uma atividade. Os professores procuraram a universidade em busca de parceria para a melhoria de suas aulas. Queriam encontrar bases teóricas que pudessem ser referenciais para as suas práticas. Procuravam avançar para diminuir as suas angústias de ensinar e não alcançar o resultado esperado de seus trabalhos. As necessidades imediatas eram fazer que suas aulas melhorassem de qualidade, e isso significava fazer que os seus alunos fossem mais atenciosos e respeitosos com o conhecimento que procuravam desenvolver em sala de aula.

Chegar em grupo à universidade em busca de parceria significava o primeiro compromisso desses docentes: o primeiro acordo, a primeira conjugação de objetivos. Observemos que nem todos procuraram a universidade. Apenas aqueles que viam nessa parceria a possibilidade de uma melhoria nas ações pedagógicas o fizeram. Esse foi o contato inicial. O segundo passo foi ouvir dos professores da universidade o que estes tinham a oferecer.

Os docentes universitários buscados como parceiros precisavam ter uma mesma necessidade que os professores da escola, para que a parceria pudesse ter as características de uma atividade. E tinham: o desejo de colocar em prática certas teorias sobre formação de professores, isto é, a defesa de que é necessário criar condições nas escolas para que os professores formem-se nos seus ambientes de trabalho de forma colaborativa. A discussão para a reformulação do conteúdo de um curso de licenciatura aproximou quatro professores por acreditarem ser necessário produzir conhecimento sobre a escola e com a escola.

As condições iniciais de trabalho estavam dadas: o desejo, por um lado, de fazer avançar o conhecimento sobre a formação do professor e, por outro, o desejo desses professores de entender de que modo poderiam fazer que os seus trabalhos fossem mais significativos para eles e para os alunos. Não é difícil perceber que essas condições são referências extremamente tênues e pouco concretas para que possamos acompanhar os processos de formação. Mas é concreto o fato de professores e pesquisadores procurarem realizar um projeto em comum. O que significa formar? Em razão de um número excessivo de aulas e uma não visualização, do ponto de vista social, de um retorno por parte de seus alunos, como esses professores encontram significado naquilo que desenvolvem?

Dar significado às ações de pesquisadores e professores é convergi-las para satisfazer as necessidades do coletivo. O ponto de partida consistiu nos desejos individuais e que, por um acordo, haviam se tornado comum: a formação colaborativa na escola. Tratava-se, assim, de conseguir uma unidade de ação que permitisse avaliar o avanço do professor rumo à melhoria do seu desempenho profissional e de saber se ele percebia os outros como aqueles que o ajudariam a se desenvolver profissionalmente. Ele precisava ter claro que o coletivo era o impulsionador da sua formação e que, por sua vez, o desenvolvimento do coletivo dependia também de suas ações.

## A apreensão do movimento de formação

Tomar a formação do professor como objeto de pesquisa é buscar o entendimento do fenômeno "formação". É compreender algo que não está dado, não está posto. Tomar a pesquisa como atividade é buscar instrumentos que permitam satisfazer a uma necessidade: apreender o movimento que leva o profissional professor de uma qualidade a outra. Trata-se de identificar qualidades que possam ser indicativas do fenômeno formação e que nos permitam compreender o modo de formar-se professor.

A busca pela compreensão do que vem a ser a formação do professor não pode se dar de forma isolada da busca da compreensão do modo como as sociedades humanas se constituem. No entanto, a impossibilidade de observar o fenômeno na sua totalidade impõe ao pesquisador a limitação do objeto a ser observado. Contudo, é preciso lembrar que esse objeto está sujeito à mudança, pois, a cada momento, o conjunto de saberes produzidos por novas necessidades, postas nessas interações, altera-se. Há que se apreender, no caso da formação do professor, o modo como o fenômeno se desenvolve, se movimenta de um ponto a outro na história de cada indivíduo-professor e como esse movimento cria a profissão professor como categoria de profissionalidade.

Para desvendar o fenômeno, é preciso que se oriente por um método. Para Kopnin (1978), o método é a regularidade do movimento do pensamento tomada como reflexo subjetivo da realidade objetiva. Portanto, este é tanto determinado pelo próprio objeto a ser investigado (e esse fato cria as diferentes áreas de pesquisa: a natureza dos objetos pesquisados) quanto pelos conhecimentos que o sujeito que investiga já tem construído desse objeto. Isso imprime no método a intencionalidade e as concepções do pesquisador. Fato determinante é o quanto já se conhece do objeto, pois constitui importante ponto de partida para apreender partes ainda não compreendidas. Devemos lembrar, ainda, que ter noções de parte do objeto é fruto de conhecimentos articulados com o objetivo de satisfazer uma necessidade e que, para isso, lançou-se mão de instrumentos que, ao serem usados, foram também se aprimorando, tanto na forma como no modo de uso destes (Childe, 1981).

Queremos apreender o elemento gerador da formação e do desenvolvimento da profissão. Isso porque acreditamos que na gênese da profissão-professor está o elemento de permanência da contínua necessidade do estabelecimento da relação entre ensino e aprendizagem. Esta se cria pela imposição das trocas de significados na construção das sociedades humanas e no contínuo movimento de significação e ressignificação das ações que visam à solução de problemas velhos e novos, surgidos na dinâmica das interações sociais.

O método de apreensão do fenômeno da formação não pode ser aquele que congela o objeto-formação ou que o toma como uma fotografia. Devemos apreendê-lo em movimento, pois o sujeito muda de qualidade a cada troca de significados nas ações educativas. O método que poderá iluminar o nosso objeto deve ter um feixe de luz que acompanha o objeto em sua expansão. A cada revelação, o objeto passa a exigir mais luz sobre os contornos ainda obscuros. São muitos os exemplos que podemos citar para mostrar essa interdependência entre o objeto e o modo de iluminá-lo com a luz-teoria.

Tomemos o entendimento sobre os processos de aprendizagem. Estes têm sido objeto de investigação e sobre seus resultados têm se assentados novos modos de ensino. É clara a interdependência entre o quanto se conhece sobre os processos de aprendizagem e as propostas pedagógicas decorrentes desse conhecimento. O professor, que não tinha como uma de suas necessidades essenciais o entendimento sobre os modos de apreender, passa a ver-se diante de um problema novo e, ao adquirir esse novo conhecimento, muda a qualidade de sua ação. Dessa maneira, o professor não é mais o mesmo. É de qualidade nova. Muda o objeto sobre o qual incide a sua ação, muda o seu modo de agir. E mais, esse professor passa a exigir uma nova maneira de entender a ação que desenvolve. Decorre daí uma nova necessidade: o entendimento sobre os processos de formação desse professor. Isso pode justificar a crescente produção acadêmica sobre a formação de professores (Gauthier, 1998). E, também, as tentativas de incluir, num rol de competências exigidas do professor, o conhecimento sobre os processos de aprendizagem do aluno. É claro que esse domínio é uma questão de difícil mensuração, mas é evidente que uma nova qualidade de professor é formada quando a este se agregam novos conhecimentos sobre os processos de aprendizagem.

O sujeito-professor que, como pessoa, agrega novos saberes nas soluções construídas para a organização de novas ações para a realização de sua atividade profissional. E é o conjunto dessas soluções, confirmadas na prática dos que fazem o ensino, que vai criando a profissão professor (Nóvoa, 1992; Sacristán, 1999; Pimenta & Ghedin, 2002). Marx & Engels (1982, p.2) nos dão essa indicação quando afirmam que "a humanidade não é uma abstração inerente a cada indivíduo. Em sua realidade ela é o conjunto das relações sociais". Podemos dizer que a profissionalidade não é uma abstração inerente a cada professor e sim o conjunto das práticas educativas construídas nas relações sociais. É por isso que Vygostsky (1987) afirma que estudar alguma coisa, historicamente, é o mesmo que estudá-la no processo de mudança.

Estudar o processo de formação do professor é estudar o processo de mudança de que nos ensina Vygotsky. Para isso, é preciso um método. Bento de Jesus Caraça (1998) oferece um instrumento que nos parece adequado para a abordagem desse problema. Em sua obra, vamos encontrar referência ao estudo dos fenômenos na dinâmica de sua formação.

Esse autor entende que a realidade que o homem se esforça por apreender apresenta-se com duas características básicas. A primeira é caracterizada como *interdependência*, pois "todas as coisas estão relacionadas umas com as outras" (Caraça, 1998, p.103). O mundo, no sentido mais amplo, é formado de tal modo que, à existência de um fenômeno, podemos sempre relacioná-lo com a de algum outro. Basta analisar, como bem aponta Caraça, um fenômeno qualquer, seja ele físico seja social, para percebermos as suas interdependências. Tomemos, por exemplo, a opção de certo conteúdo a ser desenvolvido por um professor recém-chegado a uma escola. O que poderá determinar a escolha? Em primeiro lugar, é preciso saber o modo como são tomadas as decisões na escola. Isso poderá influenciar efetivamente na seleção e organização dos conteúdos e na forma como estes poderão ser assumidos pelo professor. Em segundo, há que se ter presente a história profissional desse professor: quais são as suas práticas anteriores, de que modo foi admitido na escola etc. É por isso que a escolha de certo profissional é feita segundo critérios estipulados pela instituição ou pelo sistema educacional.

Isso é uma maneira de controlar parte das futuras relações de interdependência.

A segunda característica apresentada por Caraça é a *fluência*. Afirma o autor que o mundo está em permanente movimento: "Todas as coisas, a todo o momento, se transformam, tudo flui, tudo devém" (ibidem). Essa afirmação, que Caraça resgata do filósofo Heráclito de Éfeso, é a expressão do movimento do fenômeno "formação do professor". Fenômeno que se modifica pela dinâmica das relações sociais também em movimento, ao solucionar e criar novos problemas.

A genialidade de Caraça está na observação de que, se aceitarmos a *interdependência* e a *fluência*, seremos levados a sérios embaraços ao pretendermos o estudo de qualquer fenômeno físico ou natural. Pergunta o autor:

> se tudo depende de tudo, como fixar a nossa atenção num objeto particular de estudo? Temos que estudar tudo ao mesmo tempo? Mas qual é o cérebro que o pode fazer? Por outro lado, se tudo devém, como encontrar, no mundo movente da fluência, os fatos, os seres, os próprios objetos do nosso estudo? (p.105)

E o próprio autor nos propõe a solução. Esta é construída com base no conceito de *isolado*: "na impossibilidade de abraçar, num só golpe, a totalidade do universo, o observador recorta, destaca, dessa totalidade, um conjunto de seres e fatos, abstraindo de todos os outros que com eles estão relacionados".

É a esse conjunto que o autor chama de isolado. É uma seção da realidade.

O fato de o *isolado* ser uma seção da realidade comporta, segundo Caraça, certa margem de erro, pois afasta uma parte do resto da realidade, o que necessariamente vai influir no resultado do estudo. Cabe, então, ao observador, a escolha do *isolado* que conserve todos os fatores que, ao se interdependerem, têm influência marcante no fenômeno a estudar. Mas, como lembra esse autor, a história está cheia de exemplos de que nem sempre é possível determinar com precisão esses fatores. Em dado momento, em que se está analisando um fenômeno ou na realização de uma ação, surge um fato *inesperado*. É esse *inesperado* o indício de que o *isolado* não foi convenientemente determinado, pois algum fator dominante não foi considerado. O surgimento do inesperado torna-se, assim, um importante fator que contribui para o desenvolvimento da ciência.

É importante lembrar que, por ser arbitrário, o *isolado* pode ser constitutivo de outros *isolado*s mais amplos que poderão servir de referencial para análise de fenômenos mais complexos. No caso do professor que será o responsável por ensinar certo conteúdo, podemos analisar esse *isolado* dentro de um outro: o currículo da disciplina. Este, por sua vez, pode ser analisado tendo como referencial o projeto pedagógico da escola. Quer dizer, para a recomposição dum certo compartimento da realidade, é necessário constantemente construir cadeias, e a cada elo da cadeia corresponde um nível do isolado (p.106).

Tomemos ainda da teoria de Caraça dois conceitos que poderão contribuir para o entendimento do conceito de *isolado* e como estes se transformam na dinâmica do aparecimento dos inesperados. Esses conceitos são os de *qualidade* e *quantidade*. Quanto ao primeiro, ele afirma que "ao conjunto de relações em que um determinado ser se encontra com os outros seres dum agregado, chamamos as qualidades deste ser". Formaliza esse conceito em relação a um *isolado* quando afirma que "sejam, A, B, .....L. os componentes dum isolado; ao conjunto de todas as relações A ⇒ B, ⇒ ....A ⇒ L dá-se o nome de qualidade de A em relação a B,... ..........L" (p.105). O sentido da seta significa que, na interdependência, o A é o antecedente e o B, C, ..., L são consequentes. Também podemos ter uma relação de B para A e, se for assim, teremos uma inversão: B será antecedente e A será o consequente.

Vejamos um exemplo que pode ilustrar a mudança de qualidade dependendo das ações em diferentes isolados e como estes se interdependem. Se A é constituído pelos professores de uma escola que estão reunidos para discutir o plano curricular, fica estabelecida uma relação qualitativa de A em relação à Secretaria de Educação, e B, de complementaridade. Isto é, A pode estar realizando uma ação no isolado "escola", que tem por finalidade a concretização do plano estadual de educação. Agora imaginemos que A está reunido para preparar uma manifestação contra a política salarial do governo, então a relação de A para B muda de qualidade. Podemos dizer que ela provocará uma reação de qualidade oposta a que estava estabelecida anteriormente.

Fica claro na definição de Caraça que sempre existirá uma relação de interdependência entre dois componentes do *isolado*. A cada um deles corresponde uma qualidade de A em relação à de B e deste em relação à de A. Não se pode afirmar que um objeto tenha uma qualidade que lhe seja intrínseca. As qualidades são relações orientadas. Por exemplo, a aula é para o professor a intenção de educar o aluno. Já para este, a aula tem a qualidade de ser um conteúdo de aprendizagem na direção da intenção do professor. A aula para o dono da escola pode significar despesa porque para o professor significa receita.

Uma consequência que nos parece relevante é o fato de que essa relação de interdependência nos leva à ideia de plasticidade e fluência da noção de qualidade. Por isso, Caraça (1998, p.107) diz: "a isolado novo, qualidades novas". Isso significa que não se pode pensar nas qualidades de um ser sem pensar no *isolado* a que ele pertence. É por isso que o grupo de professores reunidos para protestar contra a política governamental de educação é diferente do mesmo grupo reunido para preparar as ações pedagógicas na escola. Desse modo, é preciso que se pense a qualidade sempre em relação ao contexto.

O segundo conceito é o de quantidade. Este, segundo Caraça, está associado ao conceito de qualidade. Para que fique claro, vamos partir dos exemplos que o autor apresenta. Ele afirma, inicialmente, que existem qualidades que são suscetíveis de admitir graus de intensidade diferentes. Estas são aquelas sobre as quais podemos fazer juízos de "mais que", "menos que", "maior que", "menor que". Essas qualidades admitem variações segundo a quantidade. Os exemplos de conceitos matemáticos, como os de retas paralelas e de circunferência, são exemplos de qualidades que não sofrem variação de qualidade. Isto é, não existe uma circunferência mais circular que outra nem duas retas paralelas mais paralelas que outras duas que também sejam paralelas. Já para a qualidade de ser corajoso, podemos estabelecer graduação de intensidade. Não existe um número que possa ser associado a uma quantidade de coragem. Não existe uma unidade de medida, mas é possível fazer juízo sobre a variação de intensidade da qualidade de ser corajoso de um sujeito em relação ao outro e dizer que, se A é mais corajoso que B e B é mais corajoso que C, então A é mais corajoso que C. Isso é a variação de intensidade dessas qualidades que respeitam a transitividade, embora não sejam quantificáveis.

Outro exemplo dado por Caraça é o de variação de movimento de um corpo. A velocidade do corpo pode variar em cada ponto da trajetória. A velocidade do móvel é suscetível de intensificação, pode aumentar ou diminuir. Nesse caso, trata-se de uma variação que pode ser medida diferentemente da qualidade corajoso.

Vemos, portanto, que a quantidade é um atributo da qualidade. Não necessariamente vem traduzida em números. Essa tradução depende, como a história bem o demonstra, do grau de conhecimento que se tem sobre o fenômeno estudado: "O progresso das ciências de observação permite em certa altura medir o que antes se sabia apenas que variava segundo a qualidade" (p.109). Podemos dizer que, quando a necessidade se faz presente, meios são criados para se obter uma solução.

De que maneira o conceito de *isolado* poderia nos ajudar a lançar luz sobre o conceito de formação de professores? Acreditamos que se trata do estudo de um objeto (formação de professores) em que há certo consenso em afirmar que existe uma diferença de qualidade entre as formações. É esse pressuposto básico que nos leva a criar as escolas de formação de professores, a investir na formação destes. O que de certo modo é o mesmo pressuposto da didática desde Comenius, pioneiro na defesa da organização do ensino para a melhoria da aprendizagem. Sem essa pressuposição, afirma Azanha (1985, p.27), "os estudos didáticos seriam inócuos e inconsequentes". Mas é consenso, também, que não existe uma medida para a qualidade de professor. Isto é, não existe uma medida para definir o grau de desempenho do bom professor. O que se tem procurado é um conjunto de atributos de qualidade para que se defina o que seria uma boa formação de professores. A vasta bibliografia existente sobre a formação de professores (Gauthier, 1998; Chaves, 1997; Nóvoa, 1992; Ribeiro, 1993; Perrenoud, 1993; Pimenta, 1999) evidencia que a formação é fruto de uma concepção da época, de uma maneira de entender o processo de formar-se. Por sua vez, a natureza do fenômeno formação de professores, por ser extremamente complexa, exige que se considere parte desse fenômeno para a análise. É aí que o conceito de *isolado* de Caraça poderá ser muito útil.

No nosso trabalho, tomamos parte do fenômeno formação de professores para estudar. Por ser uma busca de evidências sobre os processos de formação, trata-se de uma análise da qualidade dessa formação e, por isso mesmo, da investigação de uma variação da qualidade, sobre a qual poderá estar associada uma mudança quantitativa. Assim, buscamos, nos dados que construímos, o que o fenômeno nos apresenta e os indícios necessários para a sua revelação.

## A atividade educativa: lugar da fluência e interdependência das ações na comunidade de ensino

A atividade é, para nós, a unidade de formação do professor, pois é ela que estabelece os acordos para o cumprimento dos objetivos coletivos. É na atividade que as ações são coordenadas para o cumprimento do motivo. Na atividade, cada sujeito deverá ter claro o papel que desempenhará para fazer com que, no final, se possa avaliar se foram ou não cumpridos os objetivos. A atividade é também a unidade de concretização do projeto do grupo de professores e pesquisadores. É por isso que o conjunto de ações, dos que a realizam, pode permitir a análise dos avanços da formação do professor que busca compreender a prática e o desenvolvimento de sua formação. É no coletivo que se terá o referencial de qualidade das ações do indivíduo e da coletividade; são as ações dos sujeitos indicadores de mudanças na qualidade de ser professor.

O professor utiliza signos, na concepção vygotskiana, para impactar a realidade dos sujeitos com quem interage. Sendo objetivo do professor fazer que os seus alunos apreendam os fenômenos físicos e sociais no seu entorno, ele deverá lidar com instrumentos simbólicos que permitirão intervir na natureza cognitiva dos alunos, para que estes compreendam os conceitos em jogo. Da mesma maneira, são as ferramentas simbólicas que nos permitirão avaliar como os professores intervêm na coletividade educativa, de modo a fazer que o conjunto de ações contribua para a realização do projeto do grupo.

Entendemos que o sujeito, ao mesmo tempo que realiza a ação, impacta outro sujeito com seus instrumentos simbólicos e, concomitantemente, revela-se como pessoa e profissional, pois mostra um modo de manejar os seus instrumentos na ação que realiza.

A ação educativa não é feita somente com a palavra como instrumento. Ela é realizada com gestos, com instrumentos concretos de veiculação dos conceitos, tais como livros, retroprojetor, computador, jornal etc. Todos esses meios ou instrumentos carregam conhecimento acumulado, pois, para serem criados, utilizou-se conhecimento produzido socialmente. O instrumento, como um objeto com o qual se realiza uma ação, encerra um conhecimento acumulado culturalmente.

> O conhecimento humano mais simples, que se realiza diretamente numa ação concreta de trabalho com a ajuda de um instrumento, não se limita à experiência pessoal de um indivíduo, antes se realiza na base da aquisição por ele da experiência e da prática social. (Leontiev, 1978, p.90)

Ao analisarmos como os sujeitos utilizam os instrumentos, estamos também analisando o seu modo de apropriar-se do que foi produzido pela humanidade para aprimorar as formas de vida. E isso é ter adquirido competência para lidar com conhecimento a serviço de uma melhor atuação como profissional. Também podemos afirmar que o modo de ação do professor é indicador de sua atuação no manejo com os instrumentos escolhidos intencionalmente para a realização da ação pedagógica, tal qual o artista escolhe e aprimora os seus instrumentos na construção de sua obra. Assim, na escolha do instrumento, há também um componente do sujeito.

A investigação que busca apreender a complexidade dos processos de formação do professor deverá ter como referência determinados *isolados* que se interdependem, mas que tenham como objeto de análise elementos que nos possibilitem acompanhar as implicações reveladoras do movimento de formar-se. São dois os indicadores que consideramos essenciais: aquilo que o professor revela nas produções escritas durante o projeto e os diálogos na elaboração conjunta do que chamamos de *atividades orientadoras de ensino* (Moura, 1992, 2001). Esta consiste no plano mínimo da ação consciente na atividade educativa. Entendemos que as atividades a serem desenvolvidas em sala de aula devem ter por princípio a necessidade da organização da aprendizagem de modo a colocar em interação os conhecimentos de todos os sujeitos que tomam parte das ações desencadeadas intencionalmente pelo educador. O educador, nesse processo, não tem o domínio total de todo o percurso do ensino, pois lida com pessoas que são singulares em razão de suas histórias. Mas é papel fundamental do educador dar sentido coletivo ao objeto de ensino colocando os alunos em atividade de aprendizagem. Os processos de mudança nos sujeitos poderão ter visibilidade nos *isolado*s das realizações da coletividade educativa. Dessa maneira, podemos evidenciar de que modo a ação dentro da atividade é indicadora do resultado de um processo de formação desencadeado por uma necessidade.

Deveremos considerar a interdependência entre as ações dos sujeitos na fluência do movimento de criação e desenvolvimento da atividade. Os sujeitos, ao participarem de modo colaborativo da criação de atividades orientadoras de ensino, deverão manejar as suas ferramentas simbólicas que permitirão a construção de significados pelo coletivo e a criação de sentidos pessoais que modificam concepções, responsáveis por novas ações, criadas para impactar as realidades simbólicas dos educandos. É preciso, assim, que se faça escolha de *isolado*s nos quais aconteçam ações formadoras, isto é, em que haja a possibilidade de apreender o movimento de interdependência presente nas trocas simbólicas.

Em nossa pesquisa, consideramos como *isolado*s: o grupo de professores de matemática em reuniões em que definem atividades de ensino; as reuniões gerais de todos os professores do projeto, quando discutem as ações a serem desenvolvidas pelo coletivo; a participação em eventos em que se divulgam os trabalhos do projeto; a elaboração de relatórios sobre as ações desencadeadas pelo projeto; a elaboração de atividades de ensino; e, por fim, o resultado de realização destas.

A necessidade de dar visibilidade ao fenômeno levou-nos a escolher o que chamamos de uma unidade de formação: *o episódio de formação*. São ações reveladoras do processo de formação dos sujeitos participantes de um *isolado*.

Procuramos observar, nas realizações dos professores, as ações e reflexões que revelassem mudança (qualidade nova) na concretização do projeto de formação revelada, no que escrevem, nas intervenções em reuniões dos coletivos do projeto, nas atividades de ensino e em divulgação do trabalho que realizam. Os episódios revelam a natureza e qualidade das ações em um isolado. Quanto à natureza, podemos destacar se se trata de conceito, de modos de ação, de valores, de conhecimento estratégico (organização do trabalho coletivo e das relações de trabalho, criação de atividades desencadeadoras de aprendizagem), ou se é apenas conhecimento prático. Quanto à qualidade, os episódios poderão revelar se se trata de ações coordenadas pelos motivos individuais ou coletivos, se visam à concretização da atividade ou feitos sem vínculo com os motivos dessas ações, se articulam análise e síntese na avaliação das ações.

Para que possamos empreender uma análise mais refinada dos episódios de formação, precisamos definir também qual é o seu formato, isto é, de que modo ele começa e como acaba e de que se compõe. Já dissemos que tudo isso é definido tendo por base critérios estabelecidos pelo pesquisador e depende do modo como este concebe o papel do professor. Procuramos, também, identificar interdependências entre as ações de certos isolados e de que modo isso pode proporcionar mudanças qualitativas na formação do professor. As ações dos sujeitos, e em particular as do professor, são o que qualificam estes em relação às suas atividades profissionais e que se revelam ao realizar o seu trabalho no qual se incluem: conteúdos, modos de ação educativa, uso das ferramentas didáticas e organização dos espaços de aprendizagens.

Acompanhar os processos de mudança dos professores requer que se tenha um modo de reconhecer como ela acontece. De que maneira podemos dizer que o professor está se formando se não temos um modo de fazer a leitura dessa mudança? Sacristán (1991), ao analisar o conceito de profissionalidade, chama a atenção sobre a diversidade de saberes potencialmente pertinentes ao professor, o que torna praticamente impossível definir a profissionalidade, tomando como observância certos tipos de regras baseadas num conjunto de saberes e de saber-fazer. Afirma Sacristán (1991, p.78) que

> cada tarefa do docente exige conhecimentos específicos, sendo diferente o grau de apoio e a influência da componente pessoal face à do fundamento científico. Quer isto dizer que, para cada função, se pode colocar uma forma específica de relacionar conhecimento e ação.

Afirma, ainda, que a teoria oferece pouco apoio à prática docente, o que leva muitos professores a agirem de acordo com suas convicções e com conhecimentos adquiridos culturalmente, mais do que a partir de um suporte teórico produzido para as práticas pedagógicas.

Ao questionar essa limitação da teoria para lançar luzes sobre a prática, Sacristán defende ser a consciência, sobre a prática, a ideia-força condutora da formação inicial e permanente do professor. Chama atenção, para que não se entenda isso como um reforço ao sentimento muito comum no meio dos professores, de que a teoria é irrelevante. Segundo Sacristán (1991, p.78), "trata-se, apenas, de recusar uma linearidade (unívoca) entre o conhecimento e a prática".

A busca da compreensão do "ofício de professor", com base na análise teórico-prático da profissionalidade leva o autor aos conceitos de *esquemas práticos e esquemas estratégicos* na condução da ação docente. Seu ponto de partida é a crítica que faz aos que entendem o ensino como um "ofício que se apoia em saberes adquiridos pela experiência cuja essência se centra no 'saber fazer' dos professores, sabedoria acumulada através da prática pessoal e coletiva, que só ocasionalmente é codificada" (ibidem). Nessa concepção, supõe-se que a própria prática pode dar origem ao saber regulador desta.

Mas o trabalho do professor não pode ser considerado apenas como um ajuntamento de ações. Estas, segundo o autor, extravasam o tempo letivo, são mais que tarefas acadêmicas, como as de corrigir provas, solucionar conflitos em sala de aula etc.; elas estão presentes em todas as funções que o professor realiza. O autor chama atenção sobre a necessidade de superar a imagem mecânica do trabalho do professor, permitindo compreender o funcionamento flexivo da prática, o papel ativo e intelectual dos professores e a própria ligação entre teoria e investigação, entre pensamento e ação.

Essa perspectiva leva o autor ao conceito de *esquemas estratégicos*. Estes são frutos das modificações sofridas nas tarefas rotineiras e de esquemas práticos dos professores graças às possíveis alterações que estes promovem ao reordená-las ou combiná-las entre si: "Um esquema prático é uma rotina; um esquema estratégico é um princípio regulador a nível intelectual e prático, isto é, uma ordem consciente na ação" (p.80).

Essa perspectiva de organizar as ações, de modo que elas possam dar resposta a uma intencionalidade, confere aos esquemas estratégicos uma dimensão intelectual do exercício da profissão de professor. A organização das ações, de modo que supere a mera justaposição de ações, corrobora a organização da prática, ordenando-a, o que nos leva a concordar com Sacristán (1991, p.81) quando afirma que

> a prática, na medida em que se encontra ordenada estrategicamente, é inseparável de racionalizações implícitas e explícitas presentes na mente de quem elabora os esquemas que a ordenam. Nem se quer os esquemas mais práticos são simples expressões de atividade, incorporando múltiplos pressupostos, o que os leva a reproduzir convicções, concepções e valores. Quer dizer que não são alheios a componentes intelectuais, éticos e sociais.

Entende o autor que o ensino é uma atividade deliberada e, sendo assim, consequência dos conhecimentos adquiridos ou formulados pelo professor a partir da ação. Sacristán (1991, p.81), ao afirmar que qualquer ser humano, no seu comportamento perante os demais, manifesta conhecimentos importantes de psicologia da vida cotidiana, por exemplo, que não coincidem, no geral, com um conhecimento psicológico de tipo acadêmico e que "esse conhecimento pode ser formulado ou extraído a partir da ação, tal como a gramática da linguagem vulgarmente utilizada, sem que o falante tenha conhecimento desta formalização", propõe que a profissionalização seja o domínio do professor, em termos conscientes da gramática e da sintaxe da sua atividade.

Seguindo essa analogia de Sacristán sobre a necessidade de o professor dominar a gramática e a sintaxe de sua formação, acrescentamos, a essa visão, a perspectiva de que a gramática deve ser entendida no "texto" que o professor elabora ou lê. É essa visão sobre os processos de formação que nos leva a considerar a atividade educativa como o "texto" ou o "contexto" da formação. É na atividade que o professor poderá encontrar os parâmetros e indicadores de sua formação. Não isoladamente, como se o formar-se fosse obra de um esforço individual, e sim em grupo, em que fica evidente que a formação é o resultado de uma intencionalidade nascida da necessidade de resolver um problema: a criação de planos de ação concretizadores da coletividade de ensino. Nessa, a ação do professor não faz sentido fora da atividade coletiva, pois, se desvinculada do objeto da coletividade, pode não acarretar na concretização das metas que satisfaçam tanto o indivíduo quanto a coletividade.

Desse modo, voltando a Caraça, podemos encontrar na atividade educativa os *isolados* para analisar os modos de ir se tornando profissional da educação. Os episódios de formação poderão revelar como os sujeitos constroem seus esquemas estratégicos, gerados pela necessidade de resolver problemas definidos pelo coletivo e que são colocados em movimento nas inter-relações entre os conhecimentos práticos. Estes, graças à articulação entre planejamento da ação e reflexão sobre a ação, garantem a fluência e interdependência dos fenômenos do objeto "formação", que poderão fazer que o sujeito em processo constante de formação articule esquemas práticos e estratégicos na concretização das ações educativas. A qualidade desses esquemas depende da natureza da ação a ser executada. É por isso que eles só poderão ser analisados dentro dos *isolados*.

Os episódios de formação são a tentativa de construir um modo de analisar as interdependências em *isolados*, tendo como objeto de análise as ferramentas simbólicas usadas na revelação da intencionalidade de impactar os sujeitos envolvidos na atividade. Os *episódios* poderão ser frases escritas ou faladas, gestos e ações que constituem *cenas* que podem revelar interdependência entre os elementos de uma ação formadora. Assim, os episódios não são definidos a partir de um conjunto de ações lineares. Pode ser que uma afirmação de um participante de uma atividade não tenha um impacto imediato sobre os outros sujeitos da coletividade. Esse impacto poderá estar revelado em um outro momento em que o sujeito foi solicitado a utilizar-se de algum conhecimento para participar de uma ação no coletivo. O pesquisador, tal como o produtor de cinema, é que faz a leitura dessas várias ações, que parecem isoladas, à procura das interdependências reveladoras do modo de formar-se.

## As ações: fonte de articulação do prático e do teórico

Entendemos que a formação do professor é um movimento de compreensão das ações e dos modos de ação na atividade coletiva. O professor deverá tomar consciência de que a ação promove mudanças, perceber que as suas ações também promovem mudanças e que a soma e coordenação das ações propiciará o desenvolvimento da comunidade de aprendizagem, e, no limite, conscientizar-se-á de que "a prática da educação constitui-se em si mesma pela continuidade proporcionada pelo diálogo entre as ações presentes e passadas dos indivíduos, do mesmo modo como é constituído o conhecimento sobre as práticas" (Sacristán, 1999, p.82). Assim, a realização das ações e o processo de reflexão gerado e explicitado no seu desenvolvimento são o motor do movimento qualitativo da formação do professor.

Temos até aqui um conjunto de conceitos que poderão dar condições para a análise do nosso objeto: a formação do professor de forma compartilhada. O conceito de atividade dá unidade a essa perspectiva de formação. É na atividade que se propiciam as condições para o trabalho colaborativo ao se partir da necessidade do grupo e, por meio de acordos coletivos, empreender ações que, ao serem desenvolvidas, poderão gerar novos saberes. E consequentemente dá nova qualidade àquele que os adquire.

O conceito de *isolado* nos permite uma análise das ações, lançando mão do que assumimos como a relação qualidade/quantidade. Relação essa que nos permite, com base nos conceitos de interdependência e fluência, fazer uma leitura sobre o movimento da formação nos diferentes *isolados* da atividade mais geral, que é o projeto de formação assumido conjuntamente entre os pesquisadores e os professores da escola.

Na atividade, poderemos encontrar indicadores para qualificar as ações. É aqui que a relativização do fenômeno proposta por Caraça pode ser útil. Quando afirma que, para conhecermos o fenômeno, é necessário analisá-lo dentro do que ele chama de *isolado*, fica evidente que a qualidade é *relativizada* pela posição que ocupa no fenômeno particular constitutivo de um fenômeno mais geral, sendo este, por sua vez, particular de um outro que o contém. Por exemplo, a análise das ações do professor em sala de aula pode ser feita tendo em vista o conjunto de acontecimentos restrito ao que acontece dentro desse espaço. Esta, por sua vez, é parte de um conjunto de ações do projeto escolar e, sendo assim, pode ser vista no *isolado* "plano curricular da escola". A ação do professor em sala de aula é de qualidade diferente se vista no *isolado* mais geral das estratégias de concretização do plano escolar. Na sala de aula, o professor organiza as ações para o cumprimento de um objetivo imediato de aprendizagem de um conteúdo disciplinar. Já a aula, para o plano escolar, cumpre o objetivo de propiciar uma formação mais geral do indivíduo.

O conceito de *isolado*, quando agregado ao de atividade, permite-nos escolher as ações e definir um modo de analisá-la no *isolado* tomado como referência. É importante notar que determinadas ações podem ter a dimensão de atividade em atividades mais complexas se vistas em novos *isolados*. Por exemplo, se a atividade de um grupo de professores for o estudo das condições sociais de uma comunidade, aquele que ficou encarregado da contratação de um ônibus para o transporte dos alunos executa uma determinada ação que é parte de uma atividade. Mas, no *isolado* que caracteriza o "conseguir um meio de transporte", o sujeito realiza uma atividade: tem um motivo, executa ações e tem as condições objetivas da avaliação dos seus resultados.

## A ação é formadora: a teoria iluminando a leitura/análise da ação

Saber que um objeto material foi construído não é tarefa difícil. Basta olhar o produto de uma determinada ação para termos a percepção de que o que se objetivava criar está criado. Estabelecidos os objetivos, feito o plano, definido o modo de construí-lo e as ferramentas adequadas, é só executar um conjunto de ações, movendo os instrumentos com certa habilidade, para que tenhamos pronto o objeto planejado. No caso da construção coletiva de um objeto, também não é difícil avaliar se o que foi planejado para ser construído foi realizado ou não. É preciso, no entanto, acrescentar à atividade coletiva da construção do objeto um agregado essencial: os processos de comunicação que permitirão a divisão de trabalho.

Imaginemos a construção de uma casa. As ações para construí-la são, seguramente, mais complexas do que a construção do tijolo construído por um só sujeito. A qualidade da complexidade também varia de acordo com a qualidade da casa a ser construída. Uma casa de adobe de barro amassado é mais simples do que um prédio comercial. O que diferencia os dois produtos do trabalho coletivo é justamente a qualidade e a quantidade de ações envolvidas para a construção da casa de adobe e do prédio. No primeiro caso, as interações são mais simples, o plano de ação tem uma trajetória mais previsível e mais fácil de ser seguida até o produto final.

Imaginemos agora uma situação de ensino. É claro que, nesse caso de uma educação em que a relação estabelecida é apenas entre um professor e um aluno, as ações para concretizar a comunicação do que se quer que o outro apreenda são também complexas, porém mais simples do que as relações estabelecidas em uma escola. O que diferencia a construção de saberes numa situação e noutra é justamente a quantidade de trocas simbólicas necessárias para a realização das duas ações. No caso do preceptor, é ele quem detém o plano e executa a ação e avalia se o sujeito entendeu ou não o que ele quis ensinar. No caso da escola, o conjunto de conhecimentos em jogo é muito mais complexo. Sendo assim, envolve mais trocas simbólicas, mais sujeitos nessas trocas, pois mais significados estão sendo produzidos.

Assim, é preciso que se estabeleçam os modos de fazer a comunidade educativa para que se possa acompanhar o conjunto de ações que, ao serem realizadas, produzirão o que a comunidade estabeleceu como sendo o que se procura construir. Isto é, torna-se necessário controlar as interdependências entre os elementos para podermos ter a visibilidade da fluência das relações que produzirão o "objeto" *coletividade educativa*. Esta tem a qualidade do permanente movimento. Nela, tudo flui, tudo se interdepende. Não é possível parar a comunidade para analisar os elementos que a compõem, de forma isolada. É um objeto construído no permanente movimento do tempo e dos espaços dos sujeitos que a compõem. É, portanto, necessário que apreendamos o fenômeno no seu movimento, na sua dinâmica. A nossa apreensão será conseguida de acordo com a nossa capacidade de ver o objeto. Outros apreenderão fenômenos que lhes dizem respeito, que chamem mais atenção, em razão do problema que está investigando. É nesse movimento que significado e sentido se combinam na formação do indivíduo como parte da coletividade.

Voltemos ao paralelo que já fizemos entre a construção da casa e a construção da coletividade educativa. Procuremos explicitar o modo de construir a coletividade educativa e como as ações se combinam para produzir impactos na realidade objetiva. O conceito norteador é o de atividade. Tomemos o exemplo da casa para mostrar como as ações são definidas em função dos objetivos dos sujeitos que as organizam. Se pretendermos construir uma casa é porque temos uma *necessidade*: o abrigo. É lógico que a necessidade de abrigo gera um conjunto de *ações* que tem por objetivo a sua construção. As condicionantes do tipo de abrigo podem ser as mais variadas. Como estamos querendo mostrar como as ações mais simples se combinam para a constituição da *atividade*, vamos supor que um sujeito necessite construir uma casa. A tomada de decisão sobre a construção passa por reflexões sobre as suas reais necessidades e suas possibilidades de realizá-la. É a interdependência necessidades/possibilidades que condicionará a elaboração do projeto de construção da casa. A execução do projeto é constituída por múltiplas ações. O que permite a orquestração das ações é a cultura acumulada dos sujeitos em movimento nas interações determinadas pela necessidade de concretização do projeto. As ações dos sujeitos com o objetivo de construir as paredes, por exemplo, é que concretizarão a ação da atividade principal de construção da casa. O leitor pode imaginar o que será a construção do telhado, a instalação hidráulica, a colocação do piso etc. Cada uma dessas etapas da construção envolve sujeitos com capacidades variadas. É claro que isso depende da qualidade da casa que está sendo construída. Esta, do exemplo, está carregada de uma concepção fruto de uma posição ocupada por quem descreve a casa.

Olhar a casa pronta, com uma família confortavelmente instalada, pode não suscitar toda essa retomada sobre o modo como o sujeito construiu a sua casa, mas o nosso objetivo era justamente chamar a atenção do leitor para a fluência e interdependência das ações. Fica evidente que o fenômeno *isolado* nos diz muito pouco sobre a sua composição. É por isso que Marx nos chama a atenção sobre a necessidade da análise do fenômeno para que possamos apreendê-lo. Olhar a casa sem a percepção de como ela foi construída é ter o objeto pronto, sem a sua dinamicidade que lhe deu forma.

O recurso à imagem da construção da casa pode nos ser útil para percebermos de que modo as ações dos sujeitos poderão nos explicitar o movimento de construção da atividade educativa. Olhemos a escola como ela nos aparenta ser. A nossa percepção nos permite distinguir diferentes sujeitos que a constitui. Um observador sem muita vivência com esse ambiente poderá ver que na escola estão os alunos, os professores, os inspetores, os sujeitos que cuidam da documentação dos alunos e da vida funcional dos professores e outros funcionários etc. É evidente que a percepção sobre os sujeitos que fazem a escola depende de quem a vê e também de como ela se mostra. Há escolas que se deixam ver mais que outras. Mas é, certamente, a capacidade do observador que vai lhe permitir distinguir mais claramente os sujeitos e suas ações no ambiente escolar. Observar uma cena em uma sala de aula, em que professor e alunos parecem conviver, harmoniosamente, uma relação de ensino e aprendizagem, pode ser pouco revelador dos processos que culminaram naquela imagem. É preciso analisar o conjunto de ações que permitiu a existência daquele espaço em que sujeitos interagem numa possível relação em que saberes são compartilhados.

Escolhemos, no desenvolvimento do projeto, as ações que nos permitiram fazer a leitura sobre o modo de sua realização, procurando revelar, para os sujeitos nele envolvidos, o movimento qualitativo de suas ações.

Lembremos que o projeto teve o seu nascedouro nas necessidades individuais dos que procuram melhorar o resultado de um trabalho pedagógico. Foi um sentimento individual, mas partilhado pelos que fazem a escola, que suscitou a formação do grupo para a busca da concretização de uma atividade que tinha por objetivo a solução de um problema cuja aparência era pessoal. Podemos supor que cada professor tinha uma necessidade: realizar o seu trabalho com certo conforto. O conjunto de ações que um professor desenvolve numa escola – tais como, a escolha do conteúdo, a busca de um modo de ensiná-lo em sala de aula e a elaboração de uma sequência que, aula após aula, lhe permita a execução do programa – seguramente o levará ao cumprimento de ações típicas de um professor, mas pode não ser ações de uma *atividade*. Dentro do conceito de coletividade, essas ações simples do professor não se caracterizam como parte de uma coletividade educativa, pois não há objetivo comum nem coletivo. O que há é um acordo de que determinadas tarefas deverão ser cumpridas para que a escola chegue ao final do ano com um conjunto de conteúdos dados. Por que não é atividade? Porque para ser atividade os motivos de cada indivíduo e as ações que realiza devem convergir para a satisfação de uma necessidade coletiva. No exemplo da construção da casa, só podemos assumi-la como atividade se a satisfação da necessidade for coletiva. A construção em mutirão pode se constituir em atividade, pois os sujeitos que executam as ações sabem que o resultado do que fazem, combinado com o que os outros realizam, resultará na satisfação de sua necessidade: a construção de seu abrigo. Na escola, para ser coletividade, não basta apenas a formação de um grupo a executar determinadas tarefas. Para ser coletividade, diz Makarenko (1977, p.48), é preciso ser um organismo social e, portanto, ter órgãos de direção e coordenação, autorizados para representarem, ante todos, os interesses da coletividade em particular e da sociedade.

No caso da construção de um projeto educativo, são as ações acordadas e realizadas que revelarão o movimento de concretização. É preciso identificar as ações principais. Aquelas que são determinantes para a concretização do projeto. São os *isolados* e com eles os inesperados que, ao serem considerados, poderão alterar a qualidade. Na nossa pesquisa, a primeira ação coletiva do grupo foi a realização de uma ação comum: a busca da universidade como referência para melhoria das ações didáticas. Os professores que procuram a universidade para ajudá-los a resolver os problemas que estão enfrentando deverão executar certas ações indicadoras das intenções do que buscam, concretamente, realizar em relação ao coletivo que constitui a escola. Assim, as primeiras ações nortearam o grupo para a construção da coletividade. A etapa seguinte foi a construção coletiva do projeto que poderia satisfazer as necessidades do grupo. Para nós, é o próprio movimento de construção do projeto o que constitui a construção da coletividade. Tal como na construção da casa, o que queremos construir terá a sua forma dada pelo conjunto de interações que o projeto for capaz de imprimir.

Assim, desde o nascedouro do projeto, pesquisadores e professores partilhavam de uma mesma atividade: construir uma resposta para as necessidades imediatas de cada sujeito de ambos os grupos. No início, o projeto pode ainda não ser uma atividade, pois o agrupamento é apenas para que juntos consigam um objetivo imediato: resolver os problemas de sala de aula de cada um.

Revelar os fenômenos de construção da coletividade é buscar evidências por meio das ações dos sujeitos que mostrem de que modo a coletividade está sendo construída. Não temos um objeto concreto para observar o resultado das ações. É preciso, pois, buscar o fenômeno nas ações. A construção da casa tem um resultado possível de ser materializado. Já na construção da coletividade educativa, o resultado é percebido a cada momento por meio do partilhamento dos significados construídos coletivamente. Mas, se estamos olhando como investigadores para a coletividade educativa, o projeto parece ser o nosso referencial mais concreto para a investigação do fenômeno. Como é construído o projeto? O seu nascedouro é a definição de objetivos comuns: a) para os professores universitários, tratava-se de construir significado para as suas indagações como investigadores sobre a construção de comunidades educativas onde fosse possível a formulação de uma metodologia de formação dos professores na coletividade escolar; b) para os professores do Cefam, tratava-se de dar significado a suas ações na definição do seu objetivo de vida de professor. Esse modo de realizar a pesquisa caracterizou-a como *colaborativa* (Pimenta, 2002).

As condições de existência da escola configuram uma ação que exige a combinação de várias outras para tornar possível concluir as diferentes etapas determinadas por rotinas que, no seu conjunto, constituem o tempo agrário de que nos fala Boutinet (1990). No trabalho escolar, é necessário preparar e desenvolver as atividades de ensino, fazer chamadas, preencher a caderneta, fazer avaliações para aferir o rendimento escolar, participar dos conselhos de classe para determinar se o aluno passou de uma série para outra; espera-se o outro ano e tudo recomeça. O diretor, por sua vez, também tem as suas rotinas (o seu tempo agrário) medidas pelo passar dos dias e dos meses até a chegada das férias.

A criação da coletividade de ensino é o movimento de conscientização sobre o próprio conceito de coletividade. Os membros da coletividade deverão perceber de que modo as suas ações se combinam para cumprir com a atividade educativa. Cada ação rumo ao cumprimento da atividade deverá ser vista como essencial para o cumprimento do objetivo. Ir explicitando o modo de construção desse complexo sistema de realização da atividade é ir revelando o fenômeno da formação do professor ao realizar as atividades educativas.

Deveremos investigar as ações de cada sujeito no desenvolvimento de seu trabalho de modo a percebermos como ele passa a articular com os outros seus objetivos e realizações. Na nossa pesquisa, o nosso parâmetro de avaliação foram as trocas simbólicas entre os sujeitos para a execução coordenada das ações. Procuramos evidências de como o professor passa a ver o seu problema particular de sala de aula como sendo o resultado de múltiplos fatores que transcendem a sua atuação. O entendimento sobre o papel dos conteúdos na atividade educativa e de como estes se articulam com o projeto pedagógico da escola foi outro dos elementos que acompanhamos em busca do entendimento sobre os processos de formação do professor. Como o grupo de educadores se organiza para definir o conjunto de ações que concretizam a coletividade educativa? Este é, na verdade, o rumo que a pesquisa procurou investigar em busca de um melhor entendimento sobre o movimento de construção das práticas educativas que poderão contribuir para a construção da coletividade de ensino.

A leitura que fizemos das várias ações no decorrer da concretização de nosso projeto procurou acompanhar o movimento de formação dos sujeitos, mediados por motivos criados para desencadear as trocas de significados na escola, de modo a oferecer oportunidades para que os vários sujeitos procurem dar significado a suas ações, com o objetivo de construir o projeto educativo. O pesquisador e professor mudam de qualidade em razão de novas necessidades, que vão se criando na dinâmica das relações estabelecidas durante o tempo em que interagiam para executar ações acordadas em diferentes momentos e exigidas pelas necessidades geradas na dinâmica da coletividade.

## Referências bibliográficas


AZANHA, J. M. Uma reflexão sobe a didática. In: *A didática em questão*: 3º seminário. São Paulo: Feusp, 1985. v.1, p.24-32.

BOUTINET, J. P. *Antropologia do projeto*. Lisboa: Instituto Piaget, 1996.

CARAÇA, B. J. *Conceitos fundamentais da matemática*. Lisboa: Gradiva, 1998.

CHARLOT, B. *Da relação com o saber*. Porto Alegre: Artmed, 2000.

CHAVES, I. S. *Percursos de formação e desenvolvimento profissional*. Porto: Porto Editora, 1997.

CHILDE, G. *A evolução cultural do homem*. 5.ed. Rio de Janeiro: Guanabara/Koogan, 1981.

D'AMBRÓSIO, U. *Da realidade à ação*: reflexões sobre educação e matemática. Campinas: Papirus, 1986.

GARRIDO, E. et al. Projeto USP-AYRES 1: A pesquisa colaborativa, a formação do professor reflexivo/investigativo e a construção coletiva de saberes e práticas pela equipe escolar. ENDIPE – ENCONTRO NACIONAL DE DIDÁTICA E PRÁTICA DE ENSINO, 9, Águas de Lindoia. *Anais*... Águas de Lindoia, 1998. v.1, p.48-9.

GAUTHIER, C. *Por uma teoria da pedagogia*. Ijuí: Editora Ijuí, 1998.

INTERNATIONAL COMISSION ON MATHEMATICAL INSTRUCTION (ICMI). *Nuevas tendencias en la enseñanza de la matemática*. Unesco, 1986.

KEMIS, S. La formación del profesor y la creación y la extensión de comunidades críticas de profesores. *Investigación en la Escuela* (Sevilha), n.19, 1993.

KOPNIN, P. V. *A dialética como lógica e teoria do conhecimento*. Rio de Janeiro: Civilização Brasileira, 1978.

LEONTIEV, A. N. *O desenvolvimento do psiquismo*. Lisboa: Horizonte Universitário, 1978.

_____. *Actividade, consciencia e personalidad*. Habana: Editorial Pueblo y Educación, 1983.

_____. Uma contribuição à teoria do desenvolvimento da psique infantil. In: VYGOTSKY, L. S. et al. *Linguagem, desenvolvimento e aprendizagem*. São Paulo: Ícone, 1988.

MAKARENKO A. *La coletividad y la educación de la personalidad*. Moscú: Editorial Progresso, 1977.

MARX, K., ENGELS, F. Teses sobre Feuerbach. In: *Obras escolhidas*. Lisboa: Edições Avante, 1982. t.1, p.1-75.

MOURA, M. O. de. *A construção do signo numérico em situação de ensino*. São Paulo, 1992. Tese (Doutorado) – Universidade de São Paulo.

_____. A atividade de ensino como unidade formadora. *Bolema (Rio Claro)*, v.12, p.29-43, 1996.

_____. A atividade de ensino como unidade formadora. In: CASTRO, A. D., CARVALHO, A. M. P. de (Org.) *Ensinar a ensinar*. São Paulo: Pioneira, 2001.

NATIONAL COUNCIL OF THEACHERS OF MATHEMATICS (NCTM). *Estandares curriculares y de evaluation para la educación matemática*. Sevilha: Thales, 1991.

NÓVOA, A. N. Formação de professores e profissão docente. In: _____. (Org.) *Os professores e sua formação*. Lisboa: Publicações Dom Quixote, 1992.

PERRENOUD, P. *Práticas pedagógicas, profissão docente e formação*: perspectivas sociológicas. Lisboa: Publicações Dom Quixote, 1993.

_____. *Construir as competências desde a escola*. Porto Alegre: Artmed, 1999.

PIMENTA, S. G. Formação de professores: identidade e saberes da docência. In: _____. (Org.) *Saberes pedagógicos e atividade docente*. São Paulo: Cortez, 1999.

PIMENTA, S. G.; GHEDIN, E. (Org.) *Professor reflexivo no Brasil*: gênese e crítica de um conceito. São Paulo: Cortez, 2002.

PONTE, J. P. da. O desenvolvimento profissional do professor de matemática. *Educação e Matemática (Lisboa)*, n.31, 1994.

SACRISTÁN, J. G. Consciência e a ação sobre a prática como libertação profissional dos professores. In: NÓVOA, A. N. (Org.) *Profissão professor*. Porto: Porto Editora, 1991.

_____. *Poderes instáveis em educação*. Porto Alegre: Artes Médicas, 1999.

SCHÖN. D. A. *Educating the Reflective Practitioner*. San Francisco: Jossey-Bass, 1987.

_____. Formar professores como profissionais reflexivos. In: NÓVOA, A. *Os professores e sua formação*. Lisboa: Publicações Dom Quixote, 1992.

VYGOTSKY, L. S. *Historia del desarrolo de las funciones psíquicos superiores*. Habana: Ministerio de Cultura: Editorial Científico-Técnica, 1987.

_____. *A formação social da mente*. 3.ed. São Paulo: Martins Fontes, 1989.

_____. *Pensamento e linguagem*. São Paulo: Martins Fontes, 1991.

ZEICHNER, K. M. *A formação reflexiva de professores*: ideias e práticas. *Lisboa: Educa, 1993.*

# 19
# Relações universidade-escola e aprendizagem da docência: algumas lições de parcerias colaborativas

*Maria da Graça Nicoletti Mizukami*

> Se nós queremos criar escolas nas quais a reforma seja duradoura e não passageira, nós precisamos perguntar: é essa uma escola onde os professores podem aprender? A menos que criemos as condições para aprendizagem do professor, qualquer reforma que iniciarmos, mesmo se parecer estar funcionando no início, eventualmente irá desaparecer.
>
> (Shulman, 1997, p.105).

Relações universidade-escola é uma temática central quer se fale em formar professores para diferentes áreas do conhecimento, níveis e modalidades de ensino, quer se pretenda elaborar, implementar e avaliar políticas públicas educacionais de formação de professores.

Tanto a universidade quanto a escola são agências formadoras. A partir da concepção que se tenha sobre processos formativos da docência, as relações entre esses dois tipos de instituição podem apresentar características diferentes. Assumindo a hierarquização das disciplinas em fundamentantes (ciência básica), instrumentalizantes (ciência aplicada) e práticas de ensino, própria do paradigma da racionalidade técnica (Nóvoa, 1992; Schön, 1983, 1987; Pérez Gómez, 1992; Marcelo, 1998, 1999, por exemplo), que tem fundamentado e orientado boa parte dos programas de formação, competiriam à universidade os domínios da teoria e à escola os domínios da prática, no sentido de aplicação do que foi anteriormente aprendido. Assumindo o paradigma da racionalidade prática (Nóvoa, 1992; Schön, 1983, 1987; Calderhead, 1996; Knowles et al., 1994; Pérez Gómez, 1992; Marcelo, 1998, 1999), os domínios da teoria e os da prática se entrelaçam nos diferentes momentos da formação profissional e ao longo da carreira docente. Sob tal perspectiva, tanto a universidade quanto as escolas estariam envolvidas com os domínios da teoria e da prática. Boa parte das discussões sobre aprendizagem da docência e das tentativas de implementação de novos referenciais para os cursos de formação tem-se orientado atualmente por essa segunda tendência.

Mesmo fundamentados em literatura recente que tem discutido e explicado processos de aprendizagem da docência, deparamos com um quadro peculiar nas agências formadoras. Os formadores de professores, com formação e atuação próprias da concepção de processos formativos orientados pelo paradigma da racionalidade técnica, são os mesmos que irão oportunizar processos formativos sob uma nova visão. Se, por um lado, os formadores percebem os limites e dificuldades do paradigma da racionalidade técnica e procuram superá-los pela adoção de um novo paradigma; por outro, eles têm toda uma formação e prática pedagógica que lhes têm garantido autonomia e segurança no desenvolvimento de suas atividades, o que lhes dificulta aderir integralmente à nova concepção, assim como operacionalizar de forma pertinente seus cursos/disciplinas a partir de uma nova forma de compreender e de interferir em processos formativos da docência.

É sob essa perspectiva de formadora de professores há tempos, de formadora de professores nos contextos atuais de mudança de modelos e de referenciais teóricos e metodológicos, assim como de pesquisadora de processos de aprendizagem da docência, que apresento alguns pontos para discussão neste capítulo. Mais especificamente, é a partir de resultados de projetos de pesquisa em que tenho participado,[1] que objetivaram produzir conhecimentos sobre processos de desenvolvimento profissional de professores,

1 "A reflexão sobre a ação pedagógica como estratégia de modificação da escola pública elementar numa perspectiva de formação continuada no local de trabalho" – Fapesp, 1996-2000; "Aprendendo a pensar como professor: o método de casos e desenvolvimento profis-

assim como sobre as melhores formas de investigar tais processos, e de minhas atividades como formadora, que levanto alguns pontos que julgo merecerem nossa atenção no que se refere à universidade e à escola como espaços de aprendizagem e agências formadoras de professores.

Objetivando explicitar minhas concepções, ao desenvolver este texto estou me apoiando em estudos sobre o pensamento do professor e processos de desenvolvimento profissional da docência, assumindo: a) o processo de desenvolvimento profissional de professores concebido como um contínuo, iniciando antes de períodos de preparação formal e se prolongando por toda a vida profissional (Cole & Knowles, 1993; Calderhead, 1996); b) a construção do conhecimento sobre o ensino e sobre como ensinar como resultado de uma relação dialética entre o individual e o coletivo (Cole & Knowles, 1993); c) o princípio da inquirição/reflexão que oportuniza compreensões sobre as práticas pedagógicas, considera a natureza colaborativa dos diferentes papéis assumidos pelos pares, reconhece a especificidade da prática pedagógica como requerendo soluções não padronizadas; admite a influência das concepções dos professores na compreensão de eventos de sala de aula e de sua prática pedagógica; possibilita o desenvolvimento de autonomia pessoal e profissional (Knowles et al., 1994); d) novas formas de pesquisa colaborativa na promoção e investigação de processos de aprendizagem da docência baseadas *na importância da mutualidade de propósito* e na potencialidade de *perspectivas múltiplas*, assim como na compreensão de que *cada parceiro no processo de inquirição contribui com sua "expertise" particular e que o relacionamento entre o professor da escola e o pesquisador da universidade, por exemplo, é multifacetado e não necessariamente hierárquico* (Cole & Knowles, 1993, p.478); e) a natureza de processos de ensino e aprendizagem segundo orientações cognitivistas/construtivistas, enfatizando a metacognição e processos de reflexão e inquirição como centrais à aprendizagem docente (Baird, 1997; Shulman, 1986, 1987, 1996; Cole & Knowles, 1993); f) a natureza de processos cognitivos envolvidos em tomadas de decisão e na atribuição de significados por parte dos professores (Wasserman, 1993); g) a natureza individual e colaborativa de diferentes processos de aprendizagem enfatizando orientações, mudanças conceituais e resolução de problemas (Baird, 1997; Schoenfeld, 1997, 1999; Calderhead, 1996) e a natureza da aprendizagem do adulto; h) os modelos teóricos "base de conhecimento

sional" – CNPq-AI, 1997-1999; "Do projeto coletivo da escola à sala de aula: analisando processos de desenvolvimento profissional de professoras das séries iniciais do ensino fundamental" – Fapesp, 2001-2003.

para o ensino" (a necessidade de estabelecer uma base de conhecimento que torne o desenvolvimento profissional possível) e "processo de raciocínio pedagógico" (Shulman, 1986, 1987, 1996; Wilson et al., 1987); i) a natureza da construção do conhecimento pedagógico do conteúdo de diferentes áreas do conhecimento em diferentes níveis e modalidades de ensino (Shulman, 1986, 1987, 1996); j) a natureza das teorias pessoais dos professores (Clandinin & Connelly, 1996; Calderhead, 1996; Knowles et al., 1994; Sanders & McCutcheon, 1986) e sua importância para processos de construção e reconstrução de conhecimentos; k) as discussões sobre comunidades de aprendizes e comunidades de professores (Shulman, 1995; Grossman & Wineburg, 2000; Grossman et al., 2001; Westheimer, 1998; Gallucci, 2003); l) a natureza do desenvolvimento metacognitivo de professores que lhes possibilita melhorar seu ensino e sua aprendizagem, tornando-os conscientes de sua prática de forma que maior controle sobre e responsabilidade por ela seja exercido (Baird, 1997; Shulman, 1996); m) contribuições recentes de teorias de ensino-em-contexto (Schoenfeld, 1997) e aprendizagem organizacional – a escola como uma organização que aprende (Argyris & Schön, 1996), para a compreensão de processos de desenvolvimento profissional e de diferentes processos de mediação em relação ao conhecimento; n) impactos possíveis de políticas públicas e de propostas pedagógicas sobre as práticas dos professores (McDiarmid, 1995; Torres, 1998, 1999).

Os pontos que destaco como importantes para nossa discussão e que estão presentes na agenda educacional atual, envolvendo universidade e escola, podem ser agrupados em: a base de conhecimento para o ensino e o processo de raciocínio pedagógico; comunidades de professores e comunidades de aprendizes; aprendizagem da docência-aprendizagem do adulto, aprendizagem pela experiência; estratégias não invasivas de formação-experiências de ensino e aprendizagem e casos de ensino como narrativas.

Passamos, a seguir, a apresentar alguns focos, em cada um deles, para debate e para nossa autoanálise como formadores de professores quer, consideremos cursos de formação inicial quer programas de formação continuada, não nos esquecendo dos modelos mistos de formação que atualmente presenciamos, envolvendo certificação de nível superior de professores que já têm certificação em cursos de formação inicial de nível médio e que já estão inseridos em escolas como responsáveis pelo desenvolvimento de processos de ensino e aprendizagem. Não se pretende, nessa apresentação, fazer um levantamento dos estudos que analisam as relações universidade e escola, e sim contextualizar o debate em termos de resultados de pesquisas já mencionadas e realizadas com professores. Cada bloco contém a apresentação de alguns resultados considerados importantes para discussão da temática em pauta. Esses resultados têm o objetivo de circunscrever o que será tratado em cada bloco e de oferecer pistas e sugestões para discussão da temática.

## A base de conhecimento para o ensino e o processo de raciocínio pedagógico

> A construção do conhecimento pedagógico do conteúdo foi considerada pelas professoras como o elemento mais importante na aprendizagem profissional. No entanto, o domínio precário do conhecimento do conteúdo específico constitui, em diferentes momentos, obstáculo para que o conhecimento pedagógico do conteúdo fosse mais articulado, enriquecido e flexível, contemplando diferentes traduções de um mesmo conteúdo para diferentes tipos de alunos (com diferentes repertórios e estilos de aprendizagem). (Mizukami et al., 2003b, p.189)

O conhecimento do conteúdo pedagógico – conhecimentos relacionados a teorias/propostas educacionais e de desenvolvimento humano, assim como de metas e propósitos educacionais, currículo etc. – é raramente mencionado de forma espontânea. Parece estar muito mais relacionado a situações da escola e do contexto e, em particular à sala de aula, do que a outros contextos, levando em conta as finalidades e os objetivos educacionais mais amplos, o currículo, as famílias e a comunidade. São conhecimentos acionados quando as professoras tentam explicar suas práticas pedagógicas, mas sob forma de um conjunto de preceitos que evidenciam compreensões parciais e episódicas de tal tipo de conhecimento. O "construtivismo", por exemplo, geralmente é traduzido em um conjunto de preceitos relacionados a procedimentos instrucionais. "Construir conhecimentos" é compreendido tanto como oferecimento de condições para que os alunos aprendam quanto como consideração de um processo abstrato sem nenhum tipo de intervenção ("a criança aprende com o tempo") (ibidem).

Iniciamos com um tema que permeia todos os processos formativos da docência, independentemente de nível, modalidade e área: o que os professores precisam saber para poder ensinar e para que seu ensino possa conduzir a aprendizagens dos alunos? Trata-se de identificar o conhecimento que o professor tem da área/matéria que ensina, as relações desse tipo de conhecimento com outros necessários à docência e o papel que ele desempenha em processos de aprendizagem profissional da docência de forma a oportunizar aprendizagens dos alunos, no oferecimento de um ensino de qualidade e no próprio investimento que o professor faz em seu próprio processo de desenvolvimento profissional em escolas ou em outros ambientes educacionais. Para tanto, dois modelos teóricos desenvolvidos por Shulman (1986, 1987) são importantes: a base de conhecimento para o ensino e o processo de raciocínio pedagógico. Tais modelos se interpenetram, da mesma forma que implicam trabalho integrado dos diferentes formadores de professores. Por formadores de professores, estamos entendendo aqui todos os profissionais que estão trabalhando nos cursos que formam professores, independentemente de nível, modalidade e área de conhecimento e matéria que lecionam.

A *base de conhecimento para o ensino* refere-se especificamente à questão: o que um professor necessita saber para ser professor e tal questão é comum a todos os cursos de formação. A base de conhecimento para o ensino consiste em um corpo de compreensões, conhecimentos, habilidades e disposições que são necessários para que o professor possa propiciar processos de ensinar e de aprender. Essa base envolve conhecimentos de diferentes naturezas, todos necessários e indispensáveis para a atuação profissional. Essa base, em cursos de formação inicial, é limitada. Ela se torna mais aprofundada, diversificada e flexível a partir da experiência profissional refletida e objetivada. Na realidade, considerando as licenciaturas, essa base se refere – em cada curso – à pergunta: o que um professor de história (geografia, física, matemática, biologia, química etc.) deve saber de forma a ingressar na profissão com um repertório mínimo que possibilite, a partir dele, novas construções e novos conhecimentos. Não se trata de uma base de conhecimento fixa e imutável, mas de uma base de conhecimento inicial e indispensável e que deve ser idealizada com a participação de todos os formadores, com as compreensões de formadores e professores das escolas que recebem os futuros professores sobre como a docência é aprendida e com as contribuições oriundas de situações concretas de ensino e aprendizagem de diferentes escolas. Essa base de conhecimento envolve o domínio do conhecimento do conteúdo específico da matéria.

É importante lembrar, no caso das licenciaturas, que o conhecimento do conteúdo específico a ser dominado pelo futuro professor deve incluir também os conhecimentos do conteúdo específicos do ensino fundamental e médio que irão ensinar. Muitas vezes, dá-se por garantido o domínio de tais conteúdos e estes não são mais tratados nos cursos superiores. Embora o conhecimento do conteúdo específico seja necessário ao ensino, o domínio de tal conhecimento, por si só, não garante que ele seja ensinado e aprendido com sucesso. É necessário, mas não suficiente.

Outros tipos de conhecimento também são importantes e a ele se relacionam e se integram. Esses outros conhecimentos constituem os demais componentes da base de conhecimento para o ensino.

O *conhecimento de conteúdo pedagógico* transcende o domínio de uma área específica e inclui os conhecimentos de objetivos, metas e propósitos educacionais; de ensino e aprendizagem; de manejo de classe e interação com os alunos; de estratégias instrucionais; de como os alunos aprendem; de outros conteúdos; de conhecimento curricular, de teorias de aprendizagem e de desenvolvimento, de motivação, de políticas públicas etc.

O *conhecimento pedagógico do conteúdo* refere-se a um novo tipo de conhecimento do conteúdo, que é construído constantemente pelo professor ao ensinar a matéria e que é enriquecido e melhorado quando se amalgamam os outros tipos de conhecimento explicitados na base. Inclui compreensão do que significa ensinar um tópico de uma disciplina específica, assim como os princípios e técnicas que são necessários para tal ensino. Trata-se de conhecimento de importância fundamental em processos de aprendizagem da docência. É o único conhecimento pelo qual o professor pode estabelecer uma relação de protagonismo: é conhecimento de sua autoria. É aprendido no exercício profissional, mas não prescinde dos outros tipos de conhecimento que o professor aprende via diferentes fontes e em diferentes contextos.

Embora haja limites na formação inicial para a construção desse tipo de conhecimento, ela deverá propiciar situações concretas para que ele comece a ser construído, sensibilizando o futuro professor quanto ao protagonismo em relação à sua construção. As práticas de ensino e estágio supervisionado são espaços privilegiados para tanto. Para que isso ocorra com relativo sucesso, tanto o formador quanto os professores das escolas teriam que desenvolver um trabalho de parceria que tivesse como foco a iniciação sistematizada e problematizada do futuro professor em atividades contextualizadas de ensino e aprendizagem em contextos escolares.

Com base em resultados de pesquisas já mencionadas, o *conhecimento dos conteúdos específicos* dos diferentes componentes curriculares parece ser, por um lado, o núcleo e, por outro, um foco frágil de especificação da base de conhecimento. O domínio do conhecimento do conteúdo específico por parte dos futuros professores deve ser concebido como eixo articulador da base de conhecimento para a docência e como imprescindível para a construção do conhecimento pedagógico do conteúdo e para o desenvolvimento de processos de raciocínio pedagógico. É, igualmente, base necessária para a própria inserção do professor em situações concretas de ensino e aprendizagem em diferentes realidades e contextos escolares. A prática, por si só, não garante o domínio de conteúdos específicos de forma satisfatória e tampouco oferece, de forma sistematizada e articulada, a base de conhecimento que o professor necessita para começar a ensinar, assim como para continuar seu processo de aprendizagem profissional.

É importante compreender as inter-relações entre os conteúdos dos diferentes componentes curriculares e os contextos de aprendizagem dos alunos e dos professores, bem como das especificidades das diferentes séries da escolarização básica. Parece haver, entre os professores, falta de clareza em relação ao que um aluno deve saber ao final de cada uma das séries. O professor formador, por sua vez, também precisa entender esses fatos e processos de forma a orientar as aprendizagens profissionais do futuro professor. Essa indefinição tem aparecido, igualmente, nos projetos pedagógicos das escolas. Os cursos de formação inicial usualmente não abordam tal temática, mesmo quando consideram políticas públicas e os conteúdos específicos referentes aos componentes curriculares do ensino fundamental e médio, e deveriam passar a fazê-lo de forma a oferecer uma base de conhecimento ao futuro professor compatível com as exigências iniciais da docência.

O segundo modelo proposto por Shulman (1986, 1987) implica a consideração da base de conhecimento para o ensino e envolve processos envolvidos nas ações educativas. Trata-se do modelo do *processo de raciocínio pedagógico*, que retrata como os conhecimentos são acionados, relacionados e construídos durante o processo de ensino e aprendizagem. Uma precária base de conhecimento compromete e empobrece os processos de raciocínio pedagógico acionados pelos professores quando em situações concretas de ensino e aprendizagem. Esse segundo modelo é constituído por seis subprocessos comuns ao ato de ensinar: compreensão, transformação, instrução, avaliação, reflexão e nova compreensão e que podem ser visualizados na Figura 19.1.

> Quando se considera o modelo de Processo de Raciocínio Pedagógico (Shulman, 1987, 1996) como base de análise, pode-se dizer que o sub-processo transformação (que implica interpretação, representação, adaptação e consideração de casos específicos) é o elo mais fraco do processo instrucional. Via de regra os processos de *transformação* relatados são muito pobres (quando não desenvolvidos de forma equivocada/errônea), considerando o domínio precário do conhecimento específico dos diferentes componentes curriculares das séries iniciais do ensino fundamental. O processo de transposição didática, sob tal perspectiva,

fica comprometido: se empobrece, se automatiza, torna-se rotina e se fecha em termos de abertura a novas possibilidades. (Mizukami et al., 2003b, p.19)

Pela interdependência entre os dois modelos, verifica-se que, quando a base de conhecimento é precária, fragmentada e insuficiente para a configuração de processos de ensino e aprendizagem, o processo de raciocínio pedagógico é pobre, estereotipado e mecanizado. A flexibilidade de tal raciocínio e o oferecimento de um ensino diversificado e que considere as diferentes formas de o aluno aprender um assunto determinado em diferentes contextos educacionais dependem de uma base de conhecimento sólida e articulada. Se os professores não estão apresentando tal base, algo necessita ser revisto nos cursos de formação inicial e nos programas de formação continuada.

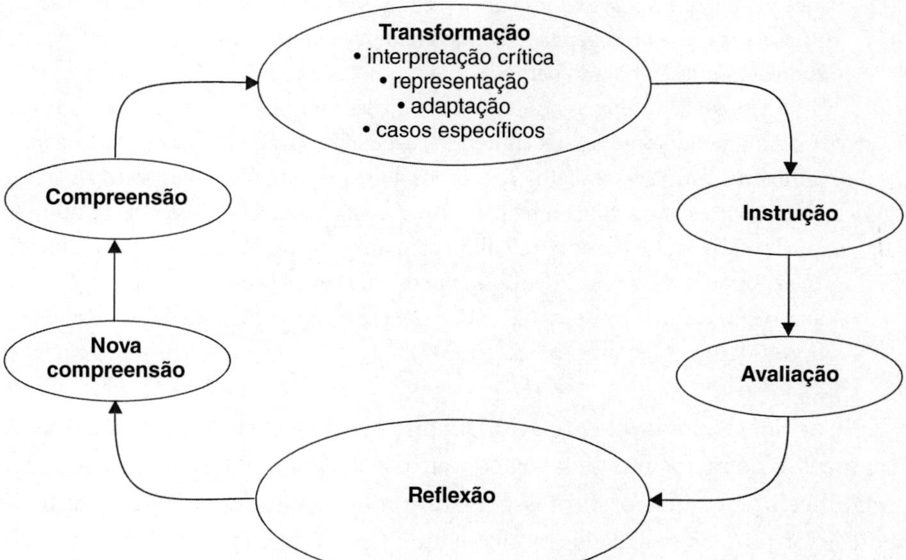


*FIGURA 19.1 – Modelo de raciocínio pedagógico (Wilson et al., 1987, p.119).*

Os dados obtidos sugerem fortemente a ocorrência de diferentes níveis de conhecimento e tipos de conhecimentos, implicando que os eixos ou contínuos identificados podem ser interpretados como orientações conceituais, mais do que categorias rígidas e compartimentalizadas dos diferentes componentes do ensino: conhecimento pessoal, da profissão, proposicional e teórico conforme apontado anteriormente. Tomando como base as categorias apontadas por Valli (1992) e Hatton e Smith (1995), foi possível, em alguns casos, identificar alguns dos níveis por esses autores descritos. As concepções das professoras muitas vezes são apresentadas por meio de uma redação descritiva, em que consta apenas o registro de eventos sem o oferecimento de elementos que embasem ou justifiquem a sua ocorrência ou ainda a preocupação emanada reside na aquisição de habilidades numa perspectiva comportamental. Algumas professoras apresentam elementos da tomada de decisões em termos técnicos, em que o desempenho adequado dos alunos é enfatizado, mas a professora tece considerações sobre o seu próprio desempenho. Outras concepções sugerem a ocorrência de uma descrição reflexiva na qual, além da descrição dos eventos, são também apresentadas justificativas baseadas em julgamentos pessoais e pontos de vista alternativos ou, ainda, a reflexão-na-ação em que a situação, isto é, a atividade pedagógica, em si, é interpretada como uma importante fonte de conhecimento.

Pôde-se inferir a coexistência de um conjunto de orientações conceituais, nem sempre coerentes entre si, por parte das professoras. Uma mesma professora pode apresentar no seu conjunto de orientações conceituais, conteúdos de diferentes naturezas. Pode também apresentar elementos sugestivos de uma mudança de um nível menos elaborado para um mais complexo ao longo do tempo.

Ao longo do tempo as descrições das professoras foram se tornando cada vez mais detalhadas contendo os conteúdos específicos trabalhados em sala de aula e também a forma de trabalhá-los. É possível que este último aspecto sintetize a essência do ensinar, pois uma professora ao narrar suas experiências docentes explicitando o quê e o como trabalhou com um determinado aluno, em realidade está expondo seus conhecimentos sobre os conteúdos específicos e pedagógicos, sobre o conhecimento pedagógico do conteúdo além do conhecimento sobre o aluno. (Mizukami et al., 2003b, p.191-3)

Considerando os inter-relacionamentos entre a base de conhecimento e o processo de raciocínio pedagógico, outro ponto também merece destaque: o conhecimento que os professores têm em relação às políticas públicas educacionais e as possíveis traduções que fazem dessas políticas em práticas pedagógicas. Sem a incorporação articulada de princípios, orientações teóricas e metodológicas de tais políticas em sua base de conhecimento, os processos de tradução e de transformação destas em práticas pedagógicas ficam comprometidos.

As dificuldades mais evidentes se relacionaram a processos de implementação de políticas públicas, muitas das quais ou não chegam à sala de aula ou, quando chegam, apresentam linguagens, formatos, concepções de difícil compreensão, no que se refere, principalmente, a possibilidades de transposição didática que garantam, de fato, sua incorporação no cotidiano da sala de aula (por exemplo, os Parâmetros Curriculares Nacionais para o Ensino Fundamental).

Tomando-se o confronto entre as concepções das professoras sobre matemática e língua e o ensino destes dois objetos de conhecimento, e o proposto pelas políticas públicas atuais, chegamos a algumas conclusões sobre as dinâmicas utilizadas para a investigação neste último ano de trabalho. Falar sobre atividades a serem desenvolvidas em sala de aula parece mobilizar mais imediatamente as professoras, reforçando algo que constitui, em primeiro grau, a identidade docente: o como fazer. Mas esta perspectiva se esvazia rapidamente, pois as professoras trazem contrapontos da "realidade" para desqualificar a sugestão ("isso aí não dá para fazer com muitos alunos", "é fácil falar, mas fazer..." etc.), ou reconhecem o dito como algo que já fazem. Trata-se muito mais do sentido dado às atividades e que veicula as intenções e as expectativas sobre os processos de escolarização das crianças, seu sentido social (portanto as concepções que as professoras têm dão base ao estabelecimento de interações, sequência de ações, critério de avaliação que diferenciam as atuações, mesmo que o discurso pareça remeter à homogeneidade de atividades). (ibidem, p. 190-4).

## Comunidades de professores e comunidades de aprendizes

Os conceitos emitidos por parte dos professores ao longo do processo necessitam ser mais bem compreendidos, dado que muitas vezes seus significados podem ser interpretados equivocadamente. Acredita-se ser este conjunto de concepções mais um ponto de partida para a ampliação das oportunidades oferecidas tanto para os professores, no que diz respeito ao seu desenvolvimento profissional, quanto aos alunos, no que concerne ao processo ensino-aprendizagem.

Não há a ilusão de que, à força, ou pelo simples poder hierárquico, as professoras mudaram ou mudarão sua maneira de conceber e fazer o ensino. Há que se criar na formação continuada uma tal rede de interações que permita às professoras investirem no acesso a novos conhecimentos e na revisão de suas posições, sem precisar se defender de tentativas de imposição de mudanças que não entendem. O que normalmente chamamos de resistência das professoras a mudanças parece ser muito mais resistência delas à desapropriação de seus saberes (os da experiência, mas também aqueles com os quais tomaram contato no percurso de sua formação).

A inserção das pesquisadoras na escola e a construção de um programa partilhado de desenvolvimento profissional são um processo que poderia ser considerado como de equilíbrio instável e que precisa ser repensado a cada momento, exigindo um alto grau de envolvimento dos seus participantes. Em alguns momentos do trabalho ficaram visíveis os processos de legitimação ou não do discurso sobre a prática docente e isso teve que ser repensado a cada passo do projeto, exigindo redirecionamentos. A construção da parceria, sob tal ótica, implicou rever constantemente a dinâmica do grupo da escola, do grupo das pesquisadoras e do grupo formado por todas as participantes, em processo contínuo de negociação.

As professoras, ao discutirem conceitos, conteúdos, concepções, a partir de atividade dada por alguma delas reagiam fortemente e "fechavam-se em copas", parecendo precisar se proteger. De um lado, havia o risco de julgamento pelo grupo da escola, o que servia para embates que muitas vezes, para nós pesquisadoras, eram nebulosos e pareciam remeter a disputas que não tinham a ver diretamente com o objeto em causa.

Quando trabalhavam em pequenos grupos, por série, as professoras aparentavam ter mais cumplicidade, manifestando-se mais livremente do que quando faziam atividades mais coletivas. Parecia haver um certo receio do julgamento das colegas das séries mais adiantadas assim como não queriam "julgar" as das séries precedentes. (Mizukami et al., 2003b, p.190-5)

Um dos grandes desafios que envolvem a universidade e a escola (como agências formadoras) refere-se à construção e manutenção de uma comunidade de aprendizagem no local de trabalho que possa estabelecer relações entre processos formativos vivenciados durante a formação inicial e os vivenciados na escola. Comunidades de professores são consideradas neste capítulo quer envolvendo professores da escola, quer da universidade, quer grupos formados por profissionais da escola e da universidade.

Embora haja na literatura vários termos relacionados a tais comunidades – *comunidade de aprendizes, comunidade de discurso, comunidade de aprendizagem, comunidade escolar, comunidade de professores, comunidade da prática* –, Grossman & Wineburg (2000) indicam que estes são utilizados a partir de vários referenciais teóricos que abordam como uma comunidade deveria funcionar em ambientes educacionais. Em revisão da literatura sobre a temática, Westheimer (1998) constatou cinco temas comuns em teorias sobre comunidade: interdependência, interação/participação, interesses partilhados, preocupação em relação às visões dos indivíduos e das minorias e relacionamentos significativos entre os participantes. Segundo esse autor, pesquisadores poderiam beneficiar-se muito com uma conceptualização mais sólida de comunidades, baseada em pesquisa empírica.

Segundo Grossman & Wineburg (2000, p.6), pouco se sabe sobre

como professores estabelecem elos de comunidade, lutam para mantê-los, trabalham os conflitos inevitáveis de relacionamento social e constroem as estruturas para sustentar relacionamentos através do tempo. Sem compreensão de tais processos, temos pouco a nos guiar quando tentamos criar comunidades (seja qual for seu significado) em ambientes nos quais elas ainda não existem.

Grossman et al. (2001) sistematizaram a trajetória de um grupo em seu processo de construção de uma comunidade de professores. Para eles, tal comunidade tem que ser local, pressupondo a existência de interações face a face, de diálogo e da confiança como ingredientes centrais para a construção de coesão grupal. Essas comunidades não são fácil ou rapidamente formadas, exigem tempo para que as pessoas construam, juntas, uma história de forma a se constituir, de fato, uma "comunidade de memória" na qual a discussão pública se dê pelos seus membros ao recontarem as "narrativas constitutivas" do grupo.

Comunidade de professores é entendida, pois, como uma forma de comunidade profissional que considera os múltiplos contextos nos quais o professor trabalha. Para Grossman & Wineburg (2000, p.13), comunidade profissional tem também a ver com a sua clientela: "para um grupo de professores emergir como uma comunidade profissional, o bem-estar dos alunos deve ser uma preocupação central". De acordo com esse recorte das autoras, nem todos os agrupamentos de professores constituem uma comunidade profissional.

Dois focos básicos devem ser considerados em uma comunidade de professores: a melhoria da prática profissional e a crença de que os professores são estudantes de suas áreas ao longo de sua vida. Como tais, devem crescer em conhecimentos, amplitude e compreensão, assim como acompanhar o processo de produção de conhecimento nas suas áreas de conhecimento específico. Esses dois aspectos relacionados ao processo de desenvolvimento do professor, um deles focalizando explicitamente a melhoria da aprendizagem do aluno e o outro o professor como aluno de sua área de conhecimento específico, nem sempre, segundo as autoras, convivem harmoniosamente: "O desafio, ao se criar comunidade intelectual de professores no local de trabalho, é considerar as duas metas simultaneamente: manter um foco no aluno enquanto se cria uma estrutura para que professores se engajem como aprendizes das disciplinas que lecionam" (ibidem, p.14). Essa última meta, em contraste com a primeira, não conta com uma tradição das escolas a partir da qual possa ser construída.

No centro do processo de construção das comunidades de professores, está a crença de que, antes de se construir um currículo interdisciplinar, se possa conhecer a cada um como profissional que pensa e que aprende. Para os autores, quando a comunidade começa a tomar forma, há uma tendência natural dos seus membros de "brincarem de comunidade", ou seja, de agirem como pertencendo a uma comunidade que partilha valores e crenças comuns. Trata-se, para eles, de uma pseudocomunidade, que opera na base da ilusão do consenso. Como não há acompanhamento das interações face a face, os padrões de conversa são caracterizados por alto grau de generalidade, o que permite, a cada um dos membros, atribuir seus próprios significados às abstrações do grupo. Em escolas de séries iniciais do ensino fundamental, há tópicos bastante característicos que se prestam à discussão ultrageneralista: construtivismo, alunos copistas, alunos imaturos, problema de aprendizagem, por exemplo. No cerne de uma pseudocomunidade está a distinção entre o oculto e o revelado.

Outro ponto importante a ser considerado nas comunidades de professores refere-se à cultura. Para Grossman & Wineburg (2000, p.23):

> Pesquisadores frequentemente tratam comunidade profissional como genérica, mas a natureza da comunidade de professores se diferencia – como também o ensino se diferencia – por nível, área de conhecimento das disciplinas curriculares e população estudantil. Um modelo de comunidade desenvolvida para uma população de professores pode não funcionar para outras.

Considerando dimensões individuais e coletivas da aprendizagem, as autoras defendem que uma comunidade profissional de professores requer que seus participantes se engajem em atividades intelectuais e sociais, objetivando novas formas de pensar e raciocinar coletivamente, bem como novas formas de interagir com as pessoas. No contexto do ensino superior, há, segundo elas, poucas oportunidades para aprender a interagir com os colegas, excetuando-se trocas esporádicas e tópicas, que não envolvem experimentação regular, por tempo prolongado, de situações de ensino e aprendizagem partilhadas com outros adultos em local de trabalho.

No desenvolvimento de comunidades de professores, é importante considerar dois tipos de distribuição do conhecimento. A primeira delas refere-se ao fato de que algumas pessoas sabem o que outras não sabem e que o conhecimento coletivo ultrapassa o individual.

> Embora isso possa parecer autoevidente, professores passam a maior parte de sua vida trabalhando em situações nas quais operam como autoridade primária e seu conhecimento da matéria excede o de seus estudantes ... Aprender a partir dos colegas requer tanto uma mudança na perspectiva quanto na

> habilidade de ouvir atentamente outros adultos, especialmente aqueles que lutam por formular pensamentos em respostas a conteúdos intelectualmente desafiadores ... Com a ênfase no ensino dada ao fazer – e frequentemente ao fazer rápido –, ouvir atentamente pensamentos de outros formulados precariamente é uma nova atitude para professores que pode parecer estranha e exótica. (ibidem, p.32)

O segundo tipo de distribuição de conhecimento refere-se às diferentes maneiras de se conhecer. Aqui, o que se distribui entre os participantes são as formas de ler, de colocar questões, de realizar julgamentos, de argumentar, de estabelecer relações de exemplificar, de representar o conhecimento.

> Essas epistemologias distribuídas enriquecem a discussão, mas não necessariamente levam a sínteses mais elaboradas ... Dentro de uma comunidade profissional, a aprendizagem coletiva do grupo é necessária, mas não suficiente. Na estrutura social atual da escolarização, os professores retornam para suas respectivas salas de aula individualmente, e não coletivamente ... o coletivo deve servir como um treinamento básico para que as pessoas pensem de formas novas, aprendam a escutar e tentem outras formas de conhecer ... (p.33)

O trabalho de uma comunidade no local de trabalho exige novas formas de participação social. As características mencionadas até então são imprescindíveis se o objetivo a ser atingido é que os alunos de uma classe também constituam comunidades de aprendizes.

Grossman et al. (2001) propõem um modelo de formação de comunidade profissional de professores considerando quatro aspectos básicos: formação da identidade do grupo e normas de interação; compreensão das diferenças; negociação da tensão essencial; responsabilidade comum pelo crescimento das pessoas. A Figura 19.2 possibilita a compreensão desses aspectos no início da formação da comunidade, em seu desenvolvimento e em sua maturidade, indicando que o conflito, a compreensão das diferenças, a forma de enfrentamento das situações são construídos por cada grupo específico em cada contexto particular.

As pesquisas mencionadas do Programa Ensino Público, embora não tivessem como objetivo inicial a construção de comunidades de aprendizagem, apresentam resultados que apontam para o desenvolvimento de uma comunidade de aprendizagem profissional localizada no local de trabalho, oferecendo oportunidades para transformações individuais e do ambiente escolar. O mesmo pode ser dito em relação ao grupo da universidade. Em relação a este último, e é por essa razão também que insisto em colocar em debate o papel

| Em seu início | Em seu desenvolvimento | Em sua maturidade |
|---|---|---|
| **1. Formação de identidade do grupo e normas de interação** | | |
| Identificação com subgrupo | Pseudocomunidade (falso sentido de unidade – supressão de conflito) | Identificação com o grupo |
| Indivíduos são intercambiáveis e substituíveis | Reconhecimento das contribuições únicas de membros do grupo | Reconhecimento que o grupo é enriquecido por múltiplas perspectivas (sentimento de perda quando um membro deixa o grupo) |
| Tendência ao desrespeito | Discussão aberta sobre normas interacionais | Desenvolvimento de novas normas interacionais |
| Individualismo obstrui a responsabilidade do grupo | Reconhecimento da necessidade de regular o comportamento do grupo | Responsabilidade comum para com e regulação do comportamento do grupo |
| **2. Navegando por rotas imperfeitas** | | |
| Negação da diferença | Apropriação de visões diferentes por meio de posições dominantes | Compreensão e visão produtiva da diferença |
| Conflitos permanecem nos bastidores, não são vistos | Conflito emerge para o palco e é temido | Conflito é a característica esperada da vida do grupo e se lida com ele de forma aberta e honesta |
| **3. Negociando tensão essencial** | | |
| Falta de concordância em relação a propósitos da comunidade profissional, diferentes posições vistas como irreconciliáveis | Conformidade compulsória para deixar as diferentes pessoas realizarem diferentes atividades | Reconhecimento de que a aprendizagem do professor e a do aluno são fundamentalmente interligadas |
| **4. Responsabilidade comum pelo crescimento individual** | | |
| Crença de que a responsabilidade dos professores é com os alunos e não com os colegas; o crescimento individual é responsabilidade individual | Reconhecimento de que os colegas podem ser fonte de aprendizagem uns para os outros | Comprometimento com o crescimento do colega |
| Contribuição para o grupo são atos de vontade individual | Reconhecimento de que a participação é esperada de todos os membros | Aceitação de direitos e obrigações de ser membro de uma comunidade |

FIGURA 19.2 – Modelo de formação de comunidade profissional de professores (Grossman et al., 2001, p.988).

do formador, a comunidade construída por todas nós implicou novas compreensões de como a docência é aprendida e de como os processos formativos poderiam propiciá-la de forma mais compatível com as reais especificidades de tais processos.

Analisando igualmente processos constitutivos de comunidades de aprendizagem, assim como sua importância para o desenvolvimento profissional, Shulman (1995) identifica seis princípios que caracterizam as condições para uma aprendizagem autêntica e duradoura num modelo de comunidade de aprendizagem que é compatível com o considerado anteriormente, desenvolvido por Grossman et al. (2001).

1 O conhecimento do conteúdo específico da matéria é *gerador* de outros conhecimentos, podendo levar a novas compreensões ou servir como base para futuras aprendizagens de conteúdos, processos e disposições.

2 O aprendiz é um *agente* ativo no processo: "A aprendizagem se torna mais ativa por meio de experimentação e inquirição, assim como por meio da escrita, diálogo e questionamento" (ibidem, p.21).

3 O aprendiz *reflete* sobre seu próprio pensamento e ação. Metacognição é compreendida como "consciência de como e por que está aprendendo coisas particulares de maneiras particulares" (ibidem) e é indispensável para aprendizagens.

4 Há *colaboração* entre aprendizes. Eles podem trabalhar juntos de forma a oferecer sustentação às aprendizagens uns dos outros, assim como para complementar os conhecimentos uns dos outros.

> Colaboração é um casamento de insuficiências, não exclusivamente cooperação em uma forma particular de interação. Mais que isso, há desafios intelectuais difíceis e que são praticamente impossíveis de serem enfrentados sozinhos, mas que são enfrentados mais eficientemente quando se está em companhia dos outros (p.23)

5 Professores e alunos partilham uma *paixão* pelo material, são emocionalmente comprometidos com ideias, processos e atividades e veem o trabalho como relacionado a metas presentes e futuras.

6 Os processos de atividade, reflexão e colaboração são sustentados, legitimados e alimentados dentro de uma comunidade ou *cultura* que valoriza tais experiências e cria muitas oportunidades para que ocorram e sejam realizadas com sucesso e prazer. Tais comunidades criam estruturas participativas que reduzem a intensidade do trabalho nas atividades que são necessárias

para a maioria das práticas que conduzem ao ensino e à aprendizagem. Salas de aula e escola são caracterizadas por atividades, reflexão e colaboração em comunidades de aprendizagem que são inerentemente incertas, complexas e exigentes. Tanto ensino quanto aprendizagem nesses ambientes implicam altos níveis de risco e imprevisibilidade para os participantes.

No caso das pesquisas consideradas neste texto, pode-se dizer que houve construção de comunidades de aprendizagem. As participantes atribuíram significados, levantaram hipóteses, contestaram opiniões, redirecionaram processos, reafirmaram ou reformularam convicções, impossibilitando, no momento, estabelecer limites entre as contribuições individuais e as coletivas. Muitas das contribuições individuais só foram possíveis por meio do grupo.

Para Shulman (2000, p.133), expor a matéria é relativamente simples e reduz bastante as complexidades técnicas e econômicas do ato de ensinar.

> Ao iniciar uma conversação e diálogo, o professor começa a perder controle do discurso. Quando se é o único a falar, você sabe o que será dito 85% do tempo. Quando você convida os alunos a falarem, a complexidade se eleva e a imprevisibilidade aumenta. Mas sem o diálogo não há como saber se a aparência de compreensão é ilusória ... a única forma que nós, professores, temos de saber se nossos estudantes entenderam algo é fazendo que eles escrevam ou que falem sobre ... Após que o que está interno foi exteriorizado, você pode trabalhar junto com os estudantes; você pode testá-lo, rearranjá-lo. Sua última meta é colocar o que foi exteriorizado novamente para dentro de forma que os ciclos intelectuais e sociais do processo de aprendizagem possam recomeçar.

Segundo esse autor, o ensino envolve fundamentalmente dois processos. A compreensão inicia-se com o que já está dentro da cabeça do aluno. Todos os estudantes já chegam com ideias prévias, e o primeiro desafio pedagógico do professor é trazer o que está dentro para fora, ou seja, tornar externo o que está interno, tornar público o que é privado, tornar explícito o que está implícito: "Nós nos engajamos em uma série de processos pedagógicos, de forma a tornar o interno externo, o que eu tenho denominado *propriedade da comunidade*" (ibidem). Tais análises têm importantes implicações quando se consideram os processos de formação inicial de professores. Sob essa ótica, a importância de um trabalho partilhado escola-universidade se justifica como uma via de mão dupla e de crescimento recíproco. É importante considerar a natureza dos diferentes tipos de engajamento em situações de ensino, as relações interpessoais, o conhecimento partilhado e as negociações sobre o significado do trabalho docente entre os diferentes membros da comunidade. É importante, igualmente, que sejam consideradas: as condições de vida dos alunos, as características organizacionais da escola, as características da comunidade e das famílias dos alunos, e as demandas e orientações de agências implementadoras e avaliadoras de políticas públicas.

## Aprendizagem da docência: aprendizagem pela experiência e aprendizagem do adulto

O processo de desenvolvimento profissional das participantes não foi linear e caracterizou-se como aprendizagem processual. Nesse sentido, as conquistas foram lentas, fruto de trabalho e investimento árduo e sistemático, e necessitaram de garantia quanto a um espaço comum de discussão e construção grupal, considerando processos de aprendizagem profissional.

Aspectos relacionados à aprendizagem do adulto também foram considerados. As aprendizagens das professoras voltaram-se mais para o prático do que para o teórico: o interesse manifestado era diretamente relacionado com a maior proximidade – dos temas, experiências, atividades – com a prática.

As situações que oferecem às professoras contexto de suas atividades parecem mobilizar crenças mais profundas e que escapam à censura do discurso instituído, por exemplo, por políticas públicas e que, não se pode esquecer, têm informado cursos e documentos governamentais, chegando de algum modo até as mestras que os incorporam a seu discurso, mas não necessariamente alteram suas crenças e/ou suas práticas. As aprendizagens em contexto parecem assim ser o território da formação, da expressão e, quem sabe, da alteração dessas crenças para quem vê o sentido da docência não só na sua tarefa cotidiana como também na sua finalidade social.

A problematização que fazíamos ou a contraposição teórica configurava exposição de um "não saber" das professoras, num confronto desigual, já que das vertentes teóricas, sabíamos nós, professoras da universidade; a saída de enfrentamento da situação pelas professoras parecia ser sempre a desqualificação de nossas afirmações pelo contexto das práticas das séries iniciais, das quais estávamos afastadas.

O trabalho de confronto de concepções permitiu que as professoras explicitassem para si o que pensavam e notassem as diferenças e divergências entre elas e com o proposto pelas políticas atuais. Mas esta dinâmica demanda tempo, estreitamento de relações e garantia de que é possível haver diversidade de maneiras de pensar e fazer numa escola, mas que se devem construir bases mínimas comuns para o trabalho na instituição.

> No caso de experiências de ensino e aprendizagem que envolveram mais diretamente componentes curriculares específicos, percebeu-se o entrelaçamento de conhecimentos de diferentes naturezas, crenças, metas e hipóteses subjacentes às práticas pedagógicas declaradas pelas professoras. (Mizukami et al., 2003b, p.187-95)

Muito embora a experiência seja importante na construção de conhecimentos da docência e, especialmente, na construção do conhecimento pedagógico do conteúdo, ela não constitui a única fonte da aprendizagem. Propõe-se, com base nos resultados obtidos, que os diferentes tipos de conhecimento e natureza de experiências sejam relativizados e problematizados, de forma a oportunizar experiências realmente educativas e a superar pré-concepções oriundas de aprendizagens diversificadas (muitas delas frutos de experiências prévias e equivocadas). A inserção dos futuros professores em atividades práticas deve ocorrer apenas quando estas são coconstruídas, contextualizadas e problematizadas: "Dizer que se aprende a partir da experiência – uma das crenças mais básicas dos professores – não significa que mais experiência por si só resulte em melhor ensino. Se esse fosse o caso, os professores com mais anos de ensino seriam inevitavelmente os melhores professores" (Tom, 1999, p.247).

Embora Dewey (1976, p.14) tenha apontado a importância da experiência nas escolas para processos formativos da docência, ele também argumentou que nem toda experiência é necessariamente benéfica.

> A crença de que toda educação genuína se consuma através de experiência não quer dizer que todas as experiências são genuínas e igualmente educativas. Experiência e educação não são termos que se equivalem. Algumas experiências são deseducativas. É deseducativa toda experiência que produza o efeito de parar ou distorcer o crescimento para novas experiências posteriores. Uma experiência pode ser tal que produza dureza, insensibilidade, incapacidade de responder aos apelos da vida, restringindo, portanto, a possibilidade de futuras experiências mais ricas. Outra poderá aumentar a destreza em alguma atividade automática, mas de tal modo que habitue a pessoa a certos tipos de rotina, fechando-lhe o caminho para experiências novas. A experiência pode ser imediatamente agradável e, entretanto, concorrer para atitudes descuidadas e preguiçosas, deste modo atuando sobre a qualidade das futuras experiências, podendo impedir a pessoa de tirar delas tudo que têm para dar. Por outro lado, as experiências podem ser tão desconexas e desligadas umas das outras que, embora agradáveis e mesmo excitantes em si mesmas, não se articulam cumulativamente.
>
> Experiências educativas não se reduzem a um conjunto de eventos da vida de uma pessoa. São educativas em função do que as pessoas vêm a conhecer –

> sobre si próprias, o contexto e sua profissão –, o que informa a situação atual ao mesmo tempo que reverte em desenvolvimento futuro. Apoiando-se somente em experiências pessoais para guiar o ensino e as decisões pessoais, podem-se ignorar preconceitos que residem no uso habitual de práticas que são baseadas em atitudes não analisadas ... (Gallego, 2003, p.313)

Ao estudar processos formais de preparação de professores experientes, Kunzman (2003) identificou cinco temas que emergiram como centrais à aprendizagem desses professores experientes: maior consciência dos estudantes de suas classes que estão batalhando academicamente e de como ajudá-los; compreensão mais ampla e complexa do planejamento curricular; importância do coleguismo e da colaboração na vida profissional; valor do *feedback* e da reflexão estruturada; e referenciais teóricos da educação que melhoraram tanto a forma de ensinar quanto a apreciação em relação a temas educacionais mais amplos fora da sala de aula.

Segundo Kunzman (2003, p.251) a experiência passou a ser vista por esses profissionais sob novas lentes, não mais absolutizada, já que a experiência pode ser considerada como uma faca de dois gumes.

> Eu não sabia realmente o que eu estava fazendo. Minhas únicas experiências basicamente tinham sido observar outros dois professores de matemática no ano anterior e eu pegava coisas do que eles estavam fazendo. Eu era um professor bem tradicional. Dei um monte de aulas expositivas e problemas para serem resolvidos... E eu olho para trás e penso: puxa! Se eu apenas soubesse o que eu sei agora!

Segundo as análises apresentadas por esse autor, a sabedoria da prática evidenciada pelos mentores foi substancial e valorizada, mas as complexidades do ensino mereceram uma preparação mais aprofundada, uma dialética entre teoria e prática que a escola sozinha não pode oferecer. E é justamente em relação à complexidade do ensino e às suas múltiplas facetas que a experiência, por si só, não contempla as mudanças da prática dos professores provenientes de seus processos formativos formais. Para o autor, os professores merecem programas de preparação compreensivos e estruturados competentemente, "que reconheçam o valor da experiência de sala de aula, mas que a situem em um contexto intelectualmente rigoroso de reflexão, *feedback* e colaboração" (ibidem, p.252).

As concepções verbalizadas foram analisadas à luz do que se denomina processo reflexivo. Há indícios da ocorrência de diferentes níveis e tipos de co-

> nhecimentos, sugerindo que os eixos ou contínuos identificados possam ser interpretados considerando a reflexão como orientação conceitual.
>
> No que se refere a assuntos teóricos, a participação foi mais cautelosa, e as dificuldades de verbalização apareceram de forma mais acentuada. Sob a ótica das professoras, a prática pedagógica das séries iniciais é o reduto da sua profissionalidade enquanto que as teorias seriam o reduto da profissionalidade das pesquisadoras. (Mizukami et al., 2003b, p.186)

## Estratégias não invasivas de formação e de investigação: as experiências de ensino e aprendizagem e os casos de ensino

Dedica-se esta última sessão a estratégias que se revelaram promissoras, nos projetos mencionados, para promoção de processos de aprendizagem profissional da docência e para a investigação destes: as experiências de ensino e aprendizagem e os casos de ensino. Essas estratégias implicam diretamente relato oral e escrito de professores e podem ser consideradas como tipos de narrativas.

Experiências de ensino e aprendizagem são concebidas como

> situações estruturadas de ensino e aprendizagem, planejadas pelas pesquisadoras e pelas professoras da escola e implementadas pelas professoras, a partir de temas elencados como sendo de interesse individual e grupal e discutidas coletivamente. Essas experiências constituem processos circunscritos – que podem implicar ações junto a pequenos grupos de professoras ou junto às salas de aulas, envolvendo professora e alunos –, geralmente oriundas de dificuldades práticas relativas à compreensão de componentes curriculares ou de desafios propostos pelo dia a dia da escola e das políticas públicas.
>
> A utilização de tais estratégias permitiu:
>
> - o desenvolvimento de processos reflexivos em diferentes momentos e níveis;
> - a análise de concepções manifestas e a compreensão de aprendizagens específicas das professoras diante de situações concretas de ensino e aprendizagem, nas quais foram desafiadas a refletirem, a verbalizarem suas crenças, a explicitarem suas práticas em face de evidências postas pelas experiências;
> - a construção de situações que puderam ser consideradas como de reflexão-sobre-a-ação, com narrativas que evidenciam crenças, valores e conhecimentos, assim como a emergência de situações diretamente ligadas ao dia a dia escolar que exigiram das professoras posicionamento, interpretação, julgamento, novos planos de ação;

- o direcionamento não invasivo para as salas de aula em termos do planejar, implementar e avaliar experiências concretas de ensino-aprendizagem diferenciadas, chegando, dessa forma, mais perto do ensino desenvolvido pelas professoras.

As experiências de ensino e aprendizagem se revelaram estratégias importantes e atingentes no que se refere a aprendizagens das participantes. As aprendizagens observadas não foram, porém, lineares, contínuas, uniformes e previsíveis. Tais experiências não atingiram todas as professoras da mesma forma e tampouco se pode dizer que elas tenham quebrado diferentes tipos de resistência apresentados. Constituíram importantes ferramentas de aprendizagem e de desenvolvimento profissional da docência, no sentido de oferecer a todas as participantes do projeto situações concretas nas quais seus diferentes tipos de conhecimentos puderam ser acionados e relacionados, suas dúvidas em diferentes frentes evidenciadas, suas certezas colocadas à prova, suas teorias implícitas desafiadas.

Tomar uma atividade concreta para análise – realizada por uma delas em sala de aula – dá oportunidade para desvendar a heterogeneidade, as diferenças e divergências e, portanto ter acesso a um elemento profundo do fazer pedagógico: os sentidos dados pelas professoras às atividades que desenvolvem. Como estratégia de pesquisa revelou-se bastante profícua, dando acesso aos diferentes sentidos atribuídos a enunciados semelhantes sobre as funções e intenções do ensino de Português e Matemático. No entanto, como estratégia de formação continuada, de acesso a novo conhecimento e de revisão de posições, alguns elementos devem ser considerados.

No domínio da formação continuada, falar sobre os conceitos e os conteúdos, descolados de práticas pedagógicas efetivas, e sem confrontar com suas concepções, parecia dar mais resultado se a intenção era levá-las a considerar formas alternativas às suas de conceber e fazer o ensino de Português e Matemático. Oferecer elementos conceituais e não ter a pretensão de "dobrar" seu pensamento a uma outra forma de pensar parecia garantir a possibilidade de se envolverem mais com o proposto, sem precisar se defenderem.

A análise do material como um todo permite apreender que, ao descrever os alunos e analisar o processo de ensino-aprendizagem, as professoras narram histórias vividas, histórias secretas e histórias sagradas. Por vezes, esses relatos revelam histórias vividas no interior da sala de aula. Histórias por vezes partilhadas por pessoas diferentes como também possivelmente uma "história secreta com misto de sagrada". Suspeita-se que as histórias "sagradas" e de "fachada" possivelmente nem sempre consigam manter uma coerência interna, pois possivelmente os professores constroem brechas relacionadas à sua sobrevivência profissional. Parece muito provável que as histórias de "fachada" sejam construídas de modo consistente com as histórias "sagradas". É possível que este tipo de

> estratégia favoreça a inclusão de um determinado professor em determinados grupos valorizados pela cultura da escola. (Mizukami et al., 2003b, p.116-7, 186-95)

Ao lado das experiências de ensino e aprendizagem, assume-se, nesse trabalho, que os *casos de ensino* constituem, dentre outras, estratégia poderosa tanto para estudo de quadros referenciais dos professores e de processos de construção de conhecimento pedagógico de conteúdo, quanto para a promoção destes.

Shulman (1996) considera a aprendizagem baseada em casos, na formação de professores, como uma resposta a dois problemas centrais: *aprendizagem pela experiência* e a *construção de pontes entre teoria e prática*. Para ele, a exigência de que os professores/futuros professores devam refletir sobre sua própria prática é correta e penosamente exigente. A utilização de casos de ensino como uma unidade de análise reflexiva ajudaria na organização do processo de reflexão. Considera, igualmente, que parte significativa da formação do professor é genérica e consiste de princípios gerais e máximas que poderiam ser aplicados amplamente a uma vastidão de situações. Os casos de ensino poderiam constituir, nesse processo, instâncias nas quais as especificidades do ensino – matéria e situação – pudessem ser consideradas. Um outro elemento apontado pelo autor refere-se ao fato de o ensino ser uma atividade incerta e imprevisível, sendo difícil, sob tal ótica, ser dirigido rigidamente por uma teoria formal, embora continue responsável tanto pelos *insights* dos alunos quanto pelas suas pré-concepções/concepções equivocadas. Os casos teriam sua função quando se lida com raciocínio, discurso e memória profissional. Requerem análise, atribuição de significados e exigem respostas quer improvisadas, quer deliberadas aos problemas.

> Não aprendemos a partir da experiência, aprendemos pensando sobre nossa experiência ... Um caso toma material bruto de experiência de primeira ordem e coloca-a narrativamente em experiência de segunda ordem. Um caso é uma versão relembrada, recontada, reexperenciada, e refletido de uma experiência direta. O processo de relembrar, recontar, reviver e refletir é o processo de aprender pela experiência. (Shulman, 1996, p.208)

E é nesse contexto que o autor contempla o papel da teoria. Considerar que a narrativa é um caso é engajar-se em um ato de teoria.

> A transformação de uma experiência em uma narrativa é, por si só, um ato de seleção e reconceptualização. Ao converter uma experiência de primeira or-

> dem em uma experiência de segunda ordem por meio da narrativa, um autor já optou por configurar uma experiência de uma forma particular, já colocou tal experiência em termos mais gerais. Quando o leitor de um caso relaciona essa narrativa às suas experiências, um segundo tipo de seleção ocorre ... Parece ser uma característica de nossa espécie que histórias dão origem a outras histórias e, implicitamente, às categorias de análise que relacionam as histórias umas às outras conceitualmente. Mesmo no ato concreto da narrativa, *categorias teoricamente subjacentes emergem e frequentemente se tornam explícitas* ... Há quatro processos operando na aprendizagem a partir da escrita e consideração de casos: estes são ação/representação de algo, narração, conexão (ou recontagem) e abstração. Histórias começam a partir da experiência bruta, são transformadas em casos por meio de narração, os quais se tornam parte de uma rede de narrativas por meio de conexões com outros casos e enriquecem e são enriquecidos pela teoria quando são analisados, interpretados e/ou classificados nas conversações dos professores. (ibidem, p.209)

Para Shulman (1996), o enredo de cada caso deve ser desenvolvido em torno de um plano, uma intervenção não completa que possibilite que surpresas interrompam os cenários esperados e criem situações nas quais o professor passe a reexaminar, replanejar, revisar ou refletir sobre seus planos originais, modificando-os de alguma forma. A essência do caso reside no problema, na surpresa ou na falha. E é precisamente por isso que é considerado educativo. Requer análise, atribuição de significados e exige respostas quer improvisadas quer deliberadas aos problemas.

> A prática do ensino, sob visão da narrativa, é vista como construída por professores ao contarem e viverem histórias em suas salas de aula. Histórias de ensino são em parte histórias pessoais formatadas pelo conhecimento, valores, sentimentos, e propósitos do professor individual. São também histórias coletivas configuradas pelas tradições de escolarização no ambiente que o professor trabalha, o contexto social, cultural, histórico no qual as histórias são vividas e as regras e os padrões de discurso que tornam possíveis formas particulares de contar histórias. (Elbaz-Luwisch, 2002, p.405)

## Considerações finais: algumas lições

Os resultados obtidos nos projetos mencionados oferecem um conjunto de lições, pistas e sugestões relativos a processos de formação inicial de professores e à docência universitária, mesmo considerando a realidade educacional brasileira de formação inicial de professores, que ainda é pautada no modelo de racionalidade técnica, com todas as decorrências formativas refletidas em grades curriculares rígidas, com disciplinas não relacionáveis e com separação assumida entre disciplinas fundamentantes, instrumentalizantes e as práticas. São destacadas, a seguir, as que podem ser consideradas como mais urgentes em face da docência no ensino superior e da natureza dos processos formativos relacionados à universidade.

a) O domínio do conteúdo específico dos componentes curriculares das séries iniciais do ensino fundamental, por parte dos futuros professores, deve ser concebido como eixo articulador da base de conhecimento para a docência e sua imprescindibilidade para o desenvolvimento de processos de raciocínio pedagógico. É, igualmente, base necessária para a própria inserção do professor em situações concretas de ensino e aprendizagem em diferentes realidades e contextos escolares. A prática, por si só, não supre o domínio de conteúdos específicos de forma satisfatória e tampouco oferece, de forma sistematizada e articulada, a base de conhecimento que o professor necessita para começar a ensinar, assim como para continuar seu processo de aprendizagem profissional.

b) A importância, durante cursos de formação inicial de professores, de estudo criterioso, historicamente contextualizado e fundamentado das políticas públicas e das teorias que as embasam, de forma a serem evitadas distorções e/ou simplificações indevidas quando transpostas para a sala de aula, tais como: trabalho exclusivo com oralidade em detrimento da escrita, privilégio de alguns componentes curriculares, exploração equivocada dos erros e das contribuições dos alunos, usando como argumento referências teóricas que foram compreendidas de forma simplista e fragmentada.

c) A importância da compreensão das inter-relações entre os conteúdos dos diferentes componentes curriculares e os contextos de aprendizagem dos alunos e dos professores, bem como das especificidades das diferentes séries da escolarização básica. Parece haver, entre as professoras investigadas, falta de clareza em relação ao que um aluno deve saber ao final de cada uma das séries. Essa indefinição aparece, igualmente, no projeto pedagógico da escola. Os cursos de formação inicial usualmente não abordam tal temática, mesmo quando consideram políticas públicas e os conteúdos específicos referentes aos componentes curriculares do ensino fundamental.

d) Os cursos de formação inicial deveriam, de forma articulada (considerando diferentes disciplinas fundamentantes, instrumentalizantes e o *practi-*

*cum*), oferecer condições adequadas para que os futuros professores conheçam, de um lado, processos particulares de aprendizagens de seus alunos e, de outro, os próprios processos de aprendizagem profissional da docência de forma a promovê-los/construí-los adequadamente. Estes últimos, particularmente, não têm sido abordados em cursos de formação inicial no contexto brasileiro. Nesse sentido, reconhecer e explorar concepções/teorias pessoais dos futuros professores é imprescindível quando se objetiva promover processos de desenvolvimento profissional, seja para reafirmá-las seja para alterá-las.

e) A pertinência e a necessidade de se construírem estratégias de desenvolvimento profissional que não sejam invasivas e que permitam objetivação de crenças, valores, teorias pessoais. *Experiências de ensino e aprendizagem*, tais como desenvolvidas nos projetos mencionados, e *casos de ensino* são aqui considerados como exemplos de ferramentas importantes na promoção e na investigação de processos de aprendizagem da docência.

f) A importância de construção de comunidades de aprendizagem nas escolas e nas universidades e comunidades que envolvam professores das escolas e formadores da universidade de forma a propiciar processos de desenvolvimento profissional mais apropriados à profissão docente.

A título de conclusão provisória, aponto as sugestões de McDiarmid (1995) que resumem a importância da consideração tanto da escola quanto da universidade como agências formadoras. Segundo o autor, para que os professores aprendam a ensinar de maneiras novas e diferentes, eles necessitam de: a) uma comunidade de colegas; b) apoio em suas salas de aula de forma a ser possível mudarem suas práticas; c) ser parte de uma comunidade mais ampla; d) oportunidades de experimentar aprendizagens de formas diferenciadas; e) oportunidades pra desenvolver novas compreensões sobre a matéria que ensina, sobre os papéis que desempenha na escola, nas salas de aula e de sua participação em comunidade de aprendizagem; f) avaliar voluntária e criticamente sua prática; g) ter oportunidade de se afastar física e mentalmente de seu trabalho cotidiano de sala de aula; g) políticas que apoiem seu desenvolvimento profissional; h) que as atividades de desenvolvimento profissional sejam consideradas prioritárias.

## Referências bibliográficas

ARGYRIS, C., SCHÖN, D. A. *Organizational learning II*: theory, method, and practice. Reading: Addison- Wesley, 1996.

BAIRD, J. R. *Orientaciones para un efectivo desarrollo profesional del docente.* Lecciones basadas en investigaciones realizadas en escuelas australianas. SEMINARIO INTERNACIONAL DE FORMACIÓN DE PROFESORES. Ministerio de Educación de Chile, Unesco, Orealc, 1997.

CALDERHEAD, J. Teachers: Beliefs and Knowledge Structures and Comprehension Processes. In: CALDERHEAD, J., CALFEE, R. C. (Ed.) *Exploring Teachers' Thinking.* New York: Macmillan, 1996. p.709-25.

CLANDININ, D. J., CONNELLY, F. M. Teacher's Professional Knowledge Landscapes: Teacher Stories – Stories of Teachers – School Stories – Stories of Schools. *Educational Researcher,* v.25, n.3, p.24-30,1996.

______. *Narrative Inquiry:* Experience and Story in Qualitative Research. San Francisco: Jossey-Bass, 2000.

COLE, A. L., KNOWLES, J. G. Teacher development partnership research: a focus on methods and issues. *American Educational Research Journal,* v.30, n.3, p.473-95, 1993.

CONNELLY, F. M., CLANDININ, D. J. Stories of experience and narrative inquiry. *Educational Researcher,* v.19, n.4, p.2-14, 1990.

DEWEY, J. *Experiência e educação.* São Paulo: Ed. Nacional, 1976.

ELBAZ-LUWISCH, F. Writing as inquiry: storying the teaching self-writing workshop. *Curriculum Inquiry,* v.32, n.4, p.403-29, 2002.

GALLEGO, M. A. Is experience the best teacher? *Journal of Teacher Education,* v.52, n.4, p.312-25, sept.-oct. 2003.

GALLUCI, C. Communities of Practice and the Mediation of Teachers' Responses to Standars-based Reform. *Educacional Policy Analysis Archive,* v.11, n.35, 2003.

GROSSMAN, P., WINEBURG, S. What Makes a Teacher Community Different from a Gathering of Teachers? *Research Report Center for the Study of Teaching Policy – CTP,* University of Washington, Dec. 2000. 64p.

GROSSMAN, P., WINEBURG, S., WOOLWORTH, S. Toward a theory of teacher community. *Teacher College Record,* v.103, n.6, p.942-1012, 2001.

KNOWLES, J. G., COLE, A. L., PRESSWOOD, C. S. *Through Preservice Teachers' Eyes:* Experiences Through Narrative and Inquiry. New York: MacMillan, 1994.

KUNZMAN, R. From Teacher to Student: The Value of Teacher Education for Experienced Teachers. *Journal of Teacher Education,* v.54, n.3, May/June 2003, p.241-53.

MARCELO, C. *Formação de professores:* para uma mudança educativa. Porto: Porto Editora, 1999.

______. Pesquisa sobre formação de professores – o conhecimento sobre o aprender e ensinar. *Revista Brasileira de Educação (São Paulo),* n.9, p.51-75, set. 1998.

MCDIARMID, G. W. *Realizing New Learning for all Students:* a Framework for the Professional Development of Kentucky Teachers. National Center for Research on Teacher Learning – NCRTL, 1995.

MIZUKAMI, M. G. N. et al. Professional Development of Teachers: Translating a Knowledge Base for the Elementary School into Pedagogical Practices through a University – Public School Collaborative Partnership. Paper presented at the 2003

INTERNATIONAL COUNCIL FOR EDUCATION ON TEACHING WORLD ASSEMBLY, Melbourne, 2003a. 23 p.

MIZUKAMI, M. G. N. et al. *Escola e aprendizagem da docência*: processos de investigação e formação. São Carlos: EdUFSCar, Inep, Comped, 2003b.

NÓVOA, A. Formação de professores e profissão docente. In: NÓVOA, A. (Org.) *Os professores e a sua formação*. Lisboa: Dom Quixote, 1992. p.15-34.

PÉREZ GÓMEZ, A. O pensamento prático do professor: a formação do professor como profissional reflexivo. In: NÓVOA, A. (Org.) *Os professores e a sua formação*. Lisboa: Dom Quixote, 1992. p.93-114.

SANDERS, D. P., MCCUTCHEON, G. Development of practical theories in teaching. *Journal of Curriculum and Supervision*, v.2 n.1, p.50-67, 1986.

SCHOENFELD, A. H. Toward a Theory of Teaching-in-context. 1997. Disponível em: <http://www.gse.berkeley.edu/Faculty/aschoenfeld/TeachInContext/teaching-in--context.html>.

______. Looking toward the 21st century: challenges of educational theory and practice. *Educational Researcher*, v.28, n.7, p.4-14, 1999.

SCHÖN, D. *The Reflective Practitioner*. New York: Jossey-Bass, 1983.

______. *Educating the Reflective Practitioner*. San Francisco: Jossey-Bass, 1987.

SHULMAN, L. S. Those who understand: Knowledge growth in teaching. *Educational Researcher*, v.15, n.2, p.4-14, 1986a.

______. Those who understand: knowledge growth in teaching. *Educational Researcher*, v.17, n.1, p.4-14, 1986b.

______. Knowledge and teaching: the foundations of the new reform. *Harvard Educational Review*, v.57, n.1, p.1-21, 1987.

______. *Communities of Learner & Communities of Teacher*. Jerusalém, 1995. (Monographs from the Montel Institute).

______. Just in Case: Reflections on Learning from Experience. In: COLBERT, J., TRIMBLE, K., ESBERG, P. (Ed.) *The Case for Education:* Contemporary Approaches for Using Case Methods. Needham Heights, Massachusetts: Allyn & Bacon, 1996. p.197-217.

______. Professional Development. Learning from Experience. In: KOGAN (Ed.) *Common Schools, Uncommon Futures*. New York: Teachers College Press, 1997. p.89-106.

______. The Dangers of Dichotomous Thinking in Education. In: GRIMMETT, P., ERICKSON, G. L. (Ed.) *Reflections In Teacher Education*. New York: Teacher College Columbia University, 1988. p.31-46.

______. Teacher development: role of domain expertise and pedagogical knowledge. *Journal of Applied Developmental Psychology*, v.21, n.1, p.129-35, 2000.

TOM, A. Reinventing master's degree study for experienced teachers. *Journal of Teacher Education*, v.50, n.4, p.245-54, 1999.

TORRES, R. M. Tendências da formação docente nos anos 90. In: WARDE, M. (Org.) *Novas políticas educacionais:* críticas e perspectivas. São Paulo: PUC, 1998. p.173-91.

TORRES, R. M. Nuevo rol docente: qué modelo de formación, para qué modelo educativo? In: FUNDACIÓN SANTILLANA. *Aprender para el futuro*. Nuevo marco de la tarea docente. Documentos en Debate. Madrid, 1999, p.99-112.

WASSERMANN, S. *Getting Down to Cases:* Learning to Teach with Case Studies. New York: Teachers College Press, 1993.

WESTHEIMER, J. *Among School Teachers*: Community, Autonomy and Ideology in Teachers' Work. New York: Teachers College Press, 1998.

WILSON, S., SHULMAN, L. S., RICHERT, A. E. 150 Ways of Knowing: Representations of Knowledge in Teaching. In: CALDERHEAD, J. (Ed.) *Exploring Teachers' Thinking. Great Britain: Cassell Educational Limited, 1987. p.104-24.*

# 20
# Universidade e escola: limites e possibilidades de práticas de colaboração na formação continuada de professores[1]

*Aline M. de Medeiros Rodrigues Reali*

Com base em experiências que envolvem a interação universidade-escola, pretendo discutir alguns desafios, dilemas e contribuições de um modelo de pesquisa-intervenção de formação continuada de professores voltada para a promoção das relações entre a escola e as famílias de seus alunos. Como premissa, assumo que a escola é uma organização que aprende e consiste num local privilegiado para promoção do desenvolvimento profissional de professores, porém repleto de ambivalências e contradições. Nesse cenário, vou procurar explorar algumas implicações de a universidade ser concebida como prestadora de serviços e geradora de conhecimentos na área da formação de professores. Por fim, abordarei alguns aspectos relacionados ao professor-pesquisador da universidade e o seu trabalho em culturas diversas.

Para tentar cumprir tais propósitos, reporto-me a um conjunto de investigações que venho realizando nos últimos anos com a Profa. Dra. Regina M. S. P. Tancredi. Trata-se do programa de pesquisas "Buscando compreender e superar o fracasso escolar", vinculado ao programa de pós-graduação em

---

1 Agradeço à minha parceira de pesquisa Regina M. S. P. Tancredi as valiosas sugestões oferecidas para a versão final deste capítulo.

educação da UFSCar e ao programa de extensão de "Formação continuada de professores", da pró-reitoria de extensão da mesma universidade. Associam-se, muito estreitamente, a investigação e, a extensão e o ensino, que, ao mesmo tempo já que buscamos respostas para as questões de pesquisa apresentadas, procuramos interferir de forma colaborativa nos projetos das escolas, ajudando-as a construir e implementar propostas educacionais de seu interesse.

As pesquisas foram desenvolvidas, em sua maior parte, no âmbito de disciplinas de Prática de Pesquisa, vinculadas à pós-graduação, oferecidas em diferentes anos letivos. Envolvem a investigação sobre a aprendizagem docente, tendo em vista as dimensões individuais e coletivas desse processo em seu local de trabalho. Essas investigações têm como propósito gerar conhecimentos sobre as modalidades de atendimento feitas pela escola às famílias dos alunos; identificar e caracterizar novas necessidades de interação entre escola e famílias "sentidas" pelas unidades escolares; auxiliar a escola a construir canais de interlocução com as famílias, diferentes das usuais; facilitar a aproximação das famílias junto às escolas; e fazer ouvir a sua voz e contribuir para que famílias e escola construam elos que favoreçam o sucesso escolar.

Na primeira investigação aqui considerada, professores de uma classe de aceleração envolveram os pais de seus alunos num conjunto de atividades lúdicas. Na segunda, professores de educação infantil elaboraram um *folder* sobre o tema "disciplina" e promoveram um encontro com as famílias de seus alunos em que esse assunto foi conversado. Na terceira, professores de 5ª a 8ª série, reunidos segundo os diversos componentes curriculares, optaram por trabalhar com as famílias de seus alunos o tema "A importância do que se aprende na escola". Na quarta, buscamos compreender a visão de pais, alunos e professores sobre as relações estabelecidas entre escola e famílias de alunos de salas de recuperação de ciclos.

As pesquisas são geralmente iniciadas a partir de uma solicitação da escola. Nas fases iniciais, mantemos reuniões frequentes com os professores na perspectiva de apreender seus objetivos, suas visões sobre diferentes aspectos do processo educacional, das interações com as famílias, de sua visão sobre as famílias etc. Esses momentos são também usados para planejar conjuntamente (professores da escola e pesquisadores) o desenvolvimento dos trabalhos. Como resultado usual, tem-se realizado algum tipo de atividade ou evento que marque, por exemplo, uma nova abordagem interativa da escola com as famílias dos alunos. Nas quatro investigações aqui consideradas, realizamos, com o auxílio direto ou não dos professores de cada uma das escolas pesquisadas, levantamentos sobre as famílias dos alunos: quem eram, onde moravam, como moravam, o que pensavam sobre a interação mantida pela escola para com eles, o que e quando gostariam de conversar com a escola etc. Num segundo momento, com exceção da quarta investigação, planejamos conjuntamente com os professores envolvidos a realização de atividades voltadas especificamente para trazer as famílias para a escola, de modo a vivenciarem um tipo diferenciado de interação.

Cada um dos projetos teve duração aproximada de um ano e meio.

Análises recentes sobre alguns resultados obtidos nessas pesquisas levaram-nos a apresentar as seguintes indicações para a condução de processos de desenvolvimento profissional de professores:

> a) a escola deve ser considerada um lócus privilegiado para a formação de professores e a construção de novos conhecimentos sobre os processos individuais e coletivos de desenvolvimento profissional;
>
> b) o trabalho em parceria (escola-universidade) deve se originar de uma necessidade sentida pela escola, ainda que o contato inicial parta da universidade;
>
> c) os saberes e as experiências de cada grupo de participantes (professores, famílias dos alunos, pesquisadores) devem ser respeitados em sua especificidade e compartilhados;
>
> d) os pesquisadores precisam estar dispostos a respeitar a cultura da escola, adotando um posicionamento flexível, reconstruindo seu projeto de pesquisa e intervenção sempre que necessário;
>
> e) quanto maior o número de participantes da escola parceira genuinamente envolvidos na experiência, mais chances haverá de sucesso;
>
> f) a escola precisa disponibilizar tempo suficiente para a realização dos trabalhos, especialmente para os encontros entre professores e pesquisadores;
>
> g) a coordenação pedagógica e a direção da escola devem compartilhar e liderar o processo;
>
> h) é preciso tentar compatibilizar as expectativas da comunidade escolar com relação ao tempo e à forma de desenvolvimento dos trabalhos;
>
> i) o grau de confiança estabelecido entre os diferentes parceiros é importante e demora tempo para ser alcançado. (Reali & Tancredi, 2002).

Esse conjunto de indicações aponta para aspectos extremamente relevantes, sob o nosso ponto de vista – e que foram sendo delineados ao longo das várias experiências –, mas não aborda todos os desafios, as ambiguidades e os paradoxos que enfrentamos. Pretendo agora retomar alguns desses aspectos, aprofundando-os, assim como apresentar outros, tendo em vista os processos de colaboração universidade e escola vivenciados e os seus participantes.

## O sentido de pesquisa colaborativa para os diferentes participantes

Conduzir pesquisas, individualmente ou em grupo, é uma tarefa árdua. No caso da educação, os obstáculos tendem a ser maiores, posto que usualmente os pesquisadores têm menos apoio e recursos em relação às outras áreas do conhecimento.

Independentemente desses obstáculos, tenho percebido que trabalhar colaborativamente – com os colegas da universidade, os alunos de pós-graduação, os professores das escolas e as famílias de seus alunos – em busca de respostas a questões de pesquisa estabelecidas a partir de uma base de interesse comum tem ampliado as perspectivas e adicionado "vozes" ao nosso campo de investigação (Hafernik et al., 1997), uma vez que a combinação de motivações, competências e esforços tem permitido lidar com problemas mais complexos e variados.

O sentido e as percepções de cada um dos parceiros sobre o que significa realizar pesquisas em parceria variam de comunidade para comunidade e, de certa maneira, dependem dos papéis que cada um desempenha.

Academicamente, realizar pesquisas com múltipla autoria frequentemente não é bem compreendido ou mesmo valorizado. Um exemplo diz respeito à limitação do número de autores permitidos para a apresentação dos resultados de investigação em alguns eventos promovidos por organizações de referência em nossa área. A autoria individual parece ser mais valorizada. Nesse âmbito, outra dificuldade refere-se à definição da autoria tendo em vista as publicações: quem é autor principal? Quem fez qual parte? Muitas vezes, o autor principal fica como referência e os demais, às vezes, sentem-se preteridos (para alguns, o *et al.* pode esconder "indevidamente" outros autores). Conforme Ervin & Fox (1994), citados por Hafernik et al. (1997), em algumas circunstâncias é como se houvesse a necessidade de definir o conhecimento gerado por cada um e como se esse tipo de definição correspondesse "simbolicamente ao 'capital' da arena acadêmica", o que sem dúvida contradiz a essência e o espírito da colaboração.

O outro dilema decorrente da denominada colaboração diz respeito às relações potencialmente hierarquizadas entre os parceiros da universidade ou da escola: professores da universidade e seus alunos, por exemplo, têm o mesmo grau de envolvimento e de responsabilidade na condução das investigações e das intervenções? E na seleção do referencial teórico? Quem deve definir os passos da intervenção: os professores da escola? No caso de a intervenção envolver uma outra agência, como, no nosso caso, as famílias dos alunos, as definições de papéis e de responsabilidades são potencializadas. E quem analisa os dados? Quem faz os relatórios? Quem deve ser responsável pela divulgação dos resultados?

Para a escola, receber um conjunto de pesquisadores e participar de pesquisas parece ser, em alguns momentos, uma tarefa também complexa. Nós, pesquisadores da universidade, tentamos penetrar no modo de funcionamento da escola na busca de compreender seus códigos, regras e valores; e, nessa empreitada, muitas vezes, provocamos alterações indesejadas de rotinas, como no caso da participação em reuniões de HTPC (Hora de Trabalho Pedagógico Coletivo). Na construção coletiva de repostas às questões de pesquisa estabelecidas, nem sempre a escola e a comunidade se percebem como coautoras. Baseadas no modelo de racionalidade técnica, escola e comunidade apresentam usualmente expectativas de que a universidade responda inequívoca e prontamente as suas dificuldades, como se as respostas/soluções estivessem já disponíveis. A ideia de que podem ser copartícipes de trabalhos de investigação e de intervenção, de modo ativo, desafia concepções por vezes consolidadas sobre os papéis e a natureza das relações entre essas diferentes agências. De modo mais específico, parece predominar a visão de que a escola é uma instituição social que é complementar, mas separada de outros agentes da comunidade (Honig et al., 1996), assim como a universidade. Além disso, a proposta da universidade de que a participação da comunidade escolar é fundamental na construção de respostas aos problemas enfrentados por ela nem sempre é totalmente compreendida e aceita nem na escola e tampouco na própria universidade. É como se estivéssemos usando indevidamente um certo tipo de mão de obra ou não disponibilizando o nosso conhecimento acadêmico.

## O sentido atribuído aos resultados obtidos por meio de pesquisas colaborativas

Uma análise da produção científica nos últimos anos revela, sem sombra de dúvida, que a vida na escola e nas salas de aula tem sido mais bem compreendida pelos pesquisadores. Por meio de inúmeras descrições sobre as práticas docentes, hoje entendemos melhor como os professores manejam o seu dia a dia, bem como o que pensam sobre o que realizam. Parte desse conhecimento foi construído por meio de pesquisas planejadas sistematicamente sobre os professores e suas práticas, sem a sua participação direta nos processos investigativos. Tais resultados e outros suscitam para a universidade, entre outras coisas, novos desafios investigativos, alimentam atividades de ensino e de extensão e, muitas vezes, têm sido utilizados para definição de políticas públicas voltadas para escola, seus professores e alunos.

Para os professores, o seu trabalho é permeado de incertezas, de interrupções, de situações que de certa maneira "desarrumam" os cenários planejados – o que os impede de determinar previamente e com precisão o curso de uma aula ou o resultado da adesão a um projeto, por exemplo. Muitos dos problemas por eles enfrentados exigem uma "solução" imediata, rápida. Além disso, observa-se que, dada a importância do conjunto de crenças de professores a respeito de suas práticas – e as maneiras pelas quais são estabelecidas e mantidas –, colocar os professores em contato com resultados de pesquisas educacionais como condição única para a alteração de seu modo de atuação não tem se mostrado adequado. Essas e outras características do ensino situam professores e pesquisadores em mundos diversos (Kennedy, 1997), e é difícil imaginar que essas duas comunidades atribuam o mesmo significado aos resultados das pesquisas em geral.

Noto que, por meio das pesquisas em colaboração, é possível diminuir essa distância entre o mundo da escola e o da universidade, especialmente quando tais investigações objetivam transformar a pesquisa em atividade cotidiana na escola e quando vem atender a uma necessidade ou demanda daquela comunidade. Destaca-se que para a escola, representada por seus professores, concebo a pesquisa como a indagação sistemática e intencional (Cochran-Smith & Lytle, apud Garcia, 1999) sobre as situações concretas por eles vivenciadas.

Nessa direção, vale destacar as contribuições de algumas ferramentas investigativas para os pesquisadores da universidade e que se podem caracterizar como ferramentas formativas para os professores, já que, por meio delas, é possível analisar suas práticas e construir novos conhecimentos. Um exemplo foi o conjunto de reuniões coletivas entre professores e pesquisadores durante a condução dos projetos. Esses espaços ofereceram ricas oportunidades para apreender e analisar individual e coletivamente as concepções de professores a respeito do processo ensino-aprendizagem por eles promovido, sobre o que pensavam acerca das famílias de seus alunos, sobre a função social dos conteúdos trabalhados, entre outros aspectos. Nessas ocasiões, as perguntas dos pesquisadores sobre os temas discutidos e mesmo as ideias ou dúvidas de outros professores, em muitos momentos, revelaram favorecer o estabelecimento de novas visões sobre os conteúdos específicos, ou sobre os alunos e suas famílias por parte dos professores, além de propiciar a construção coletiva de respostas aos problemas colocados por parte da escola. Nessas ocasiões, percebia-se claramente o processo de aprendizagem da escola como um todo, tendo em vista os seus professores em particular, via a reflexão sobre seus problemas.

## O desenvolvimento profissional dos diferentes parceiros: estabelecendo novas oportunidades de ensino e de aprendizagem

No que se refere ao desenvolvimento profissional dos pesquisadores, que também são professores, e alunos da universidade, percebo que, nas nossas experiências de conduzir as pesquisas as intervenções e a redação de projetos, relatórios e artigos enriqueceram intensamente as nossas vidas profissionais e pessoais. Os *produtos* podem ser reconhecidos de diferentes formas tendo em vista os distintos parceiros: construção de conhecimentos de diferentes naturezas, publicação de artigos, apresentação de trabalhos, elaboração de materiais etc. No caso dos professores da escola, o desenvolvimento está relacionado às oportunidades de conhecer melhor o que pensam os colegas da própria escola sobre temas variados; de poder confrontar seu pensamento, crenças e atuação com as dos parceiros da universidade; de poder experimentar a adoção de estratégias diversas de interação escola-famílias, entre outros aspectos. Os *processos* vivenciados repercutem mutuamente no desenvolvimento profissional de todo os parceiros – sejamos pesquisadores ou professores –, uma vez que são estabelecidas situações para que possamos refletir sobre nossas práticas, engajar-nos em análises críticas e apoiar uns aos outros nos diversos momentos de tomada de decisão.

Todos nós – professores e alunos da universidade, professores da escola e famílias de alunos – aprendemos uns com os outros ao longo desses processos. Trabalhar em grupo é estimulante e promove aprendizagens contínuas. Essas experiências permitem que contribuamos gerando conhecimento para nossas instituições e comunidades. A colaboração permite o estabelecimento de ajudas, incentivos e encorajamentos de diferentes naturezas entre os participantes – num sistema de apoio em rede. Em lugar de uma única perspectiva, podemos ter várias, o que pode promover maior clareza sobre as questões investigadas. Significa ter também que gerenciar conflitos, o que pode ser altamente produtivo (embora às vezes desgastante), uma vez que permite aos colaboradores deter-se mais pausadamente para construir ou analisar criticamente as diferentes alternativas e "dar a voz aos discordantes" (Hafernik et al., 1997). Implica também respeito mútuo, oferecer e receber construtivamente as críticas sem assumir papéis defensivos, não se preocupar excessivamente com a divisão de trabalhos e manter o compromisso de continuar em face dos obstáculos.

Vivenciar processos de pesquisa-intervenção parece ser uma rica oportunidade para a ampliação dos conceitos prevalentes de ensino, aprendizagem e de escola, que historicamente têm sido pautados em programas e funções predefinidos. Em projetos que envolvem parcerias, é possível ensinar e aprender para além dos muros da universidade e da escola, uma vez que os conhecimentos podem ser construídos a partir de diferentes bases, numa direção oposta a uma visão centrada na escola ou na universidade. Especificamente no caso da escola, essas experiências podem incluir oportunidades para o exercício da liderança, para o desenvolvimento de habilidades voltadas para solucionar os próprios problemas e o estabelecimento de novas relações entre os diferentes membros da comunidade escolar que transcendem a sala de aula. Podem implicar ainda o estreitamento das relações mantidas entre a escola e a comunidade atendida.

Algumas barreiras nesse processo estão relacionadas mais frequentemente a papéis sociais e expectativas de cada uma das agências envolvidas nas parcerias, que discutirei a seguir.

## Reconceituando os diferentes papéis e as condições institucionais de cada participante

Considerando o nosso comprometimento com o sentido de parceria e trabalho colaborativo, buscamos nos estudos aqui considerados envolver o maior número possível de participantes. Isso implicava considerar as diferentes visões e investir na integração dos valores e contribuições de cada um. Para tanto, fazia-se necessário manter permanentemente um canal de comunicação aberto entre os diferentes participantes a despeito de os contatos entre as pessoas serem limitados, seja em termos dos pesquisadores e alunos de pós-graduação e entre estes e os professores das escolas e estes entre si. Essas características resultaram na realização de atividades diversas pelos diferentes participantes, favorecendo o exercício de diferentes papéis.

Alguns exemplos: os professores das escolas – em alguns momentos – desempenharam mais o papel de sujeitos do que propriamente de pesquisadores de suas práticas. Por exemplo, na terceira experiência aqui considerada, os pesquisadores atuaram mais proximamente aos professores no processo de elaboração do *folder* "A importância do que se aprende na escola", mas foram os professores da escola que indicaram as questões a serem aplicadas aos pais nos questionários analisados pelos alunos de pós-graduação, que atuaram nesse momento de modo mais "participante" na consecução da investigação. Esses mesmos professores foram, porém, "sujeitos" de observação quando realizaram o encontro com as famílias para discutir o conteúdo do *folder*. Frequentemente, coube aos alunos de pós-graduação a coleta e/ou análise de dados sobre as famílias, e aos professores da universidade o trabalho com os professores da escola. No geral, as questões de pesquisa foram elaboradas pelos pesquisadores vinculados à universidade (professores e alunos de pós-graduação), enquanto os objetivos e as estratégias das intervenções foram delineados pelos professores das escolas, embora a problemática geral das pesquisas tenha sido indicada por eles.

Deve-se, contudo, chamar a atenção de que esses não são processos isentos de escrutínio, especialmente por parte dos professores das escolas. Muitos se sentem "usados" pelos pesquisadores da universidade, pois são as fontes principais dos dados das pesquisas. Isso parece especialmente verdadeiro quando se leva em conta a história da interação UFSCar e da rede de ensino da comunidade na qual está inserida.

Não se deve esquecer ainda das condições institucionais da universidade e da escola na realização desse tipo de investigação. Entre elas, destaco o sistema de funcionamento das instituições, as dinâmicas de comunicação e veiculação de informações entre os participantes, o espaço físico e temporal para realização das atividades relacionadas aos projetos, a existência de material e os incentivos oferecidos aos envolvidos. Aparentemente, temos tido mais facilidade em desfrutar dessas condições de maneira adequada na universidade. A universidade, no geral, apresenta-se como uma instituição cujo funcionamento é, ao longo do tempo, menos instável ou mais flexível – mesmo no caso das frequentes greves. Quando elas ocorrem, as atividades de pesquisa e extensão previstas – especialmente as que implicam um contato mais estreito com a comunidade – raramente sofrem algum tipo de descontinuidade. Apesar da crônica falta de recursos, temos podido contar com agências de fomento como o CNPq ou ainda da Câmara de Extensão da UFSCar. Nesses casos, contamos com auxílio de bolsistas de iniciação científica, bolsistas de extensão e auxílios que se concretizam sob a forma de material de consumo. As aulas das disciplinas de pós-graduação relacionadas à realização dos projetos oferecem espaço físico e temporal adequados para idealização, realização e análise das ações de pesquisa/intervenção por parte dos pesquisadores. Nesses momentos, as diferentes informações são veiculadas, sem intermediários. Quanto aos incentivos, para os alunos da universidade aponto: participação em projetos de pesquisa-intervenção, possibilidade de discutir teoricamente problemas da prática docente e das comunidades escolares, elaboração de artigos em coautoria, participação em eventos científicos, além da óbvia obtenção de créditos em disciplinas. Para os pesquisadores, destaco a oportunidade de vincular as atividades de ensino-pesquisa-extensão e a possibilidade de melhor compreender os contextos escolares que podem repercutir na formação de novos professores, em outras ações de formação continuada, assim como na própria pesquisa.

Para a escola e seus professores, as condições se mostram mais precárias do que as observadas na universidade e, muitas vezes, mais instáveis ao longo do tempo. As mudanças no governo costumam alterar muitos aspectos do funcionamento escolar, como o grau de autonomia de um diretor ou mesmo as diretrizes políticas que devem ser cumpridas por parte da escola. Com relação às dinâmicas de comunicação no interior da escola, observamos que nem sempre as informações veiculadas sobre os projetos são de primeira ordem, pois – dependendo do nível de ensino – raramente é possível contar com a participação de todos os professores envolvidos nas reuniões agendadas. Frequentemente, as condições físicas e temporais para os encontros entre pesquisadores e o pessoal da escola não são as ideais. Já participamos de encontros em lugares como o pátio da escola ou o laboratório de ciências, sem um local adequado para que os participantes pudessem se sentar e tomar notas, por exemplo. Vivenciamos situações em que os professores "chegavam" ou "iam embora" ao longo do tempo de duração dos HTPC cedidos, pois suas condições de trabalho não permitiam a sua participação efetiva – estavam chegando de outra escola ou saindo para outra jornada de aulas. Quanto aos incentivos aos professores, temos adotado a estratégia de fornecer-lhes certificados de participação em atividades de aperfeiçoamento, o que tem sido bastante valorizado.

## O processo de compreender um contexto estranho

A colaboração bem-sucedida envolve aumentar a nossa compreensão sobre o mundo e os papéis do outro por meio de um diálogo compartilhado. Nos casos considerados, pesquisadores e professores, juntos, procuramos nos engajar num diálogo a fim de incrementar o nosso desenvolvimento e melhorar a nossa compreensão recíproca sobre as questões ou situações investigadas (Clark et al., 1996).

Acredito que os contextos investigados podem ser representados como uma série de círculos concêntricos em que os contextos menores são envolvidos pelos maiores. Assim, por exemplo, podemos dizer que os *participantes individuais* – os professores das escolas – são envolvidos por *pequenos grupos* estruturais (suas classes, grupos por tipo de componente curricular ensinado, grupo de professores por período) e grupo de relações de amizade, por exemplo. A *instituição* – escola como um todo –, por sua vez, envolve os participantes individuais e os pequenos grupos e é envolvida por uma *rede de outras instituições* que pode ou não interferir nos trabalhos de parceria, como o caso das famílias dos alunos. A *comunidade* seria outra esfera a ser considerada, pois no geral foi alvo de nossas investigações, e a sua configuração e características relacionam-se aos processos de regulação da pesquisa. Por fim, podemos considerar a *cultura da comunidade* investigada, bem como a cultura de cada um dos envolvidos no projeto.

Nós, pesquisadores, compomos um *outro grupo de participantes individuais*, também envolvidos por *pequenos grupos* estruturais e de relações sociais. A universidade constitui uma *instituição* – que agrega os participantes individuais e os pequenos grupos – que, por sua vez, também é envolvida por uma *rede de outras instituições*. Além disso, a universidade também está inserida numa comunidade que dispõe de uma cultura própria, assim como a de seus participantes.

Compreender cada um desses contextos reciprocamente e em interação implica uma variedade de ações e responsabilidades por parte dos diferentes participantes. Supõe a realização de ações diversas tendo em vista a vinculação ser a escola ou a universidade. Ou a definição de responsabilidades tendo em vista os diferentes participantes, conforme já apontado. Conciliar, porém, a construção de um tipo de conhecimento mútuo – o dos diferentes contextos – parece ser um dos grandes desafios.

Uma das traduções desse desafio consiste na tentativa de compatibilizar diferentes perspectivas na busca de compreender os contextos envolvidos. Notamos com frequência um tipo de visão estereotipada sobre a universidade, os professores pesquisadores, seus alunos e seus papéis quanto à construção do conhecimento e a sua capacidade em solucionar problemas. Pode-se dizer o mesmo com relação à escola, suas funções sociais, seus professores e alunos. Muitas vezes, nós da universidade nutrimos ideias distorcidas sobre concepções, motivações, compromisso político de professores. Tais visões dificultam, às vezes, a construção de novas visões sobre cada um dos contextos aqui mencionados. E isso parece ser mais presente no caso da escola, pois normalmente a universidade não se disponibiliza para ser conhecida nos mesmos moldes em que a escola o faz. Na realidade, o usual é a universidade coletar, analisar e apresentar os dados sobre a escola, seus membros e suas ações, mantendo um tipo de relação de exterioridade em relação a ela. Tem sido raro convidar os professores das escolas para penetrar no universo cotidiano da vida universitária, conhecer suas rotinas e seus valores, ajudar os pesquisadores a melhor compreender a escola, a despeito da ressignificação de papéis indicada num item anterior.

## O processo reflexivo e alguns desdobramentos

A análise da prática – a conscientização do próprio processo sobre o ensinar e ser professor e o envolvimento em novas práticas, quais recursos lançar mão e o engajamento em mudanças positivas – é uma das tarefas das mais complexas nesse tipo de investigação. É também a tarefa-chave.

Os professores frequentemente sabem pouco sobre o conhecimento existente entre seus colegas e como consequência compartilham raramente suas ideias. Existiria na escola uma distribuição complexa de conhecimento profissional: nenhum professor o dominaria na totalidade. Essa troca ocorre geralmente de maneira superficial, por meio de conversas rápidas e assistemáticas (Hargreaves, 1999).

Embora o processo de explicitação de suas práticas por parte dos professores – os significados de suas ações, os questionamentos, as dúvidas referentes à interação escola-famílias – fossem considerados centrais nos processos de pesquisa, nem sempre essas ideias se articulavam estreitamente com os processos de intervenção.

Notamos que as estratégias que implicavam algum tipo de esclarecimento e análise de práticas eram evitadas por parte dos professores da escola. Acredito que muitas vezes essas dinâmicas eram rejeitadas porque parecia mais útil usar o tempo para discutir ações relacionadas ao andamento da intervenção, isto é, como conduzir um evento direcionado para receber os pais na escola, caso chovesse. Ou ainda encontrar meios para garantir que todos alunos devolvessem o questionário dirigido aos pais em determinada data, por exemplo. Outra possibilidade diz respeito às dificuldades por parte dos professores de explicitar e, às vezes, justificar formal e publicamente um emaranhado de pensamentos, intenções e ações que são resultantes também de contingências relacionadas à cultura da escola, por exemplo.

Aparentemente, a modificação do contexto da escola, transformando-a em um local voltado para o desenvolvimento de práticas reflexivas tendo em vista a construção de novos conhecimentos educacionais, parecia gerar incertezas e desconforto em alguns professores. Era como se houvesse um contexto normativo da escola que prevalecia e gerava alguns efeitos restritivos com relação à possibilidade de alteração de algumas rotinas ou práticas da escola, como no caso de receber os pais em horários diversos dos usuais, como num sábado no período da tarde.

Mesmo considerando o caráter de participação voluntária por parte dos professores nas pesquisas conduzidas, percebemos a pouca disponibilidade de alguns dos professores para participar das atividades e discussões propostas, independentemente das condições adversas de trabalho mencionadas e dos incentivos oferecidos. Entendemos que esse tipo de trabalho envolve um investimento pessoal por parte dos participantes que nem sempre se mostra de maneira maximizada. Ao contrário, as motivações e os graus de envolvimento diferem de professor para professor, como também, é claro, de pesquisador para pesquisador. Envolve também o estabelecimento de um tipo de relação de confiança que com certeza não ocorre de modo equivalente para todos, além de exigir tempo para que seja estabelecida. É possível que alguns professores se sentissem constrangidos em face de situações em que tivessem que expor seu ponto de vista publicamente, ainda que num grupo cuja maioria era seus pares.

Notamos também que o não oferecimento, por parte dos pesquisadores da universidade, de repostas "fechadas" ou "definitivas" às indagações dos professores era outra fonte de confronto. Parece que tinham certa dificuldade em perceber-se como parceiros na análise dos problemas da escola e na construção das soluções tendo em consideração as dificuldades enfrentadas. Parece que, no geral, predominava a ideia de que na universidade dispomos de um tipo de conhecimento que pode ser aplicado indistinta e inequivocamente em todas as circunstâncias.

A convivência mais continuada entre pesquisadores e professores em torno de objetivos comuns constitui, contudo, um bom antídoto para essa dificuldade. A análise compartilhada oferece fortes elementos para um conhecimento mais amplo e mais profundo entre os parceiros.

Para finalizar, acredito que a maior contribuição de pesquisas colaborativas sobre os processos formativos de professores e sobre a interação escola-

-famílias resida primordialmente em termos *conceituais* (Kennedy, 1997) do que as inovações discretas percebidas em algumas ações, como os eventos ou *folders* realizados. Isso porque esse formato de pesquisa-intervenção permite o estabelecimento de novas possibilidades de pensar sobre antigos problemas e oferece condições para que a comunidade escolar focalize ideias que abarcam dimensões diversas das suas práticas. O mesmo pode ser dito com relação à universidade.

Acredito também que a colaboração entre a universidade e a escola não tem um sentido definido. Ela se apresenta de maneira diversa em razão dos contextos, das pessoas e dos tempos envolvidos. Ao conceber a pesquisa-intervenção e a colaboração – no nosso caso considerada como aspecto relevante – como abarcando aspectos amplos como os mencionados, percebendo-as como sendo por vezes ambíguas ou ambivalentes, poderemos estar avançando nas respostas às nossas questões de pesquisa relacionadas a desenvolvimento profissional da docência, formação de professores no contexto da escola e aproximação escola-famílias e, concomitantemente, no cumprimento de nossos objetivos formativos. Nessa mesma linha de raciocínio, a escola poderá construir novas formas de atuação e de interação com as famílias de seus alunos, respondendo de modo competente aos desafios a ela impostos pela sociedade.

## Referências bibliográficas

CLARK, C. et al. Collaborati as dialogue: teachers and researchers engaged in conversation and professional development. *American Research Journal*, v.33, n.1, p.193-231, 1996.

GARCIA, M. C. *Formação de professores:* para uma mudança educativa. Porto: Porto Editora, 1999.

HAFERNIK, J. J., MESSERSCHIMTT, D. S., VANDRICK, S. Collaborative research: why and how? *Educational Researcher*, v.26, n.9, p.31-5, 1997.

HARGREAVES, D. The knowledge-creating school. *British Journal of Educational Studies*, v.47, n.2, p.122-44, 1999.

HONIG, M. I., KAHNE, J., MACLAUGTHLIN, M. W. School-Community Connections: Strengthening Opportunity to Learn and Opportunity to Teach. In: SIKULA, J., BUTTERY, T., GUYTON, E. (Ed.) *Handbook of Research on Teacher Education.* 2.ed. New York: MacMillan, 1996.

KENNEDY, M. The conception between research and pratice. *Educational Researcher*, v.26, n.7, p.4-12, 1997.

REALI, A. M. M. R., TANCREDI, R. M. S. P. *Buscando compreender e superar o fracasso escolar*: famílias em perspectiva. Relatório de pesquisa. UFSCar, 2002.

# 21
# O sentido da profissionalidade para o educador da infância

*Tizuko Morchida Kishimoto*

O sentido de *profissionalidade para o educador da infância* amplia-se com a produção de conhecimentos e o advento de novos paradigmas. No que se refere à natureza dos cursos de formação de professores de educação infantil, destaca-se a perspectiva de profissionalização e de especialização permanentes e de longo prazo (Day, 1999; Sicula et al., 1996); o uso contínuo da prática reflexiva para o desenvolvimento profissional (Evans, 2002; Atkinson & Claxton, 2000; Pollard, 2002; Pascal & Bertram, 1999); a formação do professor pesquisador (Banks & Mayes, 2001, Sicula et al., 1996); a inclusão de pedagogias da criança e do adulto (Dahlberg et al., 1999; Blenkin & Kelly, 1996; Spodek, 1993; Merriam & Caffarella, 1999), a formação no *locus* de unidades infantis (Dahlberg et al., 1999; Oliveira-Formosinho & Kishimoto, 2002; Formosinho & Oliveira-Formosinho, 2001); a relação entre a formação inicial e a continuada, tendo a pesquisa como interface (Sicula et al., 1996).

Tradicionalmente, a formação do professor ocorre nos centros de formação, sem os vínculos necessários com o *locus* da prática profissional, o que inviabiliza as mudanças. As inovações duradouras exigem uma formação centrada na unidade infantil e na organização inteira. Outro fator imprescindível para a alteração da prática é o protagonismo do professor, pais e alunos, que leva à definição do projeto pedagógico coletivo – uma prática democrática –, envolvendo a equipe escolar em um processo de respeito ao ponto de vista do outro e de pluralidade de concepções.

Pela ação voluntária do professor, as experiências do cotidiano são ressignificadas, incorporando os eventos e fatos da vida das pessoas. Não se pode buscar universalidade em práticas que são diversas. É pela aceitação da diversidade que se inicia um diálogo e a interlocução com o outro. Ao igualar experiências e formas de educação, em práticas autoritárias, as instituições infantis geram a baixa qualidade do atendimento infantil.

Habermas (1988) já nos alertava para a necessidade de considerar a experiência do outro para o estabelecimento da comunicação. No âmbito das concepções, Wittgenstein (1975) mostra com clareza como as palavras são polissêmicas, que os termos trazem experiências e sentidos diversos. Uma palavra pode significar coisas diferentes, como conclui uma professora de um jardim de infância que julgava conhecer o significado do termo *autonomia*. Após um período de formação continuada, percebeu que as "práticas de autonomia", adotadas anteriormente, eram espontaneístas – deixar a criança livre e sem opções –; a percepção do sentido de autonomia como a capacidade do ser humano de escolher, tendo opções e livre-arbítrio, só pode ser construída significativamente pela professora após várias oportunidades de reflexão sobre sua prática (Kishimoto, 2002).

Bruner (1996) parte de outra vertente para explicar a mesma questão quando diferencia o pensamento intuitivo do analítico ou o cotidiano do formal. Normalmente, os cursos de formação usam as formas racionais, teóricas, para a discussão de concepções e análise da prática. Deixam de lado o pensamento intuitivo, as formas de pensar que surgem na incerteza, com configurações não muito claras, por aproximações. O modelo racionalista, das teorias, adota o pensamento analítico como forma de educação. O pensamento intuitivo que utiliza o movimento, a percepção, focando o cotidiano, aproxima-se da forma de o sujeito construir seu pensamento. A compreensão do mundo para Bruner (1996) se dá pelo movimento (representação enativa), percepção (representação icônica) e símbolo (representação simbólica). As formas de pensamento que utilizam a ação e a percepção auxiliam o raciocínio intuitivo a se configurar. Usar apenas formas simbólicas, analíticas ou racionais para a formação é omitir grande parte dos processos de compreensão do mundo.

Muitas políticas públicas continuam separando a quantidade da qualidade. A educação infantil no Brasil enfrenta desafios nos dois polos: deficiência da quantidade – poucas escolas ou vagas – e inadequação da qualidade –

compreendida como igualdade para todos a oferta de iguais condições às escolas. A rede pública geralmente proíbe a diferenciação. A compreensão do sentido de equidade merece reflexões na política de formação do professor no Brasil.

## O desafio da qualidade e da equidade na educação infantil

A *promoção de equidade* foi uma das bandeiras do governo FHC defendida para a escola pública no documento *Educação para o século XXI. O desafio da qualidade e da equidade* (Castro, 1999). Segundo Tooley (apud Norodowsky, 2002, p.307), para garantir a equidade, é necessário: 1. educação universal, 2. educação de qualidade e 3. financiamento para o acesso à educação. O que mostram os dados da educação infantil?

Em 1991, 4.227.580 crianças matricularam-se na pré-escola, e, após nove anos, em 2000, esse número quase permaneceu o mesmo, 4.421.332.[1] Nos seis primeiros anos de governo FHC (1994-2000), não houve expansão de matrículas na pré-escola.

No início do governo FHC, em 1995, de uma população infantil de 12.073.480 crianças de zero a três anos, 912.624 frequentaram a creche.[2] Após cinco anos, em 2000, o número de matrículas nas creches permaneceu quase o mesmo: 916.864 crianças.[3] Tais dados indicam o que Motter & Gomes (apud Plank, 2001, p.205) constatam com relação à expansão do sistema educacional, no governo FHC: *um vigoroso crescimento da educação básica – com exceção da educação infantil.*

Em 1999, de uma população total de 9.773.577 crianças de quatro a seis anos, a matrícula na pré-escola foi de 5.000.278 e a taxa de atendimento, 51,2%.[4] Se metade do contingente infantil ficou sem matrícula, não se pode falar em universalização. Contrariando as intenções governamentais, os dados indicam que *não houve nem expansão nem universalização da educação infantil.* Na política brasileira, a luta ainda é pela quantidade e a alegada equidade não integra a qualidade.

1 Dados do IBGE – PNAD, 1995.
2 Dados do IBGE – PNAD, 1995.
3 MEC/INEP/CEEC.
4 Ibidem.

Essa questão pode ser exemplificada nos materiais, brinquedos e recursos financeiros que são itens que compõem critérios de qualidade na educação infantil (Rosemberg & Campos, 1994).

O governo alardeia, por meio de dados obtidos no Censo Infantil 2000, que as creches têm parquinhos (56%), brinquedotecas (46%), brinquedos (84%), jogos didáticos (74%) e materiais para expressão artística (62%). Na pré-escola, 82% usam sucata, 75%, jogos didáticos e 61%, brinquedos.[5] O censo não investiga se a quantidade de brinquedos é suficiente, se o brinquedo é adequado ou quais são as práticas pedagógicas dos professores.

Pesquisa realizada por Kishimoto (2001), em amostra de 20% das escolas infantis do município de São Paulo, no período de 1996/1998, indica a inadequação dos brinquedos, pouca quantidade e mau estado de conservação, predomínio de brinquedos em miniatura, de pouca durabilidade, maior percentual de brinquedos educativos e baixa presença de brinquedos de faz de conta e construção. No caso brasileiro, a maioria das unidades infantis guarda os brinquedos em armários fechados, e seu uso é restrito a algumas atividades dirigidas, como formas de ocupação de tempo, sem o lúdico como recurso para um trabalho de qualidade (Pascal & Bertram, 1999; Oliveira-Formosinho & Kishimoto, 2002; Dahlberg et al., 1999; Bennett et al., 1996).

O governo FHC não construiu projetos especiais, de alto custo, inadequados pelos efeitos negativos da dimensão do equipamento,[6] como os CIEPs – Centros Integrados de Educação Pública – de Brizola, os CIACs – Centros Integrados de Atenção à Criança – de Collor, ou o CEU – Centros Educacionais Unificados –, os "escolões"[7] de Marta Suplicy, mas optou pela drástica redução de investimentos na educação infantil. Dados da evolução do orçamento do Ministério de Educação para o período de 1995-2000 indicam o crescimento das verbas em todas as áreas, exceto na educação infantil. Os gastos totais em programas de educação infantil de cinquenta milhões, em 1995, diminuíram para 33 milhões, em 1999 (Plank, 2001, p.206).

O Fundo de Manutenção e Desenvolvimento do Ensino Fundamental e Valorização do Magistério (Fundef)[8] teve impacto negativo na educação in-

---

5 Censo 2000. Disponível em: <http://www.inep.gov.censo/censo2000/infantil/default.htm>.

6 Nos tempos da pós-modernidade, recomendam-se organizações menores com alta sensibilidade para o contexto e que possibilitem relações entre as pessoas.

7 Termo pejorativo para a dimensão da escola.

8 Instituído pela Emenda Constitucional n.14, de setembro de 1996, sua regulamentação está na Lei n.9.424, de 24 de dezembro do mesmo ano, e no Decreto n.2.264, de junho de

fantil. Embora relevante como forma de distribuir um piso mínimo de recursos por aluno do ensino fundamental, ainda apresenta distorções nas várias regiões em decorrência da diversidade de arrecadação dos municípios. O *impacto, na educação infantil, não foi redistributivo, mas de subtração de verbas,* antes aplicadas na área, e *diminuição* do atendimento de crianças (Plank, 2001; Machado, 2000), em decorrência de transferências de crianças de seis anos para o ensino fundamental em troca de verbas.

Na questão da equidade e qualidade, nem a tradição da quantidade como prioridade nas decisões governamentais prevaleceu. Restou a retórica.

Alardeiam-se os *avanços positivos das políticas nacionais de educação básica na última década* (Castro, 1999, p.25). Ora, se a educação infantil é o primeiro nível da educação básica, não se pode falar em avanços, mas em estagnação e, mesmo, retrocesso durante esse período.

Melhorar a educação básica implica rever os cursos profissionalizantes, entre os quais o magistério em nível médio. Um profissional, com formação em nível médio, preenche duas necessidades: atender às regiões que não dispõem de professores com nível superior e, nas regiões em que é possível, introduzir um professor auxiliar, em cada sala, prática comum em unidades infantis de qualidade.[9] A utilização de dois professores de educação infantil, por agrupamento infantil, é mais uma tendência de formação pouco valorizada em nosso país.

Embora críticos, como Cláudio M. de Castro (1999, p.112), considerem a formação em nível médio *um curso profissionalizante que não profissionaliza,* tal carreira que começa no nível médio e se estende para o superior e a pós-graduação viabiliza a profissionalização.

Propostas para criar duas carreiras na educação infantil – uma para creche, com formação em nível médio, e outra, com formação superior, para outras unidades infantis – caminham contra a profissionalização (Banks & Mayes, 2001). Enquanto alguns municípios sabiamente extinguem a função de monitor (os que atuam em creches) e introduzem os profissionais em carreira única de professor,[10] outros fazem a discriminação, argumentam pela falta de recursos financeiros e reproduzem o ciclo da má qualidade da educação infantil. A tendência mundial para a formação de professores em nível superior

---

1997. O Fundef foi implantado nacionalmente em 1º.1.1998, para a redistribuição dos recursos destinados ao ensino fundamental.

9 Em Portugal, para cada 20 a 25 crianças, há dois professores: um titular e outro auxiliar.

10 Trata-se de carreira única para todo o magistério da educação básica.

não impede a adoção de políticas mais ajustadas às necessidades do país que, no âmbito da educação infantil, ainda requer a inclusão do professor, em nível médio, para as duas finalidades citadas.

## Situação dos professores de educação infantil

Ao analisar o crescimento da educação superior vinculado à expansão das escolas privadas, Plank (2001) afirma:

> O prolongado período de estagnação entre 1980 e 1993, durante o qual incorporou apenas 271 mil matrículas – um crescimento acumulado de 15,78% em 14 anos – foi retomado, na segunda metade da década de 90, com o mesmo vigor com que se expandira na década de 70. A diferença é que esse novo ciclo de crescimento caracterizou-se pelo domínio crescente do setor privado, que cresceu 58,4%, entre 1994 e 1999, quase três vezes o aumento do setor público no mesmo período (20,5%). Com isso, o setor privado já detém quase cerca de dois terços das matrículas da educação superior. *A vitalidade do setor privado está diretamente associada à liberdade dada pelo MEC à sua expansão*, à ampliação do crédito educativo e à abertura de uma linha especial de financiamento do BNDES, com recursos do Banco Mundial, para projetos de expansão e melhoria das instituições privadas de educação superior.

A economia global e a visão neoliberal, de apoio à iniciativa privada (Norodowski, 2002; Plank, 2001) parecem ter influenciado a política federal na generosidade com que a expansão do ensino privado foi incentivada. O descaso com as instituições públicas federais foi ponto de atrito entre as associações de professores e outras entidades com o governo FHC, criticado como neoliberalista,[11] pela transferência de verbas públicas para as instituições privadas à custa do público.[12]

A pedagogia, ao longo do período de 1930 a 1999, ofereceu 112 cursos para formar professores de educação infantil. Houve um crescimento maior na década de 1990, com quarenta novos cursos, 21 públicos e 19 privados (Kishimoto, 1999, p.70). Esses dados indicam que a pedagogia acelerava, já na última década, a opção pela formação do professor de educação infantil

11 Ver a respeito a revista *Educação & Sociedade*, n.68, 1999.

12 Nas visitas *in loco* aos centros de formação de instituições privadas, que pleiteavam implantação de cursos de pedagogia, muitos se referiam aos recursos obtidos junto ao BNDES para reformar sua estrutura física.

dentro da esfera pública. Com a criação dos cursos normais superiores pela iniciativa privada e a restrição aos de pedagogia, essa situação será modificada, mas como fica a qualidade de tais cursos?

Há poucos professores de educação infantil com formação superior. Em 2001, o país tinha 63.029 professores (12,07%) com curso superior nas creches e, nas pré-escolas, 248.632 (21,36%).[13] Cerca de 78,64% dos professores dessas pré-escolas não tinham curso superior, e, das creches, 87,93%. Esse volume de professores sem formação superior mostra o desafio da profissionalização, indica que o Brasil tem como problema a enfrentar a formação em nível superior e distancia-se de práticas atuais de especialização permanente e de longo prazo (Day, 1999; Sicula et al., 1996).

Os efeitos da globalização e de interesses políticos expressos de forma autoritária aparecem na transferência, para a iniciativa privada, da formação de professores de educação infantil, sob a modalidade normal superior, situação já exaustivamente analisada em vários estudos.[14] Sobre a questão, acrescento que cabe a cada categoria profissional, como protagonista, construir o que considera adequado para a formação de seus quadros, ao governo, a sabedoria de somar-se a tais grupos: "As melhorias duradouras no sistema educacional irão requerer mais, e não menos, democracia" (Plank, 2001, p.28).

## Formação continuada: socialização de concepções ou controle/formação descontínua?

A política de FHC produziu documentos com vistas à orientação dos professores. Os Referenciais Curriculares de Educação Infantil[15] foram amplamente divulgados pelo Ministério de Educação junto às escolas, tornando-se um "currículo nacional", que socializou concepções, mas pouco mudou as práticas. Hoje, é comum a cópia de partes desses documentos, para ilustrar os projetos político-pedagógicos, que deveriam expressar intenções e identidades e ações significativas a serem implementadas. No entanto, a burocratização e a cultura escolar, de pouca cooperação (Hargreaves, 1994), são responsáveis pela total falta de relação entre o projeto e a prática. Ao divulgar

13 Dados do documento *Perfil da Educação Brasileira*. Disponível em: <http://www.inep.gov.br>.

14 Ver artigos da revista *Educação & Sociedade*, n.68, sob o título "Formação de profissionais da educação. Políticas e tendências" (1999).

15 Ver publicação do MEC/Secretaria de Educação Fundamental: *Introdução, formação pessoal e social e conhecimento do mundo*, 1998. 3v.

que *77% utilizaram pelo menos uma vez os Referenciais Curriculares Nacionais,*[16] o objetivo do MEC é a socialização ou o controle? Não se trata de estimular processos fragmentados e descontínuos de uso de documentos. A diversidade e pluralidade do cotidiano requerem uma formação permanente, em ações comunicativas, que gerem o diálogo e possibilitem a construção de projetos pedagógicos, em que cada um se espelhe e partilhe do processo de elaboração e implementação (Veiga, 1995; Habermas, 1984, 1985, 1988).

As Diretrizes Curriculares Nacionais de Educação Infantil, aprovadas, em 1999, pelo Conselho Nacional de Educação, representam princípios que não remam contra a autonomia e o protagonismo da função docente. Por tratar-se de diretrizes, possibilitam a reflexão e não estimulam práticas reprodutivas, carentes de significado.

Plank (2001) menciona como o governo FHC, no âmbito do Ministério da Educação, reiterou as práticas de utilização clientelística e com fins privados. Na educação infantil, esse hábito aparece em pressões para liberar verbas em troca do compromisso de utilizar os documentos oficiais relativos à educação infantil; aprovação de projetos de formação continuada que exigem o aval federal para captação de recursos no exterior, com a condição de mencionar os Referenciais Curriculares; ou o uso de tais documentos para ganhos financeiros pessoais, o que significa, no entender de Habermas (1984), a indefinição do público e do privado.

Para potencializar os efeitos dos Referenciais Curriculares, o governo FHC introduziu, em 1999, um programa de formação continuada, sob a forma de Parâmetros em Ação, implementado durante sua gestão.[17] Trata-se de um "pacote de treinamento", que inclui onze módulos de 172 horas, com carga horária e estratégias previamente definidas, que cobrem os conteúdos dos Referenciais Curriculares. Não se discute o teor desses cursos, mas seu formato foi motivo de tensões em municípios que chegaram a rejeitá-los. Outros problemas referem-se à falta de continuidade de tais programas e à tradicional modalidade verticalizada, de cima para baixo, de um programa sem o envolvimento do município e que retira professores do *locus* da escola. Nesse quesito, a formação continuada de professores de educação infantil conduzida pelo governo federal desrespeitou a formação no *locus* da unidade infantil e as culturas locais (Dahlberg et al., 1999; Hargreaves, 1994;

16 Disponível em: <http:www.inep.gov.br/noticias/new.487htm>.

17 Ver publicação do Ministério de Educação/Secretaria de Educação Fundamental, *Programa de desenvolvimento profissional continuado*. Brasília, 1999.

Fullan & Hargreaves, 2000). Muitos governos municipais reproduzem os mesmos processos, predominando a política da descontinuidade, como asseguram Collares et al. (1999).

Hoje a discussão sobre a qualidade incide na construção de uma prática coletiva, baseada em aprendizagens partilhadas no *locus* da escola, com parceiros de várias naturezas. Todos são protagonistas: crianças, professores, pais, assessores, estagiários, pesquisadores da universidade, entre outros.

O que importa é o respeito pelos saberes construídos pelos práticos. Tais saberes, baseados na experiência de vida de cada pessoa, arraigam-se em suas práticas. Muitos têm relevância na educação das crianças, outros reproduzem práticas inadequadas. Por terem sido construídos ao longo de uma experiência vivida, são difíceis de mudar. Somente a reflexão sobre a mesma prática circunscrita por outros olhares, outras concepções, tem o poder da mudança. A cultura docente demorou muito tempo para constituir sua solidez. A demolição requererá tempo e persistência, e não é a teoria que fará demolir tal estrutura e sim o diálogo constante com a prática iluminada por novas concepções.

Na análise da profissionalização dos profissionais de educação infantil, cabe destacar os problemas estruturais e a sobrevivência do professor, diante de uma realidade perversa que elimina a criança e a cultura infantil. Mas como iniciar um processo de formação que possibilite modificações, mesmo em tais condições? Um primeiro passo é o envolvimento de professores, diretores e coordenadores. Subsidiá-los em conhecimentos relacionados à condução da prática pedagógica, às questões de gestão e organização da escola, interações e organização do tempo e do espaço e atividades com crianças e pais é outro requisito. Mas é preciso dispor de um projeto de profissionalização, de uma proposta de formação.

Outra concepção importante para formação profissional é a comunidade de aprendizagem que compreende indivíduos que buscam soluções para suas dúvidas e têm oportunidade para aprender. Uma organização de aprendizagem estabelece a ponte entre o desenvolvimento profissional e organizacional, gerando a cultura da aprendizagem que resulta no desenvolvimento profissional e pessoal.

Na formação de professores, é preciso pensar em como as crianças aprendem, mas os futuros professores e os que estão na prática também aprendem. Tradicionalmente, os estudos sobre aprendizagem de adultos restringiam-se à de jovens adultos e processos de alfabetização e não de professores em formação inicial ou continuada.

Merriam & Caffarella (1999, p.138-91) discutem as formas de aprendizagem de adultos evidenciando como foram superadas as tradições psicométricas, de medir a inteligência do adulto, por meio de escalas, para se chegar à inteligência prática e emocional.

Na era da pós-modernidade, não se pretende normatizar, formar crianças iguais e universais. O que se quer é dar oportunidade a cada criança de se desenvolver e aprender, cada um no seu ritmo e com suas possibilidades. Cada ser humano é diferente, tem formas próprias de aprender e ritmos diversos. Não é por um modelo de educação uniforme que se obtém o melhor resultado.

Embora tenha sido dada esporádica atenção à aprendizagem do adulto nos primeiros tempos do século XX, foi somente nos anos de 70 que a educação de adultos começou a ser focada sistematicamente, com características da aprendizagem do adulto distinta do corpo de informações psicológicas e educacionais.

Não há uma teoria singular de como o adulto aprende e de como explicar a aprendizagem humana em geral. Mas há inúmeras teorias, modelos e estruturas que iluminam aspectos da aprendizagem do adulto. O adulto aprende mais pela experiência, pela solução de problemas e analisa a realidade com cuidado, levando mais tempo para a tomada de decisões do que a criança.

## A relevância do contexto de aprendizagem do adulto

O reconhecimento da importância do contexto da aprendizagem ganha maior aceitação desde a década passada com duas dimensões importantes: a interativa e a estrutural, apontadas por Merriam & Caffarella (1999, p.392-7).

A dimensão interativa é o produto da interação individual com o contexto. Recentes teorias da cognição situada, prática reflexiva e desenvolvimento cognitivo são representativas da dimensão interativa.

A dimensão interativa no adulto é diferente da criança. O mundo da criança é caracterizado por dependência aos outros. A maioria dos adultos já assume responsabilidades por sua vida. A diferença é a posição social do adulto que se reflete na aprendizagem em contexto. A vida da criança é mapeada na escola e na casa. A do adulto, no trabalho, família e comunidade. Na escola e na casa, a criança aprende a ser adulto. Adultos assumem outras responsabilidades, e a aprendizagem é movida pelo uso imediato, diante das funções inerentes ao papel do adulto no trabalho, na família, como parceiro, como cidadão.

É por isso que a experiência do adulto, seus interesses e dúvidas são pontos de partida para aprendizagem, pois são tais fatores e valores que selecionam o que ele aprende ou deixa de aprender. Um curso modular que informa questões que não estão no conjunto das experiências do adulto não interessa e não se transforma em aprendizagem. Portanto, é fundamental na formação continuada explorar o que o adulto quer saber, qual é a dúvida que quer solucionar. Normalmente, a aprendizagem ofertada nos centros de formação é descontextualizada e pouco se transfere entre a escola e o mundo concreto. O objetivo da escola é oferecer ensino geral e habilidades utilizáveis e teorias.

Há outras diferenças. A educação da criança é preparatória: ela aprende valores sociais e morais e conhecimento. A educação do adulto é uma educação voluntária, enquanto para criança é compulsória. Similarmente, as questões éticas envolvidas na aprendizagem do adulto estão intimamente ligadas à sua vida ou *status*, enquanto à da criança ao fato em si.

O segundo aspecto do contexto de aprendizagem do adulto – a dimensão estrutural – possibilita visualizar nossa sociedade como altamente multicultural e diversa; as condições políticas e econômicas moldam a experiência de aprendizagem, de tal sorte que trazem indagações sobre como lidamos com as questões de raça, classe social, gênero, cultura, orientação sexual, bem como com o poder instalado nas culturas institucionais.

A cultura profissional tradicional do trabalho isolado, fechado no interior da sala com as crianças, impede a riqueza da cooperação, da exposição a outros grupos, povos e culturas que expandem a visão e levam à aprendizagem (Bateson apud Merriam & Caffarella, 1999, p.397). O conhecimento de práticas de outros grupos e povos, as visitas a instituições diversas, as migrações e viagens aumentam a autoconsciência e articulam as diferenças, tornando a aprendizagem possível.

Outra questão que se coloca é como a teoria e a prática colaboram para uma perspectiva integrada da aprendizagem do adulto.

Profissionais da prática usam teorias e conhecimentos para articular significados subjetivos que influenciam a forma como indivíduos reais agem em situações concretas. A perspectiva da prática reflexiva divulgada por Schön (1992) é bem reconhecida na educação do adulto (Cervero & Wilson, 1994; Johnson-Bailey et al. apud Merriam & Caffarella, 1999, p.402)

## Que professor queremos formar?

O professor pesquisador que atua na prática? Esse profissional deverá ser formado pelos centros de formação e universidades.

Kenneth Henson (1996, p.53-61) mostra a relevância da formação do professor pesquisador para o desenvolvimento profissional. Desde o início do século XX, já se falava em professor pesquisador, mas Stenhouse (2002) revolucionou o pensamento sobre desenvolvimento profissional ao encorajar, em 1960, o professor que pesquisa sua própria prática.

Henson (1996, p.53-61) faz um amplo levantamento de pesquisas que tratam do professor que investiga sua prática, por meio da pesquisa-ação, e conclui que o termo *professor pesquisador* é polissêmico. Para o autor, a função do professor pesquisador é realizar pesquisa sistemática e intencional (Lytle & Cochram-Smith apud Henson, 1996), devendo proceder a um rigoroso exame de sua própria prática como base para o desenvolvimento profissional. Cada escola, cada sala é um laboratório de experiências curriculares (McKernan apud Henson, 1996); a pesquisa por parte de professores visa à compreensão e implementação de sua prática (McCutcheon & Jung apud Henson, 1996).

Há diferentes formas de pesquisa-ação (polissemia). No entender de Mckernan (apud Henson, 1996, p.56), a pesquisa-ação leva participantes a aumentarem sua própria compreensão de experiências educacionais e curriculares, diverge da pesquisa fundamental, soluciona problemas práticos, é uma forma de pesquisa operacional e aplicada e encoraja colaboradores com iguais possibilidades.

Há, portanto, distinção entre a pesquisa-ação, que investiga a prática pedagógica para implementar a própria prática, e a pesquisa-ação, destinada à produção do conhecimento no campo da ciência.

Conforme Henson (1996), a universidade acredita que os professores não conseguem buscar informações por meio de pesquisas e que estas não se transferem, com facilidade, para o contexto do ensino. Os professores, por seu turno, percebem os tópicos de pesquisa como teóricos e superficiais. Para Cuban (apud Henson, 1996), há diferentes culturas na vida do professor e do pesquisador.

Henson relaciona estudos sobre a relevância da formação do professor pesquisador para o desenvolvimento profissional e a melhoria da prática, os quais detalhamos a seguir.

Stevens et al. (apud Henson, 1996) asseguram que os professores que se envolvem em pesquisa se tornam mais competentes, descobrindo aí uma rica fonte de vitalidade (Sucker apud Henson, 1996): os que a iniciam começam a crescer (Chattin-McNickols & Loeffler apud Henson, 1996). Nesse caminho, Clandinin (apud Henson 1996) diz que as histórias de professores são poderosos meios para ajudar professores a refletirem sobre suas práticas de ensino e que a colaboração e reflexão acrescentam vantagem. Em Palo Alto, Califórnia, no Centro de Desenvolvimento Profissional, os professores são encorajados a interagir com outros, documentam e refletem sobre suas práticas, tornando-se uma experiência muito valorizada (Shalaway apud Henson, 1996).

Estudos de centros de formação de professores de educação infantil, como os da Associação Criança,[18] em Braga, Portugal, Penn Green Centre,[19] em Corby e no Worcester College of Higher Education,[20] ambos na Inglaterra, demonstram que a pesquisa-ação, com o envolvimento de professores e pais, aumenta o profissionalismo. No Brasil, o Grupo de Pesquisa Contextos Integrados de Educação Infantil[21] segue tais pressupostos, integra a formação inicial à continuada e acrescenta a pesquisa educacional ao processo de formação.

O atendimento educacional integrado, que alia o desenvolvimento profissional e organizacional à investigação da infância, beneficia o professor, e a escola ganha em qualidade. Nesse processo, ocorrem parcerias em vários níveis: fóruns de educação infantil, secretarias de Educação, unidades infantis, universidades e centros de formação, ONGs, empresas, pais e comunidade, além de parcerias internacionais.

Em síntese, o professor pesquisador que assume a advocacia dos direitos da criança, que tem uma visão de criança ativa, que procura o seu bem-estar, que parte da cultura infantil para definir as práticas pedagógicas, que substitui a cultura individual pela cooperativa, que considera o isomorfismo nas práticas de construção de conhecimentos do adulto e da criança, que tem a unidade infantil como ponto de partida para a formação e que se torna reflexivo, segue a direção apontada por pesquisadores da atualidade: Stenhouse (2002), Henson (1996), Sicula et al. (1996), Dahlberg et al. (1999), Day (1999), Pascal & Bertram (1999), Spodek (1993), Formosinho et al. (2000), Oliveira-Formosinho (2002), Oliveira-Formosinho & Kishimoto (2002), Bruner (1996), Sebarroja (2003), Imbernón (1999), Hargreaves (1994), Fullan & Hargreaves (2000), Aubrey et al. (2000), entre outros.

---

18 Organização que oferece formação continuada gratuita aos professores de educação infantil e tem interfaces com a Universidade do Minho (cf. Formosinho & Oliveira-Formosinho, 2002).

19 Instituição infantil pública inglesa, com um centro de formação de professores de educação infantil. Ver Whalley et al. (2001).

20 Centro de formação coordenado por Christine Pascal e Tony Bertram, que desenvolveram um projeto para o desenvolvimento organizacional e profissional, o *Effective Early Learning* (cf. Pascal & Bertram, 1999).

21 Criado em 2000, em parceria com Inglaterra e Portugal, com cerca de doze subgrupos de pesquisa em todo o país. (cf. Oliveira-Formosinho & Kishimoto, 2002).

Diante da formação como um direito social, surgem reivindicações para a qualificação profissional. Institutos de formação que não dispõem de estrutura de pesquisa devem aliar-se às universidades, como é comum em países como Portugal,[22] para conjugar a formação do professor pesquisador com a produção de pesquisa acadêmica (Pollard, 2002).[23]

A pedagogia, ao pleitear a formação do professor pesquisador, em suas diretrizes pedagógicas, adotou a tendência, referendada pelas pesquisas, de um profissional reflexivo, capaz de inovar em seu cotidiano (Denzin & Lincoln, 1998a, 1998b; 2000), de conduzir em conjunto com pesquisadores acadêmicos estudos de casos centrados na unidade infantil para aperfeiçoar a prática pedagógica (Stake, 1999; Gómez et al., 1999) e indicar novas opções para as políticas públicas (Denzin, 2000).

Para concluir, Chartier (apud Sicula et al., 1996, p.287) dá uma boa indicação para as políticas de formação de professores: é preciso *encontrar os mecanismos para articular não prática e formação, mas formação inicial e formação permanente, de um lado, e, de outro, formação e pesquisa em educação.*

## Referências bibliográficas

ATKINSON, T., CLAXTON, G. (Ed.) *The Intuitive Practitioner*: On the Value of Not Always Knowing What One is Doing. Philadelphia: Open University Press, 2000.

AUBREY, C., DAVID, T., GODFREY, R., THOMPSON, L. *Early Childhood Educational Research.* Issues in Methodology and Ethics. London: Routledge Falmer, 2000.

BANKS, F., MAYES, A. S. (Ed.) *Early Professional Development for Teachers*. London: The Open University, 2001.

BENNETT, N., WOOD, L., ROGERS, S. *Teaching Through Play*. Philadelphia: Open University Press, 1996.

BLENKIN, G. M., KELLY, A V. *Early Childhood Education:* a Developmental Curriculum. London: Paul Chapman ,1996.

BRUNER, J. *Actual Minds, Possible Worlds*. Cambridge: Harvard University Press, 1986.

---

22 Sobre política de formação de professor em Portugal, ver Formosinho (2000) e Formosinho & Oliveira-Formosinho (2000).

23 A Associação Criança, centro de formação em Braga, tem interfaces com a Universidade do Minho e oferece formação continuada para o professor pesquisador, por meio da pesquisa-ação, para a compreensão da prática pedagógica. A equipe do projeto de formação continuada assume a formação inicial na universidade e desenvolve pesquisas acadêmicas junto com os professores pesquisadores da prática.

BRUNER, J. *L'Éducation, entrée dans la culture*: les problèmes de l'école à la lumière de la psychologie culturelle. Paris: Retz, 1996.

CAMPOS, M. M. A formação de professores para crianças de 0 a 10 anos: modelos em debate. *Educação & Sociedade*, ano XX, n.68, p.126-42, dez. 1999.

CASTRO, C. de M. O ensino profissional: morto e sem missa de sétimo dia. In: CASTRO, M. H. G. de, DAVANZO, A. M. Q. (Org.) *Situação da educação básica no Brasil*. Brasília: Instituto Nacional de Estudos e Pesquisas Educacionais, 1999. p.111-8.

CASTRO, M. H. G. *Educação para o século XX*: o desafio da qualidade e da equidade. Brasília: Instituto Nacional de Estudos e Pesquisas Educacionais, 1999.

CASTRO, M. H. G. de, DAVANZO, A. M. Q. (Org.) *Situação da educação básica no Brasil*. Brasília: Instituto Nacional de Estudos e Pesquisas Educacionais, 1999.

CATANI, A. M., OLIVEIRA, J. F. de. Les politiques d'enseignement supérieur au Brésil: orientations, principes e orientations. In: VASCONCELLOS, M., VIDAL, D. (Dir.) *L'enseignement supérieur au Brésil*: enjeux et débats. Paris: Iheal, 2002. p.101-13.

COLLARES, C. A. L., MOYSÉS, M. A. A., GERALDI, J. W. Educação continuada: a política da descontinuidade. *Educação & Sociedade*, ano XX, n.68, p.202-19, dez. 1999.

DAHLBERG, G., MOSS, P., PENCE, A. *Beyond Quality in Early Childhood Education and Care*: Postmodern Perspectives. London: Falmer Press, 1999.

DAY, C. *Desenvolvimento profissional de professores:* os desafios da aprendizagem permanente. Porto: Porto Editora, 1999.

DENZIN, N. K. I., LINCOLN, Y. S. (Ed.) *The Landscape of Qualitative Research*: Theories and Issues. London: Sage, 1998a.

______. *Collecting and Interpreting Qualitative Materials*. London: Sage, 1998b.

______. *Handbook of Qualitative Research*. London: Sage, 2000.

EVANS, L. *Reflective Practice in Educational Research*. London: Continuum, 2002.

FORMOSINHO, J. Teacher Education in Portugal. In: CAMPOS, B. P. (Coord.) *Teacher Education Policies in the European Union*. Lisbon: Portuguese Presidency of the Council of the European Union – Ministry of Education, 2000.

FORMOSINHO, J., OLIVEIRA-FORMOSINHO, J. *Associação criança*. Braga: Livraria do Minho, 2001.

______. A universidade e a formação de educadores de infância: potencialidades e dilemas. In: MACHADO, M. L. de (Org.) *Encontros e desencontros em educação infantil*. São Paulo: Cortez, 2002. p.169-88.

FORMOSINHO, J., FERREIRA, F. I., MACHADO, J. *Políticas educativas e autonomia das escolas*. Porto: ASA, 2000.

FULLAN, M., HARGREAVES, A. *A escola como organização aprendente*: buscando uma educação de qualidade. Porto Alegre: Artes Médicas, 2000.

GÓMEZ, G. R., FLORES, J. G., JIMÉNEZ, E. G. *Metodología de la investigación cualitativa*. Málaga: Aljibe, 1999.

HABERMAS, J. *Mudança estrutural da esfera pública:* investigações quanto a uma categoria da sociedade burguesa. Rio de Janeiro: Tempo Brasileiro, 1984.

HABERMAS, J. *The Philosophical Discourse of Modernity*. Cambridge: Polity Press, 1985.

______. *Teoría de la acción comunicativa I*. Racionalidad de la acción y racionalización social. Madrid: Taurus, 1988.

HARGREAVES, A. *Changing Teachers, Changing Times*: Teachers Work and Culture in the Postmodern Age. London: Teachers College Press, 1994.

HENSON, K. T. Teachers as Researches. In: SICULA, J., BUTTERY, T., GUYTON, E. (Ed.) *Handbook of Research on Teacher Education*. New York: Simon S. Schuster, Macmillan, 1996. p.53-69.

IMBERNÓN, F. (Org.) *A educação no século XXI*: os desafios do futuro imediato. Porto Alegre: Artes Médicas,1999.

KISHIMOTO, T. M. Ludoteca in Brasile. *Infanzia (Bologna)*, p.51, set. 1994.

______. Política de formação profissional para a educação infantil: pedagogia e normal superior. *Educação & Sociedade*, ano XX, n.68, p.61-79, dez. 1999.

_____. Brinquedos e materiais pedagógicos nas escolas infantis. *Educação e Pesquisa, (São Paulo)*, v.27, n.2, p.229-46, jul.-dez. 2001.

MACHADO, M. L. de A (Org.) *Educação infantil em tempos de LDB*. São Paulo: FCC, DPE, 2000.

MACNAUGHTON, G. *Rethinking Gender in Early Childhood Education*. London: Sage, 2000.

MERRIAM, S. B., CAFFARELLA, R. S. *Learning in Adulthood*: A Comprehensive Guide. San Francisco: Jossey-Bass, 1999.

MOYLES, J. R. (Ed.) *The Excellence of Play*. Philadelphia: Open University Press, 2002.

______. *Just Playing?* The Role and Status of Play in Early Childhood Education. Philadelphia: Open University Press, 1989.

NORODOWSKI, M., NORES, M., ANDRADA, M. (Org.) *Nuevas tendencias en políticas educativas:* estado, mercado y escuela. Argentina: Granica, 2002.

NÓVOA, A (Org.) *Os professores e a sua formação*. Lisboa: Dom Quixote, 1992.

OLIVEIRA-FORMOSINHO, J. (Org.) *A supervisão na formação de professores I*. Da sala à escola. Porto: Porto Editora, 2002.

OLIVEIRA-FORMOSINHO, J., KISHIMOTO, T. M. *Formação em contexto:* uma estratégia de integração. São Paulo: Thompson. 2002.

PASCAL, C., BERTRAM, T. *Desenvolvendo a qualidade em parceria:* nove estudos de caso. Porto: Porto Editora, 1999.

PLANK, D. N. *Política educacional no Brasil*: caminhos para a salvação pública. Porto Alegre: Artes Médicas, 2001.

POLLARD, A. (Ed.) *Readings for reflective teaching*. London: Continuum, 2002.

RELATÓRIOS de verificação de cursos de pedagogia encaminhados ao MEC. 1998--2002.

ROSEMBERG, F., CAMPOS, M. M. (Org.) *Creches e pré-escolas no Hemisfério Norte*. São Paulo: Cortez, Fundação Carlos Chagas, 1994.

SHEIBE, L., AGUIAR, M. A. Formação dos profissionais da educação no Brasil: o curso de pedagogia em questão. *Educação & Sociedade*, ano XX, n.68, p.220-38, dez. 1999.

SCHÖN, D. A. Formar professores como profissionais reflexivos. In: NÓVOA, A (Coord.) *Os professores e a sua formação*. Lisboa: Dom Quixote, 1992.

SEBARROJA, J. C. *Pedagogias do século XX*. Porto Alegre: Artes Médicas, 2003.

SICULA, J., BUTTERY, T., GUYTON, E. (Ed.). *Handbook of Research on Teacher Education*. New York: Simon S. Schuster, Macmillan, 1996.

SPODEK, B. (Ed.) *Handbook of Research on the Education of Young Children*. New York: Macmillan, 1993.

STAKE, R. S. *Investigación con estudio de casos*. Madrid: Morata, 1995.

STENHOUSE, L. The Teacher as Researcher. In: POLLARD, A. (Ed.) *Readings for Reflective Teaching*. London: Continuum, 2002. p.32-3.

TRILLA, J. (Coord.) *El legado pedagógico del siglo XX para la escuela del siglo XXI*. Barcelona: Graó, 2001.

VEIGA, I. P. A. (Org.) *Projeto político-pedagógico da escola*: uma construção possível. Campinas: Papirus, 1995.

WHALLEY, M. et al. *Involving Parents in Their Children's Learning*. London: Paul Chapman, 2001.

WITTGENSTEIN, L. *Investigações filosóficas*. São Paulo: Abril, 1975.

# 22
# Por uma pedagogia da educação infantil: desafios e perspectivas para as professoras

*Ana Beatriz Cerisara*

Gostaria de, inicialmente, agradecer a oportunidade de compartilhar com pessoas e profissionais da educação infantil, e assim ampliarmos a discussão em torno tanto da finalidade educativa das instituições de educação infantil como das profissionais que devem assumir o trabalho junto às crianças pequenas. Este texto pretende fazer uma contextualização da problemática acerca do tema e indicar alguns dos desafios colocados para a área da educação infantil na direção da construção de uma pedagogia da educação infantil.

Sou pedagoga e pesquisadora e trabalho na área de formação de professores para educação infantil há vinte anos, junto ao curso de pedagogia, habilitação educação infantil e na linha educação e infância do programa de pós-graduação em educação da Universidade Federal de Santa Catarina. Minha preocupação central, portanto, é a formação das professoras que atuam junto às crianças de zero a seis anos em creches e pré-escolas, hoje denominados centros de educação infantil com ênfase nas instituições das redes públicas. Compreendo a educação não como um serviço de satisfação ao cliente ou uma mercadoria comercializável, mas como um bem público e direito de todas as crianças, independentemente de classe social, gênero, etnia, raça.

Falar sobre educação infantil hoje, e em especial sobre suas professoras, exige que se destaquem tanto os avanços quanto os retrocessos e impasses que a área vive, uma vez que essa educação como direito da criança é recente no Brasil.

As legislações recentes (Constituição de 1988, LDB de 1996) trouxeram deliberações, e a mais significativa foi a inclusão das instituições de educação infantil no capítulo da educação a partir da definição de sua função de "educar e cuidar de forma indissociável e complementar as crianças de zero a seis anos". Ou seja, faz parte da educação básica, mas não tem como objetivo o "ensino", e sim a "educação" das crianças pequenas. Mais do que simples jogo de palavras, a escolha pelas palavras "educar e cuidar" estava relacionada à forma como creches e pré-escolas surgiram e se consolidaram no Brasil.

Refiro-me à perspectiva de "educação assistencial" presente nas creches e à perspectiva de "educação escolar" presente nas pré-escolas. Ou seja, a educação infantil proposta na década de 1990 pelos documentos oficiais pretendia romper e superar essas duas tendências ainda tão significativas no contexto das instituições de educação infantil, avançando em direção a uma proposta menos discriminadora, que viesse atender às especificidades que o trabalho com crianças de zero a seis anos exige na atual conjuntura social, sem que houvesse uma hierarquização do trabalho a ser realizado, seja pela faixa etária (zero a três anos ou três a seis anos), seja pelo tempo de atendimento na instituição (parcial ou integral), seja pelo nome dado à instituição (creches ou pré-escolas), seja pela profissional contratada para trabalhar com as crianças (atendentes/pajens ou professoras).

Esse encaminhamento se deve à defesa de uma perspectiva que acredita que "a creche não deve ser ... como muito frequentemente acontece hoje, o começo da marginalização e da perpetuação de um relacionamento subalterno da criança oriunda das classes trabalhadoras" (Mantovani, 1999). Da mesma forma, acreditamos que a pré-escola não deve ser uma antecipação das séries iniciais do ensino fundamental. Nesse sentido, também defendemos que a professora que irá trabalhar com as crianças deve ter uma formação específica e diferenciada das professoras das séries iniciais do ensino fundamental.

A passagem das creches e pré-escolas para os sistemas de ensino tem trazido muitos impasses e desafios, entre eles o que diz respeito às diferentes concepções sobre o modelo pedagógico a ser adotado pelos centros de educação infantil. Consideramos essa questão das mais polêmicas porque da sua resolução dependem muitos dos encaminhamentos em relação à finalidade educativa das instituições e à formação de suas profissionais.

Para efeito de reflexão, é possível dizer que há um embate entre dois modelos pedagógicos para o trabalho nos centros de educação infantil: o primeiro, que denominamos concepção de educação assistencial, que nega qualquer intencionalidade educativa, e o segundo que considera educacional apenas o modelo de escolarização do ensino fundamental. Este último acaba sendo visto como a única forma de as instituições de educação infantil estarem vinculadas à educação. Nessa disputa entre ou isto ou aquilo, está oculta outra concepção: educativa sim, mas não escolar. Ou seja, uma concepção que entende que a educação infantil tem uma intencionalidade educativa diferente das escolas de ensino fundamental, tal como elas se configuram atualmente.

> Enquanto a escola se coloca como espaço privilegiado para o domínio dos conhecimentos básicos, as instituições de educação infantil se põem sobretudo com fins de complementaridade à educação da família. Portanto, enquanto a escola tem como sujeito o aluno e como o objeto fundamental o ensino nas diferentes áreas através da aula; a creche e a pré-escola têm como objeto as relações educativas travadas no espaço de convívio coletivo que tem como sujeito a criança de 0 a 6 anos de idade (ou até o momento que entra na escola). (Rocha, 1999, p.62)

Para melhor compreendermos a problemática colocada pela pedagogia da educação infantil, é preciso entendê-la no contexto da discussão da pedagogia como ciência da educação, para a prática pedagógica a ser desenvolvida nas séries iniciais do ensino fundamental. Essa pedagogia tem por objetivo a aprendizagem pelo domínio da leitura, da escrita e do cálculo. Ou seja, o foco é em ensino, didática, conteúdos disciplinares, alunos. Essa pedagogia, no entanto, não é adequada para pensarmos a educação das crianças com menos de seis anos que frequentam creches e pré-escolas. Isso porque a ênfase na educação infantil não deve estar colocada no ensino e sim na educação; as crianças devem permanecer sendo tratadas como crianças e não como alunos; o foco não está nos processos ensino-aprendizagem e sim nas relações educativo-pedagógicas.

Um dos aspectos que merecem nossa atenção na construção da pedagogia da educação infantil diz respeito à concepção de infância. Ou seja, a escola tradicionalmente tem trabalhado com uma concepção de infância homogênea, cuja delimitação tem sido feita pela imaturidade, pela falta em relação ao adulto. Na educação infantil – um tema multidisciplinar, objeto de diferentes campos disciplinares, tal como a sociologia, a antropologia, história, psicologia –, a infância tem que ser vista não apenas na sua dimensão biológica, mas como fato social que, por refletir as variações da cultura humana, é heterogêneo. Nessa direção, se partimos da compreensão de que não há uma infância, mas infâncias, se não há um padrão único de ser criança, o trabalho a ser realizado com elas não pode ser definido, *a priori*, de forma descontextualizada. Se há diferentes contextos e as crianças são diferentes entre si, nem melhores nem piores, apenas diferentes entre elas, entre elas e os adultos, é preciso que a pedagogia a ser realizada também contemple as diversidades das crianças, de cada grupo de crianças nas suas competências, nas suas possibilidades.

Segundo Ferreira (2002, p.11), esse modelo teórico de uma criança universal, abstrata e indeterminada estava presente no paradigma psicopedagógico, fruto de concepções sociológicas tradicionais e normativas que entendiam a socialização como "ação exercida pelas gerações adultas sobre os que ainda não encontram amadurecidas para a vida social". Nessa perspectiva, a autora indica que vários mitos foram construídos sobre a infância e tiveram e ainda têm grande impacto sobre a prática pedagógica nas instituições de educação infantil. Segundo ela, é preciso desconstruir alguns dos grandes mitos da infância a partir da problematização das concepções tradicionais de socialização que os sustentam. São eles:

- das crianças como seres em déficit, simples objetos passivos e meros receptáculos de uma ação de socialização;
- da socialização como um processo vertical e unívoco, conduzido exclusivamente pelos adultos que o conduzem de acordo com objetivos claramente definidos e em prol da reprodução social;
- do brincar como ação natural e espontânea das crianças, credo único e emblema das atividades da infância;
- do grupo de pares como forma de organização heterônima e genuína e, como tal, um dado imediato, adquirido, de cuja suposta homogeneidade estão isentas relações sociais e desiguais. (ibidem)

Do ponto de vista da pedagogia, poderíamos dizer que é preciso romper com as "certezas", construídas com base nos referenciais da psicologia do desenvolvimento (Souza, 1996, p.39-55), sobre quem e como são as crianças com ênfase especial nos modelos pedagógicos construídos com base em teóricos da psicologia. Esse destaque em relação à psicologia tem sua razão de ser, pois ela tem sido a ciência mais utilizada pelas educadoras para fundamentar o trabalho que fazem, seja pela perspectiva *inatista*, seja pela perspectiva *ambientalista*, seja pela perspectiva *construtivista*. Como decorrência desse processo, pode-se dizer que até há bem pouco tempo as crianças eram vistas como tendo uma natureza infantil e não uma condição infantil, o que permitiu que elas fossem descritas em etapas ou níveis de desenvolvimento predefinidos por essas construções teóricas. Nessa perspectiva, destacava-se apenas o que a criança não tinha em relação ao adulto, considerado, então, o modelo a ser alcançado. Assim, a criança já foi vista como *tábula rasa, adulto em miniatura, futuro adulto* etc. A ruptura com esses *jeitos* de ver as crianças exige uma mudança de atitude e o reconhecimento do nosso *não saber* sobre as crianças e seus modos de ser. Essa é uma das tarefas da pedagogia da educação infantil.

Os estudos sobre a infância realizados pela antropologia, história social e sociologia apontam para novas concepções de criança e de socialização, entre elas vale destacar o paradigma emergente da sociologia da infância,[1] cujos pontos centrais dão suporte para o que temos chamado de pedagogia de educação infantil. Para construir um novo paradigma, os sociólogos da infância James & Prout (apud Montandon, 2001, p.51) destacam as seguintes variáveis e proposições:

> 1. A infância é uma construção social.
> 2. A infância é variável e não pode ser inteiramente separada de outras variáveis como classe social, o sexo ou o pertencimento étnico.
> 3. As relações sociais das crianças e suas culturas devem ser estudadas em si.
> 4. As crianças são e devem ser estudadas como atores na construção de sua vida social e da vida daqueles que as rodeiam.
> 5. Os métodos etnográficos são particularmente úteis para o estudo da infância.
> 6. A infância é um fenômeno no qual se encontra a "dupla hermenêutica"das ciências sociais evidenciadas por Giddens, ou seja, proclamar o novo paradigma no estudo da infância é se engajar num processo de reconstrução da criança e da sociedade.

Essas proposições são inspiradoras, pois, segundo Ferreira (2002, p.12), "mais do que regresso ao actor, é uma 'descoberta do actor-criança' que está em causa". Para a pedagogia da educação infantil, essa "desescolarização da sociologia da educação" que trabalha com concepção de criança para além da do aluno é central na construção de práticas pedagógicas menos centradas

---

1 Sobre esse tema, ver em especial *Educação, Sociedade & Culturas*, n.17. "Crescer e aparecer ou... por uma sociologia da infância". *Revista da Associação de Sociologia e Antropologia da Educação*. Porto: Edições Afrontamento, 2002.

nos pontos de vista dos adultos, uma vez que considera legítima a voz das crianças, além de considerá-las coconstrutoras dessas práticas.

Tomando como referência os aportes teóricos já destacados, a construção de uma pedagogia da educação infantil no contexto das instituições tem trazido muitos impasses, desafios e problemas. Destacarei apenas alguns deles com dois objetivos: dar visibilidade a eles e incentivar o debate:

1 Convivem no trabalho junto às crianças profissionais com distintos níveis de escolaridade, com grande contingente de profissionais leigas. Nesse convívio, em geral se estabelecem relações hierárquicas em que as práticas relacionadas ao corpo da criança e aos seus cuidados são discriminadas, levando à separação entre o corpo e a mente da criança, entre o educar e o cuidar.

2 A predominância da presença feminina no exercício da profissão tem historicamente associado as atividades do magistério infantil ao papel sexual reprodutivo assumido em nossa sociedade pela mulher, o que tem redundado em desvalorização e esvaziamento do conteúdo profissional da carreira. Além disso, a presença de mulheres e a consequente contaminação dos papéis de mulher, mãe, professora têm sido encaradas como "problema", ao serem interpretadas apenas como ambiguidade entre a função materna e a função docente, e não como o fazem os italianos (Ongari & Molina apud Ávila, 2002), que defendem a ideia de que o que está em jogo é a "dupla presença" e a "dupla experiência" dela decorrentes como recursos do ponto de vista profissional.

3 O treinamento em serviço, quando oferecido, é feito de forma descontínua, pontual e segmentada, segundo uma racionalidade técnica que desconsidera todos os saberes advindos das vivências das professoras; ou seja, se palestras, cursos, debates são fundamentais para a formação, eles também devem prever situações que partam dos problemas levantados pelas próprias profissionais, com base nas dificuldades por elas enfrentadas no cotidiano, para tomá-los como ponto de partida da formação.

4 As condições objetivas de trabalho, além de não preverem articulação entre formação e carreira e salários das professoras, não disponibilizam tempo em sua carga de trabalho para que as professoras estudem, reúnam-se para discutir, fazer planejamento e registro do trabalho, entre outras atividades. O salário, com raras exceções, está longe de oferecer condições para uma vida digna das professoras, que dirá possibilitar uma vida rica em experiências culturais, profissionais e pessoais. Além disso, os equipamentos não são adequados a esse redimensionamento da educação infantil, e a

organização do tempo e do espaço é inadequada para o desenvolvimento de práticas educativas que contemplem as crianças e suas culturas infantis.

5 No contexto das instituições de educação infantil, ainda se constata uma separação entre o educar e o cuidar, a qual tem que ser questionada. Ou seja, o que parecia na década de 1990 solução para a área hoje pode ser questionado e precisa ser questionado. Ou seja, dizer que o objetivo da educação infantil é educar e cuidar de forma indissociável tem referenciado que tipo de práticas junto às crianças pequenas? É possível dizer que esse objetivo fez avançar a compreensão do caráter educativo dessas instituições? A que preço? O que significar cuidar? Até onde vão a educação e o cuidado? Onde começa um e outro? Será que educar já não contempla o cuidar? Se o cuidado faz parte da vida humana e é constitutivo de todas as relações entre seres humanos, será que é necessário utilizá-lo na educação infantil? Que benefícios e que prejuízos a expressão *educar e cuidar de forma indissociável* tem trazido para o trabalho com as crianças?[2]

6 O que se faz com as crianças tanto nas instituições de educação infantil particulares quanto nas instituições públicas deve ser questionado cada qual pelos seus respectivos equívocos, com vistas à construção de uma educação democrática e justa para todas as crianças.

7 A prática pedagógica das professoras de educação infantil deve ter como norte princípios éticos a serem respeitados no trabalho com as crianças. O que pode e o que não pode ser feito com as crianças? A partir do que devem ser definidos? O que as crianças podem ou não fazer, dizer, sentir nas instituições de educação infantil? Do meu ponto de vista, para superarmos perspectivas adultocêntricas e para que tenhamos as crianças como sujeitos de direito como foco, sugiro que os direitos fundamentais das crianças, tal como configurados no caderno do MEC *Critérios para um atendimento em creches que respeita os direitos fundamentais das crianças*, sejam tomados como base para elaboração desses princípios.

Ao dar destaque aos aspectos anteriormente mencionados, relativos às condições em que instituições de educação infantil e suas profissionais se encontram, não estou propondo que cruzemos os braços e esperemos que as determinações legais de repente, como num passe de mágica, sejam cumpridas. Não podemos nos dar a esse luxo, porque as crianças estão lá nas institui-

2 Sobre essa discussão, ver Kramer (2003) e *Revista Pátio – Educação Infantil*, n.1, 2003, em que há uma série de artigos sobre essa questão.

ções e não vão deixar de ser crianças para esperar que estejamos prontos para educá-las em nossas instituições.

A defesa da profissionalização das professoras de educação infantil é tão urgente quanto a redefinição da função das instituições de educação infantil e está relacionada à concepção de que todas as crianças de zero a seis anos, sejam elas pobres e ricas, brancas, negras e indígenas, estrangeiras e brasileiras, entre outras, têm direito a uma educação infantil que garanta o direito à infância e a melhores condições de vida. Nesse sentido, o que vem sendo realizado nas instituições de educação infantil precisa ser revisto e reavaliado à luz da pedagogia da educação infantil (Rocha, 1999), para a construção de um trabalho junto às crianças de zero a seis anos de idade que, apesar de ser formalmente estruturado, pretende garantir a elas viver plenamente a sua infância sem imposição de práticas ritualísticas inflexíveis, tais como se cristalizam nas rotinas domésticas, escolares ou hospitalares. O que reivindicamos é o espaço para a vida, para a vivência dos afetos – alegrias e tristezas –, para as relações entre coetâneos e não coetâneos, para os conflitos e encontros, para a ampliação do repertório vivencial e cultural das crianças, tendo por base um compromisso dos adultos que se responsabilizam por organizar o estar das crianças em instituições educativas, que lhes permitam construir sentimentos de respeito, troca, compreensão, alegria, apoio, amor, confiança, solidariedade, entre tantos outros. Que ajudem-nas a acreditar em si mesmas e no seu direito de viver de forma digna e prazerosa.

## Referências bibliográficas

ÁVILA, M. J. F. *As professoras de crianças pequenininhas e o cuidar e o educar*. São Paulo, 2002. Dissertação (Mestrado) – Universidade Estadual de Campinas.

ANFOPE & FORUMDIR. VI SEMINÁRIO NACIONAL DA ANFOPE E XIV REUNIÃO NACIONAL DO FORUMDIR. *Carta de Curitiba*, 8 jun. 2001.

BATISTA, R., et al. S. Partilhando olhares sobre as crianças pequenas: reflexões sobre o estágio na educação infantil. *Revista Eletrônica Zeroaseis*. Florianopólis, 2002. Disponível em: <www.ced.ufsc.br/~nee0a6>.

BRASIL. *Constituição da República Federativa do Brasil 1988*. Brasília: Centro Gráfico do Senado Federal, 1988.

BRASIL. *Critérios para um atendimento em creches que respeite os direitos fundamentais das crianças*. Brasília: MEC, SEF, Coedi, 1995.

______. Lei de Diretrizes e Bases da Educação Brasileira n.9.493, 1996.

______ *Diretrizes curriculares nacionais educação básica*. Brasília: Conselho Nacional de Educação, 2001.

CERISARA, A. B. Educar e cuidar: por onde anda a educação infantil? *Perspectiva, (Florianopólis)*, v.17, p.11-24, jul.-dez. 1999.

CERISARA, A. B. *Professoras de educação infantil*: entre o feminino e o profissional. São Paulo: Cortez, 2002.

_____. Referencial curricular nacional para a educação infantil no contexto das reformas. *Educação & Sociedade*, (*Campinas*), v.23, n. esp., 2002.

CERISARA, A., ROCHA, E. A. C., SILVA FILHO, J. J. da. Educação infantil: uma trajetória de pesquisa e indicações para a avaliação de contextos educativos. In: OLIVEIRA-FORMOSINHO, J., KISHIMOTO, T. M. (Org.) *Formação em contexto*: uma estratégia de integração. São Paulo: Pioneira, 2002.

CAMPOS, M. M. A formação de professores de educação infantil no contexto das reformas educacionais brasileiras. In: OLIVEIRA-FORMOSINHO, J., KISHIMOTO, T. M. (Org.) *Formação em contexto*: uma estratégia de integração. São Paulo: Pioneira, 2002.

FERREIRA, M. M. M. *A gente aqui o que gosta mais é de brincar com os outros meninos!* – as crianças como actores sociais e a (re)organização social do grupo de pares no quotidiano de um jardim de infância. Porto, 2002. Dissertação (Doutoramento em Ciências da Educação) – Faculdade de Psicologia e Ciências da Educação, Universidade do Porto.

KRAMER, S. (Org.) *Formação de profissionais de educação infantil no Estado do Rio de Janeiro*. Relatório de pesquisa. Rio de Janeiro: Ravil, 2001.

_____. Direitos da criança e projeto político pedagógico de educação infantil. In: BAZÍLIO, L. C., KRAMER, S. (Org.) *Infância, educação e direitos humanos*. São Paulo: Cortez, 2003.

KISHIMOTO, T. M. Política de formação profissional para a educação infantil: pedagogia e normal superior. *Educação & Sociedade*, (*Campinas*), n.69, p.61-79, 1999.

KUHLMANN JUNIOR., M. *Infância e educação infantil*: uma abordagem histórica. Porto Alegre: Mediação, 1998.

MANTOVANI, S. Uma profissão a ser inventada: o educador da primeira infância. *Revista Pro-posições (Campinas)*, v.10, n.1, 1999.

MONTANDON, C. Sociologia da infância: balanço dos trabalhos em língua inglesa. *Cadernos de pesquisa* (*São Paulo*), n.112, p.33-60, mar. 2001.

ROCHA, E. A. C. *A pesquisa em educação infantil no Brasil*: trajetória recente e perspectivas de consolidação de uma pedagogia da educação infantil. Florianópolis: UFSC, Centro de Ciências da Educação, Núcleo de Publicações, 1999.

SOUZA, S. J. Ressignificando a psicologia do desenvolvimento: uma contribuição crítica à pesquisa da infância. In: KRAMER, S., LEITE, M. I. (Org.) *Infância*: fios de desafios da pesquisa. São Paulo/Campinas:Papirus, 1996.

# 23
# Inclusão escolar, imagens e projetos: o que aprendemos com as pesquisas?

*Claudio Roberto Baptista*

## Introdução

A presente reflexão tem o objetivo de esboçar uma análise que integre as temáticas: inclusão, pesquisa e ação docente. Será conferido especial destaque aos *projetos de intervenção/investigação*, para ampliar o debate que valoriza as configurações destes e sua articulação com as políticas públicas na área da educação. Considero imprescindível que avancemos na discussão que identifique e analise a articulação existente entre *projetos* e *políticas*. O debate relativo à inclusão escolar tem, segundo minha compreensão, deslizado entre esses dois polos, favorecendo a confusão existente entre projetos pontuais de intervenção e políticas educacionais que podem envolver ações pontuais, mas deveriam – as políticas educacionais – contemplar uma dimensão prospectiva que "antecipe" o futuro e que ajude a construir as estratégias para o gerenciamento do presente. A pesquisa tem, portanto, papel preponderante na análise desse movimento, avaliando as iniciativas existentes, desfrutando do conhecimento acumulado em outros campos disciplinares e permitindo que a nossa leitura seja baseada em fatores que contemplem a multideterminação dos fenômenos em foco. Assim, a discussão que problematiza *projetos* e *políticas* de inclusão não deve (nem pode) restringir-se à educação especial, nem mesmo à educação. A abertura de fronteiras disciplinares nos auxilia na construção de parâmetros que podem servir de apoio nesse debate.

O ponto de referência prioritária para a presente análise será a cidade de Porto Alegre e as pesquisas realizadas na Universidade Federal do Rio Grande do Sul. Tais contextos – universidade e cidade – têm sido evocados como espaços de construção de propostas cujas metas destacam: a ampliação da participação dos sujeitos, a redução dos mecanismos de exclusão e a garantia de escolarização de qualidade para todos os alunos. Com base em exemplos de projetos que foram alvo de investigações recentes, esta análise procurará discutir a importância da existência destes, as articulações necessárias entre a educação e a educação especial, assim como os riscos de que esses projetos permaneçam isolados, caso não haja uma contínua sintonia entre os diferentes planos que integrem os chamados "projetos de inclusão" e as políticas públicas de educação.

## O contexto: a rede municipal de ensino de Porto Alegre

A rede municipal de ensino de Porto Alegre, desde o final dos anos 80, tem implementado, por meio de diferentes gestões da administração popular,[1] *um projeto* político-pedagógico que tem como objetivo o combate aos mecanismos de exclusão, a busca de garantia de acesso e permanência nas escolas, por meio de um movimento de profunda transformação da escola e da ação educativa. O detalhamento dessas mudanças tem sido amplamente documentado (Azevedo, 2000; Titton, 2004), assim como os efeitos no âmbito da educação especial (Santos Júnior, 2002; Tezzari, 2002; Baptista, 2004). Entre essas mudanças, destaco a organização curricular predominante durante o período 1986-2002, período no qual houve a implementação da chamada "escola por ciclos de formação". A proposta de ciclos tem transformado a escola seriada em uma escola que se organiza em três etapas (1º ciclo – seis a oito anos; 2º ciclo – nove a onze anos e 3º ciclo – doze a quatorze anos). Em linhas gerais, há a valorização da idade cronológica como determinante para a enturmação dos alunos, além da ênfase na progressão automática, que aparece associada a uma série de dispositivos de apoio para o trabalho em classes comuns. Tais dispositivos contemplam a oferta de cursos de formação continuada, a existência de assessoria em diferentes áreas (inclusive educa-

1 Frente partidária na qual o Partido dos Trabalhadores tem a absoluta preponderância.

ção especial), a constituição de espaços alternativos e suplementares para o atendimento oferecido aos alunos que apresentam dificuldades de aprendizagem (*laboratório de aprendizagem*) e àqueles que apresentam necessidade de atendimento especializado na área da educação especial (*sala de integração e recursos*). Além desses dispositivos, há ainda a presença de *professores-volantes*, que têm a tarefa de contribuir com a dinâmica de uma ação docente compartilhada com os *professores-referência* para as diferentes turmas.

Uma das metas do trabalho pedagógico implementado pela administração popular é intensificar as relações entre o ensino/aprendizagem e a vida das pessoas envolvidas. O período que escolhi para ter como referência (1996-2002) foi também o de implantação de uma proposta de organização curricular que instituía o *Complexo temático*.[2] Esse dispositivo possui clara dimensão interdisciplinar, que tende a favorecer o trabalho de planejamento e avaliação de caráter coletivo.

Após esta breve apresentação do contexto, passemos à busca de imagens que possam "dar corpo" à análise.

## Em busca de imagens

Uma professora trabalha com um grupo de alunos adolescentes em uma escola pública. Os alunos têm idades que variam entre quatorze e vinte anos. São alunos do terceiro ano do terceiro ciclo. O cenário é a periferia de uma grande cidade brasileira. Trata-se de Porto Alegre, mas podemos tomar o contexto como representativo de um ambiente de vida e de trabalho que se apresenta como "usual" em muitas de nossas cidades: precariedade de moradias, escassez de oferta de trabalho, ausência de serviços qualificados relativos à assistência de saúde e à educação. O futuro, para grande parte dos jovens que vivem nessas comunidades, mostra-se, por antecipação, muito semelhante ao presente.

Apresento, a seguir, o relato de uma professora sobre algumas cenas escolares:[3]

---

2 Complexo temático: proposta de organização curricular que exige que o planejamento didático tenha pontos de referência iniciais na comunidade na qual a escola está inserida. Os professores constroem uma rede temática a partir de entrevistas junto às famílias em visitas domiciliares que exigem uma aproximação com o contexto de vida dos alunos. Essa rede passa a ser "aberta" em diferentes tópicos associados às áreas, gerando um processo contínuo de valorização da investigação e do resgate das "falas" dos sujeitos que integram a comunidade escolar.

3 Trata-se da professora Aneri Strak, da rede municipal de ensino de Porto Alegre.

Pedi uma foto de cada aluno da sua infância para fazer cópia. Alguns deles não trouxeram, porque não tinham essas fotos. Houve dúvidas, por parte de alguns professores, quanto ao possível constrangimento dos alunos que não possuíam as fotos de sua infância. Conversamos na sala de aula sobre os possíveis motivos que fariam com que alguns não tivessem fotos e combinamos que trabalharíamos com sua memória, com objetos significativos e com a expressão plástica, como aconteceria com os outros alunos. Não percebi constrangimento e, de maneira geral, os alunos se envolveram intensamente nas atividades.

Propus a construção de uma linha do tempo, em pequenos grupos, com destaque de fatos marcantes (bons e ruins) do período de sua infância (do nascimento até os doze anos). As fotos foram um estímulo para as lembranças, pois geravam comentários e brincadeiras entre os alunos. Houve muito envolvimento nesta atividade e dois grupos se reuniram fora do horário para concluí-la. Foram aulas com muita conversa, aulas "barulhentas", pois havia o resgate de memórias e muitas intervenções dos alunos. Eu procurava circular entre os grupos, estimulando suas lembranças e fazendo perguntas que ampliassem os detalhes dos relatos. Em seguida, houve a apresentação da linha do tempo construída pelo grupo em atividade coletiva. O tempo de dedicação semanal ao desenvolvimento do projeto era de três períodos de cinquenta minutos.

A proposta seguinte foi uma atividade individual de representação da infância de cada aluno, através da expressão plástica usando um pedaço de TNT, tinta de tecido, brilhos e a cópia colorida da foto pessoal. Após a execução, houve um momento de análise, em grupo, com destaque para a ação de observar as cores, os recursos usados, o conteúdo, o momento de vida representado, as diferenças entre os variados trabalhos.

O relato mostra uma professora de área específica – educação artística – que desenvolve um trabalho que abre possibilidades de "leituras" variadas da realidade daqueles alunos. O momento desencadeador dessa atividade foi um curso de formação oferecido aos docentes que possuíam, em suas classes, alunos com necessidades educativas especiais ou que tivessem interesse na temática "inclusão". O curso, intitulado "Diferenças na escola e possibilidades educativas",[4] tinha uma organização que contemplava atividades pre-

4 O curso tinha como base um Caderno de Formação (Baptista et al., 1999) e contava com o uso de materiais complementares de apoio (textos e filme). Relatos anteriores dessa experiência foram apresentados em Andrade et al. (2000) e Baptista et al. (2000). Quanto à metodologia utilizada, constitui-se como uma proposta de educação a distância designada "formação interativa individualizada", desenvolvida em trabalhos de formação vinculados ao Dipartimento di Scienze dell'Educazione da Università degli Studi di Bologna. Observa-se similaridade com a metodologia apresentada por Gutiérrez & Prieto (1994), e denominada "educação a distância alternativa".

sencias e não presenciais e exigia que os participantes tivessem uma postura propositiva, a fim de estruturar propostas de ação junto a seus alunos. Durante o curso, eram oferecidas pistas de trabalho que procuravam explorar dimensões da vida afetiva/cognitiva dos alunos, favorecendo que estes se assumissem como "leitores e intérpretes de suas histórias".

O curso foi resultado de uma parceria entre a UFRGS e a rede municipal de ensino de Porto Alegre. Essa parceria estruturou-se como uma das ações empreendidas durante o processo de fechamento das classes especiais,[5] ação que demandava apoio aos docentes que receberiam alunos com necessidades educativas especiais em suas classes. Essa parceria resultou na elaboração de um material didático – o caderno de formação – e na oferta de curso de vinte horas aos professores do ensino comum que recebiam esses alunos. Em etapa posterior, houve a oferta do mesmo curso a outros professores interessados, momento no qual houve a adesão da professora que elaborou o relato que ora apresento. Destaco que, no âmbito da universidade, essa iniciativa tinha e tem o caráter de pesquisa, considerando-se a inexistência prévia de materiais como aquele que desenvolvemos, além da necessidade de acompanhamento da experiência que poderá resultar na construção de indicadores para a formação continuada de educadores.

Quanto ao material didático e ao percurso formativo, destaco que houve ênfase nas seguintes temáticas:

- reflexão dirigida ao contexto de trabalho, identificando vantagens e limitações;
- análise dos conceitos: deficiência e desvantagem;
- análise de situações concretas nas quais possam ser identificados esses níveis de limitações (deficiência e desvantagem): relato de percepções e sentimentos associados;
- proposta de gestão de grupos que valorize o diálogo e a troca de experiências, favorecendo a identificação de: conhecimentos, habilidades, preferências;
- sugestão de atividades que estimulem a produção expressiva dos alunos na construção de um perfil (autorretrato) a ser compartilhado e analisado pelo grupo;

---

5 As classes especiais da rede municipal de ensino de Porto Alegre foram extintas entre 1989 e 2000. Em 1999, havia quatro últimas classes que foram fechadas e seus alunos encaminhados ao ensino comum. Além de cursos de formação oferecidos aos docentes, merece destaque o papel da assessoria de profissionais com formação em educação especial.

- sugestão de atividades de investigação junto à classe utilizando frases incompletas, que podem ser inicialmente aplicadas ao próprio grupo de formação. Por exemplo: sei fazer....; não sei fazer....; gostaria de aprender...; eu me lembro...;
- reflexão sobre as diferenças surgidas a partir das atividades, confronto para a análise que permita encontrar "pontos de partida" para percursos de aprendizagem contratados.

O envolvimento dos professores nessa atividade de formação costumava durar aproximadamente dois meses, com reuniões periódicas destinadas à análise do processo e das atividades desenvolvidas. As trajetórias dos docentes eram muito singulares quanto à capacidade propositiva diante da necessidade de planejamento do seu "projeto de ação". Consideramos, no âmbito do grupo de trabalho, que seriam valorizados os projetos que evidenciassem iniciativa e criatividade por parte do docente executor, além da sintonia com os pressupostos do curso. Esse é o motivo que faz que o presente relato seja pautado no projeto de uma das professoras envolvidas.

As informações que contextualizam as cenas apresentadas são importantes para que possamos avaliar melhor a potência e as limitações de uma intervenção como aquela descrita. Tais informações devem favorecer a nossa construção de uma imagem mental daquilo que, neste momento, chamarei ainda de *um projeto de ação em sintonia com a educação inclusiva.*

Essa sintonia começa a ser esboçada quando pensamos nos sujeitos que são integrantes das cenas: alunos de uma escola de periferia oriundos de famílias de classes populares. A maioria desses alunos não apresenta deficiência alguma, mas muitos seriam aqueles que designamos "alunos com necessidades educativas especiais", em razão de suas dificuldades de aprendizagem que se expressam em suas trajetórias escolares. Trata-se, portanto, de alunos do ensino comum, porém integram a pluralidade de uma escola que nem sempre se admite como tal: instituição multifacetada e composta, como um mosaico, por diferentes matizes representados pelos seus alunos.

Retomemos o relato da professora:

> A etapa seguinte foi dedicada à análise de obras de arte. Coloquei no quadro várias reproduções de obras de diferentes períodos históricos que mostravam crianças, na ordem cronológica da execução da obra, com o nome do artista e o ano da obra.[6] No coletivo fizemos a análise de cada obra observando seu

6 As obras eram: *A virgem com o menino* de Gerard David (1460-1523); *A virgem da rosa* de Rafael Sanzio (1518); *As meninas* de Velásquez (1656); *A família do Duque de Osuña* de

conteúdo (assunto, tema, época) e as formas de expressão que o artista utilizou (linhas, formas e cores). Após essa análise, cada aluno deveria escolher uma obra e escrever sobre os aspectos que lhe chamaram a atenção e sobre as sensações e emoções que a obra lhe transmite. Convidei os alunos a falarem, em círculo, sobre o que haviam escrito. Relendo seus comentários, pude observar a aparente intensidade do envolvimento nesta proposta e a riqueza de informações apresentadas por eles para o planejamento de outras atividades.

Retomamos, em seguida, a discussão sobre as características da infância e as diferenças entre esta e a adolescência. Como transição da infância para a adolescência (do eu para o nós), a proposta foi, em pequenos grupos, "costurarem suas infâncias", reunindo as produções individuais. Para essa atividade foram disponibilizadas fitas, linhas de bordado e agulhas. A costura tinha uma evidente dimensão simbólica no sentido dos múltiplos enlaces. Esse foi também um momento no qual surgiram discussões sobre os papéis masculinos e femininos (Quem costura? A quem cabe o manuseio das agulhas? O que são tarefas "femininas" ou "masculinas"?).

Para darmos destaque à adolescência – momento atual da vida dos alunos –, tiramos fotos da turma e dos vários grupos, tanto na escola quanto na comunidade. Havia um grupo que trabalhava com oficina de fotografia da escola, do qual faziam parte alguns alunos das três turmas envolvidas no projeto. Assim, houve a valorização da atividade dessa oficina de fotografia, com explicações realizadas pelos alunos sobre como funciona a máquina fotográfica, como são feitas a revelação e ampliação de fotos. Utilizaram cartazes, explanação e visitação ao laboratório. Um dos objetivos desta atividade era ter intimidade com o processo fotográfico, mas principalmente se ver e ver o grupo do qual faziam parte na escola.

O passo seguinte foi uma reflexão relativa ao autoconhecimento, desenvolvendo, em sala de aula, uma atividade de escrita emocional (sem muito tempo para pensar). Escrevemos (pois os alunos pediram que eu também participasse) sobre: Eu lembro...; Quando eu era pequeno...; De mim eu penso... Após a escrita, a leitura (não obrigatória) e a discussão em grupo, passamos para uma busca de informações com pessoas escolhidas pelos alunos. Combinamos que eles fariam uma entrevista sobre como os outros os veem.[7] Esta entrevista seria

---

Goya (1788); *Criança com brinquedos* de Auguste Renoir (1894); *A bola* de Félix Vallotton (1899); *Família de acrobatas com um macaco* de Pablo Picasso (1905); *Meninos na praia* de Joaquim Sorolla (1910); *Paul com um arlequim* de Pablo Picasso (1924); *Ronda infantil* e *Retirantes* de Cândido Portinari (1932, 1944); e *Três obras sem título* de Alice Soares (1982, 1990).

7 Há uma evidente mescla de proposições sugeridas pelo caderno de formação e de iniciativas próprias da professora que operacionaliza a atividade. O caderno sugere que se trabalhe com o autorretrato e com a pesquisa dirigida a interlocutores escolhidos pelos alunos, mas a maneira de desenvolvimento da atividade e, principalmente, a elaboração/desenvolvimento de um "projeto" no qual essas atividades foram inseridas constituíam características singulares.

dirigida a alguém da família, um amigo e um professor (alguns alunos procuraram professores dos anos anteriores). Elaboramos a pergunta com o coletivo da turma, procurando minimizar a dimensão de "tarefa" e fortalecer a dimensão de estímulo ao diálogo. Na discussão coletiva sobre as entrevistas, muitos alunos comentaram que ficaram surpresos com o carinho e a valorização que seus familiares expressaram.

Identificamos as características da adolescência, as transformações, as responsabilidades, os sentimentos, as relações familiares, relações com amigos e os namoros, confrontando esses aspectos com a infância e com o que imaginavam ser adulto. A proposta seguinte foi criar um painel em pequenos grupos com têmpera em papel *kraft* que representasse a adolescência. Esta atividade foi assumida com muita responsabilidade e houve grande envolvimento de todos participantes dos grupos. Durante a etapa de discussão da adolescência, procuramos inserir a dimensão do futuro previsto pelos alunos, perspectivas que vislumbram e os seus sonhos. O material produzido sobre esse momento de vida indica uma forte polarização entre algumas alternativas de futuro: ação marginal e envolvimento com movimentos de contestação (como *hip-hop*) ou "adequação" social por meio de estudo e trabalho, que parecia estar mais distante do futuro vislumbrado, principalmente para os alunos mais velhos.

## Sobre as cenas

Uma breve análise das cenas narradas poderia colocar em evidência um grande elenco de fatores: o tipo de proposta didática; o espaço de construção transdisciplinar que valoriza áreas como as artes, sem deixar de estabelecer os nexos com outras disciplinas; a oscilação do papel do docente que se desloca do lugar daquele que impõe para aquele que propõe; a atenção às singularidades dos alunos etc.

Quanto ao tipo de proposta didática, merece destaque o fato de que a atividade desenvolvida é mais frequente com alunos da educação infantil ou das primeiras séries do ensino fundamental. No entanto, para além do "tipo de proposta", é necessário avaliar a construção de nexos entre a vida dos alunos e as atividades, assim como investigar a complexidade das tarefas e das interpretações desenvolvidas. Fazer uma "retomada" da infância pode ser uma atividade corriqueira e simplificada. No entanto, dependendo de como essa proposta é apresentada e do grau de complexidade que se busca, essa "retomada" pode se transformar em uma oportunidade de conhecimento coletivo de si e dos outros; pode ser um momento para compreender que há determinantes históricos para as nossas condições atuais; pode ser uma oportunidade para discutir as metas que cada um estabelece para as novas etapas de sua vida. Toda essa reflexão ocorre, no caso da experiência descrita, no âmbito da escola e com alunos adolescentes. Portanto, o conhecimento que se articulava à reflexão foi conhecimento da história, das artes, da geografia, do português etc.

Quando nos interrogamos sobre o ponto de partida e sobre as justificativas que levaram a professora a implementar essas ações, verificamos que as iniciativas estavam associadas às suas preocupações sobre o tipo de vínculo que os alunos tinham com a escolarização. Em seu relato, a professora afirma:

> Insatisfeita com vários anos em que trabalhei os conteúdos, tentando relacioná-los com a realidade, inverti o processo procurando perceber e identificar o momento que estávamos vivenciando e quais os conceitos que precisavam ser trabalhados, para então buscar os conteúdos a serem desenvolvidos durante o processo.
>
> Constatei que:
>
> - Os alunos destas turmas estavam frequentando o último ano na escola e vivenciavam um período de grande mudança e expectativa, pois passariam a frequentar o ensino médio, no ano seguinte, em nova escola e em outro bairro.
> - Muitos alunos realizam as tarefas demonstrando envolvimento parcial e descompromisso.
> - Alguns alunos vinham à escola, mas não frequentam as aulas. Havia, ainda, alunos com elevado número de faltas.
>
> Após estas constatações, decidi desenvolver o projeto priorizando este momento de transição que os alunos e alunas estão vivenciando, desenvolvendo um trabalho de autoconhecimento, partindo do resgate da história de cada infância, da identificação do momento atual da adolescência e das perspectivas e sonhos do futuro.

No que se refere à dimensão de "proposta" negociada com os alunos, a professora reconhece que o projeto desencadeou ações específicas e que, no início, conversou com as três turmas de terceiro ciclo, apresentando a proposta de três meses de trabalho que envolveria as artes e as suas histórias. As cenas apresentadas mostram disponibilidade de ouvir as demandas dos alunos, inclusive quanto à exigência de que a professora participasse ativamente das atividades (quando houve a escrita emocional).

O trecho do relato destacado mostra o ponto de partida para o projeto. A atenção às singularidades fica evidente quando a professora identifica os aspectos que, segundo sua compreensão, merecem ser considerados quanto à trajetória atual dos alunos na escola e quanto ao futuro destes. A busca de estabelecimento de nexos realizada pela professora tinha como referência os alunos, a sua trajetória atual de formação (curso "Diferenças na escola e possibilidades educativas") e o próprio movimento de construção curricular expresso na elaboração do Complexo Temático. Em sintonia com as dificuldades expressas pelos alunos, as falas de pessoas da comunidade, selecionadas para serem "eixo" do trabalho naquele ano, eram assim descritas: "Não vejo futuro neste bairro. Tem muitas gangues e maloqueragem. A gente sai na rua de cabeça baixa, com medo de assalto e das gangues".

Essas ideias estiveram presentes nas discussões sobre o futuro. Resgatar o passado, analisar o presente e projetar o futuro foi uma direção escolhida pela professora para a educação daquelas turmas.

## Efeitos e contaminações

Ao analisar a trajetória dos alunos durante a realização do projeto, a professora destaca a participação e o envolvimento da grande maioria deles nas atividades propostas. Quanto às produções realizadas – painéis e cartazes construídos coletivamente –, houve uma avaliação muito positiva quanto à qualidade estética, permitindo o envolvimento de todo o grupo de alunos em uma exposição pública realizada no Mercado Municipal de Porto Alegre.

Houve certa dificuldade inicial na construção, em grupo, da linha do tempo da infância. A dificuldade foi superada à medida que traziam suas memórias: as artes (travessuras), os brinquedos de que gostavam, as mortes na família (avós, tios), os passeios, os lugares onde moravam, as brincadeiras que faziam.

O trabalho relativo às fotografias atuais (da escola e do grupo) foi ampliado pelos conhecimentos sobre fotografia e revelação, o que despertou interesse e envolvimento por parte dos alunos.

## Considerações finais

A análise dessa experiência de formação/investigação permite que retornemos ao desafio apresentado no início deste capítulo: discutir a relação entre projetos e políticas de inclusão. Ao longo deste relato, procurei colocar em evidência uma ação pontual – o curso de formação de professores –, que foi desencadeada a partir de uma demanda relativa à qualificação dos educadores para a inclusão de alunos com necessidades educativas especiais. Essa demanda gerou uma iniciativa que permitiu a formação em serviço de um grupo inicial de professores, aqueles que receberam em suas classes os alunos egressos das classes especiais. Posteriormente, a oferta de formação foi ampliada a educadores interessados, quando houve a adesão da professora que desenvolveu o trabalho aqui relatado. A proposta de formação somava-se aos demais dispositivos de suporte ao trabalho no ensino comum e evidenciava sintonia com os pressupostos teóricos que permeavam todo o trabalho desenvolvido naquela rede municipal após 1989.

Delineia-se, assim, um perfil de iniciativas que se poderia constitui uma *política pública*. Diferentemente de uma ação isolada, vinculada a sujeitos específicos e sem perspectiva de continuidade, a experiência relatada possui elementos que indicam sua forte vinculação a uma esfera prévia de decisões que determinam o seu início, garantem o seu desenvolvimento, articulam os seus efeitos com outras prováveis mudanças decorrentes de outros dispositivos e, finalmente, projetam o futuro dos sujeitos envolvidos por meio de ações que não se restringem à dimensão atual e imediata. De fato, a ação inicial de "preparar os professores para receber os alunos das classes especiais" deixou de ser restrita a esses docentes e se estendeu para um grupo alargado. Valorizar essa preparação passou a ser tão importante quanto garantir que houvesse um aprofundamento dos pressupostos do complexo temático, os quais tendem a valorizar o cotidiano dos alunos e intensificar os nexos entre a vida e a escola. O acolhimento da singularidade do aluno não nega sua diferença, pelo contrário, valoriza-a, mas reconhece que ela não é um dado *a priori*, não é facilmente identificável e necessita de certa humildade que deveria favorecer as "dinâmicas da descoberta" de quem é *esse* aluno. Nesse sentido, é preciso abandonar as ilusões dos instrumentos simplificadores como os testes e as provas, no sentido de considerá-los os canais de conhecimento do aluno. É preciso ainda duvidar da pergunta: "quem é você?". Para muitos de nossos alunos, essa pergunta seria respondida com um eco de muitas vozes que estão dentro deles e que, portanto, falam deles, mas falam parcialmente e desprezam aspectos constituintes que nos interessam, porque deles podemos extrair pontos de apoio para novos projetos.

Merece ainda atenção um aspecto que resgata as vinculações entre a proposta de formação em serviço e o projeto pedagógico da rede de ensino.

Esses vínculos se expressam na "forma" que caracteriza a formação interativa individualizada e que, portanto, caracterizou a trajetória que deu suporte às cenas apresentadas. A proposta de formação pressupõe atividades variadas e desenvolvidas, inclusive, em modo individualizado e distante. Essa configuração exige do "aluno" uma capacidade de iniciativa e de criação. A habilidade na gestão do próprio tempo tornou-se um elemento curioso de análise. Muitos dos professores queixavam-se de não conseguirem administrar o próprio tempo para a execução das atividades e, em seguida, admitiam que essa era uma meta relevante para o trabalho de seus alunos também. A auto-organização era um dos objetivos para o curso de formação dos docentes, mas era também uma das diretrizes do trabalho desenvolvido com seus alunos. Os alunos que mais necessitam desse aprendizado são aqueles que apresentam dificuldades de tal ordem que não conseguem identificar aquilo que já sabem e muito menos planificar as metas para construir aquilo que deseja saber. Para sermos fiéis a essa meta de autogerenciamento da própria aprendizagem, é preciso estarmos atentos às reflexões de Meirieu (1998), para saber combinar uma estrutura suficientemente organizada, mas não engessada, para que sejam possíveis as escolhas e as negociações. Esse equilíbrio é delicado e não estará presente em nenhum manual de didática. No entanto, buscá-lo passa a ser uma meta que pode fazer toda diferença na ação pedagógica.

Esse equilíbrio soma-se ao contínuo trabalho de investigação que garante que alguns professores, como ocorre com a docente que procurei apresentar, saibam das vantagens de passar de uma lógica de valorização dos conteúdos para uma dinâmica dos conceitos, com todos os efeitos em termos de ensino/aprendizagem que essa passagem pressupõe. No plano da relação pedagógica, esse equilíbrio começa com algumas premissas que são facilmente negligenciadas na educação: os sentidos de nossas ações dependem das interações nas quais essas ações se presentificam. A ausência de fotografias de infância para alguns alunos pode tornar-se um critério de exclusão e de desvantagem diante de um grupo. No entanto, dependendo de quem compõe esse jogo de relações – refiro-me a alunos e professores –, poderá ser um elemento a mais para a leitura da realidade. Para que possamos lidar com as nossas "fotografias" e com as suas ausências, é preciso que saibamos lidar com o que cada uma dessas marcas evoca dentro de nós. Essa não é uma habilidade que emerge espontaneamente, mas deve estar integrada aos percursos de formação: ser capaz de apostar no outro e conseguir "ler" a si mesmo em uma dada cena.

## Referências bibliográficas

ANDRADE, S. G., BAPTISTA, C. R., MÜLLER, L. I. *As diferenças vão à escola...*. interatividade, individualização e a formação de professores. Trabalho apresentado no GT – Educação Especial. Anais da 23ª Reunião Anual da ANPEd, Caxambu, 24 a 28 set. 2000.

AZEVEDO, J. C. *Escola cidadã*: desafios, diálogos e travessias. Petrópolis: Vozes, 2000.

BAPTISTA, C. R. Ciclos de formação, educação especial e inclusão: frágeis conexões? In: MOLL, J. (Org.) *Ciclos na vida, tempos na escola*: criando possibilidades. Porto Alegre: Artmed, 2004.

BAPTISTA, C. R., ANDRADE, S. G., MÜLLER, L. I. *Diferenças na escola e possibilidades educativas*. Caderno didático para a formação de educadores. UFRGS, Programa de Pós-Graduação em Educação, Prefeitura de Porto Alegre, SMED, 1999.

BAPTISTA, C. R. et al. *Diferenças na escola*: identidades e individualização. Trabalho apresentado no III Seminário Pesquisa em Educação da ANPEd: Região Sul. Anais CD-ROM. Porto Alegre: UFRGS, Faculdade de Educação, Programa de Pós--Graduação em Educação, 2000.

GUTIERREZ, F., PRIETO, D. *A mediação pedagógica*: a educação a distância – alternativa. Campinas: Papirus, 1994.

MEIRIEU, P. *Aprender... sim, mas como?* Porto Alegre: Artes Médicas, 1998.

SANTOS JÚNIOR, F. D. *As políticas de educação especial na rede municipal de ensino de Porto Alegre*: 1989-2000. Porto Alegre, 2002. Dissertação (Mestrado em Educação) – Universidade Federal do Rio Grande do Sul.

TEZZARI, M. L. *"A SIR chegou..."*: sala de integração e recursos e a inclusão na rede municipal de ensino em Porto Alegre. Porto Alegre, 2002. Dissertação (Mestrado em Educação) – Universidade Federal do Rio Grande do Sul.

TITTON, M. B. P. Os cenários políticos e pedagógicos de inovações político-pedagógicas na rede municipal de ensino de Porto Alegre. In: MOLL, J. (Org.) *Ciclos na vida, tempos na escola*: criando possibilidades. Porto Alegre: Artmed, 2004.

# 24
# Narrativas de formação e estágio supervisionado: reflexão sobre uma parceria pedagógica para ser aproveitada na formação de professores[1]

*Marilda da Silva*

A primeira intuição sobre a formulação dessa proposição foi sendo construída com base em trabalhos que já discutiram a constituição da profissão docente, a efetivação da docência e a formação de professores de modo geral, utilizando dados advindos de diferentes tipos de fontes produzidas a partir da memória dos sujeitos professoras e professores[2] que participaram dos respectivos estudos. Nota-se, nesses trabalhos, que não se teria acesso aos dados que eles apresentam sem os relatos orais, os relatos escritos e os textos de caráter autobiográfico que serviram de fontes a estes.

Há que se reconhecer que, mesmo levando em consideração todas as implicações metodológicas próprias da natureza dessas fontes que devem ser

1 Colaboraram na organização dos dados as alunas Ana Paula Zerbato e Ruth Diegues Finotti do curso de pedagogia da Faculdade de Ciências e Letras da UNESP – Campus de Araraquara.

2 Assumindo desde já que certamente não se fará justiça a todos os pesquisadores que trabalharam com dados produzidos pelas diferentes possibilidades circunscritas na metodologia "história de vida" nos últimos vinte anos, tendo como objeto a constituição da profissão docente, a docência, os modos de ser e se tornar professora etc., para esse momento trata-se dos trabalhos que constam em Nóvoa (1992), estudos sobre formação, Catani et al. (1997, 1998), de Almeida (1998), Fontana (2000), Josso (2002), Alves & Gonçalves (2001) e Silva (2003).

cuidadosamente respeitadas na produção dos esclarecimentos que delas podem derivar, sobretudo no que diz respeito ao emaranhado próprio da construção das representações que são explicitadas pelos sujeitos em fontes como essas, tais recursos investigativos são úteis e necessários ao entendimento das questões de formação de professores, pois eles podem revelar intimidades,[3] particularidades,[4] especificidades[5] do trabalho docente, que são percebidas e/ou apreendidas-construídas somente por meio do exercício prático desse ofício. Portanto, nesta proposição parte-se do seguinte pressuposto: os profissionais que ensinam na sala de aula desenvolvem ou adquirem um tipo de conhecimento prático somente com o exercício da prática pedagógica. Trata-se do conhecimento a *posteriori*: "o conhecimento que só pode ser adquirido por meio da experiência; conhecimento empírico" (Ferreira, 1990, p.454).

E por que esse conhecimento, para ser útil ao entendimento do trabalho docente nas suas dimensões teórica e prática, precisa ser apreendido de fontes constituídas a partir da memória oralizada ou escrita? Essa necessidade, pode-se dizer nesse raciocínio, está diretamente relacionada à operatividade da intimidade, da particularidade e da especificidade na medida em que a construção da intimidade, a verificação das particularidades e a classificação das especificidades em um e/ou de determinado ofício não são construções ou aquisições do plano das ideias, mas sim do plano prático do exercício de uma prática laborativa. Nesse caso, é possível constituir fontes a partir da memória com professores, com alunos e com o segmento administrativo de uma escola ou de escolas que tratem de episódios relacionados às suas experiências vividas na sala de aula e na escola, já que as informações que se buscam são produzidas somente no âmbito dessas práticas e não em outro.

Um bom exemplo disso pode ser verificado no livro intitulado *O professor escreve sua história*, publicado pela Secretaria de Estado da Educação (1997), que foi composto por contos inspirados em fatos ocorridos ao longo da carreira dos professores do Estado de São Paulo que os produziram. Nesse livro, encontram-se informações surpreendentes da prática docente que jamais saberíamos caso não tivessem sido registradas naqueles contos. Essas informa-

3 Para melhor esclarecer intimidades – "qualidade de íntimo", "vida íntima", "vida particular" –, ver Ferreira (1990, p.961).

4 Para melhor apreender particularidades – "singularidade", "especialidade", "minúcia", "característica" –, ver Ferreira (1990, p.1275).

5 Para melhor deleite das especificidades – "qualidade do que é específico" –, ver Ferreira (1990, p.701).

ções corroboram a ideia de que determinadas informações sobre o cotidiano da escola, da sala de aula, só podem ser compreendidas mediante sua explicitação, por meio da memória, por parte dos sujeitos que as praticam e produzem nesses contextos, pois elas sofrem mediações existenciais, em sentido largo,[6] dos agentes envolvidos. Isto é, experiências vividas no âmbito da escola agregam sentimentos, teorias e metodologias que evidenciam o amálgama do eu pessoal e do eu profissional, como bem esclarece Goodson no livro organizado por Nóvoa (1992).

É nesse sentido que documentos de igual ou semelhante natureza ao modelo mencionado tornam-se fundamentais à realização de estudos, sobretudo quando se trata de práticas escolares e docentes. A importância e a legitimidade desse tipo de fonte justificam-se pela razão do amálgama do eu pessoal com o eu profissional anteriormente apontada. Caso seja mesmo assim, a epistemologia da prática docente carrega em si elementos da natureza do trabalho docente que, por sua vez, sofre influências do eu pessoal de quem o pratica. Obviamente, não se pode deixar de reconhecer a ordem de grandeza das implicações daí derivadas quando da produção do respectivo conhecimento.

Caso seja esse um caminho adequado de interpretação, os professores precisam relatar, por meio da fala ou da escrita, os acontecimentos que ocorrem no cotidiano das práticas que exercem, tendo em vista que a mistura do eu pessoal com o eu profissional cria informações que não podem ser apreendidas pela observação externa, isto é, um observador pode descrever uma prática qualquer, mas está impossibilitado de apreender a subjetividade a que se referiu – é claro que naquilo que essa dimensão, a subjetiva, pode ser apreendida. Ainda no que se refere às características das respectivas informações, há que se lembrar que muitos de seus esteios constituintes são da ordem subjetiva de cada um que pratica aquela prática. Portanto, somente o praticante pode oferecê-las, mesmo levando em consideração todas as implicações, que inspiram cuidados especiais, advindas das mediações estruturadoras das representações explicitadas por cada um dos sujeitos, como já se apontou anteriormente,[7] quando se trata de coleta de dados.

---

6 Trata-se das dimensões pessoal e profissional que são amalgamadas no exercício do ofício docente. Sobre isso, ver Goodson (apud Nóvoa, 1992).

7 Um conceito que pode contribuir para aparar as "arestas" das representações no sentido da preocupação apontada é o de *habitus* Pierre Bourdieu utiliza em sua obra. Cf. Bourdieu, 2001, p.183-202.

Nessa ordem de entendimento adentra-se por uma vereda espinhosa: não se aprende a prática docente na sala de aula da graduação em pedagogia, das licenciaturas ou de outros cursos de formação. Nesses ambientes, os futuros professores têm a oportunidade, e o dever, de angariar instrumentos teóricos imprescindíveis ao aprendizado da prática docente. Contudo, não aprendem a praticar o ofício, pois prática é "o ato ou efeito de praticar. Uso, experiência, exercício. Rotina; hábito. Saber provindo da experiência, técnica. Aplicação da teoria" (Ferreira, 1990, p.1377), como já se mencionou: conhecimento *a posteriori*.

Apesar de todas as críticas que poderão surgir diante dessa afirmação, as quais, adianta-se, são indispensáveis ao aprofundamento, ou não, dessa ideia, essa alternativa de raciocínio traz à tona outras questões que estão diretamente relacionadas com uma possível fertilidade da proposição que ora se apresenta: narrativas sobre a história de escolarização poderão servir de instrumentos eficazes no desenvolvimento de projetos de estágios supervisionados, constituindo uma pareceria pedagógica fértil à formação de professores. A questão básica, a meu juízo, parece ser a que diz respeito às diferenças que há entre as práticas de estudante e de professor. Uma aluna ou um aluno que esteja frequentando um curso de formação de professores, em nível médio ou superior, está recebendo informações, apreendendo saberes, vivenciando experiências com os conteúdos curriculares que dizem respeito à profissão docente e ao trabalho pedagógico – para trabalhar apenas com macrocategorias da formação –; está tendo acesso a sistematizações organizadas com dados empíricos, está manuseando balizamentos teóricos, está se desenvolvendo em várias competências e está procurando a relação entre teoria e realidade, entre outros. Mas não está, em tais situações, praticando o ofício docente.

Nessas situações, que somam o maior número de horas na formação, essa aluna ou aluno está exercendo a prática de estudante e não a de professor. A prática de estudante *é o exercício de procedimentos metodológicos de aprendizagem*, como memorização de noções, de conceitos e de ideias, reprodução de ideias, estabelecimento de relações, criação de analogias e seu reconhecimento no corpo teórico que manuseia etc. Nesse momento, é desejável que esse sujeito esteja apropriando-se dos instrumentos com os quais praticará, no futuro, sua docência. Portanto, poderá conhecer o que já foi, ou está sendo, sistematizado sobre a profissão docente e o trabalho docente, mas não movimenta os saberes que está adquirindo em tais lugares, movimentando-os, sim, no âmbito da "discência". Ele está ocupando o lugar de aprendiz e não de mestre. Tudo isso constitui um divisor de águas entre a prática discente e a prática docente, mesmo quando se trata de uma pessoa que está fazendo um curso de formação de professores. Isso pode ser facilmente observado quando se pensa nas competências exercitadas por uma professora ou um professor.

A prática docente na sala de aula é constituída pelo *ensino de conteúdos teóricos e metodológicos, por meio de procedimentos didáticos*, a serem apreendidos por alunas e alunos para serem colocados em prática quando da futura docência. Os mestres não têm a função de memorizar conceitos em sala de aula, eles têm sim a obrigação de criar condições para que seus alunos o façam e assim por diante. Ademais, aqueles que ensinam têm como objetivo que os outros aprendam, e, nesse particular, a diferença entre prática discente e prática docente é bastante evidente, já que aprendizes não precisam se preocupar, por exemplo, com o aprendizado do outro aprendiz quando estudam no mesmo ambiente, na mesma hora e os mesmos conteúdos. Então, o divisor de águas mostra a que veio: discentes não praticam exercícios de ensino na situação clássica de sala de aula e professores não praticam práticas discentes em suas aulas.

A esse propósito, por exemplo, a tese de Guarnieri (1996) apresenta informações virtuosas para o momento. Embora apresente os limites dos trabalhos que foram feitos em torno das situações professores-iniciantes e professores-experientes que compõem o primeiro capítulo de seu estudo, a criteriosa varredura bibliográfica feita pela pesquisadora traz contribuições indispensáveis à sustentação do raciocínio que venho desenvolvendo.

Entre outras de igual porte, a informação que se priorizou diz respeito ao fato de ela possibilitar ilustrar adequadamente as razões que estão sendo apresentadas sobre as particularidades da prática discente e da prática docente no contexto da formação de professores. Guarnieri (1996, p.13-4) informa:

> A partir de revisão de 91 estudos realizados em diferentes países sendo que a maioria recorreu a questionários, e poucos utilizaram entrevistas e observações, VEENMAN (1988) identifica os problemas mais sérios que os professores iniciantes (que ainda não completaram 3 anos de ensino) encontram ao se iniciarem na profissão.
>
> - A disciplina em sala de aula é o problema mais sério percebido pelos professores iniciantes, os quais não conseguem explicitar regras e procedimentos para a classe.
> - A motivação dos alunos aparece como outro problema, seguido da dificuldade do professor novo em lidar com as diferenças individuais entre os alunos.

- Os professores iniciantes apresentam dificuldades para avaliar o trabalho dos alunos; para relacionarem-se com os pais, com seus alunos e com a comunidade; são inexperientes em relação ao emprego dos meios audiovisuais; preocupam-se com a própria competência e seu preparo para a docência é insuficiente. Além dessas dificuldades, os professores iniciantes consideram que o ensino é um trabalho físico e mentalmente esgotador.

Com essa citação, pode-se visualizar um pouco melhor a questão central que está se manuseando agora: discentes não aprendem a ser professores quando são estudantes. O primeiro problema mencionado na citação diz respeito à disciplina em sala de aula. Esse dado obriga-me a olhar para a situação real que ocorre nas salas de aula de qualquer nível de ensino, mesmo quando se trata da formação de professores: os estudantes não organizam nesse sentido seus colegas nas classes onde estudam, isso é tarefa do professor. No máximo, até onde tenho conhecimento, nos cursos de formação de professores esses alunos leem, discutem o tema "disciplina na sala de aula", mas não a praticam como professores. Mesmo que se leve em consideração que alunos apreendem "tipos de comportamentos" com seus professores ao longo da escolarização, eles não praticam tais comportamentos quando são alunos.

Outrossim, sempre com base nos dados mostrados na citação, estudantes não têm a responsabilidade de motivar estudantes para algum tipo de aprendizagem, pois eles são sujeito dela. Tampouco exercem alguma atividade que vise ao desempenho intelectual dos colegas. Quem tem essa tarefa é o professor. Alunos não precisam necessariamente avaliar trabalhos de colegas na sala de aula, exceto que isso faça parte da metodologia empregada por determinado professor. Nesse sentido, alunos são avaliados e de modo geral não avaliam. As atividades que os alunos realizam na sala de aula nos cursos de formação de professores são atividades que devem ser aprendidas para sua utilização na futura docência. Todavia, esses alunos não as apreendem como professor e sim como alunos que são.

Portanto, as dificuldades que são apresentadas por professores iniciantes são perfeitamente compreensíveis, já que, durante a formação, foram submetidos àquelas atividades e não promotores delas como devem ser quando professores. Tudo isso será aprendido no exercício da docência, pois é um conhecimento a *posteriori*, porque prático, que faz parte da prática docente e não da discente. É claro que durante a formação estudantes apreendem parte desse tipo de conhecimento mediante as vivências como estudantes e, certamente, reproduzem, em certa medida, modelos de professores que tiveram quando estão em tais situações,[8] como já mostraram diversos pesquisadores. Mas somente quando ensinam na sala de aula é que adquirem o conhecimento prático da docência. Essas são as razões básicas dessa proposição.

## Narrativas de formação como instrumentos operacionais para efetivação de estágio supervisionado

A formulação dessa sugestão também foi possível graças a alguns dados obtidos no segundo semestre de 2002 no âmbito de um curso de didática ministrado a uma turma que cursava a licenciatura em letras na Faculdade de Ciências e Letras – Campus de Araraquara – UNESP. Em tal curso utilizei, como instrumento de reflexão sobre o cotidiano das escolas, relatos escritos sobre a histórica de escolarização daqueles alunos. Essa opção didática foi fundamentada basicamente no estudo de Josso (2002).

A partir dos estudos que vêm desenvolvendo com fontes constituídas com a memória, precisamente a biografia educativa, essa autora observou que os sujeitos, quando rememoram uma experiência ocorrida em sua vida, o fazem porque aquelas experiências referem-se "não ao que a vida lhes ensinou mas ao que se aprendeu experiencialmente nas circunstâncias da vida" (Josso, 2002, p.31), ou seja, a lembrança "está ativa" (essa observação é de minha responsabilidade), porque com aquele acontecimento o sujeito esteve exposto a uma aprendizagem de cunho experiencial. O sujeito a vivenciou e não a estudou. E nessa medida os episódios que são escolhidos pelo narrador constituem recordações-referências das narrativas de formação. Em outras palavras, as lembranças narradas constituem esteios do aprendizado prático, no caso, da história da formação.

Com esses instrumentos teórico-metodológicos, 35 alunos, 6 homens e 29 mulheres,[9] fizeram uma modesta biografia educativa de sua escolarização até aquele momento: quarto ano da licenciatura em letras. A maioria desse grupo, por volta de 95%, fez a formação dentro da chamada seriação ideal, isto é, tinha idade de estudante de licenciatura. É preciso dizer também que essa grande maioria está distribuída nos estratos dos setores médios da classe média brasileira e cursava a licenciatura no período vespertino. Muitos já

8 Essa relação também pode ser mais bem compreendida com o conceito de *habitus* em Pierre Bourdieu.

9 Até este momento não trabalhamos com os dados das alunas e dos alunos separadamente.

anunciavam que seguiriam a carreira acadêmica, pois já estavam se preparando para a seleção do mestrado que ocorreu no final de 2002. Esse fato tornava-se público porque servia de argumento para explicar as razões que, às vezes, impediam a realização de determinado trabalho do curso de didática que eu ministrava ao grupo.

Ao ler essas biografias educativas para que pudesse discutir as recordações-referências do grupo de acordo com o objetivo proposto do curso, que era refletir a formação para pensar a futura prática docente, levando em consideração que discentes exercem a discência e não a docência, os dados que foram surgindo mostraram-me que talvez pudessem constituir, entre outros, férteis instrumentos de trabalho a serviço da formulação de projetos especiais para cumprimento da carga horária destinada aos estágios supervisionados no âmbito dos cursos de formação de professores. Nesse sentido, sistematizou-se o Quadro I para verificar as vezes que aquele grupo havia se referido aos níveis de ensino pelos quais já havia passado desde a educação infantil até o nível superior. O Quadro II mostrou as disciplinas nas quais as experiências relatadas foram vivenciadas e o número de vezes que essas disciplinas foram citadas por cada sujeito por nível de ensino. No Quadro III, agrupou-se, sempre por sujeitos, o número de vezes que as recordações-referências diziam respeito às relações,[10] professor-aluno, ensino-aprendizagem e questões administrativas.

Esses quadros permitiram verificar, para citar apenas alguns dados com o intuito de mostrar por que servem como instrumentos de trabalho na formulação de projetos especiais de estágios supervisionados, que no que se refere à estrutura do sistema de ensino brasileiro o nível de ensino mais citado foi o fundamental de 5ª a 8ª série e o menos foi a educação infantil, respectivamente 98 e 46 vezes, pelos 35 sujeitos. Todavia, é interessante observar que a educação infantil foi apenas quatro vezes menos citada que o nível superior, citado 51 vezes, o qual os alunos estavam praticamente encerrando naquele ano e, da primeira, mantinham certa distância temporal e intelectual significativa. O segundo nível de ensino mais citado foi o ensino médio, 95 vezes.

O ensino fundamental foi o mais citado de todos: de 1ª a 4ª série 89 vezes e de 5ª a 8ª série 98, somando 187 vezes. Em outro dado, que se refere às relações às quais os episódios narrados dizem respeito, a vencedora foi a relação ensino-aprendizagem, citada 292. Sucessivamente, a relação professor-aluno, 91, e as relações com corpo administrativo, 13 vezes. No que diz

10 Essas relações foram compostas com base nos relatos e não *a priori*.

respeito a quais disciplinas curriculares, por nível de ensino, os episódios fazem referência, os dados mostraram que no ensino fundamental de 1ª a 4ª série a matemática aparece sozinha, citada sete vezes. De 5ª a 8ª série a matemática e a língua portuguesa disputam a mesma posição e foram citadas, respectivamente, 21 e 22 vezes. Em relação ao ensino médio, a língua portuguesa assume a liderança, citada quatorze vezes, e a matemática ocupa a segunda posição, dez vezes.

A sistematização dos dados ainda não terminou, pois são necessários muitos outros cruzamentos que mostrarão outras informações e refinarão essas. Também não se pode perder de vista que as fontes são textos de caráter autobiográfico e, mesmo que a análise esteja sendo processada tematicamente e não como análise de discurso, há ainda muito a fazer. Contudo, os dados apresentados aqui, a meu juízo, já suscitam a fertilidade que neles se quer reconhecer para o objetivo deste estudo. Acredito, assim, que refletir com os futuros professores as razões de dados como esse é o procedimento que permite a materialidade destes como instrumentos de trabalho a serviço do projeto especial ao qual me refiro. Isto é, dados como esses podem permitir uma reflexão sobre as práticas dos professores e dos estudantes, para criar possibilidades de esclarecimento, causado por estímulos endógenos, sobre o que é ser aluno a partir da experiência vivida durante a história de escolarização e sobre as características da futura prática laborativa também à luz da mesma história. É nisso que reside, a meu juízo, a possível fertilidade da proposição a ser feita agora.

## Enfim, a proposição

A proposição, paradoxalmente, será feita por meio de perguntas. Esse procedimento deve-se ao fato de ser algo ainda em construção e as respostas ora estão precariamente anunciadas, ora estão a ser, totalmente, construídas. Será que um projeto especial de estágio formulado com base em dados oriundos de narrativas sobre a história de escolarização não seria uma oportunidade de os futuros professores refletirem acerca de suas representações sobre o ato de ensino enquanto exerceram sua discência, a fim de escolher os melhores instrumentos frutos da prática discente para serem utilizados na prática docente?

De acordo com Josso (2002), essas narrativas constituem um itinerário de conhecimento. Será que não está nesse itinerário o pior e o melhor das representações da prática docente que serão confrontadas com o exercício prático da profissão? Será que uma reflexão dessa não permitiria o aluno perceber por que se aprende a ser professor na prática da docência e não nos cursos de formação, sem que ele minimize o conhecimento adquirido pela teoria e o conhecimento adquirido pela prática, tampouco faça comparações de caráter de superposição e de valorização ou desvalorização entre esses dois tipos de conhecimentos? Será que um projeto especial de estágio já não começaria com a produção das narrativas até a sistematização e compreensão dos dados delas advindos?

Por exemplo, verificar com os formandos quais as razões de suas narrativas, como neste caso, terem recaído sobre as disciplinas língua portuguesa e matemática? No que se refere à última pergunta, poder-se-á dizer que essa é uma informação esperada, pois já apareceu em muitos outros estudos. Contudo, é preciso ter sempre em vista que o diagnóstico a ser feito constitui a base do projeto a que se refere. Portanto, os dados pertencem àquele grupo de alunos em especial. O que está em jogo com o projeto é possibilitar aos estudantes uma reflexão sobre as características das tarefas desempenhadas por eles e por seus professores durante a formação clássica em sala de aula.

No entanto, poder-se-á também dizer que o professor de qualquer disciplina pode adotar esse procedimento metodológico. Por que no estágio supervisionado? Porque naquele momento o aluno está começando a prática docente e em nenhuma outra disciplina ele faz isso de fato, e genuinamente. Trata-se, portanto, de mostrar a ele que o que fez na sala de aula como estudante é uma prática muito diferente da que fará como professor. Como acontece na maioria das vezes, isso parece também banal, e, se assim o é, não justificaria a sugestão. Contudo, vale a pena retomar as dificuldades dos professores iniciantes, com menos de três anos de efetivo exercício, apontadas anteriormente para verificar que a diferença entre a prática discente e a prática docente é, de fato, percebida somente na passagem real de professorandos a professores.

Também é preciso levar em conta que aqueles professores da pesquisa da Veenman, informada por Guarnieri, cumpriram sua carga de estágio supervisionado. Por essa razão, um projeto especial de estágio, cujo objetivo seja organizar um itinerário de conhecimento tomando por base as experiências escolares vividas ao longo da história de escolarização, pode contribuir para um preparo "mais experiencial" da natureza da prática pedagógica.

Neste momento há muitas chances de que a pergunta a ser respondida seja a seguinte: se se aprende a prática docente praticando a docência e se os estágios constituem um momento de prática, qual a fertilidade de um projeto especial de caráter reflexivo e não prático? Não se está propondo que toda carga horária a ser cumprida para efeito do estágio supervisionado deva ser consumida com um projeto dessa natureza, pelo contrário. Acredito que um projeto dessa natureza deva ser desenvolvido antes de os discentes irem para a sala de aula porque potencializaria toda sua formação, uma vez que na legislação atual os estágios não ficam mais para o fim da formação.

Vislumbro com isso que a operacionalidade do estágio supervisionado na sala de aula laboratório seria muito mais proveitosa, isto é, a observação da prática realizada por um professor, a participação do aluno em atividades desenvolvidas por ele e o manuseio real de uma classe pelo estudante. E é por essa razão que defendo que essa metodologia seja adotada no âmbito do estágio supervisionado e não em outra disciplina qualquer. Ademais, ajudaria o aluno acertar o foco no entendimento da prática discente e da prática docente a partir de sua história discente, ou seja, da única experiência escolar que ele viveu.

## Referências bibliográficas

ALMEIDA, J. S. de. *Mulher e educação: a paixão pelo possível*. São Paulo: Editora UNESP, 1998.

ALVES, J. F., GONÇALVES, O. F. *Educação narrativa do professor*. Coimbra: Quarteto, 2001.

BOURDIEU, P. Campo do poder, campo intelectual e *habitus* de classe. In: ______. *A economia das trocas simbólicas*. 5.ed. São Paulo: Perspectiva, 2001.

CATANI, D. B. et al. *Docência, memória e gênero*: estudos sobre formação. São Paulo: Escrituras, 1997.

______. (Org.) *A vida e o ofício dos professores*. São Paulo: Escrituras, 1998.

FERREIRA, A, B, de H. *Dicionário Aurélio de Língua Portuguesa*. 2.ed. Rio de Janeiro: Nova Fronteira, 1990.

FONTANA, R. A. C. *Como nos tornamos professoras?* Belo Horizonte: Autêntica, 2000.

GUARNIERI, M. R. *Tornando-se professor*: o início na carreira docente e a consolidação da profissão. São Carlos, 1996. Tese (Doutorado) – Universidade Federal de São Carlos.

JOSSO, M. C. *Experiências de vida e formação*. Lisboa: Educa, 2002.

NÓVOA, A. (Org.) *Vidas de professores*. Porto: Porto Editora, 1992.

SECRETARIA DE ESTADO DA EDUCAÇÃO. *O professor escreve sua história*. São Paulo: Abrelivros, FDE, Unicef, 1997.

SILVA, M. *Como se ensina e como se aprende a ser professor*: a evidência do *habitus* professoral e da natureza prática da didática. Bauru: Edusc, 2003.

# 25
# Diversidade, multiculturalismo e diferença: uma conversa com professoras e professores

*Marisa Vorraber Costa*

> Em torno de Babel situam-se as questões da unidade e da pluralidade, da dispersão e da mesclagem, da ruína e da destruição, das fronteiras e da ausência de fronteiras, das transposições de fronteiras, da territorialização e da desterritorialização, do nômade e do sedentário, do exílio e do desenraizamento.
>
> (Larrosa & Skliar, 2001, p.9)

Das histórias que a Bíblia nos conta, uma delas – a Torre de Babel – parece estar até hoje implicada com a diversidade e a diferença no confuso mundo em que vivemos. Segundo o Antigo Testamento, os descendentes de Noé, que se localizaram no sul da Mesopotâmia, um dia resolveram demonstrar sua grandeza construindo uma torre tão alta que chegasse aos céus. Diante dessa ousadia, Deus lhes teria confundido o idioma, de tal forma que não conseguiram mais se entender. A torre ficou inacabada e seus edificadores espalharam-se pela Terra, mergulhados na incompreensão mútua. As interpretações prevalentes do relato bíblico associam-no a confusão, castigo, culpa, e o estigma do episódio babélico parece acompanhar nossa cultura através dos séculos, condenando-nos à busca da expiação do pecado da diversidade, da desordem, da dispersão, da descontinuidade, da inconclusão.

Talvez esta "leitura" de Babel, em que a diversidade é vista como purgação, ajude-nos um pouco a compreender por que as sociedades têm tanta dificuldade em acolher e lidar com as diferenças; por que se aspira de forma tão obstinada dar uma ordem ao mundo; por que se acredita que eliminando os diferentes seremos redimidos. Já é tempo de rever o mito, de tentarmos nos livrar dele, para podermos, quem sabe, aceitar viver babelicamente, sem fronteiras, sem fixação de territórios e de pertencimentos.

Quando nos aproximamos com tanta confiança e expectativa de certas retóricas contemporâneas sobre a diversidade, precisamos estar atentos para o quanto elas podem estar associadas a direcionamentos que tendem a administrar as diferenças, os "outros" das sociedades ditas plurais, para garantir que as práticas sociais, institucionalizadas ou não, correspondam a esse ímpeto unificador, que expiará a culpa da dispersão babélica.

Contemporaneamente, quando falamos de diversidade cultural, estamos, de várias maneiras, conectados aos discursos sobre raças, gênero, normalidade e anormalidade, sobre os deficientes, os excepcionais, os estranhos, os pobres, enfim, sobre os incontáveis "outros" das sociedades que povoam o planeta. Todos esses grupos estão, de diferentes formas e intensidades, implicados nas práticas civilizatórias em andamento, entre elas, aquelas levadas a efeito pela maquinaria escolar.

Este capítulo não daria conta de tanta diversidade, mas tentarei abordar apenas algumas das dificuldades e desacertos no trato dessa questão, procurando explorar um pouco os problemas da nossa cultura ao lidar com a diferença, vislumbrar o que vimos fazendo em meio a nossas heranças da tradição judaico-cristã, obcecados pela culpa gerada pela dispersão babélica. Pretendo, também, mostrar algumas tentativas de inclusão que, para juntar, para reconfigurar a ordem, homogeneizam, desrespeitam, desfazem e, finalmente, acabam por excluir definitivamente; em outras palavras, eliminam. De alguma forma, meu objetivo é trazer alguns elementos para que possamos problematizar o multiculturalismo no contexto de nossa formação – dentro ou fora das instituições formais –, tomando-o como um discurso polissêmico, inscrito nos encontros e desencontros da nossa cultura com a diversidade.

## Racismo e diversidade

Depois do Renascimento, especialmente em meio à industrialização da Europa e a diversos tipos de colonialismo, o racismo se desenvolveu assentado sobre um conjunto de doutrinas e teorias científicas, disseminando-se pelo mundo. As culturas não europeias foram desprezadas, consideradas inferiores e propícias à exploração. A modernidade gestou variedades próprias de racismo, nas quais as culturas não ocidentais, frequentemente vistas como obstáculo ao desenvolvimento e ao progresso, passam a ser consideradas antimodernas. A literatura, os relatos científicos que impregnam as disciplinas e tantos outros saberes que integram os currículos escolares têm sido pródigos na disseminação de asserções que vêm justificando e legitimando o racismo. Uma das mais importantes discussões entre naturalistas do século XIX deu-se, exatamente, em torno das (im)possibilidades de as populações mestiças das Américas se civilizarem. Os povos ultramarinos não eram apenas considerados inferiores por seus caracteres externos, como cor da pele, largura do crânio, textura capilar ou altura; eram também vistos como primitivos e deficitários relativamente à capacidade de raciocínio. Duvidava-se, inclusive, de sua aptidão para o trabalho livre e para a organização e sustento de suas famílias.

Florêncio Vaz (1996), em seu artigo sobre os ribeirinhos da Amazônia, fala da identidade dos "caboclos amazônicos" – fabricada a partir da ótica de narradores que se colocavam em posição de superioridade racial e cultural em relação à população que observavam. Segundo seu estudo, há relatos importantes de famosos antroPologos europeus, que descrevem habitantes de regiões ribeirinhas da Amazônia como "matutos, preguiçosos, indolentes e derrotados". Além disso, ao nomeá-los "caboclos", vocábulo que expressava uma espécie de mestiçagem, estavam também marcando-os como diferentes da raça branca, o que, no panorama acentuadamente racista do Brasil do século XIX, vinha impregnado de forte carga de discriminação. Compondo essa estratégia de fabricação de identidades, argumenta Vaz (1996, p.49), surgem também os relatos falando da ameaça que "esta gente" significava para a viabilidade do país como nação, uma vez que, nessas populações, "a tradição e a rotina perduram como formas de preguiça, de inércia mental". Foi com essa face de "o outro", o inferior na escala social, o marginal, que não só os "caboclos", mas também tantas outras identidades, passaram a integrar as disciplinas, os saberes escolares e o currículo. Quantos/as de nós não estaremos, neste exato momento, nos dando conta de que também já "ensinamos" para nossos/as estudantes, algum dia, essas identidades étnicas resultantes da miscigenação racial no Brasil, valendo-nos das informações "científicas" destas narrativas?[1]

Também não faz muito tempo que os livros didáticos ainda contavam histórias em que negros e negras eram considerados inferiores, e isso se justificava pela exposição de argumentos cientificamente sustentados de características raciais "naturais", "biológicas", tais como indolência, preguiça, que os/as faziam lerdos e abúlicos, exigindo sempre "incentivos" para o trabalho. Por esse motivo, necessitavam de comando e essa seria a razão de terem sido escravizados. O problema, então, não estava na escravatura como um processo de subjugação, mas nos negros e negras que "precisavam de direção" por sua incapacidade de autogovernar-se. De acordo com essa lógica, a escravidão só se tornava um problema na medida em que exacerbava em seus métodos "corretivos" e coisificava aqueles seres humanos descritos como "deficitários". E isso ficava claro, nesses livros, nas alusões aprovadoras àqueles "senhores" cujos escravos, mesmo após a abolição, decidiram permanecer agregados. Sob essa perspectiva, a escravatura poderia até ser vista como algo bom, uma solução para aqueles que, segundo a lógica de uma narrativa de supremacia racial, não teriam capacidade para sobreviver por sua própria conta e risco.[2]

Foco de controvérsias ao longo de séculos, as questões raciais, atualmente problematizadas também no âmbito das discussões filosóficas sobre identidade e diferença, vêm sendo centrais nos estudos culturais contemporâneos. Embora hoje saibamos que as diferenças biológicas relativas à composição genética das várias raças não dão sustentação às características comportamentais a elas atribuídas, e já seja amplamente reconhecido que *raça* é um conceito construído na cultura, as diferenças associadas predominantemente às configurações físicas, aos atributos externos das pessoas, continuam sendo referência para a produção e manutenção de um conjunto alentado de significados, que têm sido utilizados para justificar as desigualdades e abonar as injustiças sociais.

Em tempos bem recentes, *multiculturalismo* é um discurso que vem sendo utilizado para falar da possibilidade de convivência harmônica de diferentes raças e culturas. Em seu sentido menos problemático, supõe a diversidade

1 Refiro-me ao artigo de Florêncio Vaz no capítulo que escrevi para o livro *O currículo nos limiares do contemporâneo* (Costa, 2001).

2 Esse ponto é mais amplamente discutido em Costa (2001).

vista como pluralidade de identidades e como condição para a existência humana. Algo como uma Babel às avessas, sem culpa nem castigo. Num panorama pluralista, a identidade seria considerada uma congregação de costumes, práticas e significados, uma herança durável, um conjunto compartilhado de peculiaridades e experiências.

Contudo, o multiculturalismo tem sido alvo de críticas, provenientes de vários grupos, particularmente daqueles que o consideram demasiadamente centrado em questões relativas à diversidade racial. Uma de suas fragilidades seria a de raramente incorporar, na problematização da identidade, o que diz respeito, por exemplo, a religião, gênero, sexo e geração.

De outra parte, advêm as críticas que acusam o multiculturalismo de certa inclinação para ressaltar o que há de superficial e externo nas culturas, exaltando o exótico, que demarca sua distância de uma suposta cultura modelar – a europeia.

O argumento central dessa crítica expõe as identidades como resultantes de regimes discursivos implicados em relações de poder. De acordo com grande parte dessas análises, por meio de textos culturais como obras literárias, filmes, novelas, documentários, relatos científicos, entre tantos outros, as representações ocidentais de raça vão constituindo certas identidades como "os outros", os "marginais" em relação a uma identidade étnica paradigmática autorreferenciada.

O multiculturalismo também tem sido apontado como uma conveniente estratégia do capitalismo neoliberal que, ao mesmo tempo que acolhe e exalta o exótico no espetáculo contemporâneo da cultura do consumo, também investe maciçamente, em muitas regiões do mundo, na incorporação desses "exóticos outros" ao necessário e crescente contingente de consumidores que mantêm ativo o mercado global do capitalismo tardio.

Assim, celebrar o multiculturalismo não significa, necessariamente, que todas as culturas serão atendidas em suas necessidades, peculiaridades e diferenças. Pode significar apenas o incremento de políticas em que elas devem ser incorporadas, convocadas; não interessa que tipo de violência se exerça para que essa inclusão se verifique. Esses "outros" são, simultaneamente, consumidos e transformados em consumidores.[3]

---

3 Um bom exemplo disso pode ser encontrado na moda, que elege, periodicamente, elementos de vestimentas típicas de alguns grupos para figurar nas passarelas que inventam e disseminam "tendências" internacionais. Da mesma forma, entram em voga restaurantes dedicados a culinárias com sabores exóticos, como a indiana, a tailandesa, a coreana etc.

Entre inúmeros exemplos dos efeitos do colonialismo europeu que poderíamos examinar, vou me deter em um deles. De longa data conhecemos os desacertos e as mazelas do império britânico na administração das questões humanas em suas colônias ultramarinas. O estado lastimável de miséria em que vive grande parte dos grupos da população indiana – condição a que foram conduzidos em decorrência de uma perversa política colonialista que subjugou e explorou até limites inimagináveis aqueles povos, por vários séculos – tem deslocado, em tempos recentes, enormes contingentes daquele país em direção à matriz do Império, a Inglaterra. Pressionado pelas demandas desses distantes, explorados e bastardos súditos, o governo britânico tem sido forçado a empreender políticas de inclusão com vistas a minimizar os efeitos dessa imigração indesejável, porém inevitável. É o conquistador tendo que se ajeitar com os filhos espúrios de suas conquistas. As ações para incorporar esses "súditos" provenientes de uma cultura alienígena e subjugada têm passado, inevitavelmente, pela escola. E é nela, e em suas estratégias inclusivas, que têm se verificado as práticas homogeneizadoras de que falei, aquelas que acabam, definitivamente, com a alteridade. As que interditam o outro até mesmo de ser "outro". O que resta da cultura de origem vai sendo lentamente apagado, reconfigurado, em escolas de tempo integral nas quais inclusive o paladar é colonizado. Até mesmo as refeições de cada dia são um recorrente exercício de fixação dos caracteres de uma nova identidade, ao que se acresce um imenso repertório cultural que inclui vestimentas ocidentais, horários, rotinas, saberes, convenções, hábitos etc. Um indiano, na Inglaterra, não tem a menor chance de ser visto como um inglês, mas nunca mais será, tampouco, um indiano.

Também em nosso país, as estratégias nessa direção não têm sido menos controvertidas. Se voltarmos nossa atenção, por exemplo, para boa parte das movimentações relativas ao que tem sido denominado *educação indígena*, observaremos que elas, em grande parte, consistem em tentativas que, de uma ou outra forma, estão implicadas na subjugação dos grupos indígenas aos desígnios das sociedades geridas pelos brancos. Por um lado, encontramos aquelas propostas orientadas para promover a inculcação dos saberes típicos das culturas letradas, do mundo organizado, preferencialmente urbano e "civilizado". Uma movimentação cujo objetivo parece ser o de criar as condições necessárias para que índios possam ser tolerados, circulando em "nossos" espaços como seres educados que não nos causarão dano de nenhum tipo. No extremo oposto, situam-se os projetos direcionados à valorização da cultura desses grupos, à preservação de seus hábitos, costumes, saberes e língua. Para que o Brasil não perca parte de sua história cultural, para que não se despegue irremediavelmente de suas origens, para que não se esqueça de que já foi parte de uma "outra" América. Seria isso o que os índios desejam? Serem os guardiães das lendas, mitos, práticas, técnicas e saberes das populações que habitaram e habitam territórios "selvagens" e "primitivos"?

Entre uma e outra alternativa, distribui-se uma variedade de estratégias que, em maior ou menor grau, pretendem educar o índio *para* o branco.[4] Entre elas, incluem-se também as propostas tendentes a fixar nesse "outro" suas características de anormalidade, aquilo que faz dele um ser estranho, objeto de curiosidade, de escrutínio, um "outro" inventado nas narrativas que definem a identidade dos selvícolas para ser consumida entre tantos "exóticos outros" do sistema capitalista. O que estou comentando demonstra que ainda é muito raro considerar indígenas como pessoas dotadas de razão e vontade, capazes de fazer escolhas e de tomar decisões em relação ao que desejam para si e para seus pares. Se inquiridos, relata uma pesquisadora do núcleo de estudos do qual participo, talvez eles respondessem que querem aprender tudo que for preciso para ter a posse de sua terra, poder cortar as árvores aí existentes e vender a madeira – como fazem os brancos – para comprar tudo aquilo que facilita a vida: gerador de energia, motosserra, rádio, telefone celular e televisão. Como poderemos saber se é isso que desejam, se não os ouvimos, se prosseguimos falando deles e por eles?

Quando há oportunidade, índios brasileiros têm se manifestado de múltiplas formas, numa evidente demonstração de que não compõem uma identidade única e homogênea, tal como esta tem sido descrita nas incontáveis exposições escolares montadas para comemorar o "Dia do Índio", nas quais proliferam arcos, flechas, adornos de penas e urnas de barro, fixando-os numa anacrônica identidade primitiva. Na Reunião da Cúpula Mundial sobre Desenvolvimento Sustentável – Rio + 10 – realizada em Johannesburgo, na África do Sul, os povos indígenas latino-americanos lá estiveram para pedir que lhes reconheçam o direito de cuidar da terra de seus ancestrais e contribuir para o desenvolvimento sustentável de suas regiões. O jornal que relatava tal episódio dizia ainda:

> Expulsos de suas terras, afastados de suas plantas medicinais pela ganância das multinacionais, contagiados com doenças de que nunca ouviram falar e afetados pela mudança climática, os índios latino-americanos compartilham suas dificuldades com outros 300 irmãos do mundo inteiro. (*Correio do Povo*, 28.8.2002, p.10)

4 A esse respeito, ver Costa (1994).

O brasileiro Sebastião Hajio Manchinari, representante do povo Yine, do Acre, assim se pronunciou naquela ocasião: "Meu povo é decidido e forte, mas não é livre. Ninguém tem uma relação tão especial com este planeta como nós".

## Para além das diferenças raciais

Em janeiro de 2002, os noticiários relatavam o caso de um aposentado, ex-policial, que ao entrar em um ônibus, na cidade do Rio de Janeiro, deparou com um grupo de *rappers*. Intransigente com seu comportamento ruidoso, expulsou-os do ônibus, obrigando-os a saltar do veículo em movimento sob a mira da arma que empunhava. Não satisfeito com a fuga imediata e desesperada dos jovens, alvejou pelas costas o último rapaz que se jogava para fora do coletivo. As perguntas que nos vêm à mente, diante de um episódio como esse, além de, obviamente, interrogarem as razões que justificariam tanta hostilidade, questionam os poderes de que estaria investido tal indivíduo para arrogar-se o direito de agir com tamanha agressividade contra jovens cidadãos que, se cometiam algum deslize, seria apenas o da falta de compostura.

O fato relatado nos coloca no centro das discussões mais atuais sobre a questão das culturas juvenis e da forma como elas vêm sendo tratadas no cenário da política cultural contemporânea. Objeto de investigação nas análises culturais de tradição anglo-saxônica desde o período pós-guerra, em nosso meio a preocupação com os agrupamentos culturais dos jovens é mais recente. Predominantemente, esses grupos têm sido alvo de estudos etnográficos sob óticas antropológicas e sociológicas mais tradicionais. As abordagens que os focalizam sob o ponto de vista das políticas culturais que articulam essas formações no quadro das distribuições hierárquicas das sociedades capitalistas são ainda incipientes. A própria denominação mais corrente – *subculturas* –, adotada para identificá-las nos cenários teóricos em que se desenvolvem as análises, por si só remete esses grupos a uma posição, no mínimo, entendida como derivada de uma *cultura* mais abrangente, mais antiga e, por isso mesmo, vista como mais legítima. Embutida nisso, está a suposição, que ainda persiste, de que existiria uma "boa e verdadeira cultura" pela qual se pautariam os hábitos e formas adequados de viver e conviver, ao passo que, dissidentes ou opostas a ela, estariam "as outras culturas", aquelas "sub" formas de conduzir-se e habitar o mundo. Segundo essa lógica, haveria, de um lado, uma juventude "boa" e "normal", e, de outro, estariam os grupos juvenis considerados anômalos, cujos comportamentos e preferências, de várias ordens, discrepam do que é tomado como padrão. Essas identidades se constituem, segundo os sentidos a ela atribuídos, por meio da linguagem e dos sistemas simbólicos que as representam. A representação está, assim, implicada na classificação e reordenação das coisas do mundo, nas quais o poder atua impondo as ordens simbólicas que ocuparão o polo privilegiado.

A identidade dos jovens ditos "normais" vem sendo construída com grande investimento da mídia, representando uma certa "juventude padrão da América": aquela feita sob medida para consumir a parafernália de produtos (roupas, xampu, sabonete, pasta de dente, batom, tênis, mochila, CDs, DVDs, brinquedos, materiais escolares etc.) que as sociedades capitalistas põem em circulação. Por sua vez, os tais grupos tomados como "estranhos" e fora da ordem, objetivados e subjetivados por discursos que os produzem como "os outros", são execrados porque representariam uma ameaça à ordem social existente.

Em um artigo em que analisa o filme *Kids*,[5] Henry Giroux (1996) apresenta-o como uma estratégia identitária de inspiração conservadora, dedicada a promover uma visão demonizada de certas facções da juventude contemporânea. Nesse filme, a juventude é apresentada como sexualidades e corpos fora de controle. Segundo ele, nas políticas representacionais da atualidade, a sexualidade tem sido intensamente evocada quando se trata da identidade de jovens. Em sua crítica, Giroux argumenta que, ao ser descrito como um documentário dedicado a apresentar de forma "realista" o comportamento de um grupo, o filme pretende retratar a face crua e fria de condutas juvenis que estariam a exigir vultosos investimentos disciplinares sobre seus corpos e condutas. Essa imagem de uma impiedosa cultura jovem urbana que celebra a violência e a sexualidade frívola constitui contraposição a uma outra identidade juvenil regrada e normal; a saber, aquela que denominei "juventude padrão da América".

Em nosso país, investimentos discursivos desse tipo podem ser observados com grande frequência, muito particularmente no que se refere às identidades juvenis associadas a preferências musicais. *Punks, funks, rappers* e *pagodeiros*, entre outros grupos, têm igualmente sido alvo de políticas identitárias como relatada pelo crítico norte-americano, e de violências como a

---

5 Produzido em 1995, *Kids* é considerado um dos filmes mais controvertidos sobre a vida sexual de adolescentes e jovens. Dirigido por Larry Clark, baseado em um roteiro escrito por uma jovem de dezenove anos, o filme é um documentário protagonizado por skatistas amigos da autora do roteiro. No filme não há atores ou atrizes profissionais.

que relato no episódio que inicia esta seção. Em análise que realizei sobre o programa *Bambuluá*,[6] chamei a atenção para as composições identitárias da novela de mesmo nome relativamente às culturas juvenis, em que jovens da cidade do mal – Magush – eram representados por integrantes das ditas subculturas juvenis *punk* e *dark*, amantes do *rock* e de outros sons do tipo *heavy metal*, em oposição à juventude boa e "normal" de Bambuluá – a cidade do bem –, que se diverte embalada pelas músicas de Angélica, uma das tantas heroínas fabricadas pelos complexos empresariais midiáticos para ser consumida em novelas, discos, xampu e sandálias. *Bambuluá* é um texto cultural que nos interpela mais ou menos assim: "Olhe como se comporta um jovem certo e um jovem errado!". É assim que os discursos da TV fabricam identidades e constituem subjetividades. E é assim também que vão sendo reafirmadas as cruéis políticas de identidade que discriminam e excluem.

Se as ditas culturas juvenis são territórios de dramática habitabilidade, não menos perversas são as formas como as sociedades contemporâneas lidam com as pessoas idosas. Se, por um lado, certa parcela da juventude precisa ser controlada, refreada: por outro, a velhice, segundo discursos da atualidade, estaria exigindo estímulo e incentivo em direção a uma vida mais "ativa", "saudável", "produtiva". As cenas de avós passeando com os netos, lendo, papeando ou, simplesmente, jogando tempo e conversa fora são cada vez mais incomuns, sendo substituídas por uma ruidosa campanha identitária que investe na invenção de uma nova imagem em que os idosos são reposicionados e descritos como desejosos e necessitados de atividade, espaço, agilidade e movimentação. Se passearmos nossos olhos por jornais, revistas, anúncios, ou se prestarmos a atenção na sempre crescente oferta de cursos e atividades para pessoas da assim chamada terceira idade, seremos surpreendidos por imagens que apresentam um enorme repertório de atividades frenéticas, em que vemos idosos dançando, cantando, praticando exercícios e esportes, subindo montanhas, saltando de para-quedas, nadando, percorrendo trilhas, competindo em variadas modalidades, ou mesmo viajando, comprando, apostando, divertindo-se. Desse conjunto, poderíamos inequivocamente extrair um enunciado de ordem que diz "mexa-se!", numa evidente interpelação cultural que vai constituindo a identidade das pessoas idosas ditas "normais", adequadas para viverem neste início do terceiro milênio. Esse grupo

6 Esse programa foi apresentado pela Rede Globo, todas as manhãs, de outubro de 2000 a dezembro de 2001. O estudo em que discuto esse programa está em Costa (2002).

geracional vai sendo subjetivado por discursos que conclamam os idosos a comportarem-se dessa nova forma, adquirindo as *performances* que os reinscrevem na cultura de seu tempo, mergulhando-os num frenesi existencial. Ao mesmo tempo que são incitados à atividade intensa e à reinvenção de sua identidade, são também reposicionados estrategicamente no circuito do mercado de consumo capitalista. Pacatos cidadãos e cidadãs são reabilitados nas estatísticas mercadológicas. Eles e elas invadem as academias de ginástica, adquirem indumentárias e artefatos esportivos, aumentam a oferta de roteiros turísticos diferenciados, lotam aviões e ônibus para destinos usuais ou insólitos, fazem surgir frotas especializadas de transporte, ocupam vagas em cursos, adotam dietas específicas e intensificam o consumo de alimentos especiais, bebidas, vitaminas e roupas da moda. E não se pense que toda essa movimentação diz respeito apenas às camadas de poder aquisitivo elevado. Em todas essas ordens de objetos de consumo, sempre há uma versão classe média e até mesmo classe média baixa.

Um dos problemas relacionados ao que acabei de relatar talvez seja a instalação de alto grau de ansiedade entre os componentes desse grupo, gerada pela necessidade culturalmente criada de comportar-se de acordo com esses indicativos de uma velhice normal e desejável. Não só os idosos são interpelados a corresponder a esse padrão, também crianças e jovens aspiram ter pais e avós desse tipo.

É bom esclarecer que, nem de longe, os comentários que faço pretendem expressar minha oposição ao fato de pessoas idosas procurarem ter uma vida ativa, saudável e interessante, assim como, relativamente à discussão sobre a juventude, também não desejaria ter sugerido que as culturas juvenis contemporâneas são compostas por criaturas angelicais, isentas de qualquer responsabilidade em episódios de violência ou desregramento que possam protagonizar.

De fato, minha intenção foi mostrar algumas das formas como operam as políticas culturais de identidade, atreladas aos discursos e textos culturais produzidos e postos em circulação nas sociedades em que vivemos hoje. Gostaria, igualmente, de ter apontado processos de subjetivação que efetuam aquilo a que Nikolas Rose (1998, p.31) se refere como a "administração do eu contemporâneo" ou "o governo da alma". Algo acionado no interior da cultura para gerenciar a diversidade de forma a torná-la controlável, a evitar a dispersão. Mais uma vez, Babel.

Também pretendi mostrar a cultura operando estratégias de inclusão e exclusão inteiramente dissociadas de uma ordem valorativa universal. Quero dizer com isso que inclusão ou exclusão não são processos bons ou maus em si mesmos, encaixáveis invariavelmente numa polarização hierárquica de validade indiscutível e perene. Se uma política de inclusão é boa ou má, é algo que depende de verificação histórica, da avaliação dos efeitos que produziu, da repercussão que teve na vida das pessoas, sociedades ou grupos.

Além disso, também é evidente que, se nos aprofundarmos na análise e discussão dos investimentos discursivos sobre as ditas subculturas juvenis, perceberemos que há conexões inequívocas com questões relativas a raça, a classe social, a gênero, entre outras que poderiam ser identificadas. Da mesma forma, poder-se-ia dizer que a identidade idosa que comentei refere-se apenas a uma das muitas formas como as pessoas dessa geração vêm sendo representadas. Tomei como foco um dos discursos circulantes, talvez aquele que vem sendo fortemente disseminado como, neste caso, a identidade da "velhice padrão da América". Há, contudo, textos culturais que têm nos colocado frente a frente com outras imagens de idosos, como as daqueles que habitam os territórios culturais da pobreza material e simbólica, os "outros", desassistidos, tristes, abandonados e doentes. Não poucas vezes, as estratégias discursivas acionadas na construção dessas identidades atribuem a elas alguns déficits, como falta de instrução, desorganização ou dispersão familiar etc., numa cruel tática de culpabilização da vítima. Contudo, constitui medida com acentuado caráter pedagógico, dirigida à coordenação das condutas sociais dessas pessoas com vistas a correspondência ou encaixe adequado aos desígnios das sociedades neoliberais. Nelas, o sucesso ou o fracasso são vistos como resultantes do esforço individual, ou da falta deste, isentando-se de culpa a conjuntura social, política e econômica.

Como vem argumentando Stuart Hall (1998), nos cenários pós-modernos, as identidades não são unas e homogêneas; elas são fragmentadas, múltiplas, plurifacetadas e descentradas, inteiramente produzidas nas arenas culturais onde têm lugar as lutas pelo significado. É o significado que dá sentido às experiências e àquilo que as pessoas ou grupos são, e, segundo Kathryn Woodward (2001, p.18), todas as práticas que produzem significados envolvem relações de poder, inclusive o poder para definir quem é incluído e quem é excluído.

## O multiculturalismo – para encher o mundo de histórias

Ao longo deste capítulo, procurei trazer exemplos para argumentar que somos herdeiros de uma narrativa bíblica que tem nos orientado, por séculos, em direção ao uno. De muitas maneiras, temos sido compelidos a rejeitar o múltiplo, o diverso. Mesmo quando falamos da multiplicidade, quase sempre isso se verifica com uma forte vocação para dissipá-la, como se sua grande virtude fosse a possibilidade de metamorfosear-se, fundir-se, para operar a redução, a união, mais uma vez, numa espécie de redenção que permitiria concluir a Torre de Babel e alcançar os ceús, agora para pedir perdão ao Senhor e expiar a culpa.

Boa parte das críticas que vêm sendo formuladas ao multiculturalismo como política de inclusão social são provenientes das análises de fenômenos culturais como os que relatei, implicados em movimentações nas quais o que está em jogo é o direito à identidade e à diferença. Como já vimos, o multiculturalismo, além de polissêmico, é polêmico, ensejando muitos e renovados debates. De alguma forma, ele tem estado implicado com a obsessão pela diferença entendida, de acordo com Veiga-Neto (2001, p.107), "como aquilo que contamina a pretensa pureza, a suposta ordem, a presumida perfeição do mundo".

Para fazer frente a essa corrente dominante da cultura, tem sido crucial o papel dos movimentos sociais contemporâneos na afirmação das identidades negadas e silenciadas. Para existir, nas sociedades multiculturais, sem precisar incorporar as características e os contornos das culturas hegemônicas, é preciso participar como narrador na política cultural da representação: "É preciso encher o mundo de histórias que falem sobre as diferenças, que descrevam infinitas posições espaçotemporais de seres no mundo" (Costa, 2001, p.65). As histórias, como nos ensinou Edward Said (1995), estão no cerne daquilo que se diz sobre as identidades. As histórias inventam as identidades.

Nosso grande desafio como educadoras e educadores é desestabilizar as narrativas essencialistas, expondo seu caráter construído e, portanto, histórico. Precisamos desconfiar das afirmações universais e totalizantes, admitindo que o mundo é muito mais matizado e plurifacetado do que podemos supor. É preciso reconhecer que qualquer identidade se constrói nas arenas do mundo social e todas elas reivindicam e procuram assegurar espaços para existir. A riqueza está no plural que não é soma, nem síntese, mas espaço de afirmação do singular, da diferença.

## Referências bibliográficas

APPLE, M. Justificando o neoliberalismo: moral, genes e política educacional. In: SILVA, L. H., AZEVEDO, J. C., SANTOS, E. dos. *Novos mapas culturais, novas perspectivas educacionais*. Porto Alegre: Sulina, 1996.

COSTA, H. Um olhar que aprisiona o outro. *Imagens*, n.2, ago. 1994.

COSTA, M. V. Estudos culturais – para além das fronteiras disciplinares. In:_____. (Org.) *Estudos culturais em educação*: mídia, arquitetura, brinquedo, biologia, literatura, cinema... Porto Alegre: Editora da Universidade, 2000.

_____. Currículo e política cultural. In: _____. (Org.) *O currículo nos limiares do contemporâneo*. 3.ed. Rio de Janeiro: DP&A, 2001.

_____. Ensinando a dividir o mundo: as perversas lições de um programa de TV. *Revista Brasileira de Educação (Rio de Janeiro)*, n.20, abr.-maio-jun. 2002.

GIROUX, H. O filme *Kids* e a política de demonização da juventude. *Educação & Realidade*, v.21, n.1, jan.-jun. 1996.

HALL, S. A centralidade da cultura: notas sobre as revoluções culturais do nosso tempo. *Educação & Realidade*, v.22, n.2, jul.-dez. 1997.

_____. *Identidades culturais na pós-modernidade*. Trad. Tomaz. T. da Silva e Guacira Louro. 2.ed. Rio de Janeiro: DP&A, 1998.

LARROSA, J., SKLIAR, C. (Org.). *Habitantes de Babel:* políticas e poéticas da diferença. Trad. Semíramis Veiga. Belo Horizonte: Autêntica, 2001.

NÚCLEO DE ESTUDOS SOBRE CURRÍCULO, CULTURA E SOCIEDADE- NECCSO. Disponível em: <www.ufrgs.br/neccso>.

ROSE, Nikolas. Governando a alma: a formação do eu privado. In: SILVA, T. (Org.) *Liberdades reguladas*. Petrópolis: Vozes, 1998.

SAID, E. *Cultura e imperialismo*. São Paulo: Companhia das Letras, 1995.

VAZ, F. A. Ribeirinhos da Amazônia: identidade e magia na floresta. *Cultura Vozes*, n.2, v.90, mar.-abr. 1996.

VEIGA-NETO, A. Incluir para excluir. In: LARROSA, J., SKLIAR, C. (Org.) *Habitantes de Babel*: políticas e poéticas da diferença. Trad. Semíramis da Veiga. Belo Horizonte: Autêntica, 2001.

WOODWARD, K. Identidade e diferença: uma introdução teórica e conceitual. In: SILVA, T. T. (Org.) *Identidade e diferença*: a perspectiva dos estudos culturais. Petrópolis: Vozes, 2001.

# 26
# Implicações das reformas no ensino para a formação de professores

*Evandro Ghedin*

## Introdução

Diante de um paradigma neotecnicista e neobehaviorista fundado na ideia de "competências", cabe-nos repensar a formação dos professores e professoras numa perspectiva crítica. Isso implica rever as tradicionais dimensões política, científica e técnica da formação em virtude de uma ética e de uma estética da formação e da construção da identidade profissional do professor.

Essa releitura da prática formativa implica considerar as propostas curriculares ante a complexidade das relações presentes no processo de formação, os paradigmas que orientam a formação inicial e contínua, a construção da identidade e as condições objetivas de trabalho.

Neste trabalho, assume-se que as reformas no ensino brasileiro retomam uma formação tecnicista de cunho positivista reproduzindo a ideologia de massificação do ensino básico e de exclusão no ensino superior, relegando a pesquisa e a produção de novos conhecimentos a último plano. Desse modo, o currículo proposto para a formação de professores em grau superior visa assumir como "científica" determinada ideologia centrada na ciência como técnica e não como forma de disseminação da cultura.

Defende-se a tese de que o grande desafio da formação de professores(as) no presente é fazer que a escola, os(as) professores(as) e os centros de sua formação profissional assumam um *projeto de formação cultural* que proporciona à escola condição de responder aos desafios da sociedade, podendo intervir nela a partir de um conjunto de valores filosóficos, epistemológicos, antropológicos, políticos, éticos e estéticos, oferecendo uma visão de mundo, de sociedade e de homem/mulher que permita retomar a dimensão da utopia no modo como somos e fazemos a educação no presente.

## A formação de professores em tempos de crise

> Em momentos de crise, só a imaginação
> é mais importante do que o conhecimento.
> (Albert Einstein)

Este capítulo orienta-se por duas ideia centrais que perpassam o processo de formação de professores e sua profissionalidade: por um lado, a necessidade de que os professores, tanto em seu processo de formação quanto em sua atuação profissional, sejam revestidos da consciência de que projeto de desenvolvimento cultural estão propondo e defendendo como modelo de formação para si e para o estudante; por outro, que modelo de sociedade, de conhecimento e de ensino está desenvolvendo no seu processo de formação e de atuação profissional. Quer dizer que as questões centrais que perpassam a formação, do ponto de vista curricular, é uma opção pessoal, histórica, cultural, política e epistemológica por um modelo de formação que incide numa visão de mundo, de ser humano e de sociedade que irá impulsionar ou frear a luta política contra a desigualdade.

São esses elementos em crise que colocam em xeque as propostas de formação de professores que pretendem interferir na prática concreta dos docentes. O que tem ocorrido na área de formação e da educação de modo geral é que se tem procurado desenvolver um conjunto de reformas sem levar em consideração o sujeito professor. As políticas públicas para a educação têm proposto um conjunto de mudanças na escola sem levar em consideração o papel do professor como sujeito nesse processo de mudanças. Creio que nenhuma reforma, seja ela qual for, tem o poder de mudar a realidade se não puder contar com os sujeitos que conduzem o processo.

Ao querer interferir no processo educativo de cima para baixo, as políticas públicas têm feito que os professores mudem seus discursos interpretativos da realidade, mas não efetivamente a própria realidade. Isso porque as próprias políticas não têm ultrapassado o campo do discurso neste momento de reformas. O que se tem feito nos últimos anos foi massificar, com o auxílio do *marketing* e da mídia, um discurso sobre as mudanças, mais do que uma mudança efetiva nas condições de trabalho dos professores e de aprendizagem dos alunos. Esse discurso político sobre reformas tem interferido no modo como os professores elaboram sua interpretação da realidade, mas isso não tem conseguido interferir significativamente numa mudança concreta das suas práticas.

Esse descompasso entre os discursos das políticas e a realidade tem forçado os professores à decisão de aderir apenas ao nível do discurso pelas mudanças e não por uma intervenção em suas práticas orientadas por teorias que fundamentam a possibilidade de uma intervenção efetiva no espaço da escola. O que ocorre é uma apropriação do discurso do Estado a respeito da educação e não uma intervenção nos processos de ensino. Isso se deve ao fato de que o próprio Estado subverte os papéis pelo discurso que formaliza como forma de subverter a compreensão e a construção da identidade dos professores. Isso é bom para o gestor porque, enquanto ele puder defender uma visão de mundo ante a visão que o professor tem do mundo, estigmatiza-se a prática do professor como responsável pelo fracasso da escola.

Essa tentativa de subverter as relações, como forma de desviar a atenção da sociedade culpabilizando os professores pelos problemas da educação, desvia a atenção do real problema, que é a falta de condições de trabalho e de ensino e, como decorrência, da falta de condições de aprendizagem. Essa inversão do discurso político no campo pedagógico gera uma crise geral no modo como os professores compreendem a si mesmos e a sua realidade. De certo modo, isso coloca em xeque a possibilidade concreta de mudança nas relações educativas.

Uma mudança de cunho político só pode ser efetivada se puder contar com o coletivo de professores. Especialmente porque há regiões em que o professor é o único elemento que faz a ligação entre membros de uma comunidade e o Estado. Desse modo, esse discurso subverte as relações postas no interior da sociedade e coloca em crise um determinado modelo de orientação das políticas em educação. Porém, isso não é de todo mal, pois, ao gerar essa crise, possibilita e força que os professores repensem sua atuação não na lógica do Estado, mas respondendo a uma demanda que surge no próprio espaço de atuação profissional que é a escola. Essa contracultura dos professores esboça uma outra cultura na condução do processo educativo. Isso possibilita repensar as práticas não à luz do discurso do Estado, mas à luz de novos conhecimentos que propõem novas formas de conduzir a aprendizagem no campo político e não mais exclusivamente no campo pedagógico.

Assim, essa inversão de caráter ideológico coloca em xeque não só o discurso das políticas, mas a própria possibilidade de efetivação das mudanças pretendidas. De certo modo, podemos ver isso como uma forma de resistência do professor perante um processo de mudança, seguido de tantos outros que não interferiu significativamente na valorização social de seu trabalho. Desse modo, podemos dizer que os professores não mudam não porque não querem, mas porque o modo como se conduz a mudança não faz sentido em seu universo de significações. Dizendo de outro modo, o discurso político não atinge o cotidiano vivido pelo professor na escola. E mesmo quando esse discurso atinge a vida do professor, ele não consegue mobilizar coletivamente os professores para a incorporação das propostas. Esse disparate entre o dito e o vivido cria uma barreira entre o que se está fazendo e o que se pretende fazer. O que se pretende está distante do que se faz efetivamente, e esse distanciamento é alienante no sentido de que reforça as relações de poder que estão postas na escola pela sociedade.

Assim, podemos dizer que essa discordância entre o discurso e a realidade, absorvida pela prática no espaço da escola, impossibilita a mobilização coletiva em torno de uma proposta mais democrática. O que sobra disso são as respostas individualizadas, que servem muito bem ao modo como o sistema econômico organiza e distribui o poder no interior da sociedade. Desse modo, os professores e a escola, por não compreenderem os processos postos por essa falsificação do discurso, acabam legitimando um conjunto de práticas que, em tese, procuram combater com sua resistência velada.

É nesse espaço que um discurso político aparentemente avançado reedita formas tradicionais de tecnicismo pedagógico orientado por psicologias de caráter behaviorista, fundamentado numa teoria das competências. Essa teoria serve muito bem à subversão da lógica das relações que sustentam um processo neoliberal de ação e de atuação de determinado discurso sobre as práticas dos professores. Especialmente porque retira da ação pedagógica seu compromisso político, sua responsabilidade ética e seu rigor epistemológico.

Daí podemos dizer que o caminho a que chegou a reforma da educação brasileira, e nela o processo de formação de professores, saiu de um compromisso político radical para um compromisso prático numa tentativa de explicar e justificar a ação pela própria ação, como se o processo cognitivo pudesse compreender a realidade apenas pela representação do objeto. O fundamento epistemológico que está na base das teorias das competências mantém uma visão estreita do conhecimento centrando o processo de sua construção na relação entre sujeito e objeto, negligenciando os métodos e os conceitos construídos historicamente. De certo modo, mantém uma visão de conhecimento ainda centrado numa visão kantiana de epistemologia, mantendo-se numa postura idealista perante o saber.

O que estamos querendo dizer é que um discurso de cunho epistemológico centrado apenas na prática casa muito bem com um discurso político centrado apenas no próprio discurso, e não nos conhecimentos que podem ser elaborados e reelaborados a partir dos saberes dos professores que estão na ação em nome de suas crenças e teorias elaboradas, com base na própria ação. Enquanto o discurso político desvia a ação de seu foco, o discurso das competências desvia o foco da ação transferindo para as habilidades individuais as responsabilidades que são sociais e das políticas públicas e não dos indivíduos. Com isso se diz que a teoria das competências é uma nova forma de tecnicismo e de behaviorismo, porque, associada a um discurso político, transfere para o professor a responsabilidade que é do gestor político.

A velha lógica de culpabilização continua desviando a atenção dos problemas por causa da manutenção das relações estabelecidas. Creio que há aqui dois problemas: um posto pela culpabilização do professor pelo fracasso da escola, isso quando a própria escola, respondendo a essa lógica, não culpa o aluno pelo seu próprio insucesso; outro posto pela redução do coletivo ao individual, desmobilizando a ação política coletiva como forma de alternativa diante do processo de individualização das ações; isto é, ao retirar-se o papel do sujeito coletivo das ações políticas, desmobilizam-se as possibilidades de mudanças numa perspectiva universal e dialética.

O pior momento de uma crise de modelos ou de paradigmas é quando, não podendo avançar diante da crise configurada, retrocede-se construindo novos discursos que recuperam velhas práticas e recolocam, numa nova roupagem, antigas formas de dominação. Isso ocorre quando se retira da educação seu compromisso político e sua responsabilidade ética em formar culturalmente as novas gerações. Ao reduzir a política a uma técnica, reduz-se o humano a uma coisa, a condição de objeto. Essa redução faz retroagir a humanidade na direção de sua animalização, pois os processos reflexivos são relegados a expressões alegóricas ou como forma de manter certo discurso e não como forma de desenvolvimento de nossa habilidade humana de pensar a realidade e o próprio pensamento como instrumento de crítica e de promoção da justiça social.

Diante da condição em que nos encontramos, é hora de reafirmar outras perspectivas para esse processo de formação não só de professores, mas da sociedade. Nesse caso cabe perguntar: em que medida as propostas de reformas podem contribuir para uma mudança de postura e de prática na formação de professores e das políticas públicas?

## A formação docente, a reforma no ensino e o papel do professor

As reformas no ensino e na formação de professores têm se orientado por uma postura autoritária e antidemocrática, especialmente porque sua postura tem partido sempre de instâncias superiores, impondo às escolas e aos professores um conjunto de mudanças que não nasceu da discussão e do debate público, portanto político. Aliás, as reformas impetradas pela legislação em vigor negou o debate democrático que vinha estruturando-se num contexto de propostas para a mudança.

Nesse sentido, fazendo uma reflexão sobre a LDB (Lei n.9.394/96), Severino (2002) afirma que, em termos de princípios, a lei não inova na sua proposta, pois retoma os próprios princípios do liberalismo e do neoliberalismo. Assim, prevalece o caráter ideológico da lei disfarçado em sua retórica. Mais que isso, continua comprometida com a dicotomia público/privado, disfarçando sua verdadeira intenção e não assume um compromisso com um projeto educacional de interesse geral. A lei não consegue sustentar o princípio da gestão democrática do mesmo modo que não decorre de um compromisso político mais amplo e profundo da sociedade brasileira para implementar, pela mediação da educação, mudanças substantivas na sua realidade concreta. Desse modo, também a legislação constitui um instrumento do discurso político dominante que imprime uma marca e uma ação política que tende à desconsideração do papel político, ético e epistemológico dos professores.

Os professores têm ficado de fora das propostas de reforma. Isso, por um lado, porque no imaginário político eles não são mais que meros operadores sociais que não possuem a compreensão da totalidade e da complexidade das relações sociais. Esse imaginário social tem determinado o modo e a forma como os professores são excluídos das instâncias de decisão. Por outro, é intenção política que os professores não tenham autonomia, pois, do ponto de vista político, a crítica que pode ser feita pelos quase um milhão e meio de professores no país pode causar impacto "indesejado" na estrutura da sociedade. Por essa razão, é melhor que o professor seja apenas um técnico que opera as ferramentas postas à sua disposição pelas políticas de reforma.

Isso está em consonância com o pensamento de Torres (1996) quando afirma que não tem sido comum aos planejadores, implementadores e membros do governo ligados à educação considerar os professores como agentes significativos no processo de reforma educacional. Pelo contrário, a abordagem dominante tem sido preparar os professores para serem implementadores eficientes das políticas desenvolvidas por quem está fora da realidade de sala de aula. Em muitos projetos de reforma educacional, o objetivo tem sido dispor de professores que sejam servidores públicos não reflexivos e obedientes, que fielmente implementem um currículo prescrito pelos governos usando métodos de ensino prescritos. Quando novos investimentos são feitos na educação, há uma clara tendência de se investir em coisas, tais como livros didáticos e tecnologia educacional, em vez de se investir em pessoas.

Esse investimento em coisas rende dividendos políticos, "nem sempre confiáveis", no caso de situar-se nos professores. As coisas são mais facilmente manipuláveis que a consciência, o compromisso e a responsabilidade social dos professores comprometidos com a justiça. Na maioria dos casos, tem havido pouco interesse no desenvolvimento das capacidades dos professores para exercitarem seu julgamento sobre as questões educacionais, seja dentro seja fora das salas de aula, ou para adquirirem as disposições e as habilidades de autocontrole que os tornam capazes de aprender a partir de sua prática ao longo de toda sua carreira docente.

Segundo Samoff (apud Zeichner, 2002, p.29),

> Os anais da reforma educacional, especialmente no terceiro mundo, estão repletos de esforços para reduzir o papel dos professores e para substituí-los com alguma outra coisa ... Especificamente onde falta a um grande percentual de professores a educação formal necessária, estratégias para incrementar a educação como um sistema de entrega (*delivery system*) frequentemente envolve esforços para regulamentar ou, alternativamente, para passar por cima dos professores. A combinação de guias e manuais curriculares restritivos para os professores, a falta de materiais de instrução, e as consequências dos exames nacionais deixam aos professores um papel muito pequeno na determinação do que é para ser ensinado ou de como ensinar. Com a exceção da minoria de casos secundários,

não se espera que sejam criadores ou autores, ou inventores, ou mesmo aprendizes.

Esse enfoque de cima para baixo da mudança da natureza e qualidade da educação em sala de aula, junto aos programas de formação inicial e continuada de professores que a têm acompanhado, não teve muito sucesso. Anunciar mudanças no ensino, ou mesmo exigi-las, não mudará o que acontece nas salas de aula e nas escolas se os professores resistem a essas mudanças e subvertem-nas.

Se há uma conclusão a ser tirada dos esforços de reforma educacional ao longo dos últimos trinta anos, é que as mudanças qualitativas nas práticas de sala de aula somente ocorrerão quando os professores compreenderem e aceitarem como suas essas mudanças. A literatura da reforma educacional está preenchida por descrições dos esforços bem-sucedidos dos professores em subverter os planos de reforma daqueles que tentaram forçá-los a agir de certos modos, sem dar-lhes um papel significativo para desempenhá-lo na formulação e interpretação daquelas reformas. Até mesmo as reformas que têm sido amplamente identificadas como bem-sucedidas, ao influenciarem as práticas de sala de aula, falham ao afetar as práticas de sala de aula, depois de serem empacotadas e espalhadas como "coisas" para outros professores que não participam do mesmo modo orgânico, como os professores originais, no desenvolvimento da reforma (McGinn, 1998).

Com isso não estamos questionando o direito e o desejo dos governos de estabelecer uma direção para a educação no país. O que estamos questionando é o modo como os professores têm sido vistos e tratados na implementação destes planos. Na posição de Zeichner (2002), quando se faz uma proposta de mudanças educacionais, os governos devem planejar para que os professores desempenhem um papel central na criação, interpretação e implementação das reformas.

Um recente relatório sobre programas de formação de professores bem-sucedidos conclui que

> nos casos em que os professores foram envolvidos de um modo ativo na definição e interpretação das reformas de suas próprias escolas, currículo, pedagogia e salas de aulas, até mesmo aqueles com níveis mínimos de educação e preparação são capazes de mudar dramaticamente seu comportamento docente, o ambiente da sala de aula, e de aumentar a realização de seus estudantes. De modo contrário, quando os professores são ignorados, ou quando as reformas vêm de cima e não estão conectadas com as realidades cotidianas das salas de aula e com o

ambiente local, até mesmo as mais caras e bem projetadas intervenções tendem, quase certamente, a fracassar. (Craig, et al. 1999, p.1)

Infelizmente, o mesmo tipo de abordagem centralizada que tem caracterizado a reforma da educação básica foi empregado para mudar muitos programas de formação de professores. Há uma tentativa maciça para determinar as práticas nos programas de formação de professores por meio de mandatos sobre os padrões de ensino e de conteúdo, avaliações baseadas em desempenho e exames que devem ser conhecidos pelos que se formam professores. O tipo de ensino que é exigido nesses padrões é geralmente algo bastante razoável e frequentemente baseado nos mesmos princípios construtivistas que fundamentam o impulso para a educação centrada no aprendiz nas escolas: professores que conhecem sua matéria de ensino, que são capazes de adaptar o ensino às crianças com diferentes habilidades e com diferentes culturas e vários saberes oriundos da prática. Contudo, o efeito da imposição externa dos padrões e avaliações, muitas vezes, tem sido o de limitar os formadores de professores a uma implementação de reformas planejadas por aqueles que estão distantes da sala de aula de formação de professores.

Segundo Zeichner (2002, p.32):

> O conceito de formadores de professores como técnicos se ajusta muito bem à ideia de professores enquanto técnicos e nega àqueles que efetivamente fazem o trabalho cotidiano de ensinar e de formar professores um papel significativo na formulação e definição da direção de seu trabalho. Desde a perspectiva da reforma sistêmica, um conceito que orienta grande parte da reforma educacional nos EUA hoje, os planejadores da política acreditam ser direito seu ditar as práticas dentro de todas as inúmeras esferas da prática educacional. A formação de professores é o alvo mais visível nestes dias em vários países. O que estes autoproclamados líderes frequentemente esquecem é que o poder real se encontra com aqueles que, na base, podem, se assim o desejarem, subverter alguns dos desejos dos reformadores no curso de seu trabalho cotidiano.

Disso podemos pensar que há um abismo entre a retórica da educação centrada no aprendiz e democrática e o modo como a formação dos professores é conduzida. O que percebemos é a presença de um modelo de treinamento de habilidades comportamentais na formação de professores que tem dominado os programas de reforma educacional. Essa abordagem faz sentido, dada a visão muito limitada que os planejadores têm tido dos professores. Desse modo, podemos perguntar, com Zeichner (2002): por que se dar ao trabalho de fazer qualquer outra coisa nos programas de formação de professores, para além de ensinar os professores a serem técnicos eficientes, se não há nenhum papel para eles desempenharem, exercitando sua crítica sobre o currículo, as práticas institucionais ou sobre as políticas escolares? Se for para os professores ensinarem de maneira mais centrada no aprendiz e democrática, os processos de sua própria formação para ensinar devem ser congruentes com esses métodos. Os formadores de professores devem praticar o que eles pregam; caso contrário, o currículo oculto da formação dos professores tenderá a ser o que mais influencia na socialização dos professores em formação.

A despeito da tendência dominante de empregar um limitado modelo de formação de professores baseado no treino de habilidades, com o intuito de prepará-los para realizar eficientemente as ordens vindas de cima, há uma abundante literatura que se opõe e critica essa postura dos planejadores de política e das propostas de formação decorrentes dessas políticas, que nos remetem a um processo diferenciado de formação. Entre tantos outros, podemos citar Pimenta & Ghedin (2002), Zeichner (2002), Perrenoud (2002), Freire (1997), Contreras (2002), Sacristán & Gómez (2000), Zaragoza (1999), Tavares & Brzezinski (2001), Veiga & Amaral (2002).

Diante dessa situação, que projeto pedagógico ou que proposta de currículo pode representar um salto significativo no processo de desenvolvimento profissional na formação dos professores? Qual o papel da formação dos professores num processo de mudança social? Que projeto de formação e de desenvolvimento profissional pode ser promotor de uma formação tecnicamente competente, politicamente comprometida, eticamente responsável e epistemologicamente transformadora da realidade do ensino por meio da ação do professor em sua prática? O desafio, nesse caso, é insuperável no esforço de um único indivíduo, pois essa é uma tarefa coletiva ainda não desenvolvida como forma de intervenção social no processo de formação de professores. Essa perspectiva nos remete a duas questões que trataremos a seguir.

## Projeto de formação cultural e sentido da ação docente na construção da profissionalidade do professor

A ideia que orienta nossa reflexão opõe-se à prática de massificação da formação docente como objeto das políticas públicas que desconsideram o papel dos professores no processo de mudança educativa e social. Propomos que a formação docente seja orientada por um processo de autonomia que se dá pela produção autônoma do conhecimento dos professores como forma de promover a democratização dos saberes e como modo de elaborar a crítica à configuração das políticas públicas para a área. É importante que se diga que não há autonomia sem a possibilidade da crítica. Não há crítica se o professor não for sujeito de seu processo de formação. O professor não pode constituir-se como sujeito se, no seu processo de formação (inicial e continuada), não puder constituir-se como produtor de conhecimento sobre a prática e a partir da realidade que ele enfrenta em seu cotidiano. Também não há possibilidade de o professor ser sujeito de seu processo de produção se os cursos de formação não lhe possibilitam a autonomia mediante um processo de pesquisa.

Isso quer dizer que só haverá crítica se houver produção autônoma do conhecimento elaborado por meio de uma prática efetiva de pesquisa. Entendemos que é pela prática da pesquisa que exercitamos a reflexão sobre a realidade como forma de sistematizar metodicamente nosso olhar sobre o mundo para poder agir cirurgicamente sobre os problemas. Isso quer dizer que não pesquisamos por pesquisar, nem refletimos por refletir. Tanto a reflexão quanto a pesquisa são meios pelos quais podemos agir como sujeitos transformadores da realidade social. Isso indica que nosso trabalho como professores é o de ensinar a aprender para que o conhecimento construído pela aprendizagem seja poderoso instrumento de combate às formas de injustiças que se reproduzem no interior da sociedade.

Nesse sentido, os professores precisam aprender a construir uma visão cultural de modo que, ao ensinar, não só transmitam e possibilitem a construção dos conhecimentos dos alunos, mas também sejam eles próprios agentes de transformação cultural. Quero dizer que os professores (e também seus formadores) devem ter claro um projeto de formação cultural que servirá de orientação para as suas ações.

Esse "projeto de formação cultural" pode ser entendido como um modelo de sociedade que se quer construir em concordância ou em oposição à sociedade dominante hegemonicamente. Isso quer dizer que os professores precisam manter-se numa postura crítica ante as ideologias, com uma visão de mundo que possibilite repensar a utopia como horizonte de reconstrução da sociedade. Esse horizonte utópico, expresso por um "projeto de formação cultural", serve de orientação e guia para a escolha dos conteúdos que comporão os planos de ensino e o currículo da escola. É diante de um projeto de tal natureza que escolhemos os conteúdos atitudinais, procedimentais e conceituais que serão ensinados aos alunos nas escolas.

Do mesmo modo, esse projeto de formação implica escolha da postura metodológica do professor como mediações do processo de ensino-aprendizagem. Isso quer dizer que o professor não pode, sozinho, ter um projeto, mas há de buscar nos pares a colaboração para levar a cabo esse seu trabalho. Desse modo, a atitude de colaboração coloca-se em oposição à competição, da qual todos somos vítimas. Essa atitude colaborativa é uma exigência diante da sociedade em que os saberes se avolumam e a realidade complexifica-se.

Assim, um professor que apenas reproduz o conhecimento não consegue dar conta dos desafios que estão postos pela realidade. Portanto, a perspectiva que orienta mais significativamente a formação dos professores não pode mais centrar-se na transmissão, usando a memória como principal instrumento cognitivo. Diante do contexto presente, os professores precisam preparar-se para refletir e reelaborar, pela pesquisa, as informações que lhe chegam pelos mais diversos meios. Mais do que isso, o profissional do ensino deve apurar e refinar seu olhar para saber fazer escolhas acertadas e orientar as escolhas dos seus alunos. Desse modo, a escola e o coletivo dos professores devem constituir-se em comunidades de investigação, onde todos os elementos da escola estão em relação com o saber a ser construído coletivamente.

Nesse sentido, trata-se de repensar as relações estabelecidas entre a teoria e a prática da formação de professores. Por essa razão, a produção literária sobre a formação de professores, nas pesquisas de Carr (1996) e Contreras (2002), tem mostrado a forte tendência a pensar o professor como alguém capaz de articular de maneira mais proveitosa a formação teórica e a prática educativa, construindo a perspectiva do professor reflexivo e pesquisador dos processos práticos. Para Contreras (2002), um profissional que reflete a ação deverá refletir também sobre a estrutura organizacional, os pressupostos, os valores e as condições de trabalho docente. Deverá compreender ainda como o modo de organização e o controle do trabalho do professor interferem na prática educativa e na autonomia do profissional.

Desse modo, o processo formativo fundado sobre a reflexão na ação e sobre a ação, ao mesmo tempo que valoriza a prática docente como fonte de pesquisa e de autonomia do professor, dá a ele a responsabilidade por seu desenvolvimento profissional e pela construção de seu saber.

Essa perspectiva que articula teoria e prática por meio da pesquisa propõe a pesquisa como parte integrante do processo de formação do professor. Desse modo, a pesquisa constitui-se como princípio educativo e científico (Demo, 2000). O professor deve ser capaz de produzir conhecimento tendo por base sua prática, superando as tradicionais perspectivas acadêmica e técnica na formação de professores. Nessa direção, Elliott (1993) propõe a ideia de professor *investigador em aula*. Carr & Kemmis (1988) refletem sobre a necessidade de formar o *professor como pesquisador*.

Estamos de acordo que essas perspectivas podem trazer alguns problemas e implicações que exigem uma revisão do processo de formação e da concepção curricular. Uma primeira dificuldade dessa proposta é a superação do tradicional distanciamento entre pesquisa acadêmica e prática pedagógica. Essa visão estreita e elitista da pesquisa tem afastado os professores (em formação inicial e continuada) de um processo autônomo na produção do conhecimento. Caso reproduzamos o preconceito de que somente o pesquisador especializado ou professor universitário é que fazem pesquisa, excluímos do universo de produção do conhecimento os professores que atuam nas escolas e em níveis diferenciados de ensino. Creio que essa separação entre pesquisador (da universidade) e professor (da escola) é resultado de uma visão positivista da ciência e da educação. De acordo com essa visão, o professor seria apenas um técnico que "transmite" o conhecimento produzido na e pela universidade. Essa tentativa de distanciar a cosntrução do conhecimento do professor do processo de elaboração da pesquisa é uma postura que contribui para uma visão tecnicista da educação e colabora para a reedição das posturas tradicionais desenvolvidas pelas políticas públicas.

Por conta dessa realidade, precisamos repensar tanto nossa postura diante do saber quanto nossas escolhas metodológicas de ensino e de pesquisa. Para viabilizar uma formação centrada na pesquisa, precisamos rever os métodos que orientam a produção do conhecimento na universidade, do mesmo modo que há de ser revisto o modo como os cursos de formação de professores são pensados, organizados, estruturados e executados.

Concordando com Garrido et al. (2000), o curso de formação de professores deveria considerar a pesquisa colaborativa como alternativa de crescimento profissional para professores em formação e para pesquisadores. No caso da formação de professores, a metodologia da *pesquisa colaborativa*, o conceito de *professor pesquisador* e de *professor reflexivo* são centrais para repensarmos o processo de formação dos novos professores na perspectiva de um "projeto de formação cultural" que responda aos desafios da sociedade contemporânea, especialmente que sirva de apoio aos grupos excluídos.

As pesquisas já realizadas têm demonstrado a riqueza da contribuição do processo de pesquisa quando incorporado à formação do professor. Para Lüdke (1995), o reconhecimento da pesquisa como aliada importante no trabalho e na formação de professores está se fazendo de maneira cada vez mais clara. É importante, no entanto, atentar para o fato de que, ao se assumirem como produtores de sua profissão, os professores têm que saber que não basta apenas mudar o profissional, é preciso também mudar o contexto em que ele intervém (Nóvoa, 1992). Nesse sentido, é necessário, numa nova proposta formativa, levar em consideração o contexto de atuação do futuro profissional como marco de orientação das próprias pesquisas que serão desenvolvidas no espaço da formação do professor.

Segundo Lüdke (1995, p.119), "esta perspectiva de formação de professores centrada na investigação encoraja o professor reflexivo a examinar o seu próprio ensino, com vistas a uma mudança nas práticas". Para o autor, essa visão do desenvolvimento do professor com base na prática de pesquisa nos coloca muitos desafios, a começar pelo próprio conceito de pesquisa, que requer definições mais amplas e flexíveis, e terminando na previsão das condições de trabalho dos professores, especialmente nas escolas.

Creio que a pesquisa desenvolvida e coordenada por Lüdke (2001a) nos dá um retrato das possibilidades e contribuições dessa perspectiva do professor pesquisador e professor reflexivo como sujeito que produz conhecimento por meio da pesquisa. Nessa linha de reflexão, há trabalhos interessantes que sustentam e fundamentam, do ponto de vista teórico-prático, a possibilidade de propostas de formação centradas nessas perspectivas. Podemos mencionar Santos (2001), Lüdke (2001b), André (2001), Beillerot (2001), Soares (2001), Lisita et al. (2001), Miranda (2001), Pimenta & Ghedin (2002), entre tantos outros pesquisadores preocupados com a formação dos professores baseada na produção do conhecimento que se dá pela pesquisa como prática de ensino e aprendizagem, que contribui mais significativamente com o processo de autonomia do professor e do processo de aprendizagem de sua profissão.

De acordo com a pesquisa apresentada por Pimenta & Ghedin (2002), é indiscutível a contribuição do conceito de professor pesquisador e de professor reflexivo no exercício da docência para a valorização da profissão docente, dos saberes dos professores, do trabalho coletivo destes e das escolas, como espaço de formação contínua. O professor pode produzir conhecimento a partir da prática, desde que na investigação reflita intencionalmente sobre ela, problematizando os resultados obtidos com o suporte da teoria, e, portanto, como pesquisador de sua própria prática.

É claro que essas perspectivas apresentam problemas a serem superados. Entre os principais, podemos apontar: o individualismo da reflexão, a ausência de critérios externos potenciadores de uma reflexão crítica, a excessiva (e mesmo exclusiva) ênfase nas práticas, a inviabilidade da investigação nos espaços escolares e a restrição desta nesse contexto. Essas críticas emergem não apenas de análises teóricas dos diferentes autores (Contreras, 2002), mas também de pesquisas empíricas realizadas por Pimenta (2000), Almeida (1999) e Lima (2001). Com base nesses estudos, é possível apontar possibilidades de superação dos limites oriundos das pesquisas nesse campo de conhecimento.

Cremos que os problemas enfrentados podem ser superados pela síntese posta por Pimenta (2002):

1 *Da perspectiva do professor reflexivo ao intelectual crítico reflexivo;* ou da dimensão individual da reflexão ao seu caráter coletivo, público e ético.

2 *Da epistemologia da prática à práxis;* ou da construção de conhecimentos por parte dos professores a partir da análise crítica (teórica) das práticas e da ressignificação das teorias a partir dos conhecimentos da prática (práxis).

3 *Do professor-pesquisador* à realização da pesquisa no espaço escolar como integrante da jornada de trabalho dos profissionais da escola, com a colaboração de pesquisadores da universidade. Ou caminhar para se instaurar na escola uma cultura de análise de suas práticas, pela problematização das mesmas e realização de projetos coletivos de investigação, com a colaboração da universidade; e, além disso, reforçar a importância da universidade na formação, com processos formativos que tomem a realidade existente como parte integrante desse processo e no qual a pesquisa é o eixo central.

4 *Da formação inicial e dos programas de formação contínua* (que podem significar um descolamento da escola, aprimoramento individual e um corporativismo) *ao desenvolvimento profissional.* Ou considerar o desenvolvimento profissional como resultante da combinação entre a formação inicial, o exercício profissional (experiências próprias e dos demais) e as condições concretas que determinam a ambos.

5 *Da formação contínua que investe na profissionalização individual ao reforço da escola e do coletivo no desenvolvimento profissional dos professores.* Ou superar a perspectiva individualista de formação, centrando-a no espaço escolar, isto é, na construção do projeto pedagógico.

Esses desdobramentos e possibilidades colocam em evidência que estamos nos referindo a uma política de formação e exercício docente que valoriza os professores e as escolas como capazes de pensar, de articular os saberes científicos, pedagógicos e da experiência na construção e na proposição das transformações necessárias às práticas escolares e às formas de organização dos espaços de ensinar e de aprender. Os professores e as escolas não podem ser considerados como meros executores e cumpridores de decisões técnicas e burocráticas gestadas de fora. Para isso, o investimento na sua formação inicial e no desenvolvimento profissional e nas escolas, a fim de que se constituam em ambientes capazes de ensinar com a qualidade social que se requer, precisa ser grande. São necessárias condições de trabalho para que a escola reflita e pesquise e se constitua num espaço de análise crítica permanente de suas práticas. É preciso uma política que transforme as jornadas fragmentadas em integral; é preciso elevar os salários a patamares decentes que dignifiquem a profissão docente.

A sólida formação, por sua vez, só pode ser desenvolvida por universidades compromissadas com a formação e o desenvolvimento de professores, capazes de aliar a pesquisa aos processos formativos. Estamos, portanto, falando de um projeto emancipatório, compromissado com a responsabilidade de tomar a escola parceira na democratização social, econômica, política, tecnológica e cultural, que seja mais justa e igualitária.

Por tratar-se de uma prática educativa, a profissão docente uma forma de intervenção na realidade social. Entendemos que a atividade docente é uma das atividades de ensino e formação ligadas à prática educativa mais amplas que ocorrem na sociedade. Na sua acepção corrente, é definida como uma atividade prática. O professor em formação está se preparando para efetivar as tarefas práticas de ser professor. Dado que não se trata de formá-lo como reprodutor de modelos práticos dominantes, mas capaz de desenvolver a atividade material para transformar o mundo natural e social humano. Apreender na cotidianidade a atividade docente supõe não perder de vista a totalidade social, pois, sendo a escola parte constitutiva da práxis social, representa no seu dia a dia as contradições da sociedade na qual se localiza.

Os estudos de Pimenta (2000) estabelecem a importância da relação entre pesquisa e formação de docentes, realçando que a pesquisa deve realizar-se baseada na formação e prática dos docentes; há de organizar-se com base nos dados e informações advindos da pesquisa e referendadas como teoria.

Sobre essa questão, esse autor afirma que o saber docente não é formado apenas da prática, mas também nutrido pelas teorias da educação e pelas experiências ao longo do processo formativo e da atuação profissional. Dessa forma, a teoria tem importância fundamental na formação dos docentes, pois dota os sujeitos de variados pontos de vista para uma ação contextualizada, oferecendo perspectivas de análise para que os professores compreendam os contextos históricos, sociais, culturais, organizacionais e de si próprios como profissionais.

A transformação da prática dos professores deve se dar, pois, numa perspectiva crítica. Assim, deve ser adotada uma postura cautelosa na abordagem da prática reflexiva, evitando que a ênfase no professor não venha a operar, estranhamente, a separação de sua prática do contexto organizacional no qual ocorre. Fica, portanto, evidenciada a necessidade da realização de uma articulação, no âmbito das investigações sobre prática docente reflexiva, entre práticas cotidianas e contextos mais amplos, considerando o ensino como prática social concreta.

Entendemos que a superação dos limites dar-se-á com base em teorias e experiências que permitam aos professores entenderem as restrições impostas pela prática institucional e histórico-social ao ensino, de modo a identificar o potencial transformador das práticas. Na mesma direção, Libâneo (1998) destaca a importância da apropriação e produção de teorias como marco para a melhoria das práticas de ensino e dos resultados. Contreras (2002) chama a atenção para o fato de que a prática dos professores precisa ser analisada, considerando que a sociedade é plural, no sentido da pluralidade de saberes, mas também desigual, no sentido das desigualdades sociais, econômicas, culturais e políticas. Assim, concorda com Carr (1996), que aponta o caráter transitório e contingente da prática dos professores e da necessidade da transformação das práticas numa perspectiva crítica.

## Considerações finais

Segundo a abordagem posta em questão anteriormente, os conceitos de *professor reflexivo* e de *professor pesquisador* orientados pela *metodologia da pesquisa-ação colaborativa* constituem propostas férteis que podem embasar e desencadear um novo processo de formação de professores, na medida em que deslocam a compreensão do professor como prático e técnico para a compreensão de um profissional intelectual crítico. Isso coloca outras bases para o processo de formação de professores e abre caminho para autonomia do professor.

Por sua vez, essa perspectiva de formação só tem sentido na medida em que assume, do ponto de vista curricular e científico, alguns princípios norteadores da ação humana que visa ao compromisso com a transformação radial da sociedade e a extinção das desigualdades e das injustiças.

Para que essa perspectiva seja desenvolvida na formação dos professores, é preciso levar em conta cinco dimensões que constituem os princípios gerais que fundamentam o processo de formação humana numa sociedade tecnológica:

1 Uma sólida *formação ética* entendida como práxis orientada pelo bem comum, que assume a liberdade das escolhas como ato de vontade que implica construir a identidade pessoal na relação com o outro como possibilidade de dar um sentido para a existência individual e coletiva. Os processos de formação deveriam incluir em seus currículos conteúdos que possibilitassem essas reflexões no processo de formação dos professores.

2 A dimensão ética não está desvinculada de um *compromisso político* que é pressuposto do ato educativo. Compreendemos que a educação é um ato político no sentido de que ninguém educa ninguém sem um projeto de formação cultural, e esse projeto passa por uma intencionalidade política. O professor, em sua formação, há de construir uma consciência de que todos os seus atos são atitudes que incidem numa postura política. Assim a formação desses profissionais deveria considerar mais significativamente essas reflexões no processo de formação.

3 Vinculada ao compromisso político está a *dimensão epistemológica* da formação do professor. O professor precisa aprender a dominar com profundidade os conhecimentos da área que ensina e com relativo conhecimento das outras áreas do saber humano. Isso quer dizer que o processo de formação há de ser conduzido e orientado pela interdisciplinaridade, entendida como postura perante o conhecimento e sua construção. Esse domínio é possível pela postura reflexiva e investigativa no processo de formação e atuação profissional.

4 A práxis da ética vincula-se a um compromisso político que está em relação a uma competência epistemológica, que exige uma *formação técnica*, que está vinculada às práticas específicas de cada área de conhecimento. A dimensão técnica está vinculada ao conhecimento das tecnologias que podem ser utilizadas para maximizar os processos de ensino e aprendizagem. Isso quer dizer que o conhecimento das metodologias de ensino e dos processos de aprendizagem é fundamental no processo de formação e atuação profissional do professor.

5 A outra dimensão a ser considerada é a *dimensão estética*. Construir uma visão de beleza vinculada à ética, à política, à técnica e ao conhecimento é uma necessidade no processo de formação e de atuação profissional. Isso quer dizer que o professor precisa aprender a dominar a arte de fazer-se artista, no sentido de que deve considerar as emoções, os sentimentos e toda a afetividade como partes do processo de ensino e de aprendizagem. Desenvolver-se esteticamente significa dizer que “precisamos da arte porque a vida não basta”.

É na fusão dessas dimensões entrecruzadas que podemos ampliar o universo das práticas e dos saberes dos professores em formação. É claro que isso precisaria ser mais bem trabalhado, mais significativamente aprofundado e mais cuidadosamente elaborado, mas o espaço deste capítulo não nos permite isso no momento. Porém, podemos afirmar que as dimensões ética, política, epistemológica, estética e técnica, nesta nossa reflexão, fundem-se na proposta de uma formação orientada por um processo de "pesquisa-reflexiva-colaborativa" como fundantes do desenvolvimento profissional dos professores.

Essa perspectiva está estreitamente vinculada a um compromisso crítico do professor como intelectual comprometido com a promoção da justiça, a construção da igualdade econômica na distribuição da riqueza e no reconhecimento das diferenças étnicas e de gênero. Por isso, para encerrar este texto, vale-nos a reflexão posta por Zeichner (2002, p.50):

> Embora, em geral, apoie a elevada ênfase sobre a preparação de professores reflexivos para uma educação centrada no aprendiz e rejeite os modelos de preparação tecnocráticos que foram usados no passado, acredito que seja importante fazermos todo o possível para garantir que estes esforços sejam desenvolvidos de modo que sustentem uma capacitação e desenvolvimento genuínos dos professores, que contribuam para uma diminuição do abismo na qualidade da educação que é oferecida para os diferentes grupos dentro da sociedade e que seja ligada a sérios esforços para melhorar os salários e condições de trabalho dos professores em todo o mundo. A não ser que estas condições sejam vinculadas aos atuais esforços de reforma, não veremos muita influência dentro das salas de aula ou na realização da educação de alta qualidade para todos os que dizemos estarmos comprometidos a viabilizar. Também não veremos muito progresso na eliminação das desigualdades nos direitos humanos para além da escola ... Deveríamos continuar a lutar, na formação do professor e na educação em geral, para uma contribuição que nos ajude a caminhar para mais perto de um mundo, onde o que desejamos para nossas crianças seja também válido para as crianças de todos os outros. Este é o único tipo de mundo com que deveríamos nos satisfazer, e nada, nem mesmo coisas como uma educação reflexiva, e uma educação centrada no aprendiz, é digno de nosso apoio a menos que nos ajude a nos encaminharmos para mais perto desse tipo de mundo.

## Referências bibliográficas

ALMEIDA, M. I. de. *O sindicato como instância formadora dos professores*: novas contribuições ao desenvolvimento profissional. São Paulo, 1999. Tese (Doutorado) – Faculdade de Educação, Universidade de São Paulo.

ANDRÉ, M. *O papel da pesquisa na formação e na prática dos professores*. Campinas: Papirus, 2001.

BEILLEROT, J. A "pesquisa": esboço de uma análise. In: ANDRÉ, M. *O papel da pesquisa na formação e na prática dos professores*. Campinas: Papirus, 2001.

CARR, W. *Una teoría para la educación*: hacia una investigación educativa crítica. Madrid: Morata, 1996.

CARR, W., KEMMIS, S. *Teoría crítica de la enseñanza*. Barcelona: Matínes Roca, 1988.

CONTRERAS, J. *Autonomia de professores*. São Paulo: Cortez, 2002.

CRAIG, H. et al. *Teacher Development*: Making an Impact. Washington: Academy for Educational Development, 1999.

DEMO, P. *Pesquisa*: princípio científico e educativo. 8.ed. São Paulo: Cortez, 2000.

ELLIOT, J. *Reconstructing Teacher Education*. London: The Falmer Press, 1993.

FREIRE, P. *Pedagogia da autonomia*: saberes necessários à prática educativa. 3.ed. São Paulo: Paz e Terra, 1997.

GARRIDO, E., PIMENTA, S. G., MOURA, M. O. de. A pesquisa colaborativa na escola como abordagem facilitadora para o desenvolvimento da profissão do professor. In: MARIN, A. J. (Org.) *Educação continuada*: reflexões, alternativas. Campinas: Papirus, 2000.

LIBÂNEO, J. C. As mudanças na sociedade, a reconfiguração da profissão de professor e a emergência de novos temas na didática. In: IX ENDIPE, 1, Águas de Lindoia. *Anais*..., 1998. v.1.

LIMA, M. S. L. *A formação contínua do professor nos caminhos e descaminhos do desenvolvimento profissional*. São Paulo, 2001. Tese (Doutorado) – Faculdade de Educação, Universidade de São Paulo.

LISITA, V., ROSA, D., LIPOVETSKY, N. Formação de professores e pesquisa: uma relação possível? In: ANDRÉ, M. *O papel da pesquisa na formação e na prática dos professores*. Campinas: Papirus, 2001.

LÜDKE, M. A pesquisa na formação do professor. In: FAZENDA, I. C. A. *A pesquisa em educação e a transformação do conhecimento*. Campinas: Papirus, 1995. p.111-9.

______. A complexa relação entre o professor e a pesquisa. In: ANDRÉ, M. *O papel da pesquisa na formação e na prática dos professores*. Campinas: Papirus, 2001a.

______. *O professor e a pesquisa*. Campinas: Papirus, 2001b.

MCGINN, N. Resistance to good ideas: escuela nueva in Columbia. In: BUCHERT, L. *Educational reform in the south in the 1990's*. Paris: Unesco, 1998. p. 9-52.

MIRANDA, M. G. de. O professor pesquisador e seu pretensão de resolver a relação entre teoria e prática na formação de professores. In: ANDRÉ, M. *O papel da pesquisa na formação e na prática dos professores*. Campinas: Papirus, 2001.

NÓVOA, A. (Org.) *Profissão professor*. Porto: Ed. Porto, 1992.

PERRENOUD, P. *A prática reflexiva no ofício de professor:* profissionalização e razão pedagógica. Porto Alegre: Artmed, 2002.

PIMENTA, S. G. (Org.) *Saberes pedagógicos e atividade docente*. São Paulo: Cortez, 2000.

PIMENTA, S. G. (Org.) Professor reflexivo: construindo uma crítica. In: PIMENTA, S. G., GHEDIN, E. (Org.) *Professor reflexivo no Brasil*: gênese e crítica de um conceito. São Paulo: Cortez, 2002. p.17-52.

PIMENTA, S. G., GHEDIN, E. (Org.) *Professor reflexivo no Brasil*: gênese e crítica de um conceito. São Paulo: Cortez, 2002.

SACRISTÁN, J. G., GÓMEZ, A. I. P. *Compreender e transformar o ensino*. 4.ed. Porto Alegre: Artmed, 2000.

SANTOS, L. L. C. P. Dilemas e perspectivas na relação entre ensino e pesquisa. In: ANDRÉ, M. *O papel da pesquisa na formação e na prática dos professores*. Campinas: Papirus, 2001.

SEVERINO, A. J. Os embates da cidadania: ensaio de uma abordagem filosófica da nova LDB. In: BRZEZINSKI, I. (Org.) *LDB interpretada*. 7.ed. São Paulo: Cortez, 2002. p.57-69.

SOARES, M. As pesquisas nas áreas específicas influenciando o curso de formação de professores. In: ANDRÉ, M. *O papel da pesquisa na formação e na prática dos professores*. Campinas: Papirus, 2001.

TAVARES, J., BRZEZINSKI, I. (Org.) *Conhecimento profissional de professores*: a práxis educacional como paradigma de construção. Fortaleza: Edições Demócrito Rocha, 2001.

TORRES, R. M. Without the reform of teacher education there will be no reform of education. *Prospects*, v.26, n.3, p.447-67, 1996.

VEIGA, I. P. A., AMARAL, A. L. (Org.) *Formação de professores*: políticas e debates. Campinas: Papirus, 2002.

ZARAGOZA, J. M. E. *O mal-estar docente*: a sala de aula e a saúde dos professores. Bauru: Edusc, 1999.

ZEICHNER, K. Formando professores reflexivos para uma educação centrada no aprendiz: possibilidades e contradições. In: ESTEBAN, M. T., ZACCUR, E. (Org.) *Professora-pesquisadora*: uma práxis em construção. Rio de Janeiro: DP&A, 2002. p. 25-54.

# 27

# O desafio metodológico de formar professores pesquisadores na interdisciplinaridade

*Ivani Catarina Arantes Fazenda*

Ao iniciarmos nossos estudos na teoria da interdisciplinaridade, passamos dez anos investigando o cotidiano de professores do ensino fundamental, médio e superior. A razão desse fato é que essa teoria somente se legitima na ação, então fomos experimentando formas diferenciadas de observação e registro das ações.

Neste capítulo, objetivamos descrever o sentido do movimento provocado na pesquisa interdisciplinar em seus procedimentos metodológicos. Nossa busca revelou professores muitas vezes perdidos na função de professar, impedidos de revelarem seus talentos ocultos; anulados no desejo da pergunta, embotados na criação; prisioneiros de um tempo tarefeiro, reféns da melancolia; induzidos a cumprir o necessário, cegos à beleza do supérfluo (Fazenda, 1994, 1998, 2000, 2001 e 2003).

Encontramos também nas propostas de formação inicial ou continuada o desejo de torná-los pesquisadores, mas muitas vezes sem discutir o sentido e o valor da pesquisa em sua vida. Sabemos que para esse dilema existem inúmeras alternativas. As escolhidas neste momento referem-se às seguintes questões de ordem metodológica:

- Como retecer histórias interrompidas?
- Como estimular a alfabetização em linguagens novas?

- Como recuperar a memória de fatos sombrios?
- Como valorizar a linguagem singular?
- Como auxiliar na descoberta de talentos?
- Como estimular a leitura das entrelinhas?
- Como cuidar da leveza e beleza do discurso sem macular a crítica?
- Como legitimar a autoria do outro sem ferir a própria?
- Como acompanhar a lentidão da metamorfose sem precipitar o desfecho?
- Como auxiliar na descoberta do melhor estilo?

Essas dez questões merecerão tratamento analítico pormenorizado. Este capítulo é o esboço de um próximo livro cuja pretensão é aprofundar a discussão a respeito das perguntas aqui formuladas, apresentando subsídios à construção de uma metodologia da investigação interdisciplinar.

Para responder a essas questões, decidimos relembrar alguns aspectos da construção teórica interdisciplinar. Nossos achados revelaram quatro princípios que norteiam nosso caminho: 1. espera, 2. humildade, 3. respeito e 4. desapego.

Para tanto, muito temos nos servido da interlocução constante com outros centros de investigação interdisciplinar onde acompanhamos a evolução dos estudos sobre a recuperação das histórias de vida, o aprofundamento dos recursos propiciados pela hermenêutica, os cuidados e o valor do uso de metáforas, os avanços nas questões da subjetividade e a importância atribuída à dimensão simbólica.

Os resultados desses estudos, embora preliminares, apontam mais para as dificuldades de intervenção e para seus cuidados. As questões metodológicas da pesquisa de certa forma têm sido apenas esboçadas. Torna-se imperativo neste momento reafirmá-las, pois, ao formar o professor pesquisador, verificamos que não apenas o formamos para a pesquisa, mas percebemos que o trabalho realizado acaba por desencadear outros atributos até agora não considerados nas pesquisas convencionais sobre educação. Ao formarmos o professor pesquisador sob o enfoque interdisciplinar, acabamos por recuperar sua autoestima. O professor, quando iniciado nessa forma de investigar, contagia imediatamente toda a sala de aula, a escola e a comunidade.

## Do que já dissemos, e hoje acrescentamos...

Como preâmbulo, neste momento decidimos rever antigos escritos, acrescentando dados novos aos já elaborados. Esse exercício nos revela novas luzes às teorizações sobre a forma de investigar em educação.

Em 1994, ao publicarmos o livro *Interdisciplinaridade, história, teoria e pesquisa*, hoje em sua 11ª edição, dedicamos três capítulos à descrição dos desafios metodológicos vivenciados pelo professor pesquisador.

Naquele momento, havíamos orientado trinta pesquisas entre dissertações de mestrado e teses de doutoramento. Hoje, 2003, já nos aproximamos do número oitenta. Convidamos você, leitor amigo, a essa aventura de reler o velho com olhos de novo. Dessa forma, estaremos vivenciando mais uma vez a atitude interdisciplinar.

Ao nos referirmos naquele momento aos princípios formulados por Antonio Nóvoa, parceiro nosso naquele momento que tratávamos das histórias de vida, alertávamos para o perigo em categorizá-las dentro de barreiras disciplinares. Melhor explicando: categorizações podem apenas nos auxiliar na elucidação de aspectos generalizadores, porém, se aí permanecermos, corremos o risco de perder a riqueza dos detalhes singulares que podem conduzir a uma compreensão de aspectos importantes que nem sempre a generalização contempla.

Histórias de vida, quando recuperadas, permitem-nos a conjugação de olhares singulares das ações educativas. Cada pesquisa que tem a história de vida como procedimento requer configuração própria, cuidados diferenciados, porque sugerem movimentos novos no delineamento de ações. No projeto de construção de uma teoria da interdisciplinaridade, detivemo-nos na explicitação de ações educativas. A pergunta que hoje fazemos é a seguinte: por que foi importante partirmos delas em nossas pesquisas? A resposta pode ser em parte explicitada pela afirmação de que as questões da interdisciplinaridade precisam ser trabalhadas numa dimensão diferenciada de conhecimento – daquele conhecimento que não se explicita apenas no nível da reflexão, mas sobretudo no da ação. Assim, vai exigir do pesquisador um envolvimento tão profundo com seu trabalho que o conduzirá ao encontro de uma estética e uma ética próprias, singulares. Somente quando o pesquisador encontra sua estética e sua ética, ele ingressa numa dimensão interdisciplinar.

Que ações poderiam ser escolhidas para pesquisa? Essa é uma indagação frequente. À resposta temos nos reservados o direito de nova pergunta: qual o grau de compromisso que o pesquisador demonstra com a ação a ser pesquisada? Na resposta a essa interrogação, estão contidos princípios fundamentais à execução de uma investigação interdisciplinar, tais como o comprometimento, o envolvimento e o engajamento. Perceber o grau de envolvimento do pesquisador com o objeto de pesquisa envolve um trabalho paralelo de investigação sobre a intencionalidade e origem das pesquisas. Gaston Pineau (2002), em seus mais recentes estudos, categoriza este trabalho numa tríplice dimensão: direção, significação e intenção. Vários dos trabalhos por nós orientados nesses três últimos anos dialogaram recriando o esquema tripartite de Pineau. Esse esquema foi particularmente interessante na medida em que auxiliou nossos pesquisadores na compreensão e organização de suas práticas (Vieira, Fazenda, Tufano, 2001). Da mesma forma, com base nesses primeiros ensaios, outros pesquisadores aperfeiçoaram os procedimentos metodológicos, reconstruindo de forma diferenciada o esquema inicial. Estamos nos referindo às pesquisas realizadas por Matos, Gonçalves, Cascino e Gasparian.

Há quatro anos, intensificamos nossa parceria com Gaston Pineau, que, ao longo das três últimas décadas, dedicou seus estudos às questões das histórias de vida. Para Pineau (2002), as histórias de vida definem-se como pesquisa e construção de sentido, ampliando não apenas o espaço da grafia, mas também o da palavra, da comunicação oral, da vida. Ampliam também as múltiplas possibilidades de expressão, tais como a fotografia, a tela, o teatro, o rádio, o vídeo, o cinema, a televisão e a internet. Elas permitem ao pesquisador a saída do *moi* a um "ser com". Pineau, em sua última obra, realiza uma façanha rastreando os trabalhos dos principais pesquisadores da história de vida. Seu objetivo era demonstrar como as ações cotidianas podem transformar-se em pesquisa e como as pesquisas podem transformar-se em formações. Cita outro também parceiro nosso, Renè Barbier, em seus estudos de 1996, quando dizia da importância da pesquisa-ação e da evolução dessa forma peculiar de pesquisar quando a ação se transforma em formação. A pesquisa/ação/formação é um campo emergente neste momento dos mais importantes nas investigações sobre educação. Histórias de vida vêm sendo consideradas não apenas formas de investigação como práticas de formação. Elas não apenas possibilitam a teorização e categorização das práticas empíricas, mas também a articulação dialética das duas polaridades não excludentes prática e teoria. Pudemos revisitar, ao lado de Pineau, a bibliografia mais significativa sobre histórias de vida. Outro parceiro teórico que encontramos foi Guy de Villers, que se interroga sobre as relações entre clínica e formação. Há muito tempo, melhor dizendo, 1986, quando orientamos nossa primeira mestranda, Sueli Grimaldi Moreira, ousamos falar das relações entre a clínica e a sala de aula. Nossas ferramentas eram ainda incipientes. Utilizávamos apenas o referencial da psicologia analítica e ainda assim com muito cuidado porque essa ciência naquele momento era vista como alguma coisa estranha por parte dos pesquisadores em educação. Os resultados diziam que era importante investirmos no jeito de ser próprio de cada professor e de cada aluno – hoje dizemos do caráter terapêutico que existe nessa relação. Naquele momento, ousamos até construir tabelas com números para tentar demonstrar a cientificidade de nossos achados, as pesquisas que posteriormente desenvolvemos indicam nas histórias de vida um processo maiêutico de sujeitos, projetos e trajetos, que informa, forma que os projeta para um outro patamar de vida.

## Considerações preliminares

Não pense o leitor que uma pesquisa dessa natureza nasce do acaso, ou seja, do desejo involuntário que pode surgir de narrar a própria vida. A pesquisa que denominamos interdisciplinar nasce de uma vontade construída. Seu nascimento não é rápido, exige uma gestação prolongada, uma gestação em que o pesquisador se aninha no útero de uma nova forma de conhecimento – a do conhecimento vivenciado e não apenas refletido, a de um conhecimento percebido, sentido e não apenas pensado. Esse processo de nidação que o pesquisador inicialmente vivencia leva-o a uma revisão da bibliografia que veio norteando sua formação – uma releitura do que mais o marcou em sua concepção de educação. Nesse processo, ele vai adquirindo a percepção de sua própria interdisciplinaridade, melhor dizendo, de sua singular atitude perante o contexto. A espera que esse processo de gestação determina começa a gerar novas dúvidas. O professor pesquisador passa a duvidar das teorias sobre educação existentes, duvidar no bom sentido, no sentido de percebê-las imperfeitas e incompletas, de duvidar que elas possam explicitar, da forma como estão elaboradas, suas intercorrências práticas, e surge a dúvida maior: a de que algo de sua prática vivida possa estar contribuindo para a explicitação das imperfeitas teorias sobre educação já construídas, bem como da beleza das que se tornaram clássicas.

Das dúvidas construídas e trabalhadas surge um desafio: o desafio de criar teoria, uma teoria nascida de uma prática intensamente vivida. Esse desafio vai se explicitando na superação de múltiplos obstáculos. O primeiro deles, diria, o mais fundamental, é vencer as amarras pessoais, deixar o peito aberto para que flua dele toda a emoção que a ação praticada provocou. Esse processo é tão ou mais longo que o da nidação da teoria, pois exige adesão irrestrita ao processo de desvelamento da prática, exige o rompimento com estereótipos adquiridos no passado, rompimento às descrições padronizadas, exige a descoberta, enfim, do símbolo que gestou e sustentou toda a prática vivida. Esse símbolo, também como já dissemos, é próprio de cada um, portanto exige do pesquisador um tempo próprio de maturação, uma forma própria de narrar e descrever, uma forma própria de reorganizar a ação, uma estética própria na apresentação e, sobretudo, exige de cada um o compromisso com o desvelamento de uma ética própria que determinou seu próprio modo de ser, o que o marca, distingue-o, personaliza-o como ser único, habitante e construtor de uma forma própria de educar.

A pesquisa interdisciplinar exige, portanto, a busca da marca pessoal de cada pesquisador – a busca de sua marca registrada.

## Sobre o que identifica ou marca a pesquisa interdisciplinar

A pesquisa interdisciplinar distingue-se das demais por revelar, na sua forma de abordagem, a marca registrada do pesquisador.

O exercício de busca da marca registrada envolve uma viagem interior, um retrocesso no tempo, em que o autor, ao tentar descrever a ação vivenciada em sua história de vida, identifica-se com seu próprio modo de ser no mundo, encontra sua própria metáfora interior. Assim, percebe-se pescador aquele que tece a rede, que a constrói, que sabe sobre sua função, sobre as formas e finalidades com que ela possa ser utilizada, tem muito claro o propósito com que possa pescar (bota ou peixe), e que por isso, sobretudo, sabe que sua tarefa consiste em aproveitar, transmutar tanto a bota em peixe quanto o peixe em bota, desvelando o valor próprio, não exclusivo de cada um e, portanto, interdisciplinarmente percebido.

## O encontro da metáfora interior

O encontro dessa metáfora interior, fundamental nessa forma de investigação, nem sempre ocorre no início do processo, pois sua identificação exige um domínio quase que pleno da situação vivida, que, apenas ocasionalmente, transparece numa intuição inicial. Na maior parte das vezes, esse encontro só vai ocorrer após uma narração, descrição e análise da ação a ser pesquisada.

Citamos o pescador – uma das marcas registradas de Regina Bochniak, uma de nossas orientandas. Outras tantas passarei a analisar. Esse exercício de descoberta da metáfora interior permite ao pesquisador um contato tão profundo com seu próprio eu que o obriga a uma percepção em totalidade do seu papel no mundo e do papel dos outros que com ele interagem.

Para exemplificarmos essa relação que se estabelece entre o sujeito pesquisador e o objeto a ser pesquisado, servimo-nos do trabalho de Jucimara, que, ao descrever o processo de interação ocorrido entre os professores da instituição que pesquisava, recorreu ao recurso de uma analogia colhida no recôndito de uma fábula da literatura infantil: o caracol e a flor.

O movimento da ação descrita por Jucimara Rojas poderia ser sintetizado numa direção de dentro para fora, ou seja, a identificação das marcas presentes em seus sujeitos revela-se no modo de viver de uma formiga, cigarra, caracol ou borboleta, personagens da historinha escolhida. Digo de dentro para fora porque, antes de identificar a marca de seus sujeitos, Jucimara precisou imaginar qual seria o papel que uma formiga, uma cigarra, um caracol ou uma borboleta desempenhariam na sociedade dos animais. Esse nível primitivo de abstração conduziu Jucimara a detalhes na compreensão da própria experiência vivida. Conseguiu identificar não apenas as características dos sujeitos observados, mas também as ações exercidas em seu processo interativo. O recurso da metáfora permitiu a ela, pesquisadora, colocar-se na pele de seus sujeitos, compreendendo-os no limite de suas especificidades.

Outro movimento frequentemente constatado em nossas pesquisas é aquele que ocorre de fora para dentro. O exemplo é o de Ruy do Espírito Santo em sua *Pedagogia da transgressão*. Por que e como a transgressão é marca da ação descrita por Ruy? Ruy trazia uma descrição exterior que privilegiava sua ação docente ocorrida em determinado curso, em determinada instituição. Aparentemente, todos os elementos da ação a ser pesquisada estavam descritos, porém o que faltava? Faltava a explicitação do movimento interior da ação, sua metáfora interior. A descrição da prática vivenciada por Ruy era meticulosa, com detalhes, porém detalhes de alguém que pesquisa o fato, do lado de fora apenas. O processo de compreensão do movimento interior da ação ocorreu num processo maiêutico, no qual acompanhei Ruy numa viagem ao interior de sua pesquisa, uma viagem na qual o conduzi, tendo o quadro-negro como tela e o giz como protagonista. Quadro-negro e giz desenharam a mim e a Ruy um movimento próprio da sua ação exercida. Era um movimento de negação e construção do ato educativo, poderíamos dizer, paradoxal, visto que algo de diferente havia no processo de apreensão das sínteses. Essa característica própria do movimento que vimos desenhado nos indicou uma metáfora à qual denominamos transgressão. Há muitos anos, orientamos

Ruy nessa viagem – sua viagem solitária transformou-se em pesquisa, foi dissertação de mestrado, posteriormente livro com várias reedições. Assim como Ruy, outros educadores por nós orientados, ao descobrirem o jeito de ser próprio que os constituem educadores, acabam por disseminar esse procedimento metodológico de investigação ao deixar vir à tona a identidade latente do aluno, seu talento adormecido. Um educador que se aninha nessa forma de investigar interdisciplinarmente nunca mais pede demissão da pesquisa – ela acaba fazendo parte de seu cotidiano de vida pessoal e profissional. Assim, eles prosseguem em seus doutorados, livre-docência, titularidade, publicam seus achados, formam pesquisadores orientando, presidem fóruns de educação, associações de classe, reitorias de universidades. Adquirem até força para interferir nas decisões macro ou micro das políticas de educação.

Outra evidência a que esse exercício de apropriação da metáfora interior conduz é do quão necessária se faz uma descrição pormenorizada anterior da prática vivida. É a partir, muitas vezes, da repetição de pequenos detalhes que nos permitimos perceber a essência do movimento ocorrido. De fora para dentro e de dentro para fora, constituiu-se nos exercícios das ações pesquisadas a possibilidade de confronto entre a ação praticada e a ação vivida.

## O movimento de integração-linearidade-circularidade

Outro movimento próprio encontrado na apreensão das metáforas interiores denominamos linearidade/circularidade. As ações descritas em nossos primeiros trabalhos costumavam contemplar os elementos sequencialmente vividos. O conjunto dessas ações objetivava facilitar a compreensão da totalidade da ação pelo próprio exercício a que já se está habituado – sequência lógico-cronológica. Porém, nossas sequentes pesquisas comprovaram que a linearidade dessas descrições é insuficiente para explicitar todas as contradições. Por isso, investimos nossos esforços na descoberta de outro movimento: circularidade. O exemplo de que nos servimos foi vivido por Lucrecia Mello na descoberta de sua metáfora interior – o labirinto. Ao investigar o interior do discurso de alguns coordenadores de curso, tentando explicitar suas ações, Lucrecia depara com um impasse, um labirinto. O desenho do labirinto chega à sua mente com toda a força do momento no qual se encontrava. A imagem que sua mente captava era a de quadrados concêntricos cuja saída não se explicitava. Melhor explicando, Lucrecia encontrava-

-se com todo material coletado – paredes do labirinto –, porém ela própria colocava-se no centro desse labirinto; estava enclausurada sem vislumbrar nenhuma saída para seus dados. O impasse colocou-se a mim, sua orientadora: em que medida o labirinto descrito por Lucrecia seria apenas representativo da ação que ela tentava elucidar, ou seria representativo de seu próprio momento vivido na pesquisa? Há que se esclarecer que a narrativa de Lucrecia em vários momentos nos apontava para uma identificação com o objeto pesquisado. Sua história de vida tinha sido marcada pelo desempenho do papel de coordenadora de curso, objeto de seu estudo.

O emaranhado ou labirinto que descrevia resultava, em grande parte, da impossibilidade de separar seu papel de pesquisadora de seu objeto pesquisado. Procedemos, então, à seguinte orientação: para tornar clara a saída do labirinto, fazia-se necessário um distanciamento da ação (ver o fenômeno de fora). Analisar o labirinto de dentro para fora ou de fora para dentro – linear ou circularmente – conduziu Lucrecia, finalmente, à imagem do labirinto ideal, à essência de sua metáfora na qual todo o exercício de viver os contrários se manifestava. A conclusão teórico-prática que esse exercício revelou foi a seguinte: não importam as voltas que o labirinto contenha, o importante é perceber que ele sempre contém entradas e saídas. O movimento exercido de fora para dentro ou de dentro para fora, linear e circularmente permite ao pesquisador apropriar-se da ação na sua totalidade, portanto interdisciplinarmente. Lucrecia prosseguiu, em seu doutorado, na ampliação desse conceito primeiro. Constituiu um grupo de pesquisadores, alguns deles hoje já doutores. Porém, ao analisar a forma como orienta, certifico-me de que a marca da orientação primeira foi tão determinante que a constituiu pesquisadora singular, aquela que sempre volta ao centro do labirinto perguntando-se como Sócrates: qual o porquê de tudo isto? Para tanto, uma vez mais se afasta, analisa de fora e certifica-se da força minotáurica que um labirinto encerra. Ele, ao mesmo tempo que a aprisiona no desejo da pesquisa, liberta-a da cegueira da ignorância.

A força da metáfora interior persegue o pesquisador em suas sequentes pesquisas. Quando descobrimos isso pela primeira vez, dez anos atrás, tivemos apenas uma intuição genérica do fato. Hoje tentamos pesquisar os desdobramentos de nossas intuições primeiras. Passamos a investigar o caráter intelectivo de nossas intuições, então nos servimos preferencialmente dos estudos de Bérgson, Dilthey, Husserl. Em certas pesquisas, chegamos até a compreender o caráter emotivo e volitivo das intuições, embora nosso objeto de pesquisa sempre tenha sido a intelecção, a apreensão do conceito.

Nossa investigação dos conceitos presentes no ideário pedagógico caminhou para a investigação de sua forma, nos contornos linguísticos, intelectuais e existenciais.

Essa foi a trajetória que nos conduziu à construção do *Dicionário em construção-interdisciplinaridade* e das seguintes pesquisas que a partir daí orientamos.

## Sobre as formas simbólicas encontradas nas pesquisas

Uma das formas pelas quais analistas junguianos interpretam as influências do inconsciente coletivo e dos arquétipos na estruturação básica da personalidade humana consiste na análise de mandalas. Presentes tanto nas manifestações simbólicas da atualidade quanto naquelas encontradas entre os primitivos, as mandalas sugerem a emersão de contradições e a visualização de polaridades. Os analistas junguianos reconhecem nelas uma forte presença arquetípica. A referida presença arquetípica tão evidenciada nas mandalas pesquisadas no âmbito da psicologia analítica são encontradas nesses estudos sobre as teses por nós orientadas, quando procedemos à descoberta das metáforas interiores.

A mandala adquire nos trabalhos por nós orientados a configuração de uma imagem desenhada ou descrita sob a forma de roda, bolha, caracol, labirinto, muro, cerca, rede, teia, tecido, luz, sombra. Essa imagem acompanha o pesquisador durante todo o processo de pesquisa e muitas vezes é tão marcante que acaba por identificar a pesquisa e seu próprio autor.

Na pesquisa interdisciplinar, a descoberta de si mesmo, do mais interior do que somos, conduz-nos à explicitação do como nos representamos. Nesse caminho de interiorização, o objetivo do pesquisador é a busca de uma nova forma de conhecimento. É caminho no qual em certo momento o pesquisador passa a tomar contato com seu universo imagético. Nele descobre algumas mandalas, as que a ele são mais próximas, passando, então, a descrevê-las. Na descrição, as imagens que surgem representam aspectos do objeto peculiar aos estudos ao qual o pesquisador vem dedicando-se. Em nosso caso, o objeto de estudos é a interdisciplinaridade, portanto a imagem sempre acaba contemplando aspectos da totalidade do conhecimento. A pré-visão de totalidade auxilia o pesquisador na explicitação do caminho a ser percorrido, ajudando-o a compô-lo, a contá-lo com maior tranquilidade, numa maior inteiridade. Acredito mesmo que parte desse poder de síntese que essas imagens detêm é incorporada à identidade do pesquisador, auxiliando-o posteriormente na recomposição de outros aspectos de sua vida.

Por isso, um misto de alegria e medo toma conta do pesquisador ao entrar em contato com a representação de suas imagens (mandalas). A evidência disso pode ser constatada na dificuldade que demonstra ao vivenciar a contradição emergente dessas imagens. Isso, para nós, consiste no desafio maior a que esse tipo de pesquisa nos encaminha. Entretanto, consideramos ser essa a tarefa maior da pesquisa interdisciplinar, pois, ao permitir a emergência de contradições, exige o trabalho criterioso com polaridades. Esse exercício vivido na sua plenitude permite a revisão e a construção de novas teorias a respeito da educação.

A conclusão mais abrangente a que a análise das pesquisas nos conduz é a seguinte: ao buscarmos evidenciar a atitude desenvolvida nas pesquisas realizadas, não pretendemos criar novos estereótipos, mas procedimentos na pesquisa.

## Criando procedimentos alternativos

Nossa primeira interlocução sobre a necessidade de enfrentar o desafio de criar procedimentos diferenciados na investigação da educação foi com Magda Soares, quando debatemos na última CBE a necessidade de que as pesquisas dissessem da própria existência do pesquisador. Em 2000, no Colóquio Internacional sobre Interdisciplinaridade, no Canadá, voltamos a discutir a questão com Gerard Fourez (2001), ao tratarmos da necessidade que o pesquisador tem de encontrar suas próprias ilhas de racionalidade e nelas fazer-se representar.

Mais recentemente, 2002 e 2003, nossos encontros com Gaston Pineau certificam a importância da busca da essencialidade do encontro do sentido da pesquisa. Estamos, ao longo desses anos, trabalhando no ensaio de procedimentos alternativos aos desafios metodológicos a que a pesquisa em educação nos tem conduzido.

Acreditamos que a via possível da produção de conhecimento na área da educação e o sentido da pesquisa na interdisciplinaridade escolar estariam na consideração desse aspecto basilarmente salientado.

Nossa reflexão sobre o tema apoia-se em aspectos de discurso proferido por René Barbier, ao afirmar que a produção de conhecimento teórico nasce diretamente da práxis da pesquisa. No tipo de pesquisa denominado por ele pesquisa-ação existencial, o que se espera não é alcançar um resultado, mas sobretudo poder teorizar o próprio processo de ação. Isso, segundo Barbier, em vários de seus últimos escritos, traz problemas muito difíceis tanto no plano do que convencionalmente denominamos pesquisa quanto no plano pessoal do pesquisador que a exerce.

Acreditamos que o motivo principal pelo qual conseguimos reunir tão heterogêneas e significativas pesquisas abordando e fundamentando questões emergentes de uma teoria da interdisciplinaridade seja o fato de o nosso grupo ter sido formado pelo que Barbier denomina filósofos em atos – pessoas que aceitam pesquisar questões de fundo tomando por base a existência cotidiana, educadores comprometidos que acreditaram na relevância de seus trabalhos, portanto, que exerceram a audácia de pesquisá-los.

Continuando nossa análise ainda sobre os pesquisadores que orientamos, diríamos, ainda com Barbier, que em todos eles encontramos um traço comum – a vibração com o que fazem. Essa vibração foi, a nosso ver, o móvel da vontade que impulsionou essas pesquisas. Acreditamos que ela aparece nos seres que possuem o sentido existencial e interno da totalidade da vida. Esse especial tipo de pesquisador, o interdisciplinar, principalmente porque adquire o sentido do valor do seu trabalho, empenha-se em reparti-lo com os outros, principalmente porque percebeu o valor que sua experiência pode ter para seus colegas educadores e para a história da educação.

Porque compreende seu universo de ações e de significados, o pesquisador interdisciplinar aceita dividir sua própria percepção do mundo e dos homens. Isso tem demandado também um tipo especial de pesquisador: aquele que com sensibilidade compreende os outros, portanto, a efetivação do exercício do respeito ao outro e da espera (na medida em que poucos são ainda os que aceitam esse tipo especial de trabalho e pesquisa).

O processo de pesquisar procedimentos para investigar a interdisciplinaridade demandou uma formação especial na forma de pesquisar, que é marca de todo esse trabalho, a formação para a escuta sensível – escuta aos seus achados ainda não revelados (muitas vezes nem a si mesmos), escuta paciente e sensível, a melhor forma de retratar e analisar esses achados, escuta sensível à forma de socializá-los e divulgá-los.

A todo esse processo de aquisição dessa escuta sensível na pesquisa denominamos, como Barbier, amor. Esse sentimento – o amor – é o que possibilita apoiar-se e ao mesmo tempo libertar-se da emoção. A explicitação desse amor na pesquisa interdisciplinar adquire contornos de um rigor epistemológico quanto mais oceanicamente contemplar ou expressar a plenitude da emoção vivida na ação praticada. Muitas vezes, a maneira de expressar essa forma própria de pesquisar adquiriu contornos na mítica ou na poética, não no aspecto racional dos mitos e dos símbolos, mas no aspecto de sua sensibilidade.

Assim, acreditamos que, por essas pesquisas, conseguimos revelar também o lado artista, o lado poético, o lado sensível dos educadores, que nesse exercício tornaram-se pesquisadores.

Quando se fala de amor, de arte na academia e, principalmente, na pesquisa, há que se falar questionando, duvidando, principalmente quando se fala em amor oceânico, novamente citando Barbier.

Entretanto, falar de amor oceânico é diferente de vivê-lo, e todos esses pesquisadores dele participaram, demonstrando-o não apenas pelas palavras escritas, mas também pelo sentido das ações praticadas que a pesquisa possibilitou registrar e desvelar.

## Referências bibliográficas

LENOIR, R. F. *Les fondements de l'interdisciplinarité dans la formation à l'enseignement.* Canadá: Éditions du CRP, Unesco, 2001.

FAZENDA, I. C. A. *Integração e interdisciplinaridade no ensino brasileiro:* efetividade ou ideologia. São Paulo: Loyola, 1979.

_____. *Interdisciplinaridade:* um projeto em parceria. São Paulo: Loyola, 1991a.

_____. (Org.) *Práticas interdisciplinares na escola.* São Paulo: Cortez, 1991b.

_____. *Interdisciplinaridade*: história, teoria e pesquisa. Campinas: Papirus, 1994.

_____. (Org.) *Didática e interdisciplinaridade.* Campinas: Papirus, 1998.

_____. Integração como proposta de uma nova ordem na educação: *linguagens, espaços e tempos.* Rio de Janeiro: Agir, 2000.

_____. *Dicionário em construção:* interdisciplinaridade. São Paulo: Cortez, 2001.

_____. *Interdisciplinaridade*: qual o sentido? São Paulo: Paulus, 2003.

FOUREZ, G. Fondements épistemologiques pour l'interdisciplinarité. In: LENOIR, R. F.: *Les fondements de l'interdisciplinarité dans la formation à l'enseignement.* Canadá: Éditions du CRP, Unesco, 2001.

PINEAU, G. *Les histoires de vie.* Paris: PUF, 2002.

# 28
# Formação do professor pesquisador para o ensino superior: desafios

*Bernardete A. Gatti*

De modo geral, discutem-se pouco as questões ligadas à formação de professores para a educação superior, tanto no que se refere à formação preparatória como a sua formação continuada. Assumindo que um professor para o ensino superior necessita de uma formação aprofundada nos conteúdos de sua área de atuação, que tenha uma formação em investigação científica e também em didática, emerge como complexa a tarefa de sua preparação e constante atualização.

Os mestrados, que teriam como uma de suas funções prover essa formação – a formação de mestres –, centram-se mais no aprofundamento e especialização em conhecimentos das áreas, trazendo alguma formação em pesquisa e muito pouca formação didática, o que torna insuficiente essa formação para enfrentar a articulação da docência com a pesquisa, levando a expressão tão repetida da *indissociabilidade de ensino e pesquisa* a tornar-se um refrão vazio, decantado sem o exercício da crítica.

Nos doutorados, o problema continua, pois a questão do possível exercício da docência em nível superior é praticamente deixada de lado, enfatizando-se o conhecimento disciplinar e as investigações em determinado campo, novamente não se criando condições de reflexão sobre a relação pesquisa-docência. Cabe também considerar que grande parte dos docentes no ensino superior no Brasil, até este momento, tem sua formação em cursos de especialização (pós-graduação *lato senso*), cuja qualidade não se tem como determinar, menos ainda, sua contribuição para uma formação na qual a preocupação com a relação entre docência e pesquisa esteja presente.

Desafios não faltam, pois, para a concretização da ideia de formação básica ou continuada do professor pesquisador para atuar, ou atuando, na educação superior.

A expressão *professor pesquisador* comporta dois termos cuja significação não pode ser deixada de lado, se se quiser discuti-la e compreendê-la com maior profundidade. Ser professor e ser pesquisador comportam dois universos de significação que se entrecruzam, mas não necessariamente se mostram como totalmente superpostos. Portanto, refletir sobre essa questão pede tratar de dois polos: a atividade de pesquisa e a de docência. Como podemos conceituá-las, como podemos interpretá-las? Como entender sua composição na vida universitária?

## A atividade de pesquisa

Consideremos esse aspecto iniciando pela observação de que a discussão da ideia de "professor pesquisador" tem aparecido na bibliografia mais em relação aos professores da educação básica, e, pelos trabalhos publicados, verifica-se que está longe o consenso em torno do conceito de professor pesquisador, bem como quanto aos desafios metodológicos para sua formação (Lüdke et al., 2001; André et al., 2001; Garrido, 2000; Foster, 1999; Cochran-Smith & Lytle, 1999; Anderson & Herr, 1999; Demailly & Zay, 1994; Zeichner, 1998).

A bibliografia centra-se praticamente na análise do professor pesquisador de sua própria prática, pouco aparecendo a questão do professor pesquisador em sua área de especialidade e o papel dessa pesquisa para a docência. O próprio conceito de pesquisa mostra-se elástico, acomodando grande variedade de atividades. Percebe-se, em muitos casos, uma banalização do termo *pesquisa*, mas é preciso estar consciente de que esse termo tem mesmo muitas conotações e é necessário deixar um pouco mais claro qual o sentido que se lhe atribui em um particular uso.

A palavra *pesquisa* pode denotar desde a simples busca de informações, localização de textos, eventos, fatos, dados, locais, até o uso de sofisticação metodológica e de teoria de ponta para abrir caminhos novos no conhecimento existente, e, mesmo, criação de novos paradigmas, métodos de investigação e estruturas de abordagem do real. Entre um polo e outro, muitas significações são possíveis, o que gera certas ambiguidades no trato da questão da pesquisa como atividade inerente ao trabalho do professor universitário.

No caso, ao discutir o papel da pesquisa na formação e no desenvolvimento do professor que atua na educação superior – seja na sua especialidade, seja da própria docência –, parece que é necessário ter claro *o sentido que se atribui à palavra pesquisa* nessa discussão. Parece-nos que nesse caso não se pode tomar a palavra *pesquisa* de modo amplo e vago, mas é necessário tomá-la em uma acepção mais acadêmica, implicando o uso de métodos específicos, preocupação com validade, rigor ou consistência metodológica, preocupação com a ampliação ou construção de novos conhecimentos sobre determinada questão – que pode ser um problema de dado campo de estudos ou um problema ligado à própria ação educacional do docente. Em ambos os casos, é preciso sair do nível do recolhimento de informações superficiais ou de senso comum, sair da opinionatria e buscar, com método, uma compreensão que ultrapasse nosso entendimento imediato, elaborando um conhecimento que desvende processos obscuros, subjacentes, um conhecimento que lance luz sobre fenômenos, sobre uma questão, segundo algum referencial.

Muitos têm tratado a proposta da "prática reflexiva"/"professor reflexivo" como cobrindo este problema. Concordamos com Perrenoud (1993) quando alerta que a prática reflexiva não é uma metodologia de pesquisa, e essa confusão tem estado presente tanto na bibliografia quanto nos debates.

Um autor muito citado na discussão desse tema, e que procurou trazer alguma clarificação sobre o emprego do termo *pesquisa*, é Jacques Beillerot (1991, 2001) que afirma que o uso do termo *pesquisa*, também nos meios acadêmicos, é feito com subentendidos repletos de equívocos e conivências.

O que realmente pode ser considerado como pesquisa? Essa não é uma questão de fácil resposta. Beillerot propõe seis critérios que poderiam ser usados para estabelecer uma seleção entre atividades a serem ou não consideradas como pesquisa. Propõe que essa discriminação pode ser feita em *dois níveis*. O primeiro nível exigiria o preenchimento de três condições: a produção de conhecimento novo, procedimento de investigação rigoroso e a comunicação/discussão dos resultados. Mais três critérios acrescidos a esses configurariam um segundo nível: introdução de uma dimensão de crítica e reflexão sobre as fontes, métodos e modos de trabalho; sistematização de coleta de dados; presença de interpretações com base em teorias reconhecidas e atuais contribuindo para a elaboração de uma problemática. Ele admite que, mesmo em instituições universitárias, encontram pesquisas que chama "do nível mínimo", ou seja, que preenchem somente as três primeiras condições. Ambos os níveis enquadram o que se poderia conceituar como pesquisa, lembrando que quaisquer critérios classificatórios devem ser utilizados sempre com sensibilidade e flexibilidade. Os critérios enunciados envolvem vários problemas, mas criam uma perspectiva que tira a banalização do emprego da palavra *pesquisa*, podendo nortear visões sobre o "professor pesquisador", propiciando melhor seleção sobre o que pode ser considerado como pesquisa. O autor lembra também que há gêneros de pesquisa muito diversificados, daí a postura de flexibilidade. A flexibilidade não exclui, por certo, um mínimo de critérios discriminadores do que pode ser considerado como uma investigação científica (o termo *investigação científica* aqui tomado em seu sentido amplo, distintivo do senso comum, da opinião etc.).

## O ensinar

Consideremos, de outro lado, a questão da atividade de ensinar. É preciso reconhecer que, do professor, nas atividades de ensino, se exigem conhecimentos, habilidades, atitudes mentais e disponibilidades que, em parte, diferem das exigidas a um pesquisador, no sentido estrito dessa palavra. É já muito repetido que muitos bons pesquisadores são péssimos professores. O que se espera dos professores, em qualquer nível de ensino, como assinala André (2001, p.58), é que "assumam de forma competente e responsável a sua tarefa de ensinar, a fim de que a grande maioria de seus alunos desenvolva uma atividade intelectual significativa, apropriando-se de conhecimentos fundamentais para uma inserção comprometida e ativa na sociedade". Dessa forma, o professor tem a tarefa de transmitir conhecimentos, de recriar conhecimentos com seus alunos, de fazê-los partilhar de uma cultura geral e da especializada, com seus fundamentos, linguagens e lógicas próprias. O professor tem interlocutores muito específicos: aqueles que estão em desenvolvimento e formação, ou os que estão aprofundando formação. Assim, se ensino e pesquisa podem articular-se em vários aspectos, em outros se diferenciam muito.

Voltando a André (2001, p.59), em seu texto nos traz uma análise de Bernard Charlot (2001), em que este autor argumenta que o ensino é um ato muito mais complexo do que a pesquisa, pois a pesquisa não pode dar inteligibilidade a todas as reações de um professor em sala de aula. Em geral, também, na atividade de ensino não há tempo "para um distanciamento e para uma atitude analítica como na atividade de pesquisa". Lembramos, ainda, que em seu cotidiano a atividade do professor exige decisões imediatas, e a relação professor-alunos-conhecimento passa por aspectos comunicacionais e afetivos de grupo, além dos racionais, num processo de formação/instrução de pessoas. Na pesquisa, a relação tem como eixo um problema em investigação, e a preocupação é com um novo conhecimento.

## Triangulação na formação e na ação

Na educação superior, talvez fosse interessante buscar para os professores uma formação configurada por uma triangulação entre docência, pesquisa especializada e pesquisa sobre a ação docente. Cada um desses ângulos tem suas especificificidades, mas pode apresentar intersecções frutíferas: a pesquisa na especialidade alimentando a docência e esta sendo movida e transformada tanto pelo exercício dessa pesquisa como pelo exercício da pesquisa de sua própria ação docente, com fundamento em uma concepção sobre o pedagógico.

Como fazer convergir esses espaços da vida acadêmica? Se se tem como objetivo o ensino – atividade inalienável das universidades e cursos de ensino superior – e esse ensino se compõe de conhecimentos advindos da investigação e reflexão científicas, não há como não tratar da questão de que é necessário ter nessas instituições, cuja vocação é a educação das novas gerações, professores pesquisadores, na compreensão de que o conhecimento se faz e se refaz constantemente e os processos desse fazer e refazer constituem um âmbito essencial do conhecer.

Como formar um professor pesquisador que tem que dar conta da pesquisa em sua área disciplinar específica e que desenvolva também pesquisa sobre sua prática docente? Podemos pensar que essa convergência pode ser realizada na vida curricular de mestrados e doutorados, ou em processos de formação continuada, ou em propostas/projetos departamentais, desde que haja consciência da necessidade dessa convergência e se construa um projeto de formação que contemple essa intersecção e uma reflexão sobre ela. A formação construtiva em formas de pensar, de modo curioso, articulado e sensível, com flexibilidade, mas com rigor, pode ser um eixo criador de possibilidades para essa convergência. Ou seja, uma boa formação para a atividade de pesquisar pode ser um centro curricular, ao mesmo tempo convergente e irradiador. Embora essa atividade tenha suas especificidades conforme o campo e o objeto, comporta pontos-chaves básicos, como as formas metódicas de busca de esclarecimentos de problemas pertinentes. Nesse foco, a questão da pesquisa em área específica contemplando suas teorias, campos, objetos e métodos, e a questão da pesquisa sobre as práticas docentes, também com esses componentes, convergem num duplo movimento: na construção de formas críticas do pensar e do conhecer, e na construção de formas de socialização do conhecimento.

A criação de uma transculturalidade desse tipo nas instituições de educação superior seria um passo necessário à melhor qualificação dessa educação. A apropriação para a docência de características da atividade de investigação científica, como a atitude de atenção aos objetos de seu campo ou de sua docência, a capacidade de elaborar questões pertinentes, de desenvolver observações sistemáticas, de questionamento constante, de formulação de hipóteses, de seleção e articulação de dados etc. é fator de importância no aprimoramento dessa ação. O uso de lógicas apropriadas à atividade de pesquisa também pode ser útil no desenvolvimento das aprendizagens dos alunos. No entanto, essas apropriações e a criação de pontes entre os três âmbitos considerados demandam um trabalho consciente por parte dos docentes-pesquisadores e uma organização institucional de trabalho com intencionalidades e finalidades claras nessa direção.

No entanto, mesmo sendo meta desejável, devemos reconhecer que, nas condições em que a educação superior se estrutura, inúmeras instituições não se engajariam no oferecimento de ambiente e apoios para a realização dessa meta. Isso precisa estar nas intenções da instituição, ou seja, de seus gestores e professores.

Das universidades, poder-se-ia esperar que procurassem favorecer por diversos meios que seus docentes – pois quem está na carreira universitária é necessariamente professor – buscassem a realização dessa intersecção. Importante seria uma renovação da cultura das instituições universitárias, pois do predomínio em relação ao aspecto ensino muitas passaram ao predomínio da realização da investigação científica como expressão da vida universitária, em detrimento do ensino e da formação educativa dos graduandos. O que se propõe como necessidade é a criação de uma interface equilibrada entre esses dois campos.

A criação de um espaço de transvariação desses polos na ação do docente universitário exige uma meta institucional, um esforço de gestão e de motivação dos professores. Não se trata, pois, de subordinar o ensino à pesquisa, nem a pesquisa ao ensino, mas de criar laços alimentadores de conhecimentos e de formas de abordagem didática desses conhecimentos, agregando a isso a possibilidade de o professor desenvolver investigações também de sua própria prática.

Na vida universitária, sem dúvida, há um papel importante da pesquisa nas especialidades para o ensino, como há um papel importante da pesquisa das próprias práticas docentes. Os objetos são distintos, mas podem convergir em uma ação pedagógica integradora, sem que haja necessariamente uma intersecção completa. Lembramos mais uma vez que a ação pedagógica é inerente à vida das universidades.

Consideremos, então, a questão da pesquisa em campo de especialidade e seu papel para a docência.

## A pesquisa em campo de especialidade

Um docente de ensino superior não pode prescindir da pesquisa de seu campo de especialidade, tanto no sentido de manter-se atualizado como no sentido de participar da construção dessa atualização, pois os conhecimentos estão sempre em construção. Para o bom exercício da docência universitária, não se dispensa a interação intensa entre produção de conhecimento e atividades de ensino. Apoiando-nos em Soares (2001), e com ela concordando, observamos que muito se tem debatido e escrito sobre a socialização de conhecimentos, mas, segundo a autora, "a essa expressão se tem dado, em geral, sentido bastante restrito. Por ela se tem entendido a distribuição dos produtos de um conhecimento produzido em instâncias e por processos que, estes, não são socializados". Assim, a influência da pesquisa em área de especialidade na formação e na atuação do professor situa-se não só para proporcionar acesso aos produtos mais recentes da produção do conhecimento no campo, propiciando sua possível incorporação didático-pedagógica, mas sobretudo

> na possibilidade de, pela convivência com a pesquisa e, mais que isso, pela *vivência* dela, o professor apreender e aprender os *processos* de produção de conhecimento em sua área específica. Porque é apreendendo e aprendendo esses processos ... que o professor estará habilitado a ensinar, atividade que deve visar, fundamentalmente, aos processos de aquisição do conhecimento, não apenas aos produtos. (Soares, 2001, p.101)

Portanto, a formação desse professor não pode prescindir de uma formação em pesquisa e, até, em pesquisa de diferentes áreas que confluem em seu campo específico.

## A pesquisa da prática docente

Simultaneamente, esse docente precisa ser alimentado com os meios que lhe permitam pesquisar sua própria prática e que propiciem a ele, seja na formação básica ou em formação em serviço/continuada, a possibilidade de agregar conhecimentos que promovam o desenvolvimento da pesquisa pedagógica para a compreensão e aperfeiçoamento de sua ação como professor.

## Confluência de perspectivas: uma questão formativa

Vê-se que a concretização da ideia de "professor pesquisador" é uma tarefa complexa, e mais complexa ainda quando se considera que esse professor é professor em determinada área de conhecimento.

Um longo e árduo caminho se abre aqui, pois, em nossa cultura, é tomado como suficiente para a docência em nível superior algum domínio do conhecimento a ser ensinado, passando-se ao largo das questões da relação pesquisa – produção de conhecimento - socialização do conhecimento. Todavia, a questão começa a ser posta como um dos desafios do ensino superior no século XXI.

## Referências bibliográficas

ANDERSON, G. L., HERR, K. The new paradigm wars: Is there room for rigorous practitioner knowledge in schools and universities? *Educational Researcher*, n.5, v.28, p.12-21, June-July. 1999.

ANDRÉ, M. Pesquisa, formação docente e prática docente. In: ANDRÉ, M. et al. (Org.) *O papel da pesquisa na formação e na prática dos professores*. Campinas. Papirus, 2001. p.55-69.

ANDRÉ, M. et al. (Org.) *O papel da pesquisa na formação e na prática dos professores*. Campinas: Papirus, 2001.

BEILLEROT, J. A. La "recherche": essais d'analyse. *Recherche et Formation*, n.9, p.17--31, 1991.

______. A "pesquisa": esboço de uma análise. In: ANDRÉ, M. (Org.) *O papel da pesquisa na formação e na prática dos professores*. Campinas: Papirus, 2001. p.71-90.

CHARLOT, B. *Formação de professores, pesquisa e política na educação*. Conferência proferida na Faculdade de Educação da USP, 28.3.2001.

COCHRAN-SMITH, M., LYTLE, S. The teacher research movement: a decade later. *Educational Research*, p. 5-25, Oct. 1999.

DEMAILLY, L., ZAY, D. Gestion de la recherche et formation de formateurs d'enseignants. À quelles conditions institutionelles la recherché peut être un outil de formation pour un groupe professionnel? *Recherche et Formation*, n.17, p.47-64, 1994.

FOSTER, P. Never mind the quality, feel the impact: a methodological assessment of teacher research sponsered by the teacher training agency. *British Journal of Educational Studies*, n.4, v.47, p.380-98, 1999.

GARRIDO, E. Pesquisa universidade-escola e desenvolvimento profissional do professor. São Paulo, 2000. Tese (Livre-Docência) – Faculdade de Educação, Universidade de São Paulo.

LÜDKE, M. et al. (Coord.). *O professor e a pesquisa*. Campinas: Papirus, 2001.

PERRENOUD, P. *Práticas pedagógicas, profissão docente e formação*: perspectivas sociológicas. Lisboa: Dom Quixote, 1993.

SOARES, M. As pesquisas nas áreas específicas influenciando o curso de formação de professores. In: ANDRÉ, M. (Org.) *O papel da pesquisa na formação e na prática dos professores*. Campinas: Papirus, 2001.

ZEICHNER, K. M. Para além da divisão entre professor pesquisador e pesquisador acadêmico. In: GERALDI, C. M. G., FIORENTINI, D., PEREIRA, E. M. A. (Org.) *Cartografias do trabalho docente: professor(a) pesquisador(a)*. Campinas: Mercado de Letras, ALB, 1998. p.33-71.

# 29
# A imagem e o imaginário da pedagogia

*Vera Maria Nigro de Souza Placco*
*Emília Freitas de Lima*
*Luiza Helena da Silva Christov*

Nos tempos atuais, a discussão sobre a pedagogia vem ganhando contornos dramáticos, pelos encaminhamentos teóricos, epistemológicos, práticos e políticos que têm cercado sua concepção e as propostas de curso.

Por isso, é adequado tentarmos identificar qual a imagem que ela ocupa no imaginário de professores e alunos de cursos de pedagogia. É adequado, ainda, tentarmos identificar semelhanças e rupturas entre as imagens da pedagogia no imaginário desses dois atores.

Dados primários foram coletados junto a essas categorias de sujeitos, de modo que sua análise dê suporte à discussão dessa temática.

## Introdução

A pedagogia, como campo de saberes relativos à prática do educador, sofre, na história recente da educação brasileira, o mesmo processo de desvalorização social que sofreu/sofre a profissão docente. No imaginário do homem comum, com acesso a informações sobre diferentes possibilidades de profissionalização, os cursos de pedagogia ainda são vistos como campo de formação feminino, sem grandes exigências quanto ao preparo intelectual, impondo aos especialistas pedagogos/educadores/pesquisadores o esforço de distinguir os cursos de pedagogia (muitos deles de qualidade menor que a desejável) do próprio campo teórico da pedagogia.

A pedagogia, como prática humana e como campo teórico, é portanto fenômeno a respeito do qual foram associadas diversas representações sociais que fundamentaram a construção de imagens positivas e negativas.

No momento em que, no Brasil, vivenciamos um processo de reformas e de análises para ressignificar os cursos de formação de educadores e o próprio papel dos educadores, parece bastante interessante a realização de estudos que busquem novas metodologias para o levantamento das imagens associadas à pedagogia.

Quando estudamos o que dizem os alunos e professores acerca de pedagogia, podemos identificar um conjunto de representações que tais sujeitos têm sobre essa área do conhecimento. E o que não é dito explicitamente, que fica subjacente ou latente constitui-se como elemento ou elementos do imaginário de cada um desses sujeitos.

Considerando que as imagens e suas manifestações representam formas de compreensão do mundo que, embora não conscientes, interferem na tomada de consciência deste mundo e nas ações exercidas nele, podemos compreender melhor o significado das imagens e do imaginário como "modelos de um pensamento indireto, no qual um significante ativo remete a um significado obscuro" (Durand, 2001, p.36), que podem servir de guias para a compreensão dos sujeitos e, portanto, para ações de formação e desenvolvimento profissional dirigidas a esses sujeitos.

Se considerarmos que a compreensão desse campo do conhecimento transita e se estabelece nas duas dimensões – do representacional e do imaginário –, e se considerarmos ainda que essas duas dimensões não são necessariamente coincidentes, poderemos inferir que as ações dos sujeitos, guiadas e permeadas pelas representações e pelo imaginário, poder-se-ão estabelecer em direções contraditórias e ambíguas. Do ponto de vista das políticas educacionais e do ponto de vista dos compromissos políticos decorrentes das opções e posições teóricas escolhidas ou presentes nos sujeitos, essas contradições e ambiguidades constituirão parte da realidade a ser enfrentada e confrontada pelos formadores de professores.

Se considerarmos ainda que as imagens que a pedagogia provoca no imaginário de professores e alunos de cursos de pedagogia, para além das ambiguidades e contradições internas, carregam rupturas entre as imagens manifestas por esses dois atores, os contornos contraditórios e ambíguos ainda mais se acentuam.

Como formadoras de professores, percebemos que essas rupturas e eventuais semelhanças possibilitam e ampliam (ou limitam) a comunicação entre professores e alunos (vice-versa), e mostram que, na relação pedagógica desses dois atores, os atos de ensino e de aprendizagem possibilitam (ou não) a superação das contradições.

Assim, se no imaginário do aluno o professor tem um papel mediador com relação ao conhecimento, estabelecendo "vínculos entre ele e o mundo, e com a cultura" (Postic, 1993, p.11); se, ainda no imaginário do aluno, a matéria ensinada – no caso, a compreensão da pedagogia como área do conhecimento – é elemento simbólico intermediado de maneira suficiente pelo professor, então é provável que esse aluno tenha condições de elaborar imagens mentais da área em maior consonância e coerência com aquelas presentes no imaginário de seu professor.

Foi com base nessas compreensões que realizamos a presente pesquisa.

## Referencial teórico

Esta seção procurará mostrar as ideias-chave nas quais o trabalho se baseia, tanto em termos do conceito de imaginário, quanto de suas relações com as representações sociais.

### A questão do imaginário

Segundo Dulce Santos (1998),

> para a percepção do imaginário social em suas especificidades nos diferentes recortes espaçotemporais, criou-se o conceito-chave de "representação". Este engloba todas traduções mentais de uma realidade exterior vivida que ultrapassam a realidade concreta. Cada sociedade, portanto, possui seu imaginário, embora o limite entre o real e o imaginário seja tênue e variado nos diversos momentos históricos. Todavia, o território atravessado por esse limite é o do campo da experiência humana, do social coletivo ao particular íntimo. As representações traduzem, à revelia de seus protagonistas, imagens que descrevem a sociedade como eles pensam que ela é ou como gostariam que ela fosse. Assim, cada sociedade cria suas representações do mundo pois percebe-se nessas imagens

> as estratégias que determinam as posições dos grupos sociais e suas relações na trama da sociedade. Essas imagens coletivas que se formam e se transformam são apropriadas diferenciadamente pelos diversos segmentos sociais.
>
> Essas representações podem exprimir-se em palavras, formas e imagens diversas.
>
> Os mitos, presentes em todas as épocas mas de forma mais intensa nas sociedades arcaicas, são manifestações desse imaginário social. (p.11)
>
> As utopias são outras manifestações do imaginário social voltadas para projeções futuras e expressam geralmente anseios de perfeição. (p.12)
>
> A ideologia também é uma manifestação do imaginário sócio-político que difere das anteriores pois compõe um conjunto de representações construído conscientemente por grupos sociais. Esse conjunto delineia uma imagem de sociedade com tonalidades fortes e apresenta uma proposta de mudança que se estabiliza ao tornar-se hegemônica. (p. 12)

Entende-se, assim, a relação recíproca que explica por que transformações no espaço urbano são indissociáveis das transformações no espaço privado (intelectual e afetivo), como nos propõem Soller & Matos (1988, p.92), e estas, indissociáveis daqueles, e entende-se ainda como os processos de modernização afetam os processos de construção do imaginário.

Postic (1993, p.13) diz que

> imaginar é ... criar um mundo a seu bel-prazer, libertando-se. Tudo é possível. Tudo acontece ... Na vida cotidiana, imaginar é uma atividade paralela à ação que exercemos, ligada à realidade. A imaginação é um processo. O imaginário é seu produto.
>
> Imaginar é uma atividade de reconstrução, até de transformação do real, em função dos significados que damos aos acontecimentos ou das repercussões interiores que eles têm em nós.

Ainda segundo Postic (1993, p.13-4), "o desencadeamento da atividade imaginária é provocado por encontros emocionais entre o real e mim mesmo", e essa atividade é carregada de representações simbólicas do real, o que aproxima o imaginário do mundo dos mitos, na medida em que a expressão simbólica é característica do humano.

A vida imaginária não encontra explicação ou justificativa na vida cotidiana, embora, por sua existência, de certa forma a oriente, na medida em que mostra ou proporciona nossas âncoras ou amarrações neste mundo, alimenta nossas esperanças e expectativas e possibilita o movimento de si para o mundo e vice-versa.

Postic (1993, p.15) realça um aspecto fundamental do imaginário: ele "começa onde a realidade opõe, senão rejeição, ao menos resistência: algo que não está diretamente acessível, escapa, mas pode ser adivinhado; permite uma esperança, embora velada".

Vivemos, como diz Durand (2001, p.5-6), a supremacia dos processos de raciocínio, em relação à *"imagem mental (imagem perceptiva, das lembranças, das ilusões etc.) ou icônica (o figurativo pintado, desenhado, esculpido e fotografado...)."* Nosso mundo é o da racionalidade e sistematização. Nesse mundo, as imagens e o imaginário quase não encontram lugar.

No entanto, Durand (2001, p.117), ao definir imaginário "como uma representação incontornável, a faculdade da simbolização de onde todos os medos, todas as esperanças e seus frutos culturais jorram continuamente desde os cerca de um milhão e meio de anos que o homo erectus ficou em pé na face da terra", refere-se aos "processos de produção, transmissão e recepção, o museu – que denomina(mos) imaginário – de todas as imagens passadas, possíveis, produzidas e a serem produzidas" (p.6), enfatizando a importância das informações fornecidas pelas imagens, que possibilitam, ao lado das informações abstratas, o estabelecimento de um universo mental, individual e social, fundado em pluralidade e diferenciação. Aponta a atitude da lógica socrática (e, depois, de Platão e, especialmente, Aristóteles) do método da verdade baseado em uma lógica binária (falso/verdadeiro), à qual a lógica da imagem não se pode reduzir, dado que é impossível "extrair pela sua percepção (sua 'visão') uma única proposta 'verdadeira' ou 'falsa' formal" (ibidem, p.10).[1] No entanto, na cultura ocidental, em dado momento, a imaginação é vista como "suspeita de ser 'a amante do erro e da falsidade'", em contraposição à razão, vista como o 'único meio de legitimação e acesso à verdade'" (p.12). Exclui-se, assim, nesse momento histórico, o imaginário dos processos intelectuais. Assim, "o delírio, o fantasma do sonho e o irracional" (p.14) são associados, e o, cientificismo e historicismo desvalorizam "o imaginário, o pensamento simbólico e o raciocínio pela semelhança, isto é, a metáfora ..." (ibidem), enfraquecendo, na cultura ocidental, o valor do imaginário e os valores a ele associados.

1 No entanto, os *Diálogos*, de Platão, mostram a legitimidade do raciocínio dialético e para além dele, a partir da percepção de que muitas verdades escapam à lógica binária e mesmo à lógica dialética e possibilitam outras vias de compreensão do mundo, identificadas com o mito, associadas a "uma intuição visionária da alma" (Durand, 2001, p.16).

Essa visão funcionalista conhece e reconhece o papel do simbólico na vida social, mas só raramente ela reconhece a sua importância e tende, então, a limitá-la:

> ou o simbolismo é visto como simples revestimento neutro, como instrumento perfeitamente adequado à expressão de um conteúdo preexistente, da "verdadeira substância" de relações sociais, que nem acrescenta nem diminui nada. Ou então a existência de uma "lógica própria" do simbolismo é reconhecida, mas esta "lógica é vista" exclusivamente como a inserção do simbólico em uma ordem racional, que impõe suas consequências, quer as desejemos ou não. Finalmente, dentro dessa visão, a forma está sempre a serviço do fundo, e o fundo é "real-racional". Mas não é assim na realidade, e "isso destrói as pretensões interpretativas do funcionalismo". (Castoriadis, 1982, p.143)

No entanto, sabemos que "Todo pensamento humano é uma representação, isto é, passa por articulações simbólicas". Assim, não haveria "solução de continuidade entre o 'imaginário' e o 'simbólico'", no homem, o que significaria reconhecer o imaginário como "o conector obrigatório pelo qual se forma qualquer representação humana" (Durand, 2001, p.41).

O imaginário indica "uma terceira via de conhecimento, permitindo a entrada de uma nova ordem de realidades. Uma via que privilegia mais a intuição pela imagem que a demonstração pela sintaxe" (ibidem, p.27). "Kant reabilita a imaginação como uma 'esquematização', preparando, de certa forma, a integração da simples percepção nos processos da Razão" (p.28), possibilitando compreensão e "afirmação do papel 'cognitivo' (que produz consciência) da imagem ..." (p.31).

No mundo atual, dominado pelas informações e imagens visuais, a compreensão desse papel cognitivo das imagens torna-se preponderante. Em contraposição à sua desvalorização e à rejeição do imaginário como instrumento de compreensão do mundo e da realidade, o final do século XX e os inícios do XXI mostram um grande potencial de estudos a serem realizados sob um novo olhar para nossos meios e métodos de pesquisa.

Ampliando nossa compreensão sobre o imaginário, consideramos que podemos recorrer aos estudos de Sousa (2003) quanto às relações entre imaginário e representações sociais.

## O imaginário e as representações sociais

Quando se estudam fenômenos na área das ciências sociais e das relações humanas, algumas ferramentas conceituais se fazem necessárias. Para o estudo do simbólico nas relações humanas, os conceitos de representações sociais e imaginário podem nos oferecer elementos significativos de análise.

Ao lidar com o conceito de representações sociais hegemônicas, Moscovici (1988) identifica-as com grandes representações presentes em conjuntos societais amplos e altamente estruturados, como uma cidade ou um grupo profissional. Essas representações são consideradas hegemônicas pelo seu enraizamento precoce, nas pessoas e grupos, e pela sua durabilidade e penetrabilidade, ao longo de gerações e segmentos sociais. Sua compreensão possibilita analisar as imagens mais duráveis e entranhadas na mente de pessoas e grupos. Saber de suas ancoragens, saber das suas objetivações, nos períodos de sua vigência, saber das transformações por que passam (e por que se transformam) nos possibilita também compreensão do imaginário social e das transformações que este sofre (e vice-versa): a compreensão do imaginário social pode nos ajudar a compreender as representações hegemônicas, e suas transformações e a compreensão das representações sociais hegemônicas nos possibilitam a compreensão do imaginário social.

Castoriadis (1982) aponta que o imaginário exerce um significado organizador no fazer da sociedade, mesmo que esta não se dê conta de sua existência. Afirma ainda que o imaginário é constitutivo do sujeito e de sua ação (e vice-versa).

Baczko (1985, p.277) enfatiza a força do imaginário, mostrando que as representações e símbolos têm uma "intervenção efetiva e eficaz ... nas práticas coletivas", promovendo a adesão a um sistema de valores e o direcionamento das energias para ações comuns. Por sua vez, o imaginário social

> não é soma, nem tampouco a justaposição de aspirações coletivas. Como um sistema simbólico, o Imaginário Social reflete práticas sociais em que se dialetizam processos de entendimento e de fabulação de crenças e de ritualizações. Produções de sentidos que circulam na sociedade e que permitem a regulação de comportamentos, de identificação, de distribuição de papéis sociais. (Ferreira & Eizirik, 1994, p.6-7)

Segundo Castoriadis (1982, p.154), todo símbolo e todo simbolismo têm um componente imaginário. Em seu sentido corrente, o termo *imaginário* é entendido como alguma coisa "inventada" – quer se trate de uma invenção absoluta, quer de um deslizamento, de um deslocamento de sentido, em que símbolos já disponíveis são investidos de outras significações que não são suas significações "normais" ou "canônicas". Nos dois casos, é evidente que o imaginário se separa do real, que pretende colocar-se em seu lugar (uma mentira) ou que não pretende fazê-lo (um romance).

O mesmo autor mostra ainda que o imaginário social é uma rede de sentidos, que

> consiste em ligar símbolos (significantes) a significados (representações, ordens, injunções ou incitações para fazer ou não fazer, consequências e significações, no sentido amplo do termo) e fazê-los valer como tais, ou seja, tornar essa ligação mais ou menos forçosa para a sociedade ou o grupo considerado.

E isso significa, conforme Ferreira & Eizirik (1994, p.7), que o imaginário se constitui de

> crenças, fantasia, desejos e necessidades, sonhos e interesses, raciocínios e intuições: uma gama de elementos fundantes do processo de simbolização. O imaginário social não é, pois, reflexo da realidade: é seu fragmento ... ele institui, histórica e culturalmente, o conjunto das interpretações, das experiências individuais, vividas e construídas coletivamente.

Tudo o que existe no mundo histórico-social está entrelaçado com o simbólico, embora não se esgote nele. A própria existência de objetos e atos reais, individuais e coletivos é impossível fora de uma rede simbólica (Castoriadis, 1982).

Essas proposições, mais uma vez, ilustram as relações entre imaginário e representações sociais (também estas vividas e construídas coletivamente, conforme nos mostra Moscovici, 1961). A representação de determinado fenômeno social só se torna hegemônica se ela se ancora no imaginário social presente na sociedade, em dado momento histórico. E esse imaginário só se transforma na medida da força e mutabilidade de determinadas representações hegemônicas.

Carvalho (1990), em seus estudos sobre a representação hegemônica da mulher na sociedade brasileira, ao tempo da proclamação da República brasileira, "acentua a especificidade do simbolismo para cada sociedade" (Sousa, 2003, p.5), possibilitando perceber que,

> em termos da teoria das representações sociais ... a ancoragem exige repertórios específicos para que possa ser efetivada. Tais repertórios configuram a cultura e se constroem na história de cada povo. Assim, a compreensão da construção social da realidade por meio das representações, além de dever considerar o processo de configuração e enraizamento desta representação – a atribuição de

sentido, a esquematização objetivante, a naturalização, a instrumentação do saber ancorado – deve também considerar o estilo, uma maneira singular de fazê-lo, tributária dos repertórios existentes, que envolve também as representações hegemônicas. (Sousa, 2003, p.5-6)

Esse estilo, conforme análise de Sousa (2003, p.6),

(ou a crença na sua existência, e a sua busca) se nutre não só de uma memória de imagens e crenças do passado, de fantasmas e desejos cujos objetos encontram--se mergulhados na cultura que os institui, mas também da memória coletiva de experiências de enfrentamento das dificuldades, ou de relação com o outro, que participaram da instituição imaginária da sociedade.

É a compreensão do entrelaçamento entre memória individual, memória coletiva e cultura que permitirá o conhecimento do imaginário social que se constrói historicamente no e pelo sócio-histórico e na reflexão sobre as articulações do pensamento do ser humano singular. E, ainda, é a partir da compreensão do indivíduo singular/socializado, que traduz integralmente o sistema de crenças, imagens e representações da sociedade e que se institui ao mesmo tempo em que a sociedade é instituída que se torna possível compreender como ele mesmo determinado grupo social participam da construção do imaginário social, e são construídos por este imaginário (Sousa, 2003, passim).

Assim,

cada sociedade ao escolher seu simbolismo, de certa forma, estabelece as bases para se organizar e se representar, e ... este estilo simbólico que cada sociedade se atribui durante um certo tempo, e que se constitui no processo de imaginário social, inclui as representações hegemônicas. Compreender o imaginário social de um grupo social a partir das representações sociais hegemônicas oferece uma perspectiva teórica e metodológica importante. Enquanto instrumento teórico e metodológico, o conceito/teoria das representações sociais oferece um suporte teórico metodológico que possibilitará o estudo na perspectiva psicossocial da educação, facilitando assim a compreensão da ação do sujeito particular e de processos de transformação principal meta da busca a educação. (Sousa, 2003, p.6-7)

Este conjunto de concepções e "palavras" (Larossa, 2002) oferece um importante campo para reflexões sobre as imagens presentes em determinado grupo social, constituído de professores e alunos do curso de pedagogia.

## A pesquisa

Com base nesse conjunto de ideias foi elaborado o presente trabalho, a partir de um estudo exploratório realizado junto a alunos e professores de uma universidade paulista. Tal estudo tem o caráter de ensaio, de semente, e necessita ser ampliado e aprofundado. Foi aqui apresentado apenas com o fito de ilustrar o tema com dados primários e instigar o debate.

Chamamos a atenção para o fato de que esta é, para nós, pesquisadoras, uma pesquisa empírica que se utiliza de uma nova metodologia, de um instrumento novo.[2] O termo *novo* é aqui empregado no sentido de "diferente do convencional", já que uma parte do questionário solicitava que os sujeitos se manifestassem por meio de imagens – e não de respostas formalmente elaboradas – e que, em seguida, as justificassem. Esse novo instrumento, como não podia deixar de ser, suscitou, entre os professores e alunos pesquisados, interessantes reações, inicialmente de rejeição e dúvida; e após, especialmente entre os alunos, de curiosidade e interesse. Suscitou também em nós, pesquisadoras, reações/sensações/sentimentos estranhos, variando desde um receio inicial, pela nossa falta de intimidade, até uma sensação de entusiasmo e instigação pela exploração dos dados. Tais aspectos serão considerados ao longo das análises.

## O instrumento de coleta de dados

Os dados foram coletados por meio de um questionário contendo as seguintes perguntas:

1. Imagine que o espaço em branco, abaixo, seja o espaço da Pedagogia.

Descreva (COM PALAVRAS) as imagens que representam para você esse campo ou área do conhecimento (duas ou mais).
À medida que for descrevendo, numere cada imagem representada, respeitando a ordem em que foram elaboradas.
Ao finalizar, dê um título ao conjunto de suas imagens.

2. Conte-nos agora por que escolheu essas imagens, preenchendo o quadro a seguir, de acordo com os números que utilizou para identificá-las. De

2 O instrumento utilizado para coleta de dado é uma adaptação do utilizado pela pesquisadora Clarilza Prado de Sousa (PUC-SP e FCC), que foi gentilmente cedido para a elaboração deste trabalho.

tudo o que escreveu, circule o número que corresponde ao que você considera mais importante (assinale apenas UM número).

3. Por que você acha que isso tudo é a Pedagogia?
4. Para você, o que faz a Pedagogia ser importante para a educação?
5. Descreva a Pedagogia, do passado, presente e futuro.
6. O que você acha que deveria compor a formação de alguém em Pedagogia? Como acha que deveria ser o curso de Pedagogia?
7. Como você imagina um professor que conheça a área de Pedagogia?

Além dessas, havia questões de caracterização dos sujeitos.

## Os sujeitos

Os questionários foram aplicados a todas as turmas de alunos que no primeiro semestre de 2003 (época da preparação do presente estudo) frequentavam o penúltimo semestre do curso de pedagogia da aludida universidade, por, supostamente, já possuírem uma visão suficientemente ampla do campo de estudos. Foi também aplicado a todos os professores que atuavam nesse curso.

Tabela 29.1 – Número de alunos do curso, aos quais foram aplicados os questionários

| Nº de alunos | Alunos | | | Total |
|---|---|---|---|---|
| Turno | M | V | N | |
| Alunos matriculados | 45 | 14 | 95 | 132[3] |
| Questionários Aplicados | 18 | 8 | 25 | Total real 51 |

Como retorno, obtivemos 51 questionários de alunos e treze de professores, o que corresponde a 50% do total daqueles (102) e a 20,3% do total destes (64). Talvez este já seja um dado interessante de reflexão: por que tão pouco retorno, por parte dos docentes? Será que, se os alunos não tivessem respondido durante as aulas, o retorno teria sido igualmente pequeno? Seria

3 Embora a soma de alunos de todos os períodos seja maior que o número apontado como real, isso se deve pela inscrição em magistério de alunos que frequentam, ao mesmo tempo, outra habilitação.

por significar uma tarefa a mais, entre as inúmeras que a vida acadêmica nos impõe? Ou talvez pela própria natureza da tarefa, que incluía pensar em algo sobre o qual dificilmente nos questionamos e de uma forma diferente da convencional?

Eis a breve caracterização desses sujeitos:

### *Alunos*

A totalidade dos respondentes pertence ao sexo feminino. A maioria (31, ou seja, 60%) está na faixa etária de 21 a 24 anos, havendo oito alunas (15%) entre 25 e 28 anos. Apenas três tinham entre 17 e 20 anos e cerca de 26% tinham mais de 29 anos. Trata-se, portanto, de um grupo de sujeitos bastante jovem, o que talvez justifique alguns de seus posicionamentos, como veremos mais adiante.

Do conjunto das alunas, cerca de 57% (29 alunas) lecionam. A quase totalidade destas (24 alunas) em escolas particulares (87% das que trabalham), havendo quatro alunas que atuam em escolas municipais, uma dá aulas em domicílio e nenhuma em escolas estaduais. Também quase todas atuam em uma só escola, apenas quatro delas atuando em duas.

A carga horária de trabalho semanal distribui-se entre as que atuam vinte, trinta e quarenta horas, com o predomínio de trinta horas (cerca de 35% das que lecionam), havendo cerca de 21% que dedicam vinte horas ao trabalho e cerca de 21% trabalhando quarenta horas semanais. Apenas três alunas trabalham mais de quarenta horas e três menos de dez horas.

A quase totalidade das que lecionam (24 alunas, ou seja, 83%) está entre as que a literatura considera "professoras iniciantes", e, dezoito têm entre três e cinco anos de exercício profissional e seis duas anos ou menos. Das outras cinco, há três com seis a doze anos e apenas duas com treze anos ou mais de experiência docente.

Indagadas sobre atividades de formação continuada, 34 entre as 51 alunas (69%) disseram ter participado de algum tipo de atividade, com predomínio para cursos. Seguem-se, em ordem decrescente, os congressos, oficinas, palestras, seminários e encontros de formação. Também há alusões esparsas a assessorias, reuniões pedagógicas e participação em projetos.

Quanto à carga horária dessas atividades, predomina a de uma a cinco horas (29% das 34 alunas), seguida de seis a dez horas (20,5%). Apenas seis alunas disseram ter participado de atividades com duração maior que trinta horas semanais. Houve três alunas que disseram participar de reuniões semanais com duração variando entre duas e cinco horas cada.

Os temas dessas atividades são os mais variados, em geral relacionados ao ensino, com predomínio para arte, educação infantil, alfabetização, moral, inclusão, entre outros. Apenas quatro alunas aludiram a temas não diretamente relacionados ao ensino (orçamento participativo e inglês).

### *Professores*

Dos treze respondentes, nove (69%) são do sexo feminino. A maioria (seis, ou seja, 46%) está na faixa etária de 51 a 60 anos, havendo três professores (23%) com mais de sessenta anos e três professores (23%) entre 41 e 50 anos. Apenas um dos professores enquadra-se na faixa entre 31 e 40 anos, e não há ninguém na faixa até trinta anos. Trata-se, portanto, de um grupo de sujeitos mais velho e experiente, uma vez que todos têm mais de treze anos como professor.

Indagados sobre atividades de formação continuada, são mencionadas dezessete atividades, dentre os treze professores. Figuram aí atividades ligadas à pós-graduação *stricto sensu* (três professores cursando doutorado, ou seja, 23% deles) e à participação em congressos e seminários nacionais e internacionais (cinco professores – 38%), em projetos de pesquisa (dois professores – 15%), em eventos interdisciplinares ligados a planejamento e discussão de temas e atividades (um professor – 7,5 %) e em atividades de capacitação (um professor – 7,5%). Há duas referências a estudos pessoais dos professores (15%), com temáticas variadas ou especificamente voltadas para filosofia e educação.

Das atividades apresentadas, apenas duas (12% das dezessete) parecem referir-se a cursos, uma a palestra (6% das dezessete) e uma (6% das dezessete) a reuniões pedagógicas. Não há alusões a assessorias.

Quanto à carga horária dessas dezessete atividades, há referências a seis atividades de quatro a dez horas (35% das dezessete), a seis atividades de trinta a cinquenta horas (35% das dezessete), a três atividades de quatro meses (17,5 % das dezessete), estas associadas a cursos específicos ligados a atividades do doutorado. Uma das referências (6% das dezessete) discrimina duração variada da atividade (palestra). Na leitura dos dados, em certo momento, paira uma dúvida: alguns professores referem-se claramente a atividades de sua própria formação continuada. Outros parecem se referir a atividades por eles desenvolvidas na formação continuada de outros.

Mesmo apresentando temas os mais variados, todos se relacionam ao ensino, à educação. Não há referência a temas não diretamente relacionados ao ensino.

## O que os dados indicam: alguns resultados

A seguir, serão apresentados os dados referentes aos alunos e depois aos professores, envolvendo, em cada grupo de sujeitos, os dados sobre (nessa ordem): imagens da pedagogia; visão sobre passado/presente/futuro da pedagogia; como deve ser a formação desse profissional; como imagina um professor que conheça a área de pedagogia.

### *A) Sobre os dados dos alunos*

#### *Imagens da pedagogia*

A leitura das respostas permite algumas constatações relativas às imagens apresentadas pelos alunos e professores participantes.

Dentre as respostas dos alunos, encontramos:

- 32 referências a plantas, árvores, folhas, galhos, frutos, flores, raízes;
- 17 referências a paisagens: montanhas, lagos, mar, campo;
- 11 referências a espaços diversos: sala de aula, escola, cidade, aldeia, país;
- 15 referências a sentimentos: paixão, amor, tristeza, emoção, alegria;
- 62 referências a processos: formação, crescimento, relacionamento, interações, cirandas.

O fato de o maior número de referências ser relativo a processos traz algumas pistas ou nos permite questionar se a própria formação calcada no predomínio da linguagem verbal, textual, com ênfase na lógica formal não seria responsável por essa descrição de imagens predominantemente expressa em referências a processos que são, de certa forma, valorizados ou analisados na literatura dos cursos de pedagogia.

Escapam a essa lógica as seguintes imagens:

Olho<br>
Ouvido<br>
Porta aberta<br>
Bola<br>
Ponto<br>
Exército de um homem só<br>
Bolinhas de sabão<br>
Pedra<br>
Pá<br>
Tabuleiro de xadrez<br>
Álbum de fotos<br>
Visão do bosque

Elas apresentam um potencial metafórico muito diferente das tradicionais imagens associadas à educação pelo senso comum, tais como árvores, plantas, flores, frutos, raízes, sol, calor, energia. Essas imagens são ancoradas em representações sociais de que educação é cultivo, é processo de cuidado para o crescimento, para que se cumpra o ciclo vital, um ciclo de progresso.

Ao contrário, as imagens *pá* associada a desafio, a intenção, *ponto* associado a potencialidade, *bola* associada a movimento e incompletude, *exército de um homem só*, como afirmação corajosa por enfatizar autonomia do sujeito em momento em que o apelo ao coletivo é intenso, *visão do bosque* como perspectiva para análise constituem descrições que fogem ao senso comum e ao discurso prescritivo e comprometido com o progresso tão presente no discurso de senso comum de educadores. *Olho, ouvido, porta aberta, bola, ponto, exército de um homem só, bolinhas de sabão, pedra, pá, tabuleiro de xadrez, álbum de fotos* e *visão do bosque* são metáforas interessantes por romperem com a lógica de progresso e de evolução naturalizadora presente nas imagens que sugerem ciclo vital e natureza como fonte provedora sempre. São imagens que sugerem trabalho, conflito, movimento para todos os lados – como a bola – e não apenas de baixo para cima, como a árvore (sendo, portanto, uma direção preestabelecida).

### *Visão sobre passado/presente/futuro da pedagogia*

Segundo os alunos participantes desse estudo, a pedagogia no *passado* era tradicional, voltada para formação exclusiva do professor, tecnicista, comprometida com a classe dominante, não libertadora, centrada no professor, elitista, castradora, reprodutora, passiva, presa a modelos rígidos.

A pedagogia no *presente* encontra-se em fase de mudança, em construção de sua identidade. As respostas da pesquisa registram crise que contempla dicotomia entre novas leis e práticas ainda tradicionais; o discurso pedagógico atual, que demonstra maior preocupação com o aluno; muitas tendências em jogo; fraca tendo em vista os resultados; em transição; mais preocupada com a qualidade; preocupação com articulação entre indivíduo e sociedade; identificada com resistência, com luta, com transformação social e humanização; confusa e sem objetivos.

A pedagogia do *futuro*, segundo as respostas desse estudo, traz expectativas de inclusão social, de construção da qualidade da educação, de melhores escolas. Contempla um conjunto de imagens utópicas predominantemente caracterizadas por expressões como: realização de pedagogia progressista;

possibilidade de se efetivar educação como prática transformadora da realidade; realização de crítica, igualdade; visão holística.

Algumas afirmações trazem personificação da pedagogia:

> Sonho com uma pedagogia que de fato perceba a responsabilidade que tem, que valorize muito mais o ser humano, que se preocupe com as questões políticas e que assuma uma postura diante da realidade, que forme bons profissionais e que leve os mesmos a todos os lugares, atingindo a todos.
>
> Deve chacoalhar "os homens" e fazê-los pensar.

Mais segura, específica e muito, muito mais rígida: "Seria uma grande articuladora, continuando com o enfoque da gestão anterior, mas aprofundando o aspecto da participação, do organizador de conhecimento, mas ao mesmo tempo desenvolvendo a autonomia".

As expressões associadas à pedagogia do futuro revelam desejos identificados em um discurso amplamente divulgado nos cursos de formação de educadores, cujos temas são parte de um contexto e, portanto, de um clima cultural edificado nos anos 80 do século passado, pós-ditadura militar.

O discurso pedagógico é, então, inspirado em Dermeval Saviani com seu *Escola e democracia*, como intérprete de Snyders, enfatizando temas pertinentes à educação como prática comprometida com questões sociais mais amplas, com superação da desigualdade de classes. A ideia de transformação da sociedade como uma das tarefas da pedagogia é herdada desse contexto e parece ainda expressiva no discurso dos alunos participantes desse estudo. Ideia que é reforçada por temáticas mais atuais como inclusão social e interdisciplinaridade.

Merecem ser destacadas as seguintes afirmações sobre a pedagogia do futuro:

1 Uma aluna que registra a palavra busca para os três momentos: passado, presente e futuro.

2 Outro registro com a afirmação: *LDB → acontecendo. Teoria e prática em plena sintonia.* Diante dessa afirmação, podemos constatar valorização da LDB como utopia a ser vivenciada e podemos nos perguntar o que significa plena sintonia entre teoria e prática.

3 Uma afirmação que prevê o fim da pedagogia: "Não sei se no futuro haverá pedagogia devido às informatizações do mundo. Penso que não existirão mais livros, depois, os alunos estudarão com computadores e internet, tornando-se autodidatas".

4. Uma única afirmação que distingue pedagogia e curso de pedagogia: "Ciência respeitada e valorizada e exigência para qualificação de muitas pessoas".

É interessante observar que o trabalho com as descrições das imagens permitiu a manifestação de visões sobre pedagogia que escaparam ao senso comum, como as destacadas na análise anterior (embora estas representem uma minoria) ou ao discurso predominante na literatura estudada nos cursos. Ao falar sobre passado, presente e futuro, sem associar imagens, os alunos tenderam a reproduzir discursos já consagrados, menos inéditos.

### *Como deve ser a formação do pedagogo*

Para a maioria dos alunos, o que deve compor a formação de alguém com pedagogia é a vinculação efetiva entre teoria e prática. Entendem que a teoria deva proporcionar "conhecimentos úteis para a prática", condenando, assim, o caráter conteudista de tal formação. Há um excerto que chama a atenção:

> Os pedagogos são vistos como "professorinhos" e isso tem que mudar. O curso de pedagogia deveria abranger todas as áreas do conhecimento de uma forma prática e dinâmica, sem teorizar, dogmatizar ou doutrinar estudando os teóricos "da moda" e os clássicos. O curso fica fora da realidade, fora de contexto. Nós estamos no Brasil, está na hora de valorizar o que é nosso.

Em seguida, aparecem criticidade, consciência e compromisso. A esse respeito há uma fala interessante: "Se todas as universidades se preocupassem com o nível do curso e formassem educadores compromissados, a Pedagogia não estaria tão desvalorizada".

Também deve compor essa formação a preparação para lidar com a inclusão, o estudo de língua portuguesa, de matemática, estatística e língua estrangeira. Falam ainda na necessidade de formar o profissional como "eterno buscador", que valoriza o ser humano e o grupo, que se autoconhece.

Alusão é feita ainda à necessidade de preparar o profissional para lidar com as famílias dos alunos.

É interessante observar que apenas aparecem uma indicação da necessidade de estudar as novas tecnologias e uma referente à educação de adultos.

Quando analisam como deveria ser o curso de pedagogia, o que mais realça é o apelo a uma formação mais abrangente, não só direcionada à escola. Talvez estivesse se referindo à concepção ampliada de professor que adotamos, mas não é o que parece, a julgar pelas respostas, nas quais se destaca a solicitação de habilitação em recursos humanos.

Muita ênfase é atribuída à necessidade de articulação entre as disciplinas – inter ou transdisciplinaridade.

Pedem também um curso "muito mais rígido e mais seletivo". Há um aluno que diz: "as pessoas prestam [Pedagogia] porque é mais fácil de entrar, depois nem sabem o que querem da vida e já que estão dentro, terminam, já que terminaram, atuam, sem amar".

#### *Como imaginam um professor que conheça a área de pedagogia*

As respostas dos alunos sobre um professor que conheça a área de pedagogia podem ser categorizadas, fundamentalmente, em três dimensões: a política, a cognitiva e a humana.

Na dimensão política, esse professor é um profissional crítico, consciente, politicamente comprometido e atuante, além de coerente, no sentido de aliar o discurso à prática. É, portanto, um profissional "transformador", com vontade e capacidade de mudança. Tem visão de mundo ampliada, luta pela escola pública.

Na dimensão cognitiva, é um articulador de ideias, um mediador do conhecimento. Está "em constante formação", é atualizado, estudioso, ou, dito de outro modo por alguns, "está em constante busca", é "curioso". É um profundo conhecedor das teorias, porém as relaciona com a prática, ou seja, "traz o embasamento teórico para a prática". Instiga nos alunos uma postura investigativa. É aberto para o novo. Estimula a troca.

Na dimensão humana, há muitas alusões ao adjetivo genérico "humano", mas também aparecem características como: respeita e ouve os alunos, é preocupado com o outro, é artista, esperançoso, autônomo, sensível, tem paciência e carinho com os alunos, ama o que faz.

O conjunto das características poderia ser resumido no que alguns alunos definiram como "é um educador e não só professor".

É interessante notar que apenas um aluno mencionou "é profissional". Seria um indicador de que essa dimensão tem sido pouco valorizada na formação de professores?

### *B) Sobre os dados dos professores*

#### *Imagens da pedagogia*

As imagens associadas pelos professores abrangem:

- cinco referências a plantas, árvores;
- dez referências a processos;

- oito referências contendo críticas, avaliação, juízo de valor;
- duas referências a formas ou objetos complexos (jardim-labirinto e caixa de surpresas).

Também entre os professores, o maior número de referências é relativo a processos, indicando o predomínio da linguagem verbal, textual, com ênfase na lógica formal, que são, como o percebemos pela nossa própria experiência, bastante valorizados não só na literatura dos cursos de pedagogia, mas também nas aulas das diferentes disciplinas.

Cada uma das imagens particularmente destacadas, pela sua originalidade e pela complexidade que demonstram, carrega em si essa referência a processos:

- *Medicina* – "articula saberes (teórico-práticos) para a saúde", mostrando uma relação do educar com a criação ou manutenção da saúde (mental e física?);
- *Sangue* – "irriga todo o corpo humano, embora só alguns (médicos/pesquisadores) o conheçam sistematicamente", possibilitando pensar a necessidade da formação para que a educação possa se realizar plenamente;
- *Caleidoscópio* – "a complexidade do fenômeno educativo", no qual cada movimento gera necessariamente mudanças de configuração e de perspectiva;
- *Brincar de cabo de guerra eternamente* – na imagem "força, coragem e delicadeza: transformando", o cabo de guerra parece indicar a força e a coragem necessárias para a transformação;
- "*Jardim em forma de labirinto, onde cada trajeto é um aluno* – a imagem do jardim, verde, planta, me lembra crescimento, vida; o labirinto me lembra caminhos diferentes, cada aluno é único, ímpar, desafia o professor a entendê-lo" – associação entre diferentes imagens integra maneiras de olhar típicas do senso comum, ao lado de desafios associados à imagem de labirinto. Essa imagem é completada pela descrição de que todos(as) os(as) alunos(as) chegam ao final, no sentido de encontrar a saída, porém cada um(a) de uma maneira e tempo próprios, valorizando ritmos e tempos próprios de cada um;
- *Metamorfose* – com o tema coerção social na escola, a *Metamorfose*, de Franz Kafka, mostra uma imagem negativa e coercitiva da área (ou do curso?);
- *Teia* – a imagem é evocada pela possibilidade de ser a ciência articuladora do fenômeno educativo (com o tema "Articulação e sustentação"), indicando uma relação entre a fragilidade da teia e seu potencial de sustentação e de força;

- *Caminhos, pontes ou estradas* – imagens que indicam ao professor a diversidade que é trabalhar na formação de professores, "no 1° ano, principalmente" – imagens sugestivas de direção, obstáculos a serem superados, com possibilidades claras dessa superação;
- "*Caixa muito colorida,* cheia de surpresas boas e ruins, que você vai recebendo, interagindo, crescendo, vivendo docente e discentes", evocando imagens positivas do curso, pelas cores e surpresas, pela possibilidade de interação e crescimento, positividade essa não sobrepujada mesmo pela possibilidade das más surpresas.

É interessante analisar o potencial metafórico dessas imagens, principalmente em se tratando de professores, dado que, quando da aplicação, muitos rejeitaram a tarefa, considerando-se não capazes ou não disponíveis para desenhar. Esclarecidos de que se tratava de descrever e não necessariamente de desenhar, houve maior disponibilidade (não suficiente para que todos ou a maioria respondessem ao questionário). De fato, apenas cinco (38,5%) dos treze professores que entregaram seus questionários preenchidos se expressaram por meio de imagens desenhadas, e apenas dois só realizaram os desenhos, sem complementá-los com palavras explicativas ou descritivas.

Quatro professores mostram imagens mais tradicionalmente associadas à educação, como árvores, plantas, flores, frutos, raízes, sol, calor, energia, imagens essas, como já mencionado, ancoradas em representações sociais de educação como cultivo, como processo de cuidado para o crescimento, para que se cumpra o ciclo vital, um ciclo de progresso.

No entanto, esses significados de senso comum nem sempre estão associados de forma simplista ou linear. Assim, a imagem de árvore vem associada à pedagogia como um campo de conhecimento de origem múltipla; nascimento e energia aparecem ao lado de conceitos, como adulto, tristeza e recomeço (esta a primeira imagem), e com o significado de possibilidades de mudanças, reformas; crescimento, otimismo; atuação social, firmeza de propósitos; desencanto, dificuldades, desânimo e, finalmente, possibilidade de reerguimento. Se campo, flores e árvores estão associados a conhecimento, pessoas (os alunos) e alunos e professores, tais imagens estão, também, no entanto, ao lado de tempo e movimento, significando a própria vida.

Apenas uma imagem choca pela atitude implícita e pelo negativo evocado: com o título de *Baronesas em formação*, um professor associa a pedagogia (claramente o curso) à situação de caça: marido (imagem da adolescência/muitas mulheres), dona de escolinha (o que as alunas da manhã desejam ou querem ser), preguiça de estudar e vontade/necessidade de ter diploma ("é o que vejo nas alunas e muitos colegas"), *shopping* ("o comportamento das alunas lembra *shopping*"), estagnação ("colegas que se acomodaram"), falta de vontade de pesquisar e casulo ("falta de troca entre colegas").

### *Visão sobre passado/presente/futuro da pedagogia*

A visão dos professores participantes desse estudo sobre a pedagogia do *passado* pode ser categorizada em três grupos. Um primeiro grupo sugere crítica à pedagogia do passado associando-a à

> educação bancária, ao predomínio de racionalismo, ao privilégio de classe, ao fato de ser dona de certezas infalíveis. Positivista. Repetitiva. Objetiva a manutenção, a harmonia social. Conceitos fechados. Corpo de conhecimentos construídos que independem dos indivíduos. Tecnicista. Impositiva. Autoritária. Disciplinar Normativa, prescritiva "Conteudismo", pouca ênfase à pesquisa, ao espaço de reflexão e troca entre os professores, "carreirismo", avaliação primitiva, metodologia e dialética encapsulados, "dona da verdade" (única capaz de...). Dando conta apenas da herança sociocultural.

Outro grupo sugere visão positiva da pedagogia do passado, atribuindo-lhe méritos relativos à formação teórica e ao papel generalista do pedagogo:

> Amor, conteúdos teóricos, excelente relacionamento professor/aluno. Discussão dos teóricos e clássicos. Formação do pedagogo, não do professor.
>
> Formava um profissional com uma formação teórica sólida e de forma mais generalista; o pedagogo podia atuar em diferentes funções na sociedade, principalmente dentro da escola.

Um terceiro grupo apresenta afirmações que sugerem a dinâmica própria de um campo de conhecimento, constituindo em resposta a seu tempo, marcada por historicidade e articulação com outros campos do pensamento como filosofia, ideologia. Esse grupo congrega apenas duas respostas (dois professores) que indicam distinção entre pedagogia como campo teórico e curso de formação do educador.

> Em todos os períodos ela constituiu, constitui e constituirá um reflexo da filosofia e/ou ideologia principalmente em relação às ideias sobre como o homem, amparado em explicações teóricas que possam servir-lhes de base.
>
> Acho que é difícil dizer isso. Depende do "lugar" deste passado e deste próprio passado! Acho que os humanos sempre prestaram atenção a esta ativi-

dade fundamental. Veja-se, por exemplo, o texto de Kant *Sobre a educação* ou *Emílio* de Rousseau (século XVIII). Há elementos (neste passado) que incorporamos hoje. E há elementos, ali, que não!

Ao responderem sobre o presente da pedagogia, os professores constituem dois grupos. Um primeiro grupo que associa pedagogia a concepções sem oferecer pistas sobre juízo de valor, se considera positivo ou não: "Desenvolvimento da personalidade integral: razão, emoção e espiritualidade".
Busca de uma concepção dialética da educação

Buscando articular as dimensões da subjetividade da sociedade e da cultura. Formação do cidadão crítico-construtivo.

Questionadora. Reconhece a unicidade do ser humano. Dialógica. Vulnerável. Crítica.

Buscadora, esforçada, consciente de suas limitações, denunciadora.
Sugere crítica sem distinguir pedagogia de cursos de pedagogia:

Ideológica, naturaliza a desigualdade de oportunidades de escolarização, escondendo-se no discurso da "natureza humana" e da "psicologização" da pedagogia.

Fraca. Falta de fundamentação teórica. Preocupação com a formação do professor e não com o "pedagogo".

Busca o consenso, a transformação coletiva, mas permanece, ainda fechada a outras áreas do conhecimento. Linear. Disciplinar.

O pedagogo tem uma formação teórica sólida e ampla, mas, com a "ênfase" nas habilitações, prejudicam sua formação as exigências do mundo atual. Existe uma estrutura curricular que fragmenta toda a formação.

Apenas uma resposta contempla distinção explícita entre pedagogia e curso de pedagogia:

Tenho grandes "amores" e grandes "desgostos" não com a pedagogia, mas com os cursos de pedagogia. A pedagogia, enquanto estudos dos saberes teórico-práticos (e produção destes saberes), é necessária, importante e fundamental. Os cursos de pedagogia acabaram por se "entulhar" de tantos desejos imediatistas como "formar" para tudo (e até garantir empregos) que deixaram de estudar profundamente os saberes teórico-práticos e de os produzir competentemente. Quanto se critica a superficialidade dos saberes de muitos destes profissionais. Basta pensar no seguinte: para se "formar" um sociólogo, um geógrafo, um historiador, um matemático, os cursos duram quatro anos: neles só estudam e se produzem conhecimentos específicos. Um curso de Pedagogia, hoje, em quatro anos, pretende "formar" o conhecedor de educação; o gestor (administrador, coordenador, orientador) e o professor de oito áreas dos cursos de magistério!!! ISSO NÃO TEM SIDO SÉRIO!

No que se refere à pedagogia no *futuro*, os professores que não distinguem pedagogia dos cursos de pedagogia reivindicam melhor formação no futuro e melhor preparo para articular educação em diferentes espaços e diferentes projetos.

Chama a atenção o fato de uma resposta de professor(a) sugerir mais prática e menos teoria para a pedagogia do futuro.

E merece destaque, também, a afirmação de um dos participantes, um dos únicos a fazer a distinção entre a pedagogia e os cursos de pedagogia: coerente com abordagem já citada sobre passado e presente, sua resposta registra que espera da pedagogia no futuro que se estude profundamente a educação onde quer que ela aconteça, temendo estagismo e praticismo tal como se apresentam hoje nos cursos.

### *Como deve ser a formação do pedagogo*

Segundo os professores, faltam maior aprofundamento teórico e pesquisas, além de integração entre as áreas.

Os professores participantes dessa pesquisa propõem: contato com prática de pesquisa, integração entre áreas de conhecimento, maior fundamentação teórica, rompimento com a fragmentação entre teoria e prática e entre as disciplinas, mais prática e menos teoria (uma resposta), estudos profundos, especializações.

### *Como imaginam um professor que conheça a área de pedagogia*

As respostas dos docentes revelam que imaginam o professor que conhece a área de pedagogia como aquele que conhece a si mesmo; como profissional capaz de reflexão e avaliação da própria prática e de reconhecer o mundo em que vive; é um professor culto, politizado, sensível e afeito ao trabalho coletivo; é pesquisador que participa de eventos científicos nacionais e internacionais; é sensível às relações de seu grupo de aprendizagem, promovendo a vida de grupo e também é disponível para crescer com seus pares, outros educadores; é capaz de equacionar uma situação educacional, tomando as decisões mais cabíveis para atuar na situação que equacionou com coerência; é um problematizador apto a encontrar soluções para as questões por ele identificadas; é capaz de inserir-se no contexto social de seus alunos e se propõe a atuar nele; deverá evitar preconceitos e olhares reducionistas. Finalmente, uma resposta afirma que esse professor deve saber de educação e de sua área específica.

As palavras-chave associadas ao perfil do professor que conhece a área seriam então: autoconhecimento, pesquisa, reflexão, problematização e coerência.

É interessante que não encontramos respostas referentes a teorias específicas do campo pedagógico, ou seja, as respostas sugerem o perfil do professor que conhece esse campo, os saberes associados a posturas, ao saber fazer, tais como: refletir, pesquisar, problematizar. Pode-se perguntar se os professores que responderam a esse estudo entendem ser a pedagogia o campo no qual se aprendem tais posturas, ou se estamos diante de um campo que deve ensinar tais posturas. A considerar suas críticas presentes nas respostas anteriores a esta, pode-se afirmar que entendem ser a pedagogia uma área que deve ensinar a refletir, problematizar, pesquisar e intervir no real com coerência.

## *C) Comparação entre as respostas de alunos e professores*

### *Imagens da pedagogia*

Tanto professores como alunos apresentam um maior número de referências relativo a processos, indicando o predomínio da linguagem verbal, textual, com ênfase na lógica formal, que são, como o percebemos pela nossa própria experiência, bastante valorizados não só na literatura dos cursos de pedagogia, mas também nas aulas das diferentes disciplinas.

As imagens apontadas pelos alunos – olho, ouvido, porta aberta, bola, ponto, exército de um só homem, bolinhas de sabão, pedra, pá, tabuleiro de xadrez, álbum de fotos e visão do bosque – são metáforas interessantes por romperem com a lógica de progresso e de evolução naturalizadora presente nas imagens que sugerem ciclo vital e natureza como fonte provedora sempre. São imagens que sugerem trabalho, conflito, movimento para todos os lados – como a bola –, e não apenas para cima – como a árvore.

Uma parcela das imagens apontadas pelos professores, mesmo se referindo a imagens tradicionalmente associadas à educação dentro dessa lógica de progresso e evolução naturalizadora (natureza como fonte provedora; ciclo vital e ciclo de progresso), associa a elas também uma complexidade e movimento, sentimentos de tristeza, desencanto, desânimo e, ao mesmo tempo, expectativa, surpresa e esperança, possibilidades e otimismo, com referência mesmo à própria vida. Além disso, outras imagens, originais e complexas, carregadas ainda dessas referências a processos (medicina, sangue, labirinto, teia, caixa de surpresas, caleidoscópio, cabo de guerra, metamorfose, caminhos, pontes e estradas), apontam para preocupação e compromisso com articulação de saberes (teórico-práticos), com objetivos de formação do ser humano em sua plenitude, com impregnação do indivíduo com o conhecimento e a formação, com a atenção à formação do formador, com a complexidade do fenômeno educativo, com a possibilidade de mudanças de configuração e de perspectiva, com a necessidade de força, coragem e delicadeza, para que e em que a transformação ocorra, com o desafio com a compreensão do aluno como ser humano único, dialeticamente associada à imagem de que todos(as) os(as) alunos(as) devem atingir, no final, uma saída, em seu modo e tempo próprios, mesmo que isso implique enfrentar a coerção social na escola (esta, por vezes, kafkiana), com a possibilidade de a pedagogia se constituir em sustentação e força (de quê? do aluno, da sociedade?), superação de obstáculos.

### *Visão sobre passado, presente e futuro da pedagogia*

A comparação entre as respostas de alunos e professores permite afirmar que:

1 No que se refere ao passado, os alunos não contam com nenhuma resposta positiva, e entre os professores temos duas afirmações quase saudosistas elogiando a formação do pedagogo no passado; as críticas se aproximam quanto a ideias de que no passado a pedagogia era elitista, centrada no professor, tecnicista, pouco ou nada comprometida com questões sociais.

2 Com relação ao presente, os alunos sugerem movimento, crise, busca de identidade, e os professores ou criticam os cursos ou manifestam entender a pedagogia como prática que valoriza questionamento, reflexão, formação da crítica, valorização da subjetividade.

3 Quanto ao futuro, os alunos dão pistas sobre suas utopias e nos pareceu estarem estas ancoradas em discurso próprio da pedagogia disseminado a partir dos anos 80 no Brasil, ao passo que os professores sonham com melhores condições de formação, destacando-se apenas uma fala que deseja uma pedagogia no futuro mais prática e menos teórica (difícil de entender uma fala assim formulada por um professor...), e apenas uma fala que distingue

pedagogia de curso de pedagogia e registra o desejo, mais do que adequado, de que no futuro esta possa estudar educação onde quer que aconteça.

Pode-se afirmar que o futuro desenhado pelos alunos está mais ancorado na literatura do que no discurso dos professores? Então onde ficaria o papel de mediação que se espera dos professores? A literatura seria "digerida" diretamente?

### *Como deve ser a formação do pedagogo*

Os dados de alunos e de docentes coincidem quanto à relevância que ambos parecem atribuir à necessidade de vinculação efetiva entre a teoria e a prática e à relação entre disciplinas e áreas do currículo de formação.

Nos dados dos alunos, não aparece a alusão, feita pelos professores, à importância do aprofundamento teórico e da pesquisa.

Quanto aos docentes, não figuram os aspectos eleitos pelos alunos como muito importantes, referentes à dimensão política, à atitude de busca constante ("professor como um eterno aprendiz"), à formação para atuar dentro e fora da escola.

Chama a atenção o fato de que, em nenhum dos grupos de sujeitos, ter sido feita referência à formação do professor como um profissional.

### *Como imaginam um professor que conheça a área de pedagogia*

Pode-se considerar que ambos os tipos de sujeitos fazem referência às mesmas dimensões para caracterizar um professor que conheça a área de pedagogia: as dimensões política, cognitiva e humana. O que parece ter-se diferenciado foi a ênfase atribuída a cada uma. Enquanto nos alunos a dimensão humana pareceu prevalecer (a julgar pela quantidade de características por eles citadas nessa dimensão), os docentes pareceram enfatizar mais as dimensões política e cognitiva, predominando as características de problematização, pesquisa, coerência, politização e trabalho coletivo.

Novamente chama a atenção a ausência de referência, por parte de ambos os tipos de sujeitos, da dimensão do professor como um profissional. Isso permite pensar que essa não seja uma característica valorizada, o que é preocupante: corresponderia à ideia de encarar o professor como um não profissional? Ou como um semiprofissional? São perguntas cujo enfrentamento traz sérias consequências tanto para a carreira docente quanto para a formação.

Interessante também é a constatação do quão pouco docentes e alunos enfatizaram a questão do domínio de conteúdos (apenas um aluno e um docente se referiram a esse tema). Estaria, então, a pedagogia, no imaginário desses sujeitos, associada ao campo do saber-fazer e do saber-ser, mais do que ao campo do saber? Também é um aspecto deveras preocupante.

## Problematizando os dados: alguns pontos para reflexão

Os dados dos alunos indicam que eles parecem mais livres, "soltos", quando se manifestam por meio de imagens do que por meio de discurso verbal, sendo perceptíveis as diferenças entre o tipo de respostas que emitem em ambos os casos.

Quando se manifestam por imagens, parecem predominar as concepções mais ligadas ao domínio afetivo e ao ensino-aprendizagem entendido como processo. Nas justificativas da elaboração das imagens, aparecem muitas alusões a expressões, como *amor, emoção, encanto, beleza, força, motivação, interesse, esperança, alegria, desejo, sonho, amizade, companheirismo*. Também aparecem as expressões *caminho, processo, crescimento, construtivismo, Emília Ferreiro, fluxo, coletivo, troca, descoberta do novo, formação/informação*, entre outras. São poucas as alusões a expressões que denotem explicitamente a consideração da dimensão sociocultural. Há alusões a cidadania, cidadãos críticos, conscientes e participativos, espaço de transformação, qualidade (mas não se explicita o que se entende por esses conceitos), gestão democrática, Paulo Freire. Tais resultados parecem corroborar os encontrados em inúmeras outras pesquisas. Por exemplo: no estudo de Cunha (1989), a imagem dos alunos sobre o bom professor também estava associada, fundamentalmente, aos domínios cognitivo e afetivo, e não havia alusão à dimensão política como qualidade do bom professor. Há ainda duas menções a vocação e dom, numa reprodução da imagem dominante da profissão-professor presente no senso comum.

Já quando usam a linguagem verbal, o discurso se assemelha muito àquele em voga hoje em dia. Aparecem muitas alusões diretas ou indiretas ao construtivismo, repetindo o discurso presente nas políticas educacionais – PCN principalmente – e na literatura – em especial veiculada nas áreas de didática e de psicologia, quando falam da pedagogia do presente. É interessante notar que as alusões ao que preconiza a literatura de inspiração crítica e pós-crítica também aparecem; porém, quando elas falam da pedagogia do futuro, é como se fosse um ideal a alcançar (aí entra a dimensão política da educação e do ensino, em especial no que se refere à inclusão). Quando falam da pedagogia do passado, usando um tom ácido e extremamente crítico-negativo, parecem estar repetindo o discurso corrente, que nega o ensino tradicional, como se o velho tivesse de desaparecer para dar lugar ao novo e se só este tivesse lugar e valor. Forquin (1993, p.19) critica a acepção de modernidade como valor supremo e a ideia, hoje prevalecente, de mudança como "pedra de toque do projeto criador. Será criador aquilo que rompe com o passado", sem passar pela instância do crivo, da avaliação, do poder crítico, da escolha, da decisão. Cita Jean Clair, ao dizer que:

> com o tempo, a negação da tradição, tornada pesquisa do novo, do singular e da surpresa, termina por instituir-se por sua vez em tradição: há uma continuidade do projeto iconoclasta que, na repetição de suas manifestações, institui-se, no final das contas, como tradição da ruptura. (apud Forquin, 1993, p.19-20)

Fica a questão: qual dos tipos de conteúdos estaria mais diretamente vinculado à ação pedagógica? Aquele oriundo das imagens ou do discurso verbal? Tendo o primeiro um conteúdo simbólico e projetivo mais forte (note-se que cerca de 55% das alunas se expressaram por meio de metáforas), não teria ele mais potencialidade para configurar as práticas? E, se assim for, o que preocupa é perceber que a imagem da pedagogia que emerge desses dados estaria mais consentânea com aquela subjacente às políticas educacionais vigentes atualmente, em que a dimensão política aparece subsumida às dimensões técnica e humana dos processos de ensinar e aprender. As mais recentes determinações sobre a formação de professores valorizam os conteúdos curriculares a serem ensinados e a prática pedagógica, como se ao professor bastasse saber e saber fazer. Estaria, por conseguinte, mais apartada da visão que têm da pedagogia os profissionais dessa área envolvidos nos movimentos pela formação do educador há décadas.

O que preocupa ainda mais é o grau de possibilidade da formação inicial para mudar esse imaginário, atuando na contra-hegemonia das políticas educacionais. Talvez esteja na hora de os movimentos organizados em torno da formação de educadores começarem a propor algo mais contundente quanto à forma e não só quanto à estrutura dessa formação. A esse respeito, evidencia-se fortemente que nem a formação de tipo discursivo nem a de tipo "praticista" ou "estagista" (tal qual a preconizada pelas políticas educacionais atuais) são capazes de constituir uma concepção de pedagogia não funcionalista. A literatura aqui adotada toma como base a ideia de que o imaginário é constituidor da realidade e não só seu reflexo. Diz Castoriadis (1982, p.169) que

> Considerar o sentido como simples "resultado" da diferença dos signos é transformar as condições necessárias da *leitura* da história em condições suficien-

> tes de sua *existência*. E certamente, essas condições de leitura já são intrinsecamente condições de existência, pois só existe história porque os homens comunicam e cooperam num meio simbólico. Mas esse simbolismo é ele próprio *criado*. A história só existe na e pela "linguagem" (todas as espécies de linguagem), mas essa linguagem ela se dá, ela constitui, ela transforma.

Seria importante, então, que o processo de formação se encarregasse de explicitar para os formandos esse imaginário, mediante linguagens e meios diversos, como forma de provocar transformação. Há propostas interessantes a esse respeito. Por exemplo: na formação inicial de professores, Knowles et al. (1994) realizam experiências nas quais trabalham com imagens, crenças, valores, ideias dos alunos a fim de explicitar suas concepções e aspectos importantes à dimensão político-pedagógica da docência como raça, etnia, gênero e classe. Relacionam tais experiências com referencial teórico e com pesquisas na área. Na formação continuada, há, por exemplo, o trabalho de Clandinin (1986), em que ela trabalha com imagens de professoras sobre a sala de aula e analisa essas imagens, por meio de entrevistas com as professoras após observar suas aulas. Esse conjunto de procedimentos tem a intenção de explicitar, para as professoras, a construção do que a autora chama de *conhecimento prático pessoal*.

A maioria dos alunos parece identificar a pedagogia com o curso de pedagogia. Mesmo os que a tratam como um campo de conhecimento parecem assumi-la como ciência. Não apareceu alusão alguma à dúvida epistemológica que ainda paira a esse respeito, havendo quem defenda que a pedagogia já conquistou o *status* de ciência (Wachowicz, 2002, por exemplo), e quem entenda que isso ainda não ocorreu e que o campo da pedagogia é definido por um conjunto de ciências da educação (Estrela, 1992, por exemplo). Poder-se-ia supor que a formação não esteja trabalhando essa questão? Não fica estranho pensar na formação de um profissional que não tem clareza sobre o campo epistemológico no qual atua/atuará? Fazem o curso de pedagogia mas não se questionam sobre o que ela é.

Esses são dados de alunas de uma universidade. O que revelariam os dados de alunos de outros contextos de formação, como os programas especiais de formação, as instituições de "fim de semana", os cursos normais superiores? Talvez fosse interessante investigar.

Reflexões interessantes podem também advir da análise das relações entre os dados de alunos e de professores. Se considerarmos as respostas para a pergunta "O que faz a pedagogia ser importante para a educação?", podemos pensar que existe ainda uma defasagem entre as formas de ver a pdagogia e a sua relação com a educação entre o discurso dos professores e o discurso dos alunos. Em um total de 54 respostas, 22 alunos (40%, menos da metade, portanto) entendem pedagogia como campo científico que favorece a compreensão do fenômeno educação. As demais 32 respostas confundem pedagogia com educação em geral ou com formação de educadores em particular. Dentre os professores, temos treze respostas, sendo oito delas *fundamentadas em uma visão* da pedagogia como ciência e não exclusivamente como espaço para formação de professores.

Se a maioria dos professores entende pedagogia como campo científico e não só como curso de formação de educadores, entre os alunos a maioria ainda identifica a pedagogia ou apenas com o curso de formação ou apenas com a prática de intervenção educacional.

Consequentemente, há o risco de, na formação do pedagogo, predominarem a força do enquadramento, a produção do silêncio, a homogeneização – não só do discurso, mas também da simbolização (imaginário) –, o caráter predominantemente prescritivo da pedagogia.

A esse respeito, é possível perceber que, na maioria das respostas de alunos, parece predominar uma visão reducionista da pedagogia como campo de preparo do educador, não parecendo valorizá-la também como campo teórico que edifica os fundamentos para a análise do fenômeno educacional. Essa forma de ver a pedagogia está profundamente enraizada no imaginário do senso comum e desses educadores em formação. Pedagogia, assim, seria uma técnica, um espaço de ensinar a fazer, implicaria prescrição fundada em diferentes concepções sobre a melhor forma de fazer a educação.

Por isso, é interessante – e diferente das demais – a única resposta da presente pesquisa que sugere à pedagogia do futuro "estudar a educação onde quer que ela aconteça...". E é justamente o(a) autor(a) dessa resposta que afirma temer a onda de estagismo e praticismo percebida nos cursos de pedagogia atualmente.

A maioria das respostas ou pede mais fundamentação teórica ou mais prática. Uma ou outra resposta sugere maior compromisso com a pesquisa. Uma ou outra deixa a perspectiva em aberto com afirmações como "depende da sociedade do futuro...".

O que parece é que o caráter prescritivo está associado à visão de que a pedagogia não é campo de produção de conhecimento sobre educação, mas sim campo de prescrição, de utopia, essencialmente, isto é, campo de idealizar a prática educativa, campo que se confunde com a prática educativa. O pedagogo seria o que conduz – e não a qualquer lugar, mas ao lugar certo. Haveria, então, um lugar certo, na ótica de cada pedagogo, de cada cultura, de cada sociedade, de cada tempo.

As imagens predominantes na presente pesquisa aproximam-se dessa visão da pedagogia, como prática que provoca a evolução, o crescimento, sobretudo nas metáforas associadas aos ciclos vitais, naturais...

No presente momento, há uma forte tendência, na educação, que valoriza a crítica ao tecnicismo e a construção de uma pedagogia como campo que analisa e busca favorecer a análise dos educadores, preparando-os muito mais para colocar perguntas ao real do que para prescrever e tentar – em vão – enquadrar educandos e comunidades; preparando-os para construir uma nova relação com a própria utopia, em diálogo permanente com as possibilidades objetivas; preparando-os muito mais para se perguntarem cotidianamente por suas utopias, revendo valores, confrontando valores, recriando-se enquanto seres desejantes e solidários.

Nessa perspectiva, são interessantes as imagens olho, ouvido, bola, cabo de guerra, pá, visão do bosque. E são interessantes as respostas dos professores sobre o perfil de quem conhece a área de pedagogia, apontando saberes como: pesquisar, problematizar, refletir e intervir com adequação e coerência.

Em suma, o problema do caráter prescritivo da pedagogia reside em seu fundamento tecnicista, apriorístico e impositor. Muito diferente de uma pedagogia que é concebida como campo de produção de saber sobre educação, como referência crítica para mudanças, como referência para quem deseja construir seu próprio caminho como educador, como inspiração para uma prática docente e educacional fundada em uma realidade social em transformação, como a nossa brasileira, e voltada para a formação de um cidadão com capacidade de pensar o mundo, a si próprio e suas ações, de modo a intervir e participar comprometidamente nesse mundo.

## Referências bibliográficas

BACKZO, B. Imaginação social. In: *Enciclopédia EINALDI*. Lisboa: Imprensa Nacional, Casa da Moeda, Ed. Portuguesa, 1985. v.5: Anthropus – homem.

CARVALHO, J. M. de. *A formação das almas*: o imaginário da República no Brasil. São Paulo: Companhia das Letras, 1990.

CASTORIADIS, C. *A instituição imaginária da sociedade*. Rio de Janeiro: Paz e Terra, 1982.

CLANDININ, D. J. *Classroom Practice:* Teachers Images in Action. Barcombe: The Falmer, 1986.

CUNHA, M. I. da. *O bom professor e sua prática.* Campinas: Papirus, 1989.

DURAND, G. *O imaginário*: ensaio acerca das ciências e da filosofia da imagem. Rio de Janeiro: Difel, 2001.

ESTRELA, A. *Pedagogia, ciência da educação?* Porto: Porto Editora, 1992.

FERREIRA, N. T., EIZIRIK, M. F. Educação e imaginário social: revendo a escola. *Em aberto (Brasília)*, ano 14, n.61, jan.-mar. 1994.

FORQUIN, J.-C. *Escola e cultura*: as bases nacionais e epistemológicas do conhecimento escolar. Porto Alegre: Artes Médicas, 1993.

KNOWLES, G., COLE, A., PRESSWOOD, C. *Through Preservice Teacher's Eyes:* Exploring Field Experiences Through Narrative and Inquiry. New York: Merrill, 1994.

LAROSSA, J. B. Notas sobre a experiência e o saber da experiência. *Revista Brasileira de Educação (São Paulo)*, n.19, p.20-8, jan.-fev.-mar.-abr. 2002.

MOSCOVICI, S. *La psychanalyse*: son image, son public. Paris: PUF, 1961.

______. Notes Towards a Description of Social Representations. *Journal of Social Psychology*, v.18, p.211-50, 1988.

POSTIC, M. *O imaginário na relação pedagógica*. Rio de Janeiro: Jorge Zahar, 1993.

SANTOS, D. O. A. Mulheres: o cruzamento de dois imaginários. In: SOLLER, M. A., SANTOS, D. O. A. (Org.) *O imaginário em debate*. São Paulo: Olho d'água, 1998. p.9-25.

SOLLER, M. A., SANTOS, D. O. A. (Org.) *O imaginário em debate*. São Paulo: Olho d'água, 1998.

SOUSA, C. P. *Imaginário e representação social de jovens universitários sobre o Brasil e a escola.* Projeto de pesquisa, 2003.

WACHOWICZ, L. A. A epistemologia da educação. *Educar (Curitiba)*, n.19, p.53-72, 2002.

# 30
# Profissionalização continuada: aproximações da teoria e da prática

*Lea das Graças Camargos Anastasiou*

Este capítulo registra aspectos de vivências realizadas em processos de profissionalização continuada com docentes de diferentes instituições de educação superior, apontando elementos que podem, com base nos dados da prática, auxiliar na construção de uma teoria.

Os elementos dos processos vivenciados, por similaridade ou por contradição, possibilitam-nos captar os movimentos existentes nas formas de compreender, analisar e se reorganizar, para que a simples *ocupação docente* possa ser assumida como uma *profissão.*

Várias experiências visando ao desenvolvimento profissional do docente do ensino superior foram publicadas anteriormente (Anastasiou, 1998, 2000, 2001; Anastasiou & Pimenta, 2002), em que enfocamos alguns aspectos que aqui retomaremos, colocando novos elementos obtidos das últimas vivências realizadas.

## Introdução

É sabido que, para o exercício da docência universitária, não são exigidos elementos referentes à formação para o magistério; essa formação, quando ocorre, limita-se ao curso de uma disciplina da área da Metodologia do Ensino Superior, nos momentos da pós-graduação, com carga horária média de sessenta horas, constituindo-se esta, para a maioria dos profissionais que atuam nas salas de aula da universidade, a principal experiência de sistematização de conhecimentos, atitudes e habilidades para o *dar aulas*.

Temos, então, uma área de saber essencial à docência, o saber didático, reduzido a uma amostragem insuficiente para o exercício de uma profissão. Basta que pensemos em um profissional de outra área (da saúde, das tecnológicas, sociais etc.) que tivesse tido em sua formação estudos referentes a apenas essa carga horária, para imaginarmos as probabilidades de desempenho que este efetivaria.

Pontuamos, então, a necessidade de diferenciar uma *ocupação* de uma *profissão,* visando identificar se, no processo de construção do conhecimento em sala de aula universitária, temos *ocupantes* da docência ou *profissionais docentes.*

Nas profissões de nível universitário, o processo de construção da identidade é iniciado nas vivências e na trajetória curricular, nos estudos dos conteúdos formais e sistemáticos, na definição dos objetivos profissionais, na construção de um ideal, na convivência com uma regulamentação profissional, com um código de ética, buscando um reconhecimento social e pela participação em entidades de classe: esses elementos, iniciados na graduação, sistematizam-se com o passar dos anos, na prática profissional.

Ao longo desse período, ocorre um domínio progressivo dos saberes da área, que incluem um saber quê, um saber como, um saber para quê, um saber por quê, que vão gradativamente se sistematizando, favorecendo a construção de um desempenho autônomo e competente, necessário ao exercício da profissão.

Quando se é capaz tanto de dar conta do habitual quanto de desenvolver continuamente encaminhamentos para resolver problemas, dominando os saberes e usando-os ou superando-os, solucionando questões e situações novas, inusitadas, complexas e desafiadoras, em rearranjos das aprendizagens efetivadas, diz-se que essa atuação se caracteriza como de um *profissional,* com autonomia e capacidade de prosseguir contribuindo para uma caminhada de transformação de si, da área onde atua e da própria realidade.

Diferentemente desse processo, num treinamento ocupacional se aprende a solucionar situações previsíveis, treináveis, utilizando-se dos modelos operacionais existentes. Daí a inadequação de propor *treinamentos ou reciclagem* para a formação de professores, profissão que não se coaduna com situações modelares.

Analisando a situação dos que atuam hoje nas salas de aula da universidade, verifica-se facilmente que, com exceção dos docentes provenientes das licenciaturas e pedagogia, a grande maioria dos professores universitários não contou com a formação sistemática, necessária à construção de uma identidade profissional para a docência. Embora já lecionem, nem sempre dominam as condições necessárias para atuar como profissionais professores. Diante desse quadro, as instituições vêm buscando formas de preparar ou profissionalizar esses profissionais de outras áreas para a docência.

Nesse contexto, inserem-se as experiências que denominamos profissionalização continuada: *profissionalização,* porque se busca possibilitar um nível de autonomia tal que os docentes sintam-se capazes de solucionar novas situações além das habituais, à medida que apareçam; ou de debruçar-se sobre elas com novos olhares, construindo e avançando nos processos de identidade pessoal e profissional, revendo os elementos determinantes da profissão docente, seus nexos constituintes, assumindo a condução dos projetos pedagógicos das instituições; e cursos onde atuam, vinculando-se ao grupo institucional e, sobretudo, que cada instituição mantenha a profissionalização em processos de *continuidade,* de onde usamos a expressão complementar. Também consideramos *continuidade* porque os profissionais das diferentes áreas que exercem a ocupação de dar aulas já possuem saberes sobre a docência, saberes estes adquiridos com a experiência como docentes ou como alunos. Estes saberes são tomados como fundantes nos processos e como referência de análise, pois constituem-se saberes da prática e revelam uma teoria sobre a qual o professor, geralmente, não se debruçou, para confirmar ou contradizer.

A expressão *profissionalização continuada* sobretudo carrega em si o movimento necessário à formação contínua, essencial à profissão docente que, por trabalhar com seres em mudança e com o conhecimento em constante alteração, é carregada de imprevisibilidade, alterações, singularidade, incerteza, novidade, dilema, conflito e instabilidade, exigindo a flexibilidade mental como elemento fundamental.

## Contextos de profissionalização continuada

Para nossa reflexão, estaremos pontuando elementos de três vivências, buscando, a partir dessas práticas, sistematizar elementos da teoria construída nesses processos de profissionalização continuada; embora tratem de situações institucionais contextualizadas e, portanto, únicas e irrepetíveis, contêm especificidades que nos permitem um refletir e um sistematizar que destacaremos.

As situações vivenciadas se caracterizaram da forma que se segue.

Uma experiência com a quase totalidade dos docentes de uma instituição (média de 80%), já que os não participantes, em sua maioria, achavam-se envolvidos com processos de pesquisa em programas de mestrado e doutorado, nos horários em que estariam participando da profissionalização continuada.

Nessa experiência, é fundamental destacar que distintas condições concretas de efetivação do processo foram garantidas, incluindo clima institucional de total valorização do processo e das participações, espaço adequado e materiais para todos os participantes, envolvimento dos coordenadores dos cursos, pagamento de 50% das horas dos encontros aos professores participantes, além de outros elementos como construção do plano de carreira, com valorização da participação em aperfeiçoamentos etc.

Nessa primeira experiência relatada, efetivou-se um processo de pesquisa-ação, com participação de uma equipe institucional que, posteriormente, veio compor o Núcleo de Assessoria Pedagógica Institucional, que mantém o processo de análise, estudos, discussões e construções coletivas, como a realimentação dos projetos pedagógicos institucionais e dos cursos, dos planos ou programas de aprendizagem, decisões sobre metodologia e avaliação.

Esse grupo reuniu-se durante dois anos (2000 e 2001), uma vez por semana com cada um dos três grupos (média de 45 professores), num total médio de 145 participantes; no primeiro ano, o processo centrou-se nas questões da prática levantadas no diagnóstico coletivo, realizado no início do trabalho, e tomou a relação teoria e prática e os elementos da teoria da complexidade como base dos processos vivenciados.

No segundo ano (2001), a forma de organização diferenciou-se e os professores se inscreveram por oficinas de investigação de situações de sala de aula, construídas em torno de três grandes temas por eles definidos: avaliação, relação professor e aluno e interdisciplinaridade. Foram dois anos de trabalho sistemático, dos quais resultaram 38 projetos de investigação de sala de aula universitária, efetivados individualmente, em duplas ou em grupos maiores, com momentos mensais de trocas entre os participantes.

Uma segunda experiência envolve uma instituição com um maior número de docentes, uma média de seiscentos professores. Em razão desse número, a instituição, por meio de seu Centro de Apoio Pedagógico, optou por iniciar, em 2002, o processo com dois grupos de quarenta professores (média), participantes por adesão voluntária, dos quais um grupo se manteve em aprofundamento em 2003.

Em continuidade, temos em 2003 o envolvimento de mais dois grupos de quarenta professores, também participantes por adesão voluntária, e esses dois grupos estão sendo mediados por professores de diferentes cursos, que participaram das turmas de 2002 e se constituíram como um grupo de multiplicadores. Esse grupo passa a complementar a equipe do Centro de Apoio Pedagógico (CAP), realizando uma ação pedagógica sistemática, reunindo-se mensalmente para estudos e definições acerca das vivências dos últimos encontros e planejamentos do próximo previsto.

Nas duas vivências citadas, a situação curricular existente é predefinida, num currículo organizado em grade ou coleção, e demonstra no diagnóstico institucional, efetivado com os grupos de docentes participantes, vários elementos comuns. Em linhas gerais, poderíamos pontuar: não participação coletiva na construção da proposta pedagógica vigente, desconhecimento relativo à teoria pedagógica em ação, visão de conhecimento centrada na especialização (visão moderna), trabalho docente individualizado e fragmentado, distância das disciplinas ditas teóricas das ditas práticas, modelo curricular que coloca o estágio no final do curso, dificuldades no envolvimento e no relacionamento com os alunos, contrato por horas-aulas, predominância de um modelo tradicional jesuítico de aula expositiva, cópia do aluno e exercícios de verificação, além do uso predominante punitivo e classificatório da avaliação.

Esses e outros elementos levantados no diagnóstico inicial foram tomados como ponto de partida e de chegada do processo de profissionalização continuada, uma vez que, em processos de pesquisa-ação, as necessidades dos sujeitos envolvidos funcionam como determinantes fundamentais.

As duas experiências têm em comum propor *mudanças por aproximações processuais, sucessivas,* por meio de estudos e investigações, visando preparar o docente para atuar com autonomia e competência na efetivação da ação de ensinar, e considerando que a organização administrativa não facilita os processos integrativos, inter ou multidisciplinares, prevalecendo o modelo de grade curricular e de estrutura departamental.

Numa terceira experiência, temos uma situação diferenciada: trata-se de um processo de profissionalização envolvendo docentes – nessa primeira etapa – por adesão, porém numa situação curricular em que o currículo em grade foi reorganizado num novo desenho, com uma matriz globalizante, atendendo às diretrizes curriculares atuais para os cursos da área da saúde.

Diretrizes são linhas direcionadas no traçado de um caminho, ou conjunto de instruções, normas de procedimentos, fundamentos ou indicações para levar a termo um plano curricular: uma vez estabelecidas, têm força legal, pois relacionam-se a políticas nacionais que acreditam os cursos e o reconhecimento da profissão. São norteadas por um modelo teórico e, no caso da área de saúde, vêm sendo discutidas em encontros anuais de educação médica, subsidiados pela Comissão Nacional de Avaliação do Ensino Médico (Cinaem).

As diretrizes para os cursos de medicina propõem-se a superar a atual organização da prática médica, atualmente centrada "em tecnologias duras, definidas como um saber fazer bem estruturado, bem organizado, bem protocolado e normalizável", que, sendo definidos por procedimentos, exigem treinamento de habilidades e atitudes desenvolvidas e sistematizadas na graduação. Visam também superar a postura passiva e reprodutiva dos alunos durante o aprendizado, pela criticidade, pela ampliação de processos investigativos e de tomada de decisão, associando a relação teoria e prática desde o início do curso.

Esses elementos, e outros aqui não citados, levam a um novo desenho curricular, numa matriz globalizante, propondo os conteúdos em torno de eixos, buscando a ruptura da linearidade tradicional da proposta anterior, caracterizada como portadora de "uma configuração curativista, biologista, reducionista, fragmentada e centrada em disciplinas" (Piccini et al., s. d.).

Trata-se de proposta que exige dos professores uma revisão de sua ação pessoal e profissional na docência, que diz respeito a uma *mudança por revolução*, uma vez que o currículo integrado já está em ação, embora as condições concretas, administrativas, físicas e pessoais sejam extremamente desafiantes. O próprio fato da manutenção da departamentalização funciona como elemento que dificulta ações integradas. Nesse contexto, um processo de profissionalização continuada se faz fundamental como suporte às mudanças já cartorialmente estabelecidas, porém ainda distantes do saber fazer docente existente.

## Elementos determinantes do processo de profissionalização: pontos de retomada para uma reflexão inicial

Conforme já destacado em publicações anteriores, temos pontuado elementos que vêm compondo os processos de profissionalização vivenciados:

a importância do *conhecimento da realidade*, iniciando-se pelos problemas levantados pelo coletivo e tomando-os como ponto de partida da discussão da proposta a ser colocada em ação. Por isso, o diagnóstico, o conhecimento e a priorização dos problemas da realidade, pelo coletivo, possibilitam ganho de tempo e centralização de questões a serem trabalhadas, estimulam o envolvimento do grupo, atendendo tanto aos objetivos de uma pesquisa ação quanto aos de um processo de ação pedagógica.

Outro elemento a ser considerado é a *abrangência*: uma proposta coletiva e institucional, abrangendo um coletivo docente, tem maiores chances de possibilitar mudanças significativas do que ações individuais ou individualizadas. Instituições com grande número de docentes têm iniciado com alguns grupos e depois vão estendendo o processo aos demais. Nos contextos em que apenas uma parcela do colegiado institucional participa do processo de profissionalização continuada, há dois aspectos a considerar: a dificuldade de se estabelecer uma mudança mais generalizada, principalmente se os grupos forem compostos de alguns professores de cada departamento ou curso; em contrapartida, inicia-se institucionalmente uma disseminação de um novo modo de pensar, participar, ensinar, avaliar... Destacamos a dificuldade de se estabelecer um grupo de acompanhamento, em casos em que há uma inscrição aleatória dos docentes participantes, em relação aos cursos em que atuam.

A *presença dos coordenadores* de cursos ou departamentos nos processos tem sido pontuada pelos participantes: como ocupam cargos decisórios, a implantação de modificações compreendidas e assumidas pelas coordenações fica facilitada.

Outro elemento fundamental refere-se à questão *tempo*. Não se trata de um processo informativo, a ser resolvido numa palestra de algumas horas. Assim como é impossível capacitar-se profissional em qualquer área numa palestra, o mesmo ocorre na preparação inicial ou continuada da docência; naturalmente, podem-se utilizar elementos citados num encontro ou palestra para análise individual e até para alterações significativas. Mas um *processo* de preparação pedagógica deve estabelecer objetivos, etapas, encaminhamentos e reencaminhamentos ao longo de um tempo preestabelecido, suficiente para enfrentar os problemas diagnosticados e transformados em metas.

Das experiências citadas, duas delas vêm ocorrendo com um intervalo médio de trinta dias entre os encontros. Somente em um dos casos há encontros semanais para discutir e tomar decisões a respeito da implantação curricular inovadora: constata-se que um menor intervalo facilita o conhecimento mútuo, a vinculação a ideias e pessoas, a ampliação de percepções e trocas e a maior adesão ao novo.

As *condições concretas de efetivação* das mudanças devem ser dadas. Uma vez percebidas, discutidas e processadas as alterações necessárias, os docentes que se dispuserem a assumi-las devem contar com o apoio logístico apropriado.

Embora estejamos advogando uma abrangência coletiva ao trabalho, é preciso destacar a validade de processos de *adesão* voluntários, pois não se faz mudança por decreto. Retaliações de qualquer espécie só prejudicam o avanço na construção de um coletivo inovador. Numa das experiências atuais, temos a situação em que a profissionalização deverá envolver a todos, uma vez que o currículo já se encontra aprovado institucionalmente. Mais do que nunca é necessário estudar e propor encaminhamentos necessários ao envolvimento, construção e sistematização de ações de um coletivo que se pretenda participante.

A definição de *elementos da teoria didática,* essenciais a uma construção da relação professor, aluno e conhecimento na educação superior, estará diretamente ligada ao diagnóstico inicial, variando de equipe para equipe de trabalho. A vivência desses elementos já ocorre nas salas de aula e a análise é a base para o confronto da teoria com a prática. Os docentes já possuem um *habitus*[1] formado. Como sujeito de processo individual e da caminhada coletiva, sua voz, sua experiência, sua adesão e rejeição são essenciais na definição dos caminhos. Como diz a teoria didática, a prática profissional existente deve ser o ponto de partida dos trabalhos, tanto para a mobilização quanto para a construção e a elaboração processual da síntese dos conhecimentos.

Há que considerar a importância da *participação dos alunos*, de sua voz e percepção, no processo. Em duas vivências, a participação se dá pelos instrumentos de avaliação institucional, que nos possibilitam elementos de referência para análise da instituição e da ação docente, como vista pelo alunado. Numa das experiências atuais, temos a presença dos alunos em dois momentos de participação: nos encontros docentes, para discutir composição/forma dos conteúdos curriculares, e em reuniões semanais com a equipe de coordenação da etapa curricular; nessas duas situações, pontuamos a importância da contribuição que os alunos efetivam no avançar do processo.

---

1 Segundo Perrenoud (1993, p.39-40), *habitus* são esquemas de ação conservados e que funcionam na prática, aos quais o professor recorre, sem necessidade de explicitação. Como uma espécie de computador, tenta constantemente integrar os dados (o que acontece, o que já aconteceu, o que deveria acontecer, e o que ainda se pode fazer), transformando-os numa ação mais ou menos eficaz e reversível.

O destaque aos sujeitos do processo, professores e alunos, evidencia a necessidade de encarar os desafios de um *trabalho colegiado, participativo, cooperativo*, entre os sujeitos dos processos de profissionalização. Inicialmente, destacamos o desafio quanto ao trabalho em parceria: como participantes de corpo docente das instituições de ensino superior, tem sido historicamente reforçado entre nós um trabalho individual, individualizado, fragmentado, disciplinar, evitando relações de mútua dependência e trocas sistemáticas.

Ou seja, pontuamos que, além de o docente das diferentes áreas não haver tido oportunidades sistemáticas de se profissionalizar na docência, o hábito do trabalho parcelarizado está altamente implantado entre nós. Do planejamento à avaliação, passando pela execução, temos a efetivação da ação individual e solitária do docente. Atuando num mesmo curso e ou semestre/ ano letivo, é pouco comum o trabalho solidário ou complementar, baseado em troca.

Daí a importância das reflexões que se seguem.

## Desafio de processos de vinculação grupal, superando a individualização e competição

Nos processos de profissionalização dos quais já participamos, colocamos como elemento essencial o princípio de, coletivamente, efetivar diagnósticos, estudos, discussões, problematizações, sínteses, de forma a vivenciar metodologicamente processos interativos. Vivenciar estratégias de ensinagem[2] situa-se como uma forma altamente possibilitadora de um fazer diferenciado, pois os docentes vão vivendo e construindo suas sínteses acerca das formas dos fazeres docentes, reforçando suas buscas, dúvidas, assertivas, dificuldades nos processamentos grupais.

Na situação de elaboração de análises e sínteses, propostas no processo de profissionalização, são importantes tanto os momentos individuais de debruçar-se sobre o objeto de estudo quanto os momentos grupais. Em todos, são fundamentais a organização, a preparação cuidadosa, o planejamento compartilhado e mutuamente comprometido, uma vez que todos atuarão

---

2 O termo *ensinagem* foi inicialmente explicitado no texto de Anastasiou (1998, p.193-201), adotado para significar uma situação de ensino da qual necessariamente decorra a aprendizagem, sendo a parceria entre professor e alunos condição fundamental para o enfrentamento do conhecimento, necessário à formação do aluno, durante o cursar da graduação.

ativamente: assim, os objetivos, as normas, as formas de ação, os papéis, as responsabilidades, enfim o processo e o produto desejados, devem estar explicitados e compactuados.

Três elementos inter-relacionados são essenciais em processos de profissionalização: o *desenvolvimento pessoal*, ao destacar os processos de produção da vida do professor; o *desenvolvimento profissional*, ao destacar os elementos determinantes da produção da profissão docente; e o *desenvolvimento organizacional*, ao analisar e propor a produção da instituição, pelo seu coletivo docente. O cerne de todos eles é a identidade dos professores, lembrando que "o professor é uma pessoa; e uma parte importante da pessoa é o professor" (Nias apud Nóvoa, 1992, p.15), por isso a importância das descrições feitas pelos professores sobre as formas de atuar em sala de aula. Elas possibilitam um confronto sobre a historicidade da constituição da universidade brasileira e a identificação – individual e coletiva – quanto à organização curricular, quanto à prática em sala de aula e à teoria que a sustenta.

Esses elementos aparecem claramente nas atividades grupais, que, a nosso ver, constituem um desafio a ser reconhecido e enfrentado. Reforça-se aí o princípio da aprendizagem como um ato social, necessitando da mediação do outro, facilitador do processo; esse *outro*, que estabelece a mediação entre o aprendiz e o objeto de estudo, pode ser um professor, os colegas ou um texto, ou se efetivar por meio de estratégias,[3] como um vídeo, um caso a ser solucionado, um tema a ser debatido.

Acreditamos que trabalhar num grupo é diferente de fazer parte de um conjunto de pessoas, sendo fundamentais a interação, o compartilhar, o respeito à singularidade, a habilidade de lidar com o outro em sua totalidade, incluindo suas emoções. Isso exige autonomia e maturidade, algo a ser construído entre docentes, assim como entre alunos universitários, uma vez que estes não vêm com esses atributos do ensino médio.

O que caracteriza o grupo não é a junção dos participantes, mas o desenvolvimento inter e intrapessoal, possibilitado pelo estabelecimento de objetivos compartilhados, diferenciados pelos diagnósticos, pelo processo objetivado, pelas estratégias selecionadas e pelo seu processamento.

Embora as formas de organização grupal se alterem nos momentos do processo de profissionalização, em todos está presente o desenvolvimento da habilidade de *conversar*. Etimologicamente, a palavra é composta de dois

3 A respeito do ensinar, do apreender e das estratégias, ver Anastasiou & Pessate, 2003.

elementos: *con*, juntos, e *versar*, que quer dizer mudar. Conversar com o outro pressupõe a abertura *para mudar junto com o outro*; de uma conversa bem-sucedida ocorrerá alguma mudança no pensar, no perceber, no sentir ou no agir dos envolvidos (Osório, 2003, p.70).

É por isso que a vivência do processo é tão importante quanto os elementos conceituais; inclui, assim, os conteúdos procedimentais ou atitudinais trabalhados, pois habilidades de trabalho grupais, devidamente desenvolvidas, auxiliam no desabrochar da inteligência relacional, que abarca, segundo Osório (2003), a *inteligência intrapessoal* (autoconhecimento emocional, controle emocional e automotivação) e a *inteligência interpessoal* (reconhecimento de emoções de outras pessoas e habilidades em relacionamentos interpessoais). São essenciais para o desenvolver da *inteligência relacional*, conceituada como a "capacidade dos indivíduos serem competentes na interação com outros seres humanos no contexto grupal em que atuam"(ibidem, p.65-6).[4]

A dificuldade de se relacionar em sala de aula com os alunos em geral e com alguns em particular tem aparecido em todos os grupos vivenciados. É importante possibilitar aos docentes ferramentas de ações e interações, com os sujeitos com quem convivem cotidianamente.

A ação de equipes integradas, dispostas a conversar e, juntos, mudar, é altamente desafiante. Inicialmente, e até que todos se soltem em atividades grupais, as contribuições de cada participante podem ficar mais restritas às discussões de pequeno grupo, expondo menos cada um. Quando ainda ocorre uma inibição no grupo, no momento da socialização da síntese, costuma ocorrer a indicação, pelo próprio grupo, de colegas que já trazem desenvolvidas habilidades de exposição oral, desenvoltura e liderança. Caberá uma leveza na condução do processo, deixando claro que o espaço de profissionalização é o lugar do treino, da aprendizagem, onde o erro não fere e, como hipótese incompleta, deve ser a referência para a reconstrução e superação de dificuldades.

Participar de grupos de estudo permite o desenvolvimento de uma série de papéis que auxiliam na construção da autonomia, do autoconhecimento, do lidar com o diferente, da exposição e da contraposição, do divergir, do sintetizar, do resumir, enfim habilidades necessárias ao desempenho do papel docente, visando à autonomia crescente de alunos e professores.

O clima de trabalho é fundamental: é preciso estabelecer processos de parceria nos grupos, situando os papéis como articuladores na direção da

4 Para uma melhor compreensão desses conceitos, ver Osório, (2003).

consecução dos objetivos. Habitualmente são necessárias contribuições a fim de coordenar a participação de todos, de controle de tempo, de registro dos dados, sínteses, de exposição dos resultados, de avaliação do processo, gerando então os papéis de coordenador, cronometrista, secretário, relator, expositor, e outros necessários ao funcionamento das estratégias grupais.

A definição dos papéis pode ser feita por escolha, indicação, sorteio, eleição ou outro critério como o rodízio. Variar o desempenho de papéis deve ser norteador do clima grupal, visando ao crescimento e à autonomia crescente de todos. Um elemento auxiliar é, reiteramos, a reflexão, que se trata de um *processo e de um espaço* em que o erro não fere, pois é onde as aprendizagens podem ser vividas, refletidas, reformuladas e sistematizadas.

Conduzidas dessa forma e devidamente processadas, as atividades grupais possibilitam ao docente um contínuo crescimento pessoal e profissional: inicia-se um processo de responsabilidade coletiva pelo desempenho grupal e pessoal, pelos estudos preliminares, pela defesa de ideias, pela produção e pelo respeito às normas estabelecidas. Normas que incluem cuidados, como a atitude do "conversar", de respeitar as ideias do outro, negociar, ouvir, esperar a vez de falar, além do desempenho de algum papel específico que lhe seja atribuído pelo grupo.

Um elemento de forte marca no processo de dois anos vivenciado pelo primeiro grupo citado foi a experiência da construção do memorial.[5] Trata-se de um processo identitário que se constrói pelo significado que cada professor, como autor e ator, confere às atividades de sua vida escolar, o que inclui valores, modo de situar-se no mundo, história de vida, representações construídas, saberes, angústias, receios profissionais. A identidade pessoal e profissional é também buscada desde os estudos iniciais no processo, acerca da ciência, conhecimento, saber escolar, em sua vertente histórica,[6] relacionando-os

5 Memorial: a vivência da construção do memorial foi apresentada na Anped Sul, 2002, tendo-se adotado a definição de memorial de Severino (1996): "Uma autobiografia, configurando-se como uma narrativa simultaneamente histórica e reflexiva ... Forma de um relato histórico, analítico e crítico, que dê conta dos fatos e acontecimentos que constituíram a trajetória acadêmica profissional de seu autor ... e deve dar conta também de uma avaliação de cada etapa, expressando o que cada momento significou, as contribuições ou perdas que representou ... a história particular de cada um de nós se entretece numa história mais envolvente da nossa coletividade. É assim importante ressaltar as fontes e as marcas das influências sofridas, das trocas realizadas com outras pessoas ou com as situações culturais ... deve expressar a evolução, qualquer que tenha sido ela, que caracteriza a história particular do autor".

6 A respeito dos modelos históricos de influência, ver Anastasiou (2001, p.57-70).

com as visões modernas e pós-modernas e suas decorrências nos currículos universitários e na ação docente, da qual decorre determinada visão de mundo, de conhecimento e saber escolar, básicos em nossas áreas de atuação.

Essa base de historicidade tem sido auxiliar na inter-relação do desenvolvimento pessoal, profissional e organizacional, pontos de partida e de chegada das ações propostas, possibilitando uma reconstrução contínua da identidade docente, tanto num processo individual quanto num coletivo, considerando que a identidade "não é um processo imutável nem externo que possa ser adquirido. É um processo de construção do sujeito historicamente situado" (Pimenta, 1999, p.164), que se efetiva a partir de diferentes atividades a serem vivenciadas (estudos de textos, montagem de quadros comparativos, análise de vídeos, jogos, vivências grupais, descrição de memorial, discussões, análise de disciplinas, de currículos etc.).

A construção do memorial possibilita: a retomada de momentos passados e determinantes do modo de ser e de se fazer professor, o reaparecimento dos sujeitos ante as estruturas e os sistemas, uma reconstrução da própria identidade, o reviver acontecimentos, reordená-los, dando nova forma a sentimentos e relações entre coisas conhecidas ou mundos novos, além de abrir-se à contemplação e à investigação de si mesmo (Nóvoa, 1992). Possibilita também conhecer-se a partir do outro, que deixa de ser o desconhecido com quem trabalho ou trabalhei para tornar-se um parceiro com o qual posso trocar minhas dificuldades, expectativas, histórias, utopias.[7]

Na reflexão coletiva, cada um se coloca na roda, deixa-se conhecer, expõe-se, em processos de reconstrução da experiência com várias formas de interação, em que sujeitos e situação são mutuamente modificados, e nos quais as contribuições da teoria, com suas leis, princípios, categorias de análise, são postas visando ao movimento de desvelar, pela prática, a ação. Realiza-se um processo de investigação da prática, de forma intencional, problematizando-a em seus resultados e no processo, encarando-a como um desafio a ser

7 Verificamos nos processos de troca da profissionalização o que Sacristán (1999, p.40-4) denomina "a força das narrações, tanto escrita quanto orais" : ao comunicarmos as representações mentais das ações realizadas, verbalizamos os esquemas da prática (resumo esquematizado e não a cópia exata da atividade); como manifestação do pensamento, permitem representar, examinar, reelaborar, comunicar e projetar a ação... podendo ser vistos ou moldados em crenças. Uma vez elaborado, podem adquirir independência da prática, experimentar abstrações, envolver-se com outros esquemas e agrupar em torno deles crenças múltiplas. Estruturando os esquemas, colocamos uma ordem no caótico fluir da vida. O caminho entre a representação ou esquema e a primeira teorização generalizadora está traçado, e, dessa forma, começa a ser nutrido o campo da teoria, subjetivamente assumida.

enfrentado e vivenciado. Fazer-se professor nos processos de profissionalização continuada requer intencionalidade, envolvimento, disponibilidade para mudança, espaço institucional, coragem, riscos, flexibilidade mental, enfrentamento de alterações previsíveis e imprevisíveis...

## Desenvolvimento pessoal, profissional e institucional: uma teia a ser construída

Saber-se docente universitário é saber-se parte de uma categoria profissional que tem a aula como espaço privilegiado na relação com os pares, os alunos, para processos de parceria na conquista, tradução, construção, aplicação e sistematização de saberes de diferentes áreas, possibilitando a formação de profissionais que atuarão na realidade, construindo-a e transformando-a, à medida que se constroem e se transformam.

Fazer parte de um coletivo institucional implica corresponsabilizar-se pela efetivação de um projeto pedagógico institucional e de curso, no qual atuamos com uma parcela de um quadro teórico-prático-global, seja ainda disciplinarmente, nos casos dos currículos organizados em grade ou coleção, seja integradamente, nos casos dos currículos globalizantes.

A contribuição de cada um é referente à especialidade que domina, mas tem hoje como desafio superar, por incorporação, as especificidades que devem agora ser associadas à totalidade, numa visão pós-moderna de ciência e de conhecimento. Ou seja, o caminho do todo à parte, aprofundando as especificidades das áreas, deve ser complementado com o caminho de volta, das partes ao todo, enredando-as num contexto significativo.

Fazer parte de um coletivo ou colegiado implica também corresponsabilizar-se pelos resultados obtidos, com todos e por todos, efetivando o processo de ensinagem. Daí a importância do conhecimento, análise e discussão do processo pretendido, dos produtos obtidos, dos elementos complementares a serem efetivados. Implica igualmente desenvolver em si e coletivamente um posicionamento de troca, de parceria, de respeito a identidades e diferenças, de construção de consensos, aprendendo novas formas de relacionar-se, de ouvir, de ponderar, de refletir, no sentido de dobrar-se de novo e de novo, de conversar.

Outro elemento fundamental nessa evolução da individualização para a ação grupal, do trabalho parcelado e fragmentado para um trabalho relacional, da superação da racionalidade cartesiana tem sido buscado na compreensão da teoria da complexidade, apresentada por diferentes autores. Os estudos

dos textos de Santos, Morin, além de Capra, Khun, Maturama e outros, têm sido essenciais nos processos.

Sem pretensão de sintetizar o que é complexo, como aquilo que é tecido junto, destacamos vários elementos que, pontuados pelos autores citados, têm auxiliado na compreensão de um pensar dialético e na superação de uma visão formal de ciência, conhecimento e saber escolar, estrutura curricular e ação docente e discente.

Um avanço possível se dá pelo conhecimento e reflexão sobre os elementos destacados por esses autores e sobre o movimento do pensamento e das operações mentais a serem construídas na formação universitária, buscando superar nossa visão linear do *isto* ou *aquilo* pela lógica do *isto* e *aquilo*.

Pontuamos ser um desafio tomar como objeto a apreensão da globalidade, a superação da visão fragmentada, o vínculo entre todo e as partes, e o desenvolvimento do espírito para a contextualização; o estabelecimento de relações e a percepção das reciprocidades, buscando restaurar a unidade complexa da natureza humana, estabelecendo a condição humana e a era planetária como objeto essencial do ensino, discutindo comunicação, solidariedade, dominação e opressão entre os povos; além de situar a educação na zona das incertezas, ensinando princípios de estratégias que permitam lidar com o imprevisto, o inesperado e o incerto como elemento vital entre os seres humanos; e, também, estudando a incompreensão a partir de suas raízes, modalidade, efeitos da antropoética (Morin, 2000).

A discussão sobre os projetos institucionais pedagógicos e os projetos de cursos permite um novo olhar acerca dos fins, valores, formas de organização e efetivação da formação universitária proposta e efetivada por nós, docentes, com os alunos. Chega-se à sala de aula, à relação com os saberes escolares, ao caminho traçado pelos docentes e discentes, a partir de olhares diversos que nos auxiliam a rever as ações pessoal, profissional e institucional. São ações que, por sua própria natureza, não comportam uma lógica de previsibilidade positivista (Contreras, 1977, p.81) inadequada a certas práticas profissionais, como é o caso da docência, que enfrenta situações incertas, conflitos, efeitos ambíguos, não aceitando transposições de regras de decisão, modelos ou formatações.

## Ação pedagógica ou pesquisa-ação?

Há todo um questionamento acerca de se conceituar como *pesquisa ação ou ação pedagógica,* o que vem ocorrendo nos processos que envolvem formação, inicial ou continuada, de docentes. Há também questionamentos sobre a possibilidade de o professor efetivar pesquisa da própria prática, o que poderia ser extrapolado para o pesquisador que toma sua prática, como objeto de pesquisa – quando também efetiva ação pedagógica – em processos de formação inicial ou continuada.

Tanto no ensino quanto na ação pedagógica, trabalhamos com metas objetivas, propondo aquilo que deve ser, numa dimensão axiológica. Ao pesquisar esses processos, vamos constatar que o que deve ser, o proposto, nem sempre se operacionaliza conforme pretendido, cabendo à pesquisa o desvelamento, a descrição e as análises dos dados coletados e do movimento efetivado, que podem, ou não, corresponder aos pretendidos. Charlot (2002) aponta um afastamento entre sala de aula e pesquisa; segundo ele, a dinâmica e a estrutura própria da sala de aula, na relação conteúdo/tempo, e a necessidade de decidir imediatamente, no dia a dia, sem tempo para refletir, e tendo que assumir as consequências da decisão, não facilitam o uso e a vivência da pesquisa.

A pesquisa faz análise, diz o que é, estabelece um juízo de verdade, constata, desnuda; tem como função oferecer ferramentas e instrumentos conceituais para ampliar as escolhas e decisões dos professores, facilitando o processo. Usar resultados das pesquisas exige condições próprias, diferentes das condições normais do professor em sala de aula.

Existe um saber coletivo, criado pelos professores, que os pesquisadores precisam conhecer para interpretar a prática, ponto nodal na linguagem que expressa a teoria vivida pelo professor. Assim, o problema não é entre teoria e prática, mas entre uma teoria que seja alcançada pela teoria da prática... que com ela fale, troque, respeitando o professor que sabe, com o seu saber, e que tem a teoria da prática. Pontuamos que, nos processos de profissionalização, o crescimento dos pesquisadores e dos professores que vivem a pesquisa ação, seja como pesquisador coordenador seja como participante, na pesquisa de sua própria prática, na sala de aula, efetiva-se nessas trocas e construções.

Nesse contexto,

> a figura perfeita do homem de ciência seria daquele que concretizasse em sua pessoa a unidade dos contrários, a que nós aludimos: pelo trabalho prático que realiza fosse um descobridor de novos fatos e pelo trabalho teórico que elabora fosse um criador de novas sínteses explicativas de domínios cada vez mais amplos da realidade. (Vieira Pinto, 1979, p.75)

Verificamos que os professores participantes, ao realizarem esse movimento do pensamento, alteram suas ações docentes e a forma de ver, viver e explicitar a docência.

Segundo Vieira Pinto (1979, p.220):

> o fundamento da prática encontra-se na necessidade da inclusão do homem no processo em que produz aquilo de que precisa, ao mesmo tempo se produzindo a si próprio, pelo acúmulo de conhecimento que adquire. Para agir deve ter prefigurado em ideias a situação em que se empenha, o aspecto da realidade que vai interrogar, e o valor da confirmação que espera, virá a receber".

Explica-se e justifica-se, assim, o atual movimento envolvendo o processo de reflexão dos docentes, proposto tanto na formação inicial quanto na continuada.

A situação prática constitui-se *subjetiva,* inicialmente, na origem, preconcebida em ideias, sendo vivida antecipadamente na expectativa dos resultados, não se tratando de ato cego, impulsivo, mas de elucidadora invenção; é também *subjetiva* pela produção de novas ideias que, pelos resultados, confrontar-se-ão com as ideias antecedentes ao processo; e é *objetiva,* pois busca pela indagação o conhecimento do mundo e, no que se refere ao término, sempre resulta na constatação daquilo que ocorreu e que fica registrado, para análise e interpretação (ibidem, p.223). Daí a importância da problematização e da investigação da ação, pelo próprio professor que a planeja, executa e processa. Quando isso é feito individual e coletivamente, criam-se vínculos no assumir-se as ações e suas consequências, como nos casos de alteração de matriz curricular e de processo disciplinar, no currículo coleção ou grade.

Nos processos de profissionalização continuada, trabalha-se com a investigação como um processo cognitivo, próprio de qualquer ser humano, o que, necessariamente, não acrescenta elementos teóricos ao quadro científico; já como prática social de uma comunidade científica, ocorre a preocupação com os produtos obtidos, as sínteses elaboradas, os elementos teóricos refutados, o que resulta em modificações da teoria existente (Perrenoud, 1993, p.121).

Analisando as vivências realizadas na pesquisa-ação envolvendo uma ação pedagógica, propomos um quadro que nos permite identificar alguns elementos próprios a cada uma delas, buscando destacar o que é comum ou não nos dois processos.

Quadro comparativo: ação pedagógica e pesquisa-ação.

| | Ação pedagógica | Pesquisa-ação |
|---|---|---|
| Conceito | Ação profissionalizante, realizada entre professores, visando à profissionalização na docência, a objetivos definidos (institucionalmente e/ou pelo grupo de atuação) em relação a dificuldades constatadas e norteadoras de busca de solução para questões pedagógicas postas pela realidade enfrentada. | Pesquisa qualitativa definida como "tipo de pesquisa social, com base empírica, que é concebida em estreita associação com uma ação ou com a resolução de um problema coletivo e no qual os pesquisadores e os participantes representativos da situação ou do problema estão envolvidos de modo cooperativo e participativo" (Thiollent, 1979, p.14). |
| Participantes | Coordenador, como responsável pelo processo, e professores participantes do grupo de trabalho. Se institucional, costuma haver um representante institucional. | Pesquisadores e participantes, em processo de parceria. Se institucional, costuma haver representantes institucionais. |
| Atividades iniciais | Programa geralmente criado a partir de objetivos ou problemas levantados e postos para enfretamento do grupo.<br>Reuniões do grupo de trabalho com responsáveis institucionais, para definição de cronograma e etapas correspondentes.<br>Definição de teoria adotada, autores, textos, materiais, local etc.<br>Escrita do pré-programa (coordenação).<br>Discussão com o grupo e alterações necessárias, para definição do plano norteador das ações. | Problema e questões norteadoras, a partir de diagnóstico, objetivos e discussão do pré-projeto.<br>Definição do processo de pesquisa a ser efetivado.<br>Montagem do pré-projeto. Discussão e validação pelo grupo de pesquisadores e participantes.<br>Revisão inicial de literatura para suporte teórico.<br>Previsão de coleta de dados: de instrumentos, procedimentos e momentos.<br>Aprovação do projeto, do cronograma e recursos. |
| Desenvolvimento | Definição de teoria adotada, autores, textos, materiais, local etc .<br>Encontros, definições e aplicação das ações em cada momento previsto, com as modificações e retomadas necessárias.<br>Proposição, aplicação e redirecionamento, sempre visando acolher, incluir o maior contingente do coletivo na participação.<br>Ação em ato. | Segue momentos estabelecidos no cronograma.<br>Estabelece ações conforme objetivos, nos níveis técnico, teórico e epistemológico: procedimentos, instrumentos e teoria definidos.<br>Cumpre, analisa, observa, redireciona, documenta as ações propostas.<br>Atua, registra, coleta dados, cria, aplica, elabora sínteses, refaz procedimentos e analisa periodicamente. |

continuação

| | | |
|---|---|---|
| Princípios | Profissionalização.<br>Resolução de problemas.<br>Parceria e construção coletiva.<br>Reflexão.<br>Compromisso institucional. | Parceria, controle , análise, reflexão, adesão, flexibilidade e reencaminhamento.<br>Resolução de problemas.<br>Cooperação e participação. |
| Características do plano ou projeto | Flexibilidade.<br>Definição clara de objetivos, conteúdos, procedimentos e acompanhamento. | Atua conforme projetos de pesquisa adotados, definindo cronologicamente etapas ou momentos. |
| Acompanhamento | Deve ser contínuo, mas precisa haver um fechamento coletivo. | Sínteses periódicas a partir da análise de instrumentos e dos dados coletados. Registra em relatórios periódicos, revê os dados, elabora novas análises, reescreve. |
| Fechamento | Síntese do processo, para o grupo, com registro dos resultados nos documentos ou outros materiais preestabelecidos.<br>Definição de novos planos com previsão de tomada de posição. | A partir das avaliações periódicas, construção do relatório final de pesquisa. Ênfase dada à descrição do processo com expressão dos produtos obtidos, do impacto constatado, registrados em sínteses ou quadros teóricos. |

Com base nesse quadro, pontuamos que uma pesquisa-ação, quando envolve processos de profissionalização continuada de professores, inclui necessariamente um processo de ação pedagógica, pois trata-se de um "tipo de pesquisa social, com base empírica, que é concebida em estreita associação com uma ação ou com a resolução de um problema coletivo e no qual os pesquisadores e os participantes representativos da situação ou do problema estão envolvidos de modo cooperativo e participativo" (Thiollent, 1979, p.14), e tem como fundamento realizar, ao longo de sua efetivação, também os elementos próprios de uma ação pedagógica.

Podemos destacar em ambas as ações que os atores, os objetivos e os vários elementos do processo são interligados e mutuamente dependentes, tanto no acompanhamento quanto na avaliação. No entanto, o pesquisador deverá, além de efetivar a condução ou acompanhamento do processo da ação pedagógica – que se constitui um dos fins da pesquisa-ação –, exercer sua função e seu papel como pesquisador. Como tal, exercerá, juntamente com os demais participantes, uma ação *subjetiva*, pois é concebida em ideias, comportando a expectativa dos resultados, elucidadora, criadora e inventiva, e também *objetiva*, buscando o conhecimento do mundo, cujo processo fica registrado, para análise e interpretação (Vieira Pinto, 1979).

Esses dois níveis de ação – subjetiva e objetiva – encontram-se presentes tanto na pesquisa quanto na ação pedagógica, mas culturalmente, até o presente momento, verificamos que na ação pedagógica o hábito de registrar, analisar e interpretar não é preocupação primeira e não se encontra sistematizado, tal como ocorre nos processos de pesquisa.

O pesquisador, envolvido em ambas as ações, faz o acompanhamento dos dois níveis, da ação pedagógica e da pesquisa-ação, e obterá dados para reescrever, complementar ou refutar o quadro teórico existente quanto aos dois aspectos: o pedagógico e a pesquisa.

Constatamos que o tempo para análise dos dados deve ser computado no projeto de pesquisa, para além do tempo previsto para a ação pedagógica proposta. Por tratar-se de um momento que exige reflexão, releitura dos materiais coletados como dados e retomada à teoria inicialmente adotada; é preciso gastar com ele o tempo que for necessário, o que muitas vezes excede a expectativa das instituições e pessoas envolvidas.

## Considerações complementares

Das três vivências citadas, a primeira delas já se concluiu como objeto/tempo de pesquisa, e encontra-se em fase final de registro para publicação. As duas outras estão em andamento e constituem a situação de pesquisa. A segunda delas conta com uma equipe que assume a mediação entre dois grupos de professores e o processo de profissionalização: ou seja, constata-se a possibilidade de os próprios docentes, aqueles interessados no aprofundar das questões relativas à docência, como profissão com especificidade própria, assumirem a gestão dos processos coletivos de construção da autonomia profissional, embora não tenham sua origem de formação na graduação na área da pedagogia. Ao assumir-se profissional docente, busca, constrói, reformula, acrescenta, amplia continuamente sua autonomia.

Da terceira experiência citada, destacamos a questão do envolvimento do grupo de trabalho, uma vez que o currículo já atende e efetiva, em seu documento escrito, as novas diretrizes curriculares. Nesses casos, consideramos que não é historicamente possível esperar o processo de adesão voluntária, mas que o projeto pedagógico institucional deverá ser norteador das ações coletivas, o que inclui investimentos globais com o coletivo docente.

Participar de processos de profissionalização continuada em suas diferentes manifestações tem possibilitado presenciar a subjetividade, a singularidade e a interação dos diferentes sujeitos no processo, ouvir as dúvidas, os pares, lidar com confrontos, analisar o contexto social, compreender determinantes da historicidade, dar espaço para as surpresas, os sustos, as constatações, possibilita a busca de pistas, indícios, individuais e coletivas, num posicionamento investigativo, que envolve cada um e o coletivo.

## Referências bibliográficas


ANASTASIOU, L. G. C. *Metodologia do ensino superior*: da prática docente a uma possível teoria pedagógica. Curitiba: Ibpex, 1998.

______. Desafios de um processo de profissionalização continuada: elementos da teoria e da prática. *Revista Saberes*, Unerj, ano 1, v.1, maio-ago. 2000.

______. Educação superior e preparação pedagógica: elementos para um começo de conversa. *Revista Saberes*, Unerj, ano 2, v.2, maio-ago. 2001.

______. Metodologia de ensino na universidade brasileira: elementos de uma trajetória. In: CASTANHO, M. E., CASTANHO, S. *Temas e textos em metodologia do ensino superior.* Campinas: Papirus, 2001. p.57-70.

______. Docência como profissão no ensino superior e os saberes científicos e pedagógicos. *Revista Univille Educação e Cultura*, v.7, n.1, jun. 2002.

ANASTASIOU, L. G. C., PESSATE, L. A. (Org.) *Processos de ensinagem na universidade*: dos pressupostos às estratégias de trabalho em aula. Joinville: Univille, 2003.

ANASTASIOU, L. G. C., PIMENTA, S. G. *Docência no ensino superior*. São Paulo: Cortez, 2002. v.1.

ANASTASIOU, L. G. C., PIMENTA, S. G., CAVALLET, V. J. Docência no ensino superior: construindo caminhos. In: SEVERINO, J., FAZENDA, I. C. (Org.) *Formação docente*: rupturas e possibilidades. Campinas: Papirus, 2002. p.207-22.

CAPRA. F. A. *Teia da vida*: uma nova compreensão científica dos sistemas vivos. São Paulo: Cultrix, 1996.

CHARLOT, B. Formação de professores: a pesquisa e a política educacional. In: PIMENTA, S. G., GHEDIN, E. (Org.) *O professor reflexivo no Brasil*: gênese e crítica de um conceito. São Paulo: Cortez , 2002.

CONTRERAS, J. *La autonomía del profesorado*. Madrid: Morata, 1977.

KHUN, T. A. *Estrutura das revoluções científicas*. São Paulo: Perspectiva, 1994.

MASETTO, M. T. (Org.) *Docência na universidade*. Campinas: Papirus, 1998.

MEIRIEU, P. *Aprender... sim, mas como?* Porto Alegre: Artes Médicas, 1998.

MORIN, E. *Os sete saberes necessários a educação do futuro*. São Paulo: Cortez, Brasília: Unesco, 2000.

______. Epistemologia da complexidade. In: SCHNITMAN, D. F. (Org.) *Novos paradigmas culturais, cultura e subjetividade*. Porto Alegre: Artes Médicas, 1999.

NIAS, J. Changing times, changing identities: grieving for a lost self. In: NÓVOA, A. (Org.) *Vidas de professores*. Porto: Porto Editorial, 1992. p.13-30.

NÓVOA, A (Org.) *Vidas de professores*. Porto: Porto Editorial, 1992.

OSÓRIO, L. C. *Psicologia grupal*: uma nova disciplina para o advento de uma era. Porto Alegre: Artmed, 2003.

PERRENOUD, P. *Práticas pedagógicas, profissão docente e formação*: perspectivas sociológicas. Lisboa: Dom Quixote, Instituto de Inovação Educacional, 1993.

PESSATE ALVES, L. *A construção do projeto político pedagógico na educação superior*. Curitiba, 2000. Dissertação (Mestrado em Educação) – Pontifícia Universidade Católica.

PICCINI, R. X., SANTOS, R. C., FACCHINI, L. A. *Diretrizes curriculares e o projeto Cinaem*. s.d. (Mimeogr.).

PIMENTA, S. G. Formação de professores: saberes e identidade. In: PIMENTA, S. G. (Org.) *Saberes pedagógicos e atividade docente*. São Paulo: Cortez, 1999.

PIMENTA, S. G., GARRIDO, E., MOURA, M. O. Pesquisa colaborativa na escola como abordagem facilitadora para o desenvolvimento profissional do professor. In: MARIN, A. J. (Org.) *Educação continuada*. Campinas: Papirus, 2000.

SACRISTÁN, G. J. *Poderes instáveis em educação*. Porto Alegre: Artes Médicas, 1999.

SANTOS, B. de S. *Um discurso sobre as ciências*. Porto: Edições Afrontamento, 1999.

SEVERINO, A. J. *Metodologia do trabalho científico*. São Paulo: Cortez, 1996.

THIOLLENT, M. Aspectos sociológicos da didática universitária. *Educação & Sociedade*, n.4, p.123-37, 1979.

VIEIRA PINTO, A. *Ciência existência*: problemas filosóficos da pesquisa científica. Rio de Janeiro: Paz e Terra, 1979.

# 31
# Para pensar os conceitos de campo e *habitus* de Bourdieu na educação brasileira

*Áureo Busetto*

## Preâmbulo

A sociologia de Bourdieu define que a perpetuação da ordem social se explica pelas múltiplas estratégias de reprodução que os diferentes agentes sociais colocam em ação para manter ou melhorar a sua posição social. Não por acaso, um dos seus primeiros trabalhos sociológicos, escrito conjuntamente com Jean-Claude Passeron e que trata do universo escolar francês, fora intitulado *La reproduction* (1970), livro que, ao lado de *Les héritiers* (1964) – produzido também em parceria com Passeron – e *La distinction* (1979a), alcançou na França sucesso editorial raramente obtido por obras das ciências sociais. Os resultados contidos em *La reproduction* contestavam a noção, até então generalizada, de que a escola fornecia igualmente a todos os indivíduos o ensino necessário tanto para a promoção da liberdade individual como para a ascensão social. Enfim, tal estudo sociológico denunciava que a escola não apenas estava longe de reduzir as desigualdades sociais, como também era um instrumento poderoso para reproduzir as diferenciações sociais.

Sem prender-se aqui a detalhes sobre a recepção da obra de Bourdieu no Brasil,[1] pode-se afirmar que a sua teoria fora difundida, inicialmente, muito mais graças às análises e aos comentários de pesquisadores da educação sobre *A reprodução* (1975) do que talvez a análises de sociólogos brasileiros sobre *A economia das trocas simbólicas* (1976) e o pequeno *O desencantamento do mundo* (1979b), quase completamente desconhecido, ainda que sua temática central – trabalho e trabalhadores – fosse candente nas ciências sociais brasileiras quando do seu lançamento no país. Entretanto, é justo precisar que alguns pesquisadores brasileiros da educação, porém à época bastante influentes no âmbito das pesquisas educacionais, não titubearam em rotular a teoria de Bourdieu como meramente reprodutivista, o que talvez, acredito, levara, momentaneamente, profissionais da educação a não se interessarem pelos escritos bourdieuanos.

Contudo, podem-se citar dois dados que demonstram a superação da complicada fase inicial de recepção da sociologia de Bourdieu no Brasil. Primeiro, o considerável número de suas obras que têm sido publicadas por editoras nacionais desde os anos 90. Segundo, a crescente aplicação de seus conceitos nas pesquisas de educadores brasileiros, prova de que o rótulo de reprodutivista parece ter sido descolado da sociologia de Bourdieu na área. No entanto, as tentativas de utilização da teoria da prática bourdieuana na área de educação, bem como em outras áreas, tem sido, quase sempre, pautadas por uma aplicação parcializada. Ciente de que não é apenas o conceitual dessa sociologia que têm sido utilizado de igual forma no Brasil e sem pretender realizar aqui uma análise sobre a sua aplicação em pesquisas da área em educação, pretende-se apenas salientar que os conceitos e noções centrais da sociologia bourdieuana não podem ser aplicados como se fossem operacionais por si mesmos, ou seja, dissociados das premissas teórico-metodológicas que os fundamentam.

É certo que Bourdieu, ao longo de sua trajetória intelectual, reviu alguns pontos sustentados por suas primeiras pesquisas sobre a escola e a educação, atualizados em razão das mudanças recentes no mundo escolar e ideológico, como salientam Afrânio Catani e Maria Alice Nogueira na introdução à coletânea de escritos do sociólogo francês sobre a educação (Bourdieu, 1998). No entanto, não é difícil perceber a permanência da questão da reprodução social no conjunto de sua obra. Para ilustrar tal afirmativa, basta recorrer a um dos

1 Sobre a recepção de Bourdieu entre os educadores brasileiros, ver Catani et al. (2001).

textos mais recentes de Bourdieu. Trata-se de um artigo publicado em 1994, cujo conteúdo central é ocupado com as relações entre estratégias sociais de reprodução e maneiras de dominação. Ou como revela o texto do sociólogo:

> Uma das questões fundamentais sobre o mundo social é saber por que e como o mundo dura, persevera no ser e se perpetua a ordem social, isto é, o conjunto das relações de ordem que o constituem ... Pode-se estabelecer uma espécie de quadro das grandes classes de estratégia de reprodução ... que se encontram em todas as sociedades, mas com pesos diferentes ... e sob formas que variam segundo a natureza do capital que deve ser transmitido e o estado dos mecanismos de reprodução disponíveis. (Bourdieu, 1994)

Contudo, a questão da reprodução e os escritos de Bourdieu sobre educação são mais bem apreendidos via entendimento dos seus conceitos de campo e *habitus*. A sociologia da prática bourdieuana estabelece uma perspectiva de análise em que o agente social é pensado em razão das relações objetivas que regem a estrutura de uma dada sociedade. Dessa forma, a prática é gerada na relação dialética entre as duas maneiras de existência social que são o campo e o *habitus*. Posicionamento teórico que abre possibilidade de "se estudar as relações existentes num campo determinado e, por conseguinte, as estratégias dos agentes que o compõem e o sistema de transformação e ou de conservação da sociedade global" (Ortiz, 1994, p.20).

Assim, ambos os conceitos serão, ao lado de outros, apresentados para visar à sua definição e aos procedimentos teórico-metodológicos exigidos à aplicação deles. Deve-se salientar que os conceitos de campo e *habitus* constituem uma unidade na sociologia bourdieuana, o que equivale a dizer que não podem ser separados quando da sua aplicação na pesquisa. Portanto, aqui serão tratados em separado apenas para efeito de exposição.

## Campo, capital e poder simbólico

O conceito de campo surgiu nos estudos de Bourdieu como uma "estenografia conceitual" que conduziria todas as opções práticas de pesquisa do sociólogo, sobremaneira a sua "recusa à alternativa da interpretação interna e à da explicação externa", perante as quais, entendia o sociólogo francês, estavam colocados todos os estudos dos produtos culturais. No primeiro terço de sua trajetória intelectual, Bourdieu (1989, p.64-9) não apenas definiria finalmente o conceito de campo, como também avançaria na elaboração da "teoria geral da economia dos campos", recurso que lhe permitiu, segundo suas próprias palavras,

> descrever e definir a forma específica de que se revestem, em cada campo, os mecanismos e os conceitos mais gerais (capital, investimento, ganho), evitando assim todas as espécies de reducionismo, a começar pelo economicismo, que nada mais conhece além do interesse material e a busca da maximização do lucro monetário.

Para Bourdieu, a estrutura social de uma dada sociedade "está fundada numa divisão social do trabalho, cujos agentes, instituições, práticas e produtos movimentam-se no âmbito de um mercado material e de um mercado simbólico, que, por sua vez, se encontram altamente imbricados". Dessa forma, o traço distintivo da economia "arcaica" seria o estado de indiferenciação entre o trabalho produtivo e o trabalho improdutivo, entre trabalho rentável e o não rentável, pois ela só conhece a oposição entre quem comete uma falta por não cumprir seu dever social e o trabalhador que leva a cabo sua função própria, definida socialmente, qualquer que possa ser o produto do seu esforço.

Logo, conclui o sociólogo que não havendo lugar, neste tipo de formação (arcaica), para quaisquer distinções entre atividades "técnicas" economicamente rentáveis e atividades puramente "simbólicas", elas só poderiam surgir a partir da aplicação de categorias alheias à experiência do camponês e como consequência do influxo exercido pela dominação econômica e pela generalização das trocas monetárias.

Assim, Bourdieu procura enxergar os fatos simbólicos, antes de tudo, no próprio processo por meio do qual "se constitui a divisão do trabalho simbólico, cujos aparelhos, agentes, produtos e representações correspondem aos diversos domínios da realidade em vias de autonomização", isto é, os diversos campos (Miceli, 1992, p.XXXVI-VIII).

Bourdieu (1983, p.89), então, define campo como: "espaço estruturado de posições (ou de postos) onde as propriedades dependem de sua posição dentro destes espaços e que podem ser analisados independentemente das características de seus ocupantes". Ou ainda: "sistema de desvios de níveis diferentes e nada, nem nas instituições ou nos agentes, nem nos atos ou nos discursos que eles produzem, tem sentido senão relacionalmente, por meio do jogo das oposições e das distinções" (Bourdieu, 1989, p.179). Assim, atribui a denominação de campo aos diferentes domínios específicos da realidade social que, relativamente autônomos, compõem uma determinada sociedade. Detalha que campo é um espaço hierárquico de jogo, espaço de relações objetivas entre indivíduos ou instituições que competem por um mesmo objeto ou mesma propriedade, produzidos naquele jogo.

Um campo, segundo Bourdieu (1983, p.89-90), é constituído em torno de interesses específicos, o que equivale a dizer que os interesses de um determinado campo não poderão ser supridos em nenhum outro campo; regido por regras e leis de funcionamento, sendo que os agentes que o integram deverão ser capazes de entendê-las e estarem predispostos a aceitá-las; estruturado pelo estado de luta e pela quantidade e qualidade das propriedades produzidas e reproduzidas no seu jogo interno; concatenado pelo menos por um interesse em comum entre os seus diversos agentes, notadamente o de preservar a existência do próprio campo, apesar de seus agentes serem distinguidos pela posse desigual das propriedades.

Assim, todo e qualquer campo envolve luta e força. Pois, como acentua Bourdieu, os agentes que compõem um campo lutam para adquirir e manter o poder de (di)visão, isto é, o poder de impor uma representação social particular como geral e de dividir/classificar/distinguir os agentes e as coisas existentes naquele domínio social específico. Enfim, a luta interna do campo é pela conquista e administração do poder simbólico, que é, como define Bourdieu, "o poder de constituir o dado pela enunciação, de fazer ver e fazer crer, de confirmar ou de transformar a visão do mundo e, deste modo, a ação sobre o mundo, portanto, o mundo". E mais ainda, é um "poder quase mágico que permite obter o equivalente daquilo que é obtido pela força (física ou econômica), graças ao efeito específico de mobilização, só se exerce se for reconhecido, quer dizer, ignorado como arbitrário" (Bourdieu, 1989, p.15). Enfim, o poder simbólico é, ao mesmo tempo, resultado do trabalho histórico de grupos para naturalizar, fatalizar e des-historicizar as relações de forças entre os diferentes agentes de um campo e um instrumento muito eficaz de reprodução dos expedientes que o geraram.

Meio e fim da luta interna de um campo, o capital é definido por Bourdieu (1979a, p.127) como "uma relação social, isto é, uma energia social que não existe e não produz seus efeitos a não ser dentro do campo onde ele se produz e se reproduz". Em outras palavras, é o conteúdo do poder numa dada relação de forças; é o que permite ao agente, individual ou coletivo, movimentar-se no campo e participar das disputas geradas nesse espaço social específico. Com base em suas pesquisas empíricas, Bourdieu discrimina alguns tipos de capital: econômico, social, cultural, científico, político, religioso, artístico. Nas sociedades com um traço capitalista mais acentuado, os capitais mais importantes tendem a ser o capital econômico – diferentes elementos da produção (terras, fábricas, trabalho) e bens econômicos (renda, patrimônio) – e o capital cultural – notadamente qualificações intelectuais produzidas pelo sistema escolar ou transmitidas pela família –, uma vez que ambos fundamentam, segundo Bourdieu, os critérios de diferenciação social naquele tipo de sociedade.

No entanto, o capital econômico e o cultural, assim como os demais, tendem a se apresentar na sua forma simbólica, portanto como capitais simbólicos. Isso ocorre pelo fato de serem apresentados como naturais, considerados como legítimos e nunca percebidos como resultado de dominação. O capital simbólico é, pois, "o poder atribuído àqueles que obtiveram (nas lutas anteriores) reconhecimento (como autoridade social) suficiente para ter condição de impor o reconhecimento" (Bordieu, 1990, p.154-63). Para ilustrar o que foi dito, pode-se recorrer a uma passagem da obra de Bourdieu na qual descreve "o capitalismo como uma economia que se define como recusando a reconhecer a verdade objetiva das suas práticas econômicas, isto é, a lei do interesse e do cálculo egoísta". Assim, "o capital econômico não pode agir a não ser que se previna de ser reconhecido", portanto "ao preço de uma reconversão própria, para tornar irreconhecível o verdadeiro princípio de sua eficácia". Logo, "o capital simbólico é o capital denegado, reconhecido como legítimo, isto é, não reconhecido como capital" (Bourdieu, 1980, p.200).

Quanto maior o grau de autonomia de um campo em relação aos demais domínios sociais específicos, mais o capital produzido e reproduzido nele será adquirido pelo agente com base somente no conhecimento e, sobretudo, no reconhecimento dos seus pares. Assim, a aquisição de cada tipo de capital obedece a uma lógica própria de cada campo específico. Lógica que é estabelecida pelos detentores de capital simbólico que, por conseguinte, exercem o poder propriamente simbólico dentro do campo, porém por meio de uma série de expedientes geradores de violência simbólica. Por exemplo, a conquista do capital político está assentada na lógica da mobilização do maior número, independentemente da veracidade dos bens políticos oferecidos (programas, plataformas, problemas, análises, conceitos e acontecimentos) aos eleitores/consumidores ou da validação dos profissionais da política (homens de partido, jornalistas políticos, cientistas políticos). Já a lógica da obtenção do capital científico é bem distinta, pois, no campo científico, a prova de verdade e o aceite dos pares são fundamentais para que o agente conquiste aquele capital (Bourdieu, 1989, p.174-6).

Bourdieu (1983, p.90) não desconsidera a possibilidade de conversão de capital, isto é, o agente que possui um considerável capital num campo poderá convertê-lo em outro tipo de capital em outro campo, porém sendo mais fácil tal operação entre campos mais próximos e, mesmo assim, não há garantias prévias de sucesso na conversão. Ou, ainda, considera a possibilidade de o agente obter um tipo de capital em decorrência de possuir um outro, sobremaneira em relação ao capital econômico e capital cultural. Ou, como exemplifica em artigo já citado:

> Nas grandes empresas burocráticas, o diploma deixa de ser um simples atributo do *status* ... para tornar-se um verdadeiro direito de acesso: a escola (sob a forma de "grande escola") e o corpo, grupo social que a escola produz ... (mas na verdade a partir de propriedades ligadas à família), tomam o lugar da família e da parentela, a cooptação dos condiscípulos sobre a base de solidariedade de escola ou de corpo desempenhando o papel que cabe ao nepotismo e às solidariedades clânicas nas empresas familiares. (Bourdieu, 1994, p.10)

Apesar das possibilidades de conversões de capitais, é crucial o pesquisador não perder de vista que é em virtude do fato de um tipo de capital ser produzido e reproduzido somente num determinado campo que os seus agentes tendem a lutar pela preservação do campo. Assim, Bourdieu explicita a condição conservadora do campo. Tal característica serve para o sociólogo francês asseverar que da luta interna do campo só podem sair revoluções parciais, capazes de destruir a hierarquia, mas não o próprio jogo (Bourdieu, 1983, p.91). Por exemplo, um agente, individual ou coletivo, do campo educacional que pretende fazer uma revolução em matéria de ensino e aprendizado dirá: "a forma de ensino em vigência não é a verdadeira forma de ensino"; reivindicará o retorno à origem, à fonte, ao espírito e à verdade do campo educacional; formulará ideias e discursos em nome de uma definição mais pura, mais autêntica de ensino em detrimento da maneira de ensino em cujo nome os agentes dominantes daquele campo têm dominado; tenderá a retomar propostas formuladas por educadores num tempo recuado da história da constituição do campo educacional, os quais são considerados como agentes desinteressados, empenhados na elaboração de uma forma de ensino completamente autônoma, o que equivale a dizer, sem se dobrar a nenhuma pressão externa ou atender a interesses alheios aos do campo, como a busca do ganho monetário.

Para Bourdieu, a oposição entre direita e esquerda, retaguarda e vanguarda, consagrado e herético, ortodoxia e heterodoxia, muda constantemente de conteúdo substancial, mas permanece estruturalmente idêntica. Os recém-ingressos no campo somente poderão destituir os antigos porque a lei implícita do campo, é a distinção, em todos os sentidos do termo. Assim, cada campo tem suas próprias formas de revolução e, portanto, sua própria periodização. E as rupturas dos diferentes campos não são necessariamente sincronizadas. O que ocorre então, segundo Bourdieu (1983, p.156-7), é que as revoluções específicas têm uma certa relação com as mudanças externas. Uma revolução específica, algo que inicia um novo período num determinado campo é, acredita Bourdieu, a sincronização de uma necessidade interna com algo que se passa fora, no universo que o engloba.

Deve-se ainda enfatizar a diferença entre os conceitos de campo e aparelho. Para Bourdieu, a noção de aparelho reintroduz o pior funcionalismo nas ciências sociais. Daí, não tratar escola, Estado, Igreja e partido como aparelhos, mas como campos, pois:

> Num campo, os agentes e as instituições estão em luta, com forças diferentes e segundo as regras constituídas deste espaço de jogo, para se apropriar dos lucros específicos que estão em jogo neste jogo. Os que dominam o campo possuem os meios de fazê-lo funcionar em seu benefício; mas devem contar com a resistência dos dominados. Um campo se torna aparelho quando os dominantes possuem os meios de anular a resistência e as reações dos dominados. Isto é, quando o baixo clero, os militantes, as classes populares, etc. não podem fazer mais do que sofrer a dominação; quando todos os movimentos são de cima para baixo e os efeitos de dominação são tais que a luta e a dialética constitutivas do campo cessam. (ibidem, p.106-7)

No entanto, Bourdieu reconhece que em certas condições um campo possa funcionar como aparelho. Porém, conclui salientando a possibilidade de mudança: "Existe história enquanto existem pessoas que se revoltam, que fazem histórias. A instituição total ou totalitária, asilo, prisão, campo de concentração, tal como descreve Goffman, ou o Estado totalitário, tenta instituir o fim da história" (ibidem). A estrutura do campo é o produto da história anterior do campo e o princípio de sua história ulterior. O princípio de mudança é a luta pelo monopólio da distinção, isto é, o monopólio da imposição da última diferença legítima. E tal luta se completa pelo deslocamento progressivo do vencido ao passado (p.157).

## O conceito de *habitus*

Como no caso de campo, o conceito de *habitus* surgiu na trajetória de pesquisa de Bourdieu de "maneira estenográfica", porém anterior à formulação teórica de campo. Exprime a recusa do sociólogo francês a toda uma série de alternativas nas quais as ciências sociais se encontravam fechadas, ou seja, opções teóricas como "a da consciência (ou do sujeito) e do inconsciente" ou "a do finalismo e do mecanicismo" (Bourdieu, 1989, p.60-2). Enfim, expressa a sua intenção em "dotar a prática de uma intenção ativa e inventiva" (Bourdieu, 1990, p.25).

O termo *habitus* contava com longa tradição bem antes de Bourdieu utilizá-lo. A escolástica empregara a palavra *habitus* para traduzir a *hexis* de Aristóteles, sendo entendido como dependente da consciência e, portanto, variável, manejável na escala da vontade humana. A razão de Bourdieu utilizar a palavra/conceito *habitus* e não o termo *hábito* se justifica pelo fato de *habitus* permitir enunciar algo que se aparenta àquilo que evoca a noção de hábito, porém distinguindo-se desta num ponto essencial. Hábito é considerado espontaneamente como repetitivo, mecânico, automático, antes reprodutivo do que produtivo. Já o *habitus*, como diz a palavra, "é aquilo que se adquiriu, mas que encarnou no corpo de forma durável sob forma de disposições permanentes". *Habitus*, salienta Bourdieu, "lembra, de maneira constante, que se refere a algo de histórico, que é ligado a história individual, e que se inscreve num modo de pensamento genético, por oposição a modos de pensamento essencialista". Aliás, a escolástica, lembra Bourdieu, "designa também como nome de *habitus* algo como uma propriedade, um *capital*". E acrescenta o sociólogo: "E de fato, o *habitus* é um capital, que, sendo incorporado, se apresenta com as aparências de algo inato". Logo, o uso do termo *habitus* serve para ressaltar exatamente que ele "é algo possuidor de uma enorme potência geradora" (Bourdieu, 1983, p.104-5). Ou como explicita a definição de Bourdieu (1980, p.88-9):

> sistemas de disposições duráveis, estruturas estruturadas predispostas a funcionar como estruturas estruturantes, isto é, como princípios geradores e organizadores de práticas e representações que podem ser objetivamente adaptadas ao seu objetivo sem supor que se tenham em vista conscientemente tais fins e o controle expresso das operações necessárias para atingi-los, sem ser em nada o produto da obediência a regras e sendo tudo isso, coletivamente orquestradas sem ser o produto da ação organizadora de um maestro.

As disposições tratadas por Bourdieu na sua definição de *habitus* devem ser entendidas como competências, atitudes, tendências de perceber, pensar e sentir adquiridas e interiorizadas pelos indivíduos em virtude de suas condições objetivas de existência. É profundamente interiorizado e não implica consciência dos agentes para ser eficaz, sendo "capaz de inventar meios novos de desempenhar as antigas funções diante de situações novas" e, assim, permite aos agentes se orientarem em seu espaço social e adotarem práticas que estão de acordo com sua vinculação social. Possibilita ao agente a elaboração de estratégias antecipadoras que são conduzidas por esquemas inconscientes, ou seja, "esquemas de percepção, de apreciação e de ação" resultantes do trabalho pedagógico e de sociabilização, ao qual o agente é submetido, e de "experiências primitivas" (como a primeira educação familiar), que estão ligadas ao agente e que têm um "peso desmesurado" em relação às experiências posteriores (ibidem, p.90-1).

O *habitus* pode ser pensado, por analogia, como um programa de computador, porém como um programa montado historicamente e autocorrigível, que é "constituído por um conjunto sistemático de princípios simples e parcialmente substituíveis, a partir dos quais uma infinidade de soluções podem ser inventadas". Entretanto, "soluções que não se deduzem diretamente de suas condições de produção" (Bourdieu, 1983, p.105-6). De forma sintética, pode-se afirmar que o *habitus* é ao mesmo tempo um sistema de esquemas de produção de práticas e um sistema de esquemas de percepção e apreciação das práticas, isto é, estruturas cognitivas e avaliatórias que os agentes adquirem pela experiência durável numa posição do mundo social. Porém, nem todas as disposições do mundo social farão parte do *habitus* de uma pessoa, pois suas experiências passadas exercerão um papel de filtro, somente as mais compatíveis com as disposições adquiridas nas primeiras experiências de sociabilização (família e escola) serão assimiladas pelo agente. Sem desconsiderar que o *habitus* individual será estruturado de maneiras diferentes em razão de as experiências vividas e interiorizadas pelo agente terem sido pautadas por dinâmicas de ascensão, de estagnação ou de declínio social. Daí, a importância do pesquisador não apenas de se ocupar com a posição social do agente, mas também com a trajetória que o levou a tal posição (Bourdieu, 1980, p.100-2).

O *habitus* não é somente individual, mas também é coletivo. Ele pode funcionar, segundo Bourdieu, "como a materialização da memória coletiva que reproduz para os sucessores as aquisições dos percursores", permitindo ao grupo e/ou classe "perseverar em seu ser". Assim, o *habitus* é o que define um grupo e/ou classe em relação aos outros que não compartilham de condições sociais semelhantes. A homogeneidade do *habitus* de um grupo e/ou classe – que garante a homogeneidade de percepções, apreciações e ações – é o que torna imediatamente inteligíveis e previsíveis as preferências e as práticas, consideradas como evidentes. Tal aspecto do *habitus* é que explica a razão de membros de um grupo e/ou classe agirem frequentemente de maneira igual, sem ter necessidade de entrarem em acordo ou necessitarem para tanto de um maestro em particular.

Essa direção teórica não implica, de maneira alguma, a refutação da diversidade dos estilos individuais. Mas é certo que, para Bourdieu (1980, p.100-1), as diversidades individuais devam ser compreendidas como "variantes estruturais" pelas quais se revela a singularidade da posição do agente no interior da classe e/ou grupo. Daí a definição de Bourdieu (1990, p.131) de sujeito: "O sujeito não é o ego instantâneo de uma espécie de *cogito singular*, mas um traço individual de toda uma história coletiva".

## Relação entre campo e *habitus* e procedimentos teórico-metodológicos

A relação entre *habitus* e campo é uma relação de condicionamento: o campo estrutura o *habitus*. Este, por sua vez, é o produto da necessidade imanente de um determinado campo ou de um conjunto de campos relativamente concordantes. O campo exerce sobre os agentes que o integram uma ação pedagógica, cujo efeito é fazer que eles adquiram formas de perceber e avaliar o mundo e de agir no mundo (*habitus*) que são necessárias à inserção apropriada deles no campo. Logo, um campo supõe a existência de agentes dotados de um *habitus* distinto dos demais, por exemplo, o *habitus* científico é diferente do *habitus* religioso, assim como ambos se diferenciam do *habitus* político e este, dos outros dois.

Contudo, a relação entre campo e *habitus* é também uma relação de conhecimento de construção cognitiva: "o *habitus* contribui para constituir o campo como mundo significante, dotado de sentido e de valor", no qual vale a pena os agentes, individuais ou coletivos, investirem suas energias. Nesse sentido, considera Bourdieu:

> A realidade social existe, por assim dizer, duas vezes, nas coisas e nos cérebros, nos campos e nos *habitus*, no exterior e no interior dos agentes. E, quando o *habitus* entra em relação com o mundo social do qual ele é o produto, sente-se como peixe dentro d'água e o mundo lhe parece natural.

Assim, o *habitus* é um princípio de invenção que, produzido pela história, é relativamente arrancado da história, ou seja, é naturalizado, fatalizado, des-historicizado. O mundo social é, então, percebido pelo agente como natural e evidente, pois ele tanto o produz como as categorias de percepção e avaliação que o agente lhe aplica (Bourdieu & Wacquant, 1992, p.102-3).

A prática, segundo Bourdieu, não decorre mais somente das intenções subjetivas do agente, já que elas não resultam diretamente dos constrangimentos objetivos da estrutura. A prática emerge do encontro mais ou menos bem-sucedido entre posições (postos, funções, cargos) e disposições (capacidades e competências), nasce da relação obscura de "proximidade ontológica" que se produz entre os dois modos de existência social que são o *habitus* e o campo (Wacquant, 1997, p.35-6). Nesse sentido, a teoria da prática bourdieuana considera que toda a ação social põe em presença dois estados da história: a história no seu estado objetivado, a história reificada, que está inscrita nas coisas, isto é, que se acumulou ao longo do tempo em instituições, teorias, máquinas, instrumentos, livros, edifícios, costumes, direito etc.; e a história no estado incorporado, inscrita no corpo, que se tornou *habitus* (Bourdieu, 1989, p.82-3). Dessa forma, a análise sociológica de Bourdieu pode ser entendida como uma foto instantânea, mas um instantâneo que tem o poder de explicitar o encontro entre os dois estados da história (ou social), ou seja, da história reificada e da história incorporada, da história feita coisa e da história feita corpo.

Para tanto, o pesquisador deverá proceder a uma "tripla historicização", deve historicizar os agentes, os campos e o agente que conhece e os seus instrumentos de conhecimento, como bem salientou Loïc Wacquant, notável discípulo de Bourdieu. A historicização do agente deve ser operada pela desmontagem do sistema socialmente constituído que comanda suas condutas e orienta suas estratégias, ou seja, os esquemas incorporados de percepção, de avaliação e de ação do agente, em síntese o seu *habitus*. Depois, a historicização dos diversos campos nos quais os agentes investem seus desejos e suas energias e renunciam, num curso sem fim, ao reconhecimento do que é a essência social. Uma vez descobertas as relações subterrâneas entre história incorporada e história reificada, deve-se operar a historicização do agente que conhece e dos seus instrumentos de conhecimento, pelos quais o agente constrói o seu objeto, como também do domínio social específico no qual é produzido e divulgado.

Para Bourdieu, apenas a história social pode fornecer os meios de redescobrir a verdade histórica dos vestígios reificados ou incorporados da história que se apresentam à consciência sob as aparências da essência universal. Ou como é acentuado por ele: o que é instituído pela história só poderá ser restituído pela história. Portanto, a historicização oferece ao pesquisador, agente histórico e produtor de saber, "os instrumentos de uma verdadeira tomada de consciência ou, melhor, de um verdadeiro domínio de si", condição necessária para o pesquisador se libertar do inconsciente histórico, científico e também social das gerações passadas, que sempre pesam fortemente sobre o seu cérebro. Assim, o pensamento livre, sustenta Bourdieu, deve ser conquistado por "uma anamnese histórica capaz de revelar tudo o que, no pensamento, é o produto esquecido do trabalho histórico", caminho completamente oposto ao do pensamento essencialista, ou seja, daquele que toma os produtos culturais como bens que têm essência em si mesmos. Para Bourdieu, cada vez que se fizer história social da literatura, da pintura, da filosofia, da educação etc. será possível aperfeiçoar os instrumentos de historicização das práticas e das esferas envolvidas na produção, divulgação e recepção dos produtos culturais.

Pelo exposto até aqui, é possível afirmar que a teoria sociológica de Bourdieu não é inspirada por um interesse de antiquário, mas preocupa-se em compreender por que se compreende e como se compreende ou, parafraseando o próprio, para compreender o compreender. Consideração que permite entendê-la, ao mesmo tempo, não como uma sociologia histórica, mas sim como historicista, tal como considera Wacquant, e que a aplicação do seu conceitual exige do pesquisador, além da historicização ou da história social da sua problemática de pesquisa, procedimentos como: o pensar relacional, o que implica não a busca da essência dos fenômenos, dos processos ou dos elementos do mundo social, mas situá-los uns em relação aos outros e na estrutura pertencente; a dúvida radical, que é prática de desconfiar radicalmente das formas oficiais, correntes e doutorais de nomear e classificar o mundo, portanto não tomá-las como nomeações da realidade, mas como operações de constituição interessadas da realidade; e a objetivação participante, ruptura do pesquisador com qualquer filosofia social ou quaisquer relações práticas com o objeto – como o prescretivismo, o normativismo e o profetismo – para que ele consiga apreender e compreender as condições sociais tanto do que é legítimo pensar como de sua objetivação social (Bourdieu, 1989, p.23-58).

Os procedimentos teórico-metodológicos exigidos na aplicação dos conceitos sociológicos de Bourdieu são o caminho que permite ao pesquisador não se tornar instrumento do objeto que ele pretende compreender, pois obriga-o a colocar em causa o seu conhecimento, isto é, a restituí-lo à história.

Por fim, cumpre reafirmar que os conceitos de campo e *habitus* de Bourdieu devem ser considerados como estenografias conceituais, esboços conceituais, muito simples e apenas servem para orientar a pesquisa empírica, e o mais importante: não existem *a priori*. Assim, não é correto pensar o sistema educacional/escolar, seus agentes e seus produtos, simplesmente como o campo escolar revelado pelos estudos de Bourdieu, uma vez que ele é fruto de pesquisas sobre o sistema educacional francês. Esquecer que o "campo escolar" e o "*habitus* escolar" brasileiros somente podem ser pensados por meio de pesquisas empíricas e calcados nas premissas teórico-metodológicas estabelecidas pela teoria da prática de Bourdieu é deixar em estado impensado justamente aquilo que se quer pensar, ou seja, o sistema escolar brasileiro. Será, portanto, o oposto do que demanda e exige a sociologia da prática de Bourdieu.

## Referências bibliográficas

BOURDIEU, P. *A reprodução*: elementos para uma teoria do sistema de ensino. Rio de Janeiro: Francisco Alves, 1975.

______. *A economia das trocas simbólicas*. São Paulo: Perspectiva, 1976.

______. *La distinction*. Paris: Minut, 1979a.

______. *O desencantamento do mundo*. São Paulo: Perspectiva, 1979b

______. *Le sens pratiques*. Paris: Minuit, 1980.

______. *Questões de sociologia*. Rio de Janeiro: Marco Zero, 1983.

______. *O poder simbólico*. Lisboa: Difel, 1989. p.64-9.

______. *Coisas ditas*. São Paulo: Brasiliense, 1990.

______. Stratégies de reproduction et modes de dominations. *Actes de la recherce en sciences sociales*, n.105, p.5, dec. 1994.

______. *Escritos de educação*. Petrópolis: Vozes, 1998.

BOURDIEU, P., WACQUANT, L. *Résponses...* por une anthropologie réflexive. Paris: Le Seuil, 1992.

CATANI, A. M., CATANI, D. B., PEREIRA, G. R. M. Pierre Bourdieu: as leituras de sua obra no campo educacional brasileiro através de periódicos da área. In: TURA, M. L. R. (Org.) *Sociologia para educadores*. Rio de Janeiro: Quarter, 2001.

MICELI, S. A força do sentido. In: BOURDIEU, P. *A economia das trocas simbólicas*. São Paulo: Perspectiva, 1992.

ORTIZ, R. A procura de uma sociologia da prática. In: ______. *Pierre Bourdieu*. São Paulo: Ática, 1994.

WACQUANT, L. Durkheim e Bourdieu: a base comum e suas fissuras. *Novos Estudos*, n.48, p.35-6, 1997.

# 32
# Pierre Bourdieu e a educação: uma apresentação de *Os herdeiros*

*Milton Carlos Costa*

A produção do sociólogo Pierre Bourdieu sobre a escola e a educação constitui parte substancial de sua obra vasta, variada e inovadora. No Brasil são conhecidos alguns de seus estudos educacionais como o clássico *A reprodução: elementos para uma teoria do sistema de ensino* (1992), a coletânea *Escritos de educação* (2003) e alguns artigos contidos no livro *A economia das trocas simbólicas* (1992). Neste capítulo, apresentaremos o livro *Os herdeiros [Les héretiers: les étudiants et la culture]*, ainda sem tradução em nosso país. Ele consta de três capítulos e dois anexos.

O primeiro capítulo tem por título "A escolha dos eleitos". Os autores começam por mostrar, por meio de questões provocativas, como as denegações existentes em torno das desigualdades diante da escola terminam por ocultar a realidade delas.

Existe uma grande desigualdade de representações das classes sociais na escola. Elas aparecem de maneira nítida por meio das estatísticas:

> *un calcul approximatif des chances d'accéder a l'Université selon la profession du père fait apparâitre que celles-ci vont de moins d'une chance sur cent pour les fils de salariés agricoles à près de soixante-dix pour les fils d'industriels et à plus de quatre-vingts pour les fils des membres des professions libérales.*

Ocorre na verdade uma eliminação dos mais desfavorecidos socialmente, além do atraso e da estagnação deles durante os cursos. A esperança em termos subjetivos é menor do que ocorre em termos objetivos, como expectativa de acesso à escola superior pelos estudantes de origem popular.

Tratando das chances das moças na escola superior, os autores mostram que elas são ligeiramente menores do que as dos rapazes. Há chances bem menores das moças das classes baixas para ascender ao ensino superior. Há maior restrição na escolha dos estudos para as moças das classes pobres. As mulheres geralmente estudam letras e os rapazes, ciências.

Os mais favorecidos dos estudantes acabam nas grandes escolas, como a Escola Nacional de Administração (ENA) e a Escola Normal Superior (ENS). O atraso dos estudantes das classes mais desfavorecidas ocorre nos cursos na totalidade dos níveis. As vias de eliminação dos alunos mais pobres são múltiplas, a influência decisiva a respeito sendo a de origem social, a qual define totalmente a carreira escolar dos alunos.

Os obstáculos culturais a serem vencidos pelos alunos de origem popular são inúmeros. Os estudantes são ao mesmo tempo utilizadores e produtos do ensino e também marcados pelos aprendizados do passado.

Um conjunto de fatores – sociais, econômicos e culturais – condiciona a desigualdade do sucesso escolar. Este está ligado, por exemplo, pelo domínio da língua de ideias, proporcionada pelos estudos clássicos. As orientações devidas ao meio familiar são responsáveis pelos resultados dos estudos na universidade: elas determinam a vitória ou a derrota.

No que se refere às atitudes em relação ao ensino, nota-se que o engajamento intelectual dos estudantes oriundos das altas classes apresenta um caráter gratuito. Há diversidade cultural deles, enquanto estudantes de extração popular dependem inteiramente da universidade. Os estudantes das classes altas caracterizam-se por um comportamento cultural classificado como "ecletismo esclarecido" pelos autores.

A escola valoriza o conhecimento distanciado daquele proporcionado por ela. Os estudantes das altas classes trazem uma herança de saberes ou competências práticas (*savoir-faire*) que mostram ter grande rentabilidade escolar e indireta.

Bourdieu e Passeron mostram que o conhecimento das artes expressa privilégio cultural. Fatores econômicos e hábitos culturais de classe acumulam seus efeitos no domínio das artes pelos estudantes de origem burguesa. Há, por outro lado, valores diferentes na assimilação de artes como o teatro: *"Les mêmes savoirs n'expriment pas nécessairement les mêmes attitudes"*.

A herança cultural é transmitida, no essencial, por via indireta, como mostram as incitações à cultura nas altas classes feitas de maneira difusa. A pequena burguesia, ao contrário, tem outra posição diante da cultura: ela procura transmitir aos seus filhos a "boa vontade cultural".

A escola não favorece a democratização da cultura. Ela desvaloriza o ensino escolar – transformado, dessa forma, em cultura inferior – e valoriza aquela recebida como herança (a dos estudantes das altas classes), consagrando assim as desigualdades iniciais diante da cultura.

Os estudantes diferem por "sistemas de traços culturais" de classe. O ensino secundário possui um caráter cultural de classe. A cultura escolar para o estudante das classes desfavorecidas constitui o que os autores chamaram "o aprendizado do artifício". Os conhecimentos teóricos veiculados nessa escola estão impregnados de valores sociais de natureza classista. Desse modo, a cultura escolar constitui para o estudante de origem popular um processo de aculturação.

A conquista do conhecimento escolar dá acesso à elite. Há nas classes altas facilidade de aquisição escolar e nas classes médias tendência a ela. A pequena burguesia valoriza fortemente a escola, sinônimo de "prestígio cultural" e de "triunfo social". Já os estudantes das classes populares aparecem em desvantagem nos dois aspectos citados.

A escola perpetua privilégios; a lógica automática do sistema educacional pode perpetuar o privilégio. Os fatores sociais produtores da desigualdade transformam o "privilégio" no "mérito individual".

O segundo capítulo da obra de Bourdieu e Passeron tem como título "Jogo sério e Jogo da seriedade" (*Jeu sérieux et Jeu du sérieux*).

Segundo os autores, os estudantes não são um grupo social caracterizado por homogeneidade, integração e independência. Eles só têm em comum a prática universitária e só se diferenciam verdadeiramente por sua origem social. Os estudantes são marcados principalmente por seus comportamentos simbólicos e pelo uso simbólico desses comportamentos.

O estudante busca seu projeto de ser e na verdade constitui um "puro projeto de ser". A principal preocupação do estudante consiste em fazer uma escolha para si na vida. O estudante e o professor são produzidos pelo sistema escolar, constituem expressão da sua lógica.

O estudante tem um papel passivo na universidade, com sua "tendência indiferenciada a absorver o saber".

Professores e estudantes são, na verdade, cúmplices, tacitamente, no que se refere ao cumprimento de suas tarefas, o que conduz, por exemplo, à disciplina frouxa dos estudos universitários.

O capítulo terceiro do livro de Bourdieu e Passeron tem como título "Aprendizes ou Aprendizes de feiticeiros".

Muitos professores recusam-se a operar nos quadros de uma "pedagogia racional", recusando, por exemplo, o papel pedagógico de auxiliar e instrumento. À "experiência mistificada" do estudante, dizem os autores, corresponde a "experiência encantada" do professor, havendo uma relação de complacência entre ambos.

A relação entre o professor e o estudante deve ser *"la mise en rapport, techniquement aménagée, entre un pedagogue et un apprenti"*. Há na universidade desprezo pelas técnicas e pela disciplina. É necessária a racionalização da escola superior. A racionalização pedagógica da universidade favorecerá os estudantes de origem popular.

Quanto à relação das moças com os valores da *intelligentsia*, elas são marcadas pela "docilidade escolar", a qual constitui *"une réinterpretation heureuse du modèle traditionnel de la dépendance féminine"*.

Comparando moças e rapazes universitários, os autores afirmam: *"nombre de traits semblent indiquer que, pouce qui est du rapport a l'avenir, les filles sont au garçons comme les étudiants des basses classes aux étudiants issus des milieux privilegiés"*.

Enquanto para os estudantes de origem popular os estudos constituem um meio de ascensão social, os de origem burguesa têm uma "relação mistificada" com o trabalho estudantil.

Nas "Conclusões", Bourdieu e Passeron começam por tratar da lógica desigual do sistema escolar: "A cegueira em relação às desigualdades sociais condena e autoriza a explicar todas as desigualdades, particularmente em matéria de êxito escolar como desigualdades naturais, desigualdades de classes".

Eles reafirmam energicamente os objetivos do ensino democrático: *L'enseignement réellement démocratique est celui que se donne pour fin inconditionnelle de permmetre au plugrand nombre d'individus de s'emparer dans le moins du temps possible du plus grand nombre possible des aptitudes qui font quila culture scolaire à um moment donné'*.

Mas o ensino democrático só será possível se junto com ele operar uma "pedagogia racional" *"subordonnée à la connaissance que l'on se donnera de l'inégalité socialement conditionneé et à la décision de la réduire"*.

O papel positivo da "pedagogia racional" é sublinhado com vigor: ela deve *"neutraliser méthodiquement et continûment, de L'École maternelle à l'université l'action des facteurs sociaux d'inégalité culturelle"*.

## Referências bibliográficas

BOURDIEU, P. *A economia das trocas simbólicas.* 3.ed. Organização, introdução e seleção de Sérgio Miceli. Trad. Sérgio Miceli et al. São Paulo: Perspectiva, 1992.

_____. *Escritos de educação.* 5.ed. Organização, introdução e notas de Maria Alice Nogueira e Afrânio Catani. Trad. Guilherme José de Freitas. Petrópolis: Vozes, 2003.

BOURDIEU, P., PASSERON, J.-C. *Les héretiers*: les étudiants et la culture. Paris: Minuit, 1997.

_____. *A reprodução:* elementos para uma teoria do sistema de ensino. Trad. Reynaldo Bairão. 3.ed. Rio de Janeiro: Francisco Alves, 1992.

# 33
# O professor e as práticas educativas

*Mônica de Carvalho Magalhães Kassar*

O objetivo deste capítulo é contribuir com a reflexão sobre a formação de professores, enfocando o "lugar" do professor nas práticas educativas. Para tanto, apresentamos aspectos de sua formação, sob o olhar dos diferentes movimentos/momentos da educação. Delimitaremos nossa reflexão aos movimentos educacionais de meados do século XX ao início do XXI, ressaltando o "perfil" de professor proposto em diferentes momentos. Concluímos propondo contribuições acerca da formação atual dos professores, considerando as solicitações sociais contemporâneas.

## O professor e as práticas educativas

Parto do princípio de que, nas sociedades contemporâneas, a escola deve ser *locus* de apropriação cultural e de práticas sociais das novas gerações. Principalmente em países como o Brasil, onde a desigualdade social e econômica alcança proporções imensuráveis, a escola tem um "lugar" especial: a responsabilidade de possibilitar à população o acesso aos bens culturais produzidos historicamente.

Antes de continuar, considero importante apresentar o conceito de cultura aqui utilizado. Considero cultura, em um sentido abrangente, como produção humana, significada, construída pela práxis humana na história de sua existência.

Para entender melhor a relação escola-sociedade, podemos recorrer à sociologia e verificar que, tomando por base diferentes teorias, a escola é apresentada de diferentes formas, mas sempre como elemento fundamental da sociedade contemporânea. Teorias sociológicas de cunho funcionalista entendem a escola como responsável pelo prosseguimento da vida social. Entre esses autores, posso citar Émile Durkheim (1955), para quem a instituição escolar teria uma dupla função: a função homogeneizadora, no momento em que transmite noções básicas da cultura para todos os grupos sociais; e a função diferenciadora, na medida em que prepara, de forma diversificada, as diferentes classes sociais, para continuação da organização social.

Em outra vertente, há teóricos para os quais não há outra função da escola na sociedade senão de reproduzi-la. Esses teóricos foram fortemente difundidos no Brasil na década de 1970 (os chamados teóricos crítico-reprodutivistas), colaborando para uma enorme descrença na instituição escolar como elemento de transformação da sociedade. Entre esses autores, posso citar Bourdieu & Passeron (1982) e Althusser (1985). Nessa concepção, a relação escola-sociedade fica assim estabelecida: como vivemos em uma sociedade excludente e a escola é parte da sociedade, não há alternativa para a escola senão reproduzir a exclusão.

Existe um grupo de autores que tem uma visão bastante diferente das apresentadas acima. Esse grupo acredita no poder de transformação da escola. Parte do princípio de que as mudanças sociais só são possibilitadas na formação das novas gerações dentro de novas formas de pensar. Como exemplo de autores com esse ponto de vista, posso citar John Dewey (1979), que influenciou uma geração de educadores brasileiros no início do século XX, entre eles Anísio Teixeira.

Não desconsiderando essas grandes contribuições para o entendimento da relação escola-sociedade, adoto uma posição que considero mais frutífera. Trata-se de um grupo de teorias que vê a sociedade como um espaço extremamente dinâmico e contraditório. Esse grupo de teorias baseia-se no reconhecimento de que a sociedade não é homogênea, e sim antagônica, pois tem como base uma relação de produção econômica contraditória: o modo de produção capitalista.

Dessa forma, não tenho a ingenuidade de acreditar que a escola é a responsável pelas profundas mudanças sociais, ou uma receita mágica para os males sociais; mas não vejo a escola como local passivo de reprodução. A contradição é parte constitutiva da sociedade e parte constitutiva da própria escola. No interior da escola, está presente a dinâmica do movimento social, que é construída a partir de lutas de forças antagônicas, nunca sob a tutela de um único grupo hegemônico (cf. Gramsci, 1987). Por esse ponto de vista, a escola é percebida como palco de lutas pela conquista de direitos e de construção de diferentes modos de participação e de práticas sociais.

A conquista de direitos, na escola, dá-se pela apropriação da cultura produzida na história da sociedade. Gramsci, autor italiano da primeira metade do século XX, remete-nos aos gregos da Antiguidade para lembrar que "saber é poder". O saber torna-se poder na medida em que possibilita que o ser humano se posicione perante a vida, que lhe possibilite fazer escolhas. Como nos lembra o mesmo autor, quando a criança entra na escola, em grande parte dos casos, traz um conjunto de concepções mágicas de mundo, num misto de folclore e fantasia. A escola vai apresentar à criança um olhar diferente do mundo: vai introduzi-la no mundo da produção científica, no prazer de desvendar os mistérios do mundo e de descobrir a existência de novas fronteiras nunca antes percebidas. Vai, também, introduzir a criança em conceitos iniciais de direitos e deveres celebrados por sua sociedade. Dessa forma, a escola vai se processando como elemento mediador entre criança e saber sistematizado, servindo de instrumento de superação de misticismos e superstições. Citando o próprio Gramsci (1987, p.12): "O início da elaboração crítica é a consciência daquilo que somos realmente ... um 'conhece-te a ti mesmo' como produto do processo histórico até hoje desenvolvido...".

Portanto, a partir de uma percepção imediata de mundo, a escola, quando bem organizada, pode propiciar aos alunos a possibilidade de elaboração e coerência de pensamentos.

Ao explicitar como vejo o lugar da escola na sociedade (local de lutas sociais e de apropriação do saber historicamente constituído), posso, então, localizar a figura do professor. Apresento a seguinte pergunta: tomando por partida os princípios assumidos, referentes ao lugar da escola na sociedade contemporânea, como pensar/construir a formação do professor? Contextualizando mais a questão, como pensar/construir a formação do professor, ciente de desafios como os apresentados pelos rumos atuais da educação brasileira: a educação inclusiva?

É necessário dizer que não é intenção deste texto discutir os princípios da educação inclusiva ou seus fundamentos. Apenas considero que essa questão deve ser considerada como fundamental para pensar/construir a formação do professor. Afinal, não formamos professores para *nenhuma* sociedade. Formamos professores em um momento histórico, datado, determinado, circunstanciado: uma das "circunstâncias" atuais é a educação inclusiva.

Para pensar a formação do professor hoje, entendo que seja necessário um breve "voo" sobre momentos importantes da história das formas de pensar a educação nos últimos cinquenta ou sessenta anos.

Vimos, nas décadas de 1930 e 1950, o crescimento da crença em uma educação diversificada, pretensamente democrática e crente no desenvolvimento espontâneo das "potencialidades" de cada indivíduo. Era a crença na educação livre, na expectativa do desabrochar das potencialidades individuais. A visão da escola transformadora, como motor de mudança das mentalidades da sociedade, que acreditava na atividade livre das crianças como poder de transformação, esteve presente no movimento da escola nova, em difusão de livros como *Liberdade sem medo* (Neill, 1967) e na tradução de autores como John Dewey (1859-1952).

Enquanto isso, na educação especial e, sobretudo, na educação de crianças com deficiência mental, trabalhávamos com uma população em cujas "potencialidades" não se crê. O investimento na educação programada, orientada por uma pedagogia construída principalmente a partir da psicologia comportamental, ganhou bastante força na educação especial, por ser considerada quase como "ideal" para uma população em cujas capacidades cognitivas pouco se acredita. A educação pré-programa (instrução programada), se, por um lado, impulsionou o conhecimento no campo da educação especial, na construção de métodos e técnicas específicas de educação de pessoas com deficiências, em particular com deficiência mental (cf. Costa, 1986), e com isso direcionou a ação do professor em sala de aula; por outro muitas vezes desconsiderou a criança como sujeito ativo e, portanto, foi alvo de severas críticas em fins da década de 1970 e por toda a de 1980.

É interessante lembrar que o conhecimento na educação especial tem uma história muito próxima à da psicologia, que foi construída com base em uma visão individualista, *patologizante*, disciplinadora e de conceitos de anormalidade (cf. Contini, 2001, entre outros).

Na década de 1980, a crença na figura ativa dos alunos ganha novo impulso, a partir do ingresso, nas escolas brasileiras, das teorias construtivistas, como as leituras de Piaget. Lembramo-nos de que o contexto político é propício, pois estávamos atravessando um momento de luta por liberdade política, que culmina com o fim do regime militar e a construção da Constituição de 1988. No decorrer dos anos 80, leituras a respeito de uma educação construtivista vão, aos poucos, fazendo-se presentes nas redes públicas de ensino, disseminadas por intermédio de convênios e assessorias entre as universidades do país e as redes dos diferentes Estados e municípios.[1]

Aos poucos, essa leitura vai adentrando também o campo da educação especial e a educação organizada, em cima de procedimentos muitas vezes repetitivos, vai sendo acompanhada por um discurso a respeito da construção da inteligência.[2]

Ainda em fins dos anos 70 e início dos 80, há, nos cursos de pedagogia, a disseminação de uma leitura bastante crítica do papel da escola, principalmente por meio das leituras dos autores crítico-reprodutivistas como citado no início deste capítulo (Althusser, Bourdieu e Passeron). Como acadêmica de pedagogia da década de 1980, lembro-me perfeitamente de ter aprendido o que não se deve fazer, mas tinha receio de perguntar o que fazer! Criticávamos a abordagem comportamental, criticávamos a visão tecnicista e sabíamos da ingenuidade dos autores que acreditavam que apenas com uma escola democrática seria possível construir uma sociedade democrática. Piaget entra na educação e, posteriormente, na educação especial, ainda num momento de crítica. A crítica aliada a um novo não diretivismo, dessa vez, a partir de leituras, muitas vezes, superficiais de Piaget, propiciou situações de estagnação sobretudo em professores de classes especiais do ensino regular.

Enquanto nas instituições especializadas professores formados por cursos com habilitação específica em educação especial atuavam sob a influência de autores como Telford & Sawrey (1984), nas classes especiais das redes regulares de ensino, muitas vezes estavam professores formados por cursos de pedagogia perdidos diante das capacitações rápidas, em construtivismo, que

1 Como exemplo, cito o estado de Mato Grosso do Sul, que teve a educação pública estadual repensada, nos anos 80, a partir das colaborações de professores da Universidade Estadual de Campinas.

2 É interessante notar que, no estado de São Paulo, até o início da década de 1980, a produção de pesquisas em educação especial ocorria quase exclusivamente na UFSCar, com um Programa em Educação Especial, que tem uma formação inicial notadamente comportamental. Na década de 1980, começou ocorrer o desenvolvimento de pesquisas (dissertações e teses) em outras instituições de ensino superior. Para informações sobre a produção acadêmica em educação especial, ver Nunes et al. (1999).

esperam a "hora" certa de trabalhar com seus alunos. E elas ficavam anos e anos esperando, e, às vezes, a hora nunca chegava!

Há dez anos, tive a oportunidade de desenvolver uma pesquisa com professores de classes especiais e alguns aspectos estavam presentes em seus discursos:

- a crença no desabrochar espontâneo das potencialidades;
- a crença de que, no caso dessas crianças, as potencialidades são menores;
- a consciência de que, nas classes especiais, eles não estavam trabalhando com crianças com deficiências, mas com crianças chamadas por eles de "lentas";
- mesmo tendo essa consciência, não havia a crença na possibilidade de desenvolvimento de seus anos. Segundo depoimento dos professores, os alunos poderiam "chegar até uma 3ª ou 4ª série".

Na época, também verificou-se que os dizeres dos professores não se baseavam apenas em senso comum, mas a própria literatura especializada em educação especial reforça essas crenças (Kassar, 1995).

Hoje nos encontramos, novamente, diante de desafios. Deparamos com a proposta da construção de uma educação inclusiva. Se a educação é verdadeiramente inclusiva, quais as perspectivas da formação de professores? Falando para um grupo de educação especial, cabe ainda perguntar:

- Existirá a necessidade, ainda, de professores com formação específica, diferente da oferecida por cursos de pedagogia e demais cursos formadores de professores?
- Os cursos de formação de professores conseguirão oferecer conhecimento necessário ao atendimento adequado à educação inclusiva?
- Que conhecimentos serão esses?
- Os cursos de formação de professores com habilitação em educação especial estão formando adequadamente seus professores?

Não tenho a pretensão de responder a nenhuma dessas indagações, mas gostaria de colaborar com a discussão.

Bueno (1999) diz acreditar que a dicotomia entre a formação de cursos especialistas e de formação geral é uma falsa questão, visto que a educação inclusiva exige que o professor do ensino regular adquira uma certa especialização para atender adequadamente as crianças, e que é necessário que o professor de educação especial amplie suas perspectivas. O autor não desconsidera, com essa posição, especificidades das crianças com deficiências, mas alerta para o fato de que "boa parcela das dificuldades encontradas por esses alunos também ocorre com as chamadas crianças normais e que residem ... em processos pedagógicos inadequados ou, pelo menos, não compatíveis com a clientela específica desta ou daquela classe" (ibidem, p.13).

Pensando nas questões relevantes apresentadas por Bueno e no desafio da educação inclusiva, acrescento ainda elementos sobre a produção do conhecimento em educação especial. Em trabalho desenvolvido, também pelo professor Bueno, com apoio da Secretaria de Educação Especial do Ministério da Educação, pode-se perceber que grande parte das pesquisas desenvolvidas nas universidades brasileiras tem caráter mais abrangente que específico. Em outras palavras, o autor informa que são poucas as pesquisas voltadas às diferentes deficiências e ainda ressalta que "pouco tem se voltado para investigações que tenham por objetivo contribuir para a descoberta de dificuldades específicas que cada deficiência acarreta" (Bueno, 2002, p.73). Esse aspecto, aliado à história de posicionamentos críticos da educação em nosso país, entre outros aspectos, talvez nos ajude a entender por que são poucos os trabalhos e as pesquisas que se propõem a sugerir novos caminhos para as práticas educativas.

Parece-me que há uma carência de pesquisas que possam colaborar para responder aos anseios dos novos e velhos professores: pesquisas que apontem a especificidade da educação especial. Ressalto o aspecto da especificidade da educação especial, visto que algumas pesquisas desenvolvidas em classes especiais e em instituições especializadas relatam que o atendimento "especializado", oferecido por esses locais, deixa muito a desejar. Muitas vezes, não se distancia do atendimento educacional presente no ensino regular, salvo pela pouca exigência de apreensão de "conteúdos" e pelo "ritmo" com que se ensina, que, segundo os professores, é mais lento, baseado no que se supõe ser o "ritmo" do aluno (Kassar, 1995).

Com base nos pressupostos de que a escola é lugar de lutas e conflitos sociais e, portanto, de apropriação do saber e de práticas cidadãs historicamente construídos e de que é impensável um contexto de educação inclusiva, acredito que temos um grande desafio para a formação de professores e, em especial, na educação especial: formar professores que consigam propiciar a *todas* as crianças, sobretudo às crianças com deficiências mais severas, o acesso e a apropriação dos saberes historicamente construídos.

Para isso, é necessário o investimento em pesquisas que busquem a especificidade da educação especial, lembrando que o específico não é o "mais lento", nem o "mais fraco". Certamente, há outras formas de apropriação dos saberes a serem proporcionadas pela educação. Sem dúvida este é outro enorme desafio: construir conhecimento que possibilite a superação pelos alunos de limites impostos por características físicas, orgânicas, sociais, enfim de toda ordem. E esse conhecimento deve estar ao acesso da formação de professores.

Finalizando, gostaria de lembrar que a diversidade do ser humano é infinita, assim como suas possibilidades. Portanto, é inconcebível/impossível formar professores que saibam exatamente o que fazer com todas as crianças. Ao assumir a escola como lugar privilegiado do acesso e apropriação ao conhecimento, ressalto que instigar a necessidade investigativa de nossos acadêmicos é fundamental, principalmente na formação de professores... Seja, essa formação em que curso ocorrer.

## Referências bibliográficas


ALTHUSSER, L. *Aparelhos ideológicos de estado*. Rio de Janeiro: Graal, 1985.

BOURDIEU, P., PASSERON, J. C. *A reprodução*: elementos para uma teoria do sistema de ensino. Rio de Janeiro: Francisco Alves, 1982.

BUENO, J. G. Crianças com necessidades educativas especiais, política educacional e a formação de professores: generalistas ou especialistas? *Revista Brasileira de Educação Especial*, v.3, n.5, p.7-25, set. 1999.

______. *A educação especial nas universidades brasileiras*. Brasília: Ministério da Educação, SEESP, 2002. 136p.

CONTINI, M. L. *O psicólogo e a promoção de saúde na educação*. São Paulo: Casa do Psicólogo, 2001.

COSTA, M. P. *Alfabetização para deficientes mentais*. São Paulo: Edicon, 1986.

DEWEY, J. *Democracia e educação*: introdução à filosofia da educação. Trad. Godofredo Rangel e Anísio Teixeira. 4.ed. São Paulo: Ed. Nacional, 1979.

DURKHEIM, E. *Educação e sociologia*. Trad. Lourenço Filho. São Paulo: Melhoramentos, 1955.

GRAMSCI, A. *Concepção dialética da história*. 7.ed. Rio de Janeiro: Civilização Brasileira, 1987.

KASSAR, M. *Ciência e senso comum no cotidiano das classes especiais*. Campinas: Papirus, 1995.

NEILL, A. S. *Summerhill*: liberdade sem medo. São Paulo: Ibrasa, 1967.

NUNES, L. et al. A pós-graduação em educação especial no Brasil: análise crítica da produção docente. *Revista Brasileira de Educação Especial*, v.3, n 5, p.113-26, set. 1999.

TELFORD, C. W., SAWREY, J. M. *O indivíduo excepcional*. 5.ed. Rio de Janeiro: Zahar, 1984.

# 34
# Registros alternativos de saberes culturais: contribuição para a formação de professores[1]

*Maria Rosa R. Martins de Camargo*
*Carmen Maria Aguiar*

O presente capítulo trata da caracterização de algumas experiências de escrita realizadas em situações específicas e particulares, envolvendo, no que pode ser considerada "aventura" de escrever, pessoas não habituadas à escrita, e que se veem tentadas a, ou com grande necessidade de, executar tarefas que exigem a utilização do código escrito. Nessas ocasiões, muitas vezes exprimem suas ideias e interpretações do mundo vivido, mesclando letras, palavras e representações sociais, elaboradas a partir de códigos alternativos de registro de informações, que são práticas comuns em universos sociais em que a leitura e a escrita são práticas incomuns, ou seja, em localidades em que há predominância do analfabetismo, abrangendo um grande contingente de excluídos da escola. Essa exclusão empurra tais pessoas para situações em que só podem contar com mecanismos alternativos, criados tanto para registro de informações sobre a sua história quanto para representação de situações cotidianas, e que funcionam como elos que efetivam diferentes formas de comunicação.

1 Este capítulo é uma versão ampliada do trabalho apresentado no XXV ISCHE – International Standing Conference for the History of Education, realizado em São Paulo, de 16 a 19 de julho de 2003.

Para conhecer uma cultura, é necessário, entre outras coisas, conhecer seus símbolos, signos e significados, seus modos de organização e de expressão.

A linguagem escrita, considerada uma das construções grandiosas da humanidade, tornou-se um recurso de expressão elaborado a partir do ensino escolar, sendo utilizado amplamente, em diferentes circunstâncias, também por aqueles que não frequentaram a escola ou por tantos outros que por ela passaram sem quase nada aprender. Essas pessoas, quando necessitam desse recurso que não dominam, recorrem a outros mecanismos modelados pela cultura, utilizando-se de padrões de escrita que escapam, muitas vezes, à forma oficial, considerada "correta".

Este capítulo busca identificar e dar visibilidade a situações e motivações sociais que resultam em tipos diversos de registros escritos, como formas de leitura, de representação e de interpretação do mundo. Valendo-se de questões gerais da educação, abordam-se aqui questões específicas em que a linguagem escrita se faz necessária e presente no cotidiano. Esses registros escritos revelam possibilidades diversas de transmissão de informação e de conhecimentos, e requerem processos de elaborações intelectuais estruturadas, que resultam em representações socialmente tecidas e ancoradas na realidade do cotidiano vivido.

Trata-se de um recurso de linguagem, utilizado de modo criativo e inventivo pela população, que reflete a inventividade de seus modos de vida, que, por sua vez, requerem versatilidade para atender às suas necessidades de sobrevivência e a outras demandas sociais.

Tais registros, que traduzem saberes ou conhecimentos sociais representativos das noções que os envolvidos têm de si e do mundo que os cerca, levam, trazem, remodelam, reafirmam, reciclam, desmontam, impõem, escondem, revelam, alteram, justificam, condicionam, separam e misturam dados da realidade cotidiana, e são amplamente divulgados, atingindo, de uma forma ou de outra, todos os participantes de determinado processo social.

No tocante às relações individuais e sociais, estas permitem a composição de concepções e configurações abrangentes, a partir de situações coletivas em que se misturam, moldam, afetam, expandem ou limitam, mutuamente, as ações dos envolvidos. O homem é produto e agente ativo nos processos sociais, influencia e é influenciado pelos meios estruturados e organizados socialmente, fundindo elementos históricos e culturais.

Nesse fazer e fazer-se histórico e cultural, nas

> relações do indivíduo com o grupo social, a linguagem é fundamental. A palavra veio, num nível mais geral, a caracterizar a condição humana. Em termos mais específicos, na ontogênese, a linguagem tem uma função de regular as ações e de propiciar a conduta intencional humana. Através da linguagem, o indivíduo prepara um ato a ser consumado. (Góes, 2000, p.118)

Há que destacar, ainda, nos registros que analisamos, a força e a presença de elementos que caracterizam a função comunicativa da linguagem, nos elos que são estabelecidos entre aquele que escreve e aquele que lê, e que mudam constantemente de lugar.

Ao destacar diferentes modos de registros de informações, entendidos como práticas culturais, que revelam experiências com a escrita realizadas em situações específicas e particulares, por sujeitos adultos, indicam-se pistas de como saberes escolares e práticas culturais, que envolvem os atos de escrever e de ler, podem estar relacionados.

Ao constituir esses modos de registro como material de estudo, propõe-se, como objetivos, dar maior visibilidade e aprofundar a compreensão da relação entre saberes escolarizados e as práticas que deles advêm, ou a eles remetem. Como saberes escolarizados, entendem-se aqueles que se vinculam direta ou indiretamente ao aprendizado em sala de aula, e como práticas culturais entendem-se as manifestações que são cotidianas no contexto em que se inscrevem e, por isso, históricas.

Em nosso entender, este estudo, aferido pelo olhar sensível, informado e intencional, pode contribuir para a formação e atuação de professores, na medida em que estreita alguns vínculos entre esses saberes e práticas e o que ocorre, ou poderia ocorrer, em uma sala de aula.

No âmbito deste capítulo, destacamos e analisamos dois objetos materiais que inscrevem, desde o início de sua elaboração, significativas experiências com a escrita: um diário pessoal e um quadro composto com retalhos de tecido. Para a coleta de dados, elegemos a observação participante e depoimentos dos sujeitos que compuseram esses objetos, destacando-se os procedimentos e os motivos que levaram essas pessoas à confecção daqueles objetos.

Os procedimentos adotados e os motivos indicados por esses sujeitos remetem-nos a reflexões que envolvem questões que põem em evidência saberes e práticas que transitam nas fronteiras entre saberes que são oriundos de situações escolares, saberes que são buscados em uma sala de aula, e saberes que se transformam e dão consistência a práticas culturais.

Elegemos como referenciais teórico-metodológicos os estudos das práticas sociais que se ancoram na história cultural da sociedade e as abordagens que entendem a vida cotidiana como um conjunto de atividades que caracterizam a reprodução dos indivíduos particulares. Indivíduos que, por sua vez, criam a possibilidade de reprodução social, como sujeitos concretos e históricos capazes de ultrapassar o estritamente particular e chegar ao genérico, o que exige a necessidade de o indivíduo "organizar" sua vida cotidiana de acordo com a concepção que possui de mundo, conduzindo-a conforme os limites encontrados. O saber cotidiano é uma categoria objetiva, tendo em vista que ele pertence a uma época, a um estrato social e a uma integração social.

Algumas fotos foram colocadas aqui como forma de demonstração dessas práticas culturais em que os registros escritos fazem parte das questões centrais e motivadoras dessa produção (Fotos 1 a 4).

## Diferentes modos de registros: descrevendo os objetos

### Diários pessoais

O objeto que aqui descrevemos, diários pessoais, refere-se a uma experiência de escrita e de leitura, realizada fora dos limites e da vigilância da escola.

Trata-se de um fato vivido por mulheres adultas, coincidentemente três amigas, todas alfabetizadas e moradoras em um pequeno povoado na região amazônica brasileira, que escrevem em seus diários para não esquecer fatos ou informações e para não perder a prática de escrever.

O material levantado refere-se a três diários elaborados por três diferentes pessoas. A autora do diário pessoal ilustrado, objeto de nosso estudo (Foto 5), aprendeu a utilizá-lo com as duas outras amigas e só registra, como afirma, os períodos ruins de sua vida. Uma das amigas, no seu próprio diário, registra apenas as experiências que considera boas e felizes, enquanto a outra registra fatos históricos, casos que são contados pelos mais velhos sobre a vida da comunidade em que vive.

A autora, que é também a informante, escreve de próprio punho e utiliza também palavras que recorta (às vezes frases inteiras) de revistas para compor outras frases; recorta, ainda, para usar como ilustração, quase sempre de revistas de fotonovelas, figuras diretamente relacionadas ao assunto tratado no diário.

Ao permitir que fosse fotografado, a autora mostrou preocupação para que se escondesse sua letra, algum erro de escrita e fosse impedida a leitura, por estranhos, do que está escrito.

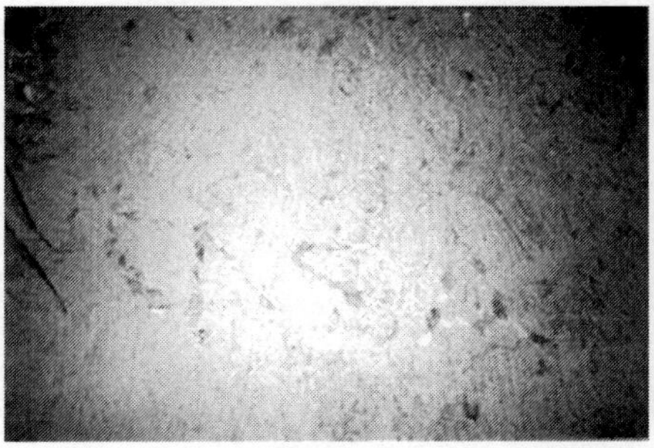

Foto 1

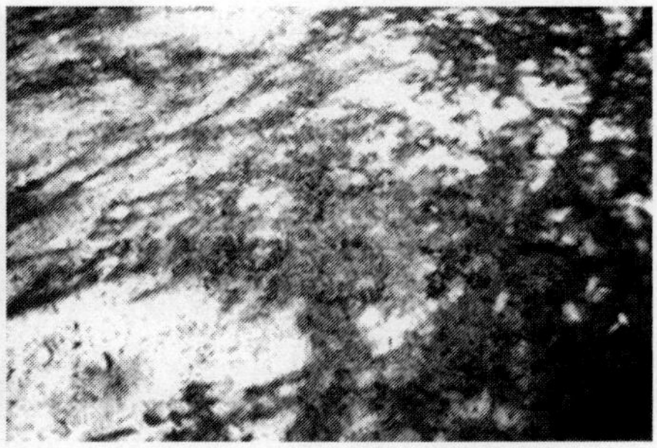

Foto 2

Foto 3

Foto 4

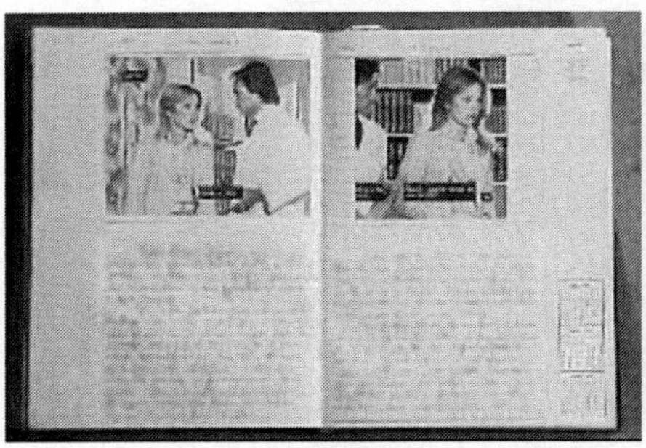

Foto 5

Foto 6

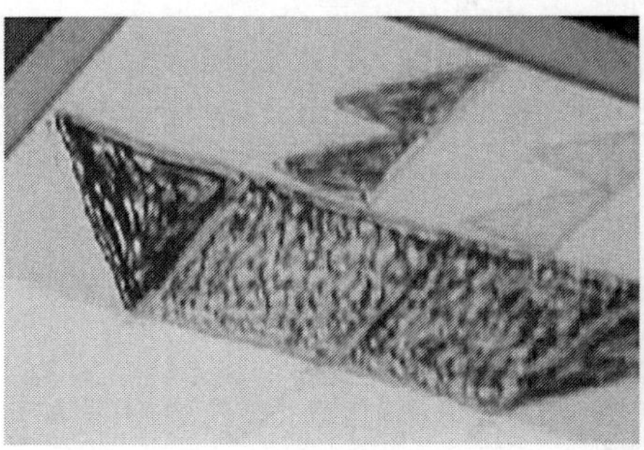

Foto 7

Foto 8

Crédito das fotos: Carmen M. Aguiar.

Os diários dessas mulheres servem, às vezes, como fonte de pesquisa para os filhos, frequentadores de séries iniciais na escola, quando, por exemplo, surge alguma dificuldade na escrita de uma palavra; admitem ainda que corrigem um ou outro erro apontado pelos filhos na maneira de escrever determinada palavra (Aguiar & Camargo, 2002). O diário escrito ao sabor dos acontecimentos, vários e cotidianos, funciona, nesse caso, como material de referência... para outras escritas.

As autoras dos diários integram um contexto social em que a escrita não é um recurso normalmente utilizado. Alfabetizadas em escolas, elas apreciam e querem manter o aprendizado da língua escrita; para tanto, prezam e executam essa tarefa (que envolve leitura e escrita), típica das atividades escolares, como uma forma de manter, ou de não deixar perder, tais conhecimentos.

Frequentemente, como dito por elas, atendem às solicitações de vizinhos e conhecidos que necessitam de seus saberes escolares. Ora para ler, ora para escrever cartas, bilhetes, receitas etc.

## Um quadro feito de retalhos

O trabalho apresentado no quadro ilustrativo (Fotos 6, 7 e 8) é produto de quase um ano inteiro de elaboração, em encontros que ocorreram, semanalmente, durante o ano de 2002, numa sala de aula, em um Centro Social Comunitário, num bairro da periferia da cidade de Rio Claro (Estado de São Paulo).[2] As atividades com essa turma foram iniciadas em fevereiro de 2001, se estenderam por 2002 e continuaram em 2003.

Nessa sala, reunia-se um grupo de oito mulheres que, desde o início, nos informaram que gostariam *de aprender a fazer colchas de retalho*, e não somente costurá-las como faziam antes. A realização de trabalhos com retalhos era frequente porque retalho era material de que dispunham como matéria-prima. Assim acordado, as atividades foram organizadas de modo que dois dias da semana seriam dedicados a aprendizados outros (ler, escrever, contar, conversar sobre assuntos da atualidade visando a um melhor entendimento destes etc.) e um dia seria para o aprendizado da colcha.

Inicialmente, foram apresentadas revistas que traziam modelos de colchas, com a intenção de que retalhos não fossem simplesmente juntados;

2 As atividades fazem parte do Projeto de Educação de Jovens e Adultos: Práticas e Desafios, e são desenvolvidas por estudantes de graduação, bolsistas pela Proex/UNESP. São eles: Denis Eduardo Bianconi (licenciatura em Pedagogia), Fábio Pereira Nunes (licenciatura em Geografia) e Elói Norberto Venturini Junior (licenciatura em Ciências Biológicas).

dos modelos apresentados houve, desde logo, a escolha de um quadro trazendo um barco de cores variadas (Foto 6).

Desde a escolha até a feitura do quadro, foi um longo caminho traçado com recorte e colagem de papel colorido, pelo estudo e ensaio da utilização da régua e da tesoura, pelas medidas que eram complexificadas pelas formas e tamanhos diferentes, pela identificação de figuras geométricas que haviam sido estudadas dias antes, pela negociação para a escolha do tecido mais adequado e combinação das cores.

Há que se registrar, ainda, como uma "etapa" intermediária, um modelo construído pelo grupo, que é também uma cópia, é um fazer o quadro no papel antes de executá-lo no tecido (Foto 7). Outros modelos foram ainda construídos por cada uma, em finais de semana, por motivos que diferem, entre eles, o de não esquecer como era o próprio quadro.

Ao final do ano, havia sido feito um quadro para cada uma das mulheres e outros três para presentear os bolsistas que com elas trabalhavam (Foto 8).

Essa situação aponta um exemplo de educação escolar amplo porque reproduz práticas tradicionalmente entendidas como escolares, como a cópia do desenho mostrada pela foto, envolvendo uma série de escolhas, atitudes, reflexões que transitam nas fronteiras entre sujeito e grupo social, entre as formalidades do ensino escolar – "educação mais formalizada" – e das práticas sociais que são aprendizados buscados. Tal busca se dá no âmbito individual e coletivo; o que impulsiona essa busca, objetivamente, é uma escolha muito bem definida: "Queremos aprender a fazer a colcha e não só ficar costurando... costurando..." (depoimento de uma participante do grupo de mulheres no início dos trabalhos, em março de 2002).

## Algumas considerações teóricas

Algumas considerações que fazemos, em seguida, revelam o suporte teórico que balizou nosso olhar para os dois objetos aqui apresentados, permitindo com isso uma recolocação destes, tendo em vista o fato de enxergarmos neles práticas sociais e educativas, assim como a inter-relação entre dois campos diferentes de saberes: o das práticas escolarizadas e o das práticas cotidianas.

Ao propor como objetivo, neste trabalho, dar maior visibilidade e aprofundar a compreensão da relação entre saberes escolarizados e as práticas que deles advêm, ou a eles remetem, deparamos com alguns limites perceptíveis entre modelos teóricos e as práticas sociais que podemos encontrar disseminadas nas práticas educativas. Muitas vezes, as práticas sociais nos apontam para situações que nos exacerbam e desencaminham as nossas lógicas. É justamente aí, nos descaminhos, que se encontram muitos dos nós da educação. Nós que devem ser identificados, compreendidos e refletidos para que possam surtir novas práticas educacionais e sociais.

Nesse sentido, como afirma Certeau (1986, p.191):

> uma vez que nossos modelos teóricos praticamente não nos permitem pensar o plural de sistemas inter-relacionados ou sedimentados, devemos primeiramente tentar saber como as racionalidades que permaneceram necessárias podem surgir de situações particulares e se inserir na ação.

Podemos falar, de um modo geral, que a escola desconhece, ignora ou menospreza os mecanismos de registro elaborados socialmente, como os que aqui são apresentados, que compõem uma inesgotável fonte de aventura e de ação social, e que envolvem uma ampla gama de conhecimentos e informações. Como consequência dessa discriminação, perdem-se os motivos que levam esses sujeitos a buscarem mecanismos para "conservar", aprimorar ou adquirir a própria capacidade de escrever e de ler. Perde-se, também, a possibilidade de uma intensa troca de experiências, que poderia ampliar horizontes e subsidiar novos conhecimentos, assim como propiciar formas alternativas e significativas de registro do universo social e cultural. Dentro das instituições escolares ou fora delas, num contexto social mais amplo.

Da perspectiva das diferentes faces dos saberes, a noção de apropriação se nos apresenta pertinente pelo modo de exercitar a escrita e tantas leituras para a realização do diário, e pelo modo de exercitar a leitura, desenho e outras formas de escrita (os ensaios do como se faz, as medidas a serem entendidas antes das definições, os rascunhos) na realização no quadro.

No diário: uma escrita que se liga, que remete, a conteúdos escolares (na fala/no depoimento), mas não é por eles (pelos conteúdos) domesticada; ela se manifesta inventiva contrariando a disciplina (pelos materiais "marginais" a que recorre para ser composto), subvertendo uma ordem prefixada, preestabelecida.

Tem a ver com a quebra da censura porque a autora (e também as duas outras autoras) tem poder sobre as palavras, sobre os próprios modos de expressão e produção desse material que revela uma prática sem vigilância do poder da norma (instituída).

O quadro: este se realiza na articulação dos diferentes modos que estão dentro de uma liberdade condicionada porque ela não é disciplinar, há escolhas e ocorre num espaço em que circulam modelos culturais (a revista como modelo, que traz modelos); a apropriação que é feita não se reduziu a uma simples redução de informação e saberes que ao mesmo tempo são concedidos e conquistados.

Para Chartier (1987, p.26):

> a noção de apropriação pode ser, desde logo, reformulada e colocada no centro de uma abordagem de história cultural que se prende com práticas diferenciadas, com utilizações contrastadas. Tal reformulação, que põe em relevo a pluralidade dos modos de emprego e a diversidade das leituras ...

A cópia, do quadro, do modelo, ela própria, tem um outro sentido, que é o de criar a sociabilidade, e de abrir portas/caminhos para novas possibilidades do fazer (um quadro de retalhos), instaurando novas distinções, novas práticas, novas utilizações (no início, era uma colcha para aproveitamento de retalhos, e transforma-se em um quadro), instaurando novas escolhas.

A noção de apropriação, segundo o autor, permite pensar as diferenças na divisão, porque postula a invenção criadora no próprio cerne dos processos de recepção.

Faz-se necessária a busca de

> uma outra abordagem, que centre a sua atenção nos empregos diferenciados, nos usos contrastantes dos mesmos bens, dos mesmos textos, das mesmas ideias. Tal perspectiva não renuncia a identificar diferenças (e diferenças socialmente enraizadas) mas desloca o próprio lugar da sua identificação, dado que, já não se trata de qualificar socialmente "corpus" tomados no seu todo (por exemplo, a literatura de cordel), mas de caracterizar práticas que se apropriam de modo diferente dos materiais que circulam em determinada sociedade. (ibidem, p.136)

Sejam livros, matérias, impressos diversos ou retalhos, e o que deles se espera como produto.

Nesse sentido, "a apropriação, tal como a entendemos, tem por objetivo uma história social das interpretações, remetidas para as suas determinações fundamentais (que são sociais, institucionais, culturais) e inscritas nas práticas específicas que as produzem" (p.26).

Tal como a noção de apropriação, as noções de representação e de práticas são fundamentais para a compreensão de uma história cultural que tem por objeto identificar o modo como, em diferentes lugares e momentos, uma determinada realidade social é construída, pensada e dada a ler. A análise de representação abre à compreensão das classificações e das exclusões que constituem, na sua diferença radical, as configurações sociais e conceituais próprias de um tempo ou de um espaço.

Desse ponto de vista, atenta-se não às exclusões por confiscação, mas às diferenças do uso partilhado, tal como as identifica Pierre Bourdieu (1979, apud Chartier, 1987):

> O gosto, a propensão e a aptidão para a apropriação (material e/ou simbólica) de uma determinada classe de objetos ou de práticas classificados e classificadores é a fórmula geradora que se encontra no princípio do estilo de vida, conjunto unitário de preferências distintivas que exprimem, na lógica específica de cada um dos sub-espaços simbólicos, a mesma intenção expressiva. (p.193)
>
> O que equivale a dizer, simultaneamente, que as práticas contrastantes devem ser entendidas como ocorrências, que as suas diferenças são organizadas pelas estratégias de distinção ou de imitação e que os empregos diversos dos mesmos bens culturais se enraízam nas disposições do "habitus" de cada grupo. (Chartier, 1987, p.137)

A intencionalidade das autoras que marca esse fazer, fazer um diário ou um quadro, reflete a não moldagem do pensamento e da conduta, o que indica ou faz evitar reduzir a própria expressão do saber e das práticas socioculturais.

## Considerações gerais

O ensino escolar não é a única prática educativa e o professor profissional também não é o único praticante. A educação existe nas várias sociedades, letradas e iletradas, nas zonas rurais e urbanas, em sociedades com e sem classes, com ou sem Estado. Ela existe em e entre cada povo. A educação pode existir livre e, entre todos, pode ser uma das maneiras que as pessoas criam para tornar comum, como saber, como ideia, como crença, aquilo que é comunitário como bem, como trabalho ou como vida. Por sua vez, a educação também pode existir imposta por um sistema centralizado de poder, que usa o saber e o controle sobre o saber como armas que reforçam a desigualdade entre os homens, na divisão dos bens, do trabalho, dos direitos e dos símbolos (Brandão apud Aguiar, 1994, p.62).

Com o intuito de levar de modo adequado a sua vida, o sujeito se apropria do saber. Desse modo, as questões ligadas aos saberes existentes, fora dos limites formais da escola e dos conhecimentos científicos, apresentam conteúdos culturais que refletem os saberes elaborados socialmente.

Como afirma Michel de Certeau (1986, p.199):

> na linguagem, "a cultura" torna-se um neutro: "o cultural". É o sintoma da existência de um bolso para onde refluem os problemas com os quais uma sociedade está em dívida, sem saber como tratá-los. Ali estão guardados, isolados de seus laços estruturais com o surgimento de novos poderes e com os deslocamentos sobrevindos nos conflitos sociais ou nas determinações econômicas. Acaba-se, portanto, por imaginar que a cultura possua uma autonomia indiferenciada e flexível. Ela se caracteriza como um não lugar onde todos os investimentos são possíveis, onde pode circular "o que quer que seja".

Quanto à formação de professores, a temática em pauta é claramente uma sugestão de reflexão sobre a existência de diferentes tipos de saberes. Os dados e exemplos, apontados ao longo do capítulo, ocorrem em vários contextos sociais e cotidianos, e todas as escolas podem ter acesso a uma ampla gama de fontes, como essas. Este texto procura, por meio de uma abordagem teórica, respaldar a necessidade de reflexão sobre a existência de diferentes saberes à espera de contribuições e ampliação dos modos como são percebidos os conhecimentos. Nesse sentido, os professores, alertados para tal realidade, podem refletir, perceber e descobrir modos possíveis de realização de trabalhos que possam lidar e contemplar a ideia de diversidades dos saberes.

## Referências bibliográficas


AGUIAR, C. M. *Educação, cultura e criança*. Campinas: Papirus, 1994.

______. Educação na comunidade. In: DAL RI, N. M., MARRACH, S. A. (Org.) *Desafios da educação do fim do século*. Marília: Editora UNESP, 2000.

AGUIAR, C. M., CAMARGO, M. R. R. M. *Registros alternativos de saberes culturais*. Anais do II Congresso Brasileiro de História da Educação. Natal: Núcleo de Arte e Cultura da UFRN, 2002. (CD-ROM).

BAKHTIN, M. El problema de los géneros discursivos. In: ______. *Estética de la creación verbal*. México: Siglo Veintiuno Editores. 1992. (Ed. bras.: Os gêneros discursivos. In: ______. *Estética da criação verbal*. São Paulo: Martins Fontes, 1992).

BARTHES, R. *O grau zero da escrita*. São Paulo: Martins Fontes, 2000.

BRANDÃO, C. R. *O que é educação*. São Paulo: Brasiliense, 1980. (Coleção Primeiros Passos).

CAMARGO, M. R .R. M. Escreva-me urgente... Um estudo dos elos comunicativos na carta. In: BASTOS, M. H. C. et al. (Org.) *Destinos das letras*: história, educação e escrita epistolar. Passo Fundo: Editora da Universidade de Passo Fundo, 2002.

CERTEAU, M. *A cultura no plural*. Campinas: Papirus, 1986.

_____. *A invenção do cotidiano*. Petrópolis: Vozes, 1994.

CHARTIER, R. *A história cultural*: entre práticas e representações. Lisboa, Rio de Janeiro: Difel, Bertrand do Brasil, 1987.

_____. *Cultura escrita, literatura e história*. Porto Alegre: Artmed, 2001.

CLASTRES, P. *A sociedade contra o Estado*. Rio de Janeiro: Francisco Alves, 1978.

FOUCAULT, M. *Vigiar e punir*. Petrópolis: Vozes, 1984.

FREIRE, P. *Educação como prática de liberdade*. Rio de Janeiro: Paz e Terra, 1967.

GEERTZ, C. *A interpretação das culturas*. Rio de Janeiro: Zahar, 1985.

_____. *O saber local*. Petrópolis: Vozes, 2001.

GÓES, M. C. R. A formação do indivíduo nas relações sociais: Contribuições teóricas de Lev Vigotski e Pierre Janet. *Educação & Sociedade* (*Campinas*), ano XXI, n.71, Cedes, jul. 2000.

HELLER, A. *La sociología de la vida cotidiana*. Barcelona: Ediciones Península, 1991.

OSTROWER, F. *Criatividades e processos de criação*. Petrópolis: Vozes, 1984.

SGAN, C. O. *O mundo assombrado pelos demônios*. São Paulo: Companhia das Letras, 2002.

VYGOTSKI, L. S. *A construção do pensamento e da linguagem*. São Paulo: Martins Fontes, 2001.

# 35
# A abordagem das teorias de administração a propósito da gestão autônoma das escolas

*Alvaro Martim Guedes*

Um tema presente em muitas palestras, mesas-redondas, seminários temáticos e nas comunicações científicas durante o VII Congresso Estadual Paulista sobre Formação de Educadores, promovido pela UNESP em setembro de 2003 na cidade de Águas de Lindoia, foi a autonomia na gestão da unidade escolar.[1] As observações apresentadas pelos educadores presentes revelaram diversificadas interpretações sobre as implicações dessa autonomia decorrentes de análises de caráter pedagógico, didático e também político, quando não da combinação desses.

É necessário dizer que foram todas pertinentes, visto não ser possível tratar o assunto gestão[2] sob um ou dois aspectos exclusivos. Qualquer abordagem exclusivista ou redutora de problemas de gerência das organizações (cuja natureza é complexa) interfere de forma indevida, pois impede a compreensão da dinâmica e da interatividade dos componentes organizacionais. No caso da gestão autônoma da escola, dado o seu papel social, a redução é duplamente

1 Sobre assunto relativo a esse tema, recomendo a leitura de Barroso (2003).

2 Aqui o significado dos termos *gerencial, gerência* e *gestão* diferencia-se de administração no aspecto de que os primeiros são vinculados a "tomada de decisão", ao passo que o *administrativo* significa ser vinculado a atividades rotineiras e repetitivas.

indevida. Corre-se o risco de excluir ou desconsiderar os diversificados meios e formas em que o intercâmbio inter e intraorganizacional se verifica, que abarcam poderes públicos, dirigentes escolares, alunos e comunidade.

Pretendo, neste capítulo, aduzir às contribuições surgidas durante o VII Congresso outras peculiares à natureza administrativa, ou melhor, expor considerações a respeito da autonomia de gestão sob a égide de teorias de administração. Almejo colaborar, pois creio que autores da área de administração pura ainda não estão plenamente autorizados a discutir educação. Tal restrição decorre da compreensão, presente em textos diversos, de que a educação e o seu gerenciamento pertencem exclusivamente aos seus promotores (Chauí, 2001). Pensar a organização escolar a partir da visão administrativa, ou melhor, pronunciar-se sob o assunto educação do ponto de vista administrativo, é visto entre educadores como uma abordagem de natureza ideológica, nutrida pela necessidade de eficiência ou orientada pela lógica do lucro.

Perseguindo uma tentativa de desarmar espíritos, parto do princípio de que a escola não é uma organização cuja peculiaridade lhe reserve dilemas organizacionais completamente distinguíveis de outros. Escolas, empresas, universidades, fundações, sindicatos, cooperativas etc. igualmente administram pessoas e seus conflitos, buscam maximizar o uso de seus recursos, preservar e ampliar o seu patrimônio, ser reconhecidos como necessários, indicar estratégias de sobrevivência a longo prazo e trabalhar sua imagem perante os outros e entre si. Por meio da verificação de algumas das bases teóricas de administração, será aqui possível perceber essas similaridades da escola com as outras organizações. É difícil, ainda, deixar de notar como teorias organizacionais, principalmente as clássicas, influenciaram e até hoje detêm uma situação hegemônica no pensamento sobre gestão escolar.

Por último, espero aqui oferecer um antídoto ao raciocínio burocrático e autoritário presente subliminarmente nas discussões sobre a gestão das escolas. Espero contribuir para minimizar a dificuldade de diálogo existente em razão das críticas corporativistas, patrimonialistas e obscurantistas que tergiversam ao transformar a oportunidade de autonomia da escola em uma ameaça.

## As teorias clássicas de administração

Gareth Morgan (1996) oferece uma perspectiva de análise das teorias de organização muito profícua. Segundo esse autor, é possível atribuir às diversas teorias a condição de metáforas com o fim de bem representar organizações ideais (constante preocupação do pensamento administrativo). Segundo Morgan, recorrer a metáforas cria a possibilidade de traduzir e transmitir um conteúdo complexo por meio de uma representação facilmente compreendida pelo interlocutor. Permite, também, revelar as diversificadas intencionalidades de uma proposta teórica. É uma forma rápida e segura de sugerir, no caso da administração, uma solução para a forma de organização prescindindo de argumentos e, por isso mesmo, é uma maneira incompleta, mas eficiente, de expressar um modo de pensar e de ver (Morgan, 1996, p.16). O termo *máquina administrativa*, por exemplo, é um caso evidente de representação metafórica. Usar a máquina como representação é expressar um ideal de organização impessoal, orientado pela eficiência da rotina, sem desvios desnecessários e dirigido por uma lógica inerente ao mecanismo, de interação precisa entre peças.

O termo *máquina* para designar a organização é uma herança das teorias administrativas originais, hoje teorias clássicas – mais por sua condição inicial do que por atemporalidade. Essas sempre advogavam que a organização deveria pautar-se pela extrema eficiência. De maneira idêntica ao mecanismo, a organização ideal deveria ser regulada, azeitada e ter suas peças constituintes controladas e adaptadas à consecução de tarefas encadeadas por rotinas produtivas compartilhadas. O homem pertencente à organização deveria, portanto, ser uma extensão do mecanismo e a ele adaptado.

Os princípios administrativos, ou mandamentos, deveriam ser acatados em busca da maximização de resultados em face dos recursos disponíveis. O gerente de tal organização deveria, cientificamente, encontrar as melhores "peças" para compor a máquina e treiná-las (adestrá-las) para cumprir tarefas dentro de padrões de racionalidade (ergonomia). Taylor (1990, p.84), expoente máximo desse pensamento e teórico de rápida aceitação internacional, expressa serem princípios administrativos:

> 1. substituição do critério individual do operário por uma ciência;
> 2. seleção e aperfeiçoamento científico do trabalhador...;
> 3. cooperação íntima da administração com os trabalhadores, de modo que façam juntos o trabalho...

Aparentemente, o último princípio destoa ao propugnar a colaboração, mas não há contradição já que "a administração encarrega-se das atribuições para as quais está mais bem aparelhada e os operários as restantes" (ibidem). Como se percebe, aproxima-se a parcela racional/pensante da parcela executora. Ambas, no entanto, não se confundem, não é prevista a possibilidade de imisção. A gerência determina, segundo orientações de pretenso caráter científico, e os trabalhadores agem dentro dos limites e restrições impostos.

Essa primeira vertente de intencional distanciamento entre tomadores de decisão e executores de tarefas cristaliza-se no princípio administrativo da distinção entre *assessoria* e *linha*, herança da experiência militar. A *linha* é definida como a de finalidade de controle, ao passo que a *assessoria* é o centro de decisão.

Na forma atual das organizações escolares e dos sistemas de educação, essa proposital separação dicotômica ainda não desapareceu. A autoridade pública que determina as ações que uma escola deve acatar e que torna legalizado o padrão educacional é pródiga em garantir a linha de comando (diretorias de ensino, supervisão escolar e profusão de legislação regulamentar). Na própria unidade escolar, a autoridade imanente de um único membro, no caso o diretor, ainda obedece às recomendações ou princípios tayloristas de centralização da autoridade.[3]

O distanciamento deliberado dos professores daquilo que se designa como "tarefas administrativas" se fortalece na metáfora da máquina onde peças não se misturam. Na realidade, o não assumir de tarefas administrativas é também o desobrigar-se de exercer o poder de tomar decisões. Acontecendo no cotidiano, pois afinal como diz o senso comum "não fui contratado para isso", há um reforço das esferas de poder de outros níveis hierárquicos aos quais os professores não pertencem, já que "manda quem pode, obedece quem tem juízo". Há, portanto, um ato subordinante e disciplinador premeditado a uma estrutura que privilegia e incentiva a hierarquia de mando como meio de administrar "cientificamente". Mais curioso é saber que as origens históricas desse tipo de estrutura estão nas experiências militares.

---

3 A estrutura de uma organização representada em um organograma, que no topo apresenta a autoridade central, é uma forma de representação gráfica (desenho) dos princípios organizacionais clássicos. Curioso é notar que estamos tão acostumados a ela que nos é impossível pensar em desenhos organizacionais diferentes. Nesses organogramas, estão representadas a assessoria e a linha de comando, a subordinação hierárquica de mando e a unidade de comando (não subsistem dois comandos subordinando simultaneamente à mesma unidade), e a subordinação está sob uma amplitude de controle, ou seja, quem é subordinado assim o é porque está circunscrito à finalidade do trabalho a ser executado. Exemplo: faxineiros não são subordinados a um professor. Claro que nos parece coerente evitar tal subordinação, porém, pergunta-se, essa não sujeição permaneceria caso ao ato de limpar a escola fossem atribuídos outros significados? Cito como exemplo de outros possíveis atributos: as contradições sociais inerentes, os problemas ecológicos no uso de produtos de limpeza ou, ainda, a participação comunitária inexistente ao se delegar a uns algo que deveria ser de todos.

No mesmo sentido disciplinante, estão as profissões previstas em Planos de Carreira do Magistério, que subdividem as atividades da educação em cargos de supervisores de ensino, coordenadores pedagógicos, orientadores vocacionais e professores nível I e nível II. Essa profusão de ofícios derivados do complexo ato de educar é subserviente à lógica *taylorista* de divisão e fracionamento do trabalho. Espalhar responsabilidades com base na racionalidade técnica do trabalho seguramente não condiz com a intenção de promover autonomia na gestão da escola. É evidente que a gênese da dispersão de conhecimentos em atividades está na necessidade de garantir a subordinação à autoridade, portanto, de reificação de organizações fundadas na dependência, submissão, alienação; enfim, há uma urdidura desfavorável à autonomia. O rompimento com essa metáfora introjetada há mais de século poderá ser iniciado pela desconstrução de um ideal de organização alicerçado na atribuição estanque de tarefas entre indivíduos.

## A evolução das teorias organizacionais e suas novas metáforas

Com o passar dos anos, com a intensificação da disputa por mercados cada vez mais distantes dos países produtores e sob a influência de diversas teorias (sistemas) e de outras disciplinas (antropologia, psicologia), outras metáforas organizacionais surgiram. A própria organização empresarial passou a ser concebida como um sistema não mais fechado, auto-orientado e refratário à incorporação de novos elementos. As empresas passaram a ser compreendidas como sistemas abertos, dirigidos para a sobrevivência por meio de trocas com o ambiente. Qualidade total, empresa flexível, reengenharia, administração participativa etc. são, na realidade, apelos de "gurus" da administração para que proprietários de empresas passem a executar novos padrões de administração, que têm em comum propor a agilidade necessária aos mercados cada vez mais competitivos. A rigidez *taylorista* clássica foi gradativamente substituída por novas formas de administração focadas em maior compromisso de participantes ou mais legítimas. A linha divisória entre tomadores de decisão e executores, fornecedores e compradores, matriz e subsidiária, meio ambiente e empresa, acionistas e sociedade revelou-se ineficiente, anacrônica e, pior, custosa.

Administradores, gerentes, salvadores de empresas em falência foram convocados a implementar estratégias de mudança situadas em novas metáforas de representação de um ambiente reconhecido como de sobrevivência e de adaptação aos fatos externos, ou influências exógenas (Morgan, 1996, p.44), A visão tradicional da organização, compactada por normas minuciosas, mostrou-se insuficiente, rígida e de favorecimento a resistência a qualquer tipo de mudança. O perigo da visão mecânica clássica da organização para os negócios tornou-se evidente. Enquanto os concorrentes adaptam-se, inovam e incentivam a autonomia para diminuir custos de controle, a organização clássica é inerte e propensa à rejeição incondicional, enfim, é reacionária e retrógrada.

De todas as metáforas recentes acredito que uma das mais condizentes à gestão autônoma da escola é a do cérebro (ibidem, p.81-110). Essa metáfora propõe representar as partes constituintes da organização sendo cada uma delas o todo, ou seja, cada parte da organização é ela própria a organização. Na teoria de sistemas, que antecede a metáfora do cérebro, as partes, distinguíveis entre si, são interligadas por meio de interações sistêmicas cuja orientação e encadeamento são direcionados a uma específica finalidade. Na metáfora do cérebro, as partes não se distinguem por funções específicas. Não há sistema de interação linear ou dirigido a um alvo restrito. Nessa metáfora, cada parte constituinte é um indivíduo com idêntica responsabilidade e similar funcionalidade. Igual aos neurônios, cada membro da organização executa, ou tem o potencial de executar, a mesma função e faz, igual ao cérebro, que as ações ocorram com redundância e conectividade (como a sinapse dos neurônios), o que potencializa a ação final. Com isso, é possível atribuir uma *multifuncionalidade* para cada um dos componentes da organização e franquear o acesso a qualquer conhecimento técnico e, portanto, garantir a participação democrática sobre qualquer decisão.

Pode parecer à primeira vista que há repetições desnecessárias de atividades. Esclareço que a execução ocorre uma única vez. A redundância sugerida é quanto ao *potencial* dos indivíduos e à sua *consciência* do que está sendo realizado. Essa condição permite diversas vantagens em relação a organizações que indicam métodos de racionalização do trabalho por fracionamento em tarefas agrupadas em especialidades técnicas ou aptidões dos indivíduos. Podem-se, na redundância de habilidades e competências, incentivar: a aproximação das diferentes especialidades, a fragilização de barreiras hierárquicas fundadas em preconceitos, um maior compromisso de todos com a finalidade da organização e uma maior criatividade na solução de problemas. No caso de unidades escolares, é possível fomentar maior aproximação com a comunidade em favor de maior distanciamento de instâncias decisórias centrais dirigidas por interesses conjunturais. Fato é que a escola legitimada, em que a comunidade com ela se compromete e se identifica, dificilmente fica ao sabor de cortes de recursos, mudanças efêmeras ou ameaças contra a sua finalidade. A escola aceita é efetiva na sua finalidade.

Na prática, uma organização autonomamente dirigida por membros aptos a lidar com qualquer necessidade administrativa pode executar qualquer tarefa diária. Não há constrangimento que impeça a organização de atender a necessidades, pois qualquer um dos membros da organização estará apto a executar o mesmo que os outros. Na organização tradicional racionalizadora, faxineiras, inspetoras, auxiliares tornam-se tão imprescindíveis quanto diretores e professores. A ausência de qualquer um deles somente será suprida por um idêntico. Em uma escola autogerenciada, ou autônoma, organizada por incentivo à disseminação permanente de conhecimento, todos podem vir a executar diversificadas atividades. Tanto os "de cima" quanto os "de baixo" atuam em igualdade de condições. Claro que sugerir isso exige um despir de preconceitos e a superação de idiossincrasias. Exemplo corriqueiro são as resistências que ocorrem quando um dos membros da organização "entra de férias" e a sua ausência provoca a suspensão de suas atividades, mesmo que simples. A dupla capacidade de independência em relação às partes e de novas combinações interativas faz da metáfora do cérebro extremamente apropriada à escola e à sua gestão autônoma.

Caso cada uma das escolas passe a prescindir de aparatos centrais de fiscalização e controle, teremos um sistema educacional constituído por unidades autônomas e, portanto, capaz de se autorregular, adaptar, condizer com as diversas expectativas de seus atores diretos e, acima de tudo, ser interativo com a complexidade inerente ao ato de educar.[4]

Paradoxalmente, nas unidades escolares, a administração envolvendo um maior número de participantes na tomada de decisão ainda inexiste. A contradição está em adotar um modelo de organização rígido que incapacita todos a observar e reconhecer a riqueza pedagógica do processo decisório e, por consequência, um modelo que inviabiliza a compreensão das finalidades, benefícios e valores potencializados quando da plena responsabilidade por uma escola. Pensar a escola em seu cotidiano de trabalho pode conduzir a uma rica experiência social. Deixar de fazê-lo pode, ao contrário, incentivar a paralisia, torpor ou estiolar a criatividade presente na dinâmica do contraditó-

4 Um exemplo prático desse tipo de proposta pode ser visto no relato de Osborne & Gaebler (1994, p.6-8) sobre as escolas no bairro do Harlem em New York, EUA.

rio e do debate.[5] A riqueza da prática administrativa cotidiana em que ocorrem as tomadas de decisão revela interesses, responsabilidades, percepções individuais sobre a didática e demonstra que a administração é ela própria um processo pedagógico, já que centrado no convencimento e na compreensão pelo incentivo da inteligência de cada um. Isso é igualmente válido para grandes empresas transnacionais, pequenas empresas, universidades ou escolas. A metáfora da organização como cérebro vai na direção desse aprendizado coletivo. A questão do ensino deixa de ser discursiva em alguns para passar à condição de práxis coletiva emancipatória.

## À guisa de conclusão

O que nos é possível realizar para de fato promover uma ampla revisão da metáfora rígida e doutrinária que conduz as formas organizacionais de hoje? Seguramente não há uma única resposta nem uma única estratégia. Há também que pensar se de fato a promoção da autonomia depende da flexibilização das unidades escolares, do sistema em que se inserem ou de ambos.

No meu entender, não haverá autonomia autêntica se não ocorrer primeiro uma deliberada autonomia das escolas. Em outras palavras, autonomia não se decreta. Dada essa condição, o problema da autonomia se torna de solução mais difusa, lenta e incerta, todavia, de maneira irreversível, pois associada a mudanças comportamentais que tendem a se consagrar como mudanças culturais.

Cabe, portanto, aqui advogar a ideia para que doravante seja incluída na reflexão sobre a escola a visão de teoria de administração. Acrescenta-se uma outra abordagem para que se tenda a completar um quadro de complexidade e dinamismo interativo.

O que de fato está em questão, no meu entender, é a desconstrução de um modelo de gerenciamento. É nesse contexto que a gestão autônoma das escolas pode ser inserida. Mais do que indicar fatores de natureza geral (financiamento público, legislação vigente ou condição histórica), é necessário focar no padrão de administração praticado cotidianamente para fazer aflorar como deverá ser a condução gerencial. É nesses casos que a abordagem administrati-

5 Ver em Guedes (2003, p.90-8) a descrição do que é feito durante o HTPC em uma escola, como se reforçam estruturas de administração centradas no apartar-se do processo de decisão dentro de uma relação de consenso tácito em abdicar do direito de decidir.

va pode dar uma contribuição importante, ao revelar outras formas de gestão não pautadas na busca da disciplina e da coerção clássicas. Espero aqui ter contribuído nessa direção.

## Referências bibliográficas


BARROSO, J. A "escolha da escola" como processo de regulação: integração ou selecção social? In: BARROSO, J. (Org.) *A escola pública:* regulação, desregulação, privatização. Porto: Asa, 2003. p.79-109.

CHAUÍ, M. S. *Escritos sobre a universidade*. São Paulo: Editora UNESP, 2001.

GUEDES, T. J. C. Dilemas organizacionais: um estudo de padrões organizacionais defensivos em uma escola da rede estadual de São Paulo. Araraquara, 2003. 114p. Dissertação (Mestrado em Educação Escolar) – Faculdade de Ciências e Letras, Universidade Estadual Paulista.

MORGAN, G. *Imagens da organização*. São Paulo: Atlas, 1996.

OSBORNE, D., GAEBLER, T. *Reinventando o governo*. 3.ed. Brasília: MH Comunicação, 1994.

TAYLOR, F. W. Princípios de administração científica. 8.ed. São Paulo: Atlas, 1990.

# 36
# Avaliação de livros didáticos de geografia e história: relato de experiência

*Maria Encarnação Beltrão Sposito*
*Tania Regina de Luca*

Desde 1996, o Ministério de Educação (MEC), por meio de sua Coordenadoria de Materiais Didáticos e Pedagógicos (Condipe), ligada à Diretoria de Política do Ensino Fundamental (DPE) da Secretaria do Ensino Fundamental (SEF), vem realizando a avaliação de livros didáticos.

São objetos dessa avaliação as obras de editoras que se inscrevem junto ao Fundo Nacional de Desenvolvimento da Educação (FNDE), candidatando-se ao edital que se publica para a aquisição de livros a serem distribuídos nas escolas da rede pública desse nível de ensino, no Brasil.

Decorridos esses anos, parece-nos que se nos apresenta um quadro suficientemente amplo para um balanço desse processo, de forma a oferecer, a um público maior, sobretudo a pesquisadores que refletem sobre o ensino no país, elementos para que se analise a avaliação de livros didáticos, na perspectiva de considerar criticamente seu papel e seus resultados.

É com essa perspectiva que apresentamos, aos leitores, por meio deste capítulo, um conjunto de informações sobre o Programa Nacional de Livros Didáticos (PNLD) e um depoimento acerca da experiência vivenciada pela Universidade Estadual Paulista (UNESP), como parceira do MEC no processo de avaliação dos livros de geografia e história.

## As especificidades da avaliação de livros didáticos e as críticas formuladas

Uma das polêmicas que orientam o debate entre os que estão a favor e os que estão contra os sistemas de avaliação, implementados no âmbito dos ensinos fundamental, médio e superior no Brasil,[1] diz respeito às relações entre os indicadores individuais e os institucionais que são tomados como parâmetros para as avaliações. No caso, sobretudo, do Exame Nacional de Cursos, essa crítica compareceu com grande frequência, uma vez que o desempenho dos alunos que frequentam os últimos anos dos cursos de graduação, na prova em que se medem seus conhecimentos, na área de sua formação, tem forte peso na definição do conceito atribuído ao curso e à instituição que o oferece.[2]

No que se refere ao PNLD, no entanto, esse aspecto não comparece, ao menos apresentado nesses termos. Embora sejam os autores e as editoras os agentes de produção, divulgação e venda de livros didáticos, o que se avalia não são propriamente suas práticas ou seus indicadores (de venda ou preferência pelos professores, por exemplo), mas sim as obras, propriamente ditas, tomando-se como referência sua dimensão científica e pedagógica. O dilema entre o individual e o institucional desaparece para dar lugar ao dilema entre a liberdade do mercado e o direito do Estado de estabelecer parâmetros para a ação das empresas.

Essa especificidade teve força muito grande na condução dos debates sobre a pertinência ou não de se avaliarem livros didáticos, nos primeiros anos que se seguiram à implementação desse programa, gerando a divulgação de diferentes pontos de vista pela imprensa nacional. Atualmente, esse aspecto continua a aparecer nos debates, ainda que com menor força, em encontros científicos e/ou em oficinas que são realizadas com professores da rede oficial

---

1 Referimo-nos aos seguintes sistemas de avaliação: Exame Nacional de Cursos (ENC, mais conhecido por "Provão"), Sistema de Avaliação da Educação Básica (Saeb), Exame Nacional do Ensino Médio (Enem), Sistema Nacional de Avaliação da Pós-Graduação, implementado pela Fundação Coordenação de Aperfeiçoamento do Pessoal de Nível Superior (Capes), Programa Nacional do Livro Didático (PNLD).

2 No final de 2003, o ministro da Educação Cristovam Buarque divulgou mudanças no formato do Exame Nacional de Cursos. Embora tais mudanças não tenham sido divulgadas, ainda, com detalhes, sabe-se, pelo que se veiculou na imprensa, que o desempenho dos indivíduos (alunos) será relativizado na definição do conceito do curso e, sobretudo, as instituições não devem mais ser classificadas por conceitos ("A" a "E"), mas, apenas, avaliadas a partir de sua própria evolução. É cedo para se fazer uma análise do escopo dessa mudança e de seus possíveis resultados, mas se apreende que o debate em torno das relações entre o individual e o institucional teve algum peso sobre ela.

de ensino público, para divulgar os resultados e os parâmetros das avaliações de livros didáticos.

A força dessa polêmica pode ser mais bem compreendida, ao se considerar que a compra e a venda de livros didáticos, no Brasil, correspondem a mais de 60% do mercado editorial do país. Essa produção e essa distribuição estão oligopolizadas, já que poucas são as editoras que conseguem cumprir as exigências dos editais lançados pelo FNDE, maior comprador de livros do país, no âmbito do ensino fundamental.

Não bastasse esse aspecto, o capital internacional vem se fazendo presente nesse setor, animado pelas perspectivas de crescimento da demanda, modificando os padrões com base nos quais se dá a concorrência, gerando maior concentração econômica e maior centralização no processo de decisão sobre a produção de material didático oferecido para consumo no país.

Nesse contexto, que envolve cifras significativas as quais remontam à casa de centenas de milhares de reais, é compreensível que as posições de resistência e crítica à avaliação tenham vindo antes das próprias editoras e autores, diretamente ou por meio da imprensa escrita,[3] e dos autores dos livros didáticos,[4] do que da intelectualidade brasileira.[5]

Os confrontos mais ou menos explícitos, decorrentes de diferentes posições e perspectivas a partir das quais se encara a avaliação de livros didáticos, estabelecem-se antes, durante e depois de concluída a avaliação, entre quem coordena a avaliação (o MEC) e os responsáveis pelas obras avaliadas (editoras e autores), seja pela discordância acerca das exigências incluídas nos editais que abrem inscrições às editoras interessadas em oferecer suas obras à possível aquisição pelo Estado, seja, durante o processo, por desconhecerem as equipes que realizam a avaliação, seja acerca de seus resultados.

3 Nos primeiros anos que se seguiram à implementação da avaliação de livros didáticos pelo MEC, jornais de circulação nacional divulgaram matérias e editoriais, em que a tônica era o de perigo de filtro ideológico no processo de avaliação, reproduzindo o que vinha sendo a principal crítica das editoras, que levantavam, inclusive, a hipótese de que a avaliação poderia conduzir a um processo de censura dos livros didáticos.

4 Na área de geografia, por exemplo, José William Vesentini (1999, p.29), autor de livros didáticos, afirmou ser favorável à avaliação, mas criticou em eventos científicos da área e em texto seu caráter de "censura no estilo dos coronéis que proíbem filmes, peças de teatro ou artigos jornalísticos, deixando apenas alguns (não subversivos) com a permissão de serem lidos ou assistidos pelo público".

5 Excetuando-se as posições de professores universitários que são autores de livros didáticos, verifica-se que, entre os sistemas de avaliação implementados pelos governos federal e estadual, os que têm merecido menor atenção da intelectualidade brasileira, salvo melhor juízo, é o da avaliação de livros didáticos.

Nos processos já realizados, o MEC não avaliou todos os livros didáticos editados no país, mas tão somente aqueles que se inscrevem tendo em vista a possibilidade de serem escolhidos pelos professores da rede oficial de ensino e adquiridos pelo FNDE. Livros não inscritos no PNLD e livros inscritos e não classificados, por não atenderem aos critérios da avaliação, podem ser vendidos e comprados no mercado e foram, muitas vezes, adotados em escolas particulares.

As autoridades responsáveis pelo processo de avaliação argumentam que é direito legítimo de quem compra avaliar a qualidade do que é comprado. Tendo em vista que se trata da educação da população em idade escolar, essa qualidade é tão ou mais relevante do que a aferida por ocasião da aquisição de alimentos ou outros quaisquer produtos que se ofereçam no mercado consumidor.

No que se refere à composição das equipes de avaliação de livros didáticos, é fato que seus membros e coordenadores só se tornam conhecidos após a divulgação dos resultados da avaliação. A necessidade de sigilo acerca da composição das equipes foi estabelecida pelo MEC e tornou-se imperiosa, por ocasião das primeiras avaliações, quando editoras e jornalistas tentavam contato com avaliadores na expectativa de obter, adiantadamente, comentários ou resultados parciais ou finais da avaliação.

Quanto às críticas, elas são de diferentes naturezas, desde questionamentos em relação aos fundamentos teórico-metodológicos que orientam a avaliação, passando por pontos específicos destacados nos pareceres em que se justifica, de forma consubstanciada, a menção obtida pela coleção, chegando ao debate acerca do fato de que as editoras não têm direito à resposta, ou seja, depois de divulgados os resultados da avaliação, não há possibilidade de apreciação de recursos, a não ser judiciais, que abram caminho para uma revisão da menção obtida.

Esse é, sem dúvida, um ponto do processo de avaliação que merece, ainda, debate e precisa ser mais bem equacionado, de forma que a avaliação seja um processo marcado pelo diálogo entre quem avalia e quem é avaliado. Entretanto, é preciso destacar que obras desclassificadas podem ser novamente inscritas, submetendo-se a novos editais, desde que se demonstre que as correções foram feitas em fichas elaboradas para esse fim, nas quais, muitas vezes, autores e editoras têm "respondido" ou discordado de pontos das avaliações anteriores.

De qualquer forma, não é demais assumir que, sendo a avaliação resultado de um plano político-educacional, ela se realiza por meio de um planejamento, que é organizado por quem avalia e compra o produto avaliado, o que não exclui o fato de que é complexo o contexto no qual se insere essa avaliação e isso implica dificuldades que se apresentam continuamente, à medida que são implementadas as etapas do planejamento previsto.

Em razão desse fato, as críticas apresentadas pelos editores e autores têm sido consideradas no planejamento de novas etapas da avaliação.[6] As posturas deles exigem que os editais se tornem cada vez mais detalhados e os trâmites para a inscrição sejam cada vez mais exigentes.

Outro aspecto referente à avaliação de livros didáticos, no Brasil, não constitui propriamente especificidade desse processo avaliativo, visto que tem seus rebatimentos sobre outros sistemas de aferição de políticas públicas educacionais. Trata-se do fato de que nossa realidade é complexa e múltipla, o que dificulta a definição de parâmetros nacionais e, como tais, universais no âmbito dessa avaliação e de outras avaliações.

Há, no Brasil, grandes diferenças regionais, o que implica valores culturais, práticas sociais e interesses diferentes, que exigiriam tratamentos metodológicos e seleção de conteúdos que pudessem contemplar essa diversidade; no entanto, os livros didáticos são produzidos, avaliados e utilizados em escala nacional.

Para amenizar esse aspecto nos editais, tem sido aberta a possibilidade de inscrição de livros regionais, que não precisam compor coleções, de 1ª a 4ª séries ou de 5ª a 8ª séries; podem ser obras individuais sobre um município, sobre um Estado ou região brasileira.

A complexidade de nossa realidade transparece, ainda, por meio das grandes disparidades socioeconômicas existentes entre as regiões brasileiras, no interior delas e, até mesmo, no âmbito dos municípios e, por conseguinte, em seu ensino público. Esse aspecto levanta outro ponto polêmico para a avaliação, na medida em que a obra (coleção ou livro regional) tem que ser classificada ou não, independentemente dos alunos a que se destina ou dos segmentos socioeconômicos a que pertencem suas famílias.

---

6 Um bom exemplo desse fato foi a mudança que se processou, a partir de 2000: em vez de avaliar livros, classificando-os ou não para aquisição pelo FNDE, como vinha sendo feito até o PNLD, que estava em fase de divulgação dos resultados naquele ano, passou-se a avaliar coleções, evitando dessa forma que obras de 1ª a 4ª séries ou de 5ª a 8ª séries, tivessem alguns livros classificados e outros não, o que prejudicava a continuidade na sequência de conteúdos e a coerência metodológica, por parte dos professores que não podiam adotar uma mesma coleção, em séries sequenciais do ensino fundamental. Esse ponto vinha sendo, constantemente, apontado pelas editoras, por diferentes aspectos e, inclusive, pelos prejuízos em termos de planejamento de edição que a desclassificação do livro de uma série poderia trazer para o conjunto da coleção.

Vale lembrar, porém, que a escolha do livro a ser utilizado é de competência do professor, que é o melhor conhecedor de seus alunos, de seus limites e potenciais para a melhor utilização do livro didático em sala de aula. Por outro lado, tomar como ponto de partida a ideia de que para públicos de níveis socioeconômicos diferentes dever-se-iam selecionar obras menos ou mais completas, complexas ou exigentes, seria admitir, já no processo de avaliação, como "natural", a perpetuação das diferentes condições sociais e educacionais que se oferecem ao processo de ensino-aprendizagem.

Muito ao contrário, tem-se orientado a avaliação por parâmetros cada vez mais exigentes, ainda que se reconheça que nem sempre o livro tido como melhor na avaliação seja, de fato, o mais adequado para uma dada realidade escolar. Os estudos no campo da história de leitura já demonstraram que não há meios de se prescrever a forma como os livros serão utilizados por professores e alunos.

Baseando-se no fato de que o livro didático é mais do que, apenas, um instrumento no processo de ensino-aprendizagem para ser, às vezes, o único material impresso a que professor e aluno têm acesso, durante o ano escolar, é que se tem pautado a avaliação por critérios de excelência cada vez mais seletivos, já que o livro contribui, também, na prática, para a formação continuada do professor.

## As origens do PNLD

As primeiras iniciativas que podem ser reconhecidas como políticas públicas voltadas aos livros didáticos, no Brasil, remontam ao ano de 1938, quando foi criada a Comissão Nacional do Livro Didático (CNLD), que tinha o papel de estabelecer condições para produção, importação e utilização de livros didáticos (Brasil, 2001a, p.49). Tal medida pode ser apontada como uma primeira assunção, por parte do Estado, acerca da necessidade de se produzir material didático para o ensino básico no país, o rompimento com a prática anterior, pautada na utilização de livros didáticos produzidos em outros países.[7]

7 No século XIX, os livros didáticos utilizados eram estrangeiros, pois não havia condições favoráveis à edição e impressão de livros no país. A maior parte dos livros adotados vinha de Portugal e França, e isso condizia com o fato de que a escola servia a alunos de segmentos sociais e econômicos privilegiados, cuja referência cultural era a Europa. A respeito, ver Bittencourt (1993).

Isso não significa que não houvesse autores nacionais. Escritores e intelectuais de prestígio produziam manuais, como foi o caso de Silvio Romero, João Ribeiro, Olavo Bilac, Coelho Neto, Manuel Bonfim e Lourenço Filho.[8] O fato atesta tanto o prestígio que cercava a autoria desse tipo de material quanto as possibilidades de lucro que oferecia. A maioria permanecia por décadas a fio no mercado, como atestam as várias reedições alcançadas.[9]

A criação do CNLD insere-se, politicamente, num regime ditatorial e, do ponto de vista econômico, no bojo da passagem do Brasil agrário-exportador para o Brasil urbano-industrial. Nesse mesmo contexto, eram instaladas as Faculdades de Filosofia e foi criada a Universidade de São Paulo, em 1934, iniciativas bastante ilustrativas para caracterizar um período em que a elite intelectual brasileira passou a contar com uma estrutura universitária organizada para sua profissionalização e especialização. Tal processo influenciou a produção de manuais didáticos, nas duas décadas seguintes, ainda que não tenha havido um rompimento completo com o modelo consagrado, que enfatizava os aspectos ligados aos conteúdos.

Em 1966, nova iniciativa se consubstanciou, com a criação da Comissão do Livro Técnico e Didático (Colted), que tinha como função a coordenação de ações referentes a produção, edição e distribuição de livros didáticos (Brasil, 2001a, p.49).[10] Explicita-se, com essa criação, que o Estado toma, também, para si, o papel de produzir livros didáticos. Essa posição é coerente com outras políticas adotadas para a educação após o golpe militar de 1964, como a elaboração de currículos oficiais para o ensino básico e médio no país. As ações dessa comissão, bem como outras políticas educacionais, foram financiadas com recursos advindos do convênio estabelecido entre o MEC e a United States Agency for Internacional Development (Usaid).

---

8 Na área de geografia, tiveram destaque dois intelectuais: Delgado de Carvalho, professor do Colégio Pedro II, no Rio de Janeiro, que publicou em 1925, o texto "A metodologia do ensino geográfico"; Aroldo de Azevedo, professor do Departamento de Geografia da USP e autor de livros didáticos que foram utilizados até os anos 60. Para conhecer mais sobre o assunto, ver Pontuscka (1999). Sobre os livros de Joaquim Manuel de Macedo, *Lições de História do Brasil*, de 1860, e o de João Ribeiro, *História do Brasil, curso primário*, cuja primeira edição é de 1900 e que foi utilizado até os anos 50, consultar Melo (1997). Ver, ainda, Bittencourt (1992-1993) e Nadai (1992-1993).

9 Soares (1996, p. 57-8) fornece um significativo rol de exemplos. Destaque-se, a título de ilustração, a *Cartilha do povo*, de Lourenço Filho, publicada em 1928 e que teve 1.716 edições até 1961.

10 Todas as informações relativas às políticas públicas para o livro didático foram retiradas dessa fonte.

Além da conjuntura política em que se insere essa iniciativa, há que se considerar que a década de 1960 foi marcada por amplo crescimento da economia brasileira, promovido por um *boom* de industrialização e, ao mesmo tempo, por um conjunto de transformações no perfil da produção agropecuária brasileira, o que estimulava o movimento de transferência da população do campo para as cidades.

Nesse quadro, era preciso ampliar as possibilidades de escolarização para o conjunto da sociedade, que facilitassem a ampliação significativa da população escolar atendida, razão que permite compreender a criação da Colted.

Em razão desse conjunto de transformações, ampliou-se, significativamente, a partir dos anos 60, o número de livros didáticos disponíveis no mercado, paralelamente à redução do número de edições e do tempo em que cada obra permanecia sendo vendida e utilizada. Para que fosse possível essa ampliação, que acompanhou a expansão da própria rede de ensino oficial e a mudança do perfil da clientela das escolas públicas no país, os livros também foram modificados.

Os autores passaram a ser cada vez menos professores universitários e cada vez mais professores da rede de ensino básico e médio; a produção passou a ser feita em maior escala, sob estímulo das próprias editoras, que reconheciam um potencial significativo de aumento da demanda por livros. O conteúdo dos livros didatizava-se tanto do ponto de vista da apresentação dos conteúdos desenvolvidos como no que se refere à linguagem adotada, mais próxima da realidade do aluno a que se destinava em contraposição à linguagem erudita, até então predominante nos manuais escolares.

Alterando-se o perfil do sistema oficial de ensino e os segmentos sociais a que se destinava, alterava-se também o lugar social e cultural dos livros didáticos. Essa mudança não pode ser dissociada da precarização das condições de trabalho dos professores, o que só se acentuou nas décadas seguintes, com a diminuição do prestígio do ensino fundamental e médio e o recrutamento mais amplo e menos seletivo desses docentes.[11]

A crise internacional do capitalismo, que teve início em meados da década de 1970, fez-se sentir também no Brasil. Com o declínio da taxa de lucros geral do sistema, os bancos internacionais e os governos dos países onde eles se sediavam, por meio de agências teoricamente supranacionais como o Fundo Monetário Internacional (FMI), tornavam-se mais exigentes com os países

11 Soares (1996) analisa as transformações mencionadas.

endividados, entre eles o Brasil, restringindo créditos, cortando investimentos a fundo perdido e monitorando, de forma dura, o pagamento das dívidas contraídas.

O fim dos recursos do convênio MEC-Usaid reflete esse quadro de mudanças, e, em 1971, o Instituto Nacional de Livro Didático (INLD) foi criado com atribuições administrativas e de gerenciamento dos recursos financeiros nacionais e estaduais destinados a essa política educacional.

Alguns anos após, em 1976, foi criada a Fundação Nacional do Material Escolar (Fename), com recursos orçamentários do Fundo Nacional de Desenvolvimento da Educação (FNDE), instituição esta que permanece, até hoje, implementando as políticas de material didático para o sistema de ensino público.

Como os recursos não eram suficientes para atender a todas as escolas, a preferência foi dada às escolas das redes estaduais de ensino, excluindo-se as escolas municipais.

Nos anos 80, com a democratização que se esboçava e que veio a se consolidar na década seguinte, novas iniciativas ocorreram no âmbito das políticas públicas para materiais didáticos. Em 1983, criou-se a Fundação de Assistência ao Estudante (FAE), que passou a examinar problemas nos livros didáticos e propôs que os professores passassem a participar na escolha dos livros didáticos a serem utilizados por eles. Paralelamente, em vários Estados da federação, iniciaram-se debates para a elaboração de novos currículos, também com a participação dos professores da rede.[12]

Essa ampliação da participação da sociedade nas decisões, no âmbito geral, e dos professores, na esfera do ensino, criou condições favoráveis para a criação, em 1985, do Programa Nacional do Livro Didático (PNLD), que se desenvolve até hoje.

Algumas características desse programa refletem, prontamente, mudanças na política pública voltada aos materiais didáticos: os professores passaram a indicar os livros didáticos,[13] foi proibida a aquisição de livros

12 No Estado de São Paulo, esse processo foi conduzido pela Secretaria de Estado da Educação, por meio de sua Coordenadoria de Ensino e Normas Pedagógicas (Cenp) com apoio das universidades estaduais paulistas (UNESP, Unicamp e USP) e pela PUC de São Paulo. Sobre as relações entre currículos e livros didáticos, ver Sposito (1999, 2002), e sobre as diferentes propostas curriculares que foram elaboradas, no Brasil, a partir dos anos 1980, ver Poloni (1998).

13 Em 2001, foi realizada pesquisa pelas equipes das universidades parceiras do MEC, na avaliação de livros didáticos – UFPE, UFMG, UNESP e USP – sobre as formas como se

descartáveis,[14] exceção feita às obras destinadas à 1ª série do ensino fundamental, e o Estado comprometeu-se com a universalização da oferta de livros didáticos para a 1ª e a 2ª séries de todas as escolas públicas e comunitárias do país.

A consolidação do PNLD foi possível, em 1993, com a vinculação de recursos orçamentários para a aquisição de livros didáticos para alunos dos sistemas públicos de ensino, o que ofereceu condições favoráveis à regularização dos fluxos para a aquisição e distribuição de livros no país, até atingir a universalização dessa distribuição, relativa às disciplinas que compõem o currículo obrigatório, para todos os alunos matriculados no sistema público de ensino.

## O PNLD e a avaliação de livros didáticos

Em 1996, teve início o processo de avaliação de livros didáticos no Brasil, tendo em vista a seleção das obras a serem adquiridas em 1997, nas áreas de alfabetização, língua portuguesa, matemática, ciências, estudos sociais, geografia e história, para as séries iniciais do ensino fundamental (1ª a 4ª séries).

À democratização no processo de escolha, a cargo dos docentes, e à aquisição e distribuição de livros didáticos, por todo o país, seguiu-se, então, uma política pública voltada para a definição de um padrão mínimo de qualidade do material a ser adquirido pelo Estado. Essa decisão colocava uma série de questões para o debate: o que é um livro didático de qualidade? Como definir

---

realiza a escolha de livros didáticos pelos professores da rede. Seus resultados mostraram que o papel do professor, nesse processo de escolha, ainda está comprometido pelas interferências de escalões superiores do sistema de ensino (diretores, supervisores, delegados de ensino), pelas editoras que distribuem material de divulgação dos livros didáticos e, às vezes, oferecem vantagens às escolas que optam por seus livros e pelo FNDE, que não tem sido ágil na divulgação dos resultados da avaliação e na distribuição dos *Guias de Livros Didáticos*, por meio dos quais se divulgam os resultados da avaliação. Ver Sposito (2003) e Luca (2002).

14 Essa é a denominação dada aos livros cujas respostas aos exercícios propostos eram preenchidas no próprio livro, em espaços e lacunas que já eram destinados a essa finalidade. A decisão de não se adquirir mais esse tipo de livro didático teve duas repercussões importantes: melhor aproveitamento dos recursos investidos na aquisição de livros didáticos, já que o mesmo exemplar poderia ser usado por mais de um ano, nas escolas públicas; mudança no perfil das obras editadas, propiciando diversificação das metodologias utilizadas e das formas de verificação do aprendizado.

esse padrão num contexto social, cultural e econômico marcado por disparidades de diferentes naturezas?

Denominou-se PNLD 1997[15] a avaliação dos livros de 1ª a 4ª séries, realizada em 1996, cuja aquisição pelo Estado e utilização pelos alunos deram-se no ano seguinte. Essa etapa do processo de avaliação pautou-se por dois critérios[16] bastante objetivos que podem ser considerados mínimos para a qualificação de uma obra: a) não expressar preconceitos ou formas de discriminação e b) não conter erros ou não induzir a erros.

Na etapa referente ao PNLD 1998, também destinado à avaliação de livros didáticos de 1ª a 4ª séries, aos critérios citados foi acrescido um terceiro: c) os livros didáticos não poderiam estar desatualizados.

Observe-se que, nas duas primeiras etapas, a avaliação foi orientada muito mais pelo que o livro não poderia ser do que, propriamente, pelo perfil das obras que se poderia considerar como desejável ou adequado ao desenvolvimento de um bom processo de ensino-aprendizagem.

Um segundo ponto, que se articula ao anteriormente citado, refere-se ao fato de que a definição dos critérios norteadores da avaliação era dada pela grande frequência com que esses problemas apareciam nos livros didáticos. Inúmeras obras continham, em seus textos e/ou ilustrações, valores que revelavam preconceitos ou eram indutores de discriminação.

A proliferação do número de obras, que vinha ocorrendo desde os anos 60, facilitou a entrada no mercado de autores que, em alguns casos, não tinham domínio do conhecimento científico das áreas para as quais produziam livros didáticos.[17] Por fim, como as estratégias de divulgação e distribuição das editoras tinham e têm muito peso na indução da escolha dos livros didá-

15 O ano que denomina o PNLD refere-se àquele em que os livros avaliados serão utilizados nas escolas. Assim, o planejamento e a execução da avaliação têm início praticamente dois anos antes daquele que dá denominação ao programa.

16 Nesse item do texto, estamos fazendo referência, apenas, aos critérios eliminatórios, ou seja, àqueles que implicariam exclusão da obra e consequente desclassificação dela para a escolha e aquisição de livros didáticos pelo FNDE. Os critérios eliminatórios eram e continuam sendo comuns a todas as áreas da avaliação, o que garante unidade ao processo de avaliação e possibilita definir o que se considera como qualidade mínima dos livros didáticos, independentemente do componente curricular a que se destina. Adiante, nesse mesmo texto, ao se analisar a avaliação nas áreas de geografia e história, far-se-á referência aos critérios classificatórios e ao papel deles nesse processo.

17 Esse aspecto era mais presente entre as obras de 1ª a 4ª séries, tendo se constatado, nas fichas com os dados dos autores, que alguns não tinham cursos de graduação nas áreas para as quais produziam livros didáticos.

ticos, muitas obras permaneciam no mercado, sem que houvesse preocupação com a atualização das informações.[18]

Com a realização da etapa referente ao PNLD 1999, verificaram-se avanços significativos no processo de avaliação, por meio de sua ampliação e do aperfeiçoamento de seus critérios. Assim, teve início a avaliação de livros didáticos destinados às séries finais do ensino fundamental (5ª a 8ª séries).

Acrescente-se que um quarto critério de avaliação foi incluído e, pela primeira vez, passava-se de parâmetros relativos ao que os livros não deveriam ser e se caminhava em direção a um padrão que refletisse agregação de qualidade aos livros que, até então, estavam sendo classificados por não terem "problemas".

Esse quarto critério referia-se à coerência metodológica da obra analisada. Em outras palavras, havia necessidade de que, no livro didático, o desenvolvimento dos conteúdos, em articulação com as atividades nele propostas, sugestões de bibliografia etc., tivesse coerência com o que se apresentava, no livro do professor, como sendo a proposta teórica e metodológica da obra.

É fato que a inclusão desse critério também se orientava pela constatação de que a incoerência metodológica era uma marca de diversos livros, porém a consideração de tal aspecto ampliava em muito o escopo da avaliação e oferecia elementos mais precisos, científica e pedagogicamente, para se apreender a qualidade do livro didático.

Além da inclusão desse quarto critério, houve um aperfeiçoamento do primeiro critério, que passou a incluir a ideia de que os livros não poderiam promover doutrinação religiosa ou política, aspecto que assegura o caráter leigo do ensino público.

O PNLD seguinte, denominado 2000/2001, destinou-se, novamente, à avaliação de livros didáticos de 1ª a 4ª séries. Nessa etapa do processo, restringiram-se as categorias de classificação dos livros. Até o PNLD 1999, os livros poderiam ser classificados em quatro níveis diferentes: recomendado com distinção, recomendado, recomendado com ressalvas, não recomendado. Nessa última categoria, incluíam-se obras que, não tendo problemas graves que justificassem a sua exclusão, não continham, entretanto, qualidades que fundamentassem a sua recomendação.

---

18 Para exemplificar esse aspecto, destaque-se que havia livros inscritos no PNLD 1997, cujos dados populacionais, contidos em textos, tabelas ou mapas, eram referentes ao Censo Demográfico de 1980.

O aperfeiçoamento da avaliação e de seus critérios, a melhoria da qualidade das obras, tanto as desclassificadas que foram reinscritas em PNLDs seguintes, como as classificadas, em etapas anteriores, e o aparecimento de novas obras, já elaboradas com base no novo cenário, levaram o MEC a suprimir a classificação "não recomendada".

## A descentralização da avaliação

Depois de quatro etapas da avaliação, o processo já se tornara bastante complexo e ganhara certo grau de sofisticação, tanto porque a sua realização oferecia elementos para seu aperfeiçoamento, quanto porque as críticas ou ações na justiça impetradas pelas editoras, após a divulgação dos resultados, exigiam cuidados redobrados na condução da avaliação.

Em virtude do interesse em aproximar esse processo dos ambientes de pesquisa que poderiam fortalecer ainda mais as bases científicas e pedagógicas da avaliação, tomou-se a decisão de descentralizá-la.

O MEC criou uma comissão técnica que passaria a coordenar a política geral da avaliação, composta pelos pesquisadores que eram, até o PNLD anterior, seus coordenadores.

Entre os membros das equipes de avaliadores, escolheram-se os que seriam os novos coordenadores, para garantir que a condução do processo fosse feita por profissionais que tinham experiência e familiaridade com a avaliação, e se sugeriu às universidades às quais se vinculavam esses professores que se inscrevessem no edital de chamada para o PNLD 2002.

Considerou-se, ainda, que essas universidades deveriam ter reconhecida qualidade, pós-graduação nas áreas pelas quais se responsabilizariam na avaliação e, ainda, tradição em pesquisas na área de educação, de forma a coordenar o processo, adequadamente, do ponto de vista teórico e metodológico.

A avaliação da área de matemática passou à responsabilidade da Universidade Federal de Pernambuco (UFPE), a das áreas de alfabetização e de língua portuguesa para a Universidade Federal de Minas Gerais (UFMG), a da área de Ciências para a Universidade de São Paulo (USP), e a das áreas de Geografia e História para a Universidade Estadual Paulista (UNESP).

Mantiveram-se os critérios anteriormente definidos, e, mesmo assumindo total responsabilidade sobre a avaliação, as universidades desenvolveram esse processo como coparceiras do MEC, uma vez que a comissão técnica desempenhava o papel de acompanhamento das avaliações e zelava pela manutenção de parâmetros comuns aos processos que eram, agora, coordenados por diferentes instituições de ensino superior do país.

A UNESP realizou, segundo essas condições, três etapas da avaliação: PNLD 2002, que se iniciou em 2000 e avaliou os livros didáticos de 5ª a 8ª séries que foram utilizados na rede pública a partir de 2002; PNLD 2004, que se iniciou em 2002 e avaliou livros didáticos de 1ª a 4ª séries que passaram a ser adotados em 2004; PNLD 2005, que foi realizado em 2003 e avaliou livros didáticos a serem utilizados nas escolas públicas a partir de 2005.

Além dessas duas etapas da avaliação, a UNESP realizou em 2001, conjuntamente com as outras universidades, pesquisa sobre os padrões de escolha de livros didáticos pelos professores das séries iniciais do ensino fundamental (ver nota 13 deste capítulo).

Nos subitens que seguem, apresentaremos uma síntese do PNLD nas áreas de geografia e história,[19] com o intuito de colocar em debate os parâmetros que orientaram essa etapa da avaliação.

## O PNLD na área de geografia

Os processos de avaliação realizados pela UNESP tiveram como pressupostos, como já destacamos, os princípios e critérios comuns a todas as áreas avaliadas no PNLD, mas também se orientaram por princípios gerais da geografia,[20] com base nos quais se definiram os critérios eliminatórios e classificatórios nos quais se fundamentou a avaliação.

No que se refere ao conhecimento geográfico a ser oferecido no livro didático, considerou-se como princípio geral que ele pudesse levar o aluno a

---

19 Durante o PNLD 2002, as autoras deste capítulo foram as coordenadoras dessas duas áreas de avaliação, no âmbito da UNESP, e tiveram como coordenadores adjuntos os professores doutores Eliseu Savério Sposito e Antonio Celso Ferreira, respectivamente, dos campus da UNESP de Presidente Prudente e Assis. O PNLD 2004 teve como coordenadores e adjuntos, respectivamente, nas áreas de geografia e história, os professores: Antonio Nivaldo Hespanhol e Eliseu Savério Sposito, Tânia Regina de Luca e Luiza Helena da Silva Christov. O PNLD 2005 foi conduzido pela mesma dupla, na área de geografia, e pelos professores Tânia Regina de Luca e Holien Gonçalves Bezerra, na área de História. Nos PNLDs 2004 e 2005, Maria Encarnação Beltrão Sposito assumiu a coordenação institucional da avaliação nas duas áreas. Grande parte do que se apresenta neste capítulo devemos, portanto, ao partilhamento da experiência que tivemos com os colegas citados, a quem agradecemos.

20 A redação que se apresenta neste capítulo referente a esses princípios gerais teve, em 2000, a contribuição de Cleonice Alexandre Le Bourlegat, que compunha a equipe de avaliadores. A versão oficial desses princípios é mais sucinta do que aquela que aqui se expõe, e pode ser encontrada em Brasil (2001b, p.369 ss.).

compreender, de forma ampla, a realidade, possibilitando que nela interferisse, de maneira consciente e propositiva, valorizando seus diferentes componentes.

Valendo-se dessa perspectiva, o espaço geográfico foi tomado como convergência interativa de variáveis da natureza e da sociedade, nas diversas escalas da realidade (local, regional, nacional, mundial), sendo cada uma delas, também, tomada como totalidade.

Assim, o objetivo da ciência geográfica foi considerado, para a avaliação, como o de compreender os princípios da dinâmica que regem a organização de múltiplas variáveis (fenômenos, elementos) que convergem e interagem na definição da realidade contemporânea (espacialidade), assim como da gênese e transformação da combinação dessas variáveis reveladas no espaço (temporalidade).

Nesses termos, esperava-se que o livro didático contribuísse para que o aluno compreendesse a espacialidade e a temporalidade das múltiplas dimensões (totalidades) do complexo sistema que compõe a realidade vivida, assim como a articulação entre suas diversas escalas.

Para que esses princípios pudessem ser observados, seria necessário que o livro didático oferecesse elementos para o tratamento de conceitos que interessam à geografia: espaço, paisagem, lugar, território, região, sociedade, natureza, cultura e poder, bem como utilizasse linguagem cartográfica como instrumento para compreender a distribuição dos fenômenos, sua representação e a interpretação do espaço geográfico.

No que se refere aos procedimentos e às atitudes que o livro didático deveria propiciar, foram valorizadas as obras que estimulassem os alunos à participação propositiva e reativa diante de questões socioambientais, auxiliando-os a reagir criativamente e a atuar diante de um mundo contemporâneo complexo.

Para tal, deveriam ser estimuladas atitudes de cidadania, ética e tolerância no convívio social, sem expressar preconceito ou discriminação.

Do ponto de vista metodológico, esperava-se que os livros didáticos, em seus conteúdos e atividades, oferecessem elementos para que os alunos partissem de ideias, noções e experiências que já possuíam, apreendidas por meio do senso comum no cotidiano vivido, e integrassem esses conhecimentos e experiências aos novos conceitos em elaboração, respeitando-se a fase cognitiva em que se encontravam.

Perspectivas de ensino dessa natureza propiciariam aos alunos desenvolvimento progressivo de sua autonomia nos estudos, bem como contribuiriam para torná-los sujeitos ativos no processo de ensino-aprendizagem, estimulando sua curiosidade para o aprendizado sistemático, de natureza científica, desenvolvendo processos cognitivos básicos e níveis sucessivos de abstração.

Do ponto de vista do professor, considerando-se o papel central que o livro didático tem na sala de aula, as obras avaliadas também deveriam atender a alguns princípios básicos.

Correção, qualidade e atualização das informações e conceitos eram, como continuam sendo, muito valorizadas, já que, muitas vezes, tem sido por meio dos livros didáticos que os professores se atualizam e/ou têm acesso ao saber científico recentemente produzido.

A inovação na abordagem metodológica vem sendo aspecto destacável na avaliação das coleções, ao mesmo tempo que as obras didáticas devem possibilitar aos professores papel ativo e crítico em relação às propostas pedagógicas e às formas de avaliação do aprendizado nelas contidas.

Por fim, um princípio básico adotado no processo de avaliação foi o da valorização, no livro didático, das possibilidades de articulação da geografia com os outros componentes curriculares do ensino fundamental.

Com base nos princípios até aqui apresentados, considerando-se, ainda, os critérios gerais da avaliação, definiram-se os parâmetros específicos para orientar a avaliação na área de geografia.

No que tange aos critérios eliminatórios, quatro conjuntos foram estabelecidos:

a) aspectos teórico-metodológicos, entre os quais se incluía a verificação de incoerência entre as opções metodológicas do "Manual do professor" e o conteúdo do livro didático, a inadequação da obra ao nível cognitivo médio dos alunos da série a que se destinava a obra, a coerência entre objetivos, conteúdos, atividades e exercícios, e o não estímulo a vários processos cognitivos básicos ou privilegiamento de um em detrimento de outros;

b) erros conceituais que impossibilitassem a compreensão da ordem espacial definida a partir da inter-relação entre os elementos constituintes da natureza e da sociedade ou a gênese e os princípios que regem a dinâmica do processo de transformação das variáveis naturais e sociais reveladas e que se combinam na realidade contemporânea;

c) erros ou desatualização de informações básicas, que demonstrassem falta de embasamento teórico e/ou desconhecimento da realidade;

d) presença de preconceitos ou de valores que induzissem a preconceitos de origem, etnia, religião, idade, condição socioeconômica, bem como propiciassem doutrinação religiosa ou político-ideológica.

Coleções avaliadas que incorressem em apenas um desses problemas eram desclassificadas na avaliação e ficavam impedidas de ser escolhidas pelos professores e, em seguida, adquiridas pelo FNDE.

Como já destacamos, entre as coleções isentas desses problemas, havia diferenças significativas do ponto de vista da qualidade do material didático que se oferecia ao ensino e do ponto de vista das abordagens teórico-metodológicas.

A desclassificação de uma coleção não poderia, em hipótese alguma, ser definida por esse último aspecto, ou seja, mesmo obras que se mostrassem pouco inovadoras do ponto de vista metodológico, ou "ultrapassadas" do ponto de vista teórico, se não tivessem os problemas descritos no rol dos critérios eliminatórios, deveriam e foram classificadas. Entretanto, as menções obtidas pelas coleções decorriam de um amplo conjunto de critérios classificatórios, entre os quais se incluíam os teóricos e metodológicos.

Assim, foram considerados para a definição das menções "recomendada com distinção", "recomendada" e "recomendada com ressalvas" os critérios classificatórios que se seguem.

a) Aspectos teórico-metodológicos:

- condições favoráveis à passagem do senso comum para o nível científico;
- isenção de lacunas no conteúdo e nas abordagens;
- boa distribuição e articulação entre os conteúdos contidos na coleção;
- presença de inovações e renovações na geografia;
- articulação entre atualização dos conteúdos e a realidade contemporânea;
- ausência de estereótipos;
- ausência de regionalismos;
- possibilidade de se trabalhar com diferentes escalas;
- leituras complementares adequadas à faixa cognitiva média dos alunos da série a que se destinava a obra;
- presença de conceitos aceitos pela comunidade científica;
- presença de linguagem adequada e própria à geografia;
- presença de diferentes linguagens no livro;
- qualidade das atividades, exercícios e ilustrações, de forma a se contemplarem os quesitos já destacados;
- representações cartográficas, gráficos, tabelas e quadros claros e precisos, que contribuam para a problematização dos conteúdos.

b) Construção da cidadania:

- potencialização da construção de uma ética democrática e plural;

- estímulo ao convívio social;
- respeito e tolerância com a diferença social, religiosa, política, cultural etc.

c) Estrutura editorial:

- texto impresso em preto;
- papel que possibilite boa legibilidade;
- estrutura hierarquizada;
- impressão sem erros ortográficos, gramaticais ou de digitação;
- facilidade para localizar, no livro, informações;
- presença de glossário e de indicação de leituras complementares para os alunos.

d) Aspectos visuais:

- boa legibilidade e visualização das ilustrações;
- adequação das ilustrações ao nível cognitivo médio dos alunos;
- ausência de textos longos e presença de recursos de descanso visual.

e) Manual do professor:

- presença de orientações, nas quais se explicitem os pressupostos teórico-metodológicos da obra;
- apresentação dos objetivos das atividades contidas no livro do aluno;
- ausência, na obra, da prática de mera reprodução com respostas no "Manual do professor", nos exercícios e atividades contidos no livro do aluno;
- oferecimento ao professor de: informações adicionais às contidas no livro do aluno, bibliografia diversificada, orientações para a articulação de conteúdos da geografia com as outras áreas do conhecimento, formas diferenciadas de avaliação da aprendizagem e sugestões adicionais de atividades e leituras para os alunos.

## O PNLD na área de história[21]

A avaliação dos livros didáticos é normatizada por edital próprio, que rege o processo de seleção das obras que se candidatam a integrar o *Guia de livros didáticos*, específico para um determinado ano. Portanto, é fundamental ter em vista que as diretrizes básicas do processo de avaliação, que devem ser seguidas – por força de lei – explicitamente, estão consubstanciadas em edital, elaborado pela SEF/MEC.

---

21 Agradecemos as sugestões e comentários de Sonia Regina Miranda.

Esse documento, além de estipular os critérios eliminatórios comuns já referidos, contém parte específica para cada uma das disciplinas. No caso de história, os editais têm apresentado como objetivo central da disciplina

> a compreensão dos diferentes processos e sujeitos históricos, das relações que se estabelecessem entre os grupos humanos, nos diferentes tempos e espaços, sempre a partir de uma efetiva dimensão de contemporaneidade. A História é um processo de compreensão humana das diferentes e múltiplas possibilidades existentes na sociedade, a partir da experiência do presente. Portanto, o livro de História deve possibilitar a compreensão ativa da realidade pelo aluno, que é condição para o desenvolvimento e a formação da cidadania.[22]

Parte-se, portanto, de uma concepção ampla, que comporta a pluralidade de posturas historiográficas e teórico-metodológicas existentes na área. Noutros termos, não há nenhuma prescrição que cerceie as opções escolhidas pelos responsáveis pela confecção dos livros didáticos. Pode-se afirmar que há uma perspectiva claramente definida quanto à necessidade de ofertar ao professor e às escolas de todo o país possibilidades múltiplas de escolha, para que se possa optar pelo material que for mais adequado ao projeto político-pedagógico e à realidade escolar.

O mesmo tom prevalece quando se toca na questão dos conteúdos, que são referidos de modo genérico: "os conteúdos históricos apresentados deverão se somar às estratégias adequadas para criar as condições de aprendizagem para o desenvolvimento da capacidade de compreender a trama social que caracteriza a sociedade em que vivemos" (*Edital de convocação...*, 2004). Espera-se que o texto didático, o material iconográfico, as atividades propostas, fontes e excertos escolhidos componham estratégias pedagógicas que contemplem a construção das noções e conceitos fundamentais da disciplina, tais como tempo, espaço, sujeito histórico, cultura, natureza, sociedade, relações sociais, trabalho e poder.

Embora também não se opte por uma linha metodológica definida em termos de ensino-aprendizagem, busca-se respeitar alguns princípios gerais que se encontram em consonância com tendências pedagógicas contemporâneas. Assim, enfatizam-se a questão da compreensão ativa da realidade, o desenvolvimento da observação atenta do mundo em que se insere o educando e a necessidade de o material ofertar oportunidades para que ele se perceba como sujeito ativo e participante.

22 Ver, por exemplo, MEC – FNDE – SEF – PNLD/2004. Edital de Convocação, p.39. Tal definição tem estado presente, com variações de pouca monta, nos vários editais já lançados.

No que diz respeito à relação entre o saber acadêmico e o escolar, valorizam-se os processos de didatização da disciplina, uma vez que se aponta para a especificidade do saber histórico escolar, que não se restringe a uma mera vulgarização do conhecimento elaborado no âmbito acadêmico. Ao contrário, há reconhecimento da especificidade do que é elaborado na e para a escola.

O documento assume caráter prescritivo ao explicitar os critérios de exclusão próprios da área. No âmbito dos erros conceituais, são destacados: o anacronismo, que consiste em interpretar o passado com base em valores, crenças e ideais que não são os da época em estudo; o voluntarismo, ou seja, aplicar uma teoria *a priori* sobre documentos e textos em função do que se quer demonstrar; e o nominalismo, quando a análise proposta se abstrai da realidade vivida pelos sujeitos em nome de instituições ou categorias de análise. Além do tratamento conceitual correto, a coleção deverá oferecer oportunidades para o desenvolvimento das noções e dos conceitos fundamentais da disciplina.

No que tange à coerência e à adequação metodológicas, insiste-se na necessidade de haver adequação entre o que se propõe e o que de fato se realiza e na articulação pedagógica entre os conteúdos e estratégias de cada volume que, no seu conjunto, deve compor um todo harmônico e dotado de graus crescentes de complexidade.

Outro aspecto diz respeito à possibilidade de o educando desenvolver, por meio dos textos e das atividades, as capacidades cognitivas, sem predomínio ou privilégio de apenas uma delas, e atingir níveis cada vez mais amplos de abstração e generalização, passos essenciais para o pensamento autônomo. Alerta-se para a questão da linguagem, que deve ser adequada ao aluno do ensino fundamental.

A exclusão de uma coleção ocorre, unicamente, quando se infringe um ou mais dos critérios eliminatórios, gerais ou específicos, estabelecidos no edital.

O texto legal estipula, ainda, os critérios classificatórios segundo os quais as coleções não excluídas devem ser avaliadas: atualização historiográfica e pedagógico-metodológica; explicitação da opção metodológica; apresentação dos conteúdos a partir de um problema ou conjunto de problemas articulados à realidade próxima dos alunos; ausência de estereótipos, como a identificação da história a verdades absolutas, heróis, datas e fatos, ou a utilização de caricaturas de períodos ou personagens; ausência de simplificações explicativas de cunho valorativo, processual, comparativo ou teórico conceitual; presença e efetiva utilização de fontes históricas, textos complementares de natureza variada, imagens e recursos visuais adequados, problematizados e mobilizados para auxiliar na compreensão dos conteúdos.

Especificamente em relação ao material iconográfico, indica-se a necessidade de as legendas trazerem informações que permitam a localização espaçotemporal, autoria, natureza e créditos, o que se justifica pelo fato de esses recursos serem tomados como instrumentos centrais para a aproximação entre o aluno e os procedimentos históricos. Os mapas, por sua vez, devem estar de acordo com as convenções cartográficas e os gráficos e tabelas devem trazer título, fonte e data.

O "Manual do professor" é outro importante item classificatório, que não se deve limitar à apresentação das respostas das atividades propostas, mas conter informações a respeito dos pressupostos que orientaram a confecção da obra, a seleção dos conteúdos e a elaboração das atividades propostas.

Sobre a estrutura editorial, determina-se que o texto principal deve estar impresso em preto, que haja unidade visual em relação à forma de organização, ritmo e continuidade, recursos de descanso visual e que a relação entre o *layout* e o conteúdo vise à motivação e à integração; que a formatação proporcione boa legibilidade e esteja adequada ao grau de escolaridade a que se destina a obra.

É com base nesses princípios, definidos pela SEF/MEC, que se organiza a ficha de avaliação, instrumento básico a partir do qual a equipe de avaliadores elabora os pareceres de cada coleção inscrita. Consultando as várias introduções da área de História, presentes em cada um dos *Guias* já publicados, percebe-se que ocorreram várias alterações decorrentes da incorporação de novos critérios gerais e dos aperfeiçoamentos determinados pela experiência acumulada em sucessivos PNLDs. A partir do PNLD 2000/2001, passou-se a publicar as fichas utilizadas, procedimento importante para que se perceba como os parâmetros estabelecidos nos editais foram objetivados.

Em história, chegou-se a uma ficha composta por cinco blocos básicos, aos quais se atribuiu valor específico, numa escala de zero a cem: metodologia do ensino-aprendizagem; metodologia da história; "Manual do professor"; construção da cidadania; editoração e aspectos visuais. Cada bloco comporta uma quantidade variável de itens. Assim, para o PNLD/2002, momento a partir do qual essa forma de abordagem ganha contornos claros, trabalhou-se com a seguinte distribuição para efeitos da ponderação:[23]

23 A ficha da área de história para o PNLD/2002 está disponível em Brasil (2001b, p.293-6).

| Aspecto analisado | Peso | Nº de itens | Peso por item |
|---|---|---|---|
| Metodologia do ensino-aprendizagem | 30 | 14 | 2,14 |
| Metodologia da história | 30 | 9 | 3,33 |
| Manual do professor | 20 | 8 | 2,50 |
| Construção da cidadania | 5 | 1 | 5,00 |
| Editoração e aspectos visuais | 15 | 16 | 0,94 |

Para que se possa ter clareza dos aspectos analisados nos dois principais blocos, metodologia do ensino-aprendizagem e metodologia da disciplina, arrolam-se, a seguir, os elementos nos quais esses blocos foram subdivididos no referido PNLD:

1) Metodologia da aprendizagem:

- há coerência entre a proposta e a elaboração da obra;
- auxilia o aluno na compreensão ativa da realidade;
- relaciona o conhecimento novo com a experiência do novo;
- problematiza presente e passado;
- desenvolve as competências cognitivas básicas, sem privilegiar apenas uma delas;
- respeita as dificuldades próprias do aluno;
- adapta o grau de complexidade dos conteúdos;
- possibilita alcançar níveis gradativamente mais amplos de abstração e de generalização;
- a linguagem é adaptada às possibilidades cognitivas do aluno;
- as atividades: a) estão integradas aos conteúdos, b) desenvolvem a capacidade de debater problemas e c) de produzir textos, d) possibilitam o desenvolvimento das habilidades;
- há textos complementares de diferentes autores.

2) Metodologia da história:

- explicita as propostas metodológicas;
- há coerência entre as propostas e o desenvolvimento dos conteúdos;
- incorpora a produção historiográfica atualizada;
- incorpora a renovação historiográfica aos livros didáticos;
- trabalha com a historicidade dos conceitos;
- trabalha adequadamente os conceitos centrais do conhecimento histórico;
- apresenta e discute fontes históricas;

- evita a construção de estereótipos;
- evita simplificações explicativas.

Cada item, por sua vez, foi dividido em quatro possibilidades de aproximação – ótimo, bom, regular e insuficiente. Com base nessa divisão, foi possível construir a ponderação, que tornou evidentes as profundas diferenças existentes entre as coleções classificadas, aspecto importante tendo em vista que tem crescido o número de obras de história constante no *Guia*, bastando lembrar que, das vinte coleções inscritas no PNLD em questão, apenas três foram excluídas. Assim, é essencial que se disponha de instrumentos que apresentem ao professor, de forma clara e objetiva, as especificidades de cada obra.

A partir da ponderação, foi possível não apenas comparar as coleções entre si, cujo montante de pontos variou de 94,21 para a mais bem colocada a 51,48 para a última, como também perceber diferenças específicas no que tange a cada um dos cinco blocos, tal como se percebe na apresentação da área do *Guia* do PNLD/2002, que apresentou o desempenho das coleções de acordo com os itens da avaliação.

A descrição, ainda que sucinta, dos procedimentos e instrumentos utilizados é fundamental para que especialistas e interessados no processo de avaliação possam analisá-lo a partir de seus procedimentos internos.

## Para continuar o debate

Como o leitor pode notar, é bastante amplo o arco de aspectos a partir dos quais a avaliação é feita. Do ponto de vista de sua consecução, todos esses pontos são objeto de debate entre coordenadores, comissão técnica do MEC e equipe de avaliadores.

Inúmeras vezes, no decorrer desse processo, aspectos polêmicos foram objeto de debate, ou porque não estavam previstos entre os critérios estabelecidos ou porque poderia ser passível de dupla interpretação o atendimento ou não a um deles.

Para se evitarem fragilidades ou pontos passíveis de polêmica, após a divulgação dos resultados da avaliação, cada coleção foi avaliada por dois especialistas,[24] e os documentos nos quais se apresentam os resultados des-

24 No caso da geografia, optou-se por um especialista na área denominada de geografia humana e outro na área conhecida por geografia física. No caso da história, a equipe foi composta de forma a incluir especialistas nas diversas subáreas que compõem a disciplina e, quando necessário, recorreu-se a consultores *ad hoc*.

se trabalho (fichas, resenhas e pareceres)[25] são também avaliados e revisados por coordenadores, comissão técnica do MEC e Comdipe.

Quando, no decorrer dessas etapas do processo de avaliação, permaneciam dúvidas ou pontos polêmicos, foram consultados especialistas.

O resultado de um processo que, como já destacamos, vem se aperfeiçoando e se sofisticando tem sido a ausência, desde que a UNESP assumiu a avaliação nas áreas de geografia e história, de demandas judiciais relativas à qualidade da avaliação ou à pertinência de seus resultados.

De outro lado e o que é mais importante, verificamos melhoria significativa na qualidade das coleções colocadas ao dispor dos professores do ensino fundamental.

Se não restam dúvidas de que o PNLD teve vários efeitos positivos, que se manifestam, até, na melhora da qualidade material do produto, uma vez que passou a haver um rigoroso controle de qualidade também sobre esse aspecto, o fato de existirem livros melhores, em todos os aspectos, não implica, necessariamente, alterações de monta na qualidade do ensino ofertado.

Entretanto, além dessa constatação, que aponta para a não alteração das condições de trabalho e de formação dos docentes, há problemas sérios que limitam as consequências positivas que o PNLD poderia trazer para o cotidiano das salas de aula de todo o país.

Assim, é surpreendente que não exista uma política mais consistente em relação à escolha do livro didático, processo que deveria merecer atenção especial, tendo em vista que é nesse momento que o professor decidirá o material que irá utilizar. O desconhecimento do *Guia* e do seu processo de elaboração não colabora para que ele se transforme num instrumento que efetivamente contribua para orientar e/ou esclarecer o docente. É preciso mencionar, ainda, os problemas que, por vezes, retardam a distribuição dos *Guias*, que expressam a síntese do que foi realizado.

O processo de avaliação dos livros didáticos deve ser realimentado e redefinido por pesquisas e pela consecução de outros projetos de difusão dos resultados dessa avaliação, como os que chegaram a ser realizados, ainda que timidamente, por meio do PNLD em Ação, de forma que se possa, de um

25 A partir da leitura das obras, cada avaliador preenche uma ficha que, no caso do PNLD 2002 na área de geografia, só para citar um exemplo, era composta de 86 itens (ver Brasil, 2001b, p.377ss.), com base na qual, posteriormente, eram elaborados os pareceres técnicos a serem encaminhados às editoras e aos autores, e, no caso das coleções classificadas, as resenhas destinadas aos professores da rede.

lado, tornar efetivamente conhecido o próprio processo e, de outro, realizá-lo de maneira que sejam contemplados dados da realidade da escola pública de ensino fundamental e expectativas dos professores em relação a esse importante instrumento de trabalho pedagógico. Apenas o diálogo entre quem avalia e quem utiliza o livro didático pode tornar esse processo progressivamente melhor e propiciar uma relação de confiança entre o professor e o *Guia*, valorizando-se, assim, a complexidade e os princípios que orientam a avaliação.

No entanto, há uma reclamação, bastante frequente, de que a obra escolhida não é a que chega às mãos do professor. Por mais complexos que sejam os trâmites envolvidos nesse processo, é urgente que se encontrem soluções satisfatórias para a questão. Tal busca por maior eficiência no processo de distribuição dos livros poderá propiciar, de um lado, uma relação mais qualificada do docente com o material didático que utiliza, levando-o a valorizar as escolhas de livros didáticos a serem realizadas nos anos subsequentes e, de outro, evitará que altos investimentos na aquisição de livros didáticos sejam desperdiçados, quando o material escolhido não é o que chega às escolas e o docente, em razão desse aspecto, deixa de utilizá-lo.

A maior articulação entre diferentes políticas promovidas pelo MEC deve ser objeto de atenção, de forma que se potencializem os resultados de ações que já estão em desenvolvimento e que, embora se mostrem eficientes, não chegam a resultar em mudanças profundas no processo. Desenvolver ações voltadas à maior capacitação dos professores e à melhoria de suas condições de trabalho, com destaque para as salariais, deve ser uma importante frente de atuação, tendo em vista que essa política contribuiria para maior autonomia do profissional, inclusive no processo de escolha do livro didático.

Por fim, é preciso que novas pesquisas sejam realizadas com a finalidade de avaliar qual o lugar de fato ocupado pelo livro didático na prática docente contemporânea, bem como suas formas concretas de utilização.

## Referências bibliográficas

BITTENCOURT, C. M. F. Os confrontos de uma disciplina escolar: da história sagrada à história profana. *Revista Brasileira de História*, v.13, n.25-6, p.193-221, set. /ago. 1993.

______. *Livro didático e conhecimento histórico:* uma história do saber escolar. São Paulo, 1993. Tese (Doutoramento) – Universidade de São Paulo.

BRASIL. MEC/SEF. *Recomendações para uma política pública de livros didáticos*. Brasília: MEC/SEF, 2001a.

BRASIL. MEC/SEF. *Guia de livros didáticos – 5ª a 8ª séries*. Brasília: MEC/SEF, 2001b.

LUCA, T. R. Escolha de livros didáticos na área de Estudos Sociais (1ª a 4ª séries). In: ENCONTRO NACIONAL DE HISTÓRIA ORAL – TEMPO E NARRATIVA, 6, 2002, São Paulo. *Anais*... São Paulo: Associação Brasileira de História Oral, 2002. p. 1-24.

MELO, C. F. C. B. *Senhores da história*: a construção do Brasil em dois manuais didáticos de história na segunda metade do século XIX. São Paulo, 1997. Tese (Doutorado) – Universidade de São Paulo.

NADAI, E. O ensino de história no Brasil: trajetória e perspectiva. *Revista Brasileira de História*, v.13, n.25-6, p.143-62, set. 1992-ago.1993.

POLONI, D. R. *A política educacional no Brasil e o ensino de geografia*. São Paulo, 1998. Tese (Doutorado) – Universidade de São Paulo.

PONTUSCKA, N. N. Geografia: pesquisa e ensino. In: CARLOS, A. F. A. (Org.) *Novos caminhos da geografia*. São Paulo: Contexto, 1999. p.111-42.

SOARES, M. B. Um olhar sobre o livro didático. *Presença pedagógica*. v.2, n.2, nov.-dez. 1996.

______. Parâmetros curriculares nacionais para o ensino de geografia: pontos e contrapontos para um debate. In: CARLOS, A. F. A., OLIVEIRA, A. U. de (Org.) *Reformas no mundo da educação*: parâmetros curriculares e geografia. São Paulo: Contexto, 1999. p.19-35.

SPOSITO, M. E. B. As diferentes propostas curriculares e o livro didático. In: PONTUSCHKA, N. N., OLIVEIRA, A. U. de (Org.) *Geografia em perspectiva*. São Paulo: Contexto, 2002. p. 297-311.

______. Os professores, a escolha de livros didáticos de 1ª a 4ª séries e a inserção socioespacial das escolas. ENCUENTRO DE GEOGRAFOS DE AMÉRICA LATINA, 9, Mérida, México, abr. 2003. 10p (CD-ROM).

VESENTINI, J. W. Educação e ensino da Geografia: instrumentos de dominação e/ ou de libertação? In: CARLOS, A. F. A. (Org.) *A geografia na sala de aula*. São Paulo: Contexto, 1999. p.14-34.

# 37
# Reformas de ensino e currículo: problematizando inovações nas práticas pedagógicas

*Cecília Hanna Mate*

No presente texto abordo o tema da reforma e do currículo para o qual elaboro algumas ideias que encaminham o campo teórico da discussão. Assim, trato da constituição de um saber sobre escola, ensino, aprendizagem e programas de ensino cujo processo de legitimação problematizo. Como desdobramento das ideias sobre reforma e currículo aqui discutidas, proponho indagações à forma como os conhecimentos e o ensino são apresentados nos discursos reformistas, bem como a seus efeitos no currículo.

Não é demais lembrar que as reflexões aqui feitas têm como perspectiva pensar o currículo como espaço disciplinar da escola no qual se dão as relações professor/aluno, os modos de organizar e gerir a escola e as consequentes regras e normas daí advindas. Assim, não são objeto de discussão, neste momento, outras dimensões possíveis para o tema, como as mediações entre as reformas e o currículo operadas no espaço escolar.

Refletir sobre reformas de ensino no contexto atual – especialmente no âmbito do mundo ocidental – é pensar sobre discursos que mostram, reiteradamente, a necessidade de tais reformas ao projetá-las como vitais para atingir o crescimento econômico, o desenvolvimento social, cultural e científico. Com justificativas que apontam diferentes demandas políticas e sociais, os discursos das atuais reformas de ensino evocam *termos* cuja atualidade lhes confere legitimidade para acionar *intervenções* sobre o currículo das escolas e os seus desdobramentos, como a formação de professores. São muito familiares entre nós – e largamente presentes nos textos das reformas – *termos* como: "autonomia", "projeto pedagógico da escola", "interdisciplinaridade". E, também, algumas *intervenções* que já se tornaram comuns, como: "políticas de formação de professores" "processos de avaliação externa".

Caberia comentar que as reflexões aqui registradas sobre educação e currículo foram, e estão sendo, produzidas a partir de um lugar social marcado por lutas, enfrentamentos, insatisfações e poucas certezas sobre o papel redentor da educação, já que, como qualquer outra prática social, é pensada/exercida por sujeitos que vivenciam cotidianamente relações de poder em vários níveis. Esses questionamentos foram tomando forma nas várias e diferentes experiências que vivi em espaços e reflexões realizadas em torno da educação (salas de aula e pesquisas em vários níveis, participação na elaboração de proposta curricular, formação continuada de professores, discussões e projetos acadêmicos).

Nessas experiências, algumas questões foram se tornando cada vez mais evidentes: como as práticas escolares traduzem as reformas? Como nos tornamos o que somos no âmbito da educação? Como as formas de submissão com as quais nos educamos e educamos alunos adquirem estatuto de formação?

Assim, mais do que indagar sobre pedagogias adequadas e/ou eficientes, mais do que propor ingênuos caminhos de superação dos conflitos reais, as perguntas que podem adquirir maior significado na discussão que proponho são: quais efeitos as práticas escolares produzem? Ao que as reformas, ao longo da história, respondem? Que modelo de professor(a) carregam? A quais demandas atendem? A quem se dirigem? Quais suas finalidades? Com quais relações sociais se conectam? Com quais aspectos da vida social se interligam? Como reeditam, com novas cores e sabores, velhas práticas e ideias? E, principalmente, cabe pensar como as reformas, em suas mais diferentes fases, são concebidas, fundamentadas, legitimadas e referendadas pelas instituições acadêmicas.

Para falar sobre essas questões, não necessariamente respondendo a elas, mas transformando-as em problemas, vou me ancorar em algumas ideias com as quais venho dialogando há mais de uma década, quando, ao entrar em contato com estudos de Michel Foucault sobre as relações de poder constituintes dos diferentes ramos do saber, problematizo temas da educação.

Nesse caso, são temas ligados à escola e ao currículo, objetivos básicos das reformas. Vários autores, denominados pós-críticos, vêm indagando sobre essas questões, e nos lembram de que a escola é uma invenção da modernidade, e, acrescento, isso não é apenas um detalhe. Assim, tornar o currículo objeto de questionamento significa problematizar os sistemas de ideias e regras de que são historicamente constituídos e nos quais as práticas escolares se baseiam. Significa, sobretudo, discuti-lo como um dos artefatos de construção de sujeitos, ou seja, de construção de formas de ver/sentir/pensar. Disciplinar os corpos (metodologia) por meio de um *corpus* de disciplinas (conteúdos), numa sequência, duração e espaço determinados, é prática que acaba se tornando "natural" e necessária.

Partindo desse conjunto de ideias, utilizarei as reflexões de Thomas Popkewitz, que, ao tematizar a reforma, faz importantes observações.[1] Em dois de seus estudos (Popkewitz, 1994, 1997), indaga sobre como viemos a pensar em reforma da forma que pensamos. E com base nessa indagação, outras são formuladas: como viemos a colocar os problemas sobre conhecimento escolar, crianças, ensino e avaliação da forma que fazemos? Quais as bases históricas de nosso conceito de currículo? O autor cogita sobre a organização do conhecimento escolar como uma forma de *regulação social*, já que é o conhecimento que organiza as percepções (pensar), as formas de responder ao mundo (agir), e de se perceber no mundo (sentir). Esse processo pode ser situado na história da educação, pois a criança como "aprendiz" e o surgimento da escolarização datam do século XIX. Aponta as teorias do currículo como sistemas de ciências e tecnologias que governam a forma de as crianças compreenderem o mundo e a si mesmas para que, então, possam adquirir o "governo do eu" ou a *governamentalidade* – termo usado por Foucault. Assim, a condição para que a criança possa se "autogovernar" é que precisa incorporar a regulação social; e o currículo cria regulação em dois níveis: primeiro, *o que deve ser conhecido*; segundo, regras e padrões de *como conhecer* (perguntar, pesquisar, organizar). Enfim, o autor reflete sobre o currículo como produtor

1 Contudo, não se pode deixar de registrar a importância de autores brasileiros que hoje abordam a educação nessa perspectiva. Alfredo Veiga Neto (2002), por exemplo, cuja produção se alinha com a teoria pós-crítica, observa que o currículo é um dispositivo estruturante dos sujeitos. Ou seja, o currículo se estrutura com: horários escolares "registrados numa matriz em que se combinam dias da semana, horas e atividades (aulas, recreios, refeições etc.)". Ou, ainda, "calendários, cronogramas e horários escolares: espacializadores do tempo e espacializadores epistemológicos ... eles conformam nossa percepção sobre o tempo e sobre nossos próprios saberes".

de tecnologias sociais, pois legitima o que é razoável/não razoável como pensamento, ação, autorreflexão.

Outros estudos, não necessariamente ligados à abordagem pós-crítica, indagam sobre o tema do currículo – que neste texto, como já nos referimos inicialmente, é tratado como o espaço disciplinar da escola, das relações professor/aluno e dos modos de organizar e gerir a escola. Assim, na linha da recuperação histórica de termos como "classe" e "currículo", David Hamilton (1992), mostra que o termo *curriculum* está ligado a um lento processo histórico de instauração de uma ordem comum nas formas de educação escolar. Assim, entendendo o discurso da escolarização como um artefato histórico, o autor aponta o currículo como parte intrínseca desse processo. O currículo teria sido, então, caracterizado por um percurso a ser seguido e completado com ordem e sequência determinadas, o que "trouxe um sentido maior de controle tanto ao ensino quanto à aprendizagem". Isso trouxe também uma pedagogia geral para todos, vigilância mais estrita dos alunos, refinamento dos conteúdos e métodos pedagógicos. São observações profundamente significativas, se quisermos, de fato, entender a historicidade de certos termos, já que são expressões carregadas de um sentido concreto das relações sociais e do contexto no qual foram produzidos.

Outro estudo que possibilita reflexão sobre o currículo é o de Ivor Goodson (1990). Com base em dados históricos, o autor apreende o processo complexo por meio do qual surgem as matérias escolares; mostra que esse não é "um fato consumado" no qual se dá a harmoniosa passagem da disciplina acadêmica para a matéria escolar. Pelo contrário, interesses sociais, lutas políticas, disputas de espaços imprimem um certo movimento, ora para legitimação de disciplinas acadêmicas, ora para matérias escolares. E para apreender esse movimento é necessária pesquisa específica. Um dos exemplos que Goodson desenvolve minuciosamente é o estudo do processo no qual a geografia, sendo uma matéria escolar, passa por vários e conflituosos estágios para se tornar uma disciplina acadêmica. Portanto, ao contrário do que se poderia considerar "normal", o movimento que tornou a geografia uma área de pesquisa acadêmica foi o fato de ter-se constituído e legitimado, primeiramente, como matéria escolar. Embora esse, como outros exemplos registrados pelo autor, tenha ocorrido na Inglaterra, seu estudo permite perceber que muitas vezes, por desconhecer muitos dos processos constitutivos do currículo – por exemplo como e por que certos conhecimentos se tornam matérias escolares ou não –, somos levados a pensar na sua existência como natural, indispensável e a-histórica. A abordagem de Goodson é, portanto, mais um elemento para problematizar o currículo a partir mesmo de sua constituição, pois o *corpus* disciplinar de um currículo é constituído por matérias que *se tornam* escolares. Ou seja, para se tornarem matérias escolares e/ou disciplinas, determinado conhecimento ou conjunto de saberes obedecem a contingências históricas que carregam disputas, interesses, nem sempre tão nobres como muitas vezes gostaríamos que fossem.

Nosso interesse, ao trazer autores e ideias que indagam sobre as origens da constituição histórica do currículo e buscam a genealogia desses conhecimentos, é refletir, problematizar, enfim, indagar sobre as heranças de nossas práticas curriculares com o intuito de percebê-las como campo de lutas e disputa de poderes. Em nossa história, tivemos um momento emblemático desse processo de legitimação de um saber sobre escola, professores e programas de ensino que é o período no qual foram realizadas as reformas de ensino das décadas de 1920 e 1930. Isso porque foram ancoradas numa proposta de reforma moral e social que ultrapassava os limites da escola e cujos aspectos merecem um olhar mais atento. No caso de São Paulo, as reformas de 1920 e 1930, sustentadas pelas revistas de educação, criaram dispositivos que compuseram regimes de verdade para aquele contexto. A sociedade precisava de escolas; com isso, criava-se a necessidade urgente de intervenção concretizada com medidas padronizadoras dos modos de educar e de organizar espaços escolares.[2]

A discussão aqui proposta é pensar a reforma (o modo como são constituídos e legitimados modos de formar professores, de ensinar/aprender) e o currículo (um modo de regulação social cujos efeitos produzem formas de ver/sentir/pensar) como dois lados, mas não únicos, da constituição do processo de escolarização. Pensá-las como formas históricas, portanto contingentes, é propor que cogitemos as diferentes e múltiplas formas de conceber/praticar ações, projetos, educação. Pensar o caráter contingente da reforma, do currículo e da escola e, além disso, admitir que o currículo produz efeitos na construção de subjetividades e identidades escolares/sociais não é pouco. Pelo contrário, traz implicações relacionadas diretamente ao exercício do poder nas relações cotidianas da escola: desconfiar de algumas certezas construídas sobre escola, ensino, professores; compreender a mudança como construída de continuidade e ruptura; olhar mais detidamente para as incertezas e imprevisibilidades do cotidiano curricular e confrontá-las com os discursos sobre ordem, direção, organização e planejamento contidos nas reformas de

2 Pesquisa sobre as reformas de 1920 e 1930 trabalhadas nessa direção pode ser encontrada em MATE (2002).

ensino e nas intervenções propostas, especialmente para o trabalho do(a) professor(a).

Embora ainda coubessem outras observações para um tema bastante multifacetado como este, gostaria de finalizar lembrando que o objetivo deste capítulo foi o de pontuar e problematizar questões implicadas na reforma e no currículo a partir de suspeitas e insatisfações. E as inquietações daí decorrentes foram registradas neste texto na direção de perguntar quando, como e por que a instituição escolar começou a criar os dispositivos que possui hoje, em relação tanto à lógica do currículo, à formação e ao papel do professor, como à organização espaçotemporal das atividades pedagógicas. Como estamos preocupados com o cotidiano da escola cujo desafio é diário e constante, pouca atenção dispensamos em suspeitar dos traços que reformas e currículos insistem em eternizar e que, se problematizados, podem ser muito reveladores, já que produzem efeitos na vida dos escolares que perduram para além da vida escolar e, por isso mesmo, merecem profunda reflexão de nossa parte.

## Referências bibliográficas

GOODSON, I. Tornando-se uma matéria acadêmica: padrões de explicação e evolução. *Teoria & Educação (Porto Alegre)*, n.2, 1990.

HAMILTON, D. Sobre as origens dos termos classe e curriculum. *Teoria & Educação (Porto Alegre)*, n.6, 1992.

MATE, C. H. *Tempos modernos na escola:* os anos 30 e a racionalização da educação brasileira. Bauru: Edusc, Brasília: Inep, 2002.

______. O coordenador pedagógico e as reformas pedagógicas. In: BRUNO, E., ALMEIDA, L., CHRISTOV, L. (Org.) *O coordenador pedagógico e a formação docente*. 4.ed. São Paulo: Loyola, 2003.

POPKEWITZ, T. História do currículo, regulação social e poder. In: SILVA, T. T. (Org.) *Sujeitos da educação*: estudos foucaultianos. Petrópolis: Vozes, 1994.

______. *Reforma educacional*: uma política sociológica. Porto Alegre: Artes Médicas, 1997.

VEIGA, N. Espaço e currículo. In: ______. *Disciplinas e integração curricular*: história e políticas. Rio de Janeiro: DPA, 2002.

# Sobre os autores

**Alda Junqueira Marin** – Professora do Programa de Estudos Pós-Graduados em Educação: História, Política e Sociedade, da Pontifícia Universidade de São Paulo (PUC-SP) e do Departamento de Didática da Faculdade de Ciências e Letras da Universidade Estadual Paulista (UNESP), campus de Araraquara – SP.

**Aline Maria de Medeiros Rodrigues Reali** – Professora do Departamento de Metodologia de Ensino do Centro de Educação e Ciências Humanas da Universidade Federal de São Carlos – SP (UFSCAR).

**Alvaro Martim Guedes** – Professor do Departamento de Administração Pública da Faculdade de Ciências e Letras da Universidade Estadual Paulista (UNESP), campus de Araraquara – SP.

**Ana Beatriz Cerisara** – Professora do Departamento de Metodologia de Ensino do Centro de Ciências da Educação da Universidade Federal de Santa Catarina (UFSC).

**Ana Maria Saul** – Professora do Programa de Pós-Graduação em Educação da Pontifícia Universidade Católica de São Paulo (PUC-SP).

**Antônio Joaquim Severino** – Professor do Departamento de Filosofia da Educação e Ciências da Educação da Faculdade de Educação da Universidade de São Paulo (USP).

**Áureo Busetto** – Professora do Departamento de História da Faculdade de Ciências e Letras da Universidade Estadual Paulista (UNESP), campus de Assis – SP.

**Bernadette Gatti** – Professora da Pontifícia Universidade Católica de São Paulo (PUC-SP) e da Fundação Carlos Chagas (Anped).

**Carmen Maria Aguiar** – Professora do Departamento de Educação Física do Instituto de Biociências da Universidade Estadual Paulista (UNESP), campus de Rio Claro – SP.

**Cecilia Hanna Mate** – Professora do Departamento de Metodologia do Ensino da Faculdade de Educação da Universidade de São Paulo (USP).

**Célia Linhares** – Professora do Departamento de Fundamentos Pedagógicos da Faculdade de Educação da Universidade Federal Fluminense – RJ.

**Claudio Roberto Baptista** – Professor do Departamento de Estudos Básicos e Programa de Pós-Graduação em Educação da Universidade Federal do Rio Grande do Sul (UFRGS).

**Dalva Rachel Coelho do Nascimento** – Professora da Universidade Metodista de São Paulo (UMESP), na área da Educação.

**Emília Freitas de Lima** – Professora do Departamento de Metodologia de Ensino da Universidade Federal de São Carlos – SP (UFSCAR).

**Emília Viotti da Costa** – Professora emérita do Departamento de História da Faculdade de Filosofia, Ciências e Letras da Universidade de São Paulo (USP) e professora emérita da Yale University, Estados Unidos.

**Evandro Ghedin** – Professor da Escola Normal Superior da Universidade do Estado do Amazonas.

**Helena Costa Lopes de Freitas** – Professora aposentada do Departamento de Metodologia de Ensino da Faculdade de Educação da Universidade de Campinas (Unicamp).

**Ivani Catarina Arantes Fazenda** – Professora da Pontifícia Universidade Católica de São Paulo (PUC-SP) e da Universidade Cidade de São Paulo (Unicid).

**João Barroso** – Professor da Faculdade de Psicologia e de Ciências da Educação da Universidade de Lisboa, Portugal.

**João Cardoso Palma Filho** – Professor do Departamento de Artes Cênicas, Educação e Fundamentos da Comunicação do Instituto de Artes da Universidade Estadual Paulista (UNESP), campus de São Paulo – SP. Membro da Câmara de Ensino Superior do Conselho Estadual de Educação.

**Jorge Larrosa** – Professor do Departamento de Teoria e História da Educação da Universidade de Barcelona, Espanha.

**Lea das Graças Camargo Anastasiou** – Professora aposentada pela Universidade Federal do Paraná (UFPR), professora convidada do Mestrado de Medicina da Universidade Federal de Santa Catarina (UFSC) e do Mestrado em Educação da Universidade do Oeste de Santa Catarina (Unoesc).

**Luiza Helena da Silva Christov** – Professora do Departamento de Educação e Curso de Pós-Graduação em Artes do Instituto de Artes da Universidade Estadual Paulista (UNESP), campus de São Paulo – SP.

**Manoel Oriosvaldo de Moura** – Professor do Departamento de Metodologia do Ensino e Educação Comparadada Faculdade de Educação da Universidade de São Paulo (USP).

**Maria Helena Souza Patto** – Professor do Departamento de Psicologia da Aprendizagem do Desenvolvimento da Personalidade do Instituto de Psicologia da Universidade de São Paulo (USP).

**Maria Anita Viviani Martins** – Professora do Departamento de Tecnologia da Educação da Pontifícia Universidade Católica de São Paulo (PUC-SP).

**Maria da Graça Nicoletti Mizukami** – Professora do Departamento de Educação do Instituto de Biociências, Letras e Ciências Exatas da Universidade Estadual Paulista (UNESP), campus de São José do Rio Preto – SP.

**Maria de Lourdes Tura** – Professora do Departamento de Estudos Gerais da Educação do Centro de Educação e Humanidades da Universidade do Estado do Rio de Janeiro (UERJ).

**Maria Encarnação Beltrão Sposito** – Professora do Departamento de Geografia da Faculdade de Ciências e Tecnologia da Universidade Estadual Paulista (UNESP), campus de Presidente Prudente – SP.

**Maria Inês Marcondes** – Professora do Departamento de Educação da Pontifícia Universidade Católica do Rio de Janeiro (PUC-Rio).

**Maria Rosa Rodrigues Martins de Camargo** – Professora do Departamento de Educação do Instituto de Biociências da Universidade Estadual Paulista (UNESP), campus de Rio Claro – SP.

**Marilda da Silva** – Porfessora do Departamento de Didática da Faculdade de Ciências e Letras da Universidade Estadual Paulista (UNESP), campus de Araraquara – SP.

**Marisa Vorraber Costa** – Professora do Programa de Pós-Graduação em Educação da Universidade Luterana do Brasil (ULBRA – Canoas/RS) e da Universidade Federal do Rio Grande do Sul (UFRGS).

**Milton Carlos Costa** – Professor do Departamento de História da Faculdade de Ciências e Letras da Universidade Estadual Paulista (UNESP), campus de Assis – SP.

**Mônica de Carvalho Magalhães Kassar** – Professora do Departamento de Educação da Universidade Federal de Mato Grosso do Sul (UFMS), campus de Corumbá – MS.

**Raquel Lazzari Leite Barbosa** – Professora do Departamento de Educação da Faculdade de Ciências e Letras da Universidade Estadual Paulista (UNESP), campus de Assis – SP.

**Raquel Volpato Serbino** – Atua no GAL (Gestão, Autonomia e Liderança, Consultoria em Educação), em Botucatu – SP.

**Ricardo Ribeiro** – Professor do Departamento de Ciências da Educação da Faculdade de Ciências e Letras da Universidade Estadual Paulista (UNESP), campus de Araraquara – SP.

**Selma Garrido Pimenta** – Professora titular do Departamento de Metodologia do Ensino da Faculdade de Educação da Universidade de São Paulo (USP)

**Silvia Ferreira Santos Wolff** – Professora de História da Arquitetura e Urbanismo do Curso de Arquitetura da Faculdade de Artes Plásticas da Fundação Armando Álvares Penteado (FAAP) e arquiteta do órgão de Preservação do Patrimônio Cultural Paulista – Condephaat.

**Tania Regina de Luca** – professora do Departamento de História da Faculdade de Ciências e Letras da Universidade Estadual Paulista (UNESP), campus de Assis – SP.

**Tizuko Morchida Kishimoto** – Professora do Departamento de Metodologia do Ensino e Educação Comparada da Faculdade de Educação da Universidade de São Paulo (USP).

**Vera Maria Nigro de Souza Placco** – Professora do Programa de Estudos Pós-Graduados em Educação: Psicologia da Educação, da Pontifícia Universidade Católica de São Paulo (PUC-SP).

SOBRE O LIVRO

*Formato*: 16 x 23 cm
*Mancha*: 28 x 50 paicas
*Tipologia*: Iowan Old Style 10/14
*Papel*: Offset 75 g/m² (miolo)
Cartão Supremo 250 g/m² (capa)
*1ª edição*: 2005
*1ª reimpressão*: 2008

EQUIPE DE REALIZAÇÃO

*Edição de Texto*
Viviane Oshima e
Flávio Nakaoka (Preparação de Original)
Carlos Villarruel e
Sandra Regina de Souza (Revisão)
Oitava Rima Prod. Editorial (Atualização Ortográfica)

*Editoração Eletrônica*
Santana

Impressão e acabamento

psi7 | book7

psi7.com.br book7.com.br